宣長さん

伊勢人の仕事

中根道幸

和泉書院

まえがき

本書は、著者・中根道幸先生がその長年にわたる宣長研究の成果をまとめた草稿を、遺稿刊行委員会が編集・刊行したものであり、それが完成稿にならなかったのは、先生が志半ばで急逝されたためである。

中根先生は島根と三重で長らく高校教師として民主教育や国語科教育に尽くされ、一端はそれらとかかわる著書にしめされている。

その一方で、先生には文学研究への志が持続していた。東京高師に在学中の戦時下、師・能勢朝次からの感化が大きかったともらされる機会もあったが、若き日からの近世文学への関心はその膨大な蔵書が裏づけており、郷土にゆかりの伊勢俳諧や本居宣長は、生涯の研究テーマだった。現場教師として全力投球に近い先生であったが、伊勢俳諧に関しては、ともかく研究成果を公にされている（小西甚一氏が序を寄せた『ふるさとのしおり―三重の文学と風土』に所収）。

一九八二年に定年退職されて以後、先生は宣長研究に傾注された。ノートや草稿が積み重ねられ、その青春時代までの叙述で原稿は千枚を超えていた。アカデミズムには距離を置き、日本文学協会以外には属さず、在野的孤高を貫かれたが、まさにライフワークとして長大な宣長研究を書斎にとじこもって進められていたのである。

一九九七年に入ったあたりから体調を崩され、その年の暮れに亡くなった。没後、周囲の知友から話が起き、集うこと数回、遺族とも話し合いが行われて、刊行委員会がつくられることになった。草稿の整理・秩序立てなどをその中の編集委員が担当したが、宣長の日常生活や成長過程への関心、徹底した実証性、重厚な独自の文体などには驚嘆せざるをえない。

中根先生は「宣長」と呼ばず、「宣長さん」で通している。地元の松阪では親しみをこめて「宣長さん」と呼ぶことはごく一般なのだが、研究者で「さん」づけはまず見当たらない。本文中の「さん」づけに関し、また書名をどうするべきかについては刊行委員会でも議論となった。結局、「宣長さん」と呼ばざるをえなかった先生の気持ちを尊重しようということに落ち着いたのである。その辺とかかわって、既発表の別稿「人の呼称—平宣長—」を巻末附録に添えることにした。

遺稿を刊行するための準備をはじめてから、すでに四年の歳月が経過した。宣長を「伊勢人《いせびと》の代表者」として愛した先生の一冊をここに公にできたことを慶ぶとともに、本書が多くの方々に広く読まれ、活用されることを願っている。

中根道幸先生遺稿刊行委員会

目次

第五章　『排蘆小船』のころ

第六章　宣長さんの「わたくし」

第七章　医者としての日常

凡例

一　著者の原稿は印刷用に浄書されてはいたが、一部書き継ぐところ、整理すべきところがあったと思われる。そのため刊行委員会で協議、検討の上、一部削除、整序した箇所がある。
一　宣長の著作からの引用は、筑摩書房版『本居宣長全集』にもとづいている。
一　巻末の「補注」は、刊行委員会が作成し、その箇所は、本文右に＊で示した。本文中に（注）とあるものは、著者によるものである。
一　「宣長さん青少年期年譜」、「父の家系」、「母の家系」は、著者作成である。うち、「年譜」の原稿には本文と連動する、あるいは例証する書き入れがあるが、煩瑣を避けて割愛した。
一　引用文中のルビは、著者によるものである。地の文のルビは一部著者によるが、大部分は刊行委員会が施した。
一　（ママ）印は、著書によるものである。
一　敬称については著者原稿を原則として尊重した。

第一章　出生から元服まで

はじめに　時期区分

宣長さんの青少年時代を五期に分けてみる。

第一期（一〜一五歳）は、生誕から父の死を経て元服まで。

享保一五年（一七三〇）五月七日〜延享元年（一七四四）一二月二一日。

第二期（一六〜一九歳）は、その翌年から山田今井田氏へ養子に出るまで。

延享二年〜寛延元年（一七四八）一一月一四日。

第三期（二〇〜二三歳）は、その翌年から二年間の養子期間、離縁、義兄の死を経て、留学に上京するまで。

寛延二年〜宝暦二年（一七五二）三月五日。

第四期（二三〜二六歳）は、その年から、実名を宣長、字を春庵と改める時までの留学前期。

宝暦二年〜宝暦五年（一七五五）三月三日。

第五期（二六〜二八歳）は、留学後期で伊勢松坂へ帰郷するまで。

宝暦五年〜同七年（一七五七）一〇月六日。

右の区分はまったく便宜的なもので、特徴は見られるにしても、その期ごとに宣長さんがかわるはずもない。むしろかわりようもないところがその生長上意味があり、おもしろい。したがって、これから期ごとに述べるにも、ある期に材をとって、それが後年また没年に至るまでどのような展開をするかに論を延長する場合が多い。もろもろのそれらの複合が宣長さんの形成となるのである。

（一）商人の子

五街道の里程起点の江戸日本橋から北へ四丁、東西に通る街があり、東へは本町三丁目、四丁目、大伝馬町一丁目、二丁目となる。

父の家系

大伝馬町は木綿仲買の伊勢商人が開拓したのだが、貞享、元禄、宝永のころには、わずか一丁（一〇〇メートル余）に両側七四軒の木綿問屋が競って暖簾《のれん》をひるがえす繁盛の街となり、この一丁目は江戸の商業地域でも地価最高の地。通りは西へ呉服商の多い本町となり、その先に富士山が頂きを見せる。後、広重の絵にも見る江戸の名所の一つであった。

小津別家の三郎右衛門（道休）三四歳が本家清兵衛の支援を得てそこへ店を持ったのは正保二年（一六四五）、宣長さんの生誕前八五年のことで、その地の仲買《なかがい》は一四軒にすぎなかった。仲買が問屋とかわる貞享までの四十年間、大伝馬町は躍進をつづけたのだが、その中で道休の活躍は目ざましく、問屋二軒、売場一軒の三軒もの店をもつようになった。

以下略系図（五六七頁）を参照されたいが、その道休に子なく、弟と本家清兵衛の娘との間の子（三四右衛門定治）をいれて後を嗣がせ、また隠居後の一つの問屋は本家の孫右衛門（道智）をいれ、隠居家として嗣がせた。

定治（唱阿）は、さらに商域を拡張し、大伝馬町の南通り堀留町に烟草《たばこ》問屋、両替店をも開いた。嗣子に恵まれなかった定治（唱阿）は、隠居家から定利[*1]をわが本店の嗣にとり、それに配するに、定利の兄（元閑）の未亡人おきよ（自分の娘）とその子宗五郎をもってした。養子定利のあとはわが孫宗五郎に嗣がすつもりであった。ところが、唱阿の晩年、おきよは死んだ。定利は残された宗五郎を養子のまま、後妻に村田家からおかつ[*2]を迎えることになった。そしておかつが妊り、宣長さんを産む前年の享保一四年に唱阿は没したのである（家系はともかく、血縁的には、父定利も宣長さんも小津本家の出で、いわゆる「本居」の末ではない。それは宗五郎につづいているだけである）。

　宣長さんの家系で、豪商としてはぶりのよかったのは、三代道休、四代唱阿の間のほぼ半世紀であった。五代父定利が家を継いだ享保初年からは、八代将軍吉宗による享保の改革で、波にうまくのれるものとのれないものと、経済の変動、資本での淘汰が始まる。大伝馬町の問屋の数は六六軒となったが、以後も漸次最少（天明二年の二〇軒）へと減少を示していく。つまり倒産がつづいたのである。

　小津の問屋も波にのれない例で、史料「町内記録写」によれば、まず、享保二〇年、隠居家孫右衛門（当時は定利の弟源四郎）が買引金からの合力を願い出ている。買引金とは問屋仲間の取引金額の百分の一を徴収したもので、営業ピンチに陥った「不仕合店」の救済にあてられたものである。そして、翌元文元年には本店三四右衛門（定利）がやはり願い出ている。このとき江戸へ下った定利から養子宗五郎宛に江戸の不況、商い不振を報ずる書簡が残っている。

　その後も事情は好転せず、加えるに、店をとりしきっていた番頭八郎兵衛（先代唱阿の甥）の我がまま、おごりで、店は破局に向かっていた。定利はまた元文五年三月江戸に下る。定利はすぐれない健康をおして出かけたのか、その三月と二か月後の五月と二度の遺言を残している。そしてさらに三か月を経て、江戸で没した。

父の遺言

三月の書置は、弟源四郎・養子宗五郎宛で、急死するかもしれないから念のためといい、木綿店整理に伴ない、先代に協力してきた八郎次（八郎兵衛の父）への処遇と家の跡目相続についてである。定利は先代の意に沿い、宗五郎の相続を望んでいたが、宗五郎（二九歳）は定利の実子富之助（宣長さん）出生以来相続をゆずって自分はおのれの道を、とすでに二、三年前江戸へ出て、独立の道を歩きだしていたのである。定利は、宗五郎がもどり相続することを望むが、もし聞き入れぬならいたし方ない、富之助の相続を頼む、という。

五月のそれは、妻おかつ宛と主な手代宛のものである。妻へは、「我等死去致し候はゞ、息災なるように致され、子供を育て御先祖跡相続致し候ようにくれ〳〵致さるべく候」ではじめ、借金はのこらずすますつもりとして、当面の二四〇両ほど金の使途のさしずをし、江戸店はどうなるかわからぬが、万一の時はそちらで小商いして渡世するように、といい、追申して、宗五郎が相続を固辞するなら、源四郎と手代を頼み、富之助成人まで小店でも維持するよう、ただし店をつぶした八郎兵衛にはけっしてせわをさせたり、かまわせてはならない、との遺言である。手代宛へは、八郎兵衛へ五〇両やること、相続は宗五郎快気のうえ（当時病中だったか）帰って相続させてくれ、それがもしだめなら富之助を頼むといい、二申には、八郎兵衛にはかまわぬこと、とくりかえし宗五郎富之助相続のことを頼んでいる。そして、「書置」として、八郎兵衛の宛名も加え、「拙者果て申し候はゞ」と、町内へ願いを出し、借用金も片づけ、江戸をすました上で伊勢表をすますこと、その上、委細を記した伊勢表への書置のようにして、御先祖の名跡相続のほど頼みます、としている。

父の死

それから三か月後、閏七月二三日に定利は死んだ。五八年後の『家のむかし物語』で、宣長さんは、「そも〳〵そのをりの事よ」と一一歳の時の回想を記している。

――江戸からの急便で、

おもく病み給ふよし告げたる状と、事きれ給へるよし告げたると、同じ夜に、ふけて来つきて、門たゝきもて来たるに、恵勝大姉（亡き母）のいみじく驚きて、かなしみ泣き給ひしこと、われもわらは心に、いとかなしかりし事など、今もほのかにおぼえたるを、思ひ出づるも、夢のやうにかなし。かの御面影は、たしかにおぼえてある也。

母の悲泣と子ども心のわが悲しみ、商人として悲痛な戦死をとげた父の面影、それらが一つになって骨の髄にまでしみこみ、五八年後現在の悲しみとなっている。この純粋真実の情体験を宣長さんの経歴から見逃すことはできない。それは後のち、人の真心を、女・こどもの情、戦いにおもむく者の悲しみ、とし、その裏づけを生命尊重に求める認識となって、折にふれしばしば噴出するのである。

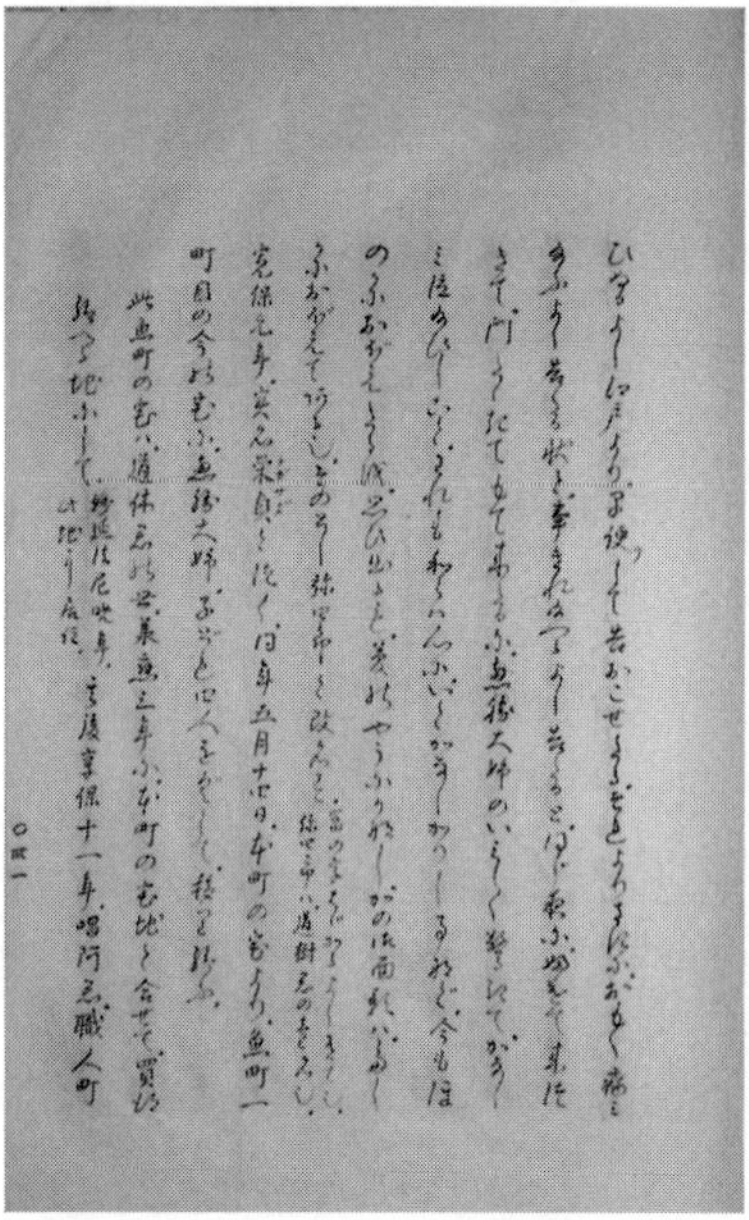

『家のむかし物語』父の死の知らせの条

さて、このとき、宣長さん一一歳、亡父は四六歳、母三六歳（二四歳で結婚）、上の妹は九歳、弟六歳、下の妹は生後六か月の一歳、義兄宗五郎は二九歳であった。

翌八月、問屋仲間の「買引金」よりの合力願出がふたたび小津三四右衛門名で行われている。小津本店の大伝馬町木綿問屋の停止、整理を意味しよう。

翌寛保元年五月一四日母子五人の一家は、本町の宅をあけ、地つづきではあるが魚町のかつて唱阿隠居の宅へ移った。宗五郎が説得されて家を継ぐことになったからである。宗五郎はその秋松坂の本宅へ帰り、三四右衛門を襲名、六代目を相続した。しかし、かれはここに居住せず、間もなく江戸へ帰り、家を持った。

翌二年、宗五郎は堀留町の烟草店、両替店をも停止、その残金のうち四〇〇両を孫右衛門隠居家（大伝馬町源四郎店）に預け、母子一家の生活の資とするようにとりはからった（『本居氏系図』「唱阿大徳」の項）。この四〇〇両の利子がその後一家の支えとなったのであるが、その店も二三年後の明和元年に倒産、四〇〇両も消失してしまった。

（二）商人ばなれ

母の家系

母かつの実家新町の孫兵衛家は、松坂村田党の元家である。その先祖も、伝説的な本居のそれと違い、歴とした武家、近江源氏佐々木の一族で、松ケ嶋へ流浪、松坂へ出て商家となったことは世間も認めるところであった（『松坂雑集』）。もと、川俣茶をあつかい、商家として他家とかわるはずもなく、互いに姻戚関係をもち、分家をも輩出しつつ、松坂商人の一翼として江戸や京都へ進出した、有力な店《たな》持ちであった。

かつの父は六代豊商（元固）。四女かつを嫁がせ、宣長さん出生の翌年に没（七三歳）。

その父四代理天は、先に述べた宣長さんの父定利のケースとよく似ていて、その兄三代の一念が早世したため家を嗣ぐに、兄の妻をめとり、子を養子にし、やがてその兄の子（元次随徳[*3]）を五代目にしたのである。その五代元次ははやく隠居し、あとを先代理天の実子元固へゆずった。村田の孫兵衛家もこの六代元固の代で享保の初め逼迫したのだが、七代の名跡は、元次の子全次（寅斎）に継がれた。元次、全次の没年は未詳であったが、山下法亮氏の説（『宣長少年と樹敬寺』一九六九年）に従う。氏は、篤信の小津・村田の檀那寺である樹敬《じゅきょう》寺の四五世主だから誤りあるまいと思う。

松坂の文芸

ここで論から少し離れるが、重要な一項を挿入する。『季吟伊勢紀行』、『常関庵記』（未見）によれば、貞享四年（一六八七）、北村季吟《きぎん》＊4は四月下旬から六月上旬まで荒木定道（冬丸）宅に滞在、和歌を中心に、連歌俳諧の指導を行い、伊勢物語を講義した。四五日間にもわたる長期のイベントだが、その間関心をもつ松坂文化人を大動員するような盛況であったようだ。厚遇された季吟の帰京後六月一六日付礼状が遺っている。小津道生（小津本家で道円の父）宛で、鈴鹿と大津での詩と歌を付記し、追申中に青木安貞、村田孫介（元次）の名も見える。

北村季吟像（『俳諧百一集』明和 2 年刊）

このイベントは松坂文芸にとっていろいろな意味をもつ。まず、松坂商人と京都堂上和歌とのつながり。季吟は四年前歌神をまつる新玉津島神社へ入ってからは和歌を専らとした。そしてイベントの中心荒木定道はそれに入門していた（貞享三年の『拾穂《しゅうすい》軒当座和歌』にその詠も見える）。イベント二年後に季吟は幕府歌学方として江戸へ移るので、縁は遠くなるが、それでも十年後の元禄一〇年（推定）の青木安貞・岡山俊正・村田孫介（元次）、宛、江戸発信季吟書簡が残っているから、批点を受けることもあったか。しかし、松坂の和歌は、道生、冬丸に見るように、かつて季吟も点をうけた京都堂上大納言清水谷実業《しみずだにさねなり》（季吟没後四年の一七〇九年に没）につながりを求めることが多くなったものと推察される。当時の松坂商人で「清水谷卿に入門」の語を見ることが多い。つぎに、これまで樹敬寺の春陽軒加友、加伝を中心に伊勢俳諧として気を吐いてきた松坂俳諧で元老竹内三信が、このイベントのあと九月には没する――そのころを境に調子を落としはじめる。季吟が貞門俳諧から和歌へ転進し、談林、ついで蕉風の台頭から背をむけたのと期を同じくする。元禄二年の伊勢遷宮に芭蕉をめぐる門人たちがにぎやかであったのに比し、とり急いだとはいえ、同じく参宮した季吟を迎えた人は荒木定道他一名にすぎない。この旅の季吟の作品は歌五八、詩一一で俳諧は見ない。つまり、季吟の俳諧ばなれ。松坂も同じ道をたどったといえよう。貞門古風の一地方俳諧が残されたのである。

ところで、イベントから四四年たって、享保一六年（一七三一）〈宣長さん二歳〉に創められる嶺松院《れいしょういん》歌会*5のメンバーは、かつての参会者の当人、またはその子、縁者らを中心としたものであった。荒木冬丸（定道、松亭）、村田孫介（元次）は本人、山際浄阿も?、小津清兵衛道円は先代道生（この二年前に没）の、青木左中は安貞の、村田全次は孫介の、小津六平は小津六兵衛家養子だが角屋（松本休也）の、それぞれこどもたちであり、荒木、小津、村田は代々の濃い縁つづきであった。こうしたサークルは、中川、三井などを中心に他にもあったようである。

この嶺松院歌会だが、名称は、まわりもちだった会場が後に樹敬寺嶺松院に固定するようになってからつけられたもので、当初は「月次《つきなみ》和歌会」とよばれ、この年四月発足、翌年二月二九日までの記録が残っている。月次というが、その一一か月で二一回ももたれているから、熱心さのほどがわかる。かつて季吟や堂上歌人、清水谷実業の指導を受けた道生（故人）、冬丸（「松亭丈」とよばれている）、元次らで、不定期的につづけられてきたものが、十名の会員で新しく申し合わせを作り発足したものだろう。元次、全次は初めの九回で脱落しているが、新参加者もあり、毎回十名内外の出席。みな律儀で熱心だが、ことに冬丸、六平は会場、当番の回数も多く面倒をよくみている。歌は兼題と当日の探題とあるが、もちろん堂上風の題詠である。「あるじは国にのみ居てあそびをり」(『玉勝間』「伊勢国」)の「あそび」が、このような京風の教養であった。それから二七年後、京都留学から帰郷した宣長さんが嶺松院歌会に加わるときも、同じことが、清兵衛道円を中心にくり返されていたのである。そしてそれはさらに、宣長さんの終生をこえ、文化五年(一八〇八)まで継続されたのである。宣長さんの生涯をつらぬく京都憧憬、堂上崇拝、王朝趣味、旧派和歌……は、こうした松坂商人の池に咲いた蓮の花だといって誤りあるまい。

村田家

さて、以上を参考に、宣長さんの母系村田家の特徴を見てみよう。

宣長さんを育てた母かつにとっての父関係では、元次が伯父、全次が従兄にあたる。村田の家督をついだ五代目と七代目である。共に歌に身を入れた親子であることは先述のとおりだが、ほかに『松坂雑集』によれば、元次は「出口延経の門弟にて神道を講ず」とあり、度会《わたらい》神道に通じ、著も門人もあった人、全次は「京都浅見重次郎(絅斎《けいさい》)門弟にて儒道を講ず」とあり、山崎闇斎《あんさい》系の儒学、垂加《すいか》神道の門を開いていた人だとわかる。いずれも旦那芸にとどまらず、商売そっちのけで自分の専門を持ったと見るべく、宣長さんの父定利がまったく商売一途でついに倒れたのとは大きな違いを見る。

かつの母関係では、その母はつ(宣長さん三二歳の時に没)の出は荒木氏で、歌に熱心だった冬丸は従兄、同じくその兄是水は書家として高名の人物であった。

かつての季吟イベントの二年後(元禄二年)のこと、隣村射和《いざわ》村出身の行脚俳人大淀三千風《おおよどみちかぜ》*6が松坂へ出、俳諧

大淀三千風像（個人蔵）

宗匠清水信風らと交歓、岡寺を誘い、「今宵の旅宿、村田氏にて、人々集《すだ》き、行脚の記を読む。聴衆の中に、大淀の見るめも春の風味かな　荒木定道」とある（『日本行脚文集』）。中の「定道」は例の冬丸、宿の「村田氏」は元次か、はつの夫（かつの父）元固か。いずれにしても、村田の家が一つの文化的サロンの場であったことが推察される。

なお、小津との縁戚関係を見れば、はつの姉（かつの伯母）は唱阿の妻であって、代々歌に熱心な小津本家の道方（道生の父）は義理の叔父、道生（後宣長さんを嶺松院歌会へ迎え入れる道円の父）はいとこ、また、小津六平はいとこの子にあたったのである。嶺松院歌会が、荒木、小津、村田の縁戚を中心にしたサロンであったこともうかがわれる。

かつの父元固は、かつが定利に嫁ぎ、宣長さんを生んだ翌年に没した。はつとの間の二男五女、かつの上の三姉はすでに嫁しており、かつが宣長さんら四児を抱えて未亡人になったあとの相談相手は、母はつ、兄察然、弟（宗善清兵衛）、末妹とは（かつより六歳下、一三歳長命、宣長さんの弟親次を養子にして村田の家を継がせる）。

兄察然は、江戸で育ち、そのまま小石川伝通院の走誉上人（後年増正寺大僧正）にあずけられ、得度《とくど》を受けて出家の身となった。宣長さんが父のなくなる前年の一〇歳に樹敬寺の授戒会に参加し、走誉上人の戒法を受け、浄土教血脈と「英笑」の戒名を授かったのも、伯父察然和尚の縁故によるもので、もちろん信仰心の厚い母のはからいである。母もすでに受戒、法名をもらっていた。察然和尚は、後増上寺の高僧となり、将軍家の真乗院世主となり、宣長さんの三五歳に没、六四歳。かつにとって相談の相手というより、信仰の導き手であった。宣長さんの念仏信仰に与えた影響もはかりしれないが、何よりも商人ばなれの典型がここにあった。

かつのいちばんの身近な相談相手は、三歳下の弟清兵衛で、実家と同じ新町で村田一党の商家（伊兵衛家の別家）の養子となっていた。宣長さんの京都留学時の面倒、弟親次を一人前の商人に仕立て村田の家を継がせるなど、頼ることの多かった人物、後、同町から大年寄になっている。

以上、母系の特徴を父系と比較して一括すれば、商人に徹しようとする義理的父系にくらべて、人情的（自由な、商人ばなれ的）母系といえるのではなかろうか。

この二つの傾向は、封建社会で庶民に併存、また併有される二つの潮流の方途であったろう。だが、現実の問題としてどちらの潮流に乗るか、母かつは、宣長さんの成長の過程で当惑したであろう。夫の遺言「子供をそだて御先祖跡相続致候様にくれ〴〵致さるべく候」に従わねばならぬ。「御先祖跡」とは当然二代以来つづいた商家の跡目である。これは前者の潮流、かつはそれを守る義務がある。そうしようとする。しかし自分が育った環境は第二の潮流。子供の宣長さんは敏感にそれを感じとって動こうとする。そして、宣長さんは、その御先祖様を、血統ではないが、家系をとってもう一代前の「本居（武秀）」へ遡らせる。そして、「商人のつら（列）をばはなれ、もののふ（武士）のつらに立ちかえった」とする（『家のむかし物語』）。根（血）は商人であるが、第二の潮流の完結である。この合理化を促すものがあったはずで、それこそ母系村田のそなえていたものである。

神道、儒学、仏教、和歌から堂上尊崇、京都憧憬に至るまで、少年にいちいち触れるものがある。母かつがそれらを意識していたとはいえない。しかし、内容はともかく、書簡筆跡を見るに、たしかにすぐれている。文化的教養としては、伊勢物語や仮名草子の列女伝や女訓物に接したこともあったふうだし（『経籍』より）、何よりも浄土信仰という宗教的な情操――これらは家庭教育にあって影響するところが大きかったにちがいない。だから、母――母系村田の代表として――が宣長さんを育てた、といっても過言ではない。

（三）水分《みくまり》の申し子

申し子話　民俗学で申し子話という項があるが、神仏に祈って子を得る申し子の風習は古くて長い。しかし、だれでもというわけにはいかないので、腹が立ってその子の頭をたたくことができないくらいは辛抱できるとしても、親の寿命が短くなるとの伝えもあって、たいへんなこと。命がけなのである。近ごろはやりで簡単な、進学、交通安全などの祈願に効果のうすいゆえんでもあるか。

その例。淀殿懐胎の冬から社寺での祈禱がつづけられ、文禄二年（一五九三）八月三日に秀頼は大坂城で出生した。長子鶴松を失ったとき秀吉のショックは、大名小名もとどりを切って慰めたほどだったから、こんどの喜びが思いやられる。翌春、秀吉は諸大名、側近をひきつれて吉野に出かける。二月二五日大坂城を出、一週間。五年後没年の醍醐の花見と並ぶ歴史的な花見である。そのとき秀吉以下一九名の詠んだ一一六首の歌が太閤記に録されている。中に、こもり宮での詠も五首つけられている。

一〇〇年後に成った貝原益軒[*7]の『和州巡覧記』（宣長さんも一七歳に読んでいる）に、「子守明神　社殿甚美麗也。御子守の神と古歌に詠みしは此神なるべし。秀頼公再興せり」とある。この再興は、秀頼一二歳の慶長九年（一六〇四）九月であった。枕草子「神は」の段に「みこもりの神またをかし」と書かれる、この吉野水分の神[*8]は、みこもり（身妊り、御子守）といわれて、子授け、子育ての神になってきた。そうなるには、清水寺、長谷寺の観音、その他薬師、毘沙門などにおとらず、数えきれぬ申し子があったのだろうが、さしずめ秀頼もその一人、吉野花見も水分再興もその報賽《ほうさい》であったと伝える。

問題は、栄貞《よしさだ》（宣長さん）が『太閤記』の例の歌を四〇首、「豊臣太閤秀吉公吉野花見の時の和歌」として、『和歌の浦四』に写していることである（二〇歳養子先の山田で、と推定）。この『和歌の浦』は、一八歳からはじめた作歌・歌学に関するメモ帳であるが、このようにきちんとまとめた和歌の転載はほかに見ない。まして、いわゆる歌人ともいえない秀吉らの歌だ。これは、自身の吉野水分申し子を意識してと見てとることができよう。

終生宣長さんの神秘主義とかかわる、この申し子意識はいつごろ確定したものだろうか。

有名な宣長さんの日記は、一三歳寛保二年末の半元服を機に記しはじめられたと推定される「宝暦二年迄之記」からである。これは日記というより、出生からはじまる経歴書のようなものであるが、「同ク（寛保）二季（年）〔壬戌〕七月参ニ詣ス大峯山上ニ也。」とある（次の「同終月、半ン元ン服ス〔十六日也〕」までが一筆）。

これは、同冊中の別のメモ「万覚」（一七歳、江戸での見習から帰郷してから整理記載されたか）に、「七月十四日ヨリ廿二日マデ、吉野へ参〔十六日夜ヨリ十七日参　〇十九日高野へ参　〇廿日長谷寺へマヒル〕」とあってようすがわかる。

そして、さらにこの冊子の表紙裏に次の付記がある。

嘗テ父定利、歎テレ無キコトヲレ子而、祈ニ嗣ヲ於和州吉野山ノ子守明神ニ一、誓テ曰ク、若シ生テニ男子ヲ一、其ノ子至ラハニ十三歳ニ一、即自ラ供ナヒテ使シテントト上二其ノ子ヲ参ニ詣セ上、願望不レ虚、室家有テレ妊メルコトヲ　産ム二男児ヲ一、然トモ所レ誓不シテレ遂ケ父早ク逝ヌ矣、児至テ二十三歳ニ一、随テ二亡父ノ宿誓ニ一、参ニ詣彼ノ神祠ニ一賽謝シヌ焉

（かつて父定利子無きことを歎きて、嗣を和州吉野山の子守明神に祈り、誓ひていはく、もし男子を生みてその子十三歳に至らば、すなはちみづから供なひてその子をして参詣せしめんと。願望むなしからず室家妊めることありて男児を産む。しかれども誓ふ所とげずして父早く逝きぬ。児十三歳に至りて亡父の宿

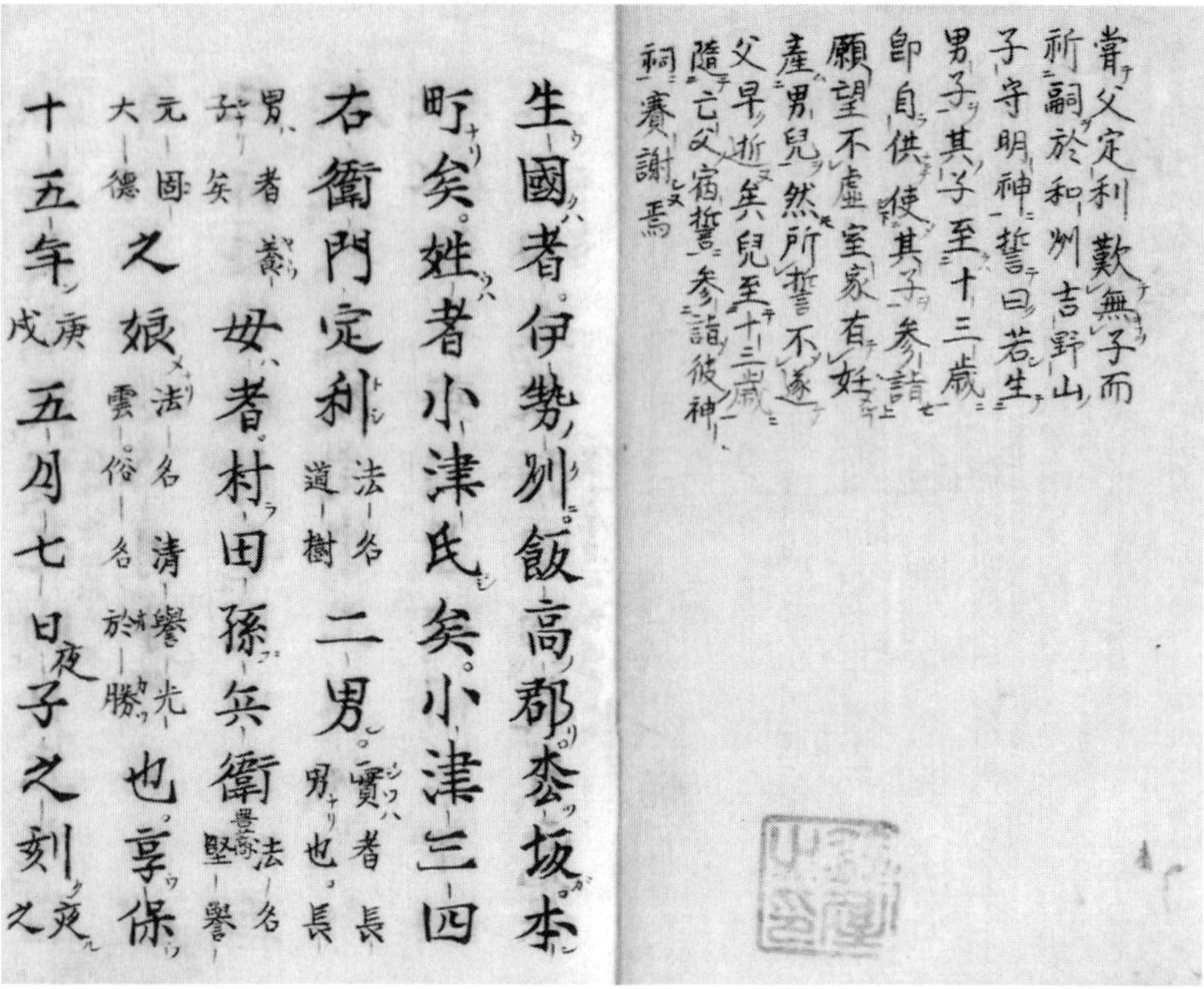
嘗父定利歎無子而
祈嗣於和州吉野山
子守明神誓曰若生
男子其子至十三歳
即自供使其子参詣
願望不虚室家有妊
産男兒然所誓不遂
父早逝矣兒至十三歳
隨亡父宿誓参詣彼神
祠賽謝焉

生國者伊勢州飯高郡松坂本
町矣。姓者小津氏矣。小津三四
右衛門定利法名道樹二男。實者長男也。長
男者養子矣。母者村田孫兵衛法名堅誉
元固之娘法名清誉光大徳雲俗名於勝也。享保
十五年庚戌五月七日夜子之刻之誕

『日記』冒頭

誓に随ひてかの神祠に参詣し賽謝しぬ。）

これがいつ付記せられたか。一〇枚の冊子の表紙裏という場所、のびのびした字体、こなれた漢文体、幼稚な縦点《たててん》から脱し音読符と訓読符を弁別した正規の点の使用などよりして、この冊子の終了（宝暦二年京都留学の直前）に際して記されたものと思う。つまり、「大峯山上」→「吉野」→「子守明神」と、申し子意識を明確にして留学に向かおうとするものと解するのである。

水分の神・桜・母　「皇朝の古へ母を貴みて父を専らとせず」、「皇朝の古へよろづに母を本として貴めり。思をひた（養）すより始てその功父にまされれば也」とは真淵《まぶち》説。それをうけたのだろうが、古代「御祖《みおや》とは御母を申す」の認識がよほど得意らしく、宣長さんは古事記伝に七回もくりかえしている。その家系で、そもそも商家小津（別家）を創始したのが母子であったのみならず、自身も母子家庭に育った宣長さんには当然のことだろうが、その母性原理は生涯をつらぬく軸であった。サクラも歌も物のあわれもヤマトゴコロも紫式部も、アマテラス男神説をふんがい排撃するのも、それと同根である。ここでは、サクラと水分の神が女性（母）でなければならなかったことをのべる。

サクラの語源はふつうサは神性、クラは神の降る坐《くら》とされるが、宣長さんは『古事記伝』で、開光映《サキハカ》↓サクヤ↓サクラとし、コノハナサクヤヒメの神名とする。その『舜庵《しゅんあん》随筆』では、古記によるとして、伊勢朝熊《あさま》神社の祭神はその女神で、神体はサクラの木でつくられていると紹介し、ヒメの容貌美麗をサクラに比すというが、じつは山神の娘である木の花のこの女神は、ニニギの子の海サチ、山サチ（神武の祖父）らを火中で産む産土神《うぶすながみ》である。宣長さんの歌に、「吉野山かばかり花のさくや姫神代にいかにたねをまきけん」とある（『鈴屋集』花のうたどもの冒頭、安永八年作）。

吉野水分神社

吉野水分の子守明神も、中世来の伝承で、吉野山口神社の勝手明神の妻といわれるが、そこの玉依姫《たまよりひめ》像（一二五一年作）は優れた神像として信仰を集めてきている。いうまでもなく、玉依姫は処女懐胎の母子神である。

吉野のサクラも水分の神も、宣長さんにとっては母とかさなる。その思いは、母が亡くなってからはとみに重みを加えたようである。晩年に記した「毎朝拝神式」に、水分の神があげられているが、青年時代のそれには見えなかったもので、母の没年に記された「大晦日鏡備え覚え」に水分の神名を見るのと同じころからであろう。

母没後二年の歌「花五十首」をはじめとして、以降サクラへの溺愛がつよくなる。

同四年目、天明九年（一七七二）の春、宣長さんは第二回目の水分参詣に出る。一三歳の第一回目から三〇年を経た四三歳。その紀行『菅笠日記』にいう、「かの度（前回）は、むげに若くて、まだ何事も覚えぬほどなりしを、やうやう人となりて、物の心をわきまへ知るにつけては、昔の物語をききて、神の御めぐみの、おろかならざりし事をし思へば、心にかけて、朝ごとには、こなたに向きて拝みつつ、又ふりはへて詣でまほしく、思ひわたりしこと……」

紀行の翌年には、また「花五十首」が成る。

さて、老来、母と水分への思いは深まる。母没後三〇年、六九歳の宣長さんは、初回一三歳の参詣から無事帰宅した日のことを想起して『家のむかし物語』に「恵勝大姉（母）涙おとしてぞよろこび給ひける」としみじみと記している。

最後第三回目の参詣は、翌春七〇歳の春。『寛政十一年若山日記』[*9]に収める「よし野の歌」（「吉野百首」）の歌稿）には、水分の詠は一九首ある。

　父母のむかし思へば袖ぬれぬ水分山に雨は降らねど

　みくまりの神のちはひのなかりせばうまれこめやもこれのあがみは（「ちはひ」は霊力による加護）

翌年、例の遺言書を書き、『枕の山』[*10]（桜花三百首）をつくり、その翌年に没した。

遺言にしたがい、塚には山桜と松二本が植えられた。宗祇《そうぎ》の塚の上の松にならったものであろう。自宅では、愛用した桜材の笏《しゃく》を霊牌に仕立て、自作の「後諡《のちのな》」「秋津《あきづ》彦美《ひこみ》豆《づ》桜根大人《さくらねのうし》」と記された。大和の男美しい桜の先生――という意である。
ふつう自分が神の申し子であるなど公刊のものに書けるはずがない。それを、日記、随筆、くさぐさの歌にぬけぬけと記しつづけた宣長さんを、自信過剰の尊大さ、神秘主義の老耄《ろうもう》無神経と評するよりは、自己の全生涯にかかわる母性原理――せつなる母恋いの告白と見るべきか。

鳥虫に身をばなしてもさくら花さかむあたりになづさはましを
したはれて花の流るゝ山河に身もなげつべきこゝちこそすれ
(『枕の山』より)

(四) 栄貞の事始め

寺入り

八歳から寺小屋で学ぶ、当時はそれが普通だった。後、宣長さんの子どもも、次男春村の六歳を例外に、春庭も三人の妹も八歳正月の寺入りである。宣長さんの修学も八歳八月の寺入りからはじまる。習うことは、商家の子弟に最低必要とされた手習いで、一一歳父の死没までつづく。こうした初等三年間がすむと、商人になる男子は、商家の丁稚《でっち》として親許をはなれる者が多かった。宣長さんは、半年ほどたった翌年正月から中等科ともいうべき手習いに斎藤さんへ通う。一年半だった。以上が商人になるための修学だった。

ところが、そこへ通いはじめて半年後の七月、宣長さんの生涯にかかわる学業が併修されることになった。岸江さんでの勉強だ。もちろん村田の出の母のはからいである。しかし、母を動かしたのは栄貞[*11](宣長さん)の知的な意欲、能力であったろう。それは、その三月実名をつけてもらったのを機に作られた『万覚』一冊(後述)を見るだけでわかる。

習った謡（曲名一覧）

一二歳七月～十一月	アリドヲシ（蟻通）	海士	呉服
シヤウ〳〵（猩々）	国ヅ（栖）	忠則（度）	小カ治（鍛冶）
三輪	田村	白楽天	通盛
陽（楊）貴妃	一四歳春～一二月	松風	清経
東北	兼平	千手	アツモリ（敦盛）
一三歳正月～一二月	頼政	一五歳正月～	実盛
江口	高砂	カキツバタ（杜若）	融
バセウ（芭蕉）	養老	誓（誓）願寺	
ウネ（采）女	柏ザキ（崎）	カヅラキ（葛城）	
弓八幡	櫻《セイ》（桜）川	西行桜	
竹生嶋	三井寺	羽衣〔又習〕	
羽衣	百万	朝長	
立（龍）田	ハン（斑）女	二人静	
源氏洪（供）養	東北〔又習〕	白鬚	
野ノ宮	八嶋	老松	
井筒	小シホ（塩）	加（賀）茂	

翌年に記した『日記』（宝暦一二年迄之記）に、「同（一二歳・寛保元年）‐七‐月自《ヨリ》。習《ナラフ》二書《シヨ》‐及《ビ》‐謡《ウタイヲ》于岸《キシ》‐江《エ》‐

之《シ》‐仲《チウ》老《ノ》所《ニ》矣。」とある。そしてその日記に付記の「万覚」に学習内容が見られるが、習った期間は、一五歳延享元年の年末元服のころに及ぶ。じつに三年半である。

この岸江老。名に栄貞は「シチウ」とルビをつけているのだが、桜井祐吉『松坂文芸史』は「元仲」と正し、人物について資料乏しいとするも、書家の一人として、筆蹟和臭を帯びず極めて豪放的と評している。之仲か元仲か、桜井説が筆跡からだけの判断なら、之仲が正しいかと思われるが、いずれにしても「岸江さん」とよばれる老儒だったろう。

学習内容に、「○習書物〔寛保元年七月ヨリ〕小学序　大学　中ヤウ　小学〔一冊習フ〕論語　孟子　小学〔又ハジメヨリ〕」とある。もちろん素読中心だが、入門とはいえおざなりでなく、くりかえし『小学』を教えるところ、それを重視して必読書とした闇斎学派の流ではないか。そうだとすると、浅見絅斎《けいさい》門の村田全次に近い人となる。

この人はまた、謡に通暁していた。「○同習謡〔七月ヨリ〕」にあげられた曲目は、別表で見るように、三年半で四九曲（内二曲は再習）。通行曲は二五〇番余だから、その五分の一（近世で百番程度がふつうだから、その二分の一）に達し、狭い趣味の教授とは異にしている。曲目の傾向としては、当世[注]流行とはやや異なり、古風か。指導は、ハヤシや舞をともなわない素謡いをまねし、くりかえすのだろうが、教育的配慮もうかがわれる。おそらく、儒による教養に併せるに、日本の古典教養をそこにこめる意識なのであろう。

（注） 近松浄瑠璃に詞句引用の多いベスト五に「松風」のみ。ベスト一〇「八島」「楊貴妃」が加わるのみ。

最初の「猩々」を見よう。筋は、唐土揚子の里の孝子高風が、霊夢で市に酒を売り富貴となる。いつも来て酒を飲む者あり、名をきくと海中の猩々という。月の夜潯陽江《じんようこう》のほとりで酒を設けて待つに、猩々出現し、飲み舞い、高風の人がらをめで、無尽蔵の酒つぼを授けたのであった。

五曲しか採らない五番目物から一つを最初にもってきたのは、いかにも導入らしく、孝子教訓物であり、筋が簡明、酔った猩々の舞（この曲の特色）の師の身ぶりに興味をもたせたものであろう。初学に発声し読んだことはいつまでも印象に残るものである。「これは唐土《もろこし》かね金山の麓、揚子《やうず》の里に高風と申す民にて候」と口まねし、「潯陽の江《え》の辺《ほとり》にて、〳〵、菊をたゝへて夜もすがら、……」と栄貞は吟むのである。

ここで注意されるのは、中国説話の取材だということ。一番おいて「楊貴妃」、また二番おいて「芭蕉」、中ごろで「白楽天」、と中国ものが組みこまれている。栄貞には、表儒書の裏づけとしての中国受容となったであろう。

しかし、最大のねらいは古典教養である。学習曲目から特徴を見よう。

まず、王朝物に材をとったものが最も多くて一一曲。その中心は、三番目物（女・鬘物）で、伊勢物語（「井筒」「小塩」「杜若」、五番目物の「融」を加える）や古今集（「采女」「立田」「高砂」「松風」、四番目物貫之集の「蟻通し」を加える）に、少ないが源氏物語（「野宮」、「源氏供養」を加える）など、歌・物語の優美・浪漫の世界である。

それにつぐ軍記物から一〇曲。一作品からでは最多の平家物語に取材の二番目物（男・修羅物）は、数少ない通行一六曲中からの八曲（「兼平」「頼政」「八島」「忠度」「通盛」「清経」「敦盛」「実盛」）と三番目物「千手」。平治物語の「朝長」もこの類にはいる。いずれも勇壮、悲壮の展開を見せる。なお、それらとかさなるが、源平盛衰記からは他に説話（「国栖」「葛城」「老松」）もあり、平家物語・源平盛衰記の占める位置は重い。

王朝物、軍記物いずれも能特有の神仏信仰が浸透しているのだが、それを主題にしたものが寺社縁起からの取材四曲（「竹生島」「誓願寺」「弓八幡」「老松」）である。

残りの多くが説話取材で、記・紀・風土記、また今昔物語集、撰集抄、中世説話集からの散発であるが、中世現在のものは少ない。義経記、曽我物語さえ各一曲（「二人静」「白鬚」）、通行最多数の四番目物（狂・現在物）九七曲中からがわずか六曲（内「柏崎」「桜川」「三井寺」「百万」は仏教にかかわるもの）にすぎない。中世は影がうすいといえよう。

以上、やや煩瑣にわたったが、曲名を克明にメモしているだけからでも、三年半にわたるこの習い物が、少年の理解をこえて身に沁みこんでいったことは当然といえよう。まとめれば、唐土に対する異和感のなさ、王朝とそのみやび・あわれへ向かう関心、武士の勇ましさと悲哀の同情、そしてそれら全体に貫流する神仏信仰、なかんずく浄土賛仰。反面中世の欠除も見逃せない。また、師の語（謡）を聞きとる集中力は後に資する所あったろう。こうした傾向が、ことば、字、書物による知識欲、儒書の学びと結びつき、最終年一五歳以降の広範な精神活動を促す力となったにちがいない。宣長さん形成に之仲老の影響は見逃せない、とわたしは考えている。

万覚・日記

栄貞の書き物について述べる。

一二歳。栄貞は之仲老に習う半年前の一月から、第二期目の手習いを斎藤老のもとでつづけていた。その三月、これまでの弥四郎という呼び名に、「栄貞《よしさだ》」という実名が定められた。これを機に記しはじめたにちがいない『万覚』という冊子がある。

今の小学校六年生にあたる少年は、商家の子らしくホゴの美濃紙を裏返し、四つ折りで冊子を作った。墨付表紙共三一枚の横本。表紙には、手習いの字らしく「萬覺」と大書し、小さく、右側へ「バン　カク」／「マンガク」／「カウ」、左側へ「ヨロヅ　ヲボエ　サトル」／「サムル」と読み仮名をつける。裏表紙裏には、「榮貞」と大きく書き、小さく右側へ「ゑい　てい」／「ヨシ　サダ」／「サカエル　サダムル」、左側へ「やうぢやう」／「榮貞　榮貞」としるす。現存する宣長さん筆記の最初のものだ。メモは七年後山田へ養子に行く前月あたりまでかと見られるが、初め三分の二はこの時の記載で、「書き魔」といわれるほどに有名なメモ癖はこれよりはじまる。これは貝原益軒の『万宝鄙事記』（八冊二〇門、一七〇五年）からの抄出筆写である。

筆写の要領は次のようである。原文は『鄙事記』、傍線右は栄貞。冒頭、

▲夏月《（ナシ）》、衣のかびて色付《いろづき》たるには、冬瓜の汁を用浸《ひたし》し洗《あら》ふべし、其あとなし。物類相感志《（ナシ）》に出たり

第一衣服六五項から順に三二項、第二営作四四項から六項、第六刀脇差一四項から六項、第七収種法一八項から「たねまく法」として七項、第八花一〇項から五項、第九香一二項から九項、第一〇火四三項から三一項、第一一紙細工三八項から二一項、第一二染物二〇項から四項、第一八食禁六〇項から三一項を抜いて「此外是内于同食不物、略レ之《コノホカコノウチニドウシヨクセザルモノタタアリリヤクス》」と記し、ついで第一九用薬五六項から一項だけを抜き出す。計一六四項。

原書から「器財」「墨筆紙」……等九門を落としているが、以上で内容は推察されよう。庶民の日常生活に必要な諸知識の摘要である。近世を通じて町人初歩の教訓であった『長者教』（一六二七年以降何度も刊行）中「けいこすべき事」四首の歌のうち、

一　ものをかき、さんよう・めきき、いしや、しつけ、りやうり・ほうちよう、こころへてよし

三　かりそめに、ならひてよきは、しよたひがた《所帯方》、さてよ《余》の事は、人によるべし

にあたり、しかも歌の冒頭「ものをかき」の実践である。また、それが大実学者益軒の著への入門であったことが重要な意義をもつこととなる。

この『万覚』は、宣長さんの「経験主義の萌芽」（佐野正巳『国学と蘭学』）、「多面的な性格の一端」（大久保正・全集解題）として評価されるが、それはまさに商家の子としての利点であり、栄貞はとにかく商家小津をつぐべき道を歩いていたのである。

一三歳。「日記」（宝暦二年迄之記）が書きはじめられる。経歴のはじめからこの年一二月一六日の半元服までが一筆であるから、その記念の起筆だと推定される。

「生《ウ》‐国《クハ》者。伊‐勢《ノ》‐州《クニ》。飯‐高《ノ》‐郡《リ》。枩《ツ》‐坂《ガ》。本《ン》‐町《ナリ》 矣。」ではじまる。漢文体であるが、ごらんのとおり、読み誤りを避ける初学向け寺小屋風の訓点で、後出で秊（ネン・年の本字）などを使ったりしているのは、之仲老の指導によったか。また、記述中、人物の法名を記すに、亡父は「道樹」とだけ訳すのに、母（「清誉光雲」）、母の父（堅誉元固大徳）にはフルネームを記すのは、村田の家寄りの指導だったろう。

一四歳。書いた時期を明記したものが二つある。

『新板天気見集』小横本一冊、墨付八枚、九月二四日成る。書名といい、識語の年月日とフルネーム（「小津弥四郎栄貞」）といい、著書気取りである。山田勘蔵氏いわく、「最初の宣長稿本。俗間の天気予報の聞き書。学者的素質を見るべきだ。周到な編集ぶり、分類し順序よく記述し、漢字語彙共に豊かである」（「宣長誕生と少年期の稿本」）。気象学者根本順吉氏いわく、「当時世間に流布していた天気俚諺をおよそ九十余収録したもので、一冊の本を筆写したものか、何冊かからの抄録かはよくわからない。A（漢籍うけうり型）B（民間伝承型）の中間で、どちらかといえばBによほど近い。当時行われた他の俚諺《りげん》集と比較してみると高い科学的内容を持ったもの。若年の頃から天気について、かような関心を示した者が日記等の記載において、天候をどのように記載するかは甚だ興味深い」（全集月報一六「済世録記載の天候について」）。

実はこれも前出益軒の『万宝鄙事記』の抄出。『万覚』で省いた巻之六の第一五占天気一四三項から順に六九項、つづく第一六月令四六項から一〇項を抜写した。計七九項。筆写の要領は『万覚』と同じである。冒頭、〇日▲赤き雲気日《(ナシ)》の上下に有時は、大風《ふく》いさごをあぐ。但し色変ぜずして、やうやくうすくなるときは《時》、晴て又風もふかず（施線右側栄貞）

根本氏説のように、こうした関心が、後年の『日記』および『済世録《さいせいろく》』で、簡単であっても、その日の天候の記録を欠かさないようにする習慣へとつづいたか、と思われる。

『円光大師伝』正しくは「我朝念仏弘通元祖円光東漸大師伝」とある。円光大師は浄土宗の開祖法然上人源空のこと。巻子《かんす》で一巻、細字でぎっしり書きつづけられている。一〇月七日に成る。

はじめに簡単に大師の家系を記し、「抑《ソモ〈》大師は美作《ノ》国久米の南条稲岡の人なり。父は久米の押領使漆時《ノ》国。母は秦氏也。子なきことをなげきて。夫婦心を一《ツ》にして仏神に祈《リ》申《ス》に。母は夢に剃刀を。のむと見て則《チ》懐妊す。」（フウン、申し子とはこんなことかと思ったろう。子なきことをなげきてという語句は、後に自分の場合〔『日記』の表紙裏〕にも使われている）、この誕生から、釈尊と同じ八〇歳壬申の歳の入滅まで、逸話風に抄出し、あと数項その後を付記、末尾「御入滅より今年まで五百廿九年」と結ぶ。「今年」とは元文五年だから、この抄写は三年前に成った書（書名未詳）によったことがわかる。

宣長さんの仏教信仰については、別にあらためてとりあげることにするが、とにかく栄貞は、父系、母系ともに熱心な浄土信仰の家庭に生まれ育った。篤信の母のはからいですでに一〇歳のとき樹敬寺*12の授戒会に加わり、走誉上人より血脈を受け、法名英笑を授かっていたが、このたびの抄写から三か月後には、融通念仏、その翌月には一〇万人講で、念仏日課百遍を修している。その翌年一六歳からの書目収集『経籍』では、最初の貝原益軒『和漢名数』の引用につづき、浄土三部経を筆頭に大挙九三の経典名を列記するなど、後の京都留学中友人宛書簡に「僕也不倭少来甚好レ仏」と書く、その「少来」の出発点としてこの『円光大師伝』は位置づけることができよう。

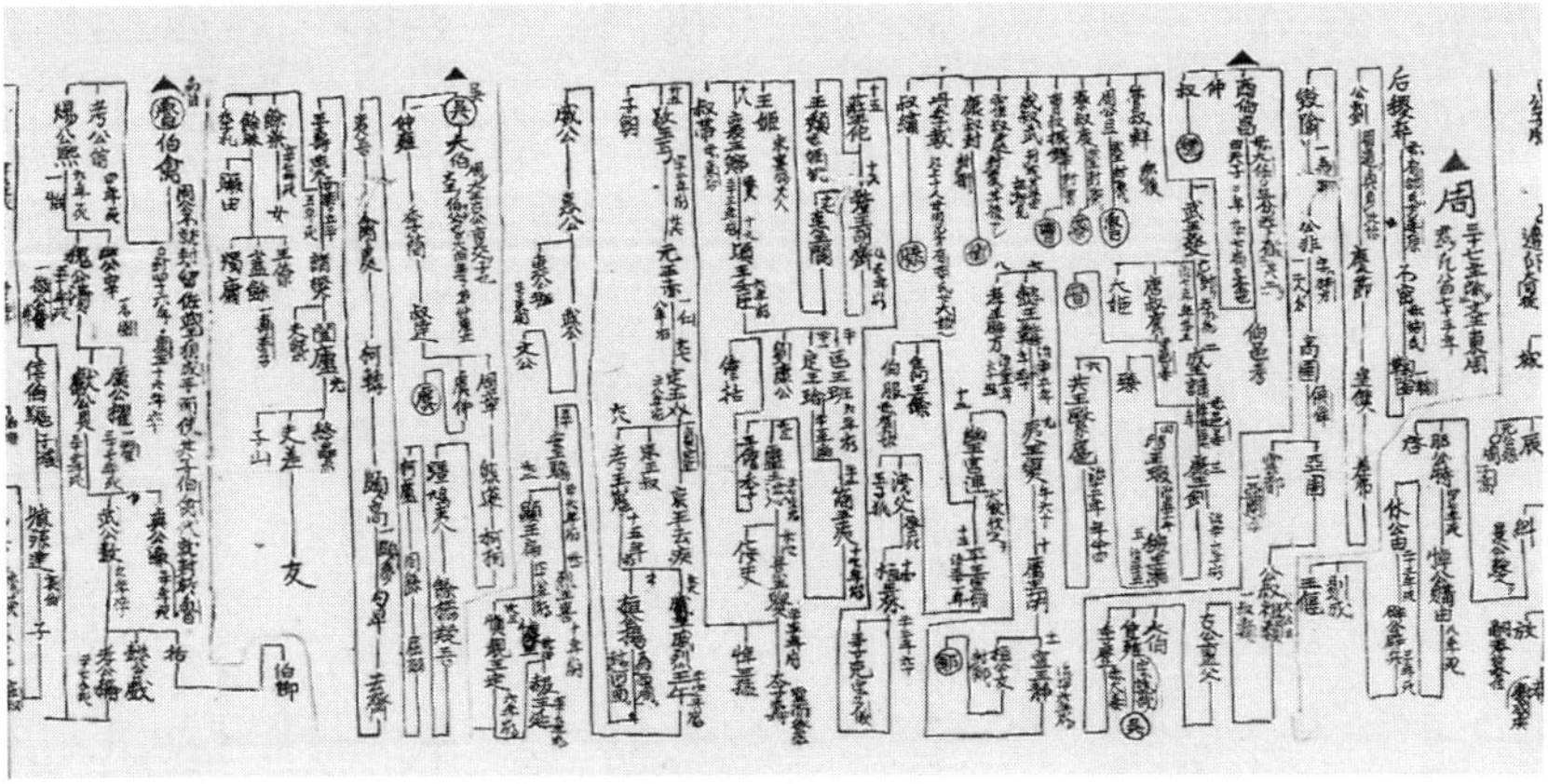

『神器伝授図』（部分）

志学・元服

一五歳。古来志学の歳である。之仲老へ通いはじめてから四年目・栄貞には学問志向が固まりつつあった。栄貞は、学者らしく字《あざな》をつけて書き物に記名する。「小津真良」（『宗族図』、『神器伝授図』）、「小津弥四良真良」（『中華歴代帝王国統相承之図』）、「小津弥四良真良栄貞」（『職原抄《しょくげんしょう》　支流』）。「真良」はシンロウと読んだのだろう（弥四郎の「郎」を「良」と記している。ヤシロウにヒントを得たか。もちろん意は「真の男」のつもりだ）。

『宗族図』　楮紙一枚、「八月六日夜書レ之」とある。内容は、「宗族（父党）図」「母党図」「妻党図」「婚姻図」の四者から成り、夫婦、父子、昆《こん》（兄）弟のつながりを線で結んで図示、系累の称呼を記している。「宗族」は己より四世の祖（高祖王父）、八世の孫（雲孫）までに四五親、「母党」は己より三世の祖（外祖王父）までに一一親、「妻党」は二五親、「婚姻」は一七親で他八語の釈をつける。以上もちろん例の細字である。どういう書からの写しか未詳だが、一三経の一つ『爾雅《じが》』の「釈親」の記述が基礎になっている。

寛永一八年からの徳川氏による武家系譜の編纂（『寛永諸家系図伝』[*13]）以来、一般でも系図・系譜づくりがはやりはじめ、儒教、神道、和学などでとりあげられること多く、考証に大系図などを使う系図づくりを業とするものまで現われるに至る。村田家の元次には「神系図」（正徳元年序）の小著もあるが、儒では、全次の師で名分論に厳しい浅見絅斎の『氏族弁正』（元禄元年刊）、考証の伊藤東涯『釈親考』（元文元年刊）など論議引用されることも多かった。

栄貞の『宗族図』もそれらの延長上にあるのだが、わずかこの一葉が、ひきつづく「神器伝授図」「中華歴代帝王国統相承図」の系統図、翌年の「本朝帝王御尊系幷将軍家御系」（小津真良・「真良」の字は一七歳までつづく）の写しへつづき、精巧な地図制作を伴なって、一九歳延享五年の創作「端原氏物語系図・城下絵図」に達する。後年には、『本居氏系図』――「本家譜」のほかに、別家や歴代の妣《ひ》・姻《いん》の系譜、手代略記までを備えた大規模のものへと発展する。学問にかかわるものとして、源氏物語の年紀考や年立の方法、古事記伝に『爾雅』を使いこなした考証などには、かの出発点からの関連を見ることもできるはずだ。

『神器伝授図』巻子、一巻。「神器」は天下、帝位の意味である。中国三皇五帝以来清に至るまでの統治者の変遷を線でつないで図示し（「歴代帝王国統相承図」と肩書き）、あとへ、歴代（上下略）、沿革の批判を漢文で簡単に注記しつづけた。原本は絅斎《けいさい》系のものか、わが国皇統との比較の意図がうかがわれる。九月一日に書き終え、同三日に、その前半を整理浄書したものが『中華歴代帝王国統相承之図』（一通）である。翌四日から『職原抄支流』の抜写にとりかかる。

『職原抄支流』『職原抄』は北畠親房《きたばたけちかふさ》の『神皇正統記《じんのうしょうとうき》』につづく有職《ゆうそく》の書。漢文で書かれる。神祇官・太政官・令外官の各官職の位階・唐名、起源沿革・職掌・定員を記し、任用の慣例・家格など強調、周礼に拠る所が多い。室町期に一条兼良《かねら》や清原宣賢《のぶかた》の注解もあるが、有職のほか、神学、歌学の教養書として、近世に入ってからは百数十種もの関連書が作られている。有職故実を講釈する者を称するに「職原者」ということばさえあった。弘く行われたのが、儒者南部草寿《なんぶそうじゅ》の『職原抄支流二』（天和三年刊）である。著者は元禄二年没、『徒然草諺《げん》解《かい》』五巻の著がある。

栄貞は、これも全次か之仲老の関係で抜写に着手したものだろうが、有職の細密な知識はおのずから堂上雲上尊崇の念を導いたものであったろう。また、末尾の付図（宮城指図、禁裏指図、八省院図）には、その方面（地図、絵図）の趣味と能力――精確さ・器用さ・辛抱強さ――をすでにじゅうぶんうかがうことができる。

『赤穂義士伝』*14 数日間の談義の聞書。巻子一巻。

予、延享元年九月の比より、樹敬寺ニて実道和尚説法次ニ、播州あこノ城主浅野内匠頭長□の家臣、大いしくらの介藤原のよしを已下ノ家臣、主ノ敵を討シ物語をせられしを、我愚耳ニきゝしとをりヲ書シルシをく也……凡ソ此事をしるしたるもの、廿余とをり有とかや、此レハ大石ノしゆかんと云書を以て説といわれたり

としてはじまる。

元禄一五年（一七〇二）一二月一五日の赤穂浪士の討入りは世間を沸かした。儒者には賛否の論がつづいたが、大勢は義士、忠臣として定着、とりあげる浄瑠璃・狂言は相つぎ決定版『仮名手本忠臣蔵』（一七四八）に至る。それら都市での上演のほか、読み物としての浮世草子・読本や義士伝物といわれる実録物（講談本）がつづき、これに類するものとして、各地をまわる説教者（談義僧）による弘布もあった。「実道和尚」の樹敬寺口演もその例である。

わたしは高校の国語教育で機器を使わぬころからの聞書《ききがき》指導もしてきたが、栄貞のこの聞書はかなりすぐれていると思う。

「ワスレ」（七か所）、「(略)」として「ハラソウ右衛門親子別レノ事」の調子で見出しだけの項（二〇か所）、と明示し、けっこう（(略)の場合はかえって）首尾は整っている。また、その表現を見るに、一例、

くらノ助ハ子息ヨシカネニ火鉢ヲ持マイレトイフ、ヨシカネフシンニ思ヒ、今四月ナルニヒバチノイル事ハ

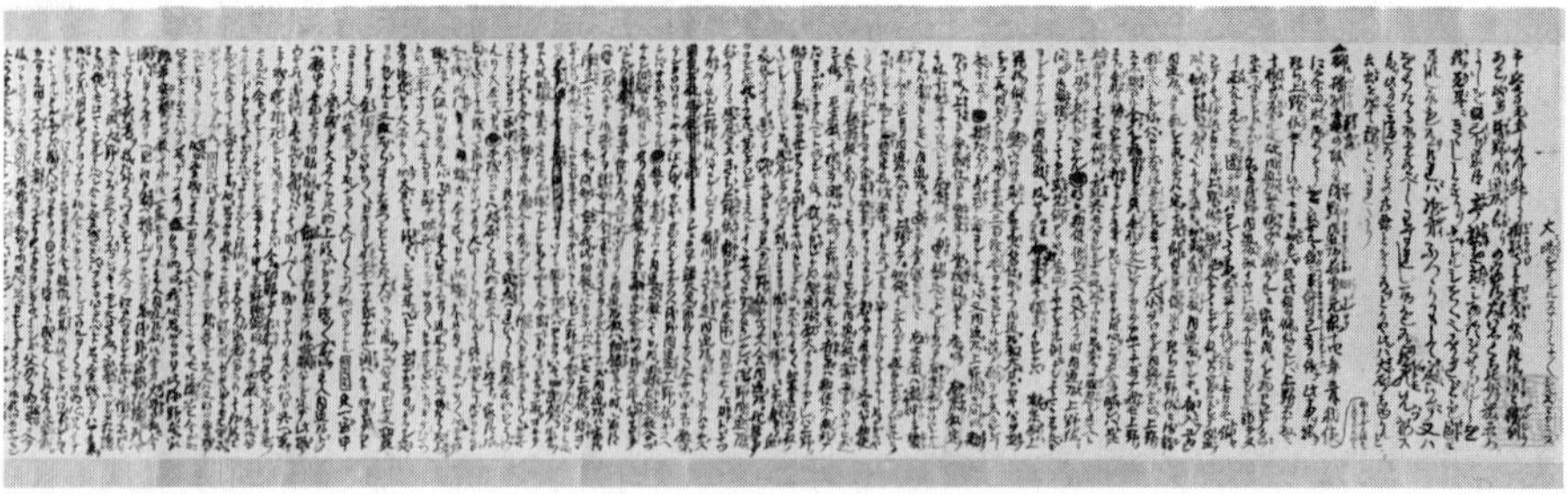

『赤穂義士伝』（部分）

フシンナリトハ思ヘ共、マヅ持テユキケレバ、くらノ助カノ連判伏《（ママ）》ヲトリ出シ、ヒキサキテヤキスタテリ、ヨシカネカタハラヨリコレヲ見テ、タチ出テ父ニ言曰、親人切《（ママ）》服シ玉ヘ、其元心《ノ》ヲ今《ャ》ワレシリタリ、今マデハカタキ討。トイフテ城ヲバワタシ、今又命ノオシサニヤキステニゲンカクゴ、今我親ナレドモ、主人為《ノ》ニハカヘガタシ、今切服シ玉ヘ、カイシヤクセント云、反答《（ママ）》イカント云ニ、クラノ助ハわざとイワズシテ、心ヲヒキ見《ン》タメニ、其《ノ》イ、ワケナシ、而バナニトスルト云バ、ヨシカネ、シカラバウチハナタント討テカヽル所ヲ、クラノ助タチマチトッテヲサヘ、今我連判状ヲヤキシハ、モシ人《ノ》目ニモカヽリナバ大事ノ事ニ及ブ、又コレナクトテモ、誠ノ侍ハ心カワル事アルベカラズ、然《レ》バヤキステタリ、而ニコシヤクナヲノレメガトハ云ドモ、心ノ内ニハアッハレ出カシタト思《ヒ》ケリ

の調子で、口演の口ぶりが栄貞のもつリズム（おそらくこの種の物は読みなれていたであろう）とかさなって生きている。記憶力というよりむしろ聞きとる力であろう。それにはや習慣化した筆記の能力が結びついている。

では、栄貞は何に関心を示しているか。枝道を略して事件の筋を追っていく、つまり事実のテンマツを追うのが特徴だが、ことに長文でくわしい部分、場面でいえば、官使に赤穂の城をあけわたすクラノ助、上野《こうずけ》殿をさがし首をうちとる場面と前後、この点は普通の少年の興味とあまりかわりない（編中「あはれ」の語は一つもない）。

ともあれ、これまでの抜写とちがったこの聞書体験は、栄貞の心に何らかのひろがり、ふくらみを残したにちがいない。その中には、事実と物語の識りなす世界、いわば物語的事実の世界への開眼もあったと思われる。読書求知の域ばかりでなく、二、三年後の端原氏物語の構想などにもつながりを見ることができるのではないか。なお、赤穂義士そのものへの栄貞の興味が上京留学中へもつづいていくことは、『日記』や『経籍』にも見ることができる。

一二月二一日、栄貞は元服する。区切ってこれまでを第一期としたのであるが、園芸でたとえれば、培養土づくり成り、種子が置かれた段階だ。はたしてどのような芽を出すのかは第二期以降の問題である。目下のところいろいろな可能性は予見できるものの、ほぼ確実なこととしては、母の村田の家風に近く、商家小津ばなれの方向だということである。

第二章　京へのあこがれ

（一）修学旅行

第一回京都旅行

栄貞《よしさだ》は一五歳の一二月二一日に元服した。元服はふつう一五歳以上で、商家の子弟は一二、三歳で丁稚、五年経た一七、八歳の元服がふつうだった。栄貞の場合は、その成人を待ち望む母のはからいで、年が明ければ、夫の遺言どおり商家小津をたてるため、江戸へ商売見習いに立たせることも考慮されていたろう。

記念というより、母からのはなむけが京都旅行だった。留学以前の栄貞の京都行きは三度だが、いずれも似た意味合いをもっている。

第一回　一六歳、延享二年二月一一日から三月三日まで、一三日間（江戸行前）

第二回　一九歳、延享五年四月五日から五月六日まで、三一日間（山田養子前）

第三回　二三歳、宝暦二年一月二二日から二月四日まで、一三日間（上京留学前）

（ふつう、関か坂下、石部か草津での二泊をするから、往復の六日を引いた日数が正味の在京である）

ところで、商家小津の活動の中心は江戸であったが、母方村田の方は京都であった。京都柳ノ馬場三条に松坂桜屋町木地屋村田伊兵衛＊15の店があった。母が唯一頼りにするのは弟（栄貞の叔父）清兵衛＊16で、松坂新町の木地屋別家を継いで始終上京していたし、村田の家から上京すれば泊る定宿ごときものさえあった。先斗町《ぽんと》〔栄貞は千斗と書く〕糸屋久右衛門宅で、上掲第二回、第三回のときのように、この第一回にも泊ったろう。宝暦七年母たちが上京したときも泊っている。少年にとって京は、親しい、かつあこがれの地だったったろう。このあこがれは終生のものとなるのだが、では、今、どんな意味でのあこがれだったのか。

この第一回の場合、『日記（宝暦二年迄之記）』には、こう書いているだけである。

> 同（延享）二［乙丑］二月、北野天神へ参ル［二月廿一日ニ立チ、廿三日ニ京ニ着、廿五日天神へ参、三月一日京ヲ立、同三日ニ帰ル］（［ ］内は割注）

「天神参り」で代表されるこの旅行の前後をもう少し拡大してみよう。さきに述べたように、前々年には『円光大師伝』、前年には真良と字をつけて『神器伝授図』『中華歴代帝王国統相承之図』や『職原抄《しょくげんしょう》支流』を抄写していた。そして、旅行出発の一〇日前には『経籍』の記載をはじめるが、帰着一〇日後には、『本朝帝王御尊系并将軍家御系』、さらに一五日後には元禄一二年の『雲上明鑑』を写しおわっている。その間に『松坂勝覧』[*17]を編集した（紀州藩家中諸役人の氏名を列記した『紀州御家中付』一冊はその別冊補編か）。それから二〇日後、江戸へ出立。満一年後帰らされる。

さて、『円光大師伝』に関連してだが、円光大師法然は父祖伝来の信仰の対象、かつて法然が庵住し後に遺骨を納められた浄土宗総本山知恩院は信徒の栄貞にとって心のふる里の感じであったろう。あとの二回と同じく、この回もまず参詣したにちがいない。

次に『職原抄支流』の方だが、『職原抄』は近世上方知識人の教養の一つであった。八〇年ほど前、京の北村季吟三八歳の日記に、「朝職原昼つれづれ夕に源氏よむ」とある。「よむ」とは、当時一六歳の三井家の近次（後の秋風）をふくむ門人らへの講義のためである。『職原抄』は、徒然草や源氏物語並である。宣長さんも、後年、古今集についで明和八年から二年間講釈している。それは有職故実の内容だが、それを知らずに「都」を説くことはできない、端的にいえば、天皇国家いわば「天子様」の尊貴を説くもの。栄貞筆写の末尾の、禁中禁外の指図が示すものである。旅行から帰った栄貞がすぐに、前年の中華物書写と対照的に、皇室の系図『本朝帝王御尊

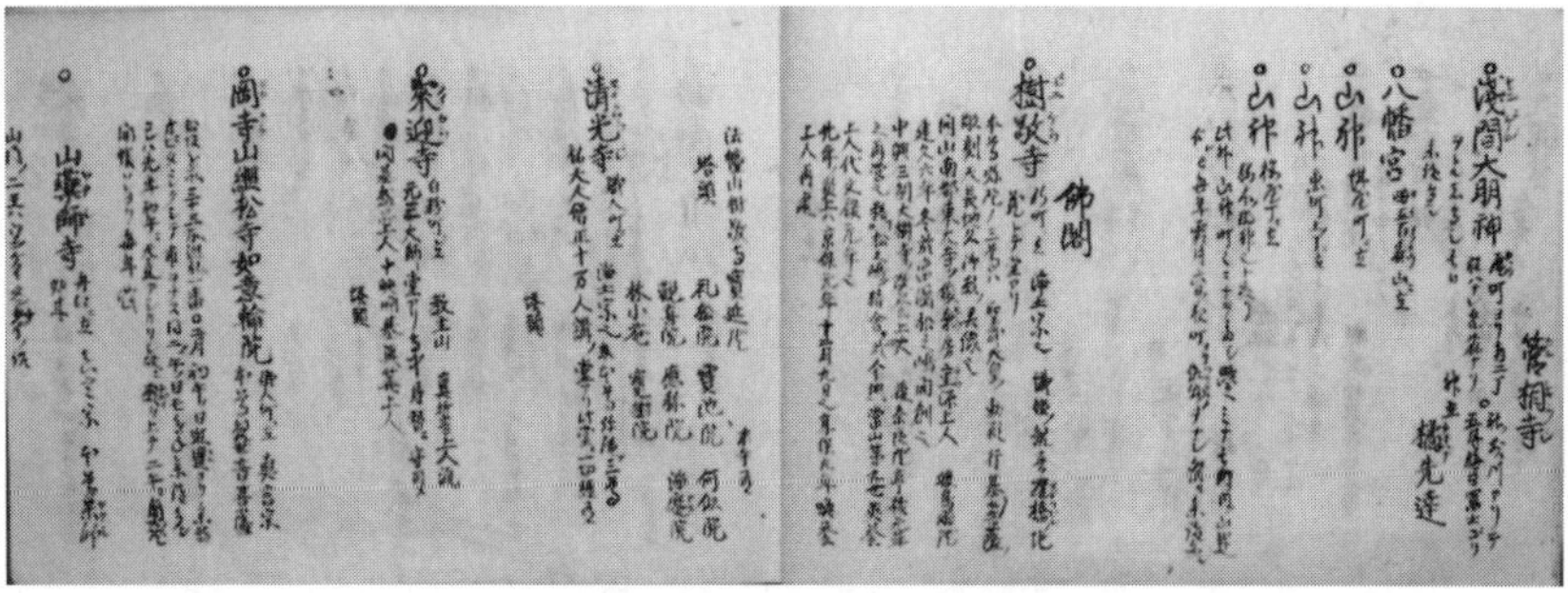

『伊勢州飯高郡松坂勝覧』（部分）

系幷将軍家御系』二四枚、元禄一二年現在の皇室皇族公卿の紋所入り名簿『雲上明鑑』一九枚の筆写へ発展したことは明らかである。旅行出発一〇日前に始まる『経籍』にうかがえる志学のあかしでもある。

さて、京都帰りの栄貞はもう一つのしごとにとりくんでいる。ひと月前からの『経籍』のきっかけがなじみの貝原益軒《かいばらえきけん》の著であるが、こんどもその著『京城勝覧』（別名『京都めぐり』、栄貞は旅行のガイドに使ったか）が、郷土の地誌『松坂勝覧』を編む刺激となったようである。

この『伊勢州飯高郡松坂勝覧』は「勝覧」（名所めぐり案内）の語をつけたが、その内容はむしろ、翌年に始める『京志（都考抜書）』編で同じく使う京都概要の地誌（『京羽二重』等）にならい、その小型松坂版となった。わずか九枚の小冊ではあるが、沿革・諸方よりの道法《のり》・御城・神社・仏閣・松坂町分（京の町にならい竪・横）拾遺（近辺の神社仏堂名所）・年代記に分け（傍線部が詳しい）、地誌類にならって簡潔に解説をつける。後補や未補充（一九）の個所もあるから、自編の稿本と認められる。調べた内容もよく整理され、何より都に対する目で松坂を眺める郷土意識が興味深い。また、このたびの上京を機に京都の地誌を読んでいたこともわかるが、さらに、江戸から帰った翌年に腰をすえて『京志』ノートにとりかかるきっかけとなったことも推察である。

江戸での挫折

江戸行きを付記しておこう。『日記』（宝暦二年迄之記）には、元服、北野天神参りにつづき同筆で、

・同（延享二年）四月十七日、趣《ヲモムク》㆓于東武江城《ニ》㆒［同廿六日著《ス》㆓江戸《ニ》㆒］居《ル》㆓伯父（ママ）源四郎《ノ》店《ニ》㆒（大伝馬町一丁目）

・同三年三月廿六日、起《タチ》㆓武江《ヲ》㆒、四月九日帰㆓著《ス》本国《ニ》㆒

と記すだけである。後年、「家譜」へも、「留《ル》㆓大伝馬町孫右衛門家《ノ》店《ニ》㆒」「自㆓江戸㆒帰」の二項だけだし、『家のむかし物語』の自伝回想には江戸下向のことさえふれない。

「孫右衛門家ノ店」は隠居家とよばれる別家の木綿問屋で「伯父源四郎ノ店」と同一のこと。伯父は叔父とあるべきで、亡父の実弟源四郎躬充が隠居家の当主だった。義兄のはからいで、父の遺産のうち四〇〇両がそこへ預けられ、その利子が栄貞らの生活の資となっていたのである。

江戸で最繁華、暖簾きそいはためき、人と荷が渦まくような大伝馬町、そこでの商売見習いである。店の活動の中心となる手代《てだい》は皆年長、丁稚の中にも年長はいたろう。特別扱いされる栄貞が、いかに器用で辛抱強くても、早速の適応は望むべくもない。まして、日々の生活ときたら、

一、算盤手習の外、稽古事堅く相成らず候
一、歌はいかい等堅く無用たるべき事
一、読本之儀一切相成らず候事

（名古屋・水口屋「店方掟書」より）

名古屋と江戸とで、また店によっておのずから相違はあろうが、店の基本は同じことである。真良と字《あざな》をつけ、志学一途に進んできた栄貞に堪えられるはずがない。店でも、本人にも、その商人不適格は認めざるをえない。江戸にあること満一年（前年一二月が閏月）、帰郷となったのである。

挫折や悲しみの中にも少年は栄養をとる。栄貞は、自分の不適格と同時に商人というもの（生業と身分）を見

つめた。天下の江戸から、天下というものに目が開いた。さらに、江戸と京との差異を確かめることができた。江戸から帰った一七歳の栄貞を今さらのようにかりたてるのは、天下の学者志向で、『経籍』での和漢古今の展望、早々「大日本天下四海画図」の制作、ついで京都に関する知識の集成『京志』の抜書、その付図としての「洛外指図」*18制作となる。そしてこの「指図」の署名は「本居真良栄貞」なのである。商人離れを意味する「本居」姓の登場である。

第二回京都旅行

初回が江戸行きの前であるのに対して、三年後の今回も山田養子の前だが、今回（四～五月）は、山田養子の事定まったのが七月で、母からのはなむけとはいいがたい。しかし、母は亡夫の遺言を実現しなくてはならぬ。江戸失格の今や、栄貞の商売が物学びと両立しうる養子を考えていたのは当然で、その結果が山田養子になるので、旅行の趣旨は前回とかわりない。

一六歳の初回が「天神へ参ル」とだけ記されたのとくらべ、一九歳のこんどはくわしい。すでに心定まっての余裕からか。『日記』中の「万覚」に、「同（延享）五年〔戊辰〕四月、近江州多賀ニ参ジ京城ニ入ル、同五月上旬帰郷、其期ノ記」として、四月五日出発、五月六日帰松までの三一日間、毎日のメモを残している。

多賀大社から石山寺・三井寺、京へ入ってから一二日間、船で大阪へ下り四泊、船で宇治へ寄って京へもどり七日間。なかに無記入が京で五日（うち二日は雨天）あるが、訪れた社寺名勝は延べ九三個所にのぼる。延べというのは、三回も訪れたのが祇園と清水寺。二回が正林寺、知恩院、長楽寺、東大谷、高台寺、錦天神宮、誓願寺、下賀茂、真如堂、北野天満宮。

宿所から近い洛東が多いが、中での目玉は知恩院。お座敷拝見をし、昔郷里の樹敬寺二三世超誉上人の弟子でここ総本山の四四世となった通誉上人の塔に参り、大僧正から十念も授かっている。禁裡、仙洞御所、御公家方の御屋敷もまわっているが、よかったのは一九日「葵ノ御祭拝見」だった。離れた北野天満宮へも二度参詣、大坂でも天満天神宮は欠かさない。おもしろいのは、京と道頓堀とで二回芝居を見ていることと、最終二日で朝鮮人の入洛と発足を見ていること(帰松後、「朝鮮王使来朝」という江戸入城の次第を写している。江戸城入りの勢ぞろいする街大伝馬町も思い出したか)。以上には、関心興味の方向があらわれている。

前年一一月末まで一年四か月をかけて作っていた『京志』(このあと『都考抜書』[19]と改称)は三冊となり、計一一五枚、筑摩全集本で二一五ページ。貝原益軒の『京城勝覧』をはじめとする地誌類、『神道名目類聚抄』などの神道書、文学作品『徒然草』『平家物語』『伊勢物語』などから抜き写した、一種の京都総覧である。こんどの旅行は、その現地踏査ともいえるものであった。各所をまわりおえた栄貞には、京洛が完全に身についた、と思えたであろう。

前回の「天神参り」につづけ敷衍すれば、昨年からはじめる『栄貞詠草』に、この年こんな歌が残っている。「天満宮に読て奉り侍(り)ける」として、

君が世をまもる心を筑紫より移り北野に瑞《みづ》の玉がき　(筑紫…尽くし、北…来)

今のこどもが絵馬を納めるように、こどもっぽいこの歌をほんとに北野天神へ「奉」ったかもしれない。菅公賛仰、学問成就の祈願である。

この旅行の半年後、山田養子の直前にメモした「日々動作勒《ろく》記」でも、毎朝の礼拝に、初めごろと最終にくりかえすのは、「五城鎮護八幡大神宮」につづけて「洛陽北野天満大自在天神宮謹請再拝再拝ツツシミ敬テ遙ニ拝シ奉ル」であった。礼拝の対象中に後年の吉野水分神は入っていない。水分神申し子の優越意識はまだ持ちようもない青年であった。菅公崇拝も世俗的な信仰だったろうが、さすがにそのころ、『須磨ノ記』という菅公左遷

を略記した本をさがしあて、「天神ノ御自記ト云リ」とし、四項簡単なメモを『都考抜書四』に残している。後年宣長さん自身「いみじき偽書」のサンプルにあげている本だが、菅公に随従した白太夫が、養子先山田も同じ、妙見町出身の松木春彦だというのに関心をよせたものだろう。

　このようにして、学問志向は第三期へ継承されていく。

（二）物学びの軸『経籍』

だれにでもやれること、ただやらないだけ――これが『経籍』である。帳簿の反古裏を使った四

起筆

二枚の小型本一冊、なかにびっしりと書目が集められている。表紙に「経籍」とするし、その両側に「延享二歳乙丑」「二月中十壹日」と割り書きするから、栄貞一六歳、元服後二か月足らず、京都旅行の一〇日前、江戸下向の二か月前の着手だ。裏表紙には例の「小津真良」と署名する。こう書くと、少年志学の深刻痛烈な意志が想像されるが、この記載がその後一二年間も継続されて、収載三、五〇〇書目にものぼり、少・青年期物学びの年輪を刻んでいった、という結果までは本人も予期せぬところだったろう。江戸下向までに先述のような数種の念のいる抜写や編集にかかり、それらをしあげているから、そう思う。永続は念頭にあったとしても、急発進してこのことだけに熱中没頭した。できた、とは考えられない。

　事情は恐らくこうだろう。「はじめて本を読む時には、まず文句が短くて読みやすく覚えやすいことを教えるがよい。………和漢の名数の一覧表に書きあつめてあるのを暗記させて、すっかり覚えさせるがよい」という教育論（『和俗童子訓』）から栄貞なじみの貝原益軒が著した『和漢名数』*20を手にして、その「第十一経籍類」に至

り、そのメモをとることを思い立って始めたものにちがいない。

「▲本朝三部ノ本書○旧事紀ワ雑十巻古事記ワ雑三巻日本紀ワ雑三十巻」からはじまり、「▲本朝六国史」、「▲本朝律令格式書ノ」、「▲二一代和歌集」の順であげる。これは見出しも順序も、もちろん中の書目も原典と同じ。ただ、下注（解説）は大いに簡略化されている。例えば、原典「旧事紀　推古天皇二十八年。厩戸皇子、蘇我馬子奉レ勅撰。凡十巻。自二開闢一迄二当代一」が、「ワ雑十巻」となる。無注の所はそのまま、またところどころ「今亡」「今世ニ行フ」（原典「今行于世」）などもそのままである。

つづき、「▲二一史漢也」、「▲三子」、「▲五子」、「▲七書」、「▲三大書」も同じことである。三大書の下注（宋太宗名士ニ詔スルトコロ各千巻）は原典と同内容の記述である。以上で計七七書目。

ところが、そのあと、五経、四書、九経は原典にない巻数付記や順序、解説に相違があるなど、次につづく「▲浄土三部経」以下九三の経典名とともに、他に原拠をもつこととなる。五経……はだれかに聞いた補記、仏経は樹敬寺での取材が想像される。

このあと、段を改めて、「以下雑記」とし、「▲公事根元記ワ神」以下一見無秩序な列記がはじまるのだが、これは翌年江戸から帰ってからの本格的な継続記述だろうと思う。

記載時期の問題

筑摩版全集第二〇巻で『経籍』がはじめて翻刻される（一九七五）と、並行する時期の『都考抜書』や『和歌の浦』等との対照が、まず、少・青年期の探求に必須だ、とわたしは思った。『経籍』は佐佐木信綱の紹介（『賀茂真淵と本居宣長』）以来、裏表紙の署名「小津真良」に神童として脱帽するにとどまってきていた。全集では校訂者の大久保正氏も、「少・青年期の宣長が、間接的にもせよ、これだけの書籍の名を知り得たことは驚歎に値いする」とするが、「山田の今井田家にあった寛延二年（一七五〇）二一歳までの間に書継がれたもので、京都遊学中の追記の前に、『今華風』の署名が大字で記されている」（解題）とした。この見解が今まで踏襲されている。それに対し、わたしは、本文記入の下限を在京留学をおえ帰松してくる二八歳宝暦七年までさげる、としてからもう一〇余年になる。

証拠は、細かく見ればいくらも出てくるようだが、確実なところを一つあげるだけで成り立つのだ。

本文末尾の方、最後から一五三目めに「南嶺遺稿ワ」とある。これは刊記宝暦七年九月（序九月末、跋一〇月）の本である。記入に「ワ」とするだけであるから、出版予告などで拾った名かとも考えられるが、そうではなく、現物について写したものである。というのは、そのあと二五目の「園記ワ」から一七目「本朝古今刀釼録ワ壺井」までは、原典で同じ順に出現するのである（厳密には、五番目と六番目が逆転しており、最後の直前に無関係の漢詩集一目がまぎれこんでいるが、大勢から見逃してよいだろう）。つまり、宣長さんは、刊記宝暦七年九月以降に実物にあたっているのである（『随筆五』の『南嶺遺稿』摘抄もこの時期だろう）。

じつは一〇月三日には京を離れる、おしつまった時点であるが、このあと残りの一〇〇目ほどなら、同じ調子で四、五の著から収集されたと推定して無理はないだろう。例えば、その中の「小説奇言五カン」では、同書付載の翻刻予告から六目が採られているように。

こうして、『経籍』記載の下限を二八歳京都留学から帰松するころと推断するのである。

では、本文末尾の後、四一丁表の例の「今華風」の署名はどうなのか。宣長さんは冊子記入はじめにその冊子末尾に署名することもある。げんに、裏表紙の「小津真良」がそうだし、『都考抜書五』では、巻末寛延三年六月と記しながら、同年一一月まで『日本後紀』を写しつづけている。他にも例がある。「今華風」も、おそらく今井田養子の際、思いを新たに加え記したものにちがいない。

さて、このように本文擱筆の時点が大はばに延びて、執筆期間が六年から一二年半余にもなると、『経籍』の価値も大はばに増し、少・青年期文献の主軸となる。成長いちじるしい時期のことゆえ、これだけでも、また他の文献との関連の上からも、あらためて考察に進展が見られるはずである。

その考察のため、わたしは、この一二年半を四分してきている。Ⅰは起筆から江戸下向までの二か月余、「起筆」で述べたが、全集本で一頁余。Ⅱは江戸期と帰ってから山田養子に出るまでの三年八か月、一〇頁半の量。Ⅲは養子期間中の二年間二頁と留学に上京するまでの一年四か月が一頁半。Ⅳは留学期間中の四年半で六頁余の量。Ⅰ〜Ⅲは本書の第一〜三期に対応し、四、五期がⅣである。

もちろん記入の年月が記されているものでもないから、記述内容自体の検討、他の文献との照合、環境とのかかわり筆による考証で大体を推定したわけである。「年表」中の配列はこの考慮のうえに立っている。

ⅠとⅡの区分は先述「以下雑記」とした。

ⅡとⅢの境の設定。それまでにぽつぽつと出ていた歌書七六目『桂明抄《けいめいしょう》』とんで『七帖抄』までで整理され、養子一か月前に新しく始められる『和歌の浦二』の冒頭におかれる。養子前に茶の湯を習いに行っていたが、茶の湯の五書目が一括あげられる。早くから親しんできた貝原益軒の著が六目、全く同じものをさきに記したのを再録し、しかも、最初に使った『和漢名数』から「律」「令」を拾い、その解説の写しでしめくくるのも象徴的である。こうして、〔以下神道書〕とする山田養子のⅢへはいるのである。

ⅢとⅣの境。『都考抜書五』は『日本後紀』二〇巻までの抜抄で寛延三年一一月写了と記す。『和歌の浦四』で抜きもらした天長二載の「浦島子帰郷」（一七巻）を補記するのも、そのころと考えられるのであるが、この補記をはさんで、その前に『韻鏡集中秘伝抄』の仮名遣を、後に『諸礼筆記』の懐紙短冊の記し方を写している。ところで『経籍』に、この『秘伝抄』、『諸礼筆記』が一連の中に現れる時点を、寛延三年末、山田離縁のころまで、と考える。松坂へ帰ってからは、円光大師の行状を記すものとして、『十六門記』以下一〇目からはじまり、『円光大師行状翼賛』に出る仏書の書目収集がほとんどを占める。『都考抜書』の四、六にはその抜抄がつづき、始めは寛延四年（宝暦元年）九月二〇日（『経籍』末メモ）で、脱稿時は不明だが、裏から記した関連の『融通念仏縁起』が一二月七日となっているから、脱稿時はほぼその前ごろと推察される。さらに、『都考抜書』『経籍』とも終りの方に「山ノ霞ノ記」「山カツノ記」と出てくるのは、記述が並行したことのあらわれでなかろうか。義兄の死、四か月にわたるその片付けで江戸からの帰郷が七月二〇日、記入はその後、ということになろう。上京留学はその翌春である。

Ⅳは、留学中の全期間である。当然のように儒書、医書、漢詩文からはじまる。

約四、〇〇〇の書目を少年時に集めた、さらにそれらの一々に当たって、となると完全に神わざになってしまう。神童にしてはならない。宣長さんが神様になってしまうとき、学問は、とまる。少なくとも伊勢の青少年の可能性は摘みとられる。

収集の方法

それまでの事始めが抜写、聞き取りであったように、一六歳で思い立った『経籍』も「起筆」で指摘したように益軒の『和漢名数』からの採集にはじまる。テキストをきめて、そこから抜き出す、というこの合理的な方法は、その後の『事彙覚書』『京志（都考抜書）』『和歌の浦』などとフルに利用され、後年の宣長さんが文献を処理する基本的な方法となるものである。

書目収集でいちばん多く採集しているのは貝原益軒関係の四四六目余であるが、単一のテキストからで多いのは、Ⅳの大島武好『山城名勝志』三六九目、つづくのがⅡで、益軒の『大和本草』三二八目余、恵空《えくう》法師『徒然草参考』二五〇目ほど、Ⅲの『円光大師行状翼賛』二〇〇目ほど、などである。四著だけで全体の三分の一弱にあたる。

採集の方法は、いちいち手に取って、また聞いてメモするものもあるわけだが、量の多くは、テキストをきめ、中から前後となく適宜拾うもの（『徒然草参考』、『円光大師』）、初めから順次に採録していくもの（二回目の『大和本草』）、本文によらず引用書目によるもの（『名勝志』）、付録の刊行書目や刊行予告を写すもの、の四通りがある。

他の書は後で言及することがあるので、ここでは『名勝志』の場合を紹介しよう。

『山城名勝志』は大島武好著、正徳元年刊、二一冊、引用書目実に七四〇部で、近世最大の京都地誌である。Ⅳの京都留学中、都考抜書は継続しないが、かわりの集大成が文献集めの形で現れたといってよい。上京の翌年宝暦三年かその翌年、『経籍』に、医書、東涯、徂徠《そらい》らの著につづき、「山城名勝志貝原ワ」と出る。つづく三六九目のあと、「山城名勝志ワ廿一大嶋武好」とある。はじめの「貝原」というのは、益軒の序文を自序と勘違いしたらしい。三六九目は巻頭の引用書目七四〇目から恐らく既採集既知のものを省いて半数を順に収録した。初めでいえば、三六四三長記が一五へ、一一小補絶句が一二北山殿行幸記といれかえ、といった程度、終りでいえば、三六五正法別伝、三六六為記が三六七日吉叡山行幸記・三六八足利家治乱記といれかえになる、という前後さしかえの程度にすぎない。原書目以外のものはめったに入ってこないから、本文でなく、おもに引用書目によって順次摘記したと推定してよかろう。

このような採集の場合はほとんどが書名だけで付注はないのが原則だ。テキストにあるのを別にすればじつは付けようもなかっただろう。『経籍』冒頭の「凡例」も適用の余地がない。

「経籍凡例」について述べておこう。付注について六項あげている。

①神・儒・仏・歌・雑などの別、作者名、ワ・カン・梵の別。
②●は儒、仏不明の書。
③［は世に広くもしれない小書、⌈長いほど小書。
④「は小書ではないが、世に広く行われない書。
⑤（は世にひろくあまねく行われる書。
⑥、《テン》は諸人の知る本ではないが、二、三の書で名目を見及んだ書。

まず、和漢の別なく、大小、名の有無をとわず、書目を収集しようとする意気ごみが感じられる。つぎに、書籍目録を整えようとするのだが、そのことよりも、実証的、論理的な観点に感心する。この大量の収集物の分類、もしそこに法則を見出そうとの意識が加わるならば、後年の学問、ことに国語学や考証の研究の方法ではないか。

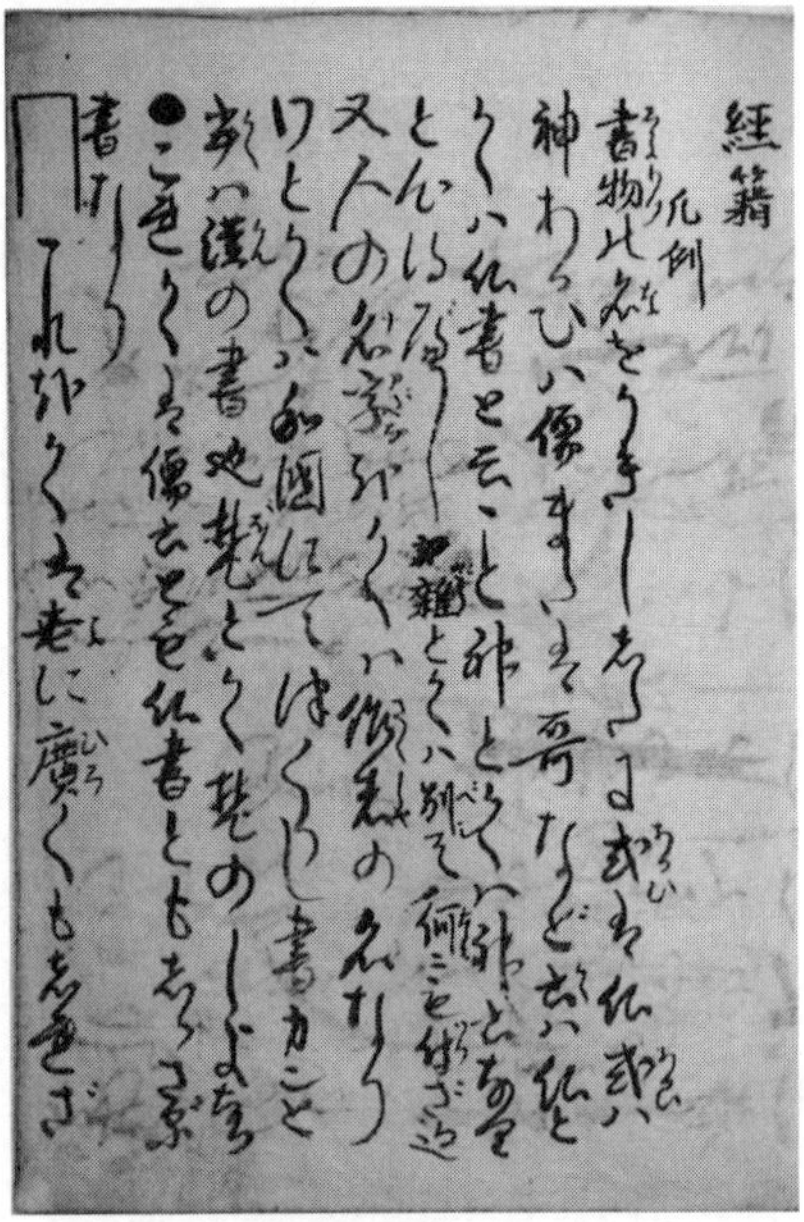

『経籍』（凡例）

しかし、今の場合、着眼点はいいにしても書物の海をあまり知らない段階でのそれは、現実的でなく、間もなく崩れてしまう。

ミセケチや重複を含め収集書目計三五七二目での、その使用の変遷は表のようになる。表には符号使用の変質がうかがわれるが、それをどの書につけたかで、書に対する関心興味の傾向、変化も察知できる。

（は、、《テン》（少数）とともに、後になり視野が広

『経籍』（凡例）符号記載数

期		Ⅰ	Ⅱ	Ⅲ	Ⅳ
書目数		188	1744	596	1034
凡例符号	（	38	476	初め 18	0
	┌	0	┌冂の別 119	┌冂の別 79	┌のみ 170
	「	61	131	38	29
上記の内	（┌「	0	19	1	0
	（「	21	48	1	0
	┌「	0	10	3	25

書目数合計三五七三〔含ミセケチ・重複〕

がってくると無意味となり、Ⅲでは初めだけで、以後使わなくなる。

「も、すでにⅠの段階から、「（「史記「前漢書　後漢書　三国志……」（二十一史）の使い分けのように、設定した凡例の意味と違って、「有名で注目すべき書」といった意味に使われている。Ⅱで、（の四七六目中、伊勢物語、方丈記、太平記、徒然草、倭姫命世記、悦目抄、太閤記、源氏物語、枕草子、湖月抄など著名古典の四八目が（「となっている。「は確認、注意を表す庵点《いおりてん》のつもりか。

┌は、計三六八現れるが、後（とくにⅣ）になるほど多くなる┌と冂の区別は、Ⅱ（益軒の著作目や仏経の一括で）とⅢ（神書の一括や談義本の比較で）に多く使うが、Ⅳではなくなる。だから、通して見れば結局┌は「確かめた書」という意味だけを残すことになったのではないか。すると、Ⅳでの┌「の二五目は、その中での、とくに著名関心の書ということになる。医関係では『本草摘要』『一本堂薬選』『痘科鍵《とうかけん》』、東涯の『秉燭譚《へいしよくだん》』、徂徠で『弁名』『弁道』『可成談《なるべし》』『護園随筆』他五目、春台で『経済録』、南嶺は『南嶺子』などがそれである。

全三、五〇〇書目のうち、宣長さんがじっさいに手にした書はどれほどだったろう。

『経籍』の意義

さきに紹介したテキストから摘記するという方法のものは、記載の形式から推定するに、一書で五目以上のものが四〇件をこえ、収集は合計二、二〇〇目、全体の六三％に及ぶ。あとの一、三〇〇目は、［じるし三六八書のうちからさきのテキスト採集に属するもの（約一〇〇目）を差し引いた約二五〇書ほど――ここから関連書を摘記したものが中心となったのであろう。

一二年間に実質二五〇書ほど――この推定は、少年が数年間に約四、〇〇〇書を確認したとする神話的俗説をうちくだくには十分のようである。それもあまり意味のあることではない。じつは、雑記帳へメモしていったノートのうえだけの、しかも書目の数的な話であって、宣長さんは直接間接はるかに多くの書について、求める内容にぶつかり、書き留めていっているのである。

では、『経籍』の意義は？　歩いた道すじ、つまり、和漢の書は何でも知りたいから出発、触手をひろげ、方法を考え、おもむろに自己の可能性を追求していった道程を見ることにある。少・青年のひたむきの経験は、一本の人生のうえに可能性の芽をつくっていく。宣長さんの後年の成果のいろいろを『経籍』に重ねてみるとそれがありありと見える、という点である。

さて、雑記道すじだけの『経籍』から、「書籍目録」としての不毛性を克服して実のあるものにしようとすれば、著者別か内容別のものにする必要があったはず。宣長さんもそれに気づき、すでに『経籍』中で部分的小規模なそれを散見するのだが、前者のために、Ⅳの期には『近代先哲著述目録』に着手、永続していくのである。また、後者については、必要に応じて『書目』『蓄書目』『蔵書目』『書籍』という名でそれを作製していくこととなるのである。

（三）『経籍』「以下雑記」と一条兼良

あるにまかせて

一七歳の四月九日、商売見習いの江戸から帰りついた。解放感とも挫折感ともつかぬ少年栄貞を待っていたものは、昨年二月から着手しかけた『経籍』であった。貝原益軒のような天下の学者に「真良」は志したはず。それが心を励ます。「以下雑記」と記し、今度は、手に入る書、耳に触れる書から書目採集のしごとを継続しようとした。今から眺めれば、一見無秩序の「雑記」なるがゆえに、かえって少年の精神生活の志向、領域にリアリティがうかがわれるのではないか。

「雑記」はつぎのようにつづいていく。

▲公事根元記ワ神○年中行事ワ雑○神祇正宗ワ神○微《（ママ）》書記物語ワ雑○伊勢物語ワ女三○山城四季物語ワ雑六○烈《（ママ）》女伝カン○三国物語ワ雑○花鳥余情ワ○改暦雑事記ワ○中臣祓抄ワ神○続古事談ワ○八雲御抄ワ歌○河海ワ雑○遷都記ワ雑○扶桑記ワ○園太暦ワ○往生要集ワ仏○服忌令ワ神○毛詩カンジユ○女誡カンジユ○女孝経同同○女論語同同○内訓同同○ミヌ世ノ友ワ雑○語園ワ雑○幼童伝○事文類聚カンジユ……

「はか〳〵しく師につきてわざと学問すとにもあらず、何と心ざすこともなく、そのすぢと定めたるかたもなくて、たゞからのやまとの、くさ〳〵のふみを、あるにまかせ、うるにまかせて、ふるきちかきをもいはず、何くれとよみけるほどに、十七八なりしほどより、歌よままほしく思ふ心いできて……」とは、晩年の回想「おのが物まなびの有しやう」（『玉勝間』）からであるが、「あるにまかせ、うるにまかせ」の狭い中から、いつか読まねばならぬとする、古今の書目の集覧が『経籍』である。

右へあげた「雑記」最初の部分についてまず目につくのは「伊勢物語ワ女三」である。三冊の伊勢物語とあるので、これは大体二冊でなく、仮名草子風の群小ものの一つであったか。恐らく絵入りであったろう。「女」と記している。それにひかれて目につくのは、「烈《(ママ)》女伝カン〇三国物語ワ雑」。『三国物語』は故事説話の仮名草子。『列女伝』には、「カン」とあるが、中国の節婦貞女の事跡をのべた原典『古列女伝』でなく、女訓物《じよくん》（女子の通俗教訓書）のハシリともいうべき仮名草子『仮名列女伝』（北村季吟《きぎん》・一六五五年刊）による知識だろう。それは、下の「女誡」「女孝経」「女論語」「内訓」の「カンジュ」と同じこと。これらは一括『女四書』として儒学者辻原元甫*21によって五六年に刊行された女訓物である。中国の原典『女四書』によらないことは、清の『女範』にかえて、唐の『女孝経』を採用していることでわかる。また、『女四書』の書目をあげず、いきなり内容の四編の書目を記しているのは、それを手に取って読んだ証拠にもなろう（元甫はもともと松坂の近郊辻原の出身。郷土にファンもいたはずである）。

こうして次を見ると、同じく辻原元甫による仮名草子「ミヌ世ノ友ワ雑」（一六五八年刊）が出る。これは、書の柱題にも、後編の序文にも記すように、一条兼良《かねら》*22の『語園』*23によって中国の逸話教訓奇談を集めたものである。俊編を「女部」としているので女訓物に近い。

さて、雑記はつづけて次のようになっている（書目のみ順にあげる）。

ミヌ世ノ友、語園、幼童伝、事文類聚、排韻、蒙求、神仙伝、高僧伝、明皇雑録、開元遺事、弘景本集、列仙伝、韓非子、西京雑記、呂氏春秋、戦国策、晏子春秋、説苑、大平、広記、才子伝、詩話、高士伝、呉越春秋、管子、丹書、倭小学、……

三つ目の「幼童伝」から「呉越春秋」までの二一書目は「ミヌ世ノ友」の小話の出典名を順序正しく拾いメモしたものである。出典は目次でなく本文小話ごとに付いているので、読みつつメモしたものと想定できる。途中での脱が一二目あるが、ほんとうの脱は六目（世説、類説、文選《もんぜん》注、新序、老子伝、家語）で、他の六目（列子、三国志、晋書、後漢書、荘子、史記）は、冒頭『和漢名数』から記載との重複を注意深く避けたものである。

つづく「管子、丹書」は出所不明だが、その下「倭小学ワジュ」はこれも元甫の童幼向け教訓物である（一六五九年刊）。以上、伊勢物語や仮名草子、ことに流行の女訓物は、手近におそらく家庭にあったものだろう。伊勢物語三冊につづき、冊数を記した『山城四季物語』六冊も同様で、この書は数か月後には『京志（都考抜書）』で、益軒の著とともにフルに活用されることとなる。

まさしく「あるにまかせ、うるにまかせ」て読み、同時に発明の書目収集方法を適用した『経籍』だが、ほかにも類書はあったろうにこれらを選ばせた関心は何だったのか。

ふたたび「雑記」のはじめへもどる。「公事根元記」から和書（ワ）がつづく。それらになんらかの系統は見られないだろうか。

「公事根元記《くじこんげんき》ワ神」は一条兼良の処女作、故実典礼の『公事根源[*24]』のことである。それを「神」（神書）としたのは、日本紀の引用（一〇数回）のせいであろうが、その入手先をも暗示する。次の「年中行事」は同じく兼良の故実書『年中行事大観』をさすか、あるいは『仮名文年中行事』（『公事根源』の別名）をさすものか、いずれにしても兼良ぬきには考えられない。一昨年抜写した有職故実の『職原抄』の原本と出所は同じであろう。ちなみに兼良にも『重編職原抄』の著がある。

冒頭から先の『語園』までを見ると、中世（宣長さんのいう近代）東山文化の時代を代表し、「五百年来の学者」「一天無双の才」と称せられた一条兼良（一四八一年没）の影がさしこんでいるのに気づく。以下、兼良の博大の業績とつながる「雑記」記載を系統づけてみる。

A　日本紀・神道の関係　兼良『日本書紀纂疏《さんそ》』……服忌令（吉田兼倶《かねとも》）・中臣祓《なかとみのはらえ》抄（兼倶・子清原宣賢《のぶかた》）・神祇正宗（吉田兼右《かねみぎ》（宣賢の子））

神代巻の注釈『纂疏』は、吉田神道の大成者卜部《うらべ》（吉田）兼倶の『神代抄』、さらにその子で博士家清原氏を継いだ、兼良以後の碩学宣賢の『神代巻抄』で総合され、吉田神道、卜部家の家学に利用された。

B　和歌の関係　兼良『古今集童蒙抄』『歌林良材集』……八《や》雲御《くもみ》抄《しょう》（順徳院）・微（ママ）書記物語（正徹）

『八雲御抄』は平安後期歌論の集大成。「歌の様を広く心得む為には古今第一なり。詞につきて不審をひらくかたには源氏物語に過ぎたるはなし」という。また、歌をいっしょに学んだ兼良と正徹の定家心酔は信仰的でさえある。

C　物語の関係　兼良『花鳥余情』……河海（四《よ》辻善成《つじよしなり》）、兼良『伊勢物語愚見抄』……伊勢物語

『河海抄』[*25]の補正が『花鳥余情』、「わが国の至宝は源氏物語にすぎたるはなかるべし」という。宣長さんも「右両抄は必ず見ではかなはぬものなり」（『紫文要領』以降）という。伊勢物語については、兼良は源氏物語につぐ位置を与えている。

D　有職故実、E　漢籍の関係は先述で略す。

生前から大才を称された兼良は、死去するや、史官（小槻長興宿祢）によって、「五百年来の学者」と悼まれた。それは、菅原道真（九〇三年没）以後ということ。和漢古今にわたる博覧宏識は、この言葉を伴なって、応仁の乱以後の公武地下、各地へとひろがり定着したのである。『本朝通鑑続編』（一六七〇年成立）では、兼良自身つねづね菅公に比していたとの伝説を載せているが、すでに、栄貞の読んだ例の『見ぬ世の友』女部の序文中

にもこうある。

此公（一条禅閤）は、和漢風月の才たぐひまれなる御聞へありければ、菅丞相の後は、公より外におしつゞき給へる人なしとぞ、いひつたへ侍るなり。

学問の神菅公を信仰する栄貞の志学に際し、こうした兼良は関心の対象たるにふさわしい。もっとも、和学の祖といわれる兼良にかかわる書目が多かれ少なかれ「雑記」の冒頭に現れるのは当然としても、宣長さんの関心に証拠はある。数年後の上京のころから始め、三〇年近く後の安永末年まで記しつがれた『近代先哲著述目録』（著述者別経籍ともいうべきもの。一八一名を収める）の冒頭を、後成恩寺兼良公の著五〇書目（一七一〇年刊『弁疑書目録』の写しか）にはじめるのである。「近代」の出発をここに置いている。

兼良との共通項

政治的社会的地位の雲泥の差、乱世と泰平の世の差、そして三〇〇年という時の流れを忘れれば、兼良と宣長さんほどに個人的資質で似通った二人もめずらしい。博覧強記の訓詁考証、筆まめな努力家、強い自負心、神祇典礼の尊重はいうまでもないが、文芸での、定家崇拝、古今三代集の重視、源氏物語の至上視、詠歌のほどがさほどでもないことまで。しかし、時代的制約もあって兼良の学問業績はほとんどそれまでの集成、入門書的であり、方法をきちっとおさえた宣長さんの学問にとっては参考程度のものだったろうが、書物好きの宣長さんが、宗祇編『竹林抄』に寄せた兼良の序から、応仁の乱で盗賊のため桃花房（兼良邸）文庫が焼け、大路へ散乱した書が七〇〇余合と知り、一合五〇巻で計算して三五、〇〇〇余巻のふみだ、とおどろきなげきの声をあげている（『玉勝間九』）。両人をつなぐものが想われる。

さて、『経籍』にもどるが、とりあげた「以下雑記」のはじめの部分の書目はどこから入手したものか。書の性質上、当然のように母の伯父の村田元次、その嗣全次のもとが考えられる。元次は栄貞が江戸にいた昨年の一

○月に七七歳で没、村田の名跡を別宅で継いでいた全次はこの年の五年後の没である。父子が古くから歌を詠み、父は度会延経《わたらい》に伊勢神道を学んで神道講義を行い、子は垂加《すいか》神道の浅見絅斎《けいさい》に学んで儒学を講じていることは、先に紹介した。とにかく、宣長さんが、晩年の『うひ山ぶみ』で考える、和学（神学、有識の学、国史、歌学）と漢学、そのすべて（ひとりの人物で象徴すれば一条兼良）にふれる、少年栄貞への影響をこの元次・全次、それにこれまで数年間の師岸江之仲老を加えて、想定することができるであろう。

後年四四年間にわたる宣長さんの講釈で兼良の著とかさなるものは次のとおりである。四回くり返される、源氏物語と古今集のほか、伊勢物語（宝暦九年）、神代紀（宝暦一四〜明和三年）、職原抄（明和八〜安永二年）、公事根源（天明四年）、祝詞式（寛政四年）、中臣祓（大祓詞）（寛政六年若山、享和元年京）。そして、これらのほとんどが「雑記」のはじめの書目にかかわっている。だいたい、講釈というものは、聴講し学ぶ者の要求、それと講師の関心・自信、両者の合致で成り立つ。前者については、それらが兼良の昔から元次・全次の時代を経て、さらに数十年の後へも継続してきた要求だったこと、後者については、まるで動物のスリコミを思わせるほどに、少年時の関心が終生のものだということ、この両者が宣長さんにとって裏表だったことに、私は感慨を深くせざるをえない。

（四）『事彙覚書』

『事彙覚書』の成立

問題の『事彙覚書』[*26]は、無題、桝形本、墨付三三枚の小冊、「乾坤以下廿二部門に言語事物等を集めたる書」と本居清造氏が題されたのを、筑摩全集での初翻刻にあたり大久保正氏が改称したものである。

他書からの語と説明二八三項を設定した二二部門へ配記したものだが、内、四部門（氏姓・数量・儒道・医道）は空白である。部門分けの名称は何にならったかわからないが、比較的に同名の多い『易林本節用集』（一四門）と益軒の『和漢名数』（一五門）に照合しても合わせて一三門（乾坤・地理・官職・人倫・形体・衣食・気形・草木・器財・数量・言語・歴世・経籍）を見るにすぎない。後年にかかわり深くなる、氏姓・行事・詩歌・仏道・神道・儒道・医道の部門は、『和漢名数』に神祇、医家、仏家があるが、特設追加されたものらしく、関心の所在がうかがわれておもしろい。

さて、この覚書がいつごろどのようにして作られたか。かつて紹介するに、『京志一・二』を作りながら、事物・語彙の由来を知りたいと手を拡げたものとしたこと（「三重の古文化」59・一九八八）があるが、通説（全集解題など）に似たそれを訂正したい。覚書は『京志二』より先に成っていたのである、と。

その理由。だいたい筆記の字体が、『赤穂義士伝』から『京志二』に至るそれと似た幼さのある印象なのである。それで、表記の仮名づかいで比較し先後を考えてみることにした。

栄貞が仮名づかいの要領を会得したのは、山田養子に出る前『和歌の浦二』で「かなつかひ」として定家仮名づかいの概要を筆写したころと思われる。その中で、お―をの別は分明でないとしているが、三語の例外を除いて「二、三字のかなの中下には、はもじ」と、は―わの別を断定する。つまり、岩＝いは、俵＝たはらなどという。そこで、判別の明瞭なハ・ワの使い分けを調べたのが左表である。

ある程度予感があってしていたことだが、これほど鮮やかに結果が出るとは思わなかった。

「総計」の欄を見ていただきたい。『事彙覚書』に該当語四四語で八五回の用例がある。うち八二回がワを使用している。ハは例外で、「玉ハズ・カナハズ・キハムル」での三回にすぎない。それにくらべ、『京志二』では二四語五六回中でヮは一一回（うち七回は「玉ハル・玉フ」の語）、ハが四五回となる。『事彙覚書』と『京志二』とには、明らかに逆転の段差がある。

次に調査対象を前後へのばし、『赤穂義士伝』と『京志二』とで確かめてみた。前者で例外のハは六九回中に一回のみ。後者で、例外のヮは六一回中に一〇回（うち六回が「玉ハル・玉フ」）。先の段差は確定的である。そ

語中表記　ワ／ハ	赤穂義士伝	事彙覚書	都考抜書一	都考抜書二
あらはす あらはる	—	10/0	0/5	0/3
哀れ	—	3/0	0/2	0/2
言ふ	10/0	6/0	0/1	0/2
祝ふ	—	3/0	0/1	—
うるはし	—	1/0	0/1	0/5
行ふ	—	2/0	0/5	0/1
おはします おはす	—	2/0	2/5	1/4
経る	—	2/0	0/1	1/0
変る	4/0	12/0	0/2	0/2
騒ぐ 騒がし	2/0	1/0	0/2	0/1
玉はる 玉ふ	9/0	1/1	7/8	6/6
遣す	6/0	1/0	0/1	—
回る 回す	4/0	1/0	1/1	0/1
上記（13語）小計	35/0	45/1	10/35	8/27
総計	68/1 （27語）	82/3 （44語）	11/45 （24語）	10/51 （28語）

〔計の注〕
「1」は「承り」
「3」は「玉はず」「かなはず」「きはむる」
「10」「8」「11」はほとんど「玉はる玉ふ」、都考抜書三では消える

して混乱の「玉ハル・玉フ」での例外も、『京志二』につぐ『京志三』では一回見るだけで、全体に例外ワの使用は全滅に近くなる。

つまり、和文・和歌・和語の習熟による発展が見られ、その大きな段階が『事彙覚書』と『京志一』との間にあり、『京志三』で決定的となることがわかる。「分明でない」とするお―をの使い分け混乱（オハス―ヲハス、オク―ヲクなど）をはじめ、他の仮名づかいも右の課程に準じて落ちつくようである。『事彙覚書』の執筆が『京志一』に先だつことは、上の調査で確定的と見てよいであろう。

もっとも、厳密に見れば、『事彙覚書』での例外三回中の「カナハズ」と「キハムル」は記入場所（最終）といい、内容（新しい「三味線」）といい、最終執筆か後の補記かと思われるので、『京志一』に接することも考えられる。

では、その執筆はいつからか。突飛のようだが、わたしは一年間の江戸下向中を想像している。想像の発端は、『経籍』と『事彙覚書』の内容にかかわっている。

学問づいていた栄貞が四月江戸下向のとき携行したものは何だったろう。わたしたちが軍隊へ入るときしのばせた岩波文庫の一、二冊にあたるものは?と考えると、欠かせないのは小冊の『経籍』であったろう。二月に始めた『経籍』は上京やら『松坂勝覧』その他の執筆やらで、「以下雑記」の一条兼良関係（前稿）を終えたぐらいのことではなかったか。

さて、それを江戸で書きつぐのであるが、後の貝原益軒『大和本草』の第一回摘記に移るまでが四九〇書目、その軸となるテキストは、『徒然草参考』（恵空法師）であった。この本の源流である『行者用心集』をはじめとしてランダムに和、漢、仏の書目が拾われる。当然だが仏書が多い。

一方、『事彙覚書』の方はどうか。

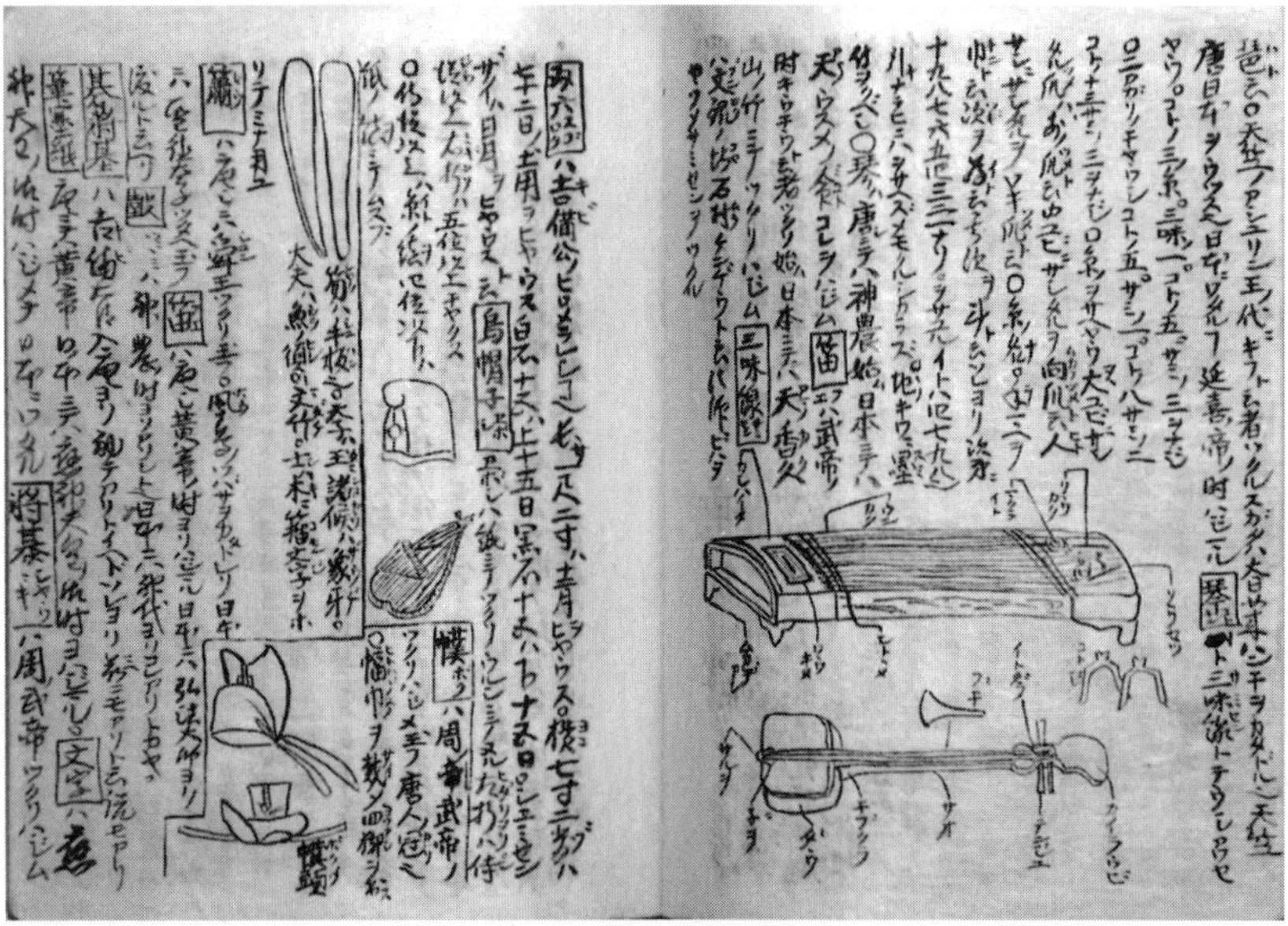

『事彙覚書』

各部門での最初の項を見るに、㊀乾坤のそれが「北手」＝徒然草三八段、㊁地理は「十陵八墓」＝一九段、㊂時節は「仏生日」＝一九段、㊃官職は「大政大臣」＝八三段、㊄人倫は「斎宮」＝二四段、㊅氏姓（空白）、㊆形体は「六根」＝六九段、㊇衣食は「斎非時」＝六〇段、㊈気形は「高麗犬」＝二三六段、（以下略）のように、徒然草での事彙に関して『参考』中の説明を抜写しているのである（『参考』はいわゆる序段を第一段とするので右の段数より一段ずつくりあがる）。

計二八三項。各項長短あるが、平均的な一例をあげておこう。㊂時節の最初の項。

仏生日　衆許摩訶諦経及ビ釈迦譜ナドヲ見ルニ、釈尊、四月八日ニ、善覚長者ト云フ摩耶ノ父ノ園、監毘尼ト云フ所ニテ誕生ナサル故ニ、我朝ニモ推古ノ時《ミトキ》ヨリ始リテ、四月八日ニ、今ニ禁裏ニモ仏生会《ケ》アリ。○仏ノ生日四月八日ニ決シタルハアヤマリナリト云フ説アレド、天竺ノ経ヲ訳スル時、アマタノ評議有リテ、周ノ世ト天竺ト建斗ノカンガヘヲシテ、此方ノ四月八日ト相応スルヤウニ訳スル事ナレバ、イカデカヤウノ覚ツカナキ事アルベキゾヤ、翻訳名義ノ三仏祖統記ノニヲ見ルナラバ、此ノウタガイアルベカラズ、此故ニ、異国ニモ今ニ至ルマテ、四月八日ヲトリテ仏生会ヲ行フ也、又ハ八相ノ図ナドニモ、四月八日ノ景気絵ノ面《ヲモテ》ニアラワレタリ

右は徒然草第一八段（折ふしの移りかはるこそ）の中の一句（灌仏の頃……）についての『参考』の註である。中に典拠が五つ（傍線著者）出る。そのうち、釈迦譜・翻訳名義・仏祖統記はこの期の『経籍』へ収録されている。八相ノ図は同じく「釈迦八相記」のことか。衆許摩訶諦経はすでに最初の経典集録に出るので省略したのだろう。

『経籍』記載は、〈神異経・閩書・風俗志・淳熙三山志・天宝遺事・名所方角抄〉（徒然草一八〇段「さぎちやうは」）のように『参考』での出現順序で一括採録されているのもあるが、多くは段にかかわらずバラバラに目につく書目から採択している。右の五例もそれだが、書目の収集が『経籍』の目的であるように、『事彙』採集抜写の目的を示している。つまり、徒然草読解のためのメモでなく、神、儒、仏、和学の字書（事典）づくりの作業で、テキストに八冊大部の『参考』をとり、和漢の事彙を二八三項集めたのである。取材明瞭な個所だけでも、徒然草二四四段中、引用段八五、延べ一二八段に及んで事彙の大半を占めている。引用典拠は一一〇余目。

もっとも、他書からの関連摘記も見られるので、益軒の『日本釈名』[27]（元禄一三年（一七〇〇）刊）から二項（五月、六月の語源）、『大和本草』[28]（宝永六年（一七〇九）刊）から三項（鷹、金貌、鴟尾《しやちほこ》）をはじめ、その他不明の書からの追記も若干あるようだが、少数と推定される。

ところで、編中「徒然草」の語も一か所しか見えず、『参考』の書名もないので無理もないが、『徒然草』『参考』からの引用と知らず、中の典拠を「見ルニ」「見ルナラバ」などを栄貞のわざと解したから、通説のように、神童の旺盛な読書に驚倒してきたのである。「十読は一写にしかず」（益軒）をモットーに『職原抄支流』や『円

光大師伝』の抜写を経てきた栄貞にとって、このしごともさほどの苦行ではなかったにちがいない。

では、『徒然草参考』とはどういう書なのか。

徒然草の享受には、もともと和学（歌）、仏道、儒教からの流れがあるが、仏道のそれを代表大成したのがこの書である。そのもとは叡山の僧存海の著『行者用心集』にある。

「兼好は天台宗なり。無双の道心者なり」「求道の人最も披見せらるべきなり」として、徒然草から計一六段を選んだのが『行者用心集』。その流れが、「台宗の妙理は多く徒然草の中にあり、仏道を求むる人は……此の草子にて心得べし」と弟子から弟子へと語り伝えられ、恵空に至った。かれは洛東正立寺天台宗の学僧、元禄四年（一六九二）没。博学で、仏教関係研究書のほか、注釈、随筆、辞書など著述が多く、一般では、『参考』『法音抄』『和解元亨釈書』『節用集大全』などで知られる。『参考』八冊は延宝六年（一六七八）刊。『寿命院抄』から『大全』まで、もちろん季吟の『文段抄』も含み、数多い徒然草注釈書を整理しくわしい考察を加えているが、軸として天台宗の仏学を駆使した注釈は、類書中出色のものである。和、漢、仏のいずれにも心ひかれる栄貞にとって、『事彙覚書』のテキストとして最適の書だった、といえる。このテキスト八冊は、後年のメモ『宝暦二年以後購求謄写書籍』のはじめで、「有」（購求以前）とした七書『和歌八重垣』『伊勢物語』などの中の一つであったろう。では、栄貞はこの書をどこで入手したのか。

江戸での出会い

以下は想像に属する。

わたしははじめ『参考』に仏書の多いところから樹敬寺関係からの入手か、謡曲の注釈書で版をかさねた『法音抄』の著者の関係で之仲老のもとかもしれない、と思っていた。もちろん『円光大師伝』抜抄のころ以降としてであるが、それだと、江戸下向までにしごとに着手していたであろうに、その暇はなかったろうし、だいいち戦場へ向かうような江戸へ八冊もの書を持って下向するのもどうか、と思われる。いっそのこと、江戸から帰郷してからのこととしては?と思わぬでもなかったが、それでは江戸では学問放棄の商売一すじとなり、考えられない。そのうえ、帰郷間もなくとりかかる、仮名づかいのかわる『京志二』とのかね合いも不自然である。あげくに考えたのは、江戸で察然和尚から贈られたのではないか、ということである。

栄貞は下向中、それも早い時期に必ず会ったろうと思われる親しい人物が三名いる。一人は義兄の宗五郎定治。一人は亡父の弟本居永喜。もう一人が母の兄察然和尚である。

神田紺屋町で独立し商売に励む義兄(時に三五歳)は小津の店を嗣ぐべく励ましたろうが、他の二人は少し違う。

叔父永喜(四七歳)は、初め堀留町小津店にいたのだが、江戸の人となり本居と改姓、小津ばなれの人である。むすこ二人も商業からはなれ本居姓を称している(手習と武家仕え)。後の宝暦一一年四月、母(宣長さんには実祖母)の五〇回忌には松坂へ帰り一か月滞在している。その前年の宣長さん婚礼には親族の扱いである。安永三年(一七七四)没(七六歳)。

さて帰郷後の栄貞が間もなく弓の稽古を始めるのも、併行する『京志』とかかわって「洛外指図」を描いたときに「本居真良栄貞」とはじめて本居姓を記したのも、江戸で会った永喜の影響が考えられる。

伯父察然和尚(四五歳)は、この年、走誉上人(栄貞一〇歳のとき樹敬寺で血脈をさずけ法名を与えた)のあとをついで学寮蔡華《さいけ》楼の第二世主となり江戸一五〇軒の学寮頭に推され、江戸城へ登城をゆるされて将軍職継承を祝ったいわゆる高僧である。翌年増上寺幹事、五年後からは六代将軍家宣《いえのぶ》をまつる真乗院第三世主に親任されている。宝暦一四年(一七六四)没(六四歳)。

宣長さんの『在京日記』(宝暦四年)に、江戸真乗院審誉上人(察然和尚)が八月二四日上京、九月六日勢州へ下向、と動静を記しているのは、面語の場もあったからだろう。また、宝暦一二年に母は善光寺まいり（そこで剃髪）を経て江戸へ出、一か月近くを真乗院に逗留している。母にとって兄の和尚は最も信頼する人であったろうし、宣長さんにも親しみと尊敬の人だったろう。

江戸へ出た一六歳の栄貞が和尚のもとへあいさつに出、学問に志す旨をのべたとき、和尚から甥へ仏道にたつ『徒然草参考』が贈られたとして不思議はない。また、そのことがあったとすれば、源四郎店の見習中、『経籍』や『事彙』のしごともいわば公認されたであろうし、いやみやさげすみでなく満一年後の帰郷となったことも想像されるではないか。

（五）『京志』（一〜三）のころ

地図の製作

政治権力の中心の江戸で、諸国物産をのみこむ窓口、繁華のまん中にとどまり、五街道の基点日本橋を間近に過した栄貞が日本とか天下に目を開かないはずがなかった。そのあらわれとして、帰郷するとすぐに「大日本天下四海画図」にとりかかる。物を一つ一つおさえていく栄貞に旅程道中は興味尽きないものだったし、作図の経験にも自信があった。できたものは、約四尺×六尺の大作である。全国六六州の各街道を図して都邑宿駅名と里程を記入し、国郡名、街道里程表を付記する。これが五か月後には、約一尺四方のハンディ判だが、一寸五分一里の縮尺で精密な「洛外地図」、一年後のいわゆる「未詳地図」（空想端原氏物語を精密な図で裏付ける、その城下絵図約一尺七寸×二尺四寸）へとつづいていく。

右を空間的なひろがりとすれば、もうひとつ栄貞は時間的なひろがりともいうべき、縦の軸をすでに築いてい

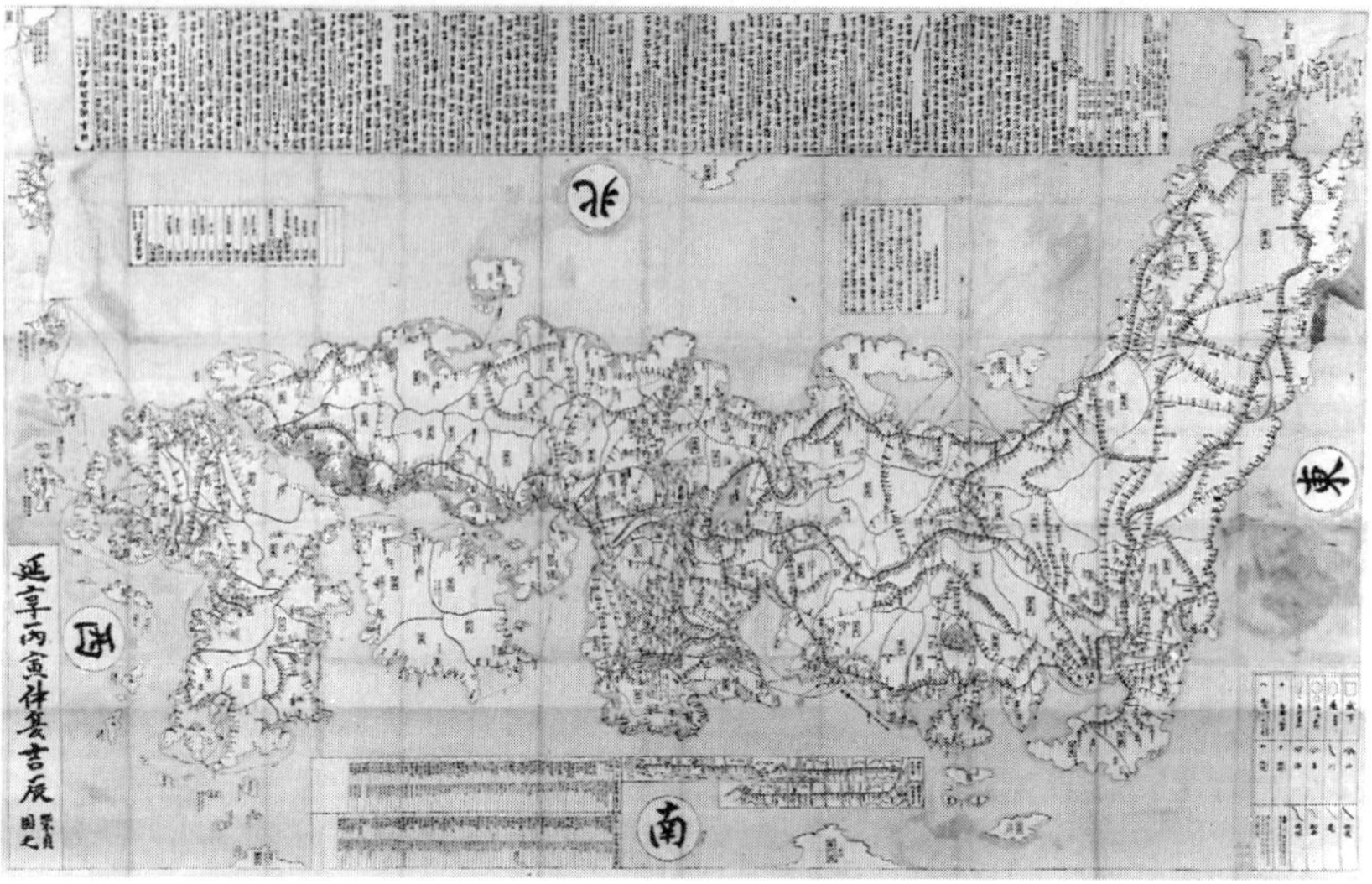

「大日本天下四海画図」

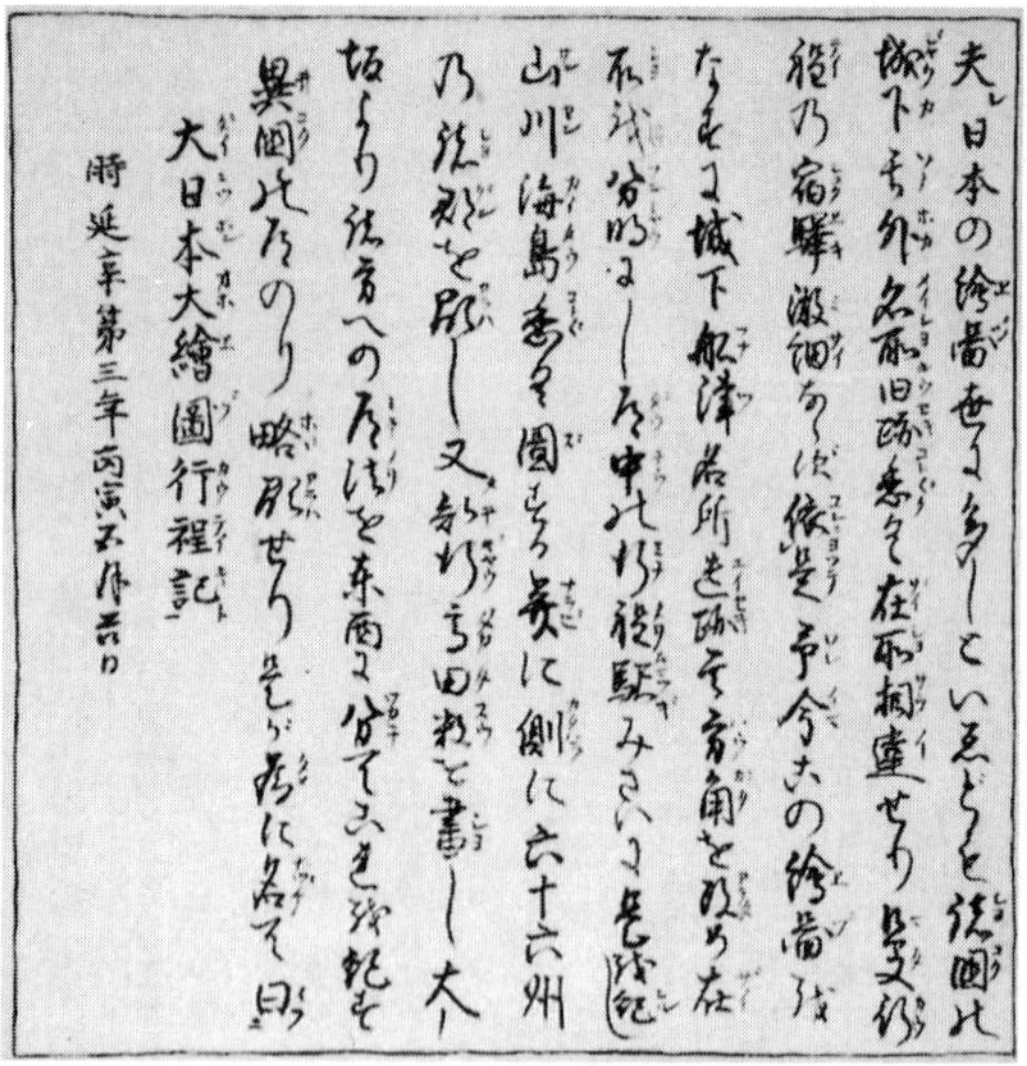

「大日本天下四海画図」識語

た。その拠点が京都であることはいうまでもない。年来あこがれのこの地には、古えがあり、それが生きつづけている。その目で見れば、江戸は「らうがはしさ」（『玉勝間』）の巻にすぎない。

栄貞は、『事彙覚書』の抽象的な部門分けでなく、一つの部門「京都」にまとをしぼって徹底的に知ろう、という意欲がわき出てきた。『京志』の製作にかかる。

抜写で埋められた桝形本六冊は、後に『都考抜書一〜六』と名づけられたが、初めは反古裏利用の『京志一〜三』、山田養子直前からが『京城志』、あと『都考抜書五・六』と上京留学の前年末までつづく。成長にともなう変化が内容にあることは当然である。

山田勘蔵氏「都考抜書六冊は、少年青春時代の宣長の学問的関心の中心をなす記録ではなかったか」（「宣長の誕生と少年期の稿本」一九七三）

大久保正氏「古今の諸書を渉猟して、凡そ京都・京城に関する事項は細大洩らさず抜書して、参考に資そうとした若い宣長の努力の産物であって、未整理ながらさながら一種の京都叢書、或いは京都便覧の如き観を呈している」（全集解題、一九七六）

との紹介があるが、宣長さん形成の内容をそこにうかがってみる。年表欄も参照されたい。

〔巻一〕

これもまず貝原益軒で、『経籍』同様『和漢名数』からはじまる。原典の「第三地理」のうち、「山城大橋五三条橋　五条橋　淀大橋　伏見豊後橋　宇治橋」はそのまま。「同四大河○宇治川江州琵琶湖ヨリ出○木津川笠置ノ奥、伊賀国ヨリ出（来）○大井川丹波ヨリ出○賀茂川小原クラマ貴船ヨリ出（来）ル」（原典漢文体）。これだけだが、間もなく『京都メグリ』（『京城勝覧』）が出る。巻頭から二項（町の区分、よび方）と序文の途中まで（巻二で再録）で打ち切り、以下本格的に地誌となる。

『京羽二重』からは一八九寺と七社の便覧八頁、[29]つづけて、典拠不明書から「名所」八一か所三・五頁。『徒然草参考』も動員されて『事彙覚書』より簡略な摘録だが、寺社・名勝・行事の四八項三・五頁がつづく。そして、益軒の『大和廻』(『和州巡覧記』)から一二項(巻二へつづく)、通俗神道書『神道名目類聚抄』(垂加門流の大伴重賢著)から社寺の行事・故実を二〇項三頁補う。この『名目抄』は巻三でもよく使われている。

この巻一で最も量の多い抜書は『山城四季物語』[30]の寺社解説の八七項二二頁だが、これはさらに巻二へと続いていく。この書をやや簡略化したものが『内裏雛』だと栄貞は巻二で付記するが、ポピュラーなこちらの抜抄ですでに出ているので、先の『京羽二重』を加えて、京洛地誌の大略はとらえられたはずだ。

〔巻二〕

『山城四季物語』は手もとのなじみ深い書であったろう。『経籍』「以下雑記」の冒頭で「伊勢物語」につづけて「六」と冊数まで記入されている。十読は一写にしかず、と栄貞は巻一につづく摘録をし、終りの「名所方角」に至る。七四項一七頁。

さて、それを現実化経験化するのが益軒。『大和廻』の続き二三項二・五頁を補ったあと、『京城勝覧』をあらためて序文からはじめ、洛中の東・中・西を概観し、洛外の名勝をとりあげていくのだが、一七日間の日程で、方角別探訪の案内と解説をほどこしたものを写す。同書「拾遺」六項を付け、計一五・五頁余。それと対照できる「洛外指図」の製作はこのときである。

加えるに、この『京城勝覧』をはさんで、先には、「京竪横町小路」として、一一頁にわたり町々が網羅され、後には、七頁に禁中の配置、天子から雲上の諸家、官職の大略を収める。以上で京洛の全貌は整ったことになるであろう。

これからが文学作品の出番である。最初は平家物語。しかし、はじめは、物語中の目につく名勝・事項についての註記（巻三で「註に云」とあるが、西道智の『平家物語抄』あたりをテキストにしたか）を長短摘録し、巻一の「得長寿院」から巻を追って巻九「立花小嶋崎」に至り（五四項六頁余）、『京志三』へと継続された。

〔巻三〕

一八歳の「巻三」は文学開眼の時期を表わす。もちろん事実・知識の世界へ寄せる関心の強さはひきつづくので、それはそれとして、それとかかわり文学作品の原典そのものを味わおうとするものの芽生えがくる。そして、やがて自分も作れるのではないか、と思う。フィクションの構想—それが『端原氏物語』[*31]であり、叙情模倣—それが和歌作りとなって現れる。前者は詳密な系図と付図だけを残して物語にはならなかったが、後者は終生の業の出発となったのである。

さて、この巻三は前冊平家物語注記からの抜粋につづき、巻一〇からはじめて一八項一〇頁余となるが、そのうち九頁は、「▲嵯峨ノ往生院」（巻一〇「横笛」）、「▲小原寂光院」（灌頂巻）、「▲祇王寺」（巻一「祇王」）、「▲嵯峨大井川ノ辺」（巻六「小督」）のダイジェストである。興味の方向をうかがえるが、何よりこの要領は、原文から心理叙景などの部分を省いて、事の筋だけをつなぎ合わせ原文に似せるという方式で、これまでの諸書の抜抄で得た技術であろうが、作文技術を学ぶ効果的な方法だ。後、京都留学中の六年後に古文で『おもひ草』を作り、さらに和文で『在京日記』をしるすようになる作文力の淵源といえよう。

やがて、和歌が出てくるようになる。これまでの文献使用に歌の出ることは珍しくなかったが、京洛の名勝にかかわる引例とはいえ、歌を集めるのは最初である。古今集の歌二一首（恋四、哀傷五、雑歌八、墨滅歌四）をはさんで、前に諸書から四首、後に諸歌集から一三首。

つづいて宇治拾遺物語から七話が写される。一二巻四、一三巻三。両巻をなぜ選んだのかわからないが、河原院（融の亡霊）から上津出雲寺（父の鯰を食った僧）まで、両巻三八話中京洛旧跡の出る奇異の説話を選んだ。

つぎに伊勢物語。先の古今集抜粋にあった、「大原や小塩の山も……」(七六段)から始め、同じく、「忘れては夢かとぞ思ふ……」(八三段)、例の河原院での、「塩釜にいつかきにけん……」(八一段)など含み、段順に九段抜かれる。最後の、「翁さび人なとかめそ……」(一一四段)もこの抜粋のすぐ前に出てくるものの再録である。

少しおいて、つぎは徒然草である。六五項九頁に及ぶ。テキストは例の『参考』。この巻の初めの方で一か所「三種の神宝」に関して引用し『名目抄』と対比しているが、まとまった引用は『事彙覚書』『京志二』についで三回目である。前二回と異なるところは、段順に引用していることと、とりあげる四六段のうち半数の二三段は、採用に長短はあっても徒然草原文のみということである。例によって、註記をはじめ京にかかわる考証、故実の部分が多いのだが、原作への志向は文学的になったということであろう。「文学的」ということは、一例を示せば、抜写で、原典中に出る「あはれ」の語計三八個(一九段中)のうち五個(四段中)を見るだけで、徒然草という作品や作者の兼好に対して不注意だという意味である。しかし、この際であったろう、『参考』所引の書目を『経籍』にひとしきり列記し、そのしめくくりに、「徒然草諸家抄目録」として、『寿命院抄』以下『参考』まで一八目を記し、うちの八目を「モットモ見ルベキモノナリ」とする、その中『文段抄』と『参考』に「じるしを付けているのは、仏説による『参考』の中へ引用された季吟『文段抄』の歌学、古典学者説に比較を意識したからであろう。古典文学へ近づいた、とはいえる。

徒然草をおえるとひきつづいて平家物語に向かう。

こんどの平家物語は、巻一から一二、灌頂ノ巻に至るまで各巻万遍なく原文を抜粋し、巻一と二へは簡単に後注(八、一〇項)を付けるが、以後はなく、じつに計九一か所、四九頁の抜写に及ぶのである。先の記載を加えると六〇頁、この『京志三』の六割の分量を占めるのである。それほどに力を注いだ抜写には、その関心興味の方向が反映しているにちがいない。それを知るに、どのようにも簡略化できる抜写量だから、その多少での推定も参考になろう。

先に巻別万遍なくと記したが、もともと目的は京洛のことを記すにあったのだから、一の谷から壇の浦に至る西国での戦争はカットされていて、巻一〇、一一は一・五頁（内、一頁は「横笛」）と〇・五頁の少量である。では、栄貞は戦記に興味をもたぬのか。そうとはいえない。抜写量の多い「段」を順にあげると、①小督（巻六）三頁、②法住寺合戦（巻八）二・七頁余、③橋合戦（巻四）二頁余、④小原御幸（灌頂）二頁余、⑤都うつり（巻五）二頁、⑥鹿の谷（巻一）一・七頁余、⑦宇治川（巻九）一・五頁、⑧六代（巻一二）一・五頁、（一頁以下略）となる。哀怨と悲壮の戦史に心をよせる栄貞を見ることができる。

このところの『経籍』で、『長尾記』『難波戦記』以下七目の近世軍記を記録しているのは、戦記の平家物語に触発されたものか。それは翌春へ至る、武家端原氏の物語構想にもつながりがあろう。時期についてこの推定は、巻三の抜書がこの平家物語のあとへつづける『青葉ノ笛ノ物語』、『観音霊験記』、『誹諧新式』[*32]、『歌枕秋ノ寝覚』[*33]が、それと同じ順序に一括『経籍』へ記載されていることによる。

つづいて、右四書のうちの後二書についてふれておく。

『誹諧新式』は、松永貞徳《ていとく》第一の高弟立甫の門の青木鷺水《ろすい》の著で、貞門諸作法書の引用集成。幕末まで版を重ねていく流行の本である。ここでは祇園の神事など四項抜くだけだが、栄貞（誹名華丹）に俳諧の入ってきた最初の記として注目される。『経籍』では間もなく、立甫の著を中心に、徳元の『初学抄』、西武の『樞《くるる》』など貞門俳書三五目がまとめられる。後、山田養子早々のことか、それらへ『誹諧新式』に伊勢俳諧などの七目を付けて「連歌誹諧ノ書」と『和歌の浦二』に記す。

つぎの『歌枕秋ノ寝覚』は、巻三の末尾近くで「倭謌名所」とし、六・五頁を占める。原本の、山、嶺から寺、社に至る五〇項別の全国歌枕から、一部近江の比叡山を含むが、「山城」の三九八か所を順次ぬき出した。解説・詞寄せは写し、例歌は省いている。

原本の著者は有賀《あるが》長伯《ちょうはく》。長伯の『和歌八重垣』*34が『経籍』に出る数か月前ごろから、すでに歌に深い興味をもってきた栄貞にとって、この種の抜書が現れるのは必然のことだったが、これを機に、栄貞は新しくノート『和歌の浦』*35をつくりはじめる（一一月一四日）。

『京志三』の終筆は一一月二七日。益軒の『大和本草』からの簡単反摘録三項、「近年伏見ノ桃花盛ナル時、一処ニサキ連レル事、吉野ノ桜ヨリ多シ、遠ヨリ見ル、尤ヨシ云々」でおわる。この前が『神道名目類聚抄』からの二項で祭器の土器・鞠《まり》神猿田彦命の考証である。この両書は、座右にあり、巻三で他の抜抄の間をぬい、少しずつ数回からみ合うように摘録されてきた。一方は経験、合理、博学で出色の科学書、他方は通俗神道の故事考証の書である。それに、仏説による例の『徒然草参考』。これら三者とも、この後ほとんど姿を見せない。影響するところはそれぞれにあったのだろうが、当面関心の焦点は和歌にあったのである。

以上の足跡を『経籍』はどのように示しているか、そこから当時の関心のありようを追ってみよう。

江戸から帰った栄貞が『経籍』記載を再開したのはどの辺からか。確たる区分けはできないのだが、わたしは、第一回の『大和本草』採録あたりからを想定する。根拠らしきものとしては、二〇巻もの原本を江戸では入手困難だったろうこと、それにくらべ松坂では、借用するにしても、益軒ファンはおり、本草・医家にも山村、小泉家など親しい知るべもあったから。それに、『徒然草参考』からの採録も一巡したようで、この『本草』採録のあと、再び『参考』で同じ個所の『行者用心集』から採録を始めようとするから。

「以下雑記」の『見ヌ世ノ友』のおわり（江戸へ下向か）から四〇〇目余のところ（帰郷か）で、本草の書目を列挙しようとややためらい、また『参考』をうろついた末、四九〇目『物類相感志』からはっきりと『大和本草』採録をはじめた。混入八目を除きほぼ順を追い一〇八目。ほとんどが中国書である。そして「貝原先生」の著作目三〇と『和漢名数』からの漢医書三一目をあげる。

それから[A]四〇七目をへて、第二回の『本草』採録がはじまる。順次に二一五目。本草からはじまり一般書に及ぶが、ほとんど中国書。後に益軒著六目を補記する。

それから[B]一二八目をへて、三度目の『行者用心集』が出、『参考』中心の摘録一一三目とまとめの「徒然草諸家抄目録」となる。それ以後は先に略述した。

傍線の部分について、その期の特徴を見たい。和歌へ近づいていく過程である。

〔Aについて〕

四〇七目中、逆に後から一四九目は元・明の医書。ついで九二目が仏経。その前即ち初めの一〇〇目余は雑居だが、つづき神道五部書を含む神書二〇目がきている。さて、一〇〇目余の和・漢・仏の雑居中に目につくものとして、「平家物語」「和歌八重垣」「内裏雛」「宇治拾遺物語」「徒然草参考」「神道名目類聚抄」「続ツレぐ〵草」「鎌倉九代記」等の書目を見る。これらは、『京志三』の前三分の一で、平家物語本格抜写前までに位置するものである。中の例外で『京志』に引用されない『和歌八重垣』に注目したい。有賀長伯著、元禄一三年初版、啓蒙歌学書として近世での代表書。翌年には大いに活用するが、この期に栄貞がこの書を読んでいたことも確かである。先の二〇目の神道書群のあとに挙げられている、「和歌底（庭）訓抄」「類題和歌集」「題林愚抄」「二八明題抄」「八雲御抄《やくもみしょう》」「愚問賢註」「井蛙抄《せいあしょう》」「初学和歌式」「悦目抄《えつもくしょう》」は、『八重垣二』に出る書目であり、かつ、初め四目は原本同一丁にこの順序で出ているのである。後年の宣長さんの和歌所説もこの書を出ることは多くないのだが、さしあたりその丁にいう「和哥の集又は三代集〔古今後撰拾遺也〕の中にてもこと更古今集をみるべし」

の教えが『京志三』の古今集摘記とつながることになるか。これが宣長さんの和歌へ火をつけることとなるのである。一八歳春の頃だろう。

しかし、『経籍』で見るかぎり、神、仏、医にも強い関心を見ることができる。その医の延長から、▲名医別録以下二一五目の第二回『大和本草』の採録となるのである。

〔Bについて〕

こんどは一二八目中、三分の一以上が和歌に関するものである。三四目が歌集・家集、八目が「壁《ママ》案抄」「古来風体抄」を含み定家の著一括（すでに定家が焦点になっている）、二目は「土佐日記」「親長卿日記」、と和歌へ目が集まる。

翌年の末になるが、山田養子へ出る直前に始める『和歌の浦二』の冒頭は、「○歌書」として、万葉集と勅撰二一代集をあげたあとへ雑記の形で『経籍』から最初の『八雲御抄』以後七六目の歌書を順次抜きだすが、その主流となったのは先の『八重垣』関係とBのこの群である。もっとも、それらの書のほとんどが何かから書名を拾った程度だから、かなり多くのあやまりもそのままだ。「僻案抄」に壁の字を書き（このクセは永くつづく）、俊成の『古来風躰抄《こらいふうていしょう》』を定家の著とし、大淀《おおよど》三《み》千《ち》風《かぜ》の『日本行脚文集』を歌書に入れたり、『経籍』からの見落し（Bの期では『邦高集《くにたかしゅう》』『亜《あ》槐集《かいしゅう》』）もある。

すでに見よう見まねで歌も作りはじめていた。栄貞は、こうした中で、長伯の『歌枕秋の寝覚』を写し、「倭謌(注)之浦」というノートをはじめる。『京志三』終筆の一三日前であった。『京志』の続編再開は満一年後だから和歌が学業の中心となったのである。

（注）哥の字を二条家で歌、冷泉家で謌と書いた。倭は和と同じ、何ことも目に立つはわろし、と正徹物語にある。

（六）和歌に志す

『和歌の浦』

このノートは四冊、京都留学中の宝暦四年までつづく。

かつての『事彙覚書』第一七部門「詩歌」を独立させたのがおこりである。「喚子鳥」（徒然草二一〇段の『参考』註）と、追記と見られる「色紙短冊」との二項の記入しかなかったのを、前者は徒然草の本文（古今集三鳥の秘伝と考証の大切さ）にもどし、一三八段中の定家の逸話（本歌を知ることの重要さ）をつけた。後者は「色紙短冊之寸法并書法」として図も説明も旧を写した。復活の動機はおそらく、次項頭註にいう「是より以下、或秘書に記す所也」の「或秘書」（未詳）を手にし、「○短冊墨次の事」「○色紙短冊寸法」にはじまる抜粋を思いついたのであろう。色紙、短冊、懐紙のしたため方は以後何度も出てくる。

抜粋のメモがつづく。『竹園抄』・「定家難題百首」（藤河百首）各一項、『正徹《しょうてつ》物語』六項、『悦目抄』一三項だが、会席、歌の書きよう、歌のよみ方、歌体などで、独習とはこんなことだろう、と思わせる。中で、『正徹物語』の孫引きで短い二項、「○幽玄体は、物あわ《ママ》れなるていをいふ也」「○定家卿の書ニ、歌ニ師なし、古へを以師とすと」が光っている。これが後年まで宣長さんを牽引していくことになる。

そのあと、五六首の歌の摘録がくる。能因の「都をばかすみとともに立しかと秋風そ吹しら川の関」から、『正徹物語』の孫引きか、頓阿《とんあ》「仙人のみちのゆきゝのあともなし夜の間の霜のまゝのつき橋」（仙人は杣人のつもりか、原典は山人）、定家「明は又秋の半も過ぬへしかたふく月のおしきのみかわ《ママ》」を記すが、以下近古とりまぜ、西行、長明、兼好から後水尾・霊元院、沢庵、光広、伊勢の延佳神主・延利神主、無名者などの作に至るまでならべ、終りに厚誉（『観音霊場記』の著者か）の熊野詠を十数首つらねる。嶺松院歌会あたりからの取材で、範歌のつもりであったろう。

つづいて、出所不明だが、「枕詞」を「いそのかみ〔ふるき・ふる〕」「ひさかた〔そら・月・光・雲ゐ・天《アマ》・雲〕」の調子で二八語、古歌に見る言掛（懸詞）を「▲いかきのいかなれば」「▲いなくきのいなとは」など七〇語、詞遣いや寄せを、四季・恋・雑に分けて「春〔たつ〕」「春来ル〔かすみたつ・かすみそむる・氷とくる・雪きゆる・鶯のはつ声〕」の調子で、九五項と六九項の二回集録し、この『和歌の浦二』は起筆より満一年後の一〇月六日におわる。「華丹軒本居栄貞」と署名がある。

それまでの間に並行して、『歌道名目』四枚、『制の詞・禁忌の詞』一七枚、『歌のぬき書』六〇枚（四冊）の冊子が作られている。これらでは、『和歌の浦』に出てこないと思った『和歌八重垣』が主軸となっている。『歌道名目』は『八重垣』と『和歌手習』（未見）の目録、『制の詞・禁忌の詞』は『八重垣』のその項の写し、『歌のぬき書』は初学の基礎的なことから、色紙・短尺のこと、「世の中百首」の写し、源氏物語倭詞（源氏物語目録歌とよばれるもの）などの知識、それに『八重垣』からの結び題に多い熟字の例歌の抜書などで和歌入門の便覧のつもりであろう。七月七日から八月一〇日までかかっている。

晩年の『玉勝間』「おのが物まなびの有しやう」の回想で、

十七八なりしほどより、歌よままほしく思ふ心いできて、よみはじめけるを、それはた師にしたがひて、まなべるにもあらず、人に見することなどもせず、たゞひとりよみ出るばかりなりき。集なども、古きちかきこれかれと見て、かたのごとく今の世のよみざまなりき。

とするが、より現実的に、翌年末養子先山田で記す『今井田日記』にこうある。

△去辰ノ年ヨリ、和歌道ニ志／△今年巳ノ年ヨリ、専ラ歌道ニ心ヲ寄ス

その去辰の年寛延元年一九歳のことであった。その春から「栄貞詠草」がはじまっている。京都留学前年宝暦元年末までつづくのであるが、冒頭の歌は、

此道にこゝろさしてはしめて春立心を
読侍りける
新玉の春きにけりな今朝よりも霞そそむる久方の空

一見整った優等生の歌だが、よく見れば、モチーフは雅、片々たることばをつなぎ組立てた。パズル歌。職人的機巧さが見える。似たり寄ったりだが、この年の歌は六二首、翌年も六六首で選はかなりきびしい。前年一八歳に作っていたのは棄てられたのだろう。

さて、気のつくことは、華丹軒（『和歌の浦』の末）、清原栄貞（『詠草』の歳次の下）と称していることである。

公的には小津（養子に行って今井田）栄貞である。それを「本居」といい、「清原」といっても、また「真良」と字をつけ、「華丹軒」といっても、現代の青少年が自由にペンネームをつけるようなものであるが、やはりそれぞれにこめられた思いはあるはずである。「本居」と「真良」についてはふれてきた。

「華丹軒」は、『今井田日記』寛延二年九月二二日に「華風ト改ム、モトハ華丹」とあり、『日記』（宝暦二年迄之記）に「〇同月（寛延二年九月）二二日、誹名号《ヲス》二華風《ト》一」とあり、ミセケチになっている。消されたのは「誹名」のゆえで、誹諧疎遠の時を意味しよう。さもあれ、「華丹」も当然「華風」と同じく「誹名」と考えられる。

伊勢俳諧の一中心地の松坂に育った栄貞だから、関心の中に貞門—雑誹の俳諧が含まれていたことは先に指摘した。この雅号もそのころからの使用だろう。作品は残っていないが、号の使用は俳諧に限らない。命名もおそらく歌俳の軒号を連想しつつ、学問に近い文学的立場から選ばれたものだろう。そこで「清原」とペアになる。

本居は武士、清原は文学、博士の家。念頭にあったのは、多分一条兼良をついで中世第一の学者といわれた清原宣賢。[*36] 号は環翠軒《かんすいけん》。歌の細川幽斎の外祖父である。

余談のようだが、名乗字にこだわる栄貞は宣賢の「宣」の字を好んでいる。この年構想された『端原氏物語』の中心人物は、端原氏一五代の大聖君宣政公、長男が一六代宣繁公、次男が宣良卿。後に栄貞を宣長と改名するのにも関係あろう。華風と改号の六日前に、栄貞のよみをヨシサダからナガサダと改めている。宣長の「長」はこのナガを生かしたものにちがいない。

（七）クイズ・なぞなぞ・沓冠

遊びと資質　少年は他愛ない遊びの中にも自分の資質を形成していく。言い方をかえれば、資質にふさわしい遊びを好むものである。学者、歌人に道を求める栄貞ばかりでなく、そうした面でのかれをのぞくことはできないか。

資料は、商人の子らしく『万覚』とした最初のノートの末尾の部分である。

益軒の『万宝鄙事記《ばんぽうひじき》』からの長い抜抄のあと「染物秘伝」、時をおいて「近世名人」（三四名）、また時をおき、「水打様之事」から「手水遣様之事」まで作法のこと、ついで「〇寸法」で「床ノ高サ七尺三寸六分」から「床ノ脇柱ニカケ置ク掛棹」まで（色紙短冊の寸法のことに類する。同期か）。そして、以下巻末となる。白紙六枚おいて「なぞづくし」があるが、一方それより先に書かれたらしく、逆に裏から記されたクイズ風のメモや「なぞつくし」がある。

〈クイズ〉

①「左の図の○の中へ一から九までの数を入れ、タテ、ヨコ、ナナメの『何れえ《ママ》も十五なり』とするには？」

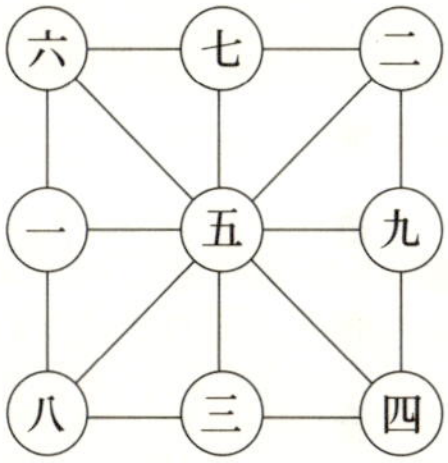

これは「洛書」の図と称されるもの。古代中国で瑞祥や王者受命のシンボルとされた神秘的なダイヤグラム。洛水から出現した神亀の背に描かれてあったという。『書経』洪範はこれがもとになったと長く信じられた。黄河から出現の竜馬の背に描かれていた「河図」が易の八卦となるのに対する――ということは何かで知っていたか。栄貞のしるすのは、「ナラベヤウ知（ル）ウタ　二九四と思へ七五三　六一八」。母子家庭で、妹二人、弟一人のある少年は、どんな気持で「憎しと思へ七五三」を奇としてくちずさんだのだろう。

こども向けの本にかかわったことがあり、この題材を使ったら、削除された。編集者は、わたしの根も葉もない思いつきとでも思ったのか、それとも、宣長さんのこういうことに関心がないのか。後者だったら困る。

②「二《ニ》文飛《モントビ》」。アレンジすれば、一〜一〇の石を左か右へ二目とびこえて移し、奇数の石を二目ずつにする手順は？　ということ。

一●㊃一　一㊃一トアルハ、四ヲ一ニカサヌル也、下ニ一トアルハ、初テスル故也
二●
三●㊇三
四●　〔同種の説明二項略〕
五●㊁五　先四ヲ以テ一ニカサネ、次ニ六ヲ九ニカサネ、次ニ八ヲ三ニカサネ、次ニ十ヲ七ニカサネ、次ニ二

　　　　ヲ五ニカサヌル也
六●
七●㊉四
八●
九●㊅二　知ウタ
一〇●　四ヲ一ニ、六ヲ九番ニ、八ヲ三、十ハ七バン、二ハ五ニゾユク

解の順番はほかにもある。興味の半ばは覚え方にあったのだろう。①にしても七五。②は短歌。一〇年ほど後に医書生として考案した方剤歌八〇首を思わせる。方剤歌とは、病気に応じた薬の調合法を記憶するための歌。

　清肺　せいはいは天麦帰苓文会に徳雪陳安具母吉丹
沈香降気　香附子は甘泉きうに宿かりて沈の香に気も降るらん

クツに足を合わせる歌にならなければいいが……。

③「マ、子ダテ」。「白石十五、黒石十五ヲ次第ニナラベ、十ニアタリタル石ヲノゾキテ、白石バカリヲトリツクスナラベヤウ」として次のように記す。

　二一三五二二四一一三一二二一
●○●○●○●○●○●○●○

つまり、●を二つつづけ、○を一つ、●を三つ、○を五つ……この順序で並べればいい、ということ。おそらく、二一三五、二二四一、一三一二で二と一なり、とでも暗誦したか。

アレンジすればこうなる。——黒と白の石をこのようにならべれば、一〇番目の石ごとにとり除いていくとき、一五回目にはどうなるか？　答えは、「黒石（実子）だけ残り、白石（継子《ままこ》）はすっかりなくなる」である。

「まま子だて」というのは、徒然草一三七段〔花はさかりに〕で、だれも死を逃れることはできないという比喩に使われた古い遊びである。栄貞が徒然草を読みあさり、この段からは五箇所も採語しメモしているから、他の語と同時に『徒然草参考』から写したものであろう。

〈なぞなぞ〉

なぞは「何ぞ？」と問いかけること。万葉の時代からある古い言語遊戯である。クイズに関心をもった栄貞がそれを見逃すはずがない。

「なぞつくし」

『万覚』番号編で先のクイズにつづけて「なぞつくし」が記される。全部で五六題。冒頭は、

○《カケ》西ナアニ　人麿〔歌人ノトキ、日留《ヒトマル》ノ心〕鳥居〔神道ノ人ノトキ、酉《トリ》ノ方ノ心〕御台所《みたいところ》〔出家ノトキ、極楽ヲ云〕産前産後〔医師ノトキ、二四ノ心〕

「西」とかけていろいろ解ける例を解説したもの。鳥居は酉（西の方角）にある。出家で見たい所は極楽。一二三四の順で、二は三の前、四は三の後。――と単純なものである。だいたい、西→人丸のなぞ立ては古い。なぞを集めた本で、一五一六年の記のある『後奈良院御撰何曽』ともよばれて有名な『なぞたて』以後のどの本にも出てくる。右は、それが幾通りにもとけるとしたのが近世的で、『御所なぞの本』（一七〇五）に出てくる。こども向けのこの半紙本を写したのであろう。

○《カケ》山と寺といくさしてやまがまされり、園城寺《ヲンジヤウジ》はおとれり、武者なきがゆへなり　やうじ〔ヤママサレリナレバ、マヲ去テや也、オムジヤウジハオトレリナレバ、オヲトリテむしやうじナリ、ムシヤナケレバうじ也〕

山は比叡山、寺は園城寺（三井寺）、両者の抗争は有名で、武力に劣る園城寺は敗れてしばしば堂舎を焼かれ

た。このなぞは消去法（去る、取る、無しを使う）によった中世の古典なぞ「山はまさり園城寺はおとりむしやはなきがゆへなり　○やうじ」（『なぞたて』）をうけたもの。

栄貞採録のもの数題を補充しておく。（　）内は中根。

・人のうらやむ居所ナァニ　住吉

・月日の在所をとふ　ところてん（天）

・産《ウマ》ずの願立　小町（子待）

・消るともしび　ざくろ（座黒）

・しらぬは我形《ナリ》　みみず（身見ず）

・地のありぎりに家立ル　うらなひ（裏無）

「なぞづくし」

『万覚』本文中最終のものだが、先の番外より後の記載だろう。一七題。こんどは古典なぞにくらべると複雑で、解の心に興味の重点はある。享保ごろ（栄貞は享保一五年生まれ）から流行したもので、古典なぞが和歌連歌の貴族的座興から発したとすれば、これは大衆町人のものである。

冒頭は、

▲油の付たしみ物ナァニ親のしよう進日《ジン》トトク

コ、ロハとうもおちにくひ

これを読むと、後の宣長さんの『在京日記』を想起する。知恩院へまいった帰途、「人びとといふやう、例の青楼へしばしとすすめ侍れど、けふは常の日にもあらざれば、暮けれどなをつつしみていなみ侍る」（宝暦六年一月廿四日。父の忌日をいう）。同じころ同日記に集められた四八のギャグのメモ「新話録」（新話とはやり言葉）に、「大谷参リ親ノ日ニハイラヌモノ」（大谷は本願寺）とある。さきのなぞを地で行ったようで、青春遊学の日を思わせる。

この「なぞづくし」は、「ナアニ　トトク　コ、ロハ」の表記から、享保ごろ刊『俗御伽なぞ』の抜粋だとわかる。数例を補充しておこう。

ざとうのしばい行　　楠が旗のもん
　水にきく（見ずに聞く　菊水紋）
不行義ナ娘のねすがた　　ふさくな秋入《キレ》
　いねがわるい（稲　居寝＝寝相）
思合たみやうと　　枯木《クチキ》のきやら
　中がよひ（い）（女夫　伽羅）
びやうふや　　だんぎぼん
　のりをとく（屏風屋糊、談義本法）
こし付のよひ女房　　清水ノ観音
　しりをたゝいて有がたがる（清水寺では後《うしろ》堂をたたいて祈願する）

まったく俳諧の前句付、笠付のふざけの世界でもある。栄貞が俳諧に関心を寄せたのもこのころで、はじめは古風俳諧、しだいに当世流行の俳諧へ向かっている。それは、古典なぞ別名二段なぞ（前「なぞつくし」）から、三段なぞ（後「なぞづくし」）への移行に対応する。まさしく俳諧伊勢の子だ。

後、宣長さんはそうした世界を「俗」といい、「風雅ノ道ナンゾ雅ヲステテ俗ヲトラン」（『排蘆小《あしわけお》船《ぶね》』）と和歌を称揚するけれど、少青年時代のふざけ・ユーモアの趣味がなくなろうはずがない。

〈沓冠〉

『栄貞詠草』最初の年（寛延元年）六二首中目につく詠がある。クイズ風にいえば、上と末に同じ字をすえて六字の名号の歌をよめ。その答えがつぎの詠である（・印筆者）。

父定利の忌日（七月廿四日）に追福のため南無阿弥陀仏を沓冠にをきて釈教の心を

南・によりもたゝ有難し本願をふかく頼みて浅く思ふ南・
無・始よりも造し罪のこと〳〵く消るは弥陀の誓成ら無・
阿・さからぬ罪は有共たすかると思て頼め深き誓を
弥・陀仏の国はいのちもはかりなく苦みなくて楽めるの弥・
陀・い慈悲のふかき願ひも成就して今は西方正覚の弥陀・
仏・法のをしへはあまた多けれとたくひはあらし南無阿弥陀仏・

これは『和歌の浦』で孫引きした時の『悦目抄』でヒントをえたか。そこにはこうあったはず――

初（冠）の一字と終（沓）の一字とをくつかぶりに読事あり。それもたゞの歌はやすけれども、らりるれろの五文字が大事也。俳諧より外はよまれぬ物なり。

折句は、かきつばたを詠みこんだ「唐衣着つつなれにし……」（伊勢物語）のように五文字を各句の上にすえて詠みあげるもの。各句の末にも、となると沓冠折句となる。その沓冠のわりに簡単なのが今の場合である。いずれにしても、知的遊戯、ことば選びの余技である。一種のふざけだ。

しかし、栄貞はふざけているのではない。わがはじめて習得した歌で父の追福を願おうと、浄土教賛歌を詠もうとしているのだ。ふざけにムキにいどもうとする。初心者には危険である。熱中すればするほど、ふざけのパターンが身につく。この場合、古典による沓冠というものの盲信から出たものだが、それは、後々の一般的なこ

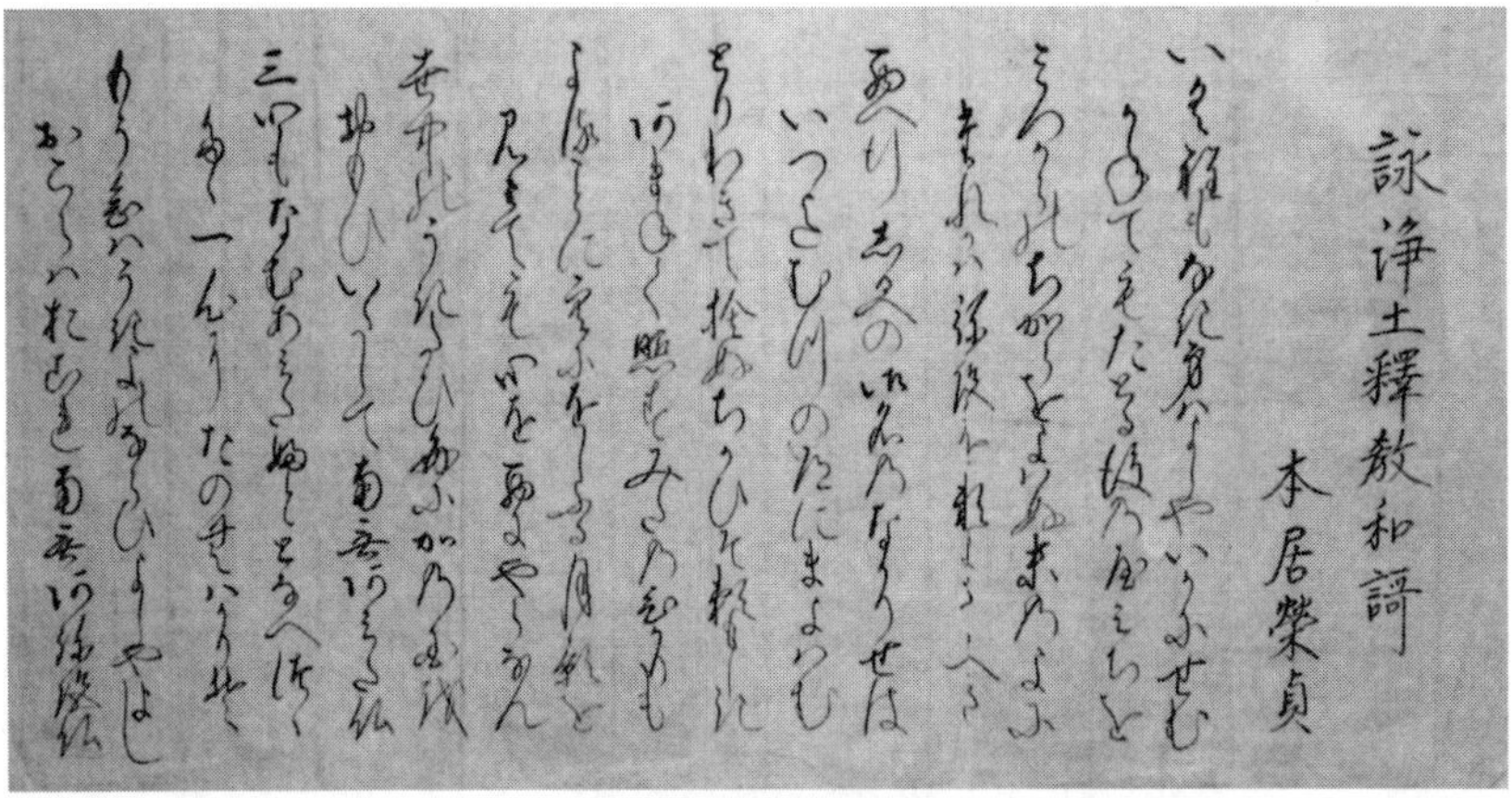

「詠浄土釈経和歌」

ととして歌の古典倒れ、技巧主義となっていくことのあらわれでもある。

それはともかく、この沓冠に栄貞は成功しなかった。第三首目がどうにもならなかったのである。末で「あ」とすることは、もともとらりるれろ以上に困難なこと、管見だが、成功したのは『源順集』の一例しかない。

　あらさじと打かへすらしを山田の苗代水にぬれてつくるあ

（あは古語「畦」）

要するに、この面でも古典倒れだったわけである。

だが、技巧はともかくとして、この釈教の歌が亡父に寄せる念仏信仰の真摯な告白、手向けであることは明らかで、この信仰は四か月後の五重相伝へと深化していく。

（八）系図・絵図

器用さ・集中心

栄貞の知巧のうち、後の実証・明晰とかかわり、宣長さんの終生、また子の春庭にまで及ぶものがある。

すでにその折々でふれてきたものではあるが、筆写・抜抄の間、その器用さ、集中心、根気づよさのよく表われる図示、作図をとりまとめておこう。

一五歳　宗族図（宗族、母党、妻党、婚姻等での人称漢名を系図で示す）。神器伝授図（中国の三皇以降帝王・諸侯の変遷を表示する）と中華歴代帝王国統相承之図（前図の要略図表）。職原抄支流の末尾五絵図。

一六歳　本朝帝王御尊系幷将軍家御系（皇室系図と徳川将軍家・一門の系図）、元禄十二年雲上明鑑（皇室系図につづき、皇室皇族、公卿諸家の名簿）、二〇日後に江戸行き。

一七歳　江戸から帰って五月、大日本天下四海画図（一二二×一九五㎝の大作。全国五畿七道六六州の図。名街道を図示、都邑・宿駅の里程を記入。両側に、全国名・郡名と各街道里程表を付記）。洛外指図（「一寸五分一里之積《つもり》」の縮尺実測図の模写。本居真良栄貞と署名、本居姓の初見）。

以上をうけて、一九歳、系図と絵図と一体になった創作の大作がある。

年号、地名、氏名等すべて架空のもの。自分で端原氏物語の構想を立て、それを五一枚に系図として記入、その城下絵図五一・五×七一・五㎝を添えた（『松阪市史』第七巻史料篇に収める）。絵図裏面に「延享五ノ三ノ廿七書ハジム」とあり、冬、山田養子に出るまでに完成していたものだろう。また、そのもととなる系図は昨年度にはじめ、絵図着手時にはほぼ成っていたものかと推定される。

系図は、神代の大道先穂主（国中諸家百流之元祖）から端原一四代までの大系図につづいて、詳細な注記を伴なう、当主大聖君宣政一家のもの、その分家八氏、邦客七氏、大侍二八家のそれに、簡略の侍二一三家（内無注記は七九家）を加えている。

物語は、その注記を総合するに、ある国鹿那郡端原で代々二、〇〇〇石を領した大侍格端原氏一五代の宣政が、二二歳で家督相続以来二度の国内内乱の平定を経、五一歳で幼主を邦客に、代わって自ら国主となる、という構想。

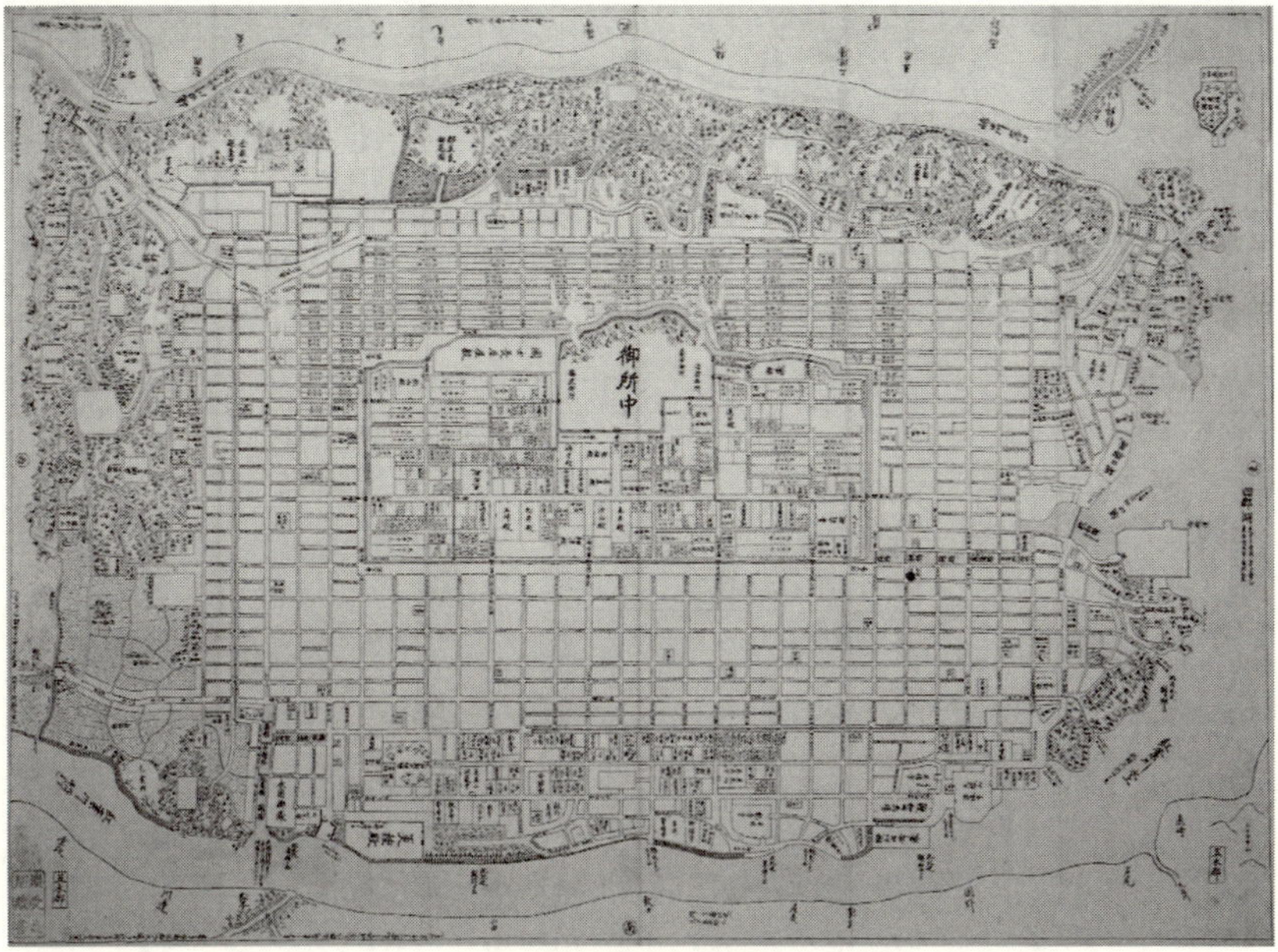

『端原氏城下絵図』

一八歳より栄貞は詠歌に興味をもったのだが、『経籍』で見るに、軍記物にも関心を示している。『前大《（ママ）》平記』『前々大《（ママ）》平記』『長尾記』『難波戦記』『後大《（ママ）》平記』『北国太平記』『天草記』『通俗三国史』『甲陽軍鑑』等の一群の記載を見る（それらにまじるのが既出の『青葉笛之物語』や『歌枕秋祢覚』などである）。こうした近世軍記物の刺激があって、構想はおそらく、御世万万歳を迎えた神君徳川家康にヒントを得た、芝居がかりの筋立てだったろう。

構想はともかく、もっとも注目されるのは、系図および絵図での緻密な整合性である。

大部の系図だが、詳密な一々の注記では、設定された時（改号五回の年号と年齢）、事、各人の相関や重複記載で齟齬を見せない。

また、一見どこかの都かと思わせるのが細密の城下絵図である。東西四里半、南北三里という東方の大湖へ流れこむ大川とそこに発する大川とでかぎられ、北と西に山を背負った平地では、中心が御所、その南と東西に重役の居館、これを囲む堀沿いの大路の北は士（侍）屋敷、南と東、西は碁盤目の町通り。それらをとり囲んでおびただしい数の社寺、ことに寺院は大小一六〇を数えるのは仏教信仰の表われか。

このような絵図と系図との整合は、注記に見る一五〇を超える一々の家の位置（城門と通りの名）と石高に応じた邸の大小という符合に見ることができる。

とにかく、興の向くままに作られたものであろうが、その根気強さはいうまでもないとしても、その知巧、精確さきわまれり、というべきである。この能力と特徴が後のちに生かされぬはずがない。直接的には、さしづめ上京前で、二二歳の系図伝、二三歳の洛陽之図である。前者は諸家系図の抜書で一二枚。藤原諸姓を中心とし、文徳・村上・醍醐の源氏、菅原・加茂氏などを併録する。古典研究の準備資料である。同様準備として年末には年代記一三枚を作成している。神武天皇辛酉元年から毎年を天皇・干支・年数・年号で表す年表で宣長さん没の前年寛政一二年まで継続記入されていく。後者洛陽之図は、翌宝暦二年上京留学の半月前の二月二〇日に成った京都市街の縮尺地図（「三分一町之割」）である。六年余前に描いた「洛外地図」とで京洛の内外は正確にとらえられる。知巧の技術が実用にも供されるようになった。

以上、系図、絵図等の作成につちかわれた能力が、後年にそれぞれの面で展開されたのは当然である。しかし、視野をひろげて宣長さんの業績を見渡すとき、その知巧、明晰、実証の性格はどこにも現れていることに気づくであろう。「文体は人である」ということばがあるが、その文体の主要な一指標にあたるものをそこに見ることができるのである。

（九）　養子の準備

『覚』の作成

寛延元年（一七四八）一〇月二日起筆の『覚』二三枚の冊子がある。その初めの一〇枚が「養生紀」でかなりくわしい。ながらく続けた『万覚』に白紙がまだ一一枚余もあるのに、新しくこれを仕立てたのは、二か月後（一〇月は閏月）一一月の山田養子にそなえるつもりであったろう。

もともと栄貞は医に強い関心を持っていた。差別社会で町人ばなれをして身を立てる道は、神官・僧侶か、儒家・医家しかないことを意識していたろう。かつて、『事彙覚書』を作るとき、詩歌はともかく、仏道、神道、儒道に並んで医道の部門を特設したものである（儒、医の部門は空白に終ったが）。

貝原益軒の影響もあってか、『経籍』には、中国医書の書目は、三一書目と一九五書目との二度、大量に集録されている。しかし、それらの書を読んだ形跡はない。メモもない。その二度の間で、それらと別に、『和歌八重垣』や『神道名目類聚抄』と同じ期ではさまれるように出てくる『医道重宝記』『袖珍《しゅうちん》仙方』『日用食性』の通俗和医書、漢医書で最も流行の『万病回春』（明末の龔廷賢《きょうていけん》）あたりは冊数も記入しているから読んだ可能性はある。また、後で俳書群の前、『歌枕秋ノ寝覚』のあとに、『察病指南』（宋の施桂堂）が医書として一つだけ記されており、「養生紀」冒頭「夢」にその摘録もある。しかし、後方の目・歯の健康法の項の抜抄に「中華ノ書ニ出タリ」の句を見るように、摘録の原本は主に上記の和医書だったろう。和医書といっても、当時の後世法の医は、金・元の李朱医学から明代の医書によるものであるから、もっぱら原書にあたった益軒の『養生訓』と共通する内容の項、同一の原典引用の所もある。しかし、目にとまる事項だけを拾った「養生紀」は系統性や合理性を顧慮しない。たとえば、養生と療治と思弁（例、五行説）とが断片的に混在したり、「気」という語をむやみに（六〇回近く）使うが、益軒の体系での「養気」は一か所。「元気」の語は見ない。

つまり、医学を学ぶというより、関心あった医学の門をのぞき、さしあたり他郷での養生に必要なメモをとったものである。珍しく中に一か所、所感をもらしている、「愚曰、慎ムベキハ酒色ノ二慾也、是過度スレバ命短」。足の三里と三陰交（足首）に毎日灸をすえ、ひとり按摩をし始めるのもこの頃である。

注目すべきことは、『経籍』で、先出『察病指南』のあと、益軒の『養生訓』・『頤《い》生《せい》輯《しゅう》要《よう》』の再録を例外として、上京留学時まで医の書目を見ぬこと、他にメモの類も残っていないことである。つまり、医学修業のそれまで医のことは念頭から去っていたこと。それだけに、医への転進を決断する際にこの「養生紀」メモでの学習とその後の体験とは重要な役割をはたしたことであろう。

『日記』（宝暦二年迄之記）に、閏一〇月二五日夜、樹敬寺で、五重を諦誉上人より伝授されて血脈を受け、伝誉英笑道与居士の法名（「英笑」は一〇歳のとき授戒会で走誉上人より賜わった道号）を賜わった、とある。五重相伝とは、初重から第五重までの五段階を経て念仏の一大事を授けるということ。その詳細が付録の「万覚」に見える。整理すれば、――

一八日、師諦誉上人から十念を受け、翌一九日から修行の礼拝帳をもらった。

毎日。弥陀仏四八礼（二〇、二一、二三、二四は三〇礼）、釈迦仏二五礼（二〇、二一、二三、二四日は二〇礼）、証誠仏一〇礼（二五日は一五礼）、観音・聖至《(ママ)》菩薩各一〇礼、文珠・普賢菩薩各五礼（二五日は七礼）、聖徳太子三礼、善導・円光大師各一〇礼、三国祖師・血脈代々上人七礼、樹敬（寺）開山上人三礼、導師五礼（二五日は一〇礼）、天照大神・氏神・水火神・竜誉高天玉誉妙竜・七世父母六親・同行同伴・一切諸聖霊各三礼。
七日間。毎日称名一万返（二五日は二万返）、沐浴《もくよく》（湯垢離《ゆごり》）一度（二五日は二度）、礼拝三度、魚酒・煙草等断ち慎む事。
ただし、礼拝も帳のとおりでなく、ただ五、三礼を三度し、湯垢離などして慎むこと、所作も三〇、〇〇〇返ずつだが、ただたえず念仏すること、とのことだった。
二五日夜、相伝があった。同行衆十六七人、再聴者とも三〇余人。
翌二六日、お礼に上人にまみえ、十念を授かり、日課念仏百遍をうけた。右布施銀札十匁、取次の法樹院へ同三匁。以上。

この五重会参加は、篤信の母のすすめでもあったろうが、栄貞の望むところであったろう。養子を前に、自己を確認し、念仏相続、無病息災を祈願するのにはまたとない機会だった。先出「養生紀」につづけて『覚』に記された、つぎの記録を見れば明らかである。

まず、「毎月」と題して、一日から晦日まで、毎月の忌日、縁日の一覧をつくった。

書きこまれた内容は、父と祖父母、母の父をはじめ、初代道観夫妻以後先祖代々の縁者二四位、救済主の阿弥陀、教主の釈迦、密教の大日をはじめ、とくに念仏に縁の深い天親・竜樹らを含む諸菩薩等一五位、善導―元祖（法然）に至る浄土宗相承の血脈、流支・曇ラン・法如（上？）・道綽・善導・元祖（法然）、他で九位、融通念仏の祖師良忍・十万人講の祖師祐天の二位、それに、太子・石清水・北野・権現様の四位、計五四位。念仏、三礼、名、経の別を記す。

注目されるのは、浄土教血脈相承を中心につくられていること、敷延すれば、それだけで念仏の伝統がたどれるほどである。

念仏とあまりかかわりないと見られる、終りにあげた四位について思いあたることを記しておこう。「太子」（二二日）、は、わが国仏法の祖として、上宮菩薩と称される聖徳太子。「石清水」（一五日）は、伊勢大神宮と二所宗廟として仰がれる（『神皇正統記』）石清水八幡大神宮。伊勢大神宮は「大日」（二八日）として出るか。「北野」（二五日）は、「文道之祖」（慶滋《よししげの》保胤《やすたね》願文）と古来仰がれる北野天満大自在天神。栄貞の天神信仰は先にふれる所があった。「権現様」（一七日）は、四月一七日没の東照権現（徳川家康）である。宣長さんの家康崇敬ははやくからのものだったとわかる。

『覚』は右と対応して「精進」日の一覧がつづく。右のうち主要な日を選んだようだ。〈朝〉は、七日（？）一一日（実祖父道智、義祖父唱阿）、一四日（善導）、二七日（道綽？）、二八日（大日？）。〈一日〉は、一五日（阿弥陀、釈迦）、二四日（父道樹）、二五日（元祖、北野）。つとめは、最高父の日の念仏三〇〇返と経・三礼、つぐのが阿弥陀と元祖の日の念仏一〇〇返と経・三礼である。

以上を集約するものとして、『覚』の終りに、「日々動作勒記」がしるされている。「動作」は所作、勤行か。「勒《ろく》」は刻で、「勒記」は銘記、記録の意。毎日の朝と夕とで、記述はくわしい。以下、整理して紹介する。

「毎朝」（分ければ三つの部分となる）

一は、内外両宮（天照皇太神宮と豊由気皇太神宮）をはじめとして、故郷の氏神・山神、八幡大菩薩、天満天神宮をあげ、国中三、七五〇余座天神地祇八百万神に対して報恩謝徳。

「謹請再拝々々々々　謹ミ敬テ拝シ奉ル」

二は、まず、阿弥陀、釈迦に二世安楽を念じ、命日の仏菩薩祖師、代々の御先祖、命日の聖霊、場誉道樹大徳（亡父）を念じ、次の願文をつける。

又願クハ父母兄弟幷ニ故郷ノ母及兄弟親類等一切衆生ト共ニ、現世安ォン、往生安楽

そして、懺悔の文《もん》に三帰の句をつづけ、釈迦・阿弥陀をはじめ、諸仏諸菩薩諸天善神、浄土の諸祖師、聖徳太子、善導・元祖円光大師、血脈代々上人、良忍（融通念、仏の祖師）、祐天（十万人講の祖師）、幡随、走誉（一〇歳受戒）、諦誉（五重相伝）の諸上人に対する報恩謝徳。

三は、一にあげられた、石清水八幡（「王城鎮護男山鳩峯石清水　大正八幡大神宮」）と北野天満宮（「洛陽北野天満大自在天神官」）とへそれぞれ祈願する。

キンゼウサイハイ〱〱ツ、シミ敬テ遙ニ拝シ奉ル　願ハ当家故郷共ニ家内安全ニシテ、病ノ厄難、諸ノ難ヲ免レマシテ、悉ク無病ニ守ラセ玉ヘ、父母及故郷ノ母無病長命ニシテ、念仏相続ヲ願上奉ル、江戸ニ於テ、三四右衛門無病長命ニシテ、小津氏子孫長久ヲ願ヒ奉ル、心願ノ如クニ守ラセ玉ヘ。

「毎夕」

阿弥陀と釈迦に対し、その本願をたたえ信じ（四誓偈、其《ご》仏本願力の文《もん》、衆生無辺の文）、阿弥陀経をあげ、日課念仏百遍を唱える。そして、命日の仏菩薩祖師、代々の御先祖、命日の聖霊、場誉道樹大徳（亡父）を念じ、つける願文は、「父母兄弟幷ニ故郷〔父・衍字〕母兄弟親類等一切衆生ト共ニ、現世安穏、信心堅固、念仏相続、滅罪生善、臨終正念、往生極楽、一蓮託生」。つぎに、融通念仏と十万人講へ各一〇〇返と三〇〇返の念仏、それぞれへの願文は、「父母兄弟幷ニ故郷母兄弟等、現世安穏、往生極楽」。そして、阿弥陀にあらためて、「願ハ故郷ノ母無病長命ニシテ念仏相続ヲ願ヒ奉ル、母二世安楽無病息災祈請ノ為」と念じ、発願文から、光明遍

昭、設我得仏、若我成仏、令声不絶の文《もん》を誦し、願以此功徳の文でおわり、善道と円光大師とへの念仏をとなえる。
以上

これはいつ作られ記録されたものだろうか。記中の諦誉上人の肩書に「五重伝授ノ師」とあるから、五重相伝の後の作成はたしかである。また、願文中「当家故郷共ニ……」「父母及故郷ノ母」などに見る「当家」「父母」は山田の養子先、「故郷」は松坂のことだから、先の「毎月」「精進」につづけて、養子後を想定して松坂においてか、または養子後早々に山田で記されたものだと推定できよう。そのいずれにしても、五重相伝以後、年内の作と見てよかろう。

内容の特徴は、当然のように、「毎朝」の二、「毎夕」の全体に見る、善導大師—元祖円光大師を核とした相承の念仏信仰にある。願いは、現世安穏、無病長命、往生極楽である。「毎朝」でくりかえされる石清水八幡と北野天満天神へのきわだった信仰も相かわらずだ。それは神に対するよりも念仏と習合したものであることもわかる（後年石清水八幡は宣長さんの拝神の対象として影がうすくなるのだが）。

これまでになく目につくところは、内外両宮を冒頭にした神祇が「毎朝」の一にすえられていること。ことに、外宮「豊由気皇太神宮」（『続日本紀』で等由気《とゆけ》）を内宮「天照皇太神宮」に並べたことだが、山田の今井田家（管見、外宮の御師の家柄）の養子として当然の意識であろう。また、「当家」（今井田）と「故郷」（松坂）、江戸の義兄小津氏のことを等しく祈念するのであるが、格別に亡き父（道樹大徳）と松坂の母とに対する報恩謝徳、二世安楽の祈念の痛切さが印象的である。

さて、こうした念仏者としての動作が毎朝夕行われたかどうかは疑問である。日記にも詠草にも、『経籍』その他の記録にも、関係を暗示するものは見当たらない。これは、恐らくあるべき動作として記録されたものであろうし、現実的な形式では、きわめて簡略化されたものだったろう。新しい環境で、神道、和歌……と新しい視野が広がる、その底へそれは沈んでいく。それが再び強く燃えたつのは、二年たって離縁後、江戸の義兄の死に際してであった。

学業飛躍のため

さて、一一月の山田養子行きは、七月に話がきまって九月五日には印《しるし》（結納？）を受けている。だから九月以降は、それを意識した生活だったろう。先掲『覚』に見たのは一〇月二日以降のそれである。同六日には『和歌の浦二』を終え、『経籍』最初から記載の歌学書をぬき出し、「歌書」と記してその二をはじめるのが一五日から。翌月閏一〇月一五日夜からは、茶の湯を習いに西町の山村吉右衛門宅へ通う。吉右衛門は栄貞の実祖母（寿光大姉）の弟。通庵という医で知られ法橋の官を得ていた人（宝暦元年八〇歳で没）。茶の湯について栄貞は先月来書物を通じて関心を持っていたのである（『経籍』）。つづいて、例の五重相伝。一一月になって、ちょうど一年前におわっていた『京志』（『都考抜書一〜三』）を再開、冊子名も改めて『京城志』『都考抜書四』をはじめる。――このように見てくると、山田への養子は、衣食・商いのため選んだ途でなく、学業飛躍のため進んで選んだ途だったろうと思われる。

『京城志』の作製について気づいたことを付記しておこう。

この冊子は墨付四六枚。終り七丁半は本の裏側から逆にしるされ、「京城志　寛延元歳次戊辰霜月　華丹軒本居栄貞」とし、つづけて『須磨記』、『倭姫命世記』から摘録する。「本居」姓を使うから、同じ「霜月」（一一月）であっても養子以前である（養子後は「今井田」「今」姓を使っている）。

これに対し、表側三八丁半は、「栄貞書」としただけで、『撰集抄』からの二二段につづき『万葉拾穂抄』から五〇項をこえる本格的な抜抄、以下となっていく。

以上をふつう（全集『解題』など）、裏側からの記はそれを認め、表側の記をそれ以前に脱稿したものと推定する。つまり裏側からの記は後の補記だというのである。そうではあるまい。

根拠。『拾穂抄』による摘録で、自分の意見を付記するに、「華風云」と三か所使っているのである。栄貞が号を華丹から華風と改めるのは翌寛延二年九月二一日だから、それを裏側の記の元年霜月より以前の記とすることはできないのである。

執筆の経過はこうなのであろう。推定を加えながらたどってみる。

――養子に出る月の初旬、栄貞は『須磨記』を手にする。一冊の写本だが、菅公筑紫左遷のころのことを概述したもので、天神の自記ということだった（実は道真仮託の書）。随従したのは、菅公伝説で有名な「白太《しらだ》夫《ゆう》」こと山田妙見の度会春彦（外宮の御師松木氏の祖）。メモは四項にすぎないが、栄貞にとっては、強い天神信仰といい、伝承・演芸の中心白太夫といい、しかもそれが養子先妙見町の出、外宮御師の松木氏の祖……いずれをとっても心惹く書だったろう。

つづいて、神書『倭姫命世記』。引用は二項にすぎないが、これもゆかりのある書で、倭姫命が「自ラ石隠ニ退キ坐シマス」という「尾上山」は、養子先の妙見町（今は尾上町）と同じ地域にあるはずだ。摘録の一項は神武天皇橿原建都のこと、他の一項は、「北御門社（一名若雷神、賀茂社同神也）云云」と引く。北御門社は、外宮神域への北入口にあって一の宮と親しまれた拝処で、その由来に心ひかれたのだろう。引用のすぐ下へ、「華丹云、伊勢外宮摂社也」と付記するが、この「華丹」号は「華風」の前の号。この裏からの記が、表からの記に先だつことを証している。

もちろん養子後だろうが、あと、『伊勢物語闕疑《けつぎ》抄《しょう》』（幽斎）、『源氏物語湖月抄』（季吟）と、順次十数項ずつのメモがつづくが、源氏は夕顔までで、後日を期し中断した（そのあとの『円光大師行状翼賛』巻一～一五の摘記は、養子離縁のその翌年寛延四年九月二〇日からで、『都考抜書[六]』へ継続されていく）。

源氏メモの中断は、つまみ読みでなく本格的な読みに入っていく時期が来て、簡単なメモではすごせなくなったせいだろう。華風と改号した月から、別冊『源氏物語覚書』を作りはじめる。

そして、源氏とは別に、思いを新たにして、冊子を逆に、いわゆる「表」からはじめ、『撰集抄』、ついで『拾《しゅう》穂抄《すいしょう》』とそれぞれ本格的な抜抄にとりかかったものと思われる。

細述を避けたが、以上の想定は、上記所出の書目が他の文献『和歌の浦[二]』『経籍』などに現れる状況徴憑とも矛盾しないことは年表で推察されたい。

第三章　山田養子のころ

（一）山田養子の件

養子というもの

たといそれがしあわせの道であっても、養子にいくというのはせつないものである。六歳で親戚の家へやられたわたしは、長年、養子というものについて、したがってケースのまったくちがう宣長さんの養子行きについてさえ無関心でおれなかった。

寛延元年（一七四八）に一九歳の栄貞《ながさだ》は山田へ養子にいった。

『日記』（宝暦二年迄之記）によれば、内々の媒《なこうど》は「当所家城氏」、七月にきまり、九月五日印《しるし》（証文）を受け、一一月一四日に移った。養父は、山田妙見町年寄（『本居氏系図』）の今井田儀左衛門祝部秦尹平、養母は松坂の家城氏出。『今井田日記』によれば、翌二年六月一五日「始テ新紙見セヲ出ス」。そして、翌々三年一一月一〇日より松坂に帰り、一二月離縁、とある。後年の『家のむかし物語』[*37]中には、「二年あまり有しが、ねがふ心にかなはぬ事有しによりて、離縁して帰りぬ」という。

商家小津は義兄定治が嗣いでいたから、栄貞は身の処し方を考えねばならぬ。しかし、余り者は養子に、といえるような時代だが、なぜ山田へ、跡目を嗣ぐあてもない養子に出かける気になったのか。

先方に子供がなかったのでもないらしい。先出『覚』の中の「日々動作勒記」の願文中で、「故郷」と対になる「当家」のことを「父母兄弟」と三か所しるしていることからわかる。口調上の措辞でないことは、「当家父母」に対しては「故郷ノ母」とし、「江戸ニ於テ三四右衛門、小津氏子孫長久」とか、具体的な記からも推定できよう。

この件は、養母の実家が松坂家城氏、その口ききでまとまったのだが、この家城氏は、栄貞の近所本町の家城惣兵衛だろうと本居清造氏はいう。後年には宣長さんの娘飛騨も美濃も寺入りした寺小屋の師匠（当時の知識人）の家である。学問づいた栄貞のことをじゅうぶん知った上での話であったろう。どういう契約がかわされたか知るよしはないが、店持ちの商業をするものの、自由な学業が保証されたことは当然だろう。

わたしの想像では、栄貞は学業の飛躍を願い、父母先祖への謝恩の念とは別に、小津の家をすて、進んでこの道を選んだものと思う。いわば養子留学である（このケースは二九歳京都養子の件でくりかえされる）。

山田の地

山田の地は、文芸では寛永の杉木望一以来、伊勢俳諧で天下に知られてきたが、大衆的でない学問にも、伊勢神道を集成した出口延佳《のぶよし》＊38らによって慶安元（一六四八）三年、豊宮崎文庫＊39ができ、神書、和漢の書を収蔵、外宮の祠宮を中心に学習討論の場となり、異色の学者貝原益軒《かいばらえきけん》や伊藤東涯《とうがい》から神道五部書を偽書とする多田南嶺＊40（栄貞養子の四年前、一か月逗留）に至るまで、その講席が開かれるようになっていく（元禄期に整備の宇治林崎文庫も後年機運に加わる）。文庫開設から間もなく参宮した山崎闇斎《あんさい》が度会《わたらい》神道の伝授をうけたが、やがて享保期からは垂加神道、崎門学派が進出するようになる（村田元次、全次の世代のことである）。山田の地は松坂から五里。文化的経済的に、何よりも人的に交流の多い土地であるが、栄貞にとっても幼時から格別に親しい土地であったろう。

母の長姉はつは、山田の入り口中島町の林三郎右衛門へ、次姉ちかは、外宮へつづく隣りの浦口町の古森金右衛門へ縁づいていた。松坂の実家村田の母、下の三姉妹との連絡往来も絶えることがなかった。今度の養子縁組についても両家を通じて先方についての情報はじゅうぶん入っていたと考えてよい。

中島町の林の方はよくわからないが、浦口町の古森の方はかなりわかる。町の名家で外宮の本宮内人《うちんど》（年寄家）の家柄だが、ちかの子善右衛門（一七六五年没、ちかは四年後没）は栄貞より八歳の年長、村田の家と親しくしていたし、ちか存生中は宣長さんも参宮のたびに寄ったり泊まったりしているが、その後はどうなったか（宣長さんの門人も宇治の方が主となった。しかし、宣長さんの娘能登は浦口町の御師安田伝大夫へ嫁している）。ちかの後は代々俳諧で知られ、文化人として風交の域も広かった。寛政の改革後の山田羽書《はがき》[*41]（紙幣）の取締り役六人中の一人ともなっている富家だった。

今井田氏

さて、今井田氏であるが、従来紙商とされてきていて、それをあながち否定するわけではないが、わたしは、妙見町に一三軒あった御師（檀家数二三、〇〇〇余）の中でも有力な家と考えている。

まず、養父の名乗り。「祝部」とは神職のこと、また、神宮では度会氏・荒木田氏のほかはすべて「秦《はた》」氏を称するのであった。つぎに「年寄」について……。

宝暦元年（一七五一）山田町中の御師数は五六五軒だったが、御師には四階級あり、神宮家、三方家につぐのが年寄家、その下が平師職。各町には一〇人組があってその上に年寄職があり、自治体の三方家に属して年寄家と称する。山田には一九九軒あった。古森同様、今井田もその一軒。栄貞養子の振舞いに招待した四人、上路八大夫、山本八大夫、今井田次左衛門、下井治兵衛（媒人）のうち、上路と山本は大夫名がつくから、同じ師職であろう。

御師の本業は、原則として、檀家の参宮の宿泊と毎年の手代による檀家めぐりである。しかし、平師職では商業を営む者もあったから、年寄職にも無関係とはいえまい。まして養子の身の栄貞が紙商の店を開いたとてふしぎはない。養子にいって七か月後、寛延二年「六月十五辛卯日始テ新紙見せ（店）ヲ出ス」と『日記』（今井田日記）にある。この日記の中で日に干支（辛卯）をつけたのはここだけだから、日を選んだ開店祝いの日でもあったか、また、ゴロ合わせ（辛抱）の自戒のシャレだったか。「始テ新紙店」の「新」は「旧」に対比されたものでなく、まったく新規の意で、栄貞発案のものではなかったかと思う。

　山田での紙の需要はよそにくらべ特色があり、多い。御師関係だけでも、毎年全国五〇〇万軒にも近い（安永六年）檀家へ配る祓札とみやげの伊勢暦はじめ杉原紙・鳥の子紙。それに、俳諧に多い出板も。しかも、小津一党には、それに対応できる大紙問屋清左衛門家もあった。栄貞の曾祖父の援助で産をなした同家が、天明四年には山田の御師大橋又大夫の江戸店を四、〇五四両で譲りうけて二つ目の紙店を設立、江戸屈指の豪商となるのである。

　だが、栄貞の本来考える紙店は、おそらく今井田の考える企業のそれではなかったろう。宣長さんの紙趣味は後の『玉勝間』にも見えるが、早くから物書き、書物、文献の対象としての紙で、商いとしても、後年の学問熱心の愛弟子須賀直見が豆腐業から薬種店へ、次に紙に併せて書籍・絵本の店へと家業をかえていったのに似たものではなかったか。

　師職には、現実不勉強の者が多いにしても、神道や古典の教養が一応予想される。それを学ぶ便宜もあるにちがいない。栄貞が今井田にひかれたのはこの一点だったはず。後に、荒木《あらき》田《だ》久老《ひさおゆ》や蓬莱《ほうらい》尚賢《ひさかた》や足《あ》代《じろ》弘訓《ひろのり》らが出るが、弘訓門人中に、同じ妙見町（明治元年から尾上町と改称）の今井田直紀、今井田光被という名を見るのは、今井田一族の者であろう。御師勉学の可能性もあったのである。

　先に引いた『今井田日記』は墨付八枚の横小本。裏から遷宮の日程、官使の参宮、京・江戸の出来事など、自己の動静とかかわらぬ一九日のメモがある。本体の方は、養子に行った日から松坂へ帰った日まで、七〇六日中のことだが、そのうち五三日のごく簡単なメモの連続である。無記入の月も四か月、月に一日の記入しかない月も六か月、と以下の数値も推測の端緒としての意味をもつにすぎぬが、それでも、生活の特徴ははっきり出ている。

まず、七〇六日中の五三日で、松坂往・反の記が一九日ある。その日を入れて計算すると、松坂滞在の日は七五日間である。紙商を開いてからだけでも四四日。記録のない月や日のことをも考えると、この調子では、あまり落ちつかない養子であり、商売熱心ともいえまい。そして最後は一一月一〇日に帰ったきりで一二月離縁となる。

それに反して、熱心なのは参宮である。やはり一九日の記がある。家は外宮と内宮の中間にあるのだが、どのようなコースをとったか、両宮へ一六回参詣している。外宮だけ六回、内宮だけ三回。五三日間の記であるから、七〇六日の単純計算では二五三回となる。松坂へ行って不在の日を除いても二〇〇回をこえるだろう。まさに三日にあげずの強い信心の青年である。

養子に出る前、歌の友から「神路山うつして祈るかげひろみ千代をかさねん松のことぶき」の寿歌を贈られ、「うつしうへむ松の行ゑは神路山ふかきめくみに打まかせつゝ」と返歌している（『栄貞詠草』）。自身の「行ゑ」を「ふかきめくみに打まかせつゝ」と念仏者らしい歌いざまだが、山田に来て明くる新年には元日から七日間両宮参詣を欠かさない。信仰の対象を異にするだけで態度は同じ。松坂での崇仏が敬神に座をかえたのが山田の養子だった。したがって、『経籍』でも、これまでの仏経、仏書のしめていた位置に神道書がかわることとなる。

(二) 道の学び

神道への関心

宣長さんは『玉勝間』の「おのが物まなびの有しやう」で回想する。「道の学びは、まづはじめより、書といふすぢの物、ふるき近き、これやかれやと読みつるを、はたちばかりのほどより、わきて心ざし有しかど、とりたててわざとまなぶ事はなかりしに、京にのぼりて……」契沖の歌書に接し研究の目を開かれた、と。はじめよりの時期については随所ですでにふれてきた。その到達度を明らかにするためあらためて筋だけたどってみる。

村田の元次、全次らの影響か、一六歳からの『経籍』のはじめの方、一条兼良《かねら》とかかわる部分に、『神祇正宗』(卜部《うらべ》兼右《かねみぎ》―清原宣賢《のぶかた》の子)、『中臣祓抄《なかとみのはらえ》』(卜部兼倶《かねとも》・子宣賢)、『服忌令』(兼倶)と、古典にまじって中世吉田神道の書を見ることができる。和、漢、仏の混然たる中で「神道」への関心が一分野を占めていたことは、ひきつづく『事彙覚書』の部門分けで、詩歌、仏道、神道、儒道、医道の部門を創意で特設したことにうかがわれる。しかし、その神道部門への記入は、一一社(徒然草二四段)と石清水(同五二段)の祭神についての記述にすぎない。

『経籍』では、その後、仏経・儒書が主で、医書と歌書中心の和書が加わり、神書はそれら収集の過程でおのずから『神皇正統記《じんのうしょうとうき》』『神祇拾遺』『一葉抄』などを散見するが、一七歳、物語(『平家物語』)や和歌(『和歌八重垣』)に惹かれるころ、「神道名目類聚抄六ワ神」が記され、あと間もなく、一括(A)、『御鎮座本記』以下二〇書目(神道五部書を含み、兼良、兼倶、宣賢らの著、それに『古語拾遺』『釈日本紀』も)が記される。

以上の特徴としては、神社・祭神・祭式・有職《ゆうそく》・習俗・伝承・上代史をひっくるめた「神書」で、中世の伊勢神道、ことに卜部（吉田）神道を中心とするが、「道」といえるものへの関心ではない。もちろん、それら諸書目が摘記されるには、何らかのふれる所があってのことだろうが、『名目抄』を除いて、それらの原本に接した形跡もない。

『名目抄』は当世のもの。谷川士清《ことすが》の師玉木葦斎《いさい》に親しい垂加流神道者森井左京（大伴重固）の著だが、平易で便利な通俗神道辞典。栄貞の神道認識は一七歳八月から翌年一一月までの『京志』へ継続的に抜抄した五〇項目余――京洛の諸社や宮中での神事祭式、斎王・斎院の由来、三種の神宝などにうかがえる。しょせん俗神道の啓蒙書である。

『経籍』はこのあとの九〇〇書目中、『釈日本紀』（再出）、『日本紀私記』を見るだけで、はたちばかりのほどよりの養子のこの期に至るわけである。

「わきて心ざしありしかど…」と回想しているのは、「道の学び」が養子留学の動機にはいることを意味していよう。『経籍』にいきなり〈以下神道書〉として一一〇目をこえる神書があげられる。『内宮儀式帳』『神名秘書』『勅使部類』から『吉田謀計記』『正保吉田沙汰文』まで有名無名の書に特殊な神宮文献をとりまぜて一〇六目つらね、「以上凡ソ神道ノ書ニ引用ル所ナリ、右ノ中、写本モアルベシ」とし（B）、さらにあらためて、『神境紀談』『勢陽雑記』から『本朝語園』までの九目をあげ「〇以上神書」とする（B'）。本来ならつづく『（八幡）愚童記』『桃花蘂葉《とうかずいよう》』（兼良）も中へ入れるところである。

これら一群のあと、『湖月抄』を写した「▲源氏物語諸抄」の一八目をはさんで、もう一群（C）。『御代始鈔』（兼良）へつづけて『鼇頭《ごうとう》旧事記』『同古事記』をはじめ『首書陽復記』まで度会延良（出口延佳）の著八目と子延経の『二所太神宮神名略記』『首書延喜太神宮式』のあと『正中御飾記』まで計二五目は、中世伊勢神道を承けて度会神道を大成した延佳の著を中心にし、折本、掛物等の文献七目をも収録しているが、山田ならではの採集である。

『京城志』抜抄　以上の神道書の中から、当時の『京城志』（『都考抜書四』）に『万葉拾穂抄』抜書のあとで、一連に抜抄されているものを順次拾ってみよう。関心の方向と程度がわかろう。

B　外宮皇字沙汰文（一項）○祝言、平久安久
B　神名秘書（八）○大若子、弟若子命　○北御門神社　○月読神　○大歳神　○御倉神　○御門神　○外宮相殿神　○調御倉神　○客人社
B　神宮雑例集（四）○斎宮寮　○平久安久　○中臣氏神社　○中臣東人参宮
A　中臣祓（一）平久安久
A　御鎮座本記（四）○天孫降臨　○稲女神　○平久安久　○宇賀魂稲霊
A　御鎮座伝記（六）○橿原建都　○治天下三十一万八千五百四十三歳　○内宮相殿神　○御門神　○御倉神　○外宮相殿神
A　倭姫命世記（一〇）○斎宮群行始　○内宮相殿神　○興玉神　○御倉神　○御門神　○豊受太神　○相殿神　○土御祖神　○調御倉神　○北御門神
B'　神境紀談（一〇）○大幡主　○猿田彦太神名　○小朝熊神鏡　○鴨社　○湯田社　○木柴垣　○石神　○北御門神　○西客神社　○歴代斎王
B　小朝熊社神鏡沙汰文（四）○蛇毒気神像　○紛失の小朝熊神鏡　○或桑門稲荷山に蔽《かく》す　○稲荷山より下越

B' 雑々拾遺（一八）　○八幡神職の説　○北野御廟　○向日大明神　○武内大臣の末　○仲哀《ヤハタ》天皇の御社
城　○南神

なお、やや遅れるがこの期の『和歌の浦四』にメモするものを補う。

B　神名秘書（一）　○ヤスノ川原は雲漢《アマノカハ》

B' 神境紀談（一）　○風土記（神風）

B　元長神祇百首註（二）　○御賀玉木　○鳥武見尊の歌

回想で「わきて心ざしありし」というようすを、このメモから推定してみよう。

当然のことながら、内宮・外宮を中心に、その祭神と鎮座の由来に目が向けられるが、『名目抄』のころより進んで、諸書を勘合しようとするところは、なるほどと思われる。しかし、後年、「儀式帳は真の古書なり、倭姫命世記は、後の世の人の編める書にて、偽説《いつはりごと》多し」「倭姫命世記など、伊勢の書ども……後の人の偽説多ければ、信《うけ》がたし」（『古事記伝一五』）とくりかえす認識は思いもつかない（「儀式帳」〈延暦二三年〉も「外宮儀式帳」としてB群に記しているが）。すでに吉見幸和、多田南嶺らが指摘していたのであるが、山田の中世以降の度会神道に沈潜して手さぐりの段階ではいたしかたない。手さぐりのまま、C群へは手つかずにおわるのである。しかし、ここまででも、後年の神道観への階梯と評価できるが、もう一点。注目されるのは、「平久安久」をくりかえしメモしていることである。後年の祝詞趣味もさることながら、修辞（反復法）として、「祓ひ給ひ清め給ふ」と並ぶ「平らけく安らけく」に神道の本質（これまでの念仏の「往生極楽」に対し、神道の「現世での平安祈願」）を予感したものか。これはたいせつな認識の拡幅である。

手さぐりのままの「心ざし」中断の原因は、まず、歌への執心。それと、『経籍』に見るに、B'群とC群の間の季吟『湖月抄』による「源氏物語諸抄」一八目、C群のあとの幽斎『闕疑《けつぎ》抄《しょう》』をはじめとする伊勢物語の諸抄六目、つづく季吟『拾穂抄』による「万葉集諸抄」七目という、古典への傾倒、これは『京城志』各抜抄にもあらわれて、明らかである。それにもう一つ、青年期の読書域のひろがりは、同じ神道でも、延佳以降進展を見せない山田のそれとちがった、自由な談義講釈の神道へも目を向けさせたからか。その例をあげよう。

残口八部書

『経籍』の「▲万葉集諸抄」のあとに、通俗神道家として有名だった増穂残口《ますほざんこう》*42の著『艶道通鑑《えんどうつがん》』以下いわゆる残口八部書を列ねていることに注目される。残口の死後八年ほどたっていたが、その自由痛烈な談義、講釈は世に影響を与えている。安藤昌益、平賀源内、上田秋成らにもそれがうかがわれる。栄貞もその一人にはいろう。

「賢人といはれし者共は、都《すべ》ては繕《つくり》物、拵《こしらへ》ものなり」「色にまよふは法爾《に》と身に備《そなへ》し迷……子を思ふ道にまよふは天然なり。……無作《さ》の妙用こそ神明の不測《しき》……」「返す返す日本の人は、天竺の寓咄、支那の作り物語に心をうつすべからず」「天竺支那は何国《どこ》の牛の骨やら、馬の末孫やらが帝になるところなり」（以上『神路手引草』）。まったく後年の宣長さんの所説、口ぶりと同じである。

「懸《か》けまくも神の御覧《み》通しも、男女の真の契りの外はあらじと、見及び聞伝へしを書伝へ愚案の評注を加へて」出版したという八部書筆頭の『艶道通鑑』は、「鶯も蛙も歌を読むわが国の習はし、その三十一文字の初めは、八雲の神詠こそ夫婦和楽の源元《みなもと》、恋慕可愛の柱礎《いしずゑ》なり」の恋愛至上主義は、「俊成の卿も人の心はなからまし、と恋を真の道に詠めり」。「恋せずは人の心はなからまし、を拠り所として……」とくり返す。これは、そのころ、栄貞が徒然草を通し「恋せずは人は心のなかからまし物のあはれはこれよりぞ知る」（俊成）に物のあはれを見出していた（『和歌の浦四』）のと合致している。

では、栄貞はこの八部書を読んでいたのか。少なくとも最初にあげる『艶道通鑑』は、「ワ（和本）」だけの注記の他の七書とちがって、「ワ・雑〔書〕・六〔冊〕・残口」とし長点をつけるから、手にしていたろう。さらに、その前の「万葉諸抄」の手前に、「人鏡《ニンキヤウ》録《ロク》ワ萩原中将誰身上《タガミノウヘ》ワ元隣」という記述をみる。これは、『艶道通鑑』第一話に「萩原中将の人鏡録、元隣の誰身の上に書る如く……」とある所から採集した書名にちがいない。それどころか、『和歌の浦二』には、『通鑑』巻一の一二「黄楊《つげ》の小櫛の段」をそっくり写しているのである。つまり、栄貞は読んだ、そしてその影響を受けている、といってよかろう。

さて、その後のこの期、『経籍』中に神道書は補記の形で数目ずつ二度ほど見えるが、『田舎荘子外篇』を先とする佚斎樗山《いっさいちょざん》の談義本七部書、当時流行の雑俳書群、『韻鏡袖中秘伝鈔』に代表される学書・韻学の群などに圧せられ、影はうすい。つまり、「道の学び」はひと休み、あと上京、契沖との出会い、ということになるのであろう。

（三）　歌道専心と源氏物語

山田での作歌修業

『今井田日記』の二〇歳寛延二年末に、「△去辰ノ年ヨリ、和歌道ニ志　△今年巳ノ年ヨリ、専ラ歌道ニ心ヲヨス」としるす（『宝暦二年迄之記』の方では、「自リ二去年一志シ二和歌一、今年ヨリ専寄ラス二此道ノ二於心ヲ一」とある。転記だろう）。

養子に来て四か月、この年三月下旬から、栄貞は中ノ地蔵（今の中之町・古市をこえた内宮寄り）にあった宗安寺の法幢《ほうしょう》和尚に作歌の指導を受けた。翌冬の帰松離縁までつづくが、六編八三首の添削詠草がのこっている（最初の編はなく、三編ほどなくなっているか）。

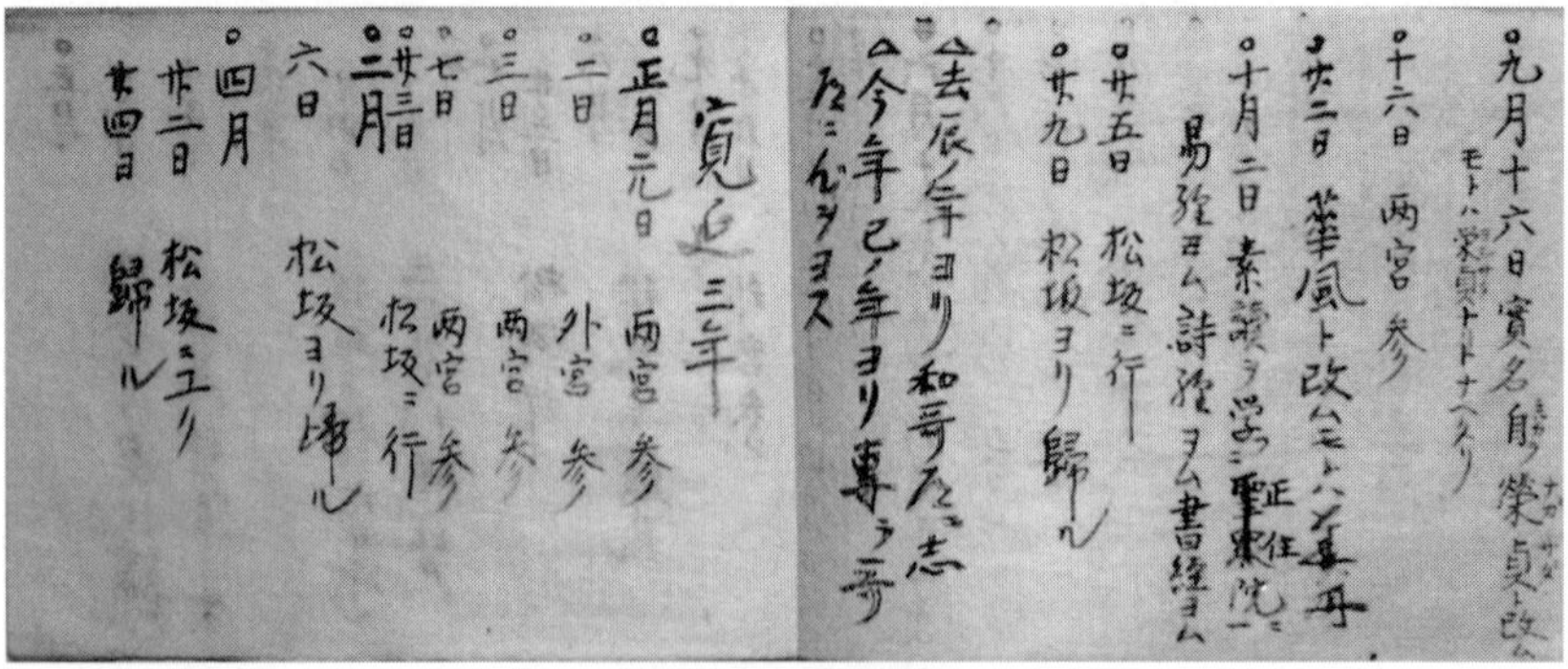

『今井田日記』「和歌道ニ志」条

法幢の伝には立ち入らないが、当時ふつうの旧派（二条派）末流に属することは添削ぶりでもわかる。知識では、有賀長伯の『和歌八重垣』などを指針に独習してきた栄貞と大したへだたりはなかったはず。

その添削ぶりを最終編の一例から見る。

冬がれに残る草葉も嵐ふく夜な夜な霜のをきまさりつつ　栄貞

について、

かれ残る草葉もわかずしら霜のさゆる夜すがらをきまさるらし

となおし、「殊宜」としながらつづける評語の末尾は、「つゝどめ初心に用捨（えんりよ）すべきとや」とある。

両歌とも似たもので、前者はやや若く、後者はやや手馴れている差異である。栄貞は、二年後の上京前に整理した『栄貞詠草』で、この歌については添削歌を無視している。「つゝどめ云に」の旧派伝授の初心者タブーも。もっとも、後年の宣長さんの歌指導にも同じことを言っているのだが……。

要するに、独習にお墨付をえたような歌学びであった。だが、これはたいへんなことで、宣長さんをして生涯、この歌の調子の域から出ることをなからしめるのである。

『和歌八重垣』にはこのようにあった。

・三代集の中にてもこと更古今集をみるべし。古今集は本哥にもとるな

ればくりかへしみる中にふとしゅかう（趣向）もいでくる物也。此うへに猶人〳〵後かたの案じやうあるべし

（「哥可読心持の事」）

・詠哥大概に三代集のことはを用ゆべきよし有も三代集の言葉はすぐれてみやびやかなれば也

（「哥の詞の事」）

法幢の指導をうけはじめてから、その八月には古今集を写しはじめ、一二月にはその異本の校合をはじめた。一方、九月から一〇月に、かけては、定家の『詠歌大概』とその付編『秀歌之体』、つづき『三十六歌仙』・『百人一首』を写し、翌春からは定家の歌を集めはじめる。

とにかく、「和歌ニ師匠無シ、只旧歌ヲ以テ師ト為ス」、『詠歌大概』の定家のこの指針は、栄貞にとって終生のモットーとなるほどに、絶対のはずであった。もっとも、世の師匠は、定家を至上視しながらも、この句の上半分「和歌ニ師匠ナシ」は忘れる。旧派の中でも最も解放された有賀長伯の『八重垣』にもその部分は見ないのである。

定家尊崇の栄貞に源氏物語が入ってきたのも当然である。「源氏見ざる歌詠みは遺恨の事なり」という父俊成の言（『六百番歌合』判詞）は、子定家に至って歌壇に定着したのであった。

山田養子の前に源氏物語倭歌を写した栄貞が、山田へ来て『経籍』に列記したたくさんの神道書の中間に、「▲源氏物語諸抄」として、「源氏の奥入伊行　追注加定家卿」から「孟津《もうしん》抄廿一九条種通公　湖月抄六十季吟」まで計一九書目をあげ、あとに、「青表紙ト云ハ、定家卿ノ本也、可レ用レ之」と記している。この一連は、最後に置かれた『湖月抄』からの抜写である。

北村季吟の『湖月抄』を手にした栄貞は、まず、『京城志』に、「発端」から「夕顔ノ巻」までで、この物語ゆ

かりの地の解説を一五項抜きだし写していることは先にも紹介した。末尾に、この先は別巻に記すから、合わせ見よ、と付記するが、その「別巻」はのこっていない。おそらく地名採集より物語を読みとる方向をとったのだろう。養子に来て早々のこととの推定は先述した。

『源氏物語覚書』　その後九月下旬から、『源氏物語覚書』というメモ（一四枚の稿本）をつくりはじめる。本格的に源氏にとりくみはじめたのだ。

まず、「○かなつかひ」である。かなづかいの知識は歌詠みには必須である。これまで経験と勘に頼ってきた栄貞が、養子に来て、秘伝とされたその指要を「さる人」（法幢あたりか）からもらって、『和歌の浦二』へ写している。いわゆる定家かなづかい系のもので書き分け全般にわたる。

その中で最もくわしく説明している「をおを書かなの事」には、声の軽（を）・重（お）で書き分けるのだが、「すへておをのわからは、……ことことく分明に知かたし、只歌書、ふるき物語等のかなつかひに心をつけ、ちかくは定家のかなつかひを鍛錬して可不可を知へし」という調子である。

栄貞は、それらを源氏物語でたしかめようとする。桐壺の巻から「○おとしめ　○おなし　○下らう　○つかへ……」と順次拾いはじめ、九八例（うち三四例がをおの例）で中断した。

そして、転じてこんどは古言の語意に目を向け「栄貞按」として私見をメモする。伊勢物語の語句を段順に二四例、古今集の語四例。てにはの助詞、下二段の「給ふ」の用例等を、雑記し、「言葉抄」とあらたまって、「うたかた」ほか四語の語源を考えてみる。以上でほぼ五分の一。

つづけて、思い立って本格的な「△源語訳解」にとりかかる。この部分が分量の過半を占める。

高校生の予習のように、「○《桐一》やむごとなき〔タイセツナ、重キト云事也、……〕」（「桐一」は第一帖桐壺の第一丁）からはじめて、「○あざれたる」（第七帖紅葉賀・注訳なし）まで帖を追い、三九語を摘録する。はじめの方から一例をあげよう。

「○はしたなき〔[A]桐三ヲ、[B]○ヨハキ物ニツヨクアタル心、○オチツカヌ心、○ツキナク似合シカラヌ事也、[C]○桐五ヲ帚廿二同廿九同四三、〕」とある。施線Aは湖月抄本の桐壺三丁目、表を示す。Cも同要領で他からの採集、第二帖帚木からの採集をも示す。Bは、湖月抄本で「師」印をつける。箕形如庵《みのかたじよあん》の説の写し。○オチツカヌ……○ツキナク……の訳は、栄貞の読解であろう。

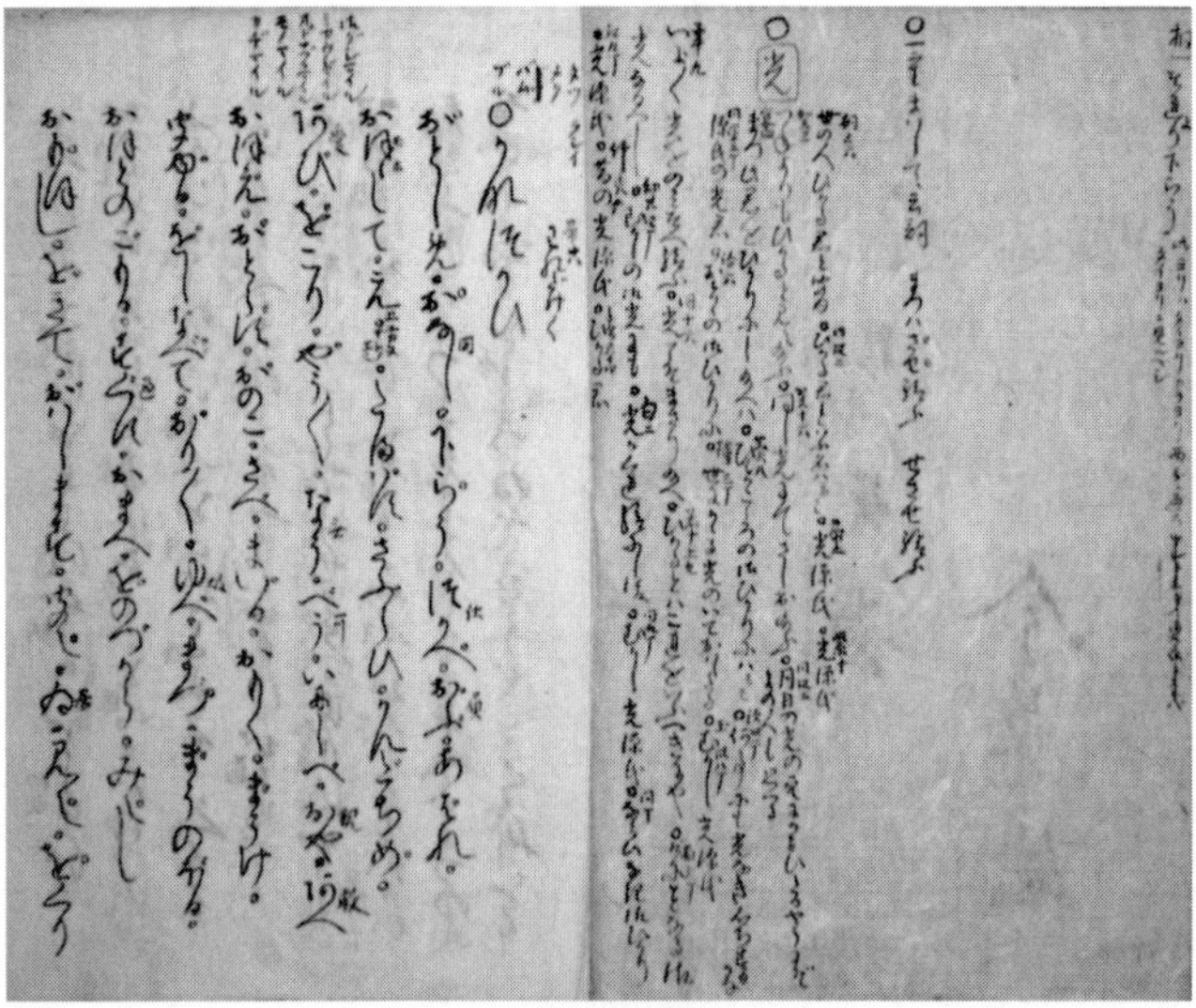

『源氏物語覚書』

このように、湖月抄本を使って摘録し、私見を記していく。それも、先へいってはまたもどり、桐壺帚木を三度、帚木→空蟬を二度と、先後をくりかえし進んでいく記入には熟読のあとが歴然としている。

ついで、「△難訳」として紅葉賀を初めからつづけ一八語（「あかず」〜「すくよか」）を付けるが、あらためて本格的難訳か、最初の桐壺「○あいなく」から第四五帖橋姫の「○さしぐみに」までの二六語を記す。うち第五帖若紫まで一六語、あとはめっきり減るが、竹河・橋姫に至る。精読の対象は若紫、末摘花、紅葉賀あたりまでだろうが、後の「薫」関係で第四九帖宿木、表紙裏記入の「ひかる君」で第五三帖手習のメモもあるから、一応源氏物語五四帖（『湖月抄』全六〇巻）に目を通していたことは推定される。

　裏表紙裏につぎの三つの記述がある。

「語辞」として、物語冒頭「いづれの御時にか、女御更衣あまたさぶらひ給ひけるなかに……」からはじめて、靭負の命婦の帝の御様子報告「かつは人も心よわくみたてまつるらんとおぼしつつまぬにしもあらぬみけしきの心ぐるしさに、……」までで、施線の順にてにをは六一語をぬき出す。中には、「にやあり《デアッタカ》けむ」「や《ガ》─け《タカ》む」「こそ　けれ」「かは　有《アッタカ》けむ」など含み、後年のてにをは研究の萌芽と見ることができよう。

「▲年齢考」は九帖中から源氏以下七名にふれる簡単なメモ。詳細な年立てが『玉の小櫛』にあるが、源氏だけでなく「ほかの人々の年をも、さだせずはあるべからず」（「人々の年立」）というのにあたる。

「○薫」はその名の由来を六帖から一二項。これは表紙裏の「○光」（源氏）の一八帖から二五項の収集と対応している。

　さて、裏から記された三丁に「詠歌問答栄貞不審」がある。

「一、野山といひて、山‐野の心に成候べきや」から、「一、木からしは冬に限る歟、秋もよむ歟」まで、詠歌のきまり、制禁を中心に二八項の疑問が並べられている。法幢添削でふれた、哉とめ、つゝとめ不可（への不審か）の項もある。

　途中に、源氏物語に関する課題めいたメモ八項ほどを含む。「○源氏引歌ノ事　○系図ノ事　○年立目録委細之事　○源氏出古人名　○楊貴妃　○末摘　○唐衣ノ歌」等。詠歌とかかわって、「一、寄橋恋なとの題に、夢のうきはしとよみ候事、不苦候か、惣而夢浮橋よみても、不苦候や」というのもある。

　以上、この『源氏物語覚書』は、物学びの未完成の小冊とはいえ、労苦執心のにじみ出た養子期の代表作である。後年の宣長さんの研究の実証的帰納的方法をほうふつさせるばかりか、源氏物語や語法の研究についても、いつか展開されるその方向、分野、課題をも予見させる文献となった。

（四）万葉集と伊勢物語

山田養子早々、ほとんど同時に、幽斎の『伊勢物語闕疑抄』、季吟の『源氏物語湖月抄』・『万葉拾穂抄』を栄貞は手にすることができたのだった。

万葉集関係

『経籍』によれば、神道書群採録の中間に「▲源氏物語諸抄」、あとに『伊勢物語古註』以下『闕疑抄』まで六目、つづけて『万葉集拾穂抄』を記すが、あらためて「▲万葉集諸抄」として「定家卿ノ万時」（じつは俊成の『万葉集時代考』）から「拾穂抄三十季吟」まで七目を記述する。次が『艶道通鑑』である。

『湖月抄』については先に述べた。伊勢物語は後にしてまず万葉集をながめたい。

『和歌の浦二』によれば、養子直前『経籍』記載の歌書を整理して、「万葉集（左大臣橘諸兄、或ハ中納言家持ト云）」を筆頭に、「二十一代集、万葉共ニ廿二代なり」とつづけ、以下七六目の歌書の最終に『経籍』に記しおとした定家の『詠歌大概』をすえたが、やはり和歌の流れを通観しようとすれば、万葉集から始めねばならない。そのとりかかりとして、先（『和歌の浦二』）の延長で、枕詞に目をつけた。まず、「隠口《コモリクノ》初瀬」について「栄貞按」として証歌を引き説明しようとする。後年の手口を思わせる。あと語詞一〇例ほどの簡単なメモが「連歌誹諧ノ書」、「かなつかひ」をはさんで見えるが、『湖月抄』（「発端の凡例」）から、「源氏二十五ケの秘訣三ケの口伝　桃華（兼良）ノ御秘訣三ケの大事」と摘記、同じ口伝秘訣にかかわり「万葉拾穂抄口訣（季吟撰）」の摘録にかかる。

他方、『京城志』を見ると、はじめの『闕疑抄』九項、『湖月抄』一五項の勝地抜粋メモから本格的な抜書につつり、西行の『撰集抄』につづけ、『拾穂抄』を参看、私見に「華風」（九月から）の語を加えて、巻順五四項で山城の地名引用を中心にメモし、終りにミヤコに関する万葉書きを集めている。以後神道書抜抄になっていくが、『和歌の浦』での「拾穂抄口訣」記録はつづけて行われたものであろう。

口訣というのだから、その内容が書いてあるのではない。万葉集巻一から二〇へと、「○真《マ》木《キ》佐《サ》苦《ク》檜《ヒ》乃《ノ》嬬手《ツマデ》〔第一巻口訣有云々〕」の調子で、口訣の所在を列挙しているのである。季吟には付編としてか『万葉集秘訣』の著（貞享四年）があって二一条をあげるが、栄貞のは、前年の『拾穂抄』中の三四条から二八条を抜き写したものである。

このあと、栄貞は一条禅閤《ぜんこう》兼良公以降一四名の、『湖月抄』に加え『拾穂抄』に関係の名を列記する。中心は季吟で、その学統周辺を示すつもりであろう。「寓居士北村季吟〔貞享三年ニ六十三歳也〕」とあるが、それは『拾穂抄』終功の識語の署名「貞享三年十二月廿九日　新玉津嶋寓居士　六十三歳」から写したに相違ない。

この『拾穂抄』は、万葉集全巻の注釈書として最初のものだ。しかも、平仮名を本文にし漢字を傍につけ、入手困難の旧注を集成した点で、万葉を普及させ、その享受、研究の出発点となった著である。しかし、学問という点では同じころ成る契沖の『代匠記』（その初稿本は貞享四年ごろ、精撰本は元禄三年に成る）とは比較にならない。

もちろん栄貞はそんなことは知らない。知っているのは、身近での評価最高の和学者としての季吟であったろう。一面には、幕府歌学方・法印の地位もあったか。しかし、当面、『源氏物語湖月抄』の著者として、源氏物語を光背にした偉い存在と映っていたにちがいない。そういう人のいう、二条歌学の風を踏襲した秘訣、口訣とは何か、であった。

翌年には、つづく『和歌の浦四』（同三は後の記）で、季吟の中世的伝授思想を確認（『文段抄』）、さらにその二年後京都では、その実態（『伊勢物語拾穂抄』）と反対に契沖の偉大さとを知り、万葉集をもあらためて研究的に見直そう、とするのである。この『和歌の浦二』で、裏からはじまる「万葉摘書」がそのときにあたる。

伊勢物語関係

伊勢物語は古今集といっしょに入ってきた。

(1)　一八歳歌をよみはじめた年、『京志三』に古今集の歌が一七首出てくる。巻一四以降、地名（宇治、白川、深草など）が出てくる順の抜粋だが、中に詞書の長いもので伊勢物語編入の段が三段（七六・八三・一〇三）入っている。

(2)　そのあと、宇治拾遺物語の抜抄がおわると、こんどは伊勢物語をとりあげる。初め四項ほどのメモにつづき、七六段以後で九段を抜き写している。

(3)　つぎは、一年余たって養子にいってから『京城志』へ『闕疑抄』によって一一項の注のメモを記す。

『闕疑抄』にはこうある。「詠哥大概にも、古今、伊勢物語、後撰拾遺をまなぶべきよし也。古今の次に伊勢物語をのせて、さて又後撰とあるうへは、尤賞翫すべき事也。されば二条家三代集伝授にも、此いせ物がたりを始めによむ事なり。」細川幽斎玄旨の『闕疑抄』は、古註を脱した一条兼良『愚見抄』以降の旧註（二条家流）を集成したものとして最も信用されたもの。右の『詠歌大概』（定家）の引用は旧註にくり返され、伊勢物語の歌道における位置を表すものだが、栄貞はそれに面接したわけである。

メモの中でいちばん詳しいのは七六段についてである。この段は初めからこの後も採択に欠けることなく、頻度の最も高いものなので、注目してみたい。

昔、二条の后の、まだ春宮の御息所と申しける時、氏神にまうで給ひけるに、近衛府にさぶらひける翁、人

〴〵の禄たまはるついでに、御車よりたまはりて、よみて奉りける。

　大原や小塩の山もけふこそは神代のことも思ひ出づらめ

とて、心にもかなしとや思ひけむ、いかゞ思ひけむ、知らずかし。

終末施線の部分は古今集にはない。それを付け加えることで、伊勢物語は業平密事の二条の后（高子）物語終りとなるのだが、栄貞はどううけとめたろう。

(1)の時には、「大原や小塩の山」の藤原氏の氏神にひかれて採択したものだろうが、「神代のこと」を、神代天孫を付託された天児屋命（氏神）が、藤原氏出の后の皇太子扶育《ふいく》を嘉《よみ》したまうだろうという通説に興味を感じたものにちがいない。ところが、そういう目で見るとき、施線部分のある(2)の伊勢物語に奇異の感をもっただろう。「神代」に「往時」の意が掛けられているのか。(3)では、それをたしかめるように、『闕疑抄』で、「人疑《ラクハ》先《キ》レ是《ヨリ》若《シ》有二密事一歟」と写す。もちろん、栄貞は旧註来の（『闕疑抄』にもあった）「つくり物語」の語を知り、後年の、

　これはすべて例のつくり物語にしあれば、在五中将にまれ、こと人にまれ、その人のうへの事のたがひめなどは、とがむべきにもあらず、たゞおかしく作りなしたる、ことのあやをこそ、とりめでて、歌まなびのたすけにも、文かくほんにもすべきわざなれ。（『玉勝間五』）

の気持と大差はなかったろう。この点（密事）については以後の引用であまりこだわっていない。

(4)　さらに一年後の二一歳初めだろう、栄貞は『和歌の浦四』（三と順が逆）に、「▲伊勢物語説」として、全一二五段中八〇段について読解の簡単なメモをとっていった。例の七六段については、「宗祇云、春宮ハ日神ノ御末也、御息所ハ藤氏ニテマシマセハ、神世ノ契リカハラヌヲ、神モウレシク思召ランノ義也」とだけである。このメモの前に、徒然草について季吟の『文段抄』を抜抄するが、この伊勢物語は季吟の『拾穂抄』（『闕疑抄』

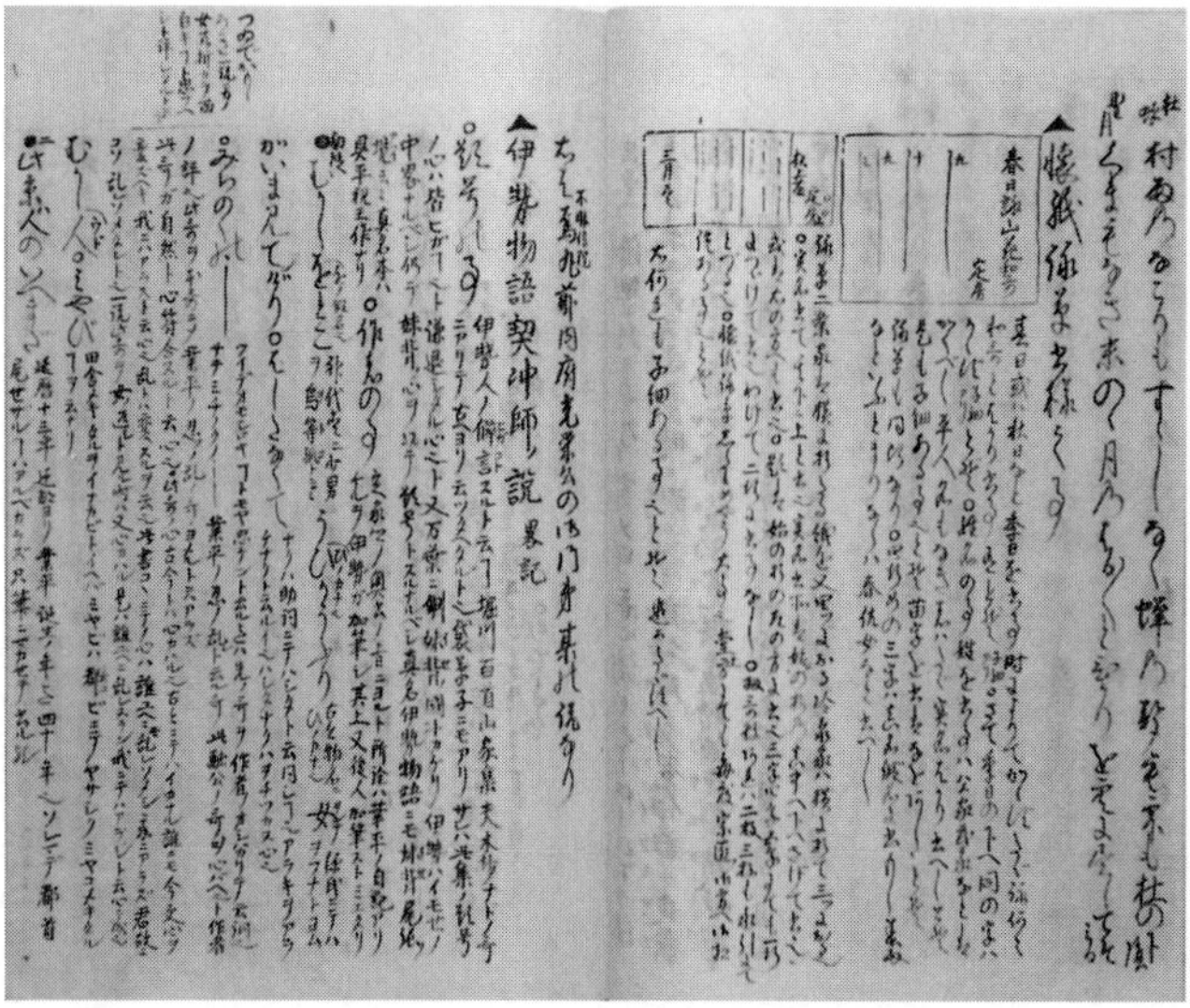

『和歌の浦』巻４・伊勢物語契沖師説条

直系）によるのではない。二条家流であり、玄旨の説をも引くが未詳。

⑸　次は、二三歳上京留学早々となり、待っていたとばかり五月一二日写了の「▲伊勢物語契沖師説〔略記〕」が同じく『和歌の浦四』にある。契沖の『勢語《せいご》臆断《おくだん》』に師堀景山の増益した本によっている。全一二五段中一一二段からメモ。栄貞は目の覚める思いであったろう。古註・旧註にとらわれず、『三代実録』による事実検証、作り物語の指摘（六九段斎宮密通など六か所の指摘）、古書（日本紀以外に旧事紀・古事記・万葉など）による解釈、という研究方法の問題。それに、このメモの中のことばがそのまま後年の宣長さんにくりかえされているようにシンになる考え方。その例、

・本朝ハ神道ヲ本トス、神代ヨリノ風俗ナレハ、妄ニ儀《（ママ）》スベカラズ、後世ニ嫌ハシキ事トナレルヲ以テ、昔ヲ難スヘカラズ、又昔ヲ以テ後ノ例トスベキ事ニモアラズ」（四九段、別腹の妹への業平懸《け》想《そう》の歌について。古代日本に道なし、とする儒への反論。）

・後ノ人、死ントスルニイタリテコト〳〵シキ歌ヲヨミ、或ハ道ヲサトレルヨシナトヲヨメル、誠シカラズシテイトニクシ、平生ハトモカクモアレ、今ハノ時ニタニ心ノ誠ニカヘレカシ、業平ハ一生ノ誠此歌ニアラハレ、後ノ人ハ一生ノ偽ヲアラハスナリ……

（栄貞がはじめて採択する、最終の一二五段。業平の「つゐにゆく……」の辞世の歌についてかくいう契沖を、玉勝間では、「やまとだましひなる人は法師ながら、かくこそありけれ。から心なる神道者歌学者、まさにかうはいはんや」とたたえる。）

また、このとき、栄貞は季吟の『拾穂抄』をも手にし、旧註を承けて季吟に多い、「口訣」の伝授という、一三か所の所在をメモの頭註にしるす。口訣伝授への栄貞の関心は、すでに(4)の「伊勢物語説」の前で、同じ季吟の『徒然草文段抄』を抜抄したときに見ることができる。伊勢物語から少しはなれるが、その抜抄は、他に重要な項をも含むので言及しておこう。

徒然草三・一三・一四・二七・二一〇段からの抜抄だが、三段と二一〇段には『文段抄』をかなりくわしく写していて関心のほどを示している。

三段は「よろつにいみしくとも、色このまさらん男は、いとさう〳〵しく、玉のさかつきのそこなきこゝちそすへき」の段。「文段抄云」として、「源氏物語一部の趣向、此段に有、又俊成卿歌に、恋せすは人は心もなからまし物の哀もこれよりそしる、此段は此歌をもってしるへしともいへり」（「いへり」は次の「師説」と同じく、松永貞徳の『なぐさみ草』）とし、「和歌の道には、春夏秋冬恋雑と六つの道をたててもてあそふ中に、人の心をやはらけ、もののあはれをしらしむる事も恋路にしくはなし、誠に貴賤老少鳥獣の上迄も、生あるものの心にはなれぬわさなれは、四季の次に必此題を出してよみ、くちすさひ侍る事、外の道にはいまたきこえされは、和国の道の奇特なるへし、兼好も歌人にて有けれは、かやうにかけるにて侍らん、彼俊成卿の歌をもちて此段をことはられたる師説も、面白く捨かたき事なるへし」。

もちろん、「源氏物語」を「伊勢物語」に読みかえてもいいのである。ところで、栄貞は『艶道通鑑』（前出）などで知っていた俊成の「恋せずは……」の歌「もののあはれ」がここで確認されていることに注目すべきである。これは、上京後師景山の『不尽言』抜写で再確認され、帰郷後の『安波礼弁』以来、もののあはれ論となるのである。

二一〇段は「喚子《よぶこ》鳥《どり》は春の物なりとばかりいひて……」の段。栄貞はかつてこの『和歌の浦』の冒頭にもこの段を抄出していた。稲負鳥《いなおおせどり》、百千鳥《ももちどり》とともに古今伝授三鳥の一つとして、さらに先立つ『事彙覚書』で、「伝授ナケレバサダカニシリガタシト也」「近代ノ歌人、此事ヲ秘シテ口外ニ出サズ」と写しているので、積年の関心といえる。

徒然草は、喚子鳥が「春ノ物也」（『八《や》雲御《くもみ》抄《しょう》』）というだけで不明だが、万葉集に歌われた鵺《ぬえ》子鳥に通うか、と考証するのだが、栄貞はここで、それに対する季吟説、というより伝授についての季吟の態度を抜き出したのである。文段抄の批判はきびしい。

> 古今集はしきしまの道の規範にて、其三鳥三ケ等の口訣切帋《キリカミ》は、二条家の和歌の血脈相承のしるしなれは、伝授せさらんほと、一説見うるにまかせて、かやうにをしはかりうかゝひては書もすへし、かりそめにても、落着めきたる説なとを、いまた直伝せさらん人の、口にもいひ、筆にもしるさんは、素盞烏尊をはしめ、住吉玉津島の冥慮も空おそろしきことなりかし……。

一〇年後。「妄説ヲヤフリ非ヲ正シタ」契沖を経た宣長さんの『排蘆小《あしわけお》船《ぶね》』は、近代の伝授を「コシラヘ事」「信スルニタラヌ」「ヤウナキ事」とし、季吟と逆に徒然草を援用して「スヘテ古今ニカキラズ、伝授ト云ニ正説ハ一ツモナシ」と断言する。しかし、この『文段抄』抜抄は、契沖説にまだ接していない栄貞の季吟に多い口訣伝授なるものへの関心の深まりを表わすものであったろう。

さて、留学の今、伊勢物語について、すでに契沖説に刮目《かつもく》した栄貞が、旧註の季吟説（『拾穂抄』）に期待するのは、その口訣だけであったろう。ふつう伊勢物語に八ケの秘訣といわれるのだが、『拾穂抄』から一三の口訣の所在をぬき出し頭注に記したのは、上述の過程に位置づければ注目すべき出発であった、といえよう。

その後を付記しておこう。宣長さんがまた伊勢物語にとりくむのは、宝暦七年の帰郷後である。それまでに契沖の『古今余材抄』に熱中する時がつづいて、季吟の伊勢物語は克服されていたが、一〇月帰郷に際しては、その前八月に『源氏物語湖月抄』と同時に『伊勢物語拾穂抄』『百人一首拾穂抄』を購入している。研究の対象として期する所あってだろう。翌々九年三月から一二月まで、昨夏始めた源氏物語と並行して第一回の講釈を行っている（第二回はずっと後の寛政三年）。その際、五月には『真名伊勢物語』購入、六月『伊勢物語』、九月『勢語臆断』を筆写している。

このようにして、宣長さんは伊勢物語についても一家言をもっていた。著書にはできなかったが、『玉勝間五』には、考証を中心に一〇段にわたって述べる所があり、後に、それを抜き出して書冊にされたものも残っている。『伊勢物語考』（山田以文《いぶん》）、『伊勢物語雑説』（沢田名垂《なたり》・文政一〇年）など。

（五）語学の芽

てにをは研究

宣長さんというと、高校生でも、読んだことのない『古事記伝』や「物のあわれ」（源氏物語）をあげる。係り結びや五十音図は、それを知っていても宣長さんを思いうかべない。「係り結び」ということば自体、宣長さんの発明なのだし、五十音図で「を」と「お」の位置を逆転、完成したのも宣長さん。簡単なことのようだが、ともに五〇〇年来の懸案で、その結着をつけえたのには、宣長さんの方法――手のうち、腕のさえが物をいった方面である。ところが、ご本人、晩年の学問論『うひ山ぶみ』でも、「五十音のとりさばき」と「仮字《かな》づかひ」を一括、わずか百字余の言及だけで、それらが古語、古書の解明に必要というにとどまる。領域の特殊さというより、本人にとってそれほどに生得的、自明の方法だったのだろう。それをいちばんよく知っていたのはせがれの春庭[*43]だろう。春庭は、係り結びの「結び」から「活用」へ進んだ宣長さん(『活用言の冊子』)を継承発展させ『詞《ことば》のやちまた』[*44]の完成に至るのである。

さて、係り結び確定はてにをは論の、五十音図完成はかなづかい研究の上に成るが、一八歳の栄貞が和歌を作りはじめたことの延長線上に位置している。その起点をながめてみたい。

栄貞が手引きとした有賀長伯の『和歌八重垣』は、「歌のとまりの事」「てにをはの事」を含み、従来の秘伝を公開し、てにをはで画期的な書であったが、その方への関心の様子はない。作歌の係り結びも古来の「ぞるこそれいかにとははりやらん、是ぞ五つのとまりなりける」とまじないのような伝授の歌で、ぞ↓る、こそ↓れ、いかに↓とは、は↓り、や↓らん、の「かかへおさへ」(「おさへかかへ」とも)だった。あらためて、『八重垣』のもととなった『てにをは口伝』を筆写したのは一〇年近く後、留学晩期の二七歳(翌年定家作といわれた『てには大概抄』筆写)。そして、係り結びの名と法則を記した『てにをは紐鏡《ひもかがみ》』の刊行は、さらに一五年後、四二歳。万葉集と古今以下八代集の歌一四、〇〇〇首を検討、八千余の例歌で法則を証明する『詞の玉緒』の刊行は、さらに一四年後五六歳。息が長い。そして、この収集検証のエネルギーの芽は、山田養子二〇歳の八月に古今集を写し始めた時点に見ることができる、といえよ

本居春庭六十歳像(疋田宇隆画・部分)

う。

かなづかい・字音の研究

かなづかいの問題。これは定家の『僻案《へきあん》』（『下《げ》官《かん》集』とも）からはじまり、いわゆる定家かなづかい*45に発展した。お、をの例だが、音の軽重で、男は重くて「おとこ」、女は軽くて「をんな」、折るはおる、手折るはたをる、大はお、小（小舟）はを。この調子の十則ほどと用例を、栄貞は「かなつかひ」として『和歌の浦二』に写した。山田養子早々のこと。

そして、二一歳養子の末期か、毛利《もうり》貞斎《ていさい》の『韻鏡《いんきょう》袖中秘伝鈔』から同じような五則ほどを『和歌の浦四』にメモしているが、二三歳さらに『仮名都加比』と題する冊子を作った。先の抜写をさらに整理し、一八則に用例をふやして、「音之仮名遣」「仮名真字《まな》」「片仮名真字」をつけている。奥書に「仮字遣ハ我ガ歌道ニ於テ最モ厳重ニ択用スベキノ事也。故ニ今予自書シ、其ノ誤リ無カラント欲シテ粗（アラアラ）之ヲ記シオハル。且ツ声音ノ仮名、是モマタ簡《エラ》バザルベカラズ。仍《ヨツ》テ之ヲ其ノ末紙ニ附セリ。ナホ後日ヲ待ツテ詳シク考正セシムベキモノ也」（原漢文）。宝暦元年一一月中旬の日付けで、出京二か月前のこと。この定家仮名づかいは、それから一五年余の後、確信をもって契沖の歴史的（復古）仮名づかいへ移るまで、宣長さんの指針となったものである。

ところで、注目すべきは、右奥書で附記するとあった「声音の仮名」のこと。声音とは漢字の音。「い・ゐの分別」から、「めう・みやう」まで一〇二音にあたる漢字の分類を志したもので、「追って正し考ふべし」の記入が随所にある。追考が整理完成されたとき『字音仮字用格《じおんかなづかい》』*46初稿ができ（三二歳）、四二歳までには五十音図のお・をの所属も正され、四七歳に刊行された。もともと『漢字三音考』*47や『地名字考』と同時並行の研究の一環で、それらの書も後年（五六歳、七一歳）に刊行されている。

では、定家かなづかいにもないこの「声音の仮名」が、最初どうして栄貞に入ってきたのか。韻学からである。さきに引いた韻学者毛利貞斎の著が書目メモ『経籍』に載る箇所には、一括して、漢書の韻書につぎ近世日本の韻学の書が一一目あげられている。漢詩の流行にともなって『韻鏡』の解説も多くなっていた。しかし、『経籍』に漢詩文に関心のあとはまだ見えず、悉曇《しったん》と『韻鏡』*48を使った語学者、契沖・僧文雄《もんのう》をもまだ知らぬ時に、栄貞はなぜそれらに目をつけたのか。それは、万葉仮名、万葉集の訓読のため以外には考えられない。

　先に紹介したが、山田養子早々、季吟の『万葉拾穂抄』を手にしてから、万葉の歌枕、枕詞、口訣等に関心を持ったが、上京留学の年に筆写する契沖の『万葉代匠記』惣釈からの『枕詞抄』、ついで「万葉摘書」と題する、万葉仮名二五〇字とかなづかい語六六、訓点語七五〇の収集となる（『和歌の浦二』）。さらに数年後に、「万葉集ニヲキテハ、……ズイブン文字ニツキテセンギシ、訓点ノ誤ナキヤウニミルベシ」と『排蘆小船』には記している。その延長として古事記の訓読があらわれるのである。心と事を正しくとらえるためには漢字表記の古語の正しい理解が要求される、また、それが国語の特質をも明らかにすることになる、との意識に導かれる。上述の各研究に目途のついた時期が「直毘霊《なおびのみたま》」成稿の年（明和八年〔一七七一〕、四二歳）とかさなるのは当然のことであろう。

（六）　俳諧への関心

伊勢俳諧の流れ　中世の荒木田守武《あらきだもりたけ》*49から近世初期の杉木望一への伝統で明らかだが、伊勢は俳諧のメッカだった。その伊勢俳諧の中心は山田だったが、ついで盛んだったのは松坂。その松坂の俳人呉扇らが伊勢風の流れをくむ鳥酔を江戸から招き一葉庵をつくって、衰退の俳諧熱をもりたてようとしたのが、延享三年（一七四六）であった。栄貞一七歳。その時期からの栄貞の俳諧体験を否定する学者はいない。

栄貞が一二歳にはじめた『万覚』の後半で、一五、六歳のころか、「近世名人」として三四人をメモするが、「ハイカイ」に「貞徳老人」、「立甫《りゆうほ》」（正しくは立圃）の二人だけをあげている。かれが俳書を使ったのは、一八歳で和歌の手引書『和歌八重垣』に着目したのと同時期に、青木鷺水《ろすい》の『誹諧新式』という手引書で、祇園会の由来など四項を『京志三』に抜いている。ひきつづいて『経籍』には、俳書三五目があげられる（以下、原本のふりがなは除く。番号と（　）内作者は今回つけたもの）。

▲①初学抄徳元②樞西武③嚏立甫④嚏大全同人⑤同綱目同人⑥雨霽一雪⑦仕やう元隣⑧合掌一雪⑨世話焼草空頼（願）⑩狗子重頼⑪徳万歳立甫⑫乳母傅母重頼⑬明鏡立甫⑭便船梅盛⑮類船重徳⑯如意宝珠安静⑰鉋屑（胤支）⑱風俗草政恒⑲詞寄（立甫）⑳立甫袖中記（同）㉑維舟随筆（重頼）㉒御傘西武補（西武）㉓元隣聞書元隣㉔古今連珠（？）㉕用意風体（季吟）㉖追加埋木（季吟？）㉗御傘追考（貞徳）〔▲右此印ヨリ下ハ、ハイカイノ書也〕㉘番匠童（如泉）㉙杜立（同）㉚わたまし（春色）㉛小頭（？）㉜続明鏡（立甫）㉝手松明（貞木）㉞すり火打（如泉）㉟糸屑（轍士）〔右モ同ク誹諧ノ書也〕

この一群以前で俳諧にかかわる『経籍』記載は、郷土ゆかりの「日本行脚文集ワ雑七三千風」・「松嶋眺望集ワ三千風」と「誹諧新式ワ一鷺水」にすぎないので、右の一群は奇異な感じさえする。収集のテキストは何か。作者、作品の系統から見ても、手にしていた鷺水の『誹諧新式』と見てあやまりあるまい。

さて、山田養子の一か月前栄貞は『和歌の浦二』に「○歌書」として『経籍』を整理記載したが、ひきつづき「連歌誹諧書」として先の一群そっくりに加え次の七書を増補して記した。

誹諧新式〔一、鷺水〕　連歌新式　毛吹草　匠材集〔四〕　伊勢誹諧発句帳　伊勢誹諧聞書集　伊勢踊〔加友〕

後半三書は伊勢俳諧の古典に属する。それにしても、松坂樹敬寺加友の『伊勢踊』は刊行後すでに八〇年余たっている。そういう目で見直すと、『誹諧新式』にしても元禄一一年刊で半世紀前のもの。先の一群三五目中で最も新しいものといっても、㉟『糸屑』の元禄七年刊である。初期俳諧の変遷のテンポは速い。「伊勢俳諧」後に貞門、談林、蕉風の洗礼を受けた伊勢風の中心地山田での養子である。「天下の名人」といわれた乙由の没後まだ一〇年にならない。栄貞と同じ妙見町でも、五歳年長の錦江亭黒部杜什と一歳年長で後に中興期俳諧の旗手の一人となる三浦樗良《ちょら》*50がはやくも活動をはじめるころである。そうした土地で半世紀も前の知識でまともに俳諧に対応できるものではない。もはや俳号も不要である。

華丹・華風

養子に来た翌年（二〇歳）九月二二日の『今井田日記』に、「華風ト改ム、モトハ華丹」とある。この改号は、「今年巳《み》ノ年ヨリ、専ラ歌道ニ心ヲヨス」とつづけるように、和歌への精力傾注を意味するものであろう。後に整理された「宝暦二年迄之記」では、この時のことをいったん「誹名ヲ華風ト号ス」と記し、後に消している。消した時点で俳諧をすてた、というより、これまでの華丹が俳号であったこと、華風という雅号に改めたことに意味を見ることができよう。

華丹の号は、おそらく清原姓を使ったと同時につけたと推定する（寛延元年の『栄貞詠草』に清原栄貞とある）が、『和歌の浦二』の奥に「寛延元年一〇月六日　華丹軒本居栄貞」とあり、最終とおぼしき『秀歌の体』に「寛延二年九月中旬華丹」とある。栄貞のように、俳諧の「俳」の字に「誹」を用いるのは古風系または雑俳に多いのだが、俳諧での「軒」号もそれを用いるのは貞徳の逍遊軒以来貞門に多かった。季吟は拾穂軒、鷺水は三省軒。松坂にあっても、前代俳諧隆盛時の樹敬寺加友は春陽軒、竹内三信は竹立軒（初め一葉軒）だった。先の記載書群の傾向（貞門、業俳）を含めて、栄貞の俳諧認識を象徴するだろう。なお、改めた「華風」号は、その月の下旬かの『源氏物語覚書』、翌月のメモ「三六歌仙」以降、上京留学時まで使われた。

その後、養子期間中だが、『経籍』に再度まとまって俳書があらわれる。

俳諧句霊宝露月三（享保一二）、俳諧寄進能露月二、俳諧閨の梅露月二、俳諧宮遷露月二、江戸紫（蝶々子・享保一六）、浜ノ真砂（白応・享保一五）、続真砂（同・同）、百千鳥（同・同）、さゞれ石（三都宗匠の集・同）、蝶つがひ（蝶々子、白応、雲鼓の点の集・享保一六）

前の青木鷺水は享保一八年（一七三三）没、七六歳。一群中、③・④・⑤・⑪・⑬・⑲・⑳・㉜の編者である貞門最古参の立圃の門。貞徳系とはいえ、談林末期とも判別されず、前句付、笠付へ傾く点者であった。雑俳撰集『若ゑびす』（元禄一五）の著もある。京住。

こんどの豊島露月は宝暦元年（一七五一）没、八五歳。江戸住。談林系露沾門の宗匠だが、観世流謡曲師匠で多くの絵俳書を刊行している。『江戸紫』以下は、下にハイカイとだけ注するが、江戸で代表的な雑俳点者蝶々子、白応らによる前句付・冠付・万句合などの雑俳撰集。いずれも享保一五、六年の刊行である。こうした記載と関係あるか、そのころ伊勢風さかんな山田の地でも、独特の伊勢笠付が流行し、凉菟門の蘆本ら一一名による雑俳撰集『二重袋』が刊行されている（享保一一年）。

さて、上に紹介した先・後の二群を通じて見られることは、蕉風の欠落と雑俳への傾斜である。つまり、栄貞の俳諧認識は、古風と低俗とされる言語遊戯の域を出るものではない、といえよう。

それが後年どのような宣長さんの俳諧観となっていくか。別の資料『近代先哲著述目録』*51を紹介してからあらためて論及しよう。

『近代先哲著述目録』

『近代先哲著述目録』として一八一名の著作者別に目録が作られている。書名を入手しだいに記載していく『経籍』に対し、これは重複の記載を避けるばかりでなく、個人の、またその流れの全貌をながめるうえで利便の多いものである。しかも、それを「近代」としたところ、業績の到達度を知るべく、栄貞の学者志向の躍如たるものがある。墨付四十三枚の冊子。

巻頭は、例の一条兼良。『日本紀纂疏《さんそ》』からはじめ五〇目があげられる。じつは、これは初学者向けという『弁疑書目録』（中村富平、宝永七年刊）からの引き写しである。ただ、途中「連歌初学鈔一」を記し落とし、最後に「源氏物語詞書祓二」というものを加えるだけの違いで、兼良の著作中、『古今集童蒙抄《どうもうしょう》』『代始和抄』『源氏物語之内不審条々』等がぬけ、『鵜鷺物語』『精進魚鳥物語』のような疑問作が入っているのもそのまま、作品の順序、巻数も同一である。

この『著述目録』の起筆はいつごろか不明である。先の兼良の例で見るように、既成の目録を写すことからの出発だから、わりに早い時期ではないか。養子から松坂へ帰る前後の時点では、『経籍』記載の「百人一首改観抄歌契沖五」、「枕詞燭明抄三」と確実な記載にくらべ、ここでは、下河辺長流の『枕詞燭明抄《しょくみょうしょう》』が二番の「藤原清輔朝臣」の著にまぎれこむばかりか、「燭」を「獨」と誤記する。『百人一首改観抄』に関しては、二九番の「大坂釈契中」の中にあるが、名前の「契中（沖）」はじめ、「和字正鑑（濫）」「源経（註）拾遺」「代追（匠）記」「余財（材）抄」「吐聴論（懐編）」「二の（四）代抄」と誤記だらけで、契沖については認識以前だといえる。つまり、この起筆は養子期間中と推定して誤りあるまい。そういえば、この期間、『経籍』で、神書群と源氏・伊勢・万葉の諸抄の記載を除けば、書目収集量が他の期にくらべ少ないのへも影響しているか。

さて、以上は起筆についてであるが、後年の終筆にかかわって俳諧へもどろう。

この『著述目録』の収載者は計一八一名、儒、医、仏、和学にわたるが、俳諧に関係ある人物がその三割弱の五二名あげられている。以下その人名。番号は登載順番、（　）内は編著の記載数である。

俳人・俳書

30京北村季吟（三〇）、38山岡元隣（一八）、46貞徳翁（一二）、48立甫翁（二八）、108江戸菊岡沾涼（一四）、133建涼岱（二八）。

136から最終181までは一連である。

136維舟（一〇）、137貞室（九）、138西武（八）、139令徳（四）、140梅盛（一二）、141一雪（九）、142安静（二）、143不角（五）、144一晶（五）、145桃青（五）、146蝶々子（五）、147其角（一五）、148潭北（六）、149堤亭（一）、150桃翁（四）、151立志（三）、152徳元（一）、153未得（一）、154調和（一）、155未琢（一）、156清春（一）、157不卜（一）、158一貞（一）、159玄札（一）、160加友（一）、161立志（一）、162立志（二）、163子英（一）、164浮世（三）、165貞佐（四）、166一漁（一）、167嵐雪（三）、168その女（一）、169桃翁（二）、170穀我（一）、171東潮（二）、172今更（一）、173吏登（二）、174風虎公（四）、175露沾公（二）、176沾徳（三）、177宗因（八）、178西鶴（五）、179松意（一）、180貞山（二）、181素外（一〇）。

先出分。30季吟は29契中《ママ》につづいて和学関係。38元隣は、古典注釈に俳書を加えているが、39岡本一抱子（近松の弟）へのつづきは医学での師承関係からか。元隣の医の師は法眼岡本道冶の高弟春庵である。46貞徳翁と48立甫翁は、間に47槃《ママ》斎をはさみ和学だが、宣長さんの考える俳諧の鼻祖と直弟。133建涼岱は、真淵門で132賀茂真淵につづくが、俳書を多くあげている。以上は別あつかいで、何から写したかわからない。

後の136維舟から180貞山までの四五名は、『綾錦』*52（沾涼）の中の「誹道九系譜」からの摘抄で、あと一名、181素外を加えてこの目録はおわるのである。

『綾錦』は、右の先出者の一人108江戸菊岡沾涼（一四）の中に「誹諧綾錦三」と出る。享保一七年刊で江戸の点者を中心にした俳諧系譜を収める。著者沾涼は露沾門、前出の露月の後輩。延享四年（一七四七）没、六二歳。

さて、そこからの摘抄なることの考証。136維舟から「貞門七誹仙」（ただし前出の立圃、季吟は省く）の部を同順序、「江都宗匠」の部から、系列の順序を多少動かし、選抜の基準も明らかではないが、末尾に談林（177宗因、178西鶴、179松意）をとり、原典どおり180貞山でおわる。

その内容だが、人物の付注、編者の例示も、原典の誤りも含めてほとんど原典と同一である。例えば、最初の136「維舟　松江重頼入道」での編著一〇は両者順序も同じだが、中に混ぜた『浮世長刀』（一興という人の著）も原典どおり。次の135「貞室　安原正章入道」も同じことだが、中に犬井貞恕重次作とされる『蠅打』を含み、それも原典そっくりに「はい打　乾重次作分」と記す。以下ずうっと同じ調子。168その女で「おそのと云」との下注も原典どおり。終り近く、177宗因についても、書目とその順序はまったく原典どおりだが、中で『廿日草三百韻』を原典のまま「廿日草百韻」と写している。あと179松意以下も原典の記載とかわりない。

以上数例をあげたが、136～180が『綾錦』の摘抄であることは明らかであろう。

もっとも、原典にない補記も少しはある。147其角の一五書目中八書、および其角門下148潭北の「民家分量記」に冊数をつけ加え、165貞佐に「句集」「桑岡集」「桑畔発句集」、167嵐雪に「玄峰集発句集トモ」、169桃翁に「むつちとり　栗かはかり（「栗津かはら」の誤り）」を加えている。これらは少数の補記にすぎないが、他の俳書（不明）を見ていることも否定はできない。

それにしても、原文に忠実であろうとした全集校訂者が宣長さんの誤記、覚えちがいとして注した所が多いが、それらの多くが原典での不備によるものなのである。一方このことは、宣長さんの抜写が訂すべきも見逃して機械的に行われたこと、また知識の薄さをも示すことになろうか。

さて、この筆写はいつのことか。大久保正氏はこの『著述目録』の成稿時期を明和三、四年頃までと推定している（全集解題）。私見では、山田養子期間中から始まり、京都留学の初期には分量の三分の二近くが書かれ（留学二年目の堀元厚入門以前。106京北清（渚）先生　堀元原（厚）と師の名・号を誤記するはずがない）、あと継続されたと見るが、その下限はいつか、の問題である。

前出133建涼岱（二八）の著作中、『建武（氏）画苑三』が安永四年刊、『漢画指南』が同五年序・八年刊である。さらに、最終に付けられた181素外（一〇）となると、刊行不明のものもあるが、安永四年（『名所方角集』・『絵本世谿（都）登起』）、同五年（『古今句鑑』）、同八年（『詞徳抄』）、同九年（『紀行三千里』）、同一〇年（『宗因発句集』『名知折』）、天明元年（『俳偕（諧）百（類）句弁』）を収める。

したがって、『近代先哲著述目録』の記述終了時期（『綾錦』摘抄はその前）は、大久保氏説より一五年ほどさがり、天明初年と考えてよかろう。宣長さん五三歳のころである。

俳諧とのかかわり

俳諧にもどって、少年時からの宣長さんの遍歴をふりかえってみる。貞徳―立圃からの鷺水、宗因―露沾からの露月と沾涼、そして現役活動中の談林七世の素外。書物を通じてだが、これが直接にかかわりのあった人びとで、関心のひろがりも、この系列からの射程を推定してよかろう。それをひと口でいえば、宗匠点者の都市的業俳であり、時としては雑俳要素の入りこむ余地もある、知的遊戯の強い傾向である。知的好奇心にあふれ、ことばのユーモアに敏感だった少年時代にふさわしい展開だった。俳諧の実作は遺っていないが、上京留学時以降にはしばしばあらわれる、狂歌、狂詩、戯文の趣味と同根のものである。

ところが、そこに没入しきれないのが宣長さんであった。もちろん和歌のせいである。俳諧は下（庶民）からのもの、和歌は上（堂上）からのもの。宣長さんは、下からのものを俗（さとび）、上からのものを雅（みやび）という。

「詩歌は事情にとをし、誹諧が今日の世情にちかしと思はゝ、それにならふべし、又詩歌連誹みな無益と思はゝ、何にても好むにしたかふへし」といい、「誹諧こそ今日の情態言語にして、これほど人に近く便なるはあらし、何そこれをとらさる」と自問して答える、「雅俗あるを、風雅の道、なんぞ雅をすて、俗をとらん、本をおいて末をもとめんや、されども又これもその人の好みにまかすへし」（『排蘆小船』）。「好むにしたかふへし」、「好みにまかすへし」は、自由討究でなく、度しがたいということ。雅・俗は本・末、固定的である。

　その後数年後か、『蕣《しゅん》庵《あん》随筆十二』では雅・俗をこのように区別する。俗は武家・下賤、鄙《ひ》陋《ろう》・鄙《ひ》俗《ぞく》、今。雅は公家、都雅《とが》、古。そして、俗に入れた武家を「今ハ何事モ武士ヲヨキ事ニスルハ、イカニソヤ、諺ニサヘ、花ハ三吉野人ハ武士ナド云ヤウナル事サヘ云」と付けている。つまり、「尊き卑きけぢめかばかり正しかりしを」（『玉勝間』）の人生観である。俗・卑出身のこうした人生観の問題はさておいて、ここでは「風雅」観について芭蕉のそれと比較してみよう。

　芭蕉はいう（曲翠宛書簡・元禄五年）。

「風雅の道筋大かた世上三等に相見え候」として、下等「点取に昼夜を尽し勝負をあらそひ、道を見ずして走り廻るもの有」という「風雅のうろたへもの」。中等「其身富貴にして、目に立慰は世上を憚り、人事（人の悪口、批評など雑談）いはんにはしかじ」とする「少年のよみがるた級」。これらの俗中から樹立された雅が、定家、西行、楽天、杜子の実《まこと》の道に志すものである、と。宣長さんの俳諧認識の対象は、その下等、中等の域を出ない。

　したがって「俗語」に関しても、芭蕉の認識は、「詞アシクテヨキ歌ハカツテナキ也」（『排蘆小船』）と雅語至上主義をとる宣長さんとはまったくちがう。

「高く心を悟りて俗に帰るべし」（『赤冊子』）とする芭蕉は、「俳諧の益は俗語を正す也。つねに物をおろそかにすべからず。此事は人の知らぬ所也。大切の所也と伝へられ侍る也」（『黒冊子』）。ここには、俳諧が俗、民衆の中において樹立されたという芸術観が前提になっている。離俗をいう蕪村でも、「俳諧は俗語を用ひて俗を離るるを尚ぶ」（『春泥句集』序）というのは同じ意味であろう。芭蕉の「物をおろそかにすべからず」の「物」という表現は、もちろん言語を含んでいるのだが、もっと広く、「現実」を意味していて、重い。だから「松の事は松に習へ、竹の事は竹に習へ」（『赤冊子』）といえるのである。「私意をはなれよ」の語がそれにつづく。「物」をはなれたこしらえものを排するのである。

他方、「私意を排する」とは宣長さんの常套語でもあるのだが、それは一般的に「漢心」をも含めた俗・卑の否定で、和歌にあっては、雅（雅語、題詠、新奇否定）の固守となる。現代俗間のお茶・お花の意識を出ない。

これは俳諧と和歌のジャンルの問題でなく、芸術観、当然それ以前の人生観の相違の問題である。俗中、卑中の高貴さに人間の進歩と価値を認めるべきであろうに、俗・卑の抹殺されてきた時代からようやく雅・尊との対立にまでこぎつけた時代での認識の不足を宣長さんに見る。その生涯の功績は、俗・卑から発した。女子供から見出す物のあわれ、支配階級の漢心への反発に支えられた学問、にあったので、俗・卑の出である自身を忘れて雅・尊の側にコースをとるときは、空虚に堕した。作歌も迷妄信仰もそれである。

もちろん身は俗中にある。一葉庵ができてからやや息ふきかえした松坂俳諧に殿村呉雪らの友人はいる。北勢俳諧の中心人物で樗良《ちょら》に親しかった四日市問屋の西村馬曹らとの交友もある。古典づいた寛政俳諧からは鈴屋《すずのや》へ入門した俳人も名古屋暁台《きょうたい》門の井上士朗ら七名などかなりある。しかし、かれらの俳諧も宣長さんにとっては無縁のものであった。そもそも、最晩年に、芭蕉の像に、「二人なき翁なりけり此道におきなといへばこの翁にて」と詠んでも、それは社交辞令で、宣長さんに芭蕉が理解されたとは思えないのである。

山田勘蔵さんの『本居宣長翁全伝』（一九三八年刊）にこんな逸話が記録されている。

或時、松坂の西北隣船江村の八幡社境内の古い芭蕉句碑があって風化し字が読みにくい。「梅が香や○○と日の出の山路かな」。春庵さんにたずねたらとやって来た村人の案内で出かけた宣長さんは碑を見ていわく、自分にも俳句の読み方は深く分らないが、此の句だと、消えた二字の所は何でも軟かく詠み出されていなければならない。「梅が香やニュッと」は可笑しい。「パット」も強すぎる。先ず「のつと日の出の山路かな」とあるべきであろう。

その後、芭蕉の句集が村人の手に入ったので見た所、果して、「梅が香やのつと日の出の山路かな」とあった。人びとは今更ながら宣長翁の学問の深遠なのに感心したという。

今も遺る松阪市船江町薬師寺の句碑は、もちろん、「梅が香にのつと日の出る山路かな」である。それを、「梅が香や―」「日の出の―」であやしまぬ宣長さんが、見ごとな表現である希少俗語「のつと」をさぐりあてるとは考えられない。さかしらの作りばなしで、宣長翁の学問を深遠にしようとして、他書（今、書名失念）の論を用いたことは明らかであるが、とりあえず、「二人なき翁なりけり……」の詠の早速の合理化であった、といえよう。

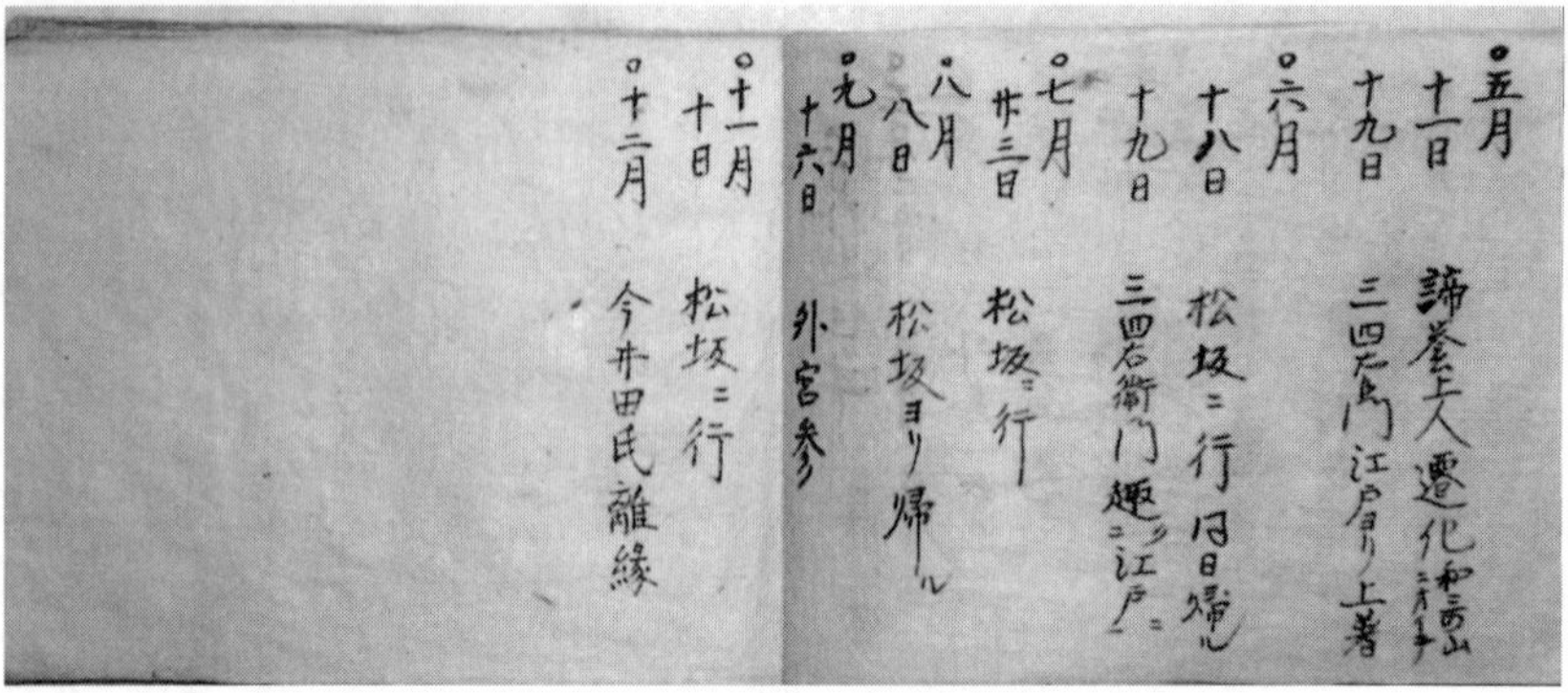

『今井田日記』「今井田氏離縁」条

（七）離縁、義兄の死

『今井田日記』は山田養子の一年半後（二一歳・寛延三年）の五月以降をこう記す。

里帰り

五月十一日　諦誉上人遷化［和歌山ニオイテ］（上人は、養子直前に受けた五重相伝の師である）
　　十九日　三四右衛門江戸ヨリ上着
六月十八日　松坂ニ行、同日帰ル
　　十九日　三四右衛門趣ク二江戸ニ一
七月廿三日　松坂ニ行
八月　八日　松坂ヨリ帰ル
九月十六日　外宮参
十一月十日　松坂ニ行
十二月　　今井田氏離縁

江戸の義兄三四右衛門定治が一か月松坂に帰っている。おそらく実父元閑の三三回忌のためだろう。日記に出ていないが、栄貞は月末に松坂へ帰っている（『栄貞詠草』）。会うためだったろう。そして、翌月は、義兄下向の前日になって松坂へ帰り、その日山田へもどった。実家へ帰るときはいつもゆっくりするのだが、緊要の用件があったようで、あわただしい離別であった。

翌七月には、二三日から一六日間も松坂へ帰っている。この里帰りは養子に行ってから最も長期で、何かあったのか。これでは商売にもなるまい。

そして、三か月後には、松坂へもどり、もう山田へは帰らない。一二月に離縁となった。結着まで少し間があるので、ゴタゴタと交渉はあったのだろうが、理由をはじめ何も記すところはない。

後年の回想で「ねがふ心にかなはぬ事有しによりて」(『家のむかし物語』)とふれるだけである。このだけでもましな方で、江戸見習からの帰郷、後のみか離縁の理由などでは一切黙秘で、自己愛が強いくせに(あるいはそのゆえにか)、削るところは削りすててしまう性格の宣長さんは、いたずらに下世話の推量を刺激するのみである。さもあれ、この場合の「ねがふ心にかなはぬ」のは、当然「学業の障害」を意味するものであろう。商売のこともあるかもしれないが、山田でできる学問に限界を予感したのではあるまいか。

義兄の死

ところで、翌四年二月二八日に江戸の義兄定治が、神田紺屋町の宅で死んだ。四〇歳。遺児に五歳の女子(母は先に離別していた)。

栄貞は手代一人をともなって三月一〇日に松坂を出、一九日江戸着。以後五か月(六月が閏)の間、紺屋町宅に留まってあとを片づけ、家屋敷・資財等は女児につけて離別した母に渡し、七月一〇日帰途につく。

思いがけない義兄の死だった。はかないとはこのこと。すべてを整理した江戸へ再び出ることもないだろう。帰って小津の家をどうするのか。自分はどうしていこうとするのか。必要なのは「断」である。気持の異常なたかぶりは、帰途につく栄貞に富士「登参」を思い立たせた。

一〇日　江戸から戸塚まで一一里ほど。
一一日　戸塚を出、高津（国府津）から脇道（足柄道）へ入り、関本（南足柄市）まで。一二里ほど。
一二日　関本を出、二時に須走着。八里ほどか。神屋伝左衛門（御師だろう）で休息、四時過より登山、六合目の室《むろ》で泊まる（ふつうは八合目で泊まる）。
一三日　早朝室を出、一〇時ごろ山頂につき、御鉢裏《り》というを回る。四時須走に下り、神尾氏に宿る。
富士登山は山開きの六月一日（今は七月一〇日）から二〇日間である。最短距離の強行軍での栄貞の登頂は七月一三日。閏月があったから今の暦に換算すると九月一日になる。まさに異常の季節はずれである。後年の本人に言わせれば、かねて望みしところなれば……とでもなるのだろうが、富士は「昔より歌といふ歌皆よそより見ることをよみて、登りたるはいまだ聞かず」（伴蒿蹊《ばんこうけい》）という和歌の伝統で、これは歌作りの動機ではない。作った歌もない。また、「その八合九合は……岩角にすがり行くに、いかなる剛力の者も、呼吸あえぎ胸押すがごとく、一息に三尺とは進みがたし」（百井《ももい》塘雨《とうう》）というのだから、幕末期からはじまる観光遊山型のそれでもない。とにかく、その迫力は宗教的な気味をおびている。そういえば、あるいは栄貞は承知していたであろうか、七月一三日は、「お江戸にゃ講中八万人」と歌われた富士講の実質的な開祖食行身禄《じきぎょうみろく》*53がそこで入定して一八回目の命日。同じく北畠遺臣の末という伊勢商人で、かつては小津と同じ大伝馬町にも店をもつ成功者だったかれは、享保の大飢饉・米騒動の年、仙元大菩薩の霊夢により、世なおし・弥勒世の当来を願って断食入定《にゅうじょう》を決行したのである。栄貞は折柄江戸で富士講の盛況に接してきたのだった。
二〇日　松坂に帰省。
松坂へ帰ってからの栄貞を占めたのは、何よりも無常感だった。江戸からは、母に託してきた五歳の女児も九月に死んだ、とのしらせがあった。

栄貞はしごととして、『円光大師行状翼賛』（円智・義山、元禄一六年成る）六〇巻を読むことを自分に課していた。メモは『都考抜書四』の余白に、巻一から巻一五までを一〇月一〇日に了（『経籍』付記）。『抜書五』は、『日本後紀』延暦一一年～天長一〇年からの抜写で、昨年五月にはじめ離縁の一一月に終っているので、『抜書六』（墨付三七枚）を始めて、ひきつづき巻一六以下のメモにあてる。

栄貞は全巻に目を通したようであるが、メモは、巻一七、二〇、三二～三四、三七～四八、五四、五九と四九（地理部）、五〇～五二（寺院部）からで、うち地理・寺院の部で四分の三以上となっている。三二寺院をとりあげているが、中で知恩院が最も詳しく、叡山、功徳院（釈迦堂）がつぎ、少年のころからの関心がたしかめられている。いつごろ終ったのか。裏から逆に付記する「融通念仏縁起」（五項）「現証往生伝」（一項）の抜抄の前に「辛未十二月初七本居栄貞集」とあるのは『都考抜書』の最後となるこの『抜書六』がそれまでの記だと推定させる。

さて、それと並行し、例によって『経籍』へは関連仏書の収録がある。「▲印以下皆円光太師ノ行状ヲ記スモノ也」として、「▲十六門記」以下二〇〇目余を巻順不同で拾っている。

この間の栄貞の心境はその作歌によく現れている。『栄貞詠草』を見るに、養子期間中には絶えて見なかった釈教の歌が、この期になって俄然登場する。ことに、「浄土釈教の歌とて読侍《はべり》ける」と題する一八首の連作は、完全な念仏行者の心境吐露である。

・いく程もなき身はよしやいかにせむかねてもたとる後の世のやみ
・みづからの力をよばぬ末の世に誰かは弥陀を頼まざるべき
・とにかくにおもはで頼め往生は弥陀の力に打まかせつつ

・あみだぶを頼まぬ者はなけれ共誠に願ふ人ぞすくなき
・浄土をば願ふ物から皆人の穢土をばなどかいとはざるらん

コメントをつけておこう。晩年の排仏の歌と、発想・詠み口がまったく同じではないか。信仰対象がかわるだけである。

（八）栄貞の転進

身のおきどころ　義兄が亡くなり、小津の家督はついだが、栄貞に商売をする気はない。閑中にも日は過ぎたが、あるのは、無常感と焦燥。年末、『栄貞詠草』に歌っている。

・ありとたにしられぬ宿にかくれても暮行年の数は身にそふ（「閑中歳暮」）
・つゐに行道はたがはぬ世中にをくれさきだつ程ぞしられぬ（「無常」）
・かげろふは夕をたにも待ものをひるまもしらぬ露の命そ（「同」）
・数《二十年》ならぬ其かずにだにあらぬみ《身》も捨るおしさはかはらざりけり（「述懐」）
・はたとせはことぞ共なく暮にけりいま行末もかくぞ有らん（「同」）

母の悩みも深刻だったろう。亡夫の遺書[*54]の冒頭「我等死去致し候はば、随分息災なるやうに致され、子供をそだて御先祖跡相続致し候ふやうにくれぐれ致さるべく候」は、栄貞が他家の養子に出ていても、小津の跡をつぐ義兄がいたし、栄貞より五歳年下の弟新五郎（親次）も、昨年実家村田の家をつぐことになって出、ひと安心したところだったのに、事態は急転したのだ。時に、母は四七歳、栄貞二二歳、二〇歳と一二歳の妹が二人。

一家の生計は、父の死んだ翌々年に義兄が江戸店を整理して残った四〇〇両を叔父の店に預けた、その利息に頼ってきたのだが、「跡つぐ弥四郎、あきなひのすぢにはうとくて、ただ書をよむことをのみこのめば、今より後、商人となるとも、事わかじ。又家の資も、隠居家（叔父）の店おとろへぬれば、ゆくさきうしろめたし。もしかの店、事あらんには、われら何を以てか世をわたらん。かねてその心づかひせではあるべからず。〔はたして一三年後の明和元年には叔父の店もなくなり、わが家の資産も消えてしまった。〕然れば弥四郎は、京にのぼりて学問をし、くすし（医師）にならむこそよからめ、とぞおぼしおきて給へりける」というわけである。後年の宣長さんは、母を、「女ながら男にはまさりて、こころはかばかしくさとくて、かかるすぢの事も、いとかしこくぞおはしける」とし、この「はからひは、かへすがへすも有がたくぞおぼゆる」と回想しつづける（以上、『家のむかし物語』）。が、栄貞の転進は、むしろわがままむすこ栄貞の判断が、母の決断を促したものではなかったろうか。

『宝暦ばなし』（森壺仙《こせん》）での見聞によると、五〇余年の間に、旧松阪町内のわずか五町で、断絶の家が一〇九軒（叔父の家も中にはいる）、西町一丁目四〇軒のうちだけで一七軒となっている。今の栄貞にひきつづく後のデータだが、小津家の没落とかかわりのない状況だったろう。松坂商人といえば、「富る家おほく江戸に店をかまへおきて……あるじは、国にのみ居てあそびをり、うはべはさしもあらで、うちうちはいたくゆたかにおごりてわたる」（『玉勝間』）を思いうかべがちだが、町人社会の興廃変転の内実は上記のとおりである。先祖の名跡にこだわって、栄貞が商人にならねばならぬ理由はない。「本居」意識の栄貞にはわかりきったことだったろうが、母にとっても、亡夫遺書の「御先祖跡相続」とは、「力の及ばむかぎりは、産業をまめやかにつとめて、家をすさめず、おとさざらんやうをはかる」という常識（『家のむかし物語』）へ傾いていただろう。この四〇年間にたどった、わが実家「村田」のあとをふりかえってみても、決断すべきときが来た、という思いであったにちがいない。

くすしの道

さて、母と子が選んだくすし（医師）の途について。少し後のことだが、狭い松坂に三五軒の医家があった。国家試験などなく、だれでもなれた時代で、評価もピンからキリまである。『宝暦ばなし』によれば、ピンは大医と尊敬されるが、キリは小便医者とバカにされる者、はやるはやらぬの差も大きかったらしい。「はやり事」の安永元年の項に「本居歌の講尺」とあるが、「流行医」の中に春庵―宣長さんは入っていない。ほかにしごとを持っていたせいか、『家のむかし物語』の宣長さんは正直に医師観をもらしている。「医のわざをもて産とすることは、いとつたなく、こころぎたなくして、ますらをのほい（本意）にもあらねども……」と自嘲しつつも、「民間にまじらひながら、くすしは世に長袖《ちょうしゅう》とかいふすぢにて、あき人のつら（列）をはなれ……」とも商家ばなれを評価している。そんなものだろうか。

さて、上京二年半後の宝暦四年九月一八日（医家武川法橋家へ寄宿する前月）、小泉見庵[*55]、山村吉右衛門が訪ねてきた、と『在京日記』にある。

小泉の方は、松坂の家の斜向かいで流行していた儒医見卓のせがれ。夏以来上京していたもので、一一月下旬に下向している。小泉は宣長さんの祖父の妹が嫁いでいた関係もあるが、事あるごとに双方出入りしていた家である。少年時からの交友であったろう。後年も宣長さんの『菅笠日記』の大和旅行には同行し、旅行中行きずりの風流人と詩の応酬をしている。また、両人の詩や歌の贈答も残っている。

山村の方は、八月に上京してきた、という。その父は『近世畸人伝』にも載る有名な通庵、豪商山村家の六代で、宣長さんの祖母の弟にあたる。医に転じ、法橋の地位を得たが、本草学、温泉学に通じ、茶、香、花の技をもよくした。栄貞は養子の直前、茶の湯を習いに通った。この通庵はすでに没していたが、後年その未亡人の死亡や年齢を日記に記しているほどに、山村家との交通は長かったものと考えられる。

すでに医者である右の両人の、いわば陣中見舞ともいうべき来訪をわたしがとりあげたのは、栄貞の転進に際して身近の両医家が参考にされただろうということのほか、栄貞一五歳からはじまる『経籍』中で、貝原益軒や本草学、またたくさんの医書目収集（益軒の『大和本草』所引を除いても集中的に約二〇〇目)、さらに『事彙覚書』の部門で、仏・歌・神・儒にならべ医道を立てたほどの関心の源泉が両家ではなかったか、と思うからだ。

しかし、山田養子の直前、『覚』へ酒色の二欲を慎むを中心に、旧来の後世派補益の一医書をかなり詳しく抜写したのを最後に、『経籍』メモにも医書関係を見ないのは、すでに医師の道は念頭になかったものと考えられる。

栄貞なじみの益軒による『養生訓』では、かな書きの医書二、三巻読んで、薬の効能を少し覚え、あとは服装や弁舌で、という俗医はいざしらず、良医となるには、才あれば幼時より儒書を読み、明師について医書を学ぶこと一〇年、さらに臨床経験一〇年、計二〇年だ、と。すれば、栄貞は晩学に過ぎる。母は早く医者になることだけを思ったろうが、本人はどうだったか。

まず、独力で拓いてきた、歌づくりと和学のことを考えたろう。『栄貞詠草』として四年間の歌をまとめたが、この年は歌数も昨年に倍増し、過去三年間に匹敵する二四三首。定家を宗とし、兼良を経て季吟にまで来た和学の道も、本場の京でどう伸ばせるのか――これを考えていたろう。儒学と医学――これははやくから親しんだ益軒がアウトラインは示してくれている、なんとかなるにちがいない、と。

それにしても、「京」へのあこがれ、それが何よりもかれを動かしていたことは疑えない。

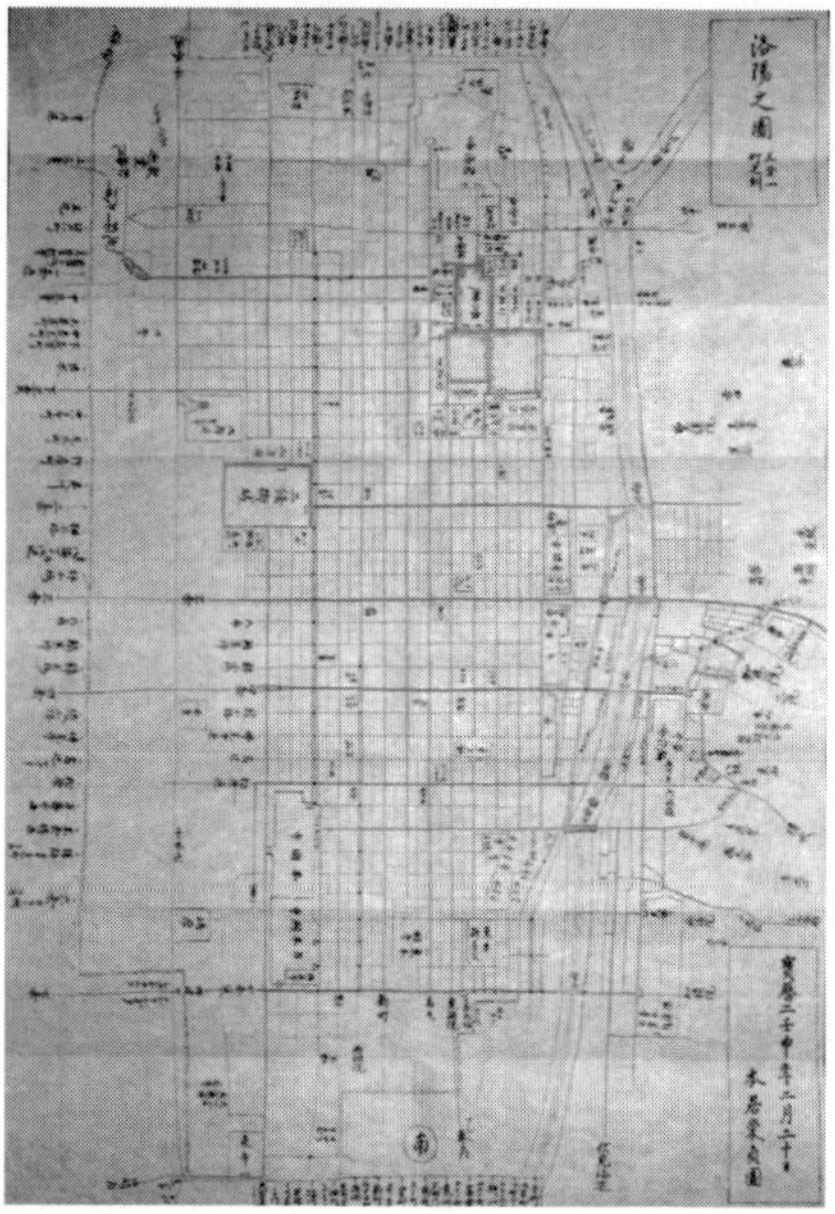

『洛陽之図』

こうして、上京留学のことはきまった。

留学準備の上京

前回から四年ぶりに第三回目の上京があった。二三歳、宝暦二年一月二二日から二月四日までの一三日間。京、京、という娘と孫に刺激されてか、母の母、七六歳の村田元寿尼公これが最後と思われる御忌《ぎょき》参詣を思い立った。それへの同道である。もちろん留学のことが前提にある。

御忌とは知恩院での円光（法然）忌。浄土宗信者にとっては最大の法会で、五年後宣長さんの母も姉妹で上京参詣し、留学中のむすこに面会している。一般には、京の、遊覧はじめ、弁当はじめ、衣裳くらべの場。一月一九日から二五日まで（明治一〇年からは四月）ハイライトは二五日。それを目ざす一行は、着京の夜、午前二時ごろより本堂に参り、暁にお転供《てんぐ》（院主から法然像への供物）行事、朝飯後法事で午前一〇時に終り下向、午後先斗《ぽんと》町の宿所へ帰った。

二月一日まで七日間、「洛中洛外諸所ニ参詣」。どこへと書いてないが、栄貞は蘊蓄《うんちく》をかえりみ、こまやかに案内したろう。当然、木地屋の村田一統による送迎の間に、栄貞留学について、祖母からの依頼、就学の打合せなどもあったはずである。

松坂へ帰ると、栄貞は六年前の『洛外指図』に対し、こんどは洛中の地図『洛陽之図』を描き、二月二〇日に完成した。その一〇日余り後、栄貞は留学のため再上京したのである。

（九）いわゆる学訓

先学の見解

医の道を選んだ栄貞は、二三歳宝暦二年三月に上京、まず儒者堀景山の塾で学ぶ。その医を選ぶとき、栄貞は、『養生訓』で益軒が、「医となる者は、先づ儒書を見、文義に通ずべし。……医を学ぶに、殊に文学を基とすべし。」「士庶人の子弟いとけなき者、医となるべき才あらば、早く儒書をみよ、其力を以て医書に通じ、明師にしたがひ、……。是士庶の子弟、貧賤なる者の名利を得る妙計なるべし。」というのを、全くそうだと思ったろう。では、儒書をどのように学んだらいいのか。

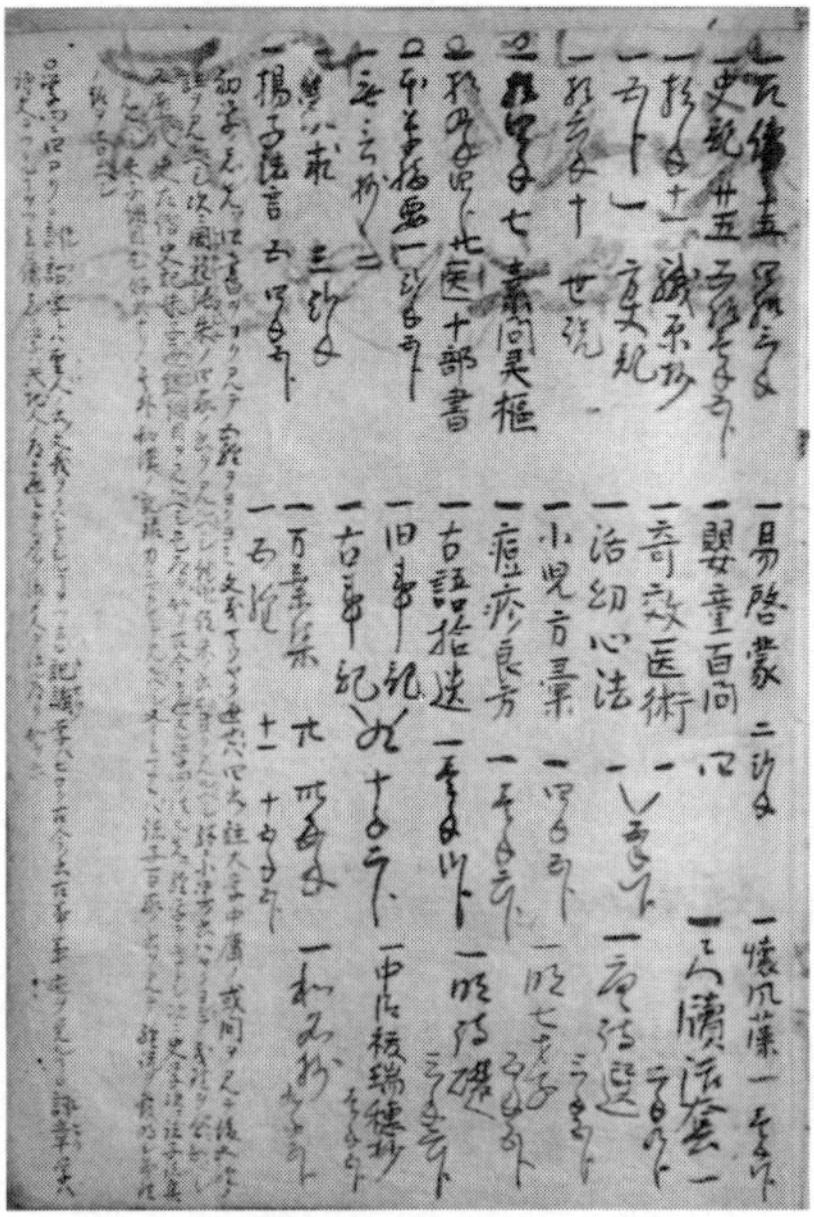

『経籍』（学訓）

さて、ここで『経籍』の裏表紙裏に記された、「いわゆる学訓」の問題となる。まず先学の見解を紹介しよう。

松島栄一氏、「京都遊学の終りに近いころに、それを回顧し、それをより若い人々の、これから学問に出発しようとするのに対して、一つの基準を示そうとしたものだ、と考えることは、あるいは、きわめて自然な考えであるかもしれない。しかし、……宣長が在京中に、主として漢学を学んだ処は、京の堀景山の塾においてである。とすれば、これは、宣長のもの、と考えるよりも、堀景山のあたりの説、もしくは堀塾で採用されていた学則とか学訓とかいわれるものである、といえないだろうか。……こう両方に考えてみることができる。……そして、これがあるからこそ、後年「うひ山ぶみ」を、国学だけの体系として示すことができたといえるであろう。……なおその性格と本質を確定するためには、も少しの検討が必要であるであろう。」（「ちくま」第五二号・一九七三）

山田勘蔵氏、「漢学修業者への学訓が、経籍の裏表紙の隅に書いてある。はじめに他書の転写かと見たが、余りにも無雑作に、紙端に小さく記した書きぶりから自説を勝手に書いた物と思った。また、自身の修学経験から生まれた漢学訓かと思うし、宣長には、これだけの実力指導力はあったかと察せられる。文章にも宣長らしい感のある処もある。」（「本居宣長の経籍」、岩波日本思想大系月報六〇・一九七八）

学訓は益軒書の抄出

これは益軒の『大和俗訓』*56（八巻、宝永五年〔一七〇八〕成立）巻一からの抄出である。

初学の人《者》、書をよむには《(ナシ)》まづ《先》四書を熟読し《ヨク見テ》、又五経をよくよむ《ヨミ》べし。五経は上代の聖人の教えなり……尊ぶべし。文義やうやく通ぜば、四書の註、大学中庸の或問を見て、後五経の註を見るべし。次に周程張朱四家の書を見るべし。中につきて《就レ中ン》程朱の書尤よくよむ《見ル》べし。殊に小学の書は身をさむる大法を《(ナシ)》しるせり。人倫の道ほぼ備れり。はやく読んで其の義《義理》を習ひしるべし。又歴代の史、左伝史記朱子通鑑綱目を見るべし。是道をしり古今に通ずる学問の法なり。……道をしらんとならば《先ツ》、経学を専として一生つとむ《(ナシ)》べし。次に史学是もその益大なり。次に諸子諸集を見るべし。朱子綱目、尤好書なり。《(ナシ)》……その外和漢の記録ちからにまかせて見るべし。又いとまあらば諸子百家の書を見て経説を発明し、義理の趣をひろむべし。

○学問
学問にすぎ《四アリ》多し。訓詁の学あり《(ナシ)》、記誦の学あり《(ナシ)》、儒者の学あり《(ナシ)》。○訓詁 訓詁の学とは、聖人の書の文義を、くはし
くしることをつとむるを云ふ。○記誦 記誦の学とは、広《ヒロ》く古今の書をよみ、故事事迹を覚ゆる《ル事》を云ふ。○詞章 詞章の学と《(ナシ)》
は、詩文《(ナシ)》を作ることを学《ツトム》ぶを云ふ。○儒者 儒者の学は、天地人の道に通じて、身をさめ《治》人をさむる《治》道を知るを《(ナシ)》
云。学問をせば儒者の学をすべし。

右は抄出部分の益軒原文（全集第三巻）。宣長さんは片仮名、傍線右は書きかえである。抄写の時期は、図の、左へ順次の書目記述の位置からして、左伝購入？（宝暦二年六月五日より会読）以前か、遅くとも易学啓蒙購入？（宝暦四年五月一九日景山の講釈始）以前か、であろう。原典と内容からすれば、前者。それも留学以前であろう。

益軒が朱子学の先学であるとはいえ、一家言をもつ堀景山の塾訓とは考えられない。また、入塾後の宣長さんに益軒はすっかり影をひそめてしまうのだし、徂徠《そらい》、仁斎《じんさい》の古学を知ってからは、この公式的な朱子学説は抜写に値しなかったはずである。

けだし、これから漢学を学んでいく栄貞自身への指針であったろう。とすると、少年時代から親しんできた益軒の最後の教訓をさがしあてたものにほかならない。それにしても、終りの「学問をせば儒者の学をすべし」他儒学儒教至上の部分がはずされているのもおもしろい。意あってそうしたのだろう。

第四章　京都留学

（一）　留学の経済

学費・行楽交友費　宣長さんは宝暦四年五月一日小児科医法橋武川幸順[*57]に入門した。一〇月一〇日にはそこへ寄宿するのだが、その手続きに関して、「寄宿弟子衆入門之式」という記録が残っている。要約すれば、おおよそ次のようになる。

入門料としては、師（一両。酒三升・鰹節十節は別として）を含め、家族から、若党・家来・出入の親方への祝儀を合わせ、換算して計で金四両余。

ほかに、中元と歳暮で金一両、家来男女各人に正月と盆に挨拶として一〇〇文ずつが要る。そして、毎月の「寄宿飯料炭油諸雑用」としては、銀二九匁（約金半両）を毎晦日に払うこと、となっている。

五歳年長にすぎない幸順は堀景山塾での先輩であるから、この入門寄宿の方式、金額は堀塾も似たようなものであったろう。すでに宣長さんの経験するところであった。

次に、修学に必須のものとして書物購入費がある。

和学の書だけで多くの脱漏も予想される『宝暦二年以後購求謄写書籍』[*58]だが、それによって各年の購入出費の最高の月額を示すと次のようになる。

宝暦二年六月　一三匁六分（竹取物語以下六目）

同三年二月　九匁八分（奥義抄七匁、他一目）

同四年九月　三二匁（蜻蛉日記、日本紀等五目）

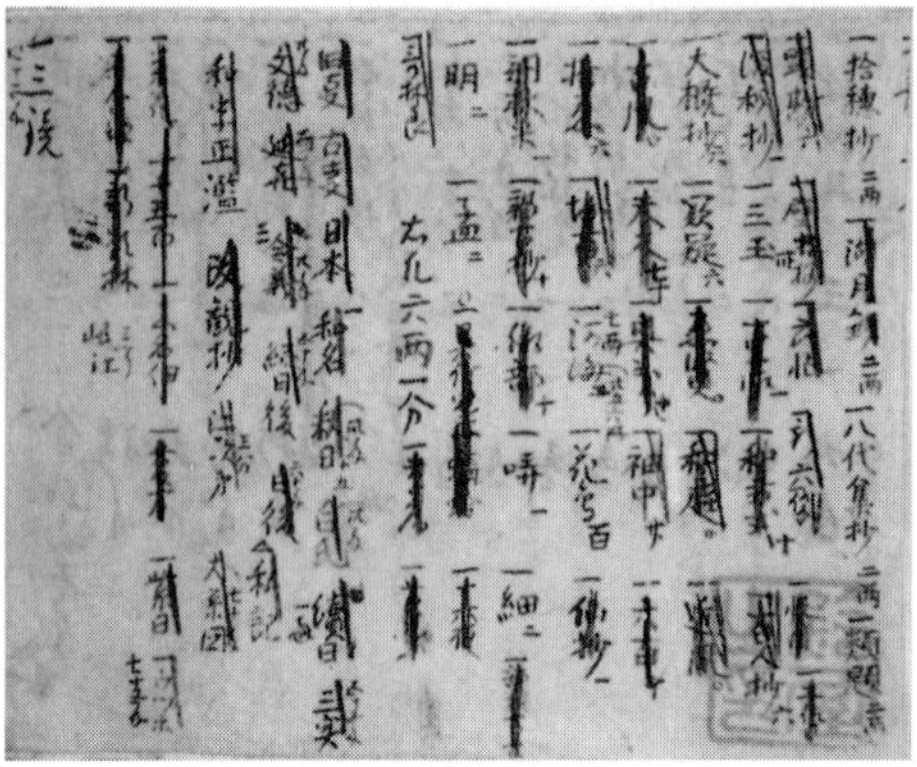

『宝暦二年以後購求謄写書籍』（冒頭）

同五年（記入なし）

同六年一〇月　三五匁（万葉集）

同七年八月　一両三分二〇〇匁（湖月抄）と七匁九分（拾穂抄（伊勢物語、百人一首））

なお、きわめて不完全なものであるが、『経籍』の裏表紙裏に記入の購入覚え二九目があり、漢書一一目、医書九目を載せるが、和学の書以外で高値のものは、漢書で、史記〔廿五〕五一匁五分、左伝〔一五〕四三匁。医書で、医十部書〔二〇〕一九匁四分、素問霊枢〔七〕一四匁、とある。

記録を欠くが、こうした漢書、医書を先の和学書に重ねると、おのずから按配はされたろうが、月々の書籍費は、寄宿生計費にせまるかなりの額になったにちがいない。

ところで、もうひとつ大きな出費の門がある。行楽・交友に伴なうものである。宣長さんの留学の特徴、あるいは人間の形成にもかかわるかと思われるので、少しくわしくながめてみよう。

京洛への愛着もさることながら、その名勝寺社の知識にかけては、おそらく、少年時からの『都考抜書』をもつ宣長さんの右に出るものは少なかったはず。その総仕上げとも見えるのは、益軒序・大嶋武好《たけよし》著『山城名勝志』二一冊の『経籍』記載（宝暦四年初めと推定）である。京洛地誌で最大といわれるこの書、巻頭の引用書目七四〇部（『塩尻』では引用書凡六八六部とする）から、三六九部の文献名を宣長さんは摘録している。

こうした京洛愛好の精神が、四季、行事に応じて現地へ足を向けさせることは当然で、無記入の日が半ばをこえる『在京日記』*59だが記入の限りを摘出しておいた年表の動静欄にもうかがえよう。しかも、それらのほとんどが塾の学友と同行であり、研修雅遊の場ばかりでなく、乗馬、芝居見物もある。また、遊里へつづくことも多かった。とにかく、京洛人の話題にのぼる遊楽を満喫したということである。

日記の中、惜しくも後に切り取られている所が一九箇所で、一三枚分（全一三五枚中）ある。文脈で前後から推定するに、友人との茶屋遊び、登楼など具合のわるい部分のようである。余談だが、似たような一〇名余の同門書生中悪友？の代表は秋岡貞蔵（東洞院高辻住）で、会読記事中の登場は最初一回だけ。他の六回は、芝居、北野、東福寺、川原、祇園、東寺行きの際の茶屋、青楼の箇所（内、五回は宝暦七年）である。意気投合という様子も見える。

母の苦労工面

よく学びよく遊ぶこと以上のようでは、月々の出費はかなりの額になったはずである。留学用として母が叔父清兵衛に預託した中から支出されるのだが、特別の物入りのほかは寄宿料を含め、ひと月金一両近くが見込まれていたろうか。後年の宣長さんの「諸用帳」に見るように収支は明確にされていたにちがいないし、月々の按配もされていたろうが、お手あげの時も多かったと想像される。それでも、日記には金の窮迫などまったく見られない。松坂の母を頼る宣長さんの手紙も残されていないが、宣長さん宛の母の手紙六〇数通は、さすがに宣長さんだけあって保存されており、その事情をうかがい知ることができる。以下、それを中心にあとを追ってみよう。

母の手紙。宝暦四年閏二月五日付の書中、

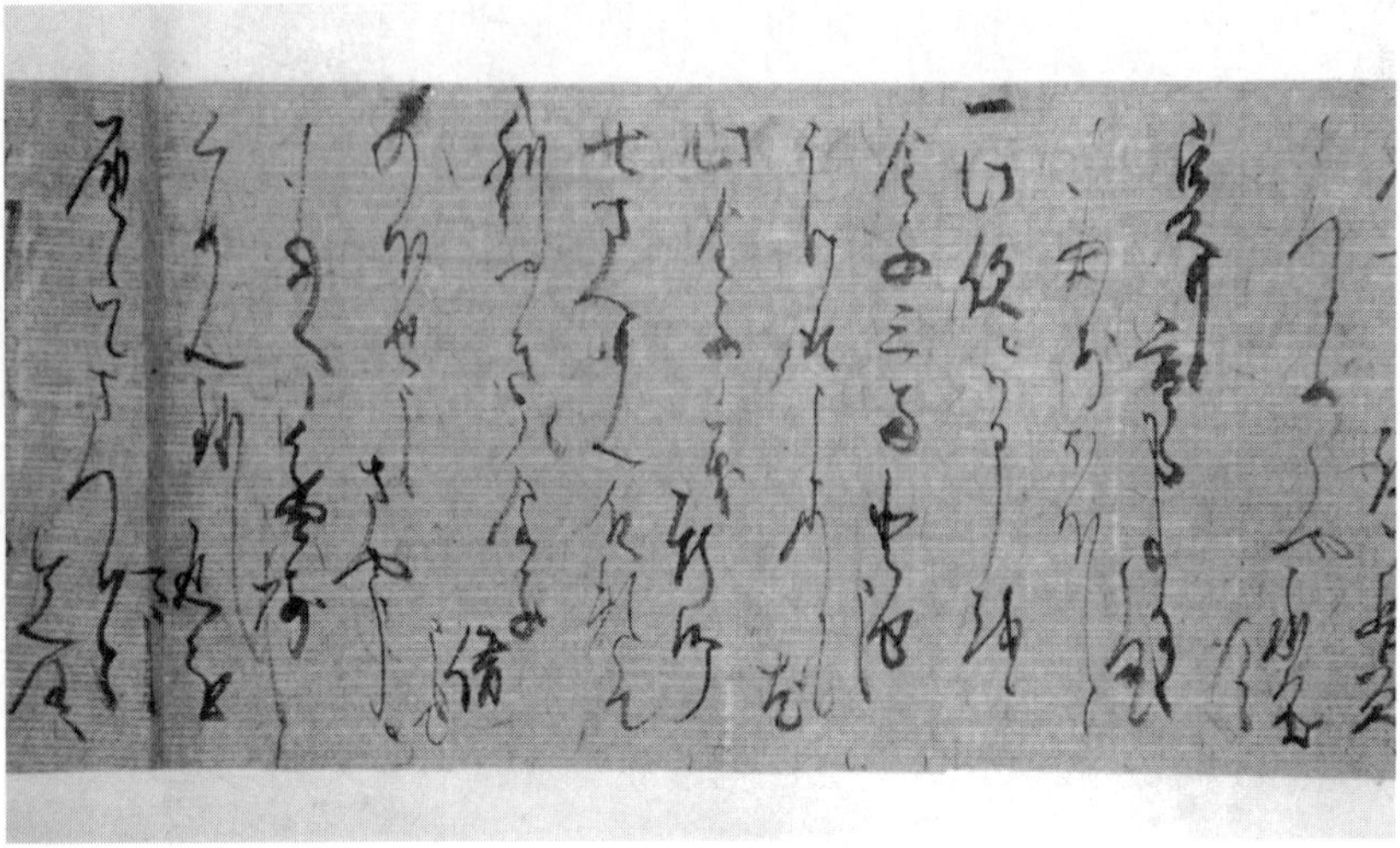

母かつ書簡宝暦 4 年閏 2 月 5 日付（部分）

一、此便に御申越候金子三両登せ申候。うけ取申され候。尤此金子ノ義新町七ざへもん殿頼候て、利つきノ金子借申候てのぼせ申候。さやう御心へ候。盆前中くめん致し返進可ㇾ申候。届候はゞ、さつそく先様へ一日も早く返進申さるべく候。先達申進候通に候まゝ、随分気をつけ申さるべく候。書物届申度由申越候故と申かりうけ申候。兼而左様御心へ候。致しにくき所を方〳〵世話いたし調申候。

とある。三両の借金の返済で母に泣きついた。母は方々にあたり、書物に口実をかりて盆前には返すからと新町の村田七左衛門（かつて村田家の手代、後弟親次の養父）から利子付の金を借りて送った、という。

この借金のあとの苦労が、同年七月二三日付の書中に出る。

盆前いつぞや七ざへもん殿へ頼申候金子、新町（清兵衛）よりノ利足金にて八朱利足かけ返進申候。さやうに御心へ候。それほど又〳〵盆前払ふそく致し、一両所断申置、その上新町母方にて壹両壹分かり用致し仕廻申候。扨〳〵何かと心つけ候へども入用多くくろう致申

候

三両の金は八朱の利子をつけて盆前に返したこと。その分盆節季の支払に困り、一、二箇所はことわり、母の所から一両一歩借用し何とか用を足した、というのだが、栄貞の借財は、師元厚に死なれて医学の目途を断たれたころの自棄的生活によるものであったか。そのことを、母は知っていたようである。つづく文面で、「随分〳〵無事にて心づよくおもひ、外の義ニ心うつし不レ申たゞ〳〵一筋にいしやノ方心がけ、申迄はなく候へども、人間心一筋をつよく、道〳〵を専一ニ可レ被レ成候。此所そもじ取そこなひ取はづし申され候と、いつも〳〵申通、一人ノ母此世よりまよひ申候。その上父母先祖ノ跡ノ所よく〳〵心にしめ、専一に守り申さるべく候……」、以下長ながと同趣旨をくりかえし、追伸にまで及んでいる。

同じ年四月晦日付手紙にも「随分倹約を」といっていた清兵衛は、その一二月六日付手紙では、はっきりと、「此節殊外、御袋にも御困窮に御暮候間、随分物入無レ之様に御暮可レ被レ成候」とある。これは、武川入門、寄宿の物入りに際してのことかと思われるが、とにかく、栄貞の他にも三人の弟妹を抱えた母の苦境が思いやられる。

それでも、母は宣長さんの修業には苦労を惜しまなかった。宝暦六年の初め、来年には帰郷のつもりと母に伝えると、「われら心には今二、三年も其御地にいられ候やうに致し度候」(二月六日付)と洩らしている。しかし、いく度もくりかえされた母の経済上の訓戒が宣長さんにどれほどこたえたかは疑問である。この宝暦六年からは、日記も詳細、雅細な和文体にかわるように、時間と心に余裕もできたせいか、年表に見るように、交友行楽の機は多くこそなれ、減ってはいない。当然支出も増えているはずだ。例の日記の切り取り部分もこの年にはじまり、翌七年がほとんどをしめる。宣長さんは煙草・酒を好んだ。京で世話になっている木地屋の伊兵衛殿に聞いたとして、大酒を案じた母が、「酒のみ申され候毎に、おやへふかうと、われらが事もおも(ひ)出し候て、さかづきに三つよりうへたべ申されまじく候。もし又ふかくしい候人々御ざ候はゞ、遠方ながら母見てゐ申（し）、かたく申越候故、日々のせい言と存、此うへたべ申さぬよし御申（し）、かたく〳〵つゝしみ申さるべく候」と書き送った手紙は七月一九日付である。

翌七年には、清兵衛に預託した学資も底をついてきたようである。四月一〇日付清兵衛からの書状中にこうある。「其表店より貴殿方え旧臘迄に取替之書付、此元へ先比与八方より差越（し）、令二一覧一候処、近年入用方存外多相見得、最早預金も残り無数に相成、気毒に存候。別而去年は入方多被存候間、随分倹約可レ被レ致候」。

母の家計の難儀も切迫してきている。折から、三両送ってほしいと宣長さんの頼みがあった。六月二〇日付の母の手紙の中で、今のところ応じかねるとの一節が見える。

一、金子ノ事御申越候様、先日清兵へへも委（しく）申候所、不心へに申され候。盆前もほど近か〳〵と成候。手前事冬年ノ残四五両有候へば、又〳〵盆前不足致、何か諸色高直に候得ば、一入物入多く、扨〳〵なんぎにぞんじ候。そもじ方の三両位の事に心遣致し候も気の毒に候へども、段〳〵方々無心申置候うへに候へば、致しがたく存候。盆過候て、又々しあん致可レ申候間、余りくろうに被レ致間敷候。しかし段々へり候へばつゞまる所そもじめいわくに成候間、随分〳〵申迄はなく候へ共、壹分も無やくの事に遣申まじく様に心がけ申さるべく候。其の身のすへ〴〵の為に存候。

宣長さんは灸をすえられた。断りながらも煮えきらない母の口ぶりは、「不心得」と批判する清兵衛に同調しながらも、何とかしてやりたい、という母の気持のあらわれか。

一応考えてもいた帰郷が現実的なものとなるのはこのころからだったろう。名ごりつきない京洛の秋をたのしんで九月節句（九日）のころと目途をつけた。『湖月抄』も購入した。それが師景山の病気、死で延引、折から上京してきた清兵衛とともに京をたつことになった。一〇月一日には清兵衛も同道で芝居見に出、夜は青楼へ出かけた。二日は清兵衛もいる伊兵衛木地屋へ移るのに武川氏を払った。「(人々に) いとまごひいふほど、なみだおちて物もいひやらず、いと名残多し」と記している。出発は翌朝未明だった。

わがままむすこ

以上、在京期間中の経済をのぞき、その生活をも見てきた。一言でいえば、よく学びよく遊んだ五年半であった。青春に悔いなし、というところか。ところで、それを支える経済は、むすこを信じ、愛する母の配慮と苦闘の上にかかっていた。

もちろん宣長さんにそれはわかっていた。

下の妹おやつ（のち、しゅんと改名）を嫁がせたよろこびを伝えてきた母の手紙を読んで書いている。

十七年以前、先考（父）のかくれ給ひしより、孤《こ》どもおほくを引うけて、とかくおほしたて給ひし御心づかひ、げに有がたく……言（ふ）もおろかなりや（宝暦六年一二月）

在京中二度しか帰郷しなかったが、その二度目。

四年をへだてて、けふ母君のかはらぬおもてを見まいらせて、うれしさいはむかたなし（同年四月）

御忌まいりに伯母と上京したというしらせで、「いと思ひかけずうれしくて、其夜やがてゆきて、たいめ（対面）し侍る、さはりなくましますさま見まいらせて、いか計かよろこばし」、翌晩、「こよひは、母君の知恩院に通夜し給ふよし、さこそさむからんと思ひやり侍る」、四日後下向には、「さむさはきのふにもまさりて覚ゆ。道のほどいかゞと思ふ。近江路はわきて風つよく、さむきやうに覚ゆれば、いとゞおぼつかなし」（七年一月）

このように、母のことを思うひとりごとを日記にしるすのである。親子の愛情とはこういうものか。しかし、日記中、母の手紙に見る窮迫、訓戒のことは見えない。だいたい、金に不如意の宣長さんの姿も全く見えないのである。それは、母への甘えから来たものであろう。こうして、宣長さんは、金にとらわれる卑しさをこえ、自然・自由な生活をもつことができたのである。

いわば、天成のわがままむすこである。そういう目で見れば、これまで宣長さんの歩いてきた道もすべてそうだったことに思いあたる。自分で選んだ道を歩きつめてきたのである。今も、医者になるだけなら、一年、長くて二年もあればなれたはず、そして本人以外の身内はそれを期待したろうが、自分の納得いく学問、人生を追求する自由を示した五年半だった。さいわいにも、京洛、塾風、学問（脱俗の漢学、古学、歌）が立場を保障してくれた。「わがまま」というのは、こうした天成の自然人、自由人の自我の一側面であった。

（二）修学のアウトライン

景山・元厚・幸順　各論へ入る前に、在京五年半にわたる修学のアウトラインをあらかじめながめておこう。宣長さんが生まれたのは享保一五年（一七三〇）、死んだのは享和元年（一八〇一）一九世紀の最初。おぼえやすいし、年齢もすぐ出る。

宝暦二年（一七五二）、二三歳。「宝暦二年三月五日、曙、松坂ヲ出ル、同日坂ノ下泊、酒屋ニ宿ル」。『在京日記』の冒頭である。七日入京、柳馬場三条北町の木地屋店に着き、しばらく止宿することになる。村田一統の木地屋（松坂桜屋町）の別家を継いでいた村田の叔父清兵衛殿もあるじの伊兵衛殿も在京中で「対談」とある。木地屋のこの京店には、一昨年一六歳で元服した弟の新五郎が奉公していた（宝暦一一年まで在京し翌年村田を継ぐ）。

さて、「同十六日、先生ノ許ニ行テ始テ謁ス、酒吸物出ル、藤重藤俊老同道、先生ハ堀禎助、景山先生ト号ス、綾小路室町ノ西ノ町南方ニ住ス、同時、同子息禎治殿ニモ始テ対面、今度上京已後、予小津ノ家名ヲ擱テ本居ノ旧号ヲ用ユ」（原文変体漢文）。儒堀景山《けいざん》＊60（六五歳）への入門である。子息禎治は号蘭沢、父の代講をつとめることがある。八歳の年長、先輩という感じで以後行楽を共にすることも多かった。藤重氏は紹介者。そのせがれ藤伯も景山門下生。この景山宅は、店から歩いて一五分、四条高倉西の伊兵衛宅からは一〇分足らずの地にあった。

一九日からは景山宅に寄宿。二一日後には易経の素読がはじまる。医学にはその根源である易経がまず必読書だった。じつは、三年前山田養子に出た翌年一〇月に正住院で易経から、詩経、書経の素読を学んでいる。それは医に志したのでなく、一二歳のとき寺小屋で小学と四書の素読（これは早くはない。益軒の教育課程では一〇歳）をしたので五経へと進んだまでだったろうが、とにかく、何でも勉強しておくものだ。景山塾での素読も、ついで詩経、書経へと進む。

会読も史記、晋書がはじまる。この二書の会読（後には世説もとりあげる）は、本来朱子学者であるが、古学にも親しい景山の自由な塾風を示す。古学ことに蘐園《けんえん》の学説・詩文に強い影響を受ける出発点だった。

堀景山宅跡・本居宣長修学之地の碑

同時に画期的なことは、契沖に私淑し、和学にも造詣の深い景山を通じて、さっそく契沖に眼を開かれたことである。『百人一首改観抄』、『勢語臆断《せいごおくだん》』（五月）、『代匠記』による『枕詞抄』（一一月）とつづくのは景山所持本によったのだろう。そして、景山の著『不尽《ふじん》言《げん》』の抜写に至る。

ようやく学習に馴れた九月、本来もっとも興味を寄せていた和歌を学ぶため、かつて和歌の神を祀るため頓阿が勧請《かんじょう》し、季吟もいた新玉津島社の森河章尹《あきただ》に入門する。堂上冷泉派、八二歳の老歌人である。

二四歳、宝暦三年七月、いよいよ医を学ぶため、堀元厚（六八歳）に入門した。景山の堀とは異族だが、近しい間柄である。旧派ではあるが、著書も多く、著名の医学者であった。そこへ通う。毎朝と月一二回という超スピードで、最古典の素問・霊枢をはじめ、金・元の医書からの三著の講説がある。

景山が九月から半年間芸州藩勤仕で下向する。その間塾での会読はつづくが、医と中世歌学の勉強に時間をとられるほか、詩文を作る興味のせいか、新玉津島社への足は遠のくようになった。自分の作歌が評価されない不満もあったようだ。

二五歳、宝暦四年正月、医の師元厚が亡くなった。半年間の師事で、運気、経絡《けいらく》、補益の後世派理論の大要を知る程度では、意気は盛んでも途方にくれざるをえなかったろう。

景山の帰京を待って、五月から景山塾の近く、代々の小児科医、法橋の武川幸順（三〇歳）に入門することになった。わずか五歳ちがいの幸順は景山塾の先輩。はじめ通っていたが、五か月後、寄宿を武川家へ移した。薬学本草綱目の古典学習の基礎から、実際の医家の臨床、生活に接することになった。景山塾での勉学、交友はかわらない。

「宣長」と改名

二六歳、宝暦五年三月三日には、名を宣長、字を春菴（庵）と改めた。これで一人前の医師となったのである。さっそく母からの悦びの手紙の宛名にも「春庵老」という。「老」とは医師の称である。

この年は購入図書のメモもなく、日記の記事も極端に少ないが、注目すべきことが二つある。一つは、郷土伊勢の先輩で、京で学んだ、医師・神道者・学者である谷川士清《ことすが》*61の『日本書紀通証』に接したことである。神代紀までをくりかえし読み触発される所が多かった。もう一つは、始めた荘子の会読と流行の蘐園の文学とで受けた、自然、自由の思想的影響である。翌年へつづいていく。

二七歳、宝暦六年正月から日記を仮名文体にかえ、くわしくしるすようになる。時間的精神的な余裕からか。二月からは、また歌の指導を堂上二条派の有賀《あるが》長川《ちょうせん》*62（四五歳）から受けるようになった。これは帰松後までつづく。景山によって開かれた契沖への傾倒はいよいよ深くなり、日本紀、旧事紀、古事記、万葉集の研究に心がひかれるようになった。

さて、二八歳、宝暦七年。留学も終りと思えば、行楽も昨年より頻繁になり、帰郷後の学問にそなえての書物購入もしなくてはならない。そして、春より病んでいた師景山が九月に亡くなったのを機に、翌月早々上京中の清兵衛と同道帰郷することになった。二日武川家をひき払い、暇乞いするとき「なみだおちて物もいひやらず、いと名残多し」としるすのは、京とそこでのわが生活への訣別の涙でもあった。翌朝未明の出発。夜明けの桃山のあたりで見送りの弟も帰した。これまでの上京・帰省（五年半の間に二度だけ）とは違ったコースで、奈良と初瀬で泊まり、名張、阿保を経て、松坂に着いたのは六日の日暮れ方であった。

（二）堀景山門

師堀景山

今は昔、となるか、一九七三年、三重県高校国語科研究会による県下高校一斉テストで、宣長さんにふれ、儒学と国学でかれの師事した先生を一名ずつ選ばせた。選択肢〈芭蕉、白石、真淵、徂徠、秋成、契沖、羅山、景山、篤胤、仁斎〉から、儒学の師に景山を指摘したものは、六、五二七名中の一％足らずだった（本居宣長記念館の所在地を松阪市以外の地としたもの二〇・七％）。「宣長さんは各校で教えられていないことがはっきりした」とガイタンしたものだ。

　宣長さんをとりあげない高校はあるまい。しかし、それは到達点における業績主義からで、堀景山に出番はなかろう。今、同じ調査をしてもわたしはガイタンするだろう。ことは宣長さんのとらえかたにある。伊勢人ないし三重県人の、必要かつ十分な一サンプルと宣長さんを見るときには、（もちろん条件さえそろえば無名の郷土の人でも）、その人間形成、業績形成の基礎として不可欠の人（師）をカットすることはできまい。問題は、師とは何だろうということで、宣長さんの師を論ずるのに、賀茂真淵からするのは業績主義からの立場。より根源的には、景山をあげる用意が教師にはほしいということである。

　だいたい宣長さんの学問の発想に独創性は少ない、とわたしは見ている。そのことがまた、字義通りの集成ということばにふさわしく、多くの追随者を生む強みともなったのだろうが、その発想は、中世伝統に乗ってさぐりあてた藤原定家を別とすれば、師景山をパイプとして知った、契沖・荻生徂徠を出るものではない。真淵は支柱だ。宣長さんはそれらを取捨、利用、発展させて業績に結果させることができた。この過程こそ、教育や郷土を探究する者の意識せねばならぬ対象である。こうして、景山の重要性があらわれる。その景山とはどんな人物か。

　日本に朱子学を導入した藤原惺窩《せいか》の高弟堀杏庵《きょうあん》の四世の孫。代々安芸侯に仕えた儒学名門の出である。かれの詩文については、江村北海の『日本詩史』（一七七一年刊）に、「結構整斉、亦一時（一世）ノ作家ナリ」と称せられ、人物にふれては、角田《つのだ》九華《きゅうか》の『近世叢語』（一八二八年刊）に、「篤学精通、和厚ニシテ人ト近《シタシ》ム」とある。宣長さんと共に堀元厚に医を学んだ伊勢菰野《こもの》藩士南川金渓《みなみかわきんけい》の『閑散余録』につぎのような記述がある。「景山に聞いたことだが、私は若い時『書を読むに、夜をもって日に継ぎ、日夜刻苦したものではない。書を読む時、昼でも倦《う》めばすぐ休み睡くなればすぐに寝る。夜ふけて寝ても目が覚めればすぐに起きて読む。このようにして数千の書を読んだ』と。篝灯炯々《けい〱》として高声に読むものは陋《いや》しい」と。「陋しい」の語が生きている。逆の景山の人がらがよく出ている。それは、反朱子学の蘐園《けんえん》徂徠*63門下での評価にもうかがわれる。湯浅常山*64の『文会《ぶんかい》雑記《ざつき》』（一七五〇年ごろ採録）に、「堀景山、南湖（景山のいとこ）文ヨクカケリ。光ヲツツミタル学者ナリ。平安ニハ（伊藤）東涯ト此ノ三人マデナリ。平安近処ハ皆浮過ニテ、学問リチギナキユヘ、ヨキ人出デズト、クリ返シ南郭論ゼラレケル」とある。南郭は服部南郭*65。蘐園随一の詩文家である。文中の「光ヲツツミタル学者」とは、かつて三九歳の景山が老大家徂徠に書を呈したその返簡中、荘子の語を使って徂徠が景山を評した「足下（あなた）ハ光ヲ葆《つつ》ミ自ラ晦《くら》マシ、誉レヲ時ニ競ハズ」の語（『徂徠集』所収）を転用したものであろうが、すでに徂徠が景山の人物、家風をよくとらえている。

景山自身もその著『不尽言』で、「愚拙、経学ハ朱学ヲ主トスルコトナレドモ、詩ト云モノノ見ヤウハ、朱子ノ註、ソノ意ヲ得ザルコト也」と勧善懲悪の道学説を排する、自由の学風であった。朱子学者でありながら、人間肯定の古学、仁斎の「気」や徂徠の「人情」を摂取していた。和学の造詣も深く、私淑する古学の「契沖師」の著『百人一首改観抄』をも刊行していたほどである。その塾で宣長さんは主要な契沖の著やその説にふれることとなる。

『不尽言』は、安芸藩の重臣の諮問に答え、藩儒の景山が治政者の心得を具申したもので、かつての徂徠の『答問書』と同類のもの。後年の宣長さんが紀州藩へ呈上する『玉くしげ』も、この延長線上に位置づけることができる。

さて、入門の年か、遅くても翌年早々、宣長さんは先生自筆のこの書から、さきの引用箇所の抜き書きをしている。儒学説や武士道批判などの部分ははずしているが、詩経から歌論に及んだ主張、「人情」・「実情」ことに愛欲・恋の肯定、さらに歌道での伝授の否定を説く部分である。それはすぐ、宣長さんの主張にとり入れられることとなる。

自由と識見。こういう師に、宣長さんは、なんともうまくめぐり会い、没年までの五年半、在京全期をその膝下で学びえたものである。

軽俊之士

古来虎よりこわいとした苛政《かせい》とは、重税と戦争のこと。庶民にとって戦争のない時代は無条件にありがたい。そういう平和をつくった徳川家康を東照御神《あずまてるみかみ》と敬した宣長さんも時代の子。その時代、重税の方はコメを生産する農民へ集積され、経済はカネへと移行していた。その一世紀余がたどった風潮のひとつが、戦後半世紀たらずの平和が生んだ流行語「軽薄短小」とまったく同じく、根をもたぬ「軽」であった。古学先生伊藤仁斎もいう、「人みな軽俊なるものを悦んで、沈滞なるものを好まず」(「同志会筆記」)。

在京留学期、軽俊の宣長さんが、作文・書簡の範に、徂徠とその尊重した李・王の二氏および門人太宰春台の語句を摘録した『漫識』一冊の中に「軽薄少年進鋭退速」「軽俊之士」の二語を春台の書簡からメモしたのは、どういう気持からだったろう。

さて、「徂徠学にて世間一変す」(湯浅常山『文会雑記』)、「我邦の芸文、之がために一新す」(江村北海『日本詩史』)とあるが、さらに宣長さんより一世代後の太田錦城《きんじよう》の批評はいう、「近世ノ学者ハ初ニ史記ヲ読テ戦国ノ山師共ヲ見覚ル故、先ヅ是ニテ豪傑ノ気象ヲ生ジテ本分ノ良心ヲ失ヒ、次ニ世説ヲ読テ、魏晋ノ放蕩者共ヲ見覚ル故、是ニテ曠達(こせこせしない)ノ気象ヲ生ジテ、天分ノ良心地ヲ掃ヒ滅尽ス」(『梧窓漫筆』)。「史記」はご存じの書。「世説」は『世説新語』で、流行は王世貞《せいてい》、徂徠にはじまる。上の語は、おのずから蘐門、したがってそこから形成された、儒生・書生の豪傑曠達ぶる軽薄の風の批判をなしている。

こういう中へ、二三歳の栄貞宣長さんは入っていった。事実、景山塾での学習のあとを追ってみても、五経の素読の二か月後からは併行して、会読の史記、晋書、左伝、翌年に世説、蒙求へと進んでいく。まったく蘐門流行の課程である。当時の記入とおぼしく、『経籍』の本文にも余白へも、蘐門推奨の詩文の書目が中心にメモされている。必読書だった。

上京満二年後宝暦四年三月に絶句三首と律詩一首がある。華頂山（知恩院）真葛庵での堀門詩会の作。二首をひく（訳は著者）。

五日、「少年行」

白頭猶且酔花回　　じいさんも花に酔う。若者が
莫道少年数挙杯　　さかずきあげてあたりまえ。
一擲千金春酒裏　　春酒に千金投げすてる――
揚々意気亦雄哉　　そうだ、その意気、これ男。

一一日、「読書」

独座間窓下　　ひとりしずかに本を読む。窓に
読書欲暁星　　夜明けも近い星。睡ってるひま
孜々何須睡　　なんかあったもんじゃないぞ。
一任酔群経　　とにかく読みたい本の山。

まさに唐詩模擬蘐園風豪傑軽俊の作である。青春の謳歌というより、張った肩ひじや地につかぬ足もとのおさなさがうかがわれる。

この詩を選んだわけ。——じつは、前月かれは三両の不時の送金を母に訴えていた。このことは紹介ずみだが、金策に歩いてやっと送金し、盆の支払いに窮する母の手紙（宝暦四年閏二月五日付）は気配も日記に見えない。後の、「さかずき三つ以上酒をのむな」の懇々たる手紙（宝暦六年七月一九日付）、「盆前のやりくりで方々無心をいったばかりでこのうえ借金の無心はなんぎ」の返信（宝暦七年六月二〇日付）の場合についても同じことである。

日記の中でわたしが不審とするひとつは、宣長さんがいちばん頼りとなる母方叔父村田清兵衛の記名についてである。着京の最初、宝暦二年三月の七日、一三日の二回は「清兵衛殿」と「殿」付、最終同七年一〇月三日離京の当・前日の三回は「清兵衛君」と「君」付。帰郷後はすべて「殿」にもどるが、在京の間の他の一〇回はすべて敬称ぬきの「清兵衛」だ。京でまず世話になる木地屋店のあるじ村田伊兵衛についても、最初の一回だけ「伊兵衛殿」であと一二回は呼びすてである。

無意識は正直だ。雰囲気の関係もあろうが、とにかく「軽俊之士」宣長さんは翔んでいる。若いというのはこういうことか。

蘐園の影響　今からふりかえると、宣長さんの大を成さしめた要因の重大なものに、少年時より一貫して、最高級の師を選んだことがある。益軒、定家、季吟、契沖、徂徠、真淵。真淵を除いては、皆書物を対象に、次々とさぐり求め進んだ、当代一流の故人たちである。独学で、知巧、模倣癖の強い宣長さんだけに、その時期時期にうけた影響の深さもひとしおだった。そして、中のどれをはずしても高くのぼれない階梯であった。そのうちの契沖、徂徠は景山の仲介がなければ遭遇できたか、どうか。わたしは世の教師の役割を生徒の可能性をひき出す景山に求めるが、これは余談、今はまず宣長さんが徂徠にどのように接したかを点検したい。

さて、軽俊の士宣長さんを誘引したのは景山塾での風潮であり、蘐園の影響が大きかった。塾での学習や詩作はさきにふれたが、自学自習する宣長さんに独特なノートについてみよう。徂徠と門人による編著からのメモ（自身の意見はない）を順に追う。それは留学全期にわたるが、後ほど多くなっていて、宣長さんの関心の展開をもうかがえる。

㈠『和歌の浦四』記載

①『可成談《なるべし》』　語源を中心とした考証考説全四一六項から一五項を抜く。抜粋項目の順序から、何度も見て拾ったことが推察される。選んだものには、古今集三鳥など歌に関するものや音韻の転訛説に特徴がある。

②『訳文筌蹄《やくぶんせんてい》』　一項。日本はヲノコロシマ→倭奴国（ヲノコ）→倭→和→大和という説。

③『政談』「一世に二首」と伝説のあった徂徠の和歌を、巻末にあったとして二首を写す。

㈡『随筆二』記載

④『答問書』　宝暦四年か。二項。⑴詩経は和歌のようなもので、道理を説いたり、国天下を治める道を説いたものではない。言葉を巧みに人情をのべたもの。後世の詩文はその祖述。学問は文字を会得せねばならぬが、そのため古人の書を作ったときの心持になる必要があり、詩文を作る風雅は無用の用だ。⑵詩経は理非邪正を説く朱子ら宋儒のいう勧善懲悪の教えではない。人性に通達するための言語の教えで、後世の詩も同じだ。――この徂徠説を和歌に延長した景山の『不尽言』が先に抜写されている。宣長さんの和歌観、文学観の源がここにある。

⑤『論語徴』　宝暦五年、『日本書紀通証』の抜抄をはじめてから。二項。⑴論語の「子欲居九夷」の語、仁斎は日本を東方の君子国ゆえとしたが、論語以前に、吾邦之道、天祖、神道、祭政一致は中華三代の夏商（殷）の古道である。⑵詩経を学べ、詩には興と観、群と怨がある、という孔子の言での朱子の注は誤りと

指摘。

⑥『徂徠集』オノコロジマ↓大夫之邦。『可成談』からの引用と同じ。

⑦『蘐園談余』第一巻発端の一段を写す。「我国ノ神道ハ即モロコシノ神道ナリ」、「異国本朝、神聖ノ道ハ同一揆也」。……「神明ハ霊妙不測ノ威徳マシマシテ、天ニヒトシク人智ノ及バザル所」……「祭祀ノ礼ヲツツシミテ、神明ノ感応ヲナサシメ、国土ノ福ヲイタスコソ、ソノ職（神道者）ノ道ナルベケレ」。

⑧『徂徠集』二項。⑴詩経の六義は、風賦、比興、雅頌の三類となる。⑵「それ詩は情語なり」。詩は情より発する詠嘆、故に予は詩の法を学び、情を主として、語に気格風調色沢神理を求めるのだ。

⑨『蘐園談余』⑦とまったく同じ。わずか数項へだてただけの重複筆写はどうしたことか。宣長さんの神道、不可知論への影響を重視する論が多い。すぐつづいて、

⑩『蘐園随筆』三項。⑴仁斎の『語孟字義』に詩の用は読者の感ずるところにしたがう、とするに賛成。だが、これは明の丘瓊《けい》山の説、と。⑵つづき、詩の六義は、各詩にそなわり、その用によるというのを卓見とし補説する。⑶仁斎説で詩経は聖人遊戯の書、と。宣長さんは和歌を詩経に探りつづけた。ここで、『通証』の抜抄再開。

⑪『弁道』二項。⑴先生の建てた礼楽刑政が道である。⑵詩は訓戒の書ではない。つづいて、『語孟字義』の、道と理、鬼神の説をあげ、対比して次の徂徠説を示す。

⑫『弁名』経伝によるとして、鬼神は天神地祇と人鬼である。

㈢『随筆五』記載

この巻は、前四分の一が宝暦六年冬から翌年留学最終までの記、と推定される。

⑬『徂徠集』二項。⑴徂徠の五言絶句一首。⑵喜撰法師のこと。簡単なメモだが、前には、仁斎の子東涯の

考証『秉燭譚《へいしょくだん》』の一九一項から三七項を抜抄（別に、重ならない二五項を『雑抄』へメモずみ）、後へは、太宰春台《だざいしゅんだい》『独語』の約五分の一、徂徠説に立つ痛烈な和歌観の部を写している。

㈣『漫識』記載

このノート四分の三の漢文部は、在京中の記。その過半が蘐園古文辞の語詞集である。項数で、李滄溟・王弇《えん》州の文五八、徂徠の文五七、同尺牘《せきとく》（書簡）二四、太宰純尺牘一四三、服部南郭の文一三。徂徠のものは『徂徠集』から抜き出している。これらの語詞は、書簡・詩文で当時の宣長さん実用の範であった。

以上、煩をあえて、徂徠関係書からのメモを網羅してみた。

ここには、若き日の景山がしたように、徂徠の著をあさり、読みかえす宣長さんの姿が見える。景山も登場する『徂徠集』のごときは幾度も手にされている。関心の焦点は、詩経から古今集、さらに和歌の本質をさぐること、中国の古道と日本の古代・神道とのかかわり、にあるが、徂徠の独創的な研究・主張から、その古文辞の文体に及び、全面的な徂徠摂取に懸命である。おのずからそれは古学の仁斎、東涯、もちろん蘐園の諸家へひろがるものであった。後の理論構築のうえで、徂徠の宣長さんへの強い影響は今日常識になっているのだが、それはこれらのメモにもすでにうかがえるだろう。やがて雲散霧消する軽俊の徒の一人に、宣長さんをさせなかったものをここに見る。

しかし、メモはやはりメモにすぎない。あくなき探求ぶりと影響の断片的な推測をさそうだけだが、宣長さんへの広く深い影響は後の稿に幾度も見ることができるとして、ここでは、その仲介となった景山と徂徠との関係について補記しておこう。

ことは、さらに三〇年近く前、景山三九歳のとき。「世ノ人其（徂徠）ノ説ヲ喜ンデ習フコト信《まこと》に狂スルガ如シ」（那波魯堂《なわろどう》『学問源流』）と名声一世に鳴りひびいていた六一歳の蘐園徂徠へ、景山は長文二、〇〇〇余字の一書を呈した。

景山と徂徠

景山は朱子学の名家の出だが、古学にも関心が深かった。そのころ、京の古学の本拠古義堂伊藤東涯門の松室松峡以下四名にまじって、蘐門太宰春台の唐話の師禅僧大通から唐音で論語を習っている文献が残る。松峡は中華音に通じ、白話小説家で知られる。漢学のこうした新傾向は、古学ことに江戸の蘐園から上方流行へと移ったものである。『磨光韻鏡《まこういんきよう》』『和字大観抄』などで宣長さんの学ぶ所の多かった僧文雄《もんのう》（景山より一二歳年少）も春台に唐音を学んだのである。また、宣長さんの『経籍』に白話文学作品の記載がかなり見られるのもそうした延長線上にある。

さて老大家徂徠に向かって、景山は「一気」という語を一〇回もくりかえし、詩文のかなめは一気の貫くところにありとし、徂徠の推賞する李・王（明の李于鱗《りうりん》と王世貞）の古文辞にはそれが乏しいではないか、と懸命につめよるのである（『唐詩選』の編者とされるのが李于鱗。この書の日本での発刊は一七二四年蘐門の服部南郭による。現代にまで漢詩集の代表としてつづいている）。

景山に対する徂徠の返書。これがまたさらに長文の三、五〇〇余字。好尚の相違、お説教はせぬ、わたしの知ったことじゃない、の意味で「人心如面」の語を五回も配し、景山のほこ先をそらしてわが古文辞の説を詳述する。

ひきつづく往復書簡。景山のは第一書よりも長い。中心は前回同様の古文辞への懐疑をのべるのだが、謝辞、身上のことをふくみ敬親の度が進んでいる。徂徠の返書は前簡の約三分の一に減るけれど、後の宣長さんに影響するところをもふくむ。古今の本末、事と辞、倭訓を仮《か》る誤り、など。今度も二回使っている「人心如面」の語は、それを「性と習」のこととし、「習」は移すべく、そのための「学」（模擬）の重要さをいう。これも宣長さんの作歌の理論につながる。

徂徠はその翌々一七二八年に六三歳で死ぬが、その前年に刊行された『徂徠先生学則』には、景山宛書簡が三通付録されている。中の一つがさきの第一書であるから、第二書のあとも文通はあったことがわかる。没後一二年目に、伊勢神戸《かんべ》侯本多忠統《ただすみ》の序文をもつ『徂徠集』三〇巻は刊行されて天下に広まったが、五通の景山宛書簡をふくんでいる。景山自身の先の二通を併せたものは『屈物書翰』（屈は堀景山、物は物徂徠）として編まれた。刊行はされていないが、写本の形で塾中はじめ関係方面で評判になったことであろう。景山塾で「人心如面」の流行語が口にされるのも当然のこと。後、宣長さんは『排蘆小船』でも四か所それを使っている。

そもそも、徂徠の学問は、「天の寵霊により」（宣長さんはまねして自分のことを「大日霊貴（天照大神）の寵霊により」と使用する）、明の李・王を発見、古文辞学を知ったのだが、それが『左伝』『史記』にとどまるのを、六経へさかのぼり、聖人の「事と辞」を確認したものであったが、徂徠という号の出典でさえある『詩経』について、こういう、「詩は人情の言だ。理論ではない。後儒の勧善懲悪説はわからずやのいうことだ」（『弁名』など）。そして、「吾邦の和歌などのようなものだ」（『答問書』など）。こういう観点から、かれは藤原定家を李・王に比し、唐詩に相当するという古今集を書写し、伊勢物語や源氏物語を賞賛する（『蘐園随筆』など）。以上、景山の『不尽言』、したがって宣長さんの説とまるっきり同じようではないか。

（四）契沖との出会い

和歌への関心

少年期より和歌についての関心は、定家、古今集を軸とするものであった。歌道専心の山田養子の青年期、歌学は、万葉集や伊勢・源氏の物語へと広がるが、中心はかわらぬ。二〇歳には、古今集を写しはじめ、異本を校合し、定家の『詠歌大概』『秀歌之体大略』『百人一首』、翌年には定家の歌を写す。すでに『和歌の浦四』では、冒頭、「古今集序に曰はく、和歌に六義有り……」と六義をメモ、少しして百人一首（ヒャクニンシュ）の読みくせを集めたりしているが、上京の前か後か、「古今序」の和歌の始源「あめつちのひらけはじまりけるときより」「ひさかたのあめにしては、したてるひめにはじまり」「あらかねのつちにしては、すさのをのみことよりそおこりける」の三項について、書紀神代巻から、イザナギ・イザナミ、下照姫《したてるひめ》、スサノオの条を引き確かめている。

二三歳宝暦二年三月、上京。まず購入した書は、『深秘抄』、『古今栄雅ノ抄』。前者は二条家頓阿流の歌の故実や雑説を記す中世の書、後者は古今集の顕昭説、定家説を取捨し、一条兼良説を加えた一六冊もの書であるが、さらに六月には、定家の二著『顕注密勘《けんちゅうみっかん》』『壁（僻）案集』を買う。前者は顕昭の古今集の注に定家が意見を加えたもの、後者は三代集（古今集は六〇首）の略注。要するに自学自習、定家と古今集を軸に和歌を考えようとしている。こうした中へ、師景山を介して契沖と徂徠がはいってきたのである。

「此人をぞ此まなび（古学）のはじめの祖《おや》ともいひつべき」と『うひ山ぶみ』で仰ぐ契沖[*66]（一七〇一年没）の

あと大坂高津の円珠庵をたずねることは、宣長さんの宿願だった。それがはたせたのは、七二歳の没年一八〇一年二月。一五年前、吉野の花見に出かけたせがれ春庭に帰途碑文を写させたが、自身は七年前の若山帰途に訪れようとしてできなかったのである。

その契沖の名をはじめて宣長さんがしるしたのは、「百人一首改観抄五歌契沖」と『経籍』にメモした時点——前後の記載から、留学の前であったと推定される。五冊のこの本は、栄貞一九歳の年、堀景山が契沖の孫弟子にあたる樋口宗武とで出版した本。百人一首に関心をよせていた栄貞は、入塾早々に、世上のヒャクニンシュとは全くちがう「証拠ナキコトヲイハ」（『改観抄』宣長さん書入れ）ぬ文献学的なそれを、景山先生の本で手にすることができたのであろう。その本を「人にかりて見て、はじめて契沖といひし人の説をしり、そのよにすぐれたるほどをもしりて、此人のあらはしたる物、余材抄、勢語臆断などをはじめ、其外もつぎつぎにもとめ出て見ける……」と『玉勝間』で回想する。

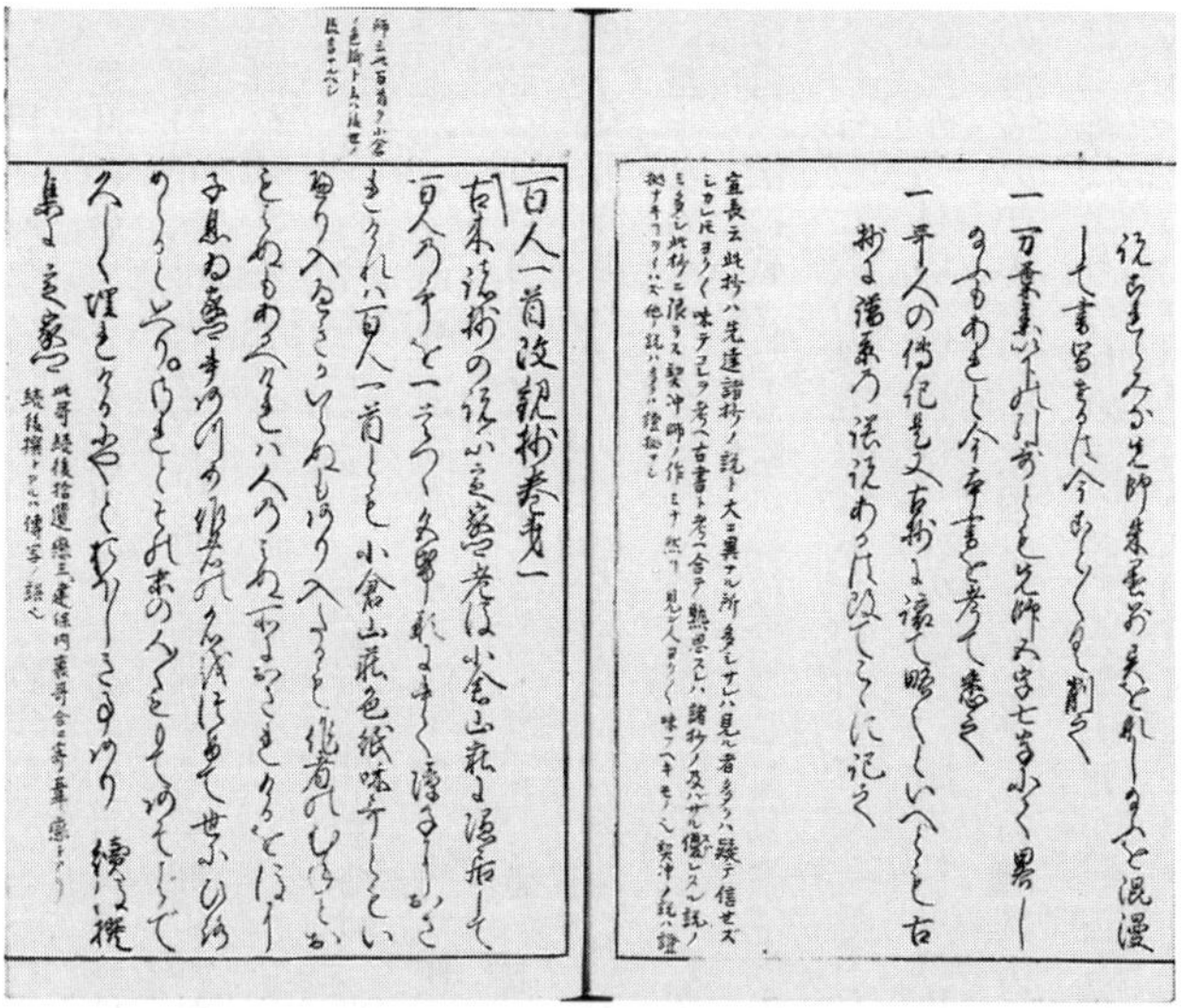

『百人一首改観抄』宣長手沢本「契沖ノ説ハ証拠ナキ事ヲイハズ」

上京二か月後の五月一二日には、『和歌の浦四』へ「伊勢物語契沖師ノ説」として、契沖説（『勢語臆断』）に景山説を書き加えた本の抄録をおわる。これまで接してきた、師説・口訣による旧註の伊勢物語解釈とは違い、目ざめるほどに自由清新な物学びがそこにはあった。

契沖に魅せられた栄貞は、その一一月には『枕詞抄』（主著『万葉代匠記』初稿本の「惣釈」枕詞部を抄出）を樋口守武本で写す。古書に徴拠する契沖の帰納法実証主義にふれ、巻末には、「ああ恨むらくは、未だ代匠記全篇を見ざることを」と記している。

さて、古今集。ノート『和歌の浦四』へは、塾での学習に伴なって、儒学からする和歌探究がメモされる。『中庸』から鬼神、『尚書』から詩・歌・声・律、『礼記』中の「楽記」から音・楽について「其ノ本ハ人心ノ物ニ感ズルニ在リ」「詩ハ其ノ志ヲ言フ也、歌ハ其ノ声ヲ咏ズ」等に朱子の注を付記し、『詩経』に及んで、その六義（風雅頌賦比興）の意味を中心に、朱子の注および字書『字彙』・『小補韻会』でたしかめる。いずれも、和歌の基本と考える古今集序文にかかわって、その典拠をさぐるのである。真名（漢文）の序文については、林羅山の貫之伝に載せたものとの校合もしヒントを得ようとしている。

こうした歌の探究は作歌と並行してつづけられていた。上京半年後から森河章尹《あきただ》に新玉津島社で指導を受けるのだが、月の一三日は月次《つきなみ》の歌会、晦日には社創始の、定家の父俊成卿への手向けがある。翌三年五月には、その俊成の代表著『古来風躰抄』[*67]を、その師基俊作とする『悦目抄』とともに購入している。俊成のこの歌論書は、神代よりの和歌史を説いたものだが、古今集の序をふまえ、「歌の本体には、ただ古今集を仰ぎ信ずべき事なり」といい、同集から八四首をぬき出している。業平の「月やあらぬ」の歌を「限りなくめでたき也」という立場である。

その一〇月には『古今序六義考』、翌月に『古今伝授次第』各一冊を写しているが、あと契沖の『古今余材抄』の書写にとりかかる。

翌宝暦四年三月、栄貞は『余材抄序文』二冊を写しおわった。この「序文」とは、古今集の序文（仮名の序と真名の序」についての契沖説である。
契沖が仮名の序について、「哥は此国の詩也」とし、詩経の序から「詩ハ志ノ之《ゆ》ク所也、心ニ在ルヲ志ト為シ、言ニ発スルヲ詩ト為ス、情中ニ動キテ言ニ形《あら》ハル、之ヲ言ウテ足ラズ、故ニ之ヲ嗟嘆ス、……」を引き、真名の序では、「天地ヲ動カシ、鬼神ヲ感ゼシムルハ詩ヨリ近キハ莫《な》シ、……」を引くのは、栄貞既知のことに属し、自己満足をおぼえたろう。

また、仮名の序の冒頭をとらえて契沖が、「定家卿の和歌に師匠無しとのたまへる公言も、ここもとより出たるなるべし」とか、「此哥は神のはじめたまへる道にて、我朝におきては双《なら》びなき事也」とか述べるとき、わが意を得たり、の思いであったろう。

契沖私淑の景山には関係和書の所蔵が当然で、栄貞の写本もそれに依ることが多かったようである。『余材抄』の版本も当時はないので、契沖門今井自閑の本を写した、景山所蔵本によったものにちがいない。そして、これと前後して、栄貞は師の著『不尽言』をも『随筆二』に抜写している。

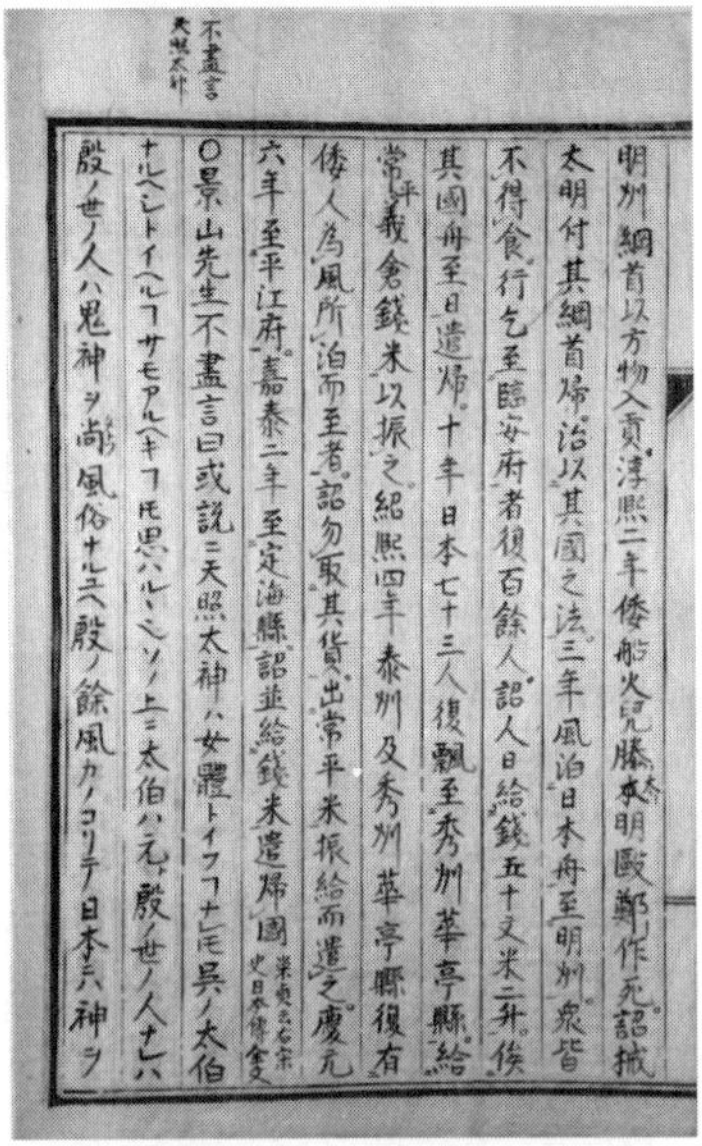
不盡言

明州綱首以方物入貢。淳熙二年倭船火兒滕太明毆鄭作死。詔械太明付其綱首歸治以其國之法。三年風泊日本舟至明州。衆皆不得食行乞至臨安府者復百餘人。詔人日給錢五十文米二升。俟其國舟至日遣歸。十年日本七十三人復飄至秀州華亭縣。給常平義倉錢米以振之。紹熙四年泰州及秀州華亭縣復有倭人為風所泊而至者。詔勿取其貨出常平米振給而遣之。慶元六年至平江府。嘉泰二年至定海縣。詔並給錢米遣歸國。宋史日本傳全文

○景山先生不盡言曰或説ニ天照太神ハ女體トイフコトモ呉ノ太伯ナルヘシトイヘルコトサモアルヘキコトモ思ハルヽ也ソノ上ニ太伯ハ元ヨリ殷ノ世ノ人ナレハ殷ノ世ノ人ハ鬼神ヲ尚ヒ風俗ナルユヘ殷ノ餘風カノコリテ日本ハ神ヲ

『不尽言』抜抄（『本居宣長随筆』）

『不尽言』抜写

先にも若干紹介した『不尽言』[*68]は、景山晩年、栄貞の抜写をさかのぼること遠くはない著作だろう。「書ハ言ヲ尽クサズ、言ハ意ヲ尽クサズ」（易経・徂徠用語）から書名をとり、広島藩重臣の諮問に答える、治政者に必要の政治論学問論で、公刊されるものではない。栄貞は師の思想の総括

を聞くつもりで接したか。

内容。学問にまず文字の意を通達すること。造りこしらえた「理」より、史書の「事」を尊重すること。礼楽は天子によって作られたこと。武力で天下をとった武家が威を大事にかけ、偏急、狭迫、厳酷の武士の風習となること。下は賤しき士民耕作のことまで人情を知るこそ学者最初の工夫。神妙不測にしようとこしらえた日本の神道（山崎闇斎《あんさい》などは片店に神学を売り出し、土金の伝などわけもなき文盲）等。

このように要項をあげると、その説が徂徠説を承け、さらに宣長さんへ伝わっていくものが明瞭である。が、栄貞の抜写はそれらをとびこえて詩歌論へと集中する。最大の関心がここにあったからだろう。

景山の詩歌論は、「和歌の道の極意」を「言ひつくした」とする「古今集の序」、その冒頭「（やまとうたは）人の心を種として万《よろづ》の言のはとなれりけり……見るもの聞ものにつけていひいだせる（なり）」に軸を置く。抜写中、「心を〔の〕種」という語を五回、「実情」九回、「人情」一〇回、「自然に〔と・の〕」五回、の使用例で内容も推察されよう。七、〇〇〇字を超える抜写の要約はつぎのとおり。

和歌は詩経の詩と同じく、邪正にかかわらず、実情から出て、ふっといい出したものだ。人情の本原は男女、夫婦の欲。実情の深切なのは恋で、和歌に恋が大切だとされるゆえん。恋せずは人は心のなからまし「物のあはれ」はこれよりぞ知る、との俊成卿の歌はここのことだ。

「貴賤のへだてはなき」「人の心を種として」とは「古今の絶唱」、「和歌は我朝の大道」（四回もくりかえす）だから秘伝ということもなく、よむに堂上地下の差別はない。古今伝授も頓阿以来の後人の偽造にすぎない（文中、「宏覧逸材の人」として「契沖師」の名が三回あげられている）。

以上
さきにわたしが『不尽言』の抜写を『余材抄序文』の筆写と「前後して」と書いたのは、どちらが先か確定できないからだが、わたしは思う、『余材抄』でその本文の筆写がすぐひきつづかず、一年余の間を置くことから、つづいたのは『不尽言』の抜写で、契沖傾倒の景山により契沖説への栄貞の射程もきまり、一段落をしたものではなかろうか。

一段落とは、休業でなく、充電の期間で、その間、景山説をひき出す徂徠の探求が本格的になり、蘐園詩文の文人趣味、その支えとなる老荘思想、「自然」の発見へとつづき、ひとまわり大きくなって、中一年を越えた宝暦六年には、ふたたび契沖の『厚顔抄』・『余材抄』本文・『代匠記』へと向かうことになる。

その間のことで補っておくべきことは、詩経と対比してきた古今集の「やまとうたは……」の「やまと」とは何か、日本（倭・本朝・吾朝）の特殊性は何か、栄貞のこだわりがはじまることだ。『不尽言』抜写をはさみ、前に『宋史日本伝』、後に『唐書日本伝』、『晋書倭人伝』と中国史書にのる日本の筆写がつづく。宝暦四年九月『日本（書）紀』九冊を購入する。同元年末に成った谷川士清の『日本書紀通証』の稿本が景山に届いたころである。そして、間もなくそれにとりくむこととなるのである。

三月三日に名を宣長、号を春庵と改め、医師となった宝暦五年は、多忙の医事のほか、上記のような充電の年であった。

翌六年二七歳には、いよいよ腹をきめて、本命とする和歌和学の道を進みはじめたかのようである。正月の日記の文体変更、二月から和歌の有賀入門。

そして、『通証』抜写の延長か、契沖の『厚顔抄』（記紀歌謡の注）を書きこんで校合が中絶していた景山の日本書紀を「伝与」され、その校合を完成したのが七月二六日。この「伝与」の識語は重い。景山の期待、当人宣長さんの自覚もうかがわれる。『後漢書』に「其の人に伝与す」の註で「其の人とは学を好む者を謂《い》ふ也」とあって、『通証』にも引用されていたのを宣長さんは知っている。旧書紀と古事記を購入したのもこの月である。

翌廿七日からは、二年前に序文二冊を写した『余材抄』の本文を筆写しはじめる。七冊おわったのが一〇月二日。翌年二月に一冊で、計一〇冊を写しおわった（一二月には『改観抄』も購入）。

書写の「跋」として、一二月につぎのような文章を記している。——

「盛んなるかな貫之氏の選や。彬々乎として千載詞林の宗主たる者なり」で始まる。——しかし、その微旨奥趣は註解がなければ通じがたい。清輔、俊成、顕昭、定家の諸註みな簡略でやはり難解だ。その後、東常縁《とうのつねより》、細川玄旨（幽斎）ら、あやしげな説を立て、儒仏を引き、高妙な言で世をおどろかし、こまかな所をとりあげて、「其の解愈々繁に愈々迷《まど》ふ」ことになった。しかし、人びとは、「出入齟齬《そご》（矛盾）するもの有っても」疑わず、「流風ひとたび成って滔々として反《かへ》らず」、風流の英才もその「圏套《けんとう》」から脱せられなかった。

文明進み、「諸子百家の士」俊傑競い起こるとき、この道にもその人が出ないはずはない。浪華《なにわ》に契沖師なる者あり、「風雅に翔詠し」殊に訓詁《きんこ》に長じた。その説はおおむね日本紀万葉により、大いに「古義を首倡し」数百年の説の惑いを破った。さきに万葉代匠記を著し、「蚕糸を剖《さ》き牛毛を析《さ》く」ように「精確詳明」で至れりつくせり、その功は広大であったが、ついで余材抄で古今集を註した。それは代匠記の余材に成るもので名づけたのである。宣長は「受けてこれを読む」に、深切懇至で集中の微旨奥趣も「掲焉乎として著明」であり、近世の俗学註家の及ぶところでない。千載詞林の良佐である。

しかし、人びとは浅近「浮靡」の説になれ、開いて見ても、その「沈雄整密」尋常とかけはなれているので、迂《う》遠で役に立たずとし、取ろうともしない。ああ下和《べんか》氏の玉のように抱いて泣かざるをえない。よって私淑してこれを写し、巾笥《きんし》に蔵して同志を待ちたい。余はかれの忠臣というわけではないが、風雅の罪人たるをまぬかれれば、ねがうところである。

以上

上掲は漢文訓訳の概略である。全四三四字の原文だが、「　」でくくった語句は、宣長さんの語詞集『漫識』にメモした「物徂徠文」五七語中から一〇語四三字と「李滄溟文」よりの三語一〇字。これから推しても、他の字句のほとんどを徂徠蘐園のそれでつづった文体であることがわかろう。要旨は、「彬々乎として千載詞林の宗主」たる古今集（「彬々」の語は、質朴と文華の調和をいう詩経評価の蘐園常用句）と、「千載詞林の良佐（よいたすけ）」たる余材抄を著し訓詁によって古義を首倡した契沖との称揚であるが、それを採る者としての自己主張に満ちている。

さて、上文を書いた一一月に近いころの書簡に、よく引用される有名なものがある。学友清水吉太郎宛、いわゆる「私有自楽」と「自然の神道」とを主張する二通。前者で、自分の私有自楽する対象を和歌として、「文質彬々たる者、唯古今集有るのみ。もって千載の規矩準縄となすなり」という。「規矩準縄」は手本・法則の意。「聖人の道を規矩準縄としてみること也」という調子の徂徠常用語で、宣長さんは『漫識』にも、「また千載を歴《ふ》といへども、……作文の規矩準縄なり」の句を拾いメモしている。

数年後に成る『排蘆小船』を見よう。ここでも、古今集を「専ラコレヲ規矩準縄トスルコト也」「古今集ヲ以テ規矩トスル事」という。そして書名の引用でも、多い順に、古今集六一回、新古今集三五回、三代集三一回、万葉集三〇回、源氏物語一四回。三代集に古今集も入るから合わせると古今集が圧倒的で、歌論の基調が古今集にあることがわかる。人名引用では、少年時より信奉してきた定家が三七回、ついで堂上派には現われない契沖が二〇回となる。そして結論的に、「詠歌ハトヲク定家卿ヲ師トシテ、ソノヲシヘニシタガヒ、ソノ風ヲシタフ。歌学ハチカク契沖師ヲ師トシテ、ソノ説ニモトヅキテ、ソノ趣キニシタガフモノ也」と宣言するに至る。

つまり、二七歳から、定家—古今集—契沖とひとつの道が確定した結果である。

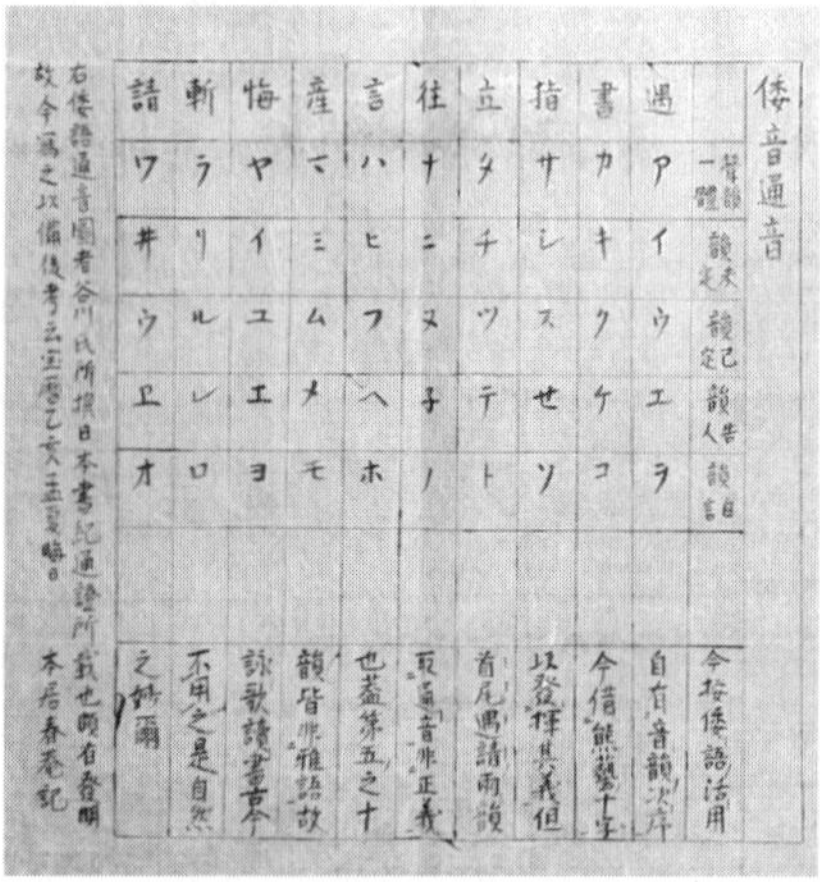

「倭語通音」（宣長写）

『日本書紀通証』（宣長手択本）

（五）谷川士清との交流

契沖のことでつい充電期二六歳宝暦五年をとびこえてしまったが、ふたたびそこから出直してみたい。

『日本書紀通証』

栄貞が契沖の『余材抄』の序文を写しはじめた昨四年正月、谷川士清《ことすが》四六歳が一週間ほど上洛していた。『日本書紀通証』[*69]の成稿後、宝暦二年（一七五二）上京、手づるを求めて当時古今伝授の権威、有栖川職仁《よりひと》親王に和歌入門を願い出、許されてこの四年一月八日に初めて謁見を賜わるのであった。その両度の上京には、『通証』の稿本も持参していたにちがいない。朝廷への献上や版行の策、序文の依頼のこともあったろう。後序はすでに郷土伊勢の一身田河北景楨《かげもと》から得ていたが、前年に成った京の留守希斎《るすきさい》や西依《にしより》成斎の序は意に満たず、別に依頼を考えねばならなかった（結果は、改めて垂加正系の権大納言正親町《おおぎまち》実連に依頼して六年に序文成り、七年には有栖川宮に『通証』三五巻拝呈、一二年に風月堂（沢田一斎）から刊行、となる）。

右の関係者は、有栖川宮はともかく、いずれも山崎闇斎系の垂加派の人物である。垂加派の代表格で竹内式部が中級公家層に働きかけ活躍の時期であった。宣長さんの師堀景山は、文盲のこしらえた神道として垂加派には批判的である（『不尽言』）が、それらの人びとと相識の間柄だった。かつて二〇数年前に、松尾社の祠官松室松峡、書肆《しょし》の沢田一斎とは、徂徠の影響でともに華語を習った古い間柄。松峡と一斎とはやがて流行の唐話学者としても知られるようになり、往来もたえない。かれらはまた、垂加の松岡仲良に親しく、その門下の士清、竹内式部や建部《たけべ》綾足《あやたり》などと交りもあった。士清は松峡を訪れたこともあり、その一門松室大隅重殖は士清門に入っている。

景山は、契沖の孫弟子樋口宗武（宝暦四年没、八一歳）と親しい。ふたりで契沖の『改観抄』を刊行している（一七四八年）。士清はかつてその宗武に国学、歌学を学んでいた。景山も所蔵（後に宣長さんも書写）の宗武本で、士清は、契沖の『厚顔抄』や『代匠記』説書入れの万葉集を書写し、『和字正濫《しょうらん》鈔』*70も読んでいる（士清の業績ですぐれたものには、むなしい垂加の神道説よりも、古学契沖の語釈・引証や、垂加派とはいえ、漢学と物産・本草学の老師岡本玄達の博覧好古に学んだ所を見ることが多い。有名な『倭訓栞《わくんのしおり》』*71も契沖門海北若沖《かいほくじゃくちゅう》の『和訓類林』にヒントを得たものにちがいないが、そもそもの語彙収集という方法は玄達からの伝であろう。もちろん、後年の士清・宣長さんの交誼の接点もこの辺にあったと思われる）。

以上のような関係で、景山は『通証』の件についても経過を熟知していたし、その稿本か写本（おそらく神代紀までか。宣長さんも後年士清宛書簡で神代紀まで見た、といっている）も手もとに届いたものであろう。宣長さんはそれに接したと推定される。

まず、宣長さんが『通証』にとりくんだ時期。『通証』の「倭語通音」を書写したものの識語に「宝暦乙亥孟夏晦日」（五年四月三〇日）とある。また、『通証』抜抄の終りが『随筆二』の終りに近く、つづく『随筆五』は、「丙子（六年）冬」からとして一一月一七日より会読を始めた『武経七書』の抜抄からなので、宝暦五年四月ごろから翌六年一一月ごろに及ぶ間の学習と推定してよかろう。

以下、資料として、先の「倭語通音」メモ、『随筆二』での多量の抜抄のほかに、『経籍』に採録の前・後二群の書目、冊子『仮《か》名《な》都《づ》加《か》比《い》』（宝暦元年一一月作製）への加注を使い、それらの内容を点検してみよう。

『随筆二』（九三枚の冊子）の三〇％の量をこえる『通証』からの抜抄は一〇回にも及ぶ。うち、分量の多いのは、次の三回である。Aは『通証二』から。Bは巻一～巻七から。Cは巻二～巻七から（巻七は神代下である）。他の七回は、Bのあと一回、他はCにつづいた簡単な補記である。

Aは巻一によって、「彙言」一九条中の神国、文字、倭訓、借音、中国、名字の六条から抄出、「附録」三篇のうち、倭語通音と仮字正文は略して音韻類字を写し、つづく「舎人親王伝」は省き、終りの「講国史」全文を写す。

ここで注目されるのは、宮中での日本紀講義の由来「講国史」を除いては、「彙言」中でも、全面省略の条が、編修・天地・神道・神語・国号・国宝・祭政・訳原・国統・国威・国郡・封国・姓氏の条であることに徴しても、採録が文字・言語を中心にしていることが想像されよう。それが「倭語通音」図に至り、これをとり出して一枚の別記とし、四月末「頗有リ二発明一故今写レ之以備二後考一」と識語するのである。

文字・言語へのこのような関心の比重は、『経籍』記載で僧文雄の『和字大観抄』（宝暦四年〔一七五四〕刊）につづくのが『通証』であり、『随筆二』でも、この抜抄が『朝鮮太平記』「直海氏考」のメモをこえて『大観抄』からつづくことからも了解できる。

そしてさらに、『大観抄』について。栄貞上京前の宝暦元年に「仮名遣者於我歌道、最可厳重択用之事也」として筆記した冊子「仮名都加比」へは、このたび『大観抄』から長短一三項目を注記し、末尾に『通証』抜抄では略した「仮名正文」からの短い五項目をまじえ付記するのである。

このときの注記について補っておかねばならぬことがある。韻鏡研究を大成した文雄の『磨《ま》光韻鏡《こういんきょう》』（一七四四年刊）は宣長さん以後の漢字音研究をひき出す役割をもつ著だが、このたびの注記にも、「音之仮名遣」中「をお之分別」の所で、宣長さんは、『大観抄』の、遠の字（合音）をを（ア行で開音を考えていた）とするのは「疑ハシケレハ、爰ニシルシ侍ル、識者タヽシ玉へ、韻鏡ノ諸本不同ニシテ、開合ヲ誤ル事、スクナカラス……をオノ二ツハ、開音合音ノワカチ定メカタキモノ歟」をそのまましるす。これが後に宣長さんの『字音仮字用格』中の有名な「おを所属弁」（ア行のを、ワ行のおを入れかえて、五十音図を完成）の導火線となるものである。士清もそれを見せられ、「さて〳〵よくも御考索、至宝之書と奉ㇾ存候」と書簡（一七七一年）を送っている。

すでに契沖は『和字正濫鈔』（一六九五年刊）で、このお・をの所属以外で五十音図を確定した。士清が『通証』で「倭語通音」としたのは『正濫鈔』によっている（「彙言」の倭訓の条にも、「契沖曰」として、『正濫鈔』の序文から二項写している）。

宣長さんはまだ『正濫鈔』を知らなかった（それを購入したのは四年後の宝暦九年である）。その宣長さんが『通証』で「倭語通音」を「有㆓発明㆒」（卓識）としたのは、確定的な五十音図を採用（「附録」でつづく仮字正文・音韻類字にも一貫）したこととその各段に活用（宣長さんが後に発展させる活用ではなく、むしろ五音相通）の音義を考えたことをいうのであろう。

しかし、もちろん『大観抄』は昨年刊行されたばかりである。『通証』より進んだ、かつ専門的な書であるそれが、「仮名都加比」の注記で大部分をしめたのは当然である。

『随筆二』での抜抄B・Cの問題を後にして、ここで『経籍』をとりあげる。まず、前・後二群の記載のうち、前群について。その現れ方はつぎのとおりである。

『朝鮮太平記』等軍書のあと、『童子問《どうじもん》』の仁斎から、徂徠、春台、蕃山、闇斎、東涯ら、医書数目等、計一七目につづいて、「和字大観抄ニワ文雄　日本書紀通証ワ史世五谷川士清　皇代記ワ……（間、八目）……螢雪叢記カン」となる。そして、五目おいて「詩則ワ詩林義卿」、また、四目おいて「弇州四部稿文選カン」となっていく。

「通証」につづく「皇代記〜蛍雪叢記」の一〇目が、『通証』からの順次摘録であるが、「彙言」の最初にはじまり、その終りつまり「倭語通音」の直前でおわっている。『随筆二』の抜抄Aと同じであり、同時期の記載を思わせる。それは、Aの抜抄が、『大観鈔』、『朝鮮太平記』、『通証』、『詩則』、『弇州文選』と現れる順と『経籍』での順が対応していることからも考えられる。

ただ、特徴としては、この『経籍』一〇目のうち、重複の一目（『神鏡抄』）以外はAの抜抄に無関係だということである。それは、中の『旧事玄義』、『神道学則』等に見るように、文字・言語の問題をはなれ、神道説にかかわるものだからであろう。つまり、一応そこまでで二様にふり分ける意識が見える。「倭語通音」の書写は抜抄Aの文字・言語側の展開である。

次に、『経籍』後群だが、摘録の現われ方は以下のとおり。先の「弇州文選カン」のあと、「蒼溟文選カン」等四目と『秉燭譚』（東涯）からの摘記一二目、『赤城盟伝』以下「赤穂忠臣ノ事ヲ記ス書」二四目につづき三目と「三鏡」を経て、「神代口訣ワ神……（間、四五目）……簡斎集」となり、「尺牘清裁カン十王世貞」以下へつづく。この中の「神代口訣〜簡斎集」の四七目が『通証』の後群である。採録の時期は宝暦六年六月ころか。先に『赤城《せきじょう》盟伝《めいでん》』以下赤穂忠臣の書二四目が出ているが、その異質突飛な出現は、五月二三日、清閑寺の開帳で開かれた泉岳寺展が評判高く、そこを訪れることがあった。少年時に聞書『赤穂義士伝』を作って以来の関心からである。

その事に触発された書目採集と見れば、『通証』後群の採録はそのあととして推定されるのである。

前群から一年余たったこんどの後群は、あらためてまた『通証』の最初からはじめ、巻二の神代へ移り、以下巻四の後半、天の岩戸の「宝鏡開始章」の半ばまで、順次四七目を摘録している。書目は、神代纂疏《さんそ》、神道明弁、草木子、名法要集……と中世来垂加派に至る神道説でよく使用される文献を中心に採っている。前群との重複がないのは当然だが、『随筆二』で抜抄Bとも平行しながら、ほとんど重なっていない。これは双方同時、かつ採録の方針がちがうからだろう。

『経籍』の方はこれまでの、したがって士清説の根拠となる主要な文献名の収集であるのに対して、『随筆二』のB抜抄は垂加の土金の説に始め、書紀（神代紀）中の主要な用語（「葦牙《アシカヒ》」、「闇龗《クラオカミ》」、「鞆トモ、ホムタ、カラ」等の如き）の訓詁解説の抄録六八項である。契沖説も数例あるが、ほとんどが中世神道、ことに垂加門の考説が多いのは士清の立場を示して当然である。そして、『経籍』の方が巻四の半ばで途絶するにかかわらず、抜抄の方は巻七の終りまでつづく。メモをとりながら、読みついでいき、『通証』の三分の一（三六％）によって神代紀を終えたわけである。

加えて記さなくてはならないのは、同時期の七月二六日に景山所蔵本日本紀の校合を終えていることである。その本には景山の手で契沖の『厚顔抄』（記紀歌謡の注解）を増註してあった。そういえば、抜抄Bの次にその『代匠記』（初稿本）巻二からの抜粋が三項つづいているが、日本紀校合了の翌日からは『余材抄』の本格書写を始めるのである。宣長さんが旧注にとらわれない契沖の実証的方法に魅せられていたのは、その識語（一一月）に見たとおりである。

さて、七月には旧事紀、古事記をも購入している。しかし、それらをも訓《よ》みとくには、契沖風のさらに緻密な訓みを要する。これが次の抜抄、というより語彙摘録のCを誘引したのである。

『随筆二』Cの内容は、和語の訓み、語源等を、〈古《イニシヘ》〔往方也《イニシヘ》〕天《アメ》〔開〕地《ツチ》〔閉〕……〉のように、簡単に記したもので、神代紀の初め『通証』巻二からその終り巻七までで、順次に二八七語を採録したものである。これは、最初に時期を設定したように、このノート『随筆二』の最終と思われる一一月に近いころに終っている。

七月の旧事紀・古事記購入と日本紀校合につづいて、宣長さんは一〇月には万葉集二〇をも三五匁で購入している。これまで「上古ノ哥ノサマヲミ、詞ノヨツテオコル所ヲ考ヘナドスル哥学」（後の『排蘆小船』）の対象としてきた万葉集が神典の古言究明の役割をも持つようになった。そのとき指針は契沖にあり、その『万葉代匠記』を参照せねばならない。『通証』の士清もそれを利用したと聞いていた。

『代匠記』といえば、かつて上京の年の冬、『枕詞抄』を写したとき、「嗚呼恨未見代匠記全篇矣」と識語したが、その後も、「万葉摘書」（『和歌の浦二』の末尾利用）中の「万葉書《がき》」の語に「契点」・「沖点」と付記したのも、先程の『通証』抜抄（B）につづけ三項（万葉集巻三の歌から）を『随筆二』へ写したのも、初めの部分的なものであり、「全篇」には接することができなかった。しかし、翌宝暦七年五月九日には、購入した万葉集へ景山所蔵本の訓点、付註を写し了えることができた。奥書によれば、その本は、樋口宗武が契沖『代匠記』説と契沖門人で自分の師今井似閑の説を記入した宗武本によって景山が校正したものである。筆写の業をおえ宣長さんは、「実契沖伝説之義、不待代匠記而明焉者也、故予深崇信之以余力写之」と書き入れている。

士清がかつて日本紀校合をおえた翌年（寛保二年〔一七四二〕の一一月）に万葉集を校合したのも、同じこの宗武本によってであった。もちろん、日本紀を明らかにするための古言探索であろう。それは、宣長さんの古典考究に期するところと軌を一にするものである。ただ、士清には確固たる垂加神道が根底にあって、博覧の士清に資料を提供する契沖であり、宣長さんの場合には契沖によって開かれた目で、神典以下古典を検証しようとする野心が燃えていた、という差異が認められよう。

その年の九月、宣長さんが留学をおえ、帰郷しようとする直前、景山の逝去があった。先生の遺物として宣長さんの手に渡ったのは、士清の師玉木葦斎《いさい》の著『神代巻藻塩草《もしおぐさ》』五冊だった。塾での宣長さんに対する期待のほどがわかる。その書は士清が三一歳で師の遺著を刊行したものである。

しかし、神儒兼学、天人唯一、土金の伝など、徂徠、景山も無視し、すでに宣長さんが懐疑的な山崎闇斎垂加の神道論に、さらに秘事行法のいわゆる巫祝の面を拡充して流行した葦斎の著。神代紀での秘伝、極秘伝は九一にものぼり、伝授には厳重な誓紙（内外不出、一分之造説異説も許さず）の垂加の説など、多田南嶺の「公道に何ぞ秘事あらん……神代の巻を講ずる輩、深秘とかくし、別席とて説き残すは、知らざる所か。貪る所か。其の余あるべからず」の痛罵をまつまでもなく、もはや宣長さんのとるところではない（宣長さんは宝暦六、七年と『南嶺子』、『南嶺遺稿』を読み抜抄している〔『随筆二』と『同五』〕）。だから、帰郷の後も当分、士清のことは宣長さんの意識の外におかれていたことだろう。

古事記研究の導火線

『通証』に学ぶこと一年半余。煩瑣と思われる紹介をあえてしたのは、宣長さん在京中の士清に関しては、「倭語通音」図手写のほか、従来の研究指摘にふれないからだが、その後の宣長さんからふりかえってみて、宣長さんは何を得たのか、確かめてみたい。

結論からいえば、古事記研究の導火線となったろうことである。その研究が具体的になるのは一〇年後、明和元年になるのだが、その翌年に、在京中の経験を回想している。八月四日付「与谷川淡斎書」の中でいう。冒頭部、「僕嘗在京師側聞先生高名也。竊郷慕者多年矣。」というのは、一〇年余前に京、もちろん景山塾でも士清の名が高かったこと、郷士伊勢の先輩として心に仰ぎ慕うこと多年だったということ。

そして、教えを請う末文近くにくり返している。「僕嘗聞先生深信万葉集。徴乎古言。以証明神典之義焉。想当有所発明也。必非或人為理学所錮之比矣。僕是以私心竊郷慕。」（僕かつて聞けり、先生深く万葉集を信じ、古言に徴してもつて神典の義を証明す、と。想ふに、まさに発明する所有るべく、必ず或人の理学の錮《ふさ》ぐ所となるの比にあらざらん、と。僕ここをもつて私心もて竊《ひそ》かに郷慕せり。）つまり、「（契沖のように）万葉集によって古言を明らかにし、それによって神典の意義を明らかにする」という一般の評価。そして、わたしの期待は、「その卓見のほどは、宋学・垂加説の弊など問題にならぬだろう」と、郷慕したのである。

ところで、『徂徠集』の語（「与平子彬」とあるが、実は景山宛書簡）「理学所」錮」を使って批判している「或人」とは士清のこと。「非を斥《しりぞく》ものは、多くは或人といひて名を顕はさず」（真淵）で、全文の中心は、士清・『通証』（「或人」に準じて「考証」という）の批判で論争を挑むものだったのである。いわく、「奉垂加氏学者……宛然儒者之言、非神道之意」、「陰陽乾坤五行説亦惟空言而已」、「至如土金。則固妄説」、「解古言者則亦皆自理学文字上説来者、而大非吾古言之意也」、等。

この書簡は蘐園風を模した漢文体最終（現存）の書簡で書生時のそれを思わせるが、上に例示の語句も在京時の認識の到達点を思わせないでもない。それでも、「古事記日本書紀」と記し、禍津日神（紀では「枉」）と大直日之光をとりあげ、紀の撰者舎人《とねり》親王を批判するなど、すでに古事記研究の視点のすわった時点の作である。そして、目下努力の焦点は、一昨年暮に入門を許可された真淵の教えのとおり、まず万葉集について古言をたしかめることにある時期だった。この年三月までに真淵への第一回万葉質疑も巻九までを終っている。第二回了は明和五年〔真淵書簡〕。直接教えを求めるとすれば、真淵のほかには、やはり万葉の古言に徴して書紀に向かったといわれる士清以上にふさわしい人はいないはずであった。

ところで、この年正月二六日、宣長さんは一年余ぶりに津へ出かけている。かつて景山塾での学友、今は妻の兄にあたる草深玄周の婚礼（二三日）の慶びのためである。その際、始めて一年になる神代紀講釈のことから士清の話が出たものか。『通証』脱稿につづいて編纂をはじめた『倭訓栞』の著作はかなり進んでいたことも。その書名もすでに宝暦一〇年ごろには世間に知られていたものである（それを宣長さんが書簡中で『和訓釈』というのは「考証」と同じく、例の仮称である）。岳父玄弘は藤堂侯侍医、二〇〇石。当時藩主の知遇を受けていた医師士清のことはよく知っていたはずである。――右は想像であるが、こうした機会があるとすれば、昨年の六月玄弘老が始めて宣長さんの家に来た時か、この時以外には考えられない。書簡の時に近いことと隔意なく話せる玄周の同座とでこの機会を想定したのである。

それはともかく、宣長さんは在京時からの士清への「郷慕」のゆえんを思い知った。つまり、かつての『通証』勉強が、垂加説とそれを通しての神代紀の大体をとらえると共に、神典の本旨を古言にさぐること、対象とする神典にはよりふさわしく旧事紀・古事記のあることを思わしめたこと（ただし旧事紀は偽書として今はとらない）。そして今ふたたび思いあたるのは博覧の士清のこと。垂加説は困ったものだが、『倭訓栞』の著をもつ、その古言についての期待である。だから、この書簡も冒頭からして契沖の古学を継ぐ復古宣言で「通暁古言。則古典之旨亦明矣」と古言究明を志す意を明らかにしているのである。

さて、この書簡文は宣長さんを知る上では貴重な文献である。しかし、はたしてこれが士清のもとに届いたか、どうか。これは大した問題ではないけれど、その後のこともあるので、ふれておこう。わたしは、擬報書説（北岡四良『近世国学者の研究』）に加担したい。その間接的証拠ともいうべきしるしはいくつもある。

郷慕しながら会ったこともなく、「介《シテ》二草深氏《ヲ》一、敢《テ》致《シ》二諸《ヲ》左右《ニ》一」た初信であり、まず古学に志した自己紹介がつづく。ところが間もなく書中、「或人」（士清）が「曰者贈僕書曰。云々。非駁僕之是言。僕乃答之書曰。……」という。これは末尾近くで、「因今具載答或人。書辞于此。将以質於先生。先生以為如何。」というのに対応している。この間の主文で「日本紀考証」、「和訓釈」にかかわる論難は「或人」（＝「足下」）に対するそれで、「先生」

と区別しているところに技巧があり、そこではすでに書信の往反があったとするフィクションを設けている（これだと漢文体書簡では、題も「与谷川淡斎書」でなく、「復――」とか「答――」とあるところ）。

批判に「或人」とする例はあるにしても、こういう手のこんだ論難の書簡体があるのか、寡聞で知らないが、技巧だけが目について不自然である。これは書生の作文であり、論争のそれである。範を蘐園の辞にとり、自己の到達を高くし、語気鋭く相手を論破罵倒しようとする。

蘐園の辞といえば、書中にくり返す「瞭然如指諸掌」や「理学所錮」「人心不同如其面」は徂徠の常用句、しかも下の二つはかつて景山に対する徂徠の語、宣長さんはそれを士清へ投げ返す。ノートしてあった春台の書簡用語もある、「塵事――」「豈不哀哉」「濆電覧」など。自己誇示では、「歴観古今歌。察其得失。則研蚩瞭然。」「頗得詠歌大体」とか、「通暁古言。則古典之旨亦明矣」、「神典諸註家謬誤亦瞭然。」の如き。相手の論破罵倒に関しては先に紹介した。いずれも、「郷慕」する五七歳の先学に対する態度ではない。この時宣長さんが意識していたと思われる、三九歳の景山が徂徠へ呈した初簡の、敬を失わず「激論」とする比ではない。

わたしは次の語を思い出す。「以才気自高、不従共進之故轍、而別立意見、以求勝之」。春台の「対客論文」中の一句だが、あと、「然至高不可踰也。至善不可尚也。於是不得不変而下。」とつづき、李・王以後明末の詩文家についてその衰えたゆえんをのべている。「あと、……」の部分は結果として宣長さんにはあたらなかったが、上の「以才気……」はそのままあてはまる。わたしがこれを想起したわけは、在京後期の宣長さんが『漫識』に「太宰純尺牘」とする一四三語日中の一つにノートしているからである。しかも、その前の記が「○軽薄少年進鋭退速」、後が「○軽俊之士」とある。こうした自戒の語を忘れ、かつての景山塾での軽薄軽俊の仲間に誇示する書簡文ができた。動機は、古事記研究の出発点にあたり、自己の座標を明確にすること。想定する読者は士清ではなく、さしずめ、「介草深氏」とあり、士清にも近い同輩の玄周あたりであろうか。「文の事最前被作しをいろ〱御見せ一覧候」（真淵書簡・この年の三月）といっている真淵へも、四年前に作った『阿毎菟知弁《あめつちべん》』を送っているから、士清『通証』の批判として送ったであろう。真淵『学びのあげつろひ』で、「後世歌後世意又儒意をはなれずしてことせばし」と士清批判をのべ、「松坂に本居舜庵とてわかき才子有て今はわが弟子と成ぬ。かの丹斎《（ママ）》方の事を理屈学者流にてうるさしといひおこせし事あり」といっているのは、その時のことか。

なお、宣長さんが『古事記伝』執筆にかかった明和四年には、士清について、真淵書簡は、『通証』に即し、神代上下を「垂加が門人のよしにて元来宋学の余流を以て論ぜる也」とし、神武紀以下について、「事実文字の出所地名等をよく考しものと見えて用有ること多く」とその博攬を認めながらも、語釈・引歌の誤りを例示して宣長さんに研究の心づかいを教えている。そしてみずからは、士清のことを「元来本意の違あればむつかしくてのがれをりぬ」といっている。

さて、真淵はその二年後、明和六年一〇月末、七三歳で没した。宣長さんは同門楫取魚彦《かとりなひこ》の報で一二月四日に知る。「不レ堪二哀惜一」と記すが、忌憚のない指導を受けることのできる貴重な師を失なったのである。

書信往来

その翌明和七年から宣長さんは士清に近づく。書簡文の明和二年から五年を経ている。それまで両者交会を示唆するものは書簡資料もその他にもない。機会はつくればいくらもあったはず。津には岳父の藩医草深玄弘、妻の兄でかつての学友玄周を通じてでもよく、また、従弟（源四郎叔父の末男）が養子に行き、その縁で自分たちの仲人ともなった魚問屋の富商岡藤左衛門がいて、物産・好古《こうこ》の趣味で格別に士清と親しい人であった。

士清との初会で七年のいつであったかは確認できない。しかし、書信の往来は翌年からかなり頻繁になる（現存するのは、宣長さんより、例の書簡文は別に八通、士清より一三通。ただし、内、往返接続するものは二回にすぎず、遺失の多いことが明白である)。中に、先の書簡文にもあった、『倭訓栞』の和訓という語への疑義について(明和八年)、陰陽乾坤の事、漢籍、から心の事について(翌安永元年)など、宣長さんの発信(意見)に対して士清が応答しているのは、先の書簡文擬報説の傍証にもなろう。ともあれ、交信の中心は、古語についての質疑応答、古書の貸借、著述や原稿の交換などで、その交わりは七年間、士清没(六八歳)の安永五年までつづく。それは、師弟とか同輩の関係でなく、たとえれば兄と若い弟のそれに比せられよう。士清は博識、実直、温容で接し、宣長さんは才気才識をもって期待されたのである。もっとも、この若い弟もすでに四七歳、門人も多く、一〇部をこえる著述成り、刊行も三著(『草庵集玉箒《たまははき》』『てにをは紐鏡《ひもかがみ》』『字音仮字用格《じおんかなづかい》』)をもつ、颯爽たる古学者である。しかし、主著『古事記伝』はようやく第一三巻の浄書、神代紀該当の古事記上巻をおわるまであと四巻、に達したところであった。かつて二〇年の昔、『通証』の神代紀上下を抜抄していたことを思い返せば、この研究がいかに綿密、苦渋の多い行路であったかがわかる。それだけに士清の励まし、示唆の大きかったことも想像できるというものであろう。

(六八) 屈塾での生活

さて、またはじめにもどり、『在京日記』を主な資料として、景山塾(屈塾)での学習と交友の側面から宣長さんの成長を点検してみよう。

屈塾の学友

宝暦二年三月から同七年一〇月まで、足かけ六年、正味五年半余、青春二三歳から二八歳までの在京、その間帰郷は二度だけである。最晩年の景山の膝下《しっか》で過ごした。後半の三年間は寄宿先を医の武川家へ移したが、屈塾を離れたわけでなく、その延長といえるものであった。

当時屈塾に塾生はどれほどいたものか。もちろん名門・知名の景山であるから、当初からの門人は数えきれぬ多数にのぼるのだろうが、常時出入する者は一〇名余だったと想像される。参集の多い次の会、景山と蘭沢を別に、三年九月、芸州行き景山の壮行会へ参会二〇名、四年一二月七日、佐野屋参会一一名から推したものである。うち、寄宿生は宣長さをん含めて一、二名、他は通いだったのではないか。宣長さんの景山・蘭沢への親炙《しんしゃ》のほども察知できる。

ふつう、詩会や行楽、会読の参加者は数名である。それらを通じて宣長さんが顔を合わせた学友は全期の記載で三〇名をこえるが、個々についての頻度は確認できない。日記の精（後期）粗（初期）、省略による不確実さはいうまでもないが、継続的でそのつどの記載を省く会読の場合が最も多いはずだからである。そうした不備にかかわらず、大まかにいって、五年半の長期にわたる滞在全期を通じ、断然多いのは別格の蘭沢だが、それにつづくのは山田孟明（周蔵）、ついで横関斎（嗣忠）、藤重藤伯（知定）らである。宝暦三、四年の短期だが、同宿の草深丹立（玄周・敬所）も多い。宝暦四年からは、新しいメンバーが顔をそろえる。岩崎栄良（令）、岡本幸俊、田中允斎、清水吉太郎、高村好節、秋岡貞蔵、上柳藤五郎、片岡吾一郎、塩野元立らである。以上のうち若干名について紹介しておこう。

堀蘭沢　景山の次男で嗣子。名は正亮、禎治、貞次、正大夫。宣長さんより八歳の年長。父の代講（『左伝』）をつとめることもあった。宝暦六年から父の芸州藩儒官をつぐ。寛政元年没、六八歳。塾の宣長さんにとっては、先生かつ先輩かつ学友であり、行楽、外出にも宣長さんを誘い同行することが多かった。乗馬を好んだり、知恩院の御忌まいりの帰途に「例の青楼へ」と誘ったり、帰郷した草深丹立へ送り献詩を作ったり……という人がら。宝暦一三年には参宮の往復で宣長さん宅に立寄り、一宿している。

山田孟明　交友として最も長く、最も親しかった人。塾では先輩で、後年、宣長さんは「……おく深きふみの道芝うちはらひさきにたちてしるべせし露のめぐみはいまさらにかけてもいはず……」と歌っている。和歌を景山も詠んだが、孟明は斎、藤伯と共に有賀《あるが》長川《ちょうせん》門で習っていて、森河章尹門で中絶していた宣長さんの有賀入門もその誘いによる。かれの宅での、景山のたしなんだ平曲の会や門人の練習ぶりを詠む狂詩も記事に見える。年少の清水吉太郎をまじえた三人のしばしばの行楽は明るい雅交であった。宣長さんの帰郷後も、参宮の往復に宿泊するなど、交わりはつづいた。先掲の長歌は来信の返歌として懐旧の感概を歌ったものだが、ちょうどその時堀氏からの報でその死去を知った（明和六年五月）。かれの三三回忌の年、折から在京中の宣長さんは、知恩院宮に仕えるその遺児樫田法印へ歌を贈っている（その四か月後、宣長さん没）。

藤重藤伯　阿波藩医藤俊の子。藤俊は宣長さんの入塾について労をとった人だが、翌宝暦三年没（五八歳）。藤伯はあとを嗣いだが、宣長さんの武川入門の紹介をしたのもかれである。歌の交わりあり、宣長さんは、藤俊死去の追悼、一、三回忌の追善に歌を寄せている。行楽を共にすることも多かった。

草深丹立　津藩医の子。五歳年少だが、後にその妹が宣長さんの妻になる。宝暦三年二日より翌年九月まで（間で一度帰国）の同宿で、宣長さんの外出には同行することが多かった。その離京に際しては二度とも宣長さんは詩文と歌を贈っている。丹立が出たあと田中允斎が寄宿、翌一〇月宣長さんは武川家に寄宿を移る。丹立、允斎へ寄せる宣長さんの親しみは同宿の後輩に対する情でもあったろう。

宣長さんの入塾以来、会読は、史記、晋書、世説、左伝、蒙求、歴史綱鑑、揚子法言と続けられ、寄宿する宣長さんは先輩にまじって拝聴、独習することが多かったが、寄宿を移ってからは新しいメンバーによる学習の場つくりに移ったのだろう、宝暦四年一一月の本草綱目、歴史綱鑑（再開）からは、会読の参加者名が日記に記されるようになる。次に代表的な数名をあげるが、［　］内は参加の会読名である。

岩崎栄令［荘子］　肥前大村藩よりの医学留学。日記初出は宝暦三年九月景山送別の会からである。離京は六年二月であるが、それまでの交わりは後述する。

田中允斎［本草綱目、荘子、荀子、列子］　大坂から上京、丹立のあと寄宿。詩をよくし手跡も見事だった。七年に帰郷、六月末没、齢二〇あまり。宣長さんは哀傷の詩と歌を送っている。

清水吉太郎［綱鑑、荘子、荀子、列子、文選］　宝暦四年一三歳で入門だから一二歳年少。宣長さんのいう「世にたぐひなき英才」で、詩文に長じ、塾では神童として「清童子」と称した。宣長さんと行を共にすることが多かった。後出。

上柳藤五郎敬基［荀子、列子、文選］　七歳年少。朱子学者四明の子。後出。

屈塾での学習・生活

ほか、会読の仲間には、行楽同行の友秋岡貞蔵［綱鑑］や高村好節［綱鑑、本草綱目］、新しい（宝暦五年七月）武川入門の塩野元立［本草綱目、荘子、荀子］らがいた。

医の堀元厚では講釈のみ。後の武川では会読のみ［本草綱目、嬰童《えいどう》百問、千金方］。屈塾での学習形態は、導入時の素読、随時の作詩作文のほか、恒常的には講釈、会読の二種があったが、講釈は初めの蘭沢による［左伝］と中期の景山による［易学啓蒙］だけで、他は、有志数名、それに先生が加わることもある会読が中心であった。宣長さん参加のものが一六を数える。最も長期のものは二年一〇か月に及ぶ最初からの［史記］。最も印象の強かったと思われるものは、後期の［荘子］五か月余ではなかった。

一つの会読にはふつう毎旬の二日ずつが充てられるのだから、二つ、三つも重ねてとれば、それだけでたいへんな負担でかなりハードな毎日だったと想像される。

後年、鈴屋での指導を経て『玉勝間八』で宣長さんはこういっている。――講釈は、師説を聞くばかりで自分で考えることをしないので、「今やうの儒者などはよろしからぬわざとして」会読をするようだ。しかし、会読で自分の考えをもいい、わからぬ点を質問、反問もして、論定していくのは、初めはいいが、度かさなると、進度を気にして、疑問の点もなおざりに過すので、「ひとりゐてよむにもかはることなし」。それに、わからぬことの多い初学者は、いちいちの質問に遠慮してわからぬままに過すので、講釈がよい。しかし、師説を鵜のみにせぬために、「下見」（予習）と「かへり見」（復習）が必要である。また、一言ももらさじとノートする講釈の聞書には、聞きもらし、聞きまちがいもある、と。

　講釈と会読の問題は、双方に長短のあること現代でも同じことであるが、会読は、〔栄華〕、〔狭衣〕、〔万葉（第二回目）〕のみで、講釈中心派であった宣長さんの言には、屈塾での会読の反省もまじっているか。「ひとりよむにもかはることなし」や「下見」「かへり見」の言は、会読の都度すぐにノートしていった詳細なテキストの「摘腴《てきゆ》」「雑鈔」の群（全集第一八巻所収）によくあらわれている。同時に、そこへ収載の独習による雑録は、『随筆二・五』に抜抄された本格的な独習ノートと共に、宣長さんの思想、学問の形成が、基本的に自学自習の上に獲得されていったことを示している。

　しかし、それは「自由」の屈塾における学習が土台になったということを否定できない。景山なくして宣長さんの視野も、契沖、徂徠、さらに士清さんとの出会いも考えられないうえに、日々を共にする、屈塾の学友、会読の友人を欠くなら、思想、感性の練磨成長も不十分に終ったろう。

　欠落も多く、不完全な『在京日記』ではあるが、動静の事項だけを拾っておいた年表を参照されたい。くわしく原文のおもしろさに接するのがいちばんだが、原文の趣致を写した口語訳に補説をまじえた『宣長の青春』（出丸恒雄、光出版）も好著である。

　長い歴史を積んできた都だけに、そこでは、神社仏閣の祭礼・縁日・開帳、四季の、桜・納涼・紅葉・観月など物見、行楽に事かかない、宣長さんはそれらの一々にひかれ、くりかえし楽しんであきない。乗馬、芝居見を好み、能、三味線会、平曲にも心をよせる。所がら、宮廷の行事にふれる機もあり、御所の修法拝観や聖護院の宮の大峯山入り行列拝観など、「やむごとなく」「おそろしきまで」「たうとし」としている。が、総じて見れば、市民の喜怒哀歓に同調、にぎやかさ、うるはしさ、うつくしさを追っている。行楽に酒、遊興の伴なうことも多く、茶屋遊びもおぼえ、やさしく、なまめかしい女性に目がとまるのも当然であった。

こうした体験で、やはり特筆すべきことは、以上のほとんどすべてが、雅人、通儒で「欲ノナキハ木石ノ類也」(『不尽言』)とする景山をいただく屈塾の学友と同行、共有されたもので、塾での学習と同じく友人なくしては成り立たぬものであったこと。もっとも、「境界につれて風塵にまよひ、このころは、書籍なんとは手にたにとらぬかちなり」(宝暦六年末)と記す時もあり、翌七年に至ると、帰郷を予期してか会読も文選(四月以降)一つのみになり、日記削除に当然想像される娼家青楼行きも毎月の計で一六件(全一九件中)にものぼる。だが、他の学友と異なる点で、宣長さんには情緒的興感を収束するに独自の重り——自ら選んだ歌と物学びへの強い情熱があったことである。だから、こうした体験も、情緒的パニック、放埒放蕩へ走らせなかったし、主体的な人間性の充実感を実感させる生活として、理知と権威ではえられぬ人間的価値の発見として、その思想・学問の裏付けとなりえたのである。

屈塾での思想形成

このような屈塾の生活、学友の間で宣長さんはどのような思想を形成していったのか。遺された書簡(草稿)、いずれも学友宛で宝暦五年以降の一〇通を中心資料にして点検しよう。はじめに、全集第一七巻所収のそれらを推定順序にならべあげておく。すべて蘐園風を模した漢文体であるが、長短を知るため字の概数と内容の特徴識別に文中の短語句を下へ付記した。

① 五年?冬　岩崎栄令宛　一五〇字（耆婆経、許借、西城神医、活世、少来甚好仏）
② 五年一一月?　栄令宛（返）九九〇字（夢、叔女、小松内府、敦盛、老臣盛国）
③ 六年正月　栄令宛（返）一、六〇〇字（心三変、西廓之娯、東方之楽、真楽至楽）
④ 六年?夏　清水吉太郎?宛（返）三四〇字（神童、災吏、十楽、不楽之楽）
⑤ ④に同じ（再返）一八〇字（十楽、志学之年、不楽之楽、真楽、無上不可思議妙々之楽）
⑥ 六年一〇月以降?　清水吉太郎宛（返）一、〇三〇字（私有自楽、和歌、古今集、千載之規矩準縄、情語、和歌之楽）
⑦ ⑥に同じ（再返）一、三五〇字（和歌情語、自然之神道、大日霊貴之寵霊、六経論語、和歌言志大道、理之妙不可測者）
⑧ 七年三月　上柳敬基宛　二五〇字（西山法輪虚空蔵大士像、浴沂之歓、文選会業）
⑨ ⑧に同じ（返）三〇〇字（不啻仏氏之言而好信楽、天地万物賞楽之具、風雅、道学先生経儒先生、文選会読六日開講）
⑩ 七年?　某宛（返）〔⑥・⑦により編〕六五〇字（人心不同如其面、〔浴沂詠帰、和歌之楽〕、〔大日霊貴之寵霊、自然之神道〕、足下亦非化外人）

さて、荻生徂徠は「世儒が道徳仁義、天理人欲を口にするのを聞くと、吐き気がするので、琴を弾じ笙を吹いてけがれを洗う」と景山宛書簡（『徂徠集』）でいっているが、景山の方は平家琵琶を好んだ。遺品の中に、朱で譜を記した謡本の自筆「平家」九冊があったという。

宣長さんは、日記六年正月九日夜の項にしるす。平家の会があって、昨春から習いはじめた孟明・斎の二人は上達したが、おもしろくても自分は声がわるいのでむつかしい、といい、孟明の狂詩「……聞くならく、高弟春庵なる者、夜更けん定まって空茵に吟ずと。三重本《もと》これ御家の事、精を出して稽古し、すべからく晨に達《いた》るべし。」というひやかしに対して、「……紅葉一句早く習ひ度く、林間酒を煴むるの晨を語らんと欲す。」（紅葉は平家物語巻六）と和韻している。正月早々から晨の韻の戯詩が塾にはやっていたのだ。

平家物語に材をとった叙事作文の競作も去冬塾で行われていた。太宰春台の「紀平敦盛事」（『紫芝園稿《ししえんこう》』）にならった同題の作品（一一月）や「紀平重盛切公浄海事」（同月下旬）が宣長さんにある。同じ題で塾生が作ったことが書簡②でわかる。

会読のテキストもそうだが、詩文の制作も流行の蘐園の風にそって行われていた。語詞も徂徠の「詩文之仕習様は、只詞を似せ候が能候《よく》」（『答問書』）に従う。宣長さんのノート『摘腴』もその資料集だが、同じく『漫識』に李・王、徂徠、春台、南郭の語例が拾い集められているのもそのためである。書簡文もその一部で、徂徠、春台の「尺牘《せきとく》」用語集がはいっている。それを模するのである。だから、書簡①でも、学友へ医書借用の申しこみに末尾「草々」とでもしるせばすむところ、「属田氏禿兎、不及覼縷、塵走特稠、不尽」の古文辞になる。「田氏（硯）禿兎《とくと》（筆）に属《しょく》するも、覼縷《らんる》（次序）するに及ばず。塵走（俗用）時に稠《おほ》し。不尽。」と訓む。この調子である。

日記正月一三日に、

此比やつがれが方より尺牘をよせ侍りければ、此人いと文章をこのめる人にて、いたうめでて返翰せられける。やつがれとりあへず又返事したりける。此の往来の書翰いと興あることなりし。まめまめしきことはさらにもいはず、いとあされたること、なめげなること迄、かたみにいひかはし、いとおもしろかりし。

とあるが、②・③の栄令宛書簡草稿はそれに当たろう。訓読のうえ摘要、次のとおり。

〔**書簡②**〕（書中の寒風・冬至の語で一一月の作文と推定。平家競作の時期とも合う。）

君の夢に異人が来て責めたというのを解こうとするうちに暁に至り、うたたねして僕も夢を見た。妍麗なる一叔女が来ていう。妾は内府重盛公の娘。屈門の諸子が内府の文辞を作るを慰労せんと遣された。ことに敦盛のことを紀して妙を得た岩崎氏に謝せんと託された敦盛からの書は、諸子を巡らす盛国に持たせた。

建礼皇太后に侍していまだ婦道を知らぬ妾が、良耦を求めよとの内府の意を得て、屈門中君をえらんで来たのは、某子は固く、某子は近づきがたく、清水子はまだこども、岩崎子は商家の戸内を通らねばならぬから。君、これを憐察せよ、と。

僕はその手をとり、引いて臥内に入った。言うべからざることは言わずして知るべきのみ。

久しくして戸外に白髪白衣の老盛国。諸子への伝令を了え、疲れ、帰路をうながしに来た。

叔女と僕は、泣きの涙で別れた。相誓ったことばは、「浮萍の浪を追ひてかえるを知らざるをなすなかれ」。心もうろう、カラスの声でさめたのであるが、君の夢みた異人のことも解けた。かれは、老耄困倦のはての盛国で、君命も忘れ、敦盛の書も失い、ただ勇を奮って君を責め罵ったものにちがいない。以上ロマンチックな戯文のこの書は、当時読んでいたと推定される『遊仙窟』（『随筆二』と「雑抄」にメモあり）などにヒントをえたものか。戯文も次にあげる書簡③は、『洒落本大成』第四巻（昭和五三年）に「西廓東涯優劣論」として収められた一文である。

〔**書簡③**〕（書中の新年の語で正月の作文と推定。）訓読摘要は前簡と同じ。

君は僕を一日三変特操なし、とする。初め道学者は僕の素心、中ごろ荘子に依り、終りに鄭声《てい》に流れる、とは自ら認める。その責める君はどうだ。初めは、道学を悪視して物子（徂徠）の軽卒《ママ》の学に泥《なず》んで物先生とへつらい、中ごろは、老荘虚無に帰し、終りは、島原の婬靡を至楽とし、千金を散じて居つづける。君に特操なんかない。また、その至楽というのも楽とは思えない。なぜなら、――

君は、西廓を狐にバカされたかのように一大遊楽の地と迷眩し、君をいとう麗妓のしぐさをも美とする、その鼻毛は幾千丈ぞ。すでに西廓の娯しみは味わいつくして僕にはあきたらない。東方の遊楽は、それと比較にならない。まして老荘、道学との比においてをや。

東方の楽をいえば、――

東西南北佳景、中央が祇園の林。春夏秋冬の名勝をひかえる。青楼は軒を争い、暖簾はひるがえり、娘たちは知客を待つ。四条橋に近づけば、三区の劇場、朝鼓ひびき、黄昏《たそがれ》に芝居はねれば還る士女でいっぱい。暮れると、祇園、川端、宮川町より、石垣、新地に至るまで、諸楼繁昌、妓君来往、客の好みに従い、送迎する。少年分に応じて、その中で従容佚楽すれば、これを至楽といってよかろう。

しかし、君の教えどおり、僕は容貌を改めようと思う。帯を細く、裳を短く、面歯あらわず、頭髪を剃ろう（これだけは人手を要するので明朝）。そして、登楼した。

なじみの妓君は、悦ぶどころか、泣いて、どうしたの？という。人の誡めによるのだ、というと、妓君怒り、わが良君を誤る、何という狂生ぞ、という。僕はなだめて、かの誡めはもっともだ、中でも髪臭がなまぐさ（すっぽん汁）のにおいをプンプンさせるとは、そうではないか、と。妓君いわく、かの狂生は、自分の坊主の臭に染習し、玉髪の芬香の美を知らぬのだ。食いたいけれど果たせぬなまぐさの臭が、心頭についてはなれぬからの、いやしいたとえ。君の玉髪いよいよ黒く美に、帯いよいよ広く善くあって下さいね、長い裳は掃除に不便だけど、と。

僕はこれを聞くや鼻毛三千五百丈、頭髪の麗しきを欲し、細帯短裳をにくみ、ただ色をこれ取るつもりだ。思うに、人生少年の至楽は、婦女の悦ぶ所となり、交情を尽くし、偕老の契りを結ぶにしくはない，君深く察せよ。

以上

島原（西廓）と祇園（東方）の二大遊里を比較したこの書簡は、まことに戯文である。後年破棄しようとした大平の「ことに少年のすさびと見えて、……ここに入るべくもあらねど、これはたや（破）りすてんもさすがにて、うつさせおくなり」というコメントがつけられている。まれにとりあげる人があっても、宣長さん在京時の遊蕩快楽ぶりを示すもの、とだけ受けとられたのである。しかし、それは誤りであり、これは貴重な一文だと思う。

まず、道学→荘子→鄭風の変化。前年九月からはじまり、この年二月におわる、両人のほか三名での会読の、荘子心酔ぶりが「至楽」を問題の焦点とさせている。文中、「至楽」三回、「楽」六回使用。「楽」とは何なのか。そして、さらに重要なこと。それは西廓と東方の意味するものである。西廓は、唐衣（細帯短裳）と坊主頭の唐天竺西の国、神道者のいう「西土」「西蕃」、書簡①にいう「西域」ではないか。東方は、神道者のいう「東方」「東邦」で『通証』にもある。『徂徠集』にも「吾東方」「東方之道」「東方ノ文章」と出る。日本を意味する。情趣深き東方の楽が西廓のそれと比較すべくもないことから、さらに「いわんや老荘をや。道学をや。」という。

こうして、儒仏老荘をすて、自ら「鄭声に流る」と認めている。この鄭声は、原義のみだらな音楽ととるべきでなく、「不佞（僕）の好む淫靡浮華の辞」と称する「情語たる和歌」（書簡⑥・⑦）と解すべきであろう。とすれば、この書簡②は後の思想を先取りするものといってよい。

なお、書中終りに近い「ただ色をこれ取る」は、契沖の「大底異国は飲食にふけりて、此国は色をこのめり。……およそ此国には、なさけと云事をたふとめり。」（『代匠記』初稿本）をふまえているのだろう。この語は当時の宣長さんのメモ『通証』摘録のすぐあとに見える（『随筆二』）。和歌の「情語」とかかわるものだろう。

ここでもう一つ加えられるべき重要な資料がある。その三月の「送藤文輿還肥序」と題する一文。藤文輿とは岩崎栄令のこと。二月末に肥前大村藩へ還っていくかれを送別する文章だが、宣長さんの唯一の医学論でもあり貴重なものである。

〔**書簡④と⑤**〕

全集では両者関連とするが、手堅く、時不明、宛先清水吉太郎かとする。その辺はどうなっているのか。④に「足下の十楽……」とあり、⑤で「向《さき》の示さる所の十楽……」とあるので、この順とわかる。そして、④に「足下神童……」とあり、⑤に「足下志学の年に方《あた》り……」とあるので、宛先は清水吉太郎、時は宝暦六年（この年吉太郎一五歳）、それも④の「暑邪の憂」「炎吏酷」の語で夏とわかるが、六月下旬か。

前簡③に見た楽・真楽の問題は、屈塾宣長さんの周辺で議論の題となったことであろう。ところで、宣長さんは日記（六月一八日）で、ことしの祇園会神輿洗いに出たねり物行列で祇園町からの「楽《らく》つくし」を「天が下にたくひなき美観」の中でも「ひときはすくれてうるはしく……いとたくひなきもの也」と激賞している。以下空想であるが、――あと、この「楽つくし」の「楽」とは何だろうと論も出ただろう。固くまじめな秀才清水童子は、楽を至上目標とする仏教の極楽浄土の十楽からヒントをえて、それを論じたのではないか。それに対する返書が④でいわく――

楽の楽しむべき（いわゆる楽）は真楽ではない。「有朋自遠方来、不亦楽乎」とある、この楽の不楽（楽の楽しまざる）、不楽の楽（楽しまざるの楽）をご存じか。前者は後者を知るから、後者は前者を知ってからわかるのだ。神童の君に念のためひと言、不楽の楽とは、「学而時習之、不亦説乎。有朋自遠方来、不亦楽乎」（論語冒頭。学んで時にこれを習ふ、また説《よろこば》しからずや。明有り遠方より来たる、また楽しからずや）の「説」「楽」で、学習の楽はここに尽きるのである。楽というものは弦歌優游のことではない。僕は

い。

不楽の楽を楽しむ。

と述べ、自分は書中天満宮の縁日にちなんで二五回の楽の字を使ったが、君の楽の字の一八回は、観音の縁日一八日から来たのか、それなら俗信だ、とつけ加えている。ふざけでなく、仏説によることへの批判かもしれない。

書簡⑤は、④への吉太郎の反論への返信である。――

不楽の楽は君の十楽中の一楽で君はもとより有しておられる由。志学の年に聖門の深旨に通ずるとは孔子にも勝ること遠しだ。後世（生）恐るべしとはこのことだ。いわゆる不楽の楽というのは儒者流の至楽にすぎぬ。君の才をためすのだが、そのかわりに真楽の語をもってして知ってくれるなら、ともに楽を論ぜられるのだが。僕にはまた無上不可思議妙々の楽があるのだ。不楽の楽の比ではない。その楽たるや何とも言いようがない。しかし君がたってのお望みなら、その万一をあげてその楽の無窮かつ無極なのを示したいが、いかが。ご返信をまつ。

以上

だいたい、儒学、朱子学、ことに闇斎学派では「楽」は禁句であった。「学者ノ楽ハ禁句ノヤフナモノデ論語ニ孔・顔ノ楽ガ有ル迄ゾ。因テ学者ガ楽ノコト云レヌニナツテヲルゾ。故ニ朱子ノ註ナク、周子モ楽ノコトヲソノワケハ云ハナンダ。……イヤソノ楽ノコトデハナヒ、俗楽ノコトジヤト云ナラバ、傾城グルイスルモ同ジコトゾ。……」（佐藤直方『韞《うん》蔵録拾遺』巻三）。これは貝原益軒の『楽訓』批判の言であるが、時世といい、自由の屈塾といい、こうして「楽」の議論になっているのだが、宣長さんのいう「無上不可思議妙々の楽」が何かはいずれ明らかになるとして、その「楽」を荘子から得たものであることは、下の「無窮」「無極」という語にも想像できる。「至楽」を説く荘子に多い語である（例、「入無窮之門、以遊無極之野」在宥篇）。吉太郎もその一人である荘子の会読はすでに二月に終っていて、宣長さんは詳細な摘腴「南華抄」を作っている。もちろん上の語もそこに拾われ、メモされている。

なお、ここは直接関係ないが、このメモと同じ箇所に「鴻蒙」「涬溟」「自然気」の語のメモがある。これら日本紀冒頭にかかわる語は日本紀と荘子の関係を暗示するが、宣長さんのつづく主張「自然の神道」ともかかわりあろう。

〔書簡⑥〕

宣長さん在京時の書簡でとくに有名なのは、「私有自楽」と「自然の神道」とで知られる、清水吉太郎宛一連の草稿⑥と⑦である。全集は宝暦六、七年のものとするが、まずその書かれた時期を吟味しておこう。

⑥の終りの部分に和歌の楽しみをのべた所がある。全体の約七分の一で、そのほとんどが列子七七字と荘子四七字の引用で埋められている。荘子の強い影響はすでに見てきたところだが、吉太郎をふくむ四名での列子の会読は一〇月七日から一一月一二日までで、その翌日には摘腴メモも完了している。この引用で⑥は一一月ごろのものと推定される。

この⑥は、僕の和歌を好むを非とする吉太郎の書に対し、儒を好むのを非として和歌の楽しみを主張したもので、四か月前の⑤の「楽」の延長上にある。以下、概略をのべる。

儒の聖人の道は安天下の道。私有し自楽するものではない。まして治むべき国、安んずべき民のない吾人に何になろう。孔子すら道を天下に行うことはできなかった。道をもって自任する思孟（子思、孟子）の徒、程朱（程子、朱子）諸公から仁斎、徂徠に至るまで、すこしも天下に益する所はなく、俗を惑わし、和をみだしただけ。孔子すらできないことを望んでも屠《と》竜の技。瑣《さ》々たる己が身を修めるに道を求めるのは牛刀。安天下の道を自楽するとは君師のことで士民の楽ではない。儒者が自楽というは、とんでもないまちがいで、むしろ憂のはず。儒を好むのもせいぜい塾を開いて、名を世に求めるにすぎない。

僕不佞（自分）は、幼より学を好み、ほぼ六経の大義に通じ、天下や国を治める道をすばらしいものと思う。だが、われら小人に何ができよう。孔子でさえ、楽しみは先生の道でなく曽点のいう「浴沂《き》詠帰」にあった。

〔「浴沂詠帰」の話は論語中で最長、また有名な一つ。孔子に侍していた、政治家タイプの子路、理財家の冉《ぜん》有、礼楽に長じた公西華、と曽点（皙《せき》）とが、諸子を用いる君があったら、どう力を発揮するか、と問われて三者それぞれ抱負をのべたが、点は遠慮がちに、暮春、身を軽く、青年五、六人、少年六、七人と沂水の温泉に浴し、舞雩《う》の台に逍遙し、歌を謡いつつ帰る、これが望みです、と答えた。孔子は深く嘆じ、吾は点にくみせん、と賛意を表した、とある。蘐園詩文に常用の句。〕

僕はこれを考え和歌を好むに至った。また、この好みは性、癖だが、考えている所もあるのだ。和歌は性情の道、時世につれ変移するのは当然。文質彬《ひん》々（文華と質朴の調和）たるは古今集のみで、千載の規矩準縄《じょう》（手本）だが、それにのっとり作るも変移あり、今は淫靡強作の時代、情語といって誤りあるまい。詩も同じく情語で、古今《こん》を見るべきだ。

足下（君）が僕の和歌愛好を非難するのはその楽しみを知らないからだ。その楽しみを言おう〔と、以下それを列子と荘子の語句でつづり、「また楽しからずや。」とする。その語句を左へ列挙するが、だいたいの意を推測されたい〕。

列子――「和而大同於物」「横六合而無逆物」「猶藩牆之物也、莫不任心致焉」「当春忽致涼風、草木成実、及秋徐回温風、草木発栄、当夏霜雪降下、川池暴沍、及冬陽光熾烈、堅氷立散」

荘子――「静而与陰同徳、動而与陽同波」「宇宙万物」「又乗夫莽眇之鳥、逍遙乎遊壙埌之野、彷徨乎入無何有之宮、澹然独与神明居」〔こうした芸術の霊妙さ、宇宙との一体化は〕また楽しからずや。足下は教えに

しばられ〔荘子〕、名にほこり心身を苦しめ、何の益があろうか、はなはだしい迷いだ〔列子〕。早くさめられよ。　以上

この書簡⑥は、淫靡といわれようとも私有自楽、和歌の楽しみをとる、との言明であるが、冒頭の「私有云々」はおそらく、『徂徠集』の「それ聖人の道は古への帝王の天下を治むるの道なり。あに儒者の私有ならんや」などを逆用し、では「私有」すべきは?との発想だろう。が、すでに徂徠は、景山宛の書で「此方（日本）の儒、国家の政にあづからず、終身官を遷らず、贅旒《ぜいりゅう》（かざりもの）のごとく然り」という。さらに、門下の詩文代表者服部南郭にいたっては、「わが徒の学をなす、もとよりすでに世に贅疣《ぜいゆう》（こぶ・いぼ）なり」とし、「泊（さっぱり）として隠《いん》を菰蘆《ころ》中に寓して、もって自楽す」という（『蘆隠稿』）。その「贅疣」の語は、荘子の「生をもって附贅懸疣となす」から、「自楽」の語は、「琴を鼓すればもって自娯するに足り、夫子に学ぶところの道はもって自楽するに足れり。回（顔回）仕《し》を願はず」からとったものにちがいない。ちなみに、宣長さんがテキストに使ったのも、南郭が校訂刊行した『郭注荘子』であり、これらの語はチェックしメモしている。

書中につづく和歌についての所見で、和歌が「性情の道」で「時世により変移」する「情語」であるとするのも、徂徠説の詩を和歌に置きかえたもので、当時宣長さんが『徂徠集』『弁道』『弁名』等に見える詩説を『随筆二』に摘抄考究していたことをあらわすのだろう。

「道」は聖人作為の安天下の道だとして徂徠が批判してきた。天地自然の老荘列子の道が、逆に「道」ばなれの詩文の自立を促し、文人趣味に定着してきた「私」の時代だった。その風潮を宣長さんは私有自楽の和歌に適用したのである。ただし、この段階、論は「楽」の肯定に終始する。使用された「自楽」の語五回、他に「楽」の字五回。つづく書簡⑦への思索は発展する。

〔書簡⑦〕

「自然の神道」の登場となるが、前簡⑥への清水吉太郎の批判に対する返書だから、ベースは⑥と同じである。徂徠蘐園ばりの文章、「楽」の語も「(和歌の)真楽」二回、他二回で、⑥のくりかへし。

全文を見よう(訓読、あらすじ)。——

足下が非摘するのは、不佞の和歌を好むことでなく、婬靡浮華の辞を好む所にある、というが、不佞の言を深察せぬからのこと。和歌は情語だから、浮華の人情にしたがい浮華の辞となったのだ。

また、不佞が論争を好むというが、儒を好む足下のまどいを解かんとするのである。

また、足下は、聖人の道を好み楽しむでなく、悦ぶのだ、というが、そんなことは聞いたこともない。聖人の道を悦んで、しかも世に行うことができねば「巻きてこれを懐《ふところ》にする」(徂徠用語。本書簡中五回使用)というのでは、何になろう。古人にそれがあるのは、勢が不可だからにすぎない。

不佞は聖人の道を非摘するのでなく、足下の儒を好むのを哀しむのである。不佞が前書に、己の身を修めるに道をまたずして可だ、といったのへ、足下は、礼義《ママ》なければ禽獣同然だ、というが、足下は聖人の書を読み、道を明らかにして禽獣たるをまぬかれるのか。異国人はそうかもしれない。わが神州はそうではない。

上古の時、君民皆その「自然の神道」を奉じて、身修めずして修まり、天下治めずして治まり、礼義《ママ》おのずからあり、なんぞ聖人の道をまとう。中世に至り、風俗ようやく変わり、人に詐偽多く、姦臣賊子国を乱り、倫《みち》をみだし、それで異国聖人の道をかりて、これをおさめたのは、勢やむをえないのだった。不佞不肖であっても、幸いに神州に生まれ、大日霊貴(おおひるめのむち・アマテラス)の寵《ちょう》霊に頼《よ》り、自然の神道を奉じ、礼義智仁は求めずしてある。人の万物の霊たるは聖人の道によってだろうか。天神地祇の霊に頼《よ》るのみ。不佞の六経論語を読むのは、ただ文辞を玩《もてあそ》ぶのみ。六経論語の聖賢の語は、自然の神道を補うべきものがあれば、これを取るのみ。

足下また、不佞を、時を知らずという。伊尹《いん》・周公が位を得、孔子・顔回が位を得ぬのも、ただ時だ、というのだろうが、道をもって時に遇い位を得たのは、君では堯・舜・禹・湯・文王・武王、臣では伊尹・傳説・周公・呂望の数人のみ。孔子以後、二千有余載、まだこれを聞かぬ。しかるに足下は、時に遇わねば、巻きてこれを懐にせんとする。たとい千載の寿命で待っても、それを出す期はないだろう。足下は哀しくも時をも勢をも知らないのだ。足下はまたいう、孔子の位を得ぬは時の不可なり、と。足下は孔子の時を不可とし、今の時を可となすか。孔子より二千載、いまだ可なる時がないのに、可なる時を期するのか、時を知らぬもはなはだしい。

足下またいう、不佞の和歌の楽しみは過甚、妖か妄か、と。和歌の真楽を知らぬからの謬言で、儒術に規々たる足下は「理の妙」に達せず、わからぬのだろう。和歌の真楽を知る者にわかるのみだ。

足下またいう、不佞の和歌を大道となすは聖人の道に抗せんとするのだ、と。何たる言ぞ。和歌と聖人の道とは、類異なり、抗敵すべきものでない。不佞口にしたことはないが、しいて識別するなら、和歌は志を言う大道、儒は天下を安んずる大道。もし足下が聖人の道を礼義を知る術とするなら、技にすぎぬ。大道とはいえない。ただ儒のみ知って、理の妙に不可測のものがあるを知らぬ足下は、野郎王（ひとりよがり）のたとえにあたるのではないか。不佞は聖人の道の大と時勢の不可なるを知っているゆえ、野郎王ではない。

足下の書中疑問が多い。いわゆる孔子の時に遇わぬを禍いとは、不佞が言わぬのに、それを論じて禍いの字義不明とするが、知っているなら、禍いというべきではない。かつ、不佞が聖人の道を不可とする、とはあやまりで、不可の語義を知らぬからのこと。子思と孟子を並称したのは大した意味のないこと、古人もそう言っており、論にならぬ。時を知らず・膠柱（融通がきかぬ）・野郎王・夏虫（世間知らず）という語は、かえって足下のたとえ。問題にならない。深く反省してくれればよろしい。　以上

——ああいうと、こういう式の書生論議、後年の論争方式までもうかがえて、おもしろい。宣長さんの立場は、儒教論、和歌観ともに前簡⑥と同じか、またはそれをうける。新しく注目すべきは、大日霊貴の寵霊に頼り吾が神州の「自然の神道」を奉じ、六経論語はその文辞を玩ぶのみで、自然の神道を補うべきものを取る、との表明である。そして、「理の妙の不可測」という徂徠的発想。これらについては、後に⑥と⑦とで整備した書簡⑩のあとであらためてとりあげることにする。

〔**書簡⑧と⑨**〕

その一〇月に帰郷する宝暦七年、三月一九日の日記に、「けふは、さが（清涼寺）の釈迦如来の御身のご（拭）ひ也、法輪寺の仏も開帳なり、けふは人多くまふ（詣）づらんと思ふ」とある。書簡⑧はその参詣に上柳敬基を誘ったものだった。——西山法輪寺の霊験あらたかな虚空蔵大士の開帳参詣に、あわせて嵯峨山大堰川の探勝はどうか、「時もまた暮春、これ浴沂の歓もただならず」と誘い、後半は、文選の会読に参加しないか、日をきめてほしい、というもの。参詣の話は成らず、上柳の返書には、瞿曇《くどん》氏（仏）の言を妄信するか、と反論があった。それへの駁論が次の⑨である。

不佞の仏氏の言におけるは、これを好み、信じ、楽しむのである。儒、墨、老、荘、諸子百家の言も好、信、楽だ。のみならず、いろいろな雑技、歌儛、燕游、および山川草木禽獣虫魚風雪雨雪日月星辰、宇宙のあらゆるものを好、信、楽せぬはなし。天地万物みな賞楽の具だ。足下が仏氏の言を蔑視し儒にのみ従うのと大いに異なる。孔子の言に「異端を攻《おさ》むる〔まなぶ〕は害なるのみ」（論語）とあっても、大士の害が足下にあったとは聞いたことがない。してみれば攻むる中にも入らぬではないか。足下が風雅に従事せぬのな

らしかたないが、風雅に従事するなら、足下の言は、不適当な固（陋）険（狭）の言。道学先生、経儒先生だ。――

とし、あとは用件で、文選会読の日どりの連絡となっている。

けっきょく、日記に見るように、一九日の法輪寺行きはとりやめになった。翌二〇日は東福寺、二一日は壬生寺、と午後からではあるが、学友と出かけているのを見ると、その日は書簡⑨をでも草していたか。好・信・楽の語を反芻していたことであろう。文選の会読は、敬基、吉太郎と三名で四月一一日からはじめている。

敬基は、京で知られた朱子学者美啓号四明のせがれ。宣長さんより七歳の年少。先の吉太郎は、一二歳の年少。宣長さんはかれらに若い弟のような気持で接したろう。かれらも兄に接する気持で親しんだろう。後、離別に際しては、孟明、幸俊らに伍して敬基も餞別の詩を贈っており、吉太郎は、「送二本君蕣菴帰一レ勢序」一章と楽府十章を寄せている。

〔**書簡⑩**〕

前簡は用件とひやかし半分の書簡だが、風雅は自由、賞楽の世界だという持論を主張する。しかし、宣長さんは、自身の信条について別にまとめてみる必要を意識していたろう。ついては、先の書簡⑥・⑦（私有自楽と自然の神道）が気に入っていたらしい。両書簡の多岐にわたる論点を整理し、清水吉太郎を論破される「或ルヒト」と想定して、一編に組み立てたものが書簡草稿⑩である。

すなわち、⑥からは、「六経の道はへ天下や国を治めるためのもので、われら小人には施すべき所はない。孔子の意も先王の道になく、曽点の浴沂詠帰にあった」の部分一一一字と、列子荘子を引いて和歌の楽しみをのべた部分の七一字をとる。その間に、学は明徳修身だという「或ルヒト」の批難をはさみ、それに対して⑦からの二一三字で反駁する。つまり、「わが神州では上古君民自然の神道を奉じ、身修めずして修まり、天下治めずして治まり、礼義おのずからあって、聖人の道は必要なかった。……自分は幸いに神州に生まれ、大日霊貴の寵霊に頼って自然の神道を奉じ、礼義智仁異国の道を要しない。六経論語を読むはその文辞を玩ぶのみ、自然の神道を補うべきものあればそれを取るのみ。」といい、「或ルヒト黙シテ去ル」となる。ついで、僕の学を好むは文辞のみ、それより好むものは和歌で、好み、楽しみ、寝食を忘れるに近い。足下はその楽しみを知らない、として、列子荘子の語句で和歌の楽しみをのべる。

以上に、頭と尾がつく。頭は、人心如面、足下と自分と好みがちがう。尾は、足下も神州の人で化外の人ではない。だから自然の神道を奉じ、和歌を好み楽しむべきだ——というのである。

この⑩は、書簡としてはだれ宛か、いつのものか、わからない。末尾追伸に、「昔日の文章の草稿をさがして得ず、再度さがして得たので呈す」とある「昔年」の語と、書き出しに、「しばしば書教を辱くし、感佩なんぞ限らん。来韻若干首、鏗々乎として盛唐の遺韻なるかな」とする常套のあいさつ語（「感佩云々は春台の尺牘語）とから、宛先は漢詩文をたしなむ屈門の学友を想定し、宝暦七年もしくは帰郷後も早々の期に作られた書簡文であろう。もし在京中であるなら、吉太郎には示したであろうと想像する。

ともあれ、一連の書簡ことに⑥〜⑩から、宣長さん在京末期の信条をうかがうことができる。ひとつは、和歌への傾倒。一八歳からつづけた作歌は、人情・情語という裏付けを得て、私有自楽の主張となり、その歌論の手前まで達している。もうひとつは、作歌よりも早く幼少からつちかわれていた敬神の情操が、「自然の神道」の認識、その信奉へと発展していたことである。

両者もちろん同根のものである。そのことを後の『排蘆小船』では、「モトヨリ我邦自然ノ歌詠ナレハ、自然ノ神道ノ中ヲハナル、ニハアラサレドモ」とあるように、「自然」を媒介に、神道が歌を包摂することを明確にしている。ここでは、この期に突如現れてきた「自然の神道」の成立について追究補足しておきたい。

（七）自然の神道

ヒルメ信仰

まずヒルメ信仰から。書簡⑦で「不佞不肖だが、幸いにこの神州に生まれ、大日霊貴の寵霊に頼り、自然の神道を奉じ、礼義智仁もとめずして持っている」と書いていた。さらに⑩では、それをくり返すばかりか、相手にも求める、「足下もまた大日霊貴の寵霊に依りて、この神州に生まれし人たり、化外の人にあらざるなり。すなわちまたまさに自然の神道を奉じ、和歌を好みて、これを楽しむべきなり」。この大日霊貴―オオヒルメノムチ―とは何か。

アマテラスを「天照大神」と書く人が多い。これは日本書紀によるが、正文では「大日孁貴」、一書に「大日孁尊」・「天照大日孁尊」、出生の章に各一回出て、他がすべて別名「天照大神」なのである。貴・尊は敬語、「ヒルメ」の「ル」は「の」の意。「メ（孁）」は「霊」（巫女・みこ）をも使うが、それが女性であることを明らかにしたもの。だから本来ヒルメは「日をまつる女」だったが、昇格して日神になったものか、「天照大神」（アマテラスオオミカミ・中の「ス」は敬語、天にあってお照りになるの意）とよんだのである。

古事記では「天照大御神」で統一されている（数回だけ「天照大神」とあるのは誤写もあろう）。当然、後年の宣長さんは一貫してそう書く。だから、今の段階、「大日霊貴の寵霊により」と書くところ、そのアマテラス信仰が日本書紀（神代紀）から出ていたことは明らかだ。では、このヒルメをいつから使うようになったか。

宝暦五年一一月下旬と記す漢作文「紀平重盛切父浄海事」（平重盛父浄海〔清盛〕ニ切《せま》ル事ヲ紀《しる》ス）の中に、重盛のこんな言葉が出てくる。「わが神州は在昔大日霊貴の肇基《ちょうき》なり。昭《あき》らかに天《あま》の児屋《こやね》氏に天窟の下に命じて、皇統を附託し、万機の政を委任し、永世皇室を夾輔せしむ……」。

「天窟」アマノイワトの神話に宣長さんはよほどひかれたらしく、この年の作歌にめずらしく「神祇」として、一首だけ、「万世にたえずぞあふぐ岩戸出しむかしも遠き天津日つぎを」の歌を『石上稿《いそのかみこう》』に残しているが、タネ本の平家物語では、天窟云々など出ず、また「天照大神（てんしょうだいじん）の御子孫国の主として、天児屋根尊の御末、朝《ちょう》の政を司どり給ひしより……」とあるのみだから、ヒルメもこの時以前に定着していたものである。その前年九月末の日本書紀購入や、この作文に先立つ谷川士清『日本書紀通証』メモのことが思い合わされる。

『通証』の中には、次の引用例が見える。

・道は大日孁貴の道にして、教は猿田彦の神の教なり。（垂加翁〔山崎闇斎〕）
・今八州を総べて大日本と名づくる所以《ゆえん》は大日孁貴の降霊に由る。（元々集〔北畠親房〕）
・左の眼を洗ひ、困りてもって日を生ます。大日孁貴なり。（鎮座伝記）
・高天の原は天神聚集の斎場なり。天照大日孁貴の天上の宝居比処に在り。（北畠親房）

これら引用は大日孁貴ではじまる倭姫命世記の流に立つ伊勢神道や垂加神道からのもので、少年時より関心のあったところ、ヒルメの語などもちろん承知しており、一八歳のメモ『都考抜書三』でも、神道辞書『神道名目類聚抄』から、上掲『元々集』の同部分を抜いている。

だが、今、自分の語としての使用をさせたのは、『通証』メモと並行し接していた徂徠の用例であったろう。徂徠は「天の寵霊に藉《よ》り」の語を愛用する。それは、史記か漢書から引いた伊藤仁斎の「天の霊に頼《よ》り」（『論語古義』等）にヒントをえたものか。徂徠は、古文辞へ進む機となった、明《みん》の王・李の書を手に入れた偶然をいう（『徂徠集』『弁道』）のだが、ことに『徂徠集』での用例が景山宛書簡中のもので、「人心如面」その他、宣長さんの強い関心をひいたものにちがいない。書簡⑩の「化外の人」の語も見える。

換骨奪胎とはこういうことで、宣長さんは、徂徠の「天の寵霊」を「大ヒルメの寵霊」にかえたのである。ただ一語の機知的な問題ではない。さきの平重盛のことばで、原典「日本はこれ神国なり、神は非礼を享《う》け給はず」へ、宣長さんは「人それ天神の眷佑《けんゆう》（たすけ）に頼らずして、一日として生くるを得んや」とつけ加える。また、書簡⑦で、つづけて「人の万物の霊たるは聖人の道をもってであろうか。それは天神地祇の寵霊に頼《よ》るからだ」となる。まさに信仰である。平家物語の表現は、鎌倉時代初期の『澄憲表白集』的な中臣《なかとみの》祓《はらえ》式認識に出るのだが、宣長さんにも同種の認識、信仰が成立していたのである。

徂徠も、「聖人を信仰仕り候」といっていた（『答問書』）が、宣長さんはその「天」に対し「大ヒルメ」、そして、「天の神道」もしくは「聖人の道」に対しては「自然の神道」の造語をもってする。この新造語は、宣長さんと出発点を同じくし、一八〇度違った進路をとる安藤昌益以外には使った者のない語であった。なぜ一八〇度違ったのか。昌益のは「自然」に、宣長さんには「神道」にウェイトがかかっていたからである。

書籍⑥・⑦を要約した⑩の結論はこうであった。「足下もまた大日霊貴の寵霊に依りて、この神州に生まれしの人たり、化外の人にあらざるなり。すなはちまたまさに自然の神道を奉じ、和歌を好みて、これを楽しむべきなり。」

書中の「自然の神道を奉ずる」とはどういうことだったか。まず、わが神州上古では、君民これにより、身修めずして修まり、天下治めずして治まり、礼儀おのずからあり、聖人の道は不要であった。また、自分も、礼儀智仁に異国の道をまたない。かくて、われら小人にとり、治国平天下の先王の道は無縁、私有自楽には心を超越的自然に解放する和歌の楽しみにしくものはない、というのである。これで見るに、主張する自然の神道は、異国の先王・聖人の教誨、安天下の道に対置されていることと、異国でもその道からの解放を求めた道家の主張に近いこととの推察を出ない。しかし、この書簡は、好学俊秀とはいえ、年少の一塾友宛のもので、議論に意を尽くしているかどうか。しかも、結果から見れば、それは宣長さん終世の思想の根幹となるものであるから、その成立と発展について点検をしてみよう。

先に、「自然」の語について。宣長さんが自分の語と意識して使った「自然」の語はここが初出だろう。岩崎栄令宛で真楽論の東方西廓比較の書簡や医論を開陳した「送藤文輿還㆑肥序」にも見ない。いわば唐突に出てきた感の語である。しかし、ふりかえれば、これは宣長さんにとってすでに親しい語ではあった。

「自然」の語

まず、「(天性) 自然」の語は、欲・人情・実情を肯定する師景山の愛用語であり、『不尽言』中、詩歌論抜写に際して幾度も接し、同感を禁じえなかったもの、宣長さんの文学観の基礎となるものである。そこへ本格的な道家の思想に面接することとなった。『随筆二』には、『不尽言』のあと三項『老子』からのメモがあり、それを読んでいたことはたしかで、自然を最高の存在とする、有名な「人法《ハのつとり》㆑地《ニ》、地法㆑天、天法㆑道、道法㆓自然㆒」(象元第二五章) は承知のはず。それをつぶさに味わったのは、とくに『荘子』と『列子』の会読であった。荘子のそれは、宝暦五年九月一五日〜同六年二月二二日 (同二七日抜粋了)、列子は宝暦六年一〇月七日〜同一一月一二日 (同一三日抜粋了) である。自然は道であり、天であり、地であり、人のよるべきものであった。歌に楽を求め、荘子のいう至楽、真楽を追求する宣長さんが、折からの書簡に「和歌之楽」として、両書中の語句を連ねて、宇宙自然との一体化をうたいあげる (その最終の引用句「澹然独与㆓神明㆒居」〔荘子、天下篇〕がミセケチとされているのがまたおもしろい。異国の「神明」を意識したか)。

ところで、はやくからもう一つ、宣長さんの心を占めるものがあった。先にふれた神国意識、ヒルメ信仰である。上京まで、天地開闢から日本の誕生に至る宣長さんの認識は、神代紀と『倭姫命世記』を先頭とする中世以降の伊勢神道（『神皇正統記』等を含む）、吉田、度会、垂加の諸神道などからの断片集積によるものであった。
それが、上京して漢籍に接するようになると、日中交流の視野がひろがる。宣長さんは日本に関する文献、ことに上代に関するものは摘録を心掛ける。

初期、『宋史日本伝』を写したあと、例の景山『不尽言』抜抄にかかるが、詩歌論にさきだちまず面接したのが次の項――。

「或説ニ、天照太神ハ女体トイフ事ナレドモ、呉ノ太伯ナルベシトイヘル事、サモアルベキ事トモ思ハル、也」として、日本で神を尚ぶのは、太伯が殷の世の人だから、鬼神を尚ぶ殷の余風が残ったとか。呉の字をつけて呉竹、呉服など符合することもある。これを神道者などは儒者の唐びいきの付会説とて甚だ嫌い、只日本は神国也として、神というものを奇怪幻妖なもののように人に思わせ、日本には別に日本の道ありと、吾道を神妙不測にしようとこしらえたものだ。神道とて別にあるべき事ではない、と述べ、しかし、神は古えの聖神だから、天照太神の聖徳、数千年の末まで人心に薫染して失せぬとは神妙不測の事だから、神国というのも一理あること也、とつけ加えている。

皇祖呉の太伯説は、中国史書で、三世紀に『魏略』の「倭人自謂太伯後」を『魏志』倭人伝は省いたが、七世紀に『晋書』をはじめとして、『梁書』、『北史』で復活という経緯があるが、わが国でも中世に一説となった。林羅山も「神武天皇論」（『羅山文集二十五』）でそれを主張しているから、近世儒者では広く知られる説であった。宣長さんも『宋史』日本伝抜写の前に同『文集』で「阿倍仲麻呂伝」を写しているから、羅山説にも接していたはずだが、師景山の著にそれを見ると、ショックだったろう。

宣長さんの中国史書による古代探求がはじまる。ひきつづく『唐書』からの筆写をはじめとして、史書での東夷伝、倭人伝、日本伝については以後筆写を怠らない。「太伯」については『晋書』倭人伝で「自謂太伯之後」をさぐりあて、『通証』に接するや、まっさきにこれに関する批判の項（「神国」）を写している。中世『纂疏』（一条兼良）のいう「附会の言」説、近世垂加翁（山崎闇斎）の「無稽の言」説である。

『通証』の抜抄途中に、宣長さんはあらためて『晋書』倭人伝全文を書写（『北史』四夷伝、『後漢書』東夷伝と同時）、それを了えて先に略した『北史』の倭伝（太伯説をのせる）を補写している。

太伯説をめぐるこの間は、それにこだわるというより、むしろ過程はヒルメ信仰を裏づける神道観の形成に意味があったといえる。

『通証』からの摘抄を了ったところで、徂徠の「神道」について、かつての『不尽言』のそれともかかわり、考えることが起こった。

徂徠『論語徴』。孔子の言（「子欲レ居二九夷一」）をもとに、仁斎が日本を君子国に擬したのに対し、徂徠は「吾邦之美」をあげていう、「夫配祖於天、以神道設教、刑政爵賞、降自廟社。三代皆爾。是吾邦之道。即夏商古道也。今儒者所伝。独詳周道、遽見其与周殊、而謂非中華聖人之道、亦不深思耳。」つまり、夏・商（殷）の古道と同じ、上古の祭政一致をあげたのである。

徂徠の神道説では、ほかに『徂徠集』の「旧事本紀解序」と『太平策』（宣長さんは読んでいないはず）とがあるが、この三者とも同趣旨で、敬天、敬鬼神をのべ、周礼による宋儒以来の神道観（理説）を誤りとする。もっとも、「吾邦之美」としては「序」でも、その古道の遺風として「百世に王たること未だ易らず、後世聖人の中国に興ること有らば、必ず諸をここに取らんのみ」、『太平策』では、「マシテ吾国ニ生レテハ、吾国ノ神ヲ敬フコト、聖人ノ道ノ意也。努々疎ニスマジキコト也」とのべているのだが――。

ところで、宣長さんはややくわしい神道説を『蘐園談余』にさがしあてる。

我国ノ神道ハ即モロコシノ神道ナリ、昔ハ天照太神ノ御霊、大殿ニマシマシテ、神宮皇居無二差別一トイヘリ、祭祀ノ礼ハ輔臣ノ掌ル所ニテ、朝政ハミナ神徳ヲ以テゾ行ハレシ、唐虞三代（尭・舜・夏・殷・周）ノ礼ハ、尚書三礼ニ載タリ、大政ハミナ宗廟（廟）ニテ行ナハル、宗廟ノ制作、大ヤウ後ノ世ノ朝堂ニヒトシ、祭祀ノ礼ヲ治メ神霊ノ命ヲウケテ行ハレケレバ、異国本朝、神聖ノ道ハ同一揆也、後ノ世ニ官職分レテ、中臣忌部ノツカサドルトコロハ、即チ漢土ノ大宗伯ノ職ニテ、祭祀ノ礼ヲツカサトレリ、朝政ノ中ノ一職ニテアリ、大宗伯ニ準ジテ神祇伯トハ名付ラレヌ、人事ハミナ天ノナス所ナレバ、天地神明ノ感応ナラテハ治ラズ、政事ミナ神明ノ命ヲウケテ行ヒ玉ヘバ、王道神道差別ナク、治世安民ノ道ニテゾアルベキ、易ニ聖人設二神道一而治二天下一トイヘル、コレ也、上古ハ淳朴ニテ、礼文イマタソナハラス、他《ヒト》ノ国モ我国モ、世ノハジメハ皆神ノ代ニテゾ有リ、人ノ世ニウツリテゾ人ノ礼義有ケリ、漢土ハ土地広大ナレバニヤ、風気早クヒラケテ、我レヨリ先ニ礼文備ハリケルニコソ、唐虞夏商ヲ歴《へ》、周ノ代ニイタリテ、礼文成就完備シテ、人道ノ規矩定マリヌ、我国中世ノ世、古今ノウツリユク事ヲ深クカンガヘシリ玉ヒテ、ハルカノ海ヲシノギテ使者ヲマイラセ、漢土ノ礼義ヲウツシ玉ヒテコソ、我国ノ礼文、天地ニマジヘテ恥ザル事ニ成ニケリ、世々ノ律令格式今モアレバ、漢土ノ礼文ウツサレタル事ハ、マガフベクモナシ、シカルヲ、古ヘノ神道トイフ事ヲシラデ、我ガ国ノ神道ハ異国トコトナリ、ソノ道ハカウ〳〵ナレト云フ、イカデカカル事アルベキ、神明ハ霊妙不測ノ威徳マシ〳〵テ、天ニヒトシク人智ノ及バザル所ニテコソアルベキニ、身ハヤシロ、心ハ神ニアルモノヲナドイヒテ、神道ノ奥義也ト思ヘリ、スナハチ即身即仏ノ禅理也、神ハ我ニアリトイヘバ、神壇宗廟ハ廃スベキカ、鬼神〔脱無キニ〕似タリ、物体ナキ事ナラズヤ、祭祀ノ礼ヲツ、シミテ、神明ノ感応ヲナサシメ、国土ノ福ヲイタスコソ、ソノ職ノ道ナルベケレ〔右第一巻発端ノ一段ナリ〕〔施線筆者〕

末尾「シカルヲ、」以下は、古道を知らず、宋学の影響で神を心、理に帰する我が国神道者の批判であるが、本論の徂徠説では、「我国ノ神道即モロコシノ神道」、「異国本朝（祭政一致の）神聖ノ道ハ同一揆也」だったとしても、神道はもと、異国の聖人が神明・鬼神を祭って治世安民のため設けた道、そして礼文（祭祀も）は「我が国中古の代に移入したもの、と読めるのである。

この七五〇字余、説の根幹に先述紹介とかわりはないようである。しかし、この書徂徠の著でなく門人山県《やまがた》周南《しゅうなん》著かと吉川幸次郎『本居宣長』にあるが、やはりそうだろう。たとえば、かんじんのところだが、文中の易の引用「聖人設神道而治天下」。徂徠はこういう引用をしない。易経、観の卦の彖《たん》伝中、原文「観天之神道而四時不忒、聖人以神道設教而天下服矣」に忠実であり、先掲「序」のように「聖人以二神道一設レ教」とする。高弟の太宰春台の『弁道書』、『聖学問答』もそうである。ニュアンスの相違と強弁すればできぬこともないだろうが、聖人批判にはやる者にとっては、「設神道」の方が、聖人の私意による神道作為とするに端的である。宣長さんもその一人で、以後も改め(注)ない。

それはともかく、宣長さんはもちろん徂徠（「物茂卿」）説だとして疑わない。二度もそれを書写しているのは、『通証二』「彙言」で見た「神国」・「神道」を考えつつ、徂徠説にこだわり見なおすためであったか。その二度目の書写のあと、『通証』巻二からの訓詁抜抄にかかる前、巻一を見なおし数項の補記するが、この時、「神道」の編中、徂徠説にかかわる次の重要な二項に接する。

一つは、「孝徳紀曰惟神者《カミナカラトハ》謂下随二神《ノ》道一亦自有中《ヲ》神《ノ》道上也」。

ひきつづくもう一つは、「神道明弁曰日本之道者寔開国自然之道也。其言神道也出于用明孝徳二帝紀。非易所謂神道。神国肇有儒仏名之後、以神皇所行称之神道別諸儒仏。神代之人道便人世之神道也。然而王事庶繁祭政難兼宰臣祠官遂分、……」。

宣長さんがこれに向かったことは確かだ。その直前（垂加の土金の伝）を写しているし、『神道明弁』の書名を、『経籍』記載順から判定するに、ここの箇所から採録しているからだ。この時期は、先に宝暦六年一一月ごろかとした「自然の神道」初出の書簡⑦と時期的にも合うようである。また、『蘐園談余』二度の筆写の間に、『余材抄』に記入の三之の歌を「別書」記載しているが、その『余材抄』筆写の間のこと（宝暦六年七月～翌年二月）とも合うのである。とにかく、おそらくこのときから、宣長さんは徂徠神道説批判をこめ、「神道」に「自然の」を加えることにしたものであろう。

　初めの「惟神……」は、後年も宣長さん説の主要な語となるもの。もともとこの項は注にすぎぬ（平安時代に挿入かといわれる）が、神代紀で先出の、「天皇信仏法、尊神道」（「用明即位前紀」）、「尊仏法、軽神道」（「孝徳即位前紀」）につぐ「神道」の語の出現であるので、中国最初の典拠である易の「聖人設神道」（『蘐園談余』）と対比するものとして称揚したものである（対比は後の「直毘霊《なおびのみたま》」に詳しい）。しかし、それら「神道」の内容は、現代では、原初の土俗的祭祀・信仰における〝神的なるもの、聖なる状態〟と考えられ（黒田俊雄『日本中世の社会と宗教』）、あるいは道教の別称か、とも見られている。

　次の『神道明弁』は一七三八年刊。著者は外宮の神主度会（久志本）常彰。漢文四、六〇〇字余の小著だが、徂徠神道説を敷延した春台の『弁道書』に対する度会神道からの抗議である。「夫レ唐土ニ儒アリ。印度ニ仏アリ。二国共ニ由ル所ノ道ナリ。日本ヒトリ神道ヲ以テ立ツ。豈他アランヤ。」と神道を固有独立の道とする。先の引用原文中の「易所レ謂神道」は問題の例の神道のことである。

　右二項いずれも一向に「自ら」「自然」の解明にはなっていないが、神国・ヒルメ信仰を擁護し、聖人作為に対する名目はこれしかない、と思われた。

　もともと、神代紀そのものが、「天地剖判」の冒頭からして『淮南子《えなんじ》』（前二世紀）、『三五歴紀』（三世紀）などの引用にはじまるから、その神道の解明に易や道家説を裏づけねばならないことはいたしかたないとしても

（やがて徐々にそれを克服するが）、当面、聖人作為の殷の古道としての神道、仏・儒を習合して立てられた教義神道、そうした人為のものと異なって、わが国闢の神祖の定めた無窮の道を神道とし、「自然」をそれに冠したのである。語として「自然」は反儒の道家で最高の理念。無為で真、無窮無極、霊妙不可測の意をこめたものである。

さらに、それは神道ばかりでなく、「自然にして然る」人の道徳（仁斎『語孟字義』）、人情の「天性自然」（『不尽言』）、歌詠の「自然之理」（「古今集真名序」）、『通証』に見るだけでも、日本語の、天地以来「自然之理」で万物の情を備えた音声（『纂疏』）、「自然之言」としての繁多な和語（『口訣』）、「自然之妙」を示す五十音（士清）、という、宣長さんの寄せる関心のもろもろを集約する語でもあった。「自然」の語の採択は、宣長さんにとってきわめて自然だったのである。

（注）没年に記す「玉勝間一四の巻下書」の終りの方に「カラ人ノ、ナニニツケテモ天下ト云ハ、……」の段〔九九〇〕につづけ、「易ノ上彖伝、観天之神道而、四時不忒、聖人以神道設教、而天下服矣」と、他三項、易のメモを残すが、文章化はされず、したがって『玉勝間』にも収められていない。かつて『直霊』を書くとき、反駁の資料として読んだはずの春台『弁道書』での正確な引用に気づかなかったはずはないが、宣長さんは誤読を訂正もせずにきたものと考えられる。

自然の神道

自然の神道の行方を見とどけておこう。帰郷後のことである。「自然」という語を最も多く使うのは、宝暦九年成立と推定される歌論『排蘆小船』だが、そこでの自然の神道は次のように出る。

・吾邦ノ大道ト云時ハ、自然ノ神道アリコレ也、自然ノ神道ハ、天地開闢神代ヨリアル所ノ道ナリ、今ノ世ニ神道者ナト云モノノ所謂神道ハコレニコト也、〔四四〕

・吾邦自然ノ歌詠ナレハ、自然ノ神道ノ中ヲハナル、ニハアラサレドモ、表ハ神道ナト云事、大ニヒガ事也、〔四五〕

「自然」を媒介に、「吾神州開闢来、自然ノ声音言辞ヲ以テ、自然天性ノ情ヲツラヌル」〔三九〕和歌は神道につながるのだが、先の〔四五〕でつづけ、「サレハ異国ヨリ来ル所ノ、儒仏老ナトニ附会スルハ、後世ノ人ノシワサニシテ、モトヨリイハレナキ事也」とするのは、〔四四〕の「所謂神道」の批判をも意味することはいうまでもない。

なお、「自然」の用例中、次の考え方は注目すべきである。

・和歌ノ本然ト云モノハ、又神代ヨリ万々歳ノ末ノ世マテモカハラヌト云処アリテ、人為ノ及ハヌトコロ天地自然ノ事也〔四二〕

・歌ハ人ノ情サヘカハリユケハ、ソレニツレテカハリ変スル、コレイヤトイハレヌ天地自然ノ道理也〔同〕

本然と変化、共に自然だという認識である。この場合、変化は「自然ノ勢」〔五九〕だといい、「人為」も含みうるのである。それが神道ではどうなるのであろうか。

次に、「自然の神道」が現れるのは、宝暦一一年三月の『阿毎菟知弁《あめつちべん》』と同じころ起筆と推定される、論説のノート『蕣庵《しゅんあん》随筆』（『随筆十二』）である。その初めの部分一〇項余がそれにかかわる記述だが、その語ははじめ二回出るのみで、あとは「自然霊妙の神道」という語（五回）にかわって論は展開される。それは『排蘆小船』の歌論とは異なり、中心が「自然」から「自然霊妙」に移った神道論であり、さらに三、四年後には『古事記雑考』中の「道テフ物ノ論」（明和八年一〇月に成る『直霊』の初稿）の基本論点を示すものである。つまり、宣長さんの神道・古道説の出発点である。

焦点は、広範な自然が積極的に霊妙の語へしぼられ、その道を「妙理」とし、対置させた「常理」を排することにある。この発想は突然のものではない。『排蘆小船』にすでにこうある。

・今現ニナキヲ以テ、古モアルマジトハ、大ナルアテスイリヤウ也、古ノ事イカテハカリ知ヘキ、古ノ事ヲ知ルハ、只書籍也、ソノ書ニシルシオケル事ナレハ、古ヘアリシ事明ラカ也、…（中略）…霊異ヲミテ偽リトシ、決シテ無キ事ト思フハ、ユキツマリタル腐儒ノ見識、ハナハタセハシ、夏虫氷ヲ説ヘカラス、凡夫ノ臆見ヲ以テハ、ハカリカタキ妙用ハシラルマジキ事也、……イハンヤ吾邦神霊ノ妙々、尋常ノ見解ヲ以テ、トカク論スルハ、イトアヂキナキ事也、日本紀神代巻、見ルヘシ〳〵、〔二一八〕

これは歌における鬼神感応についてであるが、末尾の「日本紀神代巻、見ルヘシ〳〵」の句があるように、神典観で裏づけたと見てよかろう。また、不可測からする霊妙、妙理の語が生まれるだろうことも読みとれる。

さて、こんど自然の神道、自然霊妙の神道とはどういうものか。主旨となる所を抜き出せば、次のようである。

〔七二〇〕吾邦ハ皇祚天壌ト共ニキハマリナク、太神ノ神勅万々世マテ赫々トシテ伝ハル所ノ自然ノ神道、豈ヨク異国五行相生相剋ナトノ預ル所ニアラムヤ、不可測ノ妙アッテ存スル者也、人ノヨク識量スル所ニアラズ、然ルヲトカク理義ヲ設ケテ論弁スルハ、ナホケナクカタハライタキ事也、…（中略）…神道ニ於テ、教誨ハ先キトスル所ニアラズ、誨《ヲシヘ》ハ自然ト其中ニ備ハル也、神道ハ儒仏ノ類トハ大ニ異ナル物ト知ヘシ、唯吾邦自然霊妙ノ神道ハ、未タ文字渡リ来ラザル以前ノ眼ヲ以テ見ズンハ、明カニ其ノ霊妙ハ知ルマシキ也、後世ノ人ハ、名教文字ノ雲霧ニクラマサレテ、大神クシヒニアヤシキ徳ヲ見ル事アタハズ、只区々タル常理ヲ以テコレヲハカル、イトオホケナキ事ナラスヤ、

つまり、「後人ノ作為」（理義、教誨）の常理に対する、自然の神道である。その「自然霊妙」の内容を次に見る。

〔七二一〕儒者ノ見識ニナラヒテ、今日ノ常理ヲ以テ、吾カ自然霊妙ノ神道ヲトカク論スル神道者ハ、愚ノ至リ也、吾邦ノ道ハ、開辟《（ママ）》ヨリ以来万国ニスグレテ、言語道断、人間ノ智ノハカリシルヘカラザル所ノ、霊妙奇異ナル所アルユヘニ、神ト云也、カルガユヘニ、祖宗ヲミナ神ト云、後世ニ神道ト云モ、別ニ神道ト云道ノアルニアラズ、皇祚神世ヨリウケツキテ、天下ノ民ヲオサメ、宗廟ノ祭ヲツトメ行ヒ玉フ、コレ神道也、吾国自然ノ道ナリ、然ルニ只道トノミイハズシテ、何ゾコレヲ神道ト云ゾトナレバ、儒仏等ノ外国ノ道ニ対シテワカツタメニ、神道ト格別ニ名目ヲヨブ事ニナレルモコトハリ也、…（略）…サテ又、ソノ異国ニスグレ、万国ニ見モ聞モ及バヌ霊妙奇異トハ、何ヲ云ゾトナレバ、第一天子開闢来、天照大神天下ノ主トナリテ、天上天下ヲ統御シ玉ヒシヨリ、今ニ至リ、万々代無窮ニ至ルマデ、一系ノ神胤ヲ継デ、他姓ニウツラズ、非民ソノ徳ヲ戴ク事、大空ノ日月ノ如ク、オソレツヽシミウヤマヒ、アカメ奉ラズト云事ナシ、タヾ天子ノミシカルニ非ス、執政ノ臣、又天児屋命ノ神裔藤原氏アヒソヒテ、政ヲ輔佐ル事、変異ナシ、タヽ君臣ノ道、天照大神天壌無窮ノ神勅ノマヽナリ、如此メデタク、クシヒニアヤシキ事ハ、他《ヒト》ノ国ニイマダ見モ聞モ及ハヌ事也、サレハ儒者ノ常理ニテハ、吾邦ノ霊妙ハ論シガタキ也、……（下略）

つまるところ、根拠は神典からの「天照大神天壌無窮ノ神勅ノマヽ」というにある。

そして、「唐土《モロコシ》天竺ハ神ノ御末ニアラズ、天照大神ノ天孫ヲ天降シ奉リ玉フ国ニアラズ、ミナ化外ノ国」〔七二二〕である。その聖人を神とくらべれば〔七二三〕、「天照大神ノ化ハ無《ブ》窮」なのに対し、周の文・武の徳化は八〇〇年で絶え、三代の制度を改めた暴虐の秦の始皇も聖人というべく、「唐土ハトカク革命《ヨノカハル》ゴトニ、ソノ王者ノ心ニテ、天下ノ法ヲミナ改ムル事」だ。吾邦は「天下ノ大法ハ改ムルト云事ナシ、タダ自然ノ勢ニヨツテアラタマリユク事也、其自然ノ勢ト云ハ、ミナ天照大神ノ御心ヨリ出ルナリ、……モシ人ノスル事、大神ノ御心ニソムキタガフ事アレバ人従ハズ、自モ又大神ノトガメヲ受ル也、吾邦ノ道ハ、カクノゴトク何事モ天照大神ノ神意ニマカセテ、少シモ後人ノイロフ事能ハザル道ナルユヘニ、是ヲ自然霊妙ノ神道ト云、異国ノ道ト日ヲ同フシテ語ルベカラス」とする。

以下、儒者の信奉する唐土の聖人への懐疑批判（後年にはドロボウよばわりの悪罵になる）を軸に一〇項ほどつづくが、『安波礼弁』、『排蘆小船』以来持論となった、歌・物語の「物ノアハレ」に言及しておちつく。

〔七三〇〕……唐土ハ、全体ニ人情ノアハレト云事ニウトクテ、トカク善悪ヲキビシク判断シテ、諸事ノ議論厳密ナリ、吾邦ハ風儀ヤハラカニシテ、古来人情ヲソダテテ、物ノアハレヲ感ズル事深クシテ、善悪ヲトカウ論スル事ナシ、サレハ天照大神ノ、万々世無窮ニ及フホトノ至聖大徳ヲサヘ、サノミ誉メタル事モナシ、誉メ顕ハス事モナケレド、自然ニソノ徳ノアリガタキ事ハ、今ニ至ルマデ庶民マデ戴キウヤマヒテ、コレヲ信仰ス、……唐土ハ人情物ノアハレヲ感ゼズシテ、情ヲマゲテモ、善悪ヲキビシク判断議論ス、吾邦ハ人情ヲソダテテ、物ノアハレニ感シテ、何事モ仁弱柔和ニシテキビシキ処ナシ、故ニ唐土ノ書籍、詩文ハミナ厳格ニシテ、議論タヾシ、吾邦ノ草子和歌ナドハ、人情物ノアハレヲ感スル事深クシテ、物事ナダラカニシテ、善悪議論ノ厳格ナル事ナシ、是レ共ニ国ノ風儀ナリ、（これは、宝暦一三年六月に成る物の哀れ論の集成『紫文要領』をこころざすころである）

さて、中に一項、神典について比較し述べる項がある。

〔七二八〕旧事紀古事紀《ママ》日本紀ノウチニ、日本紀ヲ以テ正史トスル事也、シカレトモ、歌学ノタメニ古語ヲ考ヘサクル為ニハ、旧事古事スグレタリ、其故ハ、此ノ二記ハ文章ヲカザル事スクナクシテ、古語ヲソノマヽニ書ケル事多シ、二記ノ中ニモ、古事紀《ママ》ハ別シテ古質也、日本紀ハ文章ヲカザリテ、悉ク漢文ニウツセルヲ以テ、古語ノ意ヲ失フ事モ多キ也、…（中略）…古語ノ全体ヲ見ンニハ、旧古ノ二記ヨロシキ也、サテ旧古ト日本紀トヲ照ラシアハセテ、其義ヲ心得ヘキ也、日本紀ノ漢文ハ、舎人親王ノ註ナリト心得ヘキ也、

この見解の変遷は次のようである。

『安波礼弁』（宝暦八年）　旧事紀、古語拾遺の文献を中心とし、記・紀で補う。

『排蘆小船』（同九年？）　引用書目で紀は一〇回、記は一回にすぎぬ。万葉集三六回に見るように、古語は歌語探求の対象。

『阿毎菟知弁』（同一一年）　旧・紀。記を補う。ただし、『排蘆小船』に出る「文字（漢字）我国ノ語ニ害アル事、イハズシテシルベシ」〔三四〕をうけて、紀は「文字是舎人親王註也」とし、旧・古を「幸不レ失二古言一者多矣」として、所見は本項とかわりない。

そして、本書右の〔七二六〕となるのだが、本書にやや遅れの起筆で訓詁校証を主とする次の書がある。

『石上漫録《いそのかみまんろく》』（随筆三）　初めは旧、古、紀の三者で比較。やがて「日本紀ヲ以テ義理ヲ心得、古事記ヲ以テ古言ヲ探ルベシ、二書ヲ得テ後ニ、古義明ラカナルモノ也」〔一八四〕とし、旧事紀は「大ナル偽書」〔一九九〕とするに至る。

『石上私淑言《ささめごと》』（同一三年？）　「記本文、紀註解」、旧事紀は「偽書なればひかず」とする。古事記を中心の研究が進んでいたことがわかる。その結果が、翌明和元年～四年の『古事記雑考』となっていくのである。

ところで、先出〔七二二〕の「神勅」の件について。この時期、神典の本文としていたのは、神代紀である（古事記は歌語・古語探求の対象にすぎない）。しかも、この神勅「宜爾皇孫就而治焉。行矣。宝祚之隆、当与天壌無窮者矣。」は古事記にもなく、神代紀下第九段、本文でなく第一の一書にのみ出るのだが、漢文の慣用語である宝祚、与天壌、無窮などを使い、飾った漢文体に古質さはなく、宣長さんのいう「舎人親王の註解」にあたる、とも解すべきであろう。

まして、その引用につづく「又、執政ノ臣、又天児屋命ノ神裔藤原氏アヒソヒテ、政ヲ輔佐ル事、変異ナシ、」

となると、中臣祓式史観にすぎない。ここで想起するのは、宝暦五年作の「紀平重盛切父浄海事」に見た認識を出ないことである。つまり、ここに見る認識、というより信仰は、神典面接で得たものでなく、はやくより、おそらく少年時よりの既成観念、ヒルメ信仰によるものであろう。しかも、それが終世の基本理念となっていくのである。

「自然」の消滅

さて、初めにもどって、『排蘆小船』から『葬庵随筆』で強調された、当面の「自然（霊妙）の神道」の語はどうなっていくのか。このあと消えてしまう。その経緯は次のとおりである。

まず、「自然」の語の使用が減っていく。かわりには「を（お）のづから」の語となる。その用例の頻度対照を上欄に見ていただきたい。

「自然」と「をのつから」の語数

成立順著作	「自然」	「をのつから」
排蘆小船	六一	三五
古言指南	七	七
紫文要領	九（二）	一七
石上私淑言	一八（四）	五三［一］
道テフ物ノ論	三	九［一］
道云事之論	○	一九［七］
直霊	○	一七［三］

＊上段（ ）内は「じねん」
下段［ ］内は「自然」の振仮名

自然の語がなぜ減ったのか。

社会的に見れば、封建抑圧からの解放の指標として儒生の手により道家の語が採られ、一般化、流行してきたものであるが、儒生の青年宣長さんの心をとらえたものであった。

ところが、『排蘆小船』の時期を過ぎ、脱カラの『蕣庵随筆』に至ると、五行十干十二支を「異国ノ名目」（七二〇）としてまず否定、『石上漫録』では、陰陽についても「ソノ理ヲ以テ云ノミ也」（一九〇）と懐疑的になり、『石上私淑言』に至っては、「陰陽、五行などいふ事古へにさらになき事也」となる。さらに、古事記研究の「道テフ物ノ論」では、「スベテ異国ノ説ハミナ聖人ノ己カ智ヲモテオシハカリニ作リタルモノナレハ、陰陽乾坤ノ理ナルモ、由アリケニハ聞ユレトモ、カヘリテ浅ハカナル事也」、「天命ト云事ハ、人ノ国ヲウハヘルモノノ、己カ罪ヲノカレントテツクレル事」（『直霊』では、「天地は心ある物にあらざれば、命あるべくもあらず」）と、天をも否定する。こうして、中国渡来の「自然」の構造はすべて破却されていった。そのつど、「自然」の語は「をのつから」にかえられていったのである。わずかに残っていた「道テフ物ノ論」での自然三例は、老荘（「ナホ聖人ノ云自然」）、カラ書（「天地自然ノ理」）を批判する用例で、それさえ以後は「おのづから」の語におきかえられる。

おきかえられたということは、自然の属性が「おのづから」に吸収されたこと。その「おのづから」は神の所為《しわざ》である。『呵《か》刈葭《かいか》』で、上田秋成が「事物みな自然に従て運転する」といったのに対して、「自然の運転といふは非也、運転は神たちの御しわざ也」（『玉くしげ』でも「世ノ中の有さまも人の心もかはりゆくは、自然の勢なりといふは、普通の論なれども、これみな神の御所為《しわざ》にして、実は自然の事にはあらず」）といったり、『古事記伝』で「幽」の字をオノヅカラとも訓み、カミとも訓ませているのは、そのためである。

こうした神信仰の中で「自然の神道」の語は、もちろんとっくに『蕣庵随筆』のあと、消え去っていた。「自然」をはぎとられたのちの「神道」なる語はどうなったのか。「道テフ物ノ論」ではそのまま使用される（神道一八、神ノ道一）が、引用の「聖人設神道」を例外に、改稿「道云事之論」では三例、完稿『直霊』ではそれもなくなり、すべて「神ノ道」の表記にかわる。これは、「道あるがゆゑに道てふ言《こと》なく、道てふ言なけれど道ありし也」の古道、「神祖はじめ給へる正しき真《まこと》の道」。空理《むなしごと》で天地陰陽の霊を神といい、人の作れる道、教誨や教義を主目的とする、儒家・神道家のいわゆる「神道」と異なり、すべてを不可測の神祖の御心、御計《はから》い、御所為《しわざ》に帰する立ち場からは当然のことだったのである。この『直霊』は『古事記伝』の先触れとして明和八年成る。のち、寛政二年初刊の『古事記伝一』（総論）の柱に、「直毘霊」として収められたのである。

（八）医学生

堀元厚の人柄　栄貞（宣長さん）は上京一年四か月後に、堀景山塾での漢学に並行し、堀元厚につき医学を学ぶことになった。宝暦三年（一七五三）七月、『在京日記』には、

二二日、入門于堀元厚氏、而聞医書講説、
二六日、堀元厚先生講釈始、毎朝、霊枢及局方発揮也、二七四九之日夕、素問、運気論、溯《ソ》洄《カイ》集也、（かなりハードな課業である。『経籍』に『素問』の篇名が次々と見られるところである）。

ところが、半年後の翌四年正月、

二四日、堀元厚〔号北渚〕先生死去、
二八日、葬誓願寺（六九歳。辞世の句が「何とやらん……」のはず。）

半年間の師堀元厚に関する宣長さんの記述はきわめて簡単、研究者も「後世方別派の名医」とだけですぎるのだが、当時の京都、人々の交流、医学のようす、などのなかでその人物を垣間見ておこう。

多田南嶺の『蓴菜《ぬなわ》草紙』（一七四三年自序）に、宣長さんの生まれた一七三〇年ごろか、京都で講釈をはじめたとき、「聴衆笠原玄蕃（号雲渓）堀元厚（号北緒《ママ》）松木淡々（号三楊）を初め、名ある人々多く予が講解につけり。玄蕃は物故なれども、堀氏、松木は見《げん》存なり」とある。玄蕃は伊藤仁斎門の漢詩人。其角門に出る松木淡々は上方享保俳諧の中心。淡々は玄蕃に、南嶺は淡々にそれぞれ習う所があった、と淡々門下だった神沢《かんざわ》杜口《とこう》の『翁草』*72にある。以下は、同書にしるす信用できる杜口の回想。

「堀元厚は、予が俳友にて、交り親しかりし。俳名は釣雪《ちょうせつ》と云へり。京都の学医にて、書生たる者これへたよらざるは無し。京師の学校の如し。療養は辞して講説のみなり」と、逸話をあげる。かれは能が好きで、能とさえいえば、どんな初心素人の能でも欠けることなく聞き出して見物にかけつけるので、世に「能火消し」と称された。俳諧師竿秋（淡々を継ぐ）、吉益周助（東洞、古方医家）も同様で、みな能火消しの名を取った。かりそめの能をも精密に管見して、その可否を論ずることくわしく、名有る能太夫や役者ども、能の後、この面々の所へたずね来て、その評論を聞いたとか。元厚辞世の句は、「何とやらんどころではなし此春は」。世人これを聞いて、辞世にまで「熊野《ゆや》」の謡の文句を用いられたと評判した（「熊野」に「何とやらん此春は、年ふりまさる朽木桜、今年ばかりの花をだに、待ちもやせじと心弱き、老の鶯逢ふ事も、涙に咽《むせ》ぶばかりなり」）。

右の仲間の一人吉益周助（東洞・初め洞庵）は享保の後、一七三八年・三七歳に、国の儒者堀景山を頼って芸州から上洛し、景山の口入れで医を開くこととなり、縁者四方田某に引き合わされた。それが杜口の隣家で、杜口と洞庵は親しい碁友となった。洞庵は刻苦中、当時古方で知られた山脇東洋に認められ、やがて古方家で名を成すようになった。医学・物産等にくわしく、松岡玄達（本草学者・一七四六年没）、堀元厚没の後は、吉益が第一人者になった……と。

また、『翁草』は、儒学での仁斎、徂徠による古学流行と歩を合わせるように、「医業も六七十年以前（享保初年）より、〔漢代の〕張仲景流の古法医者出て、束髪と佩刀にて衣服を餝《かざ》らず、袴《はかま》を着して、儒士の如し。専ら世に行はる」と記すが、執筆当時（寛政二年〔一七九〇〕）では、「是（古方）も今は始ほどに人賞せざる故、今は新古の法を兼ねてどちらも外《はず》さぬ医者多し」といっている。

以前、古方（法）と近方（後世《ごせい》）の分別で一応見やすいのは、薬剤に劇薬とされた大黄《だいおう》・石膏を使うかどうかであった。吉益が古方の山脇東洋に認められたのも、石膏の方剤にくわしい吉益が、石膏剤を使った東洋の病人を治癒させたから、と伝えられている。宋・元以降の伝統医学―後世派に立つ堀元厚に石膏は禁物。宣長さんより二歳年少で、宣長さんの入門より三年ほど前から元厚門にいた、伊勢菰野出身南川金渓の著『閑散余録』の中、「今ニ在リテハ古方ヲ好マザル人モ、大黄石膏ヲ恐ルルコトナシ。時世ノ流行何レヲ是《ぜ》トシ、何レヲ非トセンヤ」とある条（「今」とは明和初年）に次の書き込みがある由（大塚敬節氏蔵本・日本思想大系『薬徴』補注）。

――元厚門の一書生が「古方家でしきりに石膏や大黄を用いているそうですが、先生のお考えは?」と問うた。先生、「口では激しい攻撃剤を用いるというが、うそだろう」と。門人は、自分のからだで試してみようと、石膏の粉末を一さじの半分のんでみたが何ともない。それで、先生に、ためしに石膏をのんでみたい、と告げた。先生いわく、「君子は危きに近よらず。石膏、大黄は古人より甚だ恐れ、容易に用いざる薬なり。吾が門はげしき病人にも用いる事を禁ず。まして病なき身に自ら試みるをや」と。書生は容《かたち》を改めていった、「われすでに試みてかくの如し」と。そして、またさじに一杯の石膏をのんだが、何ともなかった。元厚もおどろき、古方家の攻撃剤を用いることのうそでないことを知り、その後少しずつ石膏や大黄を用いるようになった。……

元厚の人がらおよび当時の医学界の状況は以上のとおりである。

処方の歌

明治一七年に禁止された漢方医が一〇〇年近くたった昭和五一年に解禁となり、漢方エキス剤も健康保険に採用されてすでに一五〇種を数えるようになった。漢方ばやりがはじまったのである。最近の新聞折込チラシで四六剤をのせていたので、来訪の友人にそのうちどれを知っているかをたずねてみた。「葛根湯《かっこんとう》ぐらいかな」と答える。「成分は？」「クズの根だろう」「それじゃクズユじゃないか」。どうも認識はドクダミ、ゲンノショウコなみらしい。葛根湯は七味である。葛根、麻黄《まおう》、桂枝《けいし》、生姜《せいきょう》、芍薬《しゃくやく》、甘草《かんぞう》、大棗《だいそう》。クズユまたは中へショウガ汁をまぜて風邪の民間薬であるが、七味の漢方薬となると、風邪から、目、耳、鼻、肩、血圧、赤痢、寝小便、ハシカ……と適応症で昔、やぶ医者を葛根湯医者といったそうだ。

永らく医薬に無関心で過ぎたわたしの机上の認識は限度も以上の程度。それも宣長さんのまきぞえなので、一〇数年前には、医学修業の京都で髪をのばしたというので、やっぱり古学だ、古方の後藤艮山《こんざん》の蓄髪《ちくはつ》にならったのか、と思ったり、すぐあと宣長記念館の薬のサジが後藤流の丸いものでなく木の葉状なのにがっかりして、やはり近方だな、と思った直後、クスリ箱に近方で恐れた石膏や大黄の薬袋があるので面くらったり。そんなことをくり返しているうちに漢方の特徴もうすうすわかってきた。多味であること。だからか適応症の広いこと。そして、何よりの驚きは、保健薬の半数近くが張仲景の『傷寒論』『金匱要略《きんきようりやく》』の処方であること。張仲景は後漢末二〇〇年ごろの伝説的名医で、その二著の原型の書は五〇〇年ごろにあったという。それにしても一、五〇〇年も前のこと。葛根湯も、ベストセラーの小柴胡湯も含めたその処方が、今も中心をしめている。この東洋医学の保守性、というより停滞はどうしたことか。科学の世界でこれだから、他も推して知るべし。

栄貞は、師元厚没後四か月余たち、あらためて景山塾先輩で小児科医の武川幸順に入門する。それから一〇か月の後、名を宣長と改め、号を春菴（庵）と定め、一人前の医師となる。そのころまでの宣長さんの医の勉強を示唆する文献が残っている。それを紹介しよう。

もちろん宣長さんも『傷寒』『金匱』の処方をノートしていた。『折肱録《せっこうろく》』だ。それから、後年も医療に使用しただろう（全集解題）とされる『方彙《ほうい》簡巻《かんかん》』。数少ない文献での二者をとりあげる。

一、墨付二四枚の冊子『折肱録』（古語「折肱」は良医となる苦労。「肱」はもちろん自分のヒジ）には、まず『傷寒』から八九方、『金匱』から一二二方を写している。重複が一六方あるから、計一九五方（以下Aとする）。ついで眼科・小児科の各数項、古方家香川修庵一本堂の「家方抜翠《ママ》」として一〇方。さらに、「方斉歌春庵撰」と記され、処方を詠みこんだ八〇首の歌（B）がある。あとに四〇方ほどのメモが付記されているる。

二、墨付一八枚の冊子『方彙簡巻』の方は、小野常建『古今方彙』（延享二年（一七四五）刊）より抜粋の一三四方（C）が収められ、後から五〇方余を追記している。表紙やページのよごれに後のちの使用がうかがわれる。

なお、墨付六枚の「方剤《ママ》歌」なるもの（D）がある。Bの歌から二七首を除き、C中の一方（一首）を加えて計五四首の浄書だが、これは全集の解題（大野晋）で、用紙から後年明和三年（一七六六）九月ごろの記とされている。

問題は、このA、B、C、D相互の関連とそれが宣長さんの形成とどうかかわるかだ。カギとなるのは、Bの「方斉歌」とCの『方彙簡巻』の関係。

まだ気づかれていないことであるが、BはCによって作られたものである。その証拠——Bの歌とCの方剤とに通し番号をつけ、B八〇首の番号順にCの方剤番号を並べると、次のようになる。九、一〇、一一、一八、二一、二九、三四……、一二七、一二八、一二九、一三〇（七八首目がこれ）。つまり、番号を追って埋められている。終りの七九、八〇首目にあたる歌は別に追加されたものだろうが、途中の例外は二か所で、一八、一九番が逆順、五六番の歌が非該当の方剤（付記にはあり）。また、方剤の名称や薬味の多少で不完全なものもあるが、『折肱録』の「方斉歌」Bが『方彙簡巻』Cに拠って作られたことはまず確定といってよかろう。

「方斉歌」の最初と終りの歌で紹介しよう。

・「方斉歌」一〔大肚〕大腹皮藿香吉梗紫蘇白芷厚朴六君大肚ナリケリ

『簡巻』九〔大肚〕婆皓伽淡匿図肚莞荏甘（以上一〇味）

歌の、大腹皮《だいふくひ》＝肚、芷香《しこう》＝婆、吉梗＝図、紫蘇《しそ》＝荏、白芷《びゃくし》＝莞、厚朴《こうぼく》＝淡、六君＝人参・伽（白朮《はくじゅつ》）・匿（茯苓《ふくりょう》）・甘（甘草《かんぞう》）・皓（陳皮《ちんぴ》）・半夏《はんげ》。『簡巻』より人参と半夏が多い。貝原益軒『養生訓』では「藿香正気散」とし、人参だけが多い。こうした処方や剤名での若干のくいちがいは、他の書（『病名方彙』か『用薬須知』）をも参照したためだろう。もとは宋の『和剤局方』に出る。

・「方斉歌」七八〔清肺〕清肺ハ天麦帰苓文会ニ徳雪陳皮貝母吉丹

『簡巻』一三〇〔清肺〕吉匿皓雪勒斤徳丹天門愛会文甘（以上一三味、明の『万病回春』の方である。）

歌の、天＝天門（天門冬）、麦＝愛（麦門冬）、帰＝斤（当帰）、苓＝匿、文＝（黄芩）、会＝（五味子）、徳＝（杏仁）、雪＝（桑白皮）、陳皮＝皓、貝母＝勒、吉＝（吉梗）、丹＝（梔子）。

以上二例のように薬物名を組みかえて五七五七七にした歌ばかりではなく、少数ながら多少趣向めかしたものもある。歌の例だけをあげておこう。

五五〔蘇子降気〕橘ノシタユク水ハ淡ケレド帰ルハ甘キ西ノ官田（八味。水皓淡西官斤田甘）

七二〔行蘇〕香蘇散ナニオフウヘノ橘ヤ京奴ノ烏将軍ノ弓（九味。任侯皓㜸芎京奴卑甘）

世の中は広いもので、このような歌を、流石《さすが》に天下冠絶の医文両全者の力量を遺憾なく示顕し得て……と感激する人もいる。冷静に見れば、医書生の処方覚えの歌となろうが、実用にはならぬ。覚えきれないだろうし、薬物の分量もない。ただいかに多くの薬物名を詠みこむかに焦点はある（『簡巻』中、三・四味のものも一四剤あるが歌にされたのは四味の一首だけ）。宣長さんのそうした方面への興味について書いたことがあるが、つまり、狂歌・シャレ・ナゾの知巧に類するものだ。当座だけのものでなく一〇年余も後に浄書するなどいよいよのこと。

本人は作歌練習の気もあったのだろうが、わるいことには、苦心すればするほど、そのリズムが身につくこと。ここで得る「……は……（なり）」の調子は、有名な「敷島の大和心を人問はば……」の講釈歌とも共通するであろう。明治になり、そこからタバコの名や軍艦の名が、つぎつぎとられたのは、逆に処方を析出したようでおかしい。どんな薬剤だと思ったのか。

さて、「方斉歌」はいつごろの作か。確定はできないが、それが拠った『方彙簡巻』の、さらにそのもととなった書『古今方彙』と、また「方斉歌」記入ノート『折肱録』とで、だいたいの推定はできる。

書目メモの『経籍』を見れば、『南嶺子』に興味をもつころ『古今方彙』を先に、医書のメモがつづく。小児科の書が目立つので、二五歳宝暦四年五月の武川幸順へ入門の時期が考えられる。古方への関心も見られ、このグループの書目中、古方の初代で、『傷寒論』へ返れといった名古屋玄医の『纂言方考』の記入が二回も見え、『南嶺子』『傷寒論』と共に簡単な抜抄もしている（『雑抄』）。『経籍』メモでは、つづいて当時古方の香川修庵の『一本堂薬選』が現れるので、『折肱録』に、まず『傷寒』『金匱』の処方が写され、あとへ『一本堂薬選』方が記された時期も、この宝暦四年後半から翌年へかけてのころ、と推定してよかろう。

ノート『方彙簡巻』に拠って「方斉歌」を作っていたのもそのころで、藤原定家を参考にまねて「詠名所百首」を作る、四年六月から翌年八月まで（『石上稿』）と並行していたのではないか。詠歌の独習である。

宝暦五年三月三日。宣長・春庵と改名。日記は、そのあとへ二月一三日一本堂香川太仲修庵の死を記録する。印象が新しかったのだ。『折肱録』で、「一本堂薬選」方につづく「方斉歌」には「春庵撰」とあるから、その記入は三月三日以降。あまり遠くない時期だったろう。

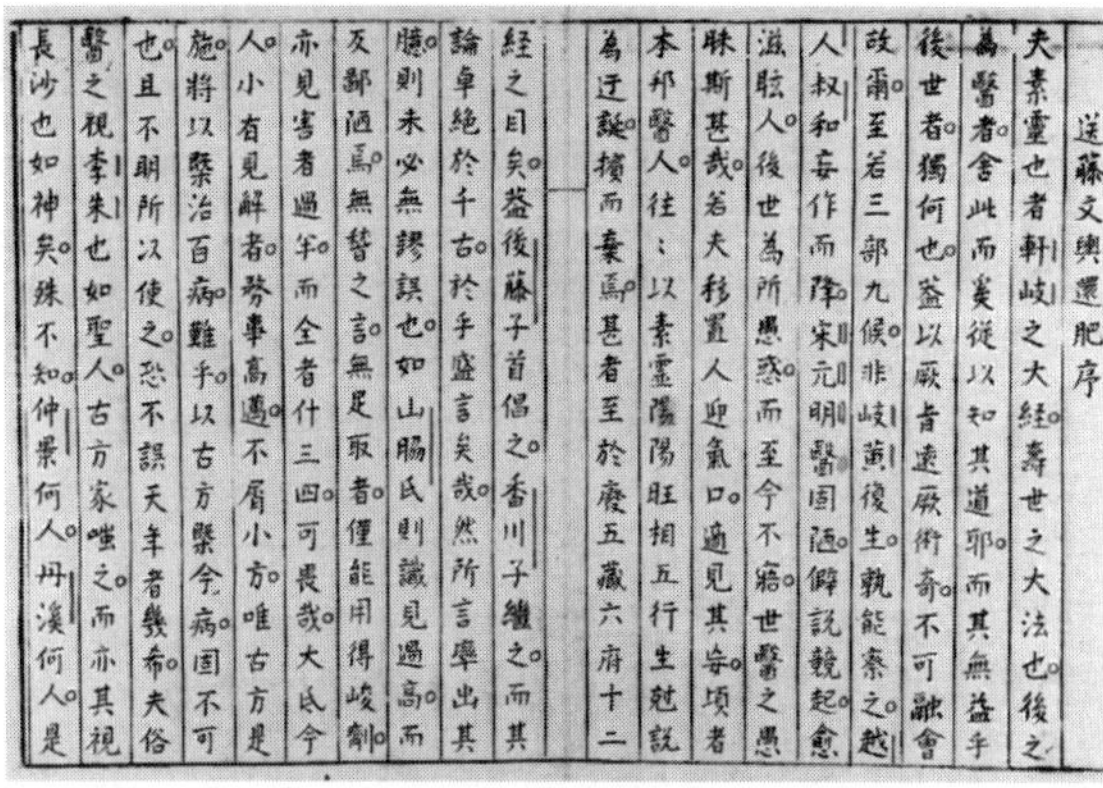
送藤文興還肥序
夫素靈也者軒岐之大經。壽世之大法也。後之
爲醫者。舍此而奚從以知其道邪。而其無益乎
後世者。獨何也。蓋以厥旨遠厥術奇。不可融會
故爾。至若三部九候。非岐黄復生。孰能奏之。越
人叔和妄作而降。宋元明醫固陋。僻説競起。愈
滋眩人。後世爲所惑惑。而至今不寤。世醫之愚
昧斯甚哉。若夫移置人迎氣口。適見其妄。頃者
本邦醫人。往々以素靈陰陽旺相五行生尅説
爲迂疑。擯而棄焉。甚者至於廢五藏六府十二
經之目矣。蓋後藤子首倡之。香川子繼之。而其
論卓絶於千古。於乎盛言矣哉。然所言學出其
臆。則未必無謬誤也。如山脇氏則識見過高。而
及鄙陋焉。無稽之言。無足取者。僅能用得峻劑。
亦見害者過半。而全者什三四。可畏哉。大氐今
人。小有見解者。務事高邁。不屑小方。唯古方是
施。將以藥治百病。難乎。以古方藥今病。固不可
也。且不明所以使之。恐不誤夭年者幾希。夫俗
醫之視李朱也。如聖人。古方家嗤之。而亦其視
長沙也如神矣。殊不知仲景何人。丹溪何人。是

「送藤文興還肥序」

「送藤文興還肥序」

改名の満一年後に書かれた医論が「送藤文興還肥序」（藤文興の肥に還るを送るの序）である。

岩崎栄令[*73]。本姓は藤原で「藤」、号が「文興」。宣長さんの『在京日記』に、その初出は、宝暦三年九月安芸藩へ赴く景山先生送別会での同座で、以後数回登場する。五年九月からは荘子の会読者の一人。同月一三日夜よりはじめた本草綱目会読のあと、談に出た仏教の医書耆婆経を借用したいという栄令宛書簡が残っている。

『日記』の翌六年一月一三日にはこうある。「筑紫肥前の大村（藩）の人だが、上京して屈門でいたく学文に心をいれて励まれた。年来心やすく言葉をかわしてきた。このごろ書簡を寄せたが、この人は文章を好む人で、いたくめでて返簡があったので、またとりあえず返事をした。このやりとりの書簡はいと興あることだった。まじめなことはもちろんだが、いとあされたこと、なめげなことまで、互にいいかわし、おもしろ

かった。長いのでここにはしるさない」この、あされたこと、なめげなことのやりとりは、宣長さん書簡〈小松内府の女にあう〉〈東方と西廓の遊楽比較〉にうかがえる。

二月の記では、吉野の花見に同行の約束だったが、月末に帰国するようになったこと（一七日）、送別の詩や文をつくったこと（二三日）〔『詩文稿』に七言絶句二首を収めている〕。そして、晦日に、栄令は、三日の住吉の潮干を見にゆく景山先生と難波へくだり、すぐに筑紫へ発っていった。雨の日。親しき友との別れ、いと心くるしきものであった、と記す。

この栄令へのはなむけの文章がこの「序」である。浄書本といわれるものの識語に「宝暦丙子春三月」とあるが、『日記』二三日の「文」にあたるものだろう。

この「序」は漢文体一、四二二字（異本で一〇字増）の作品だが、宣長さん帰郷の前年、二七歳、若い抱負と人生観、医学修業の一応の到達点をうかがうことができよう。また、その後、いなかの臨床の町医をつづけ、とりたてて医論を残さなかった宣長さんだけれど、ねばりづよく自分の道を歩いた人だけに、生涯の医学観、人生観をもここに見て、大きなあやまりはあるまい。この文章が有名なゆえんである。

だが、有名にしては全体訓読したものをまだ見ないのである。気負った蘐園ばりの文体は、医学用語とともに、訓みくだしのラクでないこともあるが、それよりも、研究者の立論につごうのよい断章取義のせいだろう。そうした結果、宣長さん医学の位置づけも、近方（後世《ごせい》家）の祖曲直瀬《まなせ》道三、後世家別派の師堀元厚、それらに対立する古方の後藤艮《こん》山、古方を確定した吉益東洞、の流とするなどまちまちである。それらの説のいずれをも誤りとはいえまい。この四家は一つの近世医学の流れを形成しているのだから、あとどこで截ってもその血脈は認められる、というもの。まして、宣長さんの特徴として、その学問の形成が「摘腴《てきゆ》」の方法によって進められていることを思えば、先刻「気負った蘐園ばりの文体」という語を使ったが、どこかが伊藤仁斎、どこが堀景山、どこが荻生徂徠、の影響と腑分けするのと似てはいないか。

とにかく、あまり長くもないから、全文を訓読してみよう。便宜上、見出しをつけて五段に分け、注をもつけてみた。

藤文輿の肥に還るを送るの序

I　素・霊（原漢文一二二字）

それ素霊①なるものは軒岐の大経にして寿世の大法なり。医たる者これを舎きてなにより以てその道を知らんや。しかれどもその後世に益無きはひとり何ぞや。けだしその旨遠くして術また奇なるをもって、融会すべからざるのみ。三部九候②のごときに至りては、岐黄の復生するにあらざれば、誰か能くこれを察せん。越人③・叔和④妄作して宋・元・明に降り、医固陋にして僻説競ひ起こり、いよいよますます人を眩ます。後世愚惑せられて今に至るも寤めず。世医の愚昧なることかくも甚しきかな。かの人迎・気口⑤を移置するがごときは、まさにその妄をあらはす。

（注）

① 素問と霊枢。最古の医書。軒（黄帝）と名医岐（岐伯）の問答だが、秦漢時代の偽作とされる。両者を併せて内経という。
② 脈の名。三部は寸、関、尺の脈。そこで浮・中・沈をうかがうので九候となる。
③ 戦国時代の秦越人（扁鵲）。脈診にくわしく、著「難経」は、内経より精要のものをとり、八一章としたという。
④ 晋人王叔和。張中景伝、傷寒論を撰次した。著「脈経」。

⑤　頸の動脈の左人迎、右気口（素問）を、左と右の手首の動脈とした（難経）ことをいうか。

II　古方批判（原漢文二七七字）

このごろ本邦の医人、往々素霊、陰陽旺相⑥、五行生剋⑦の説を以て迂誕となし、擯けてこれを棄つ。甚しきは五臓六腑、十二経路⑧の目を廃するに至れり。けだし後藤氏⑨これを首倡し、香川氏⑩これを継いで、その論は千古に卓絶す。ああ盛言なるかな。然れども、言ふ所率ねその臆⑪に出づれば、いまだ必ずしも謬誤無からざるなり。山脇氏⑫のごときは、識見高きに過ぎて反って鄙陋なり。無稽の言にして取るにたるもの無し。僅かによく峻剤を用ひ得るも、また害せらるる者過半にして全き者は什に三、四。畏るべきかな。大氏の今人小《すこ》しく見解有る者は事を務むること高邁にして小方⑬を屑《いさぎよ》しとせず、ただ古方⑭をこれ施し、まさに以て百病を概治せんとす。難きかな。古方を以て今病を概するは固より不可なり。かつこれを使ふゆえんに明らかならざれば、恐らく天年を誤たざる者ほとんど希ならん。それ俗医の李⑮・朱を視るや聖人のごとし。古方家これを嗤へども、またその長沙⑯を視るや神のごとし。殊に知らず、仲景何人ぞ、丹渓何人ぞ、これ皆古の一医人のみ。方を立つることの優劣は、時世の変化に循ひてその宜しきを製するなり。しかるに古を是とし今を非とするは偏なるかな。いまだ五〇歩の失を免れず。粗工の古方を投じて人に害あるは、近世の方剤の平穏無力の勝れるにしかざるなり。

（注）

⑥　五行の気の消長を旺・相・死・囚・休といい、その盛んなのに旺相という。

⑦　五行には相生（水生木、木生火、……）と相克（木勝土、土勝水、……）の二種の配列があるとする。

⑧　気血運行の通路で百病の本、死生の分を起こす（漢書・芸文志）。一二経脈（動脈）と一五絡脈（静脈）をいい、特定の内臓と連絡する。

⑨　後藤艮山（一六五九―一七三三）、百病は一気の留滞より生ずるとし、順気を主張する。

⑩ 香川太仲（一六八三―一七五五）は艮山門。伊藤仁斎門で古学を修め、儒医一本論を唱えた。死去の記事『在京日記』にあり。

⑪ 臆断。

⑫ 山脇東洋（一七〇五―六二）も艮山門。徂徠門の山県周南も艮山門。宝暦四年閏二月京都死罪人の屍体を解剖観察。腑分けの最初である。

⑬ 伝統的処方。

⑭ 古い時代の薬方。張仲景の「傷寒論」が宗とされた。

⑮ 李東垣《とうえん》と朱丹渓。東垣は金末元初の名医（一一八〇―一二五一）、脾胃の調整に温補の法を唱えた。著に「脾胃論」「湯液本草」など。丹渓は元代の医（一二八一―一三五八）、著に「局方発揮」。東垣を継ぎ、李朱医学とよばれる。明の医学はこの金元医学を継承する。

⑯ 張仲景のこと。後漢末に長沙の太守であった。「傷寒論」「金匱要略」を著したという。貝原益軒も「百世の医祖」というが、古方のアイドルであった。

Ⅲ　近方批判（原漢文三八〇字）

然れども宋・元・明時の諸名家の処剤、予また弁ぜざるをえず。何となれば、その薬物を賛称するや、大いに実に過ぎてこれを畏れこれを信じ、誠に鬼神の如く然り。ここを以て加減取捨するに、⑰君臣佐使一品を以て一役に充てて各々掌る所有り、⑱某は某経に入り⑱某は某薬を佐《たす》く、左より昇り右より降り、気分に入り血分に入る、陰中の陽なり、陽中の陰なり、と謂ふ。凡そこの類、蒙昧の甚しきこと弁を容《い》れず。⑲補中益気湯に柴胡升麻を入るるの説を観れば、その它の立方の意趣、推して知るべきのみ。それなほ信拠すべけんや。且つ多品を以て多症を兼治するは、絶えてその理無し。薬品愈々多ければ愈々鈍なり。古方駃《けつ》烈の剤もなほ能く病に克たざるを恐る。況んや近方の砕細煩雑、加ふるに小量を以てするは、あに以て危劇の病に当たるに足らんや。⑳至真要論に曰く、多ければこれを九にし、少なければこれを二にす、と。薬品多ければ、その力屈す。品々相銷鑠するなり。その弱き者は全く功無く、強き者もまた弱きに転ず。それかくの如くんば、纔《わず》かに以て脣口の渇を救ふべきのみ。凡そ湯液を以て病を拯療するは已むをえざるなり。内経中に薬治の尠きこと、以て見るべし。或ひはこれあり、また単方の草沢相伝[21]の方のごとき多しといへども三四種に過ぎざるは、また以て後世の多味の宜しきにあらざるを証すべし。それ人の病は、世とともに変はり、地とともに異なれば、治法もまた然り。規々として機変を知らざる者は、ともに治済を語るに足らず。薬は神製の薬にあらず、方は聖裁の方にあらざるなり。すなはち何ぞ必ずしもその規矩に拘泥せんや。然れどもまた良士のこれを手に得て心に応ずる者にあらざれば、すなはち変ずるを得ず。しかるに今俗医は不学無術、意に任せて病を伐つ。また危ふからずや。

（注）

⑰ 薬方の構成。上薬が君、中薬が臣、下薬が佐と使で、併用し、その薬方の主となる君薬を助けさせる（「本草綱目」）。

⑱ 引経報使という。「某薬は某経、某臓に入る」「某薬は某経の病を治す」「某物は某臓の剤なり」など。以下、臓腑経絡配当説、陰陽五行による運気説の後世派（近方）を批判する。

⑲ 李東垣の処方。虚弱体質をはじめ用途が広く、近方で「諸方の首」といわれる。人参・黄耆を中心に十種の薬物で処方するが、異質の解熱剤、柴胡・升麻は除く場合がある。これをいうか。

⑳ 素問の「至真要大論」。

㉑ 民間。

Ⅳ　養気（原漢文五五四字）

それ病は軽剤薄薬のよく治する所にあらざるなり。ただ煕然[22]たる一気のみ独りよく病に抗してこれを制す。その気たるや神㉓にして測るべからず。もとよりこれを天に稟《う》けてこれを身に充つるものなり。後世これを元気と謂ふ。この気有りてたまたま人たり。無ければ尸《し》のみ。時有りて盛衰し、皆よく病を為す。外邪内傷、四百四病、皆その盛衰によりて発し、死生はただこの気の有無のみ。五臓六腑以て㉔四支九竅《きょう》に至るまで、これを得て後おのおのたがいにその用を為す。凡そ一身の政㉕はみな気より出づ。而してその政中相順従し、過不及有ることなければ、外に㉖六気の犯なく、内に㉗七情の傷なし。病いづこより来らん。些かの過不及有るに至りて、すなはち㉘憂恙《よう》を成す。或ひは内よりし、或ひは外よりし、左右上下、その隙《げき》を逐ひて発す。ここにおいてか、気に㉙真邪の分有り、まさに㉚湯熨《い》鍼《しん》灸を仮《か》りて以てその真気を助け、邪気を攻むべきなり。然れども湯熨鍼灸は真気の政を助佐するものなり。自ら病を攻むるものにあらざるなり。それ真気の病に待《たい》するや、宜しく吐《と》すべきものはこれを吐し、宜しく利㉛すべきものはこれを利し、攻、補、温、涼、一としてその所を失する無くして、その力また能く大㉜痾を攻治するなり。而るにその気衰弱して任にたへず、病たまたま熾《さか》んなれば、竟《つひ》に克《か》つこと能はず、㉝爾《じ》然として困《くる》しむに致《いた》る。この気能くこの病を制治せざれば、㉞司命といへどもこれを奈何《いかん》ともするなきのみ。況んや㉟草薬においてをや。ただ真気の趣く所の勢を察して、薬石これを順導輔佐すれば、その力を資《と》りて真気大いに振ひ、㊱汗吐下その宜しきに適《かな》へば、病随ひて癒ゆ。苟くも真気の趣く所を察せずして妄りに攻撃及び温補すれば、ただに功無きのみならず、またよく人を賊《そこな》ふ。故に治病の枢機は真気の勢を察するに在り。世医ただ温補を以て助気の事と為して、攻撃もまた助気の方なるを知らざるなり。深く思はざらんや。治療の方術は助気にあらざるものなし。然れども、この気や養ふべくして補ふべからざるなり。一旦大いに㊲羸《るい》困すれば、巨万の㊳蔘耆《しんぎ》を費すといへども、何の益かこれ有らん。この時に当たりては手を拱きて斃るるを俟《ま》つのみ。衛生の徒は須らくこれを生平㊴抱養すべし。そのこれを養ふの術はまた他無し。食薄うして飽かず、形労して倦まず、思慮常に寡ければ、気従ひて以て順に、周流して滞らず、その政四末に溢れ、衆官闕失有ることなければ、その病またいづくにか発せん。

経[40]に云はく、上工は気を平にすとは、それこの謂ひか。養気は医の至道なり。慎まざるべからず。而るに古方家はすなはちこれを攻に失し、近方家はこれを補に失し、並びにその適を得ず。悲しいかな。

(注)

㉒ 煕は光、広、和、悦のようす。「一気」はふつう「混沌」を冠するが、稀語「煕然」を用いている。
㉓ もと「陰陽不測、之謂神」(易・繋辞上伝)より出て、陰陽不測→神明不測→神妙不測と広く使われるようになった。「不可測」の語は徂徠に習ったか。宣長さんの不可知論で常用語となる。
㉔ 手足と人体にある九つの穴。
㉕ 勢。
㉖ 風・寒・暑・湿・燥・火(内経)。
㉗ 喜・怒・憂・思・悲・恐・驚(内経)。
㉘ 病気。
㉙ 真気と邪気。ふつうの「正気」の語を使わない。
㉚ 患部を薬湯であたためること、鍼、灸。
㉛ 下痢。
㉜ 大病。
㉝ つかれくるしむ様。稀語、荘子からとったか。
㉞ 生命を司る神。転じて医術。
㉟ 下薬ともいう。単に病気を治すための薬。
㊱ 発汗、嘔吐、下痢。古方では「和」(病毒和解)を加える。
㊲ つかれやせる。
㊳ 漢方の主要な補剤で朝鮮人参と黄耆《おうぎ》。
㊴ 平生から。

㊵　内経。

Ｖ　善医（原漢文八九字）

藤君文輿は、深くこの理を察し、攻㊶補の間に周旋して、偏ならず固ならず。善医と謂ふべきのみ。文輿は西海肥州の人なり。世々青嚢《のう》㊷を持して大村侯に事《つか》ふ。頃歳《けいさい》京師に折肱《こう》㊸し、枢㊹・素の蘊奥《うんおう》を叩き、長沙の髄脳に達せり。旁ら儒雅を尚び、厚く文辞を好む。実に予の益友なり。今や錦衣の別れに臨み、区㊺々たる医言を裁し、もって贐《はなむけ》となす。

（注）

㊶　攻は病毒を攻撃する医方で古方の主張。補は体力の補強を主とする医方で、李東垣以来温補が後世派（近方）の主張である。

㊷　天文、占い、医術の書物。

㊸　良医となるため非常な苦労をする。

㊹　霊枢・素問の学問の深さをたずね、古方が宗とする張仲景の奥義に達した。

㊺　つまらぬ医論を作って。

医学思想

宣長さんは古学だからその医も古方で、伝統的な近方（後世派）でない、とされがちである。はたしてどうなのか。

たしかに、宝暦五年（一七五五）三月、名を宣長、号を春菴（庵）と改めて一人前の医者となったころに作ったノート『折肱録』に、古方が宗とする張仲景の『傷寒論』『金匱要略』の処方やそのころ没で著名の古方家香川一本堂の家方（一〇方）が載っている。

だが、漢方薬といえば、現代でも半ばが『傷寒』『金匱』であるように、古方が興るまでの後世方の時代にも、ノートに載っていてふしぎはない。ところが、『折肱録』にノートした『傷寒』『金匱』の二一一方のうち一四方だけが、後年も使った別冊『方彙簡巻』一三〇方に含まれるにすぎない。さらに、その中から八〇首の『方斉歌』にとったのはわずか三方（小青竜・真武湯・後年には省かれる酉《ゆう》湯）である。

また、留学晩期の宣長さんは、「医書」として関心をまとめたらしい一紙を『経籍』にはさんでいる。『素問』『霊枢』からはじまり三九書目。『傷寒』『金匱』はつづくが、他に古方の書名はない。そして『運気論』などミセケチ（抹消）のもの九を除くと三〇。そのうち一八は『嬰童百問』をはじめ小児科のものである。以上をもってみても、宣長さんは、もともと近方（後世派）、小児科であったとしてあやまりないであろう。

はじめ、後世方別派の学医堀元厚の門で、『素問』『霊枢』や宋代の陰陽五行の『運気論』、元代から主流の李・朱医学を学んだのだし、ついで入門した小児科武川門も近方である。新しい号の「春庵」の「春」も、後世派の宝典とされて流行してきた明の龔廷《きょうてい》賢の著『万病回春』の「春」であろう。「春」は易で「元」、「回春」は元気が出る、病気がなおるの意味。後世派春庵名の医者にはかなりお目にかかる。宣長さんの意識にある山岡元隣の師が春庵、徂徠集に出る益軒門の打田春庵、幕府の医官小島春庵（前野良沢の女婿）、ずっと後、春庭門にも津の医師近藤春庵等。儒生友人では「本舜庵」とよばれた。春を好む宣長さんにふさわしいいい名だが、著述などでは「蕣」の字を使った。俗をきらったか。蕣はムクゲ、舜とも。艶美の花を賞す。本草ではアサガオではない。あるいは、師景山を通じて知った本邦朱子学の祖藤原惺窩《せいか》の名、蕣首座も意識にあったか知れない。なお、帰郷してから没年までつづく医療記録『済世録《さいせいろく》』の「済世」も、同じ龔廷賢の『済世全書』からの語であろう。「回春」・「済世」（世は寿命の意）の語は、寛永和刻以降、もちろん古方でなく後世派以来の常用語だったのである。

さて、改名から一年たって「送藤文輿還肥序」となる。

「養気は医の至道なり」というこの「序」は、養気を主張するための論である。しかし、「養気」の論としては、貝原益軒の『養生訓』を見すごすことはできない。

益軒は医者にはならなかったが、少年時に医を志し、父より『万病回春』他二著を与えられてから、明末までの中国の医書・本草書を歴読、いかに医に通暁していたかは啓蒙書『養生訓』でもよくわかる。

書中、かれは八三歳まで生きてきた経験を総括した。医術の要点を、病論（病理）、脈法（診断）、薬方（治療）の三つとし（運気、経絡は次のこととする）、日常生活に即してこまごまと具体的に説くが、その中心は養生、養気。元気はもともと天地の万物を生む気。これがからだの根本、生命のもと。だから元気を養うこと、元気をそこなわないこと。ために内欲を制し、外邪を予防すること。病気がおこってから薬を使ったり、鍼灸でそれを攻めたてるのは養生の末である。——これをくりかえす。立場は、近方、古方の対立がない中国の医学だったから、日本流では伝統的な後世派に属せられる。かれは張仲景を「百世の医祖」というが、「養生の祖」として隋唐の孫思邈《ばく》を尊重していう、「孫思邈は養生の祖である。『千金方』を書いた。養生の術でも治療法でも、みなこの本を本家とすべきである。老荘が好きだったので異術を使うが、長所は多い、……」。『千金方』は日本渡来最初の治療書で、ながく薬方の中心だった。

少年時より益軒の諸著にことに親しんだ宣長さんは、有名な『養生訓』は読んでいたはず。そこでしきりに引用される『千金方』のことも知っていたろう。一九歳のころ記した「養生紀」のメモ中にも『千金方』の「十二少」が見える、「思いを少なく、欲を少なく……」等。『養生訓』でそれをアレンジして、「食を少なく、くよくよするな……」とするのを、宣長さんの「序」にも見るのである。

一月一二日から、武川門で宣長さんらは『嬰童百問』と『千金方』の会読を始めていた。岩崎栄令（藤文輿）もいっしょだったろう。『嬰童百問』は明代（後世派）の小児科医書。『千金方』はなぜ選ばれたのか。伝統的な古典であるほかに、昨秋来傾倒していた『荘子』の影響もあったろう。会読の二か月後、急ぎ帰国することになった栄令への餞別の「序」に養気が主題となったのは、そうしたせいもあろうか。

だが、当時古方の代表者吉益東洞にいわせると、近方は「養気を論じ、延命を談じ、未だかつて疾病を論ぜず」ということになる。東洞は徂徠の「気は古へこれを言はず」（『弁名』）をふまえていう、元気の説は聖人言わず、故に経典載せず。秦漢以降、道家隆盛で陰陽五行元気の説がはびこり、医道の衰えの原因となった、とし、「医術は人事なり。元気は天事なり。……元気を養ふと言ふは後世の説なり」。かれは陰陽五行経絡説による「元事」を排し、『金匱』『傷寒』に立って、病症に直面、病毒攻撃という「人事」に没頭する。上の東洞説の引用は、後年刊行の『薬徴』からだが、近・古いりまざる狭い京都医学界のことゆえ、この古方の主張、方向はすでに医学生たちのだいたい把握するところだったろう。

おもしろいのは、「臆」のやりとりである。宣長さんより三歳年少で蘭方外科を学んだ杉田玄白は、晩年、古方の良山・修庵・東洋・東洞について、「陰陽五行の妄説を看破したのは卓識だが、その論説臆断を免れず……」と批評する（『形影夜話《けいえいやわ》』）。

その東洞は、「後世派の医は、病の所在を視ず、ただ陰陽、五行相生相剋、経絡等で病を論ず、皆臆見ゆえ手に取りて治する事あたはず」と批判する（『医事或問』）。

宣長さんは、「序」で、その古方を「おおむね臆に出る」と批判するのだ。何をもってか、あまりはっきりしないが、病理学をもたぬという根本（玄白『狂医之言』）ではなく、古方の張仲景の薬方が現代に適するとするのが「臆」だというのか。すると、「時世の変化」を説く、後の思想と同じことになる。

東洞を引き立てた山脇東洋については、乱暴な書生論で、と一蹴する。一昨宝暦四年閏二月、わが国最初の死体解剖で、残忍刻薄、解剖など無用、の世上の非難に同調するのも、「峻剤を用ひ、害せらるる者過半、畏るべきかな」（「序」）にかかわるのだろう。これは世評でもあって、東洞が、自分の処へは医者に見放された病人が来るから……と弁解しているのに符合する。

「序」に見る古方批判は以上であるが、より一般的だった近方へのそれは、すでに古方からの批判もあり、わが圏内でもあるので、ずっと具体的で手きびしい。

焦点は、その薬物の多味である。李朱医学来の薬物信仰は、薬物に君臣佐使の別をつけ、それらが五臓六腑へつながる経絡を通じて、昇降、気へ入り血へ入り、陰中の陽となり陽中の陰となる、など蒙昧の説をまって、少量多味の薬品を、効なきに、規矩《きく》に拘泥して施すのみ。世と地とで異なるべき治法に、機変を知らぬ俗医の多いこと、という。

古方の拠る徂徠が、すでに「医の、五行にかかはるものは、病を療《いや》すこと能はず」（『弁名』）といっていたが、よりはやく後世派の益軒でさえ、その経験主義から、五行説に派生した運気・経絡は医術必須のものでない、としているのだから、宣長さんの痛烈な批判も、かれが後世派をすてたことにはならない。ただし、注目されるのは、陰陽五行説盲信への懐疑である。後の問題である。

さて、古方の峻剤による攻撃でダメ、近方の多味軽剤による補益でダメ、ということになれば、臨機の攻・補周旋、そして、古方からの批判があっても、『霊枢』の「未病を治する」養生しかない。宣長さんはこうして益軒と同じく「養気」に拠ることとなる。

この「序」は宣長さんの医論として有名だが、それ以前に、それこそ気にのせて作った、蘐園ばりの序の体の漢作文だということ。栄令とは相知ってから三年、ともに医に志し、ともに徂徠に心酔し、荘子を会読し、戯文をも競作応酬してきた仲、その餞別の文章。おそらく同門の諸友にも披露したろうし、あるいは師景山の批正をも受けているか。当然ここにはその教養と人生観の全体が出ていて、後年の思想の原型をも見ることができるはず。そういう観点で「養気」から出発しよう。宣長さんは、熙然《きぜん》たる一気（元気）へ焦点をあて、邪気に抗する真気を論じ、養気を医の至道なり、とした。

まず、「ただ熙然たる一気ひとりよく病に抗してこれを制す。その気たるや神にして不可測なり。もとこれを天より稟《う》けて身に充つるものなり」の「熙然たる一気」。「一気」の語は「元気」とともに、易の「太極」にあてたものだろうが、儒教の六経には見ない語。荘子から「人の生は気の聚なり。聚《あつ》まれば生となり、散れば死となる。天下を通じて一気のみ」（知北遊）、「造物者と人（友人）となり、天地の一気に遊ばんとす」（大宗師）の用例が宣長さんのメモにある。易と老荘と一体に伝わった古代日本で「一気」「元気」は、神道説に見るようにみな「混沌」を冠する。宣長さんのは「熙然＝喜び笑うさま」という稀語（この月読んでいた列子からちょうだいしたか）、つまり〈生々化育〉の「一気」である。もっとも「一気」に〈生〉を見るのは、当時、荘子の語から出た伊藤仁斎の一元気説や、その影響を受けた古方医後藤艮山の病気を一気留滞とする説もあったが、宣長さんのそれは、まず直接的には、師景山の受け売りと考える。

若き景山と晩年の徂徠との往復書簡（復、『屈物書翰』として編集）で景山第一簡は、「一気」の用例一〇と「気」のみで八、第二簡で二と一三。「この気たるや天地に根柢し、人の以て生くるを得る所のものなり。……故に人と天地と相通ずるなり。文と気と相発するなり」（第二簡）の調子で、景山は文章の生命がそこにあると主張するのである（「気」をとらぬ徂徠はそれを無視するが……）。宣長さんが愛読したことは想像に難くない。

右引用の景山文のすぐあと「気に全《まった》からざるあれば、薾然として餒《う》う」とある「薾然」の語も、「序」中に「その気衰弱……薾然として困しむに致《いた》る」と使っている。極端な稀語「薾然」を景山は荘子の「薾然として役《えき》に疲れ」（斉物論）から採っていたのだろうが、これは宣長さんのメモに見ない語。宣長さんが景山を模した証拠に入らないだろうか。

宣長さんの「一気」「気」に景山の影響を見るなら、ことは医にとどまらない。はやく宣長さんがノートしていた師の『不尽言』の中にはこうあった。――和歌も詩と同じ物。古今集の序に人の心を種として……とあるが、その種の内で発生の気が鬱して、見るもの聞くものにふれて、自然にズッと生え出たことばである。安排工夫、作り拵《こしら》えたものでなく、邪念は邪念なり、正念は正念なりに、実情をふっと言い出したものが詩である、と。中の〈安排工夫・作り拵え〉と〈自然〉との対比は宣長さんの自然の神道へ、〈発生の気〉と〈邪念・正念それなりに〉とは「一気」と「邪気・真気」へ。ノートは、もともとの詩歌人情論にとどまらず、医論、神道論とのかかわりをも予約するものであった。

次に「真気」について。治療の方術は真気を助けることにあり、平生から抱養すべきだとする。ありそうで、滅多にお目にかからぬこの「真気」の語は、唐の『老子述義』という本の「それ天地の間に真気有り。太和の気是なり」を一四世紀の伊勢神道書『類聚神祇本源』が引用する。谷川士清の『通証』はそれを孫引きし、宣長さんはさらにそこから『老子述義』の書名を『経籍』へ転記する。「真」の語は儒教経典には見ぬ、老荘道家からの用語だが、荘子の「至楽」「真楽」を好む宣長さんに「真気」がとりいれられて不思議はない。だが、直接「序」へはどこからか。医書最古典の素問からにちがいない。素問巻頭の「上古天真論」にいう、「それ上古、聖人の下《しも》を教ふるや、皆これをいふ、『虚邪・賊風、これを避くるに時あり。恬《てん》淡虚無なれば、真気これに従ひ、精・神、内に守る。病いづこより来らん』と。これを以て志閑にして欲少なく、心安んじて懼《おそ》れず、形労して倦まず、気従って以て順なり。各々その欲するに従って、皆願ふ所を得。……」」。傍線の部分はそのまま「序」に使われているのである。

いうまでもなく、素問・霊枢は二年半の前に堀元厚の講釈を受けたもの。「序」の中でも、冒頭から「大経」「大法」と尊重し、文中「至真要論に曰はく」「経に云はく」と文句を引用、末尾に「枢素の薀奥を叩《たた》き（たずね）」とある。半年間の師事であったが、後世家で素霊派の師の立ち場が医修業の基幹となっている。師とはこういうものだ。

ところで、なぜ「真気」なのか。「邪気」に対するのが通用の「正気」でなくて「真気」であることに格別注目される。つまり、宣長さんにとっては、正・邪でなく、真・邪なのである。これは重要なこと。生をいとおしんで小児科を選び、女こどものめめしさ・つたなさ・おろかさを肯定、本能をも容認、そして、作為・理窟・教戒・刻薄さをいとい、人情・実情（真ごころ）の「物のあはれ」説、さらにまた、一気を産《むす》びの神として、真気は直《なお》びの神、邪気は禍《まが》つびの神となる神道説の樹立、に至る。（余談。だから、真裸になってはやりのみそぎで邪禍を洗いおとせば、さらに簡単におはらいをしさえすれば、正義をも超えることになる）。

次に、一気・真気・養気の「気」の問題について。宣長さんはいう、「神にして測るべからず。もとよりこれを天に稟けてこれを身に充つるものなり。後世これを元気と謂ふ」。この中の「神而不可測」はもちろん易の「陰陽不測之謂神」（繋辞上伝・陰陽測ラレザルヲコレ神ト謂フ）に淵源をもつ。もちろんというのは、「陰陽不測」転じて「神明不測」「神妙不測」の語で「神」を説明することが神道常識になっていたから。発音まで熟して、フソクから、フシキ、フシギとさえなる。つまり陰陽は神の不思議の中に解消されてきたのである。それと「元気」との関連をふりかえってみよう。

「序」中「元気（一気）」の語は、かつて景山が主張して徂徠が取りあわなかった「一気」で、もともと景山親近の仁斎が主張する「一元の気」から出たもの。古学の祖仁斎は、「天地の間一元気のみ」を証明するのに、ハコをつくり密閉した中に気が充ちてカビ・虫の生ずることの実験のたとえをもって、「生に一なる」、天地の道・陰陽の気・自然のはたらきの「気」を見た（『語孟字義』）。このおかしな事例でも、かれの経験主義は「不測」に近づかない。鬼神を遠ざけ、卜筮《ばくぜい》をとらない。かれは、「陰陽不測……」を無視し、その繋辞上伝第五章から冒頭の「一陰一陽これを道と謂ふ」、中ほど「生々これを易《えき》と謂ふ」をとり、生々として往来已《や》まざるを天地の道とし、天地は一大活物、「天地の間は一元気のみ」と結論したのである（『語孟字義』）。仁斎の意は、道を説くに、宋学の理・気二元論ないし理先気後論における「理」を退けるにあったのだが、つづく古学で、道は天によって聖人の立てたものと信奉する徂徠は、そのような仁斎を批判する。「天理自然をもって道となす。あに老荘の帰《き》ならずや」（『弁道』）とし、「気は古《いにしへ》これを言はず。……仁斎先生のいはゆる天地の間は一元気のみのごときも、これを要するにみな聖人天を敬するの意にあらず。すなはち君子の取らざる所なり」（『弁名』）と否定する。天・聖人を信仰する徂徠は、「神明不測」「神妙不測」「霊妙不測」（天地、神明、聖人、聖人の徳）、「不可得而測」（天、聖人の心・智）、「不可測」（天地、神、聖人の智）の語を使う。それをしいて測ろうとするのを、かれは、推量、私智、理、と排撃した。仁斎説もその例にもれないのである。

徂徠は『弁名』でいう、易経の陰陽は聖人が天の道として立てた極（準則）、人の道として立てたのでないから人事にあたらぬ。書経の五行は聖人が万物を分類符号化したもの。医書の五運六気はその借用のみ。そして、『徂徠集』（江若水、芳幼仙宛書簡）によれば、医の聖典視する素問・霊枢も、老荘はじめ百家の説をまじえた戦国時の編集で、六経には合わない、とする。

仁斎の一元気説は、元気を左右の両腎の間にある、とした旧来の医観を打破する力となったが、古方も吉益東洞となると、陰陽医・仙家医に対し、疾医をもって自任するかれは、徂徠説をうけて「一元気な天事」（寿命は天命）、不可測として論ぜず、医術即人事（病毒退治の親試実験）に力を傾注、五行説・経絡論・運気論・陰陽説をも排撃一掃しようとしたのである。

さて、「序」の段階、宣長さんの思想は、仁斎の「気」に徂徠の「不可測」を接《つ》いだようなものである。「ただ熙然たる一気ひとりよく病に抗してこれを制す。その気たるや神にして不可測なり。もとこれを天より稟けて身に充つるものなり」と書いた文中でうかがうに、仁斎の「気」（一気・一元気）が「神」「天」に応ずる。そして、やがて「天」は「自然」を誘発するものである（荘子「大宗師」郭注に「天者自然之謂也」）。それらが徂徠説の「不可測」と結びつくので、先に書簡で見たように、翌年までには、徂徠の「天の寵霊」から「大日雲貴の寵霊」という換骨奪胎、「自然の神道」という語の出現に至る。宣長さんの不可知論、神秘主義の根の深さを思わせるものである。

「序」中からもうひとつ、後年の宣長さんの思想にかかわるものを引いておこう。

「方を立つることの優劣は時世の変化に循《したが》ひてその宜しきを製するなり。」

「古方をもって今病を概《はか》るはもとより不可なり。」

「粗工の古方を投じて人に害あるは、近世の方剤の平穏無力の勝れたるにしかざるなり。」

「それ人の病は、世とともに変はり、地とともに異れば、治法もまた然り。規々として機変を知らざる者は、ともに治済を語るに足らず。」

つまり「時世の変化」に対する反応のしかたである。

医論のみでなく、それは歌論へもそのまま現れる。詠歌について、「義理に害サヘナクハ、改メテゼンナシ、カヤウノ事ハ古実ヲ守ルガヨキ也、新規ハアシシ」というが、「時ノ宜キニシタカヒ用捨アルベキ事也」という。

これは数年後の革新的な歌論『排盧小船』での説だが、類例の主張を外にも数か所に見る。そして、後年も、古学を説き、古体（万葉風）の歌をも認めながら、主張する古今・新古今風どころか、ずっと時代のくだる頓阿《とんあ》風、つまり近世風の歌を生涯詠みつづけるのである。

また、政治論における保守主義にも、それは顕著である。「すべての事、ただ時世のもやうにそむかず、先規の有り来りたるかたを守りてこれを治むれば、たとひ少々の弊は有ても、大なる失はなきものなり。」、「古への道によるとして、上の政も下々の行ひも、強ひて上古のごとくに、これを立直さんとするときは、神の当時の御はからひに逆ひて、返りて道の旨にかなひがたし。」とは『玉くしげ』の説。もちろん具体的な施策を上申する『秘本玉くしげ』でも、同じことをくりかえす。はっきりと、「上古ハ上古ニテ今ハ今ナレバ、上古ノ如クニスルハ返テ道ニタカフ事多シ」（寛政二年四月・小篠敏宛書簡）というのが、上古（古道）礼賛者宣長さんの信条なのである。

「序」にいう「時勢の変化」から、つづいて「自然の勢い」へ、さらに「自然」を「神」にかえて「神の御はからひ」へと展開するのだが、「神の御はからひ」の中には「時世」・「自然」による変化をも包含するのである。ただ、「神」の聖域批判の拒絶と、資質上、感覚でとらえられる事物・体験される生活の実態・実証された知識からする変化容認、という条件が信条を規定していただけである。この拒絶と容認とで見るに、拒絶を信仰とすれば宣長さんは、変化の中に不変を求めるというより、変化を肯定しつつ別に不変を求めたオポチュニストに映る。古くて新しい、という、復古・古学というものの宿命的な傾向もあろうが、宣長さんの場合には、信仰の結果として、その不変が神・古事記の「不可測」の聖域として、あまりにはやくから鮮やかに、そして個人の葛藤労苦とは別にあまりにたやすく、手に入りすぎたせいであろう。真淵の叱責、秋成の非難、昌益との差異、の根もここにあろう。

こうした宣長さんの展開は、たまたま「序」の古方、近方の医論にあらわれたもので、それは、むしろ環境の中で自己を固執して育ててきた、生得的な資質信条のあらわれにちがいない。後のほかのこと、アマテラスとアヅマテルカミ（家康）の共存、学問となりわい（医業）、遺言の神・仏の墓二つの問題などに拡大してみれば、それはハレとケの感覚、けっして特殊でない一種の平衡感覚のあらわれであったといえよう。

論をはじめの医の修業時代へもどす。宣長さんは古方か近方か。

修業時晩期の宣長さんは、「医書」として関心をまとめたらしい一紙を『経籍』にはさんでいる。『素問』『霊枢』からはじめて三九書目。『傷寒』『金匱』はつづくが、中に古方の書名はない。また、『運気論』などミセケチ（抹消）のもの九を除くと三〇。さきに言及した『古今方彙』『千金方』はもちろん含まれるが、三〇のうち一八は『嬰童百問』をはじめ小児科のものである。これをもってみても、もともと近方（後世派）、小児科であったとしてあやまりないであろう。

しかし、宝暦が過ぎるころにはもう膏薬も療法といわれて漢蘭折中の医が現れてくる時代である。その一〇年ほど前だが、論争はあっても、もう古方が特異視されるころではない。帰郷して町医を開業するに、医論をふりまわしたり、同じ本道（内科）で専門何々科といったりも考えられない。もともと、方（治術・薬方）があって、法（原理・理論）がない、という漢法医（杉田玄白『狂医之言』）のこと、実際には、「序」の「攻・補を周旋し」ということになったはず。「攻」は古方、「補」は近方である。

（九）知巧の人

たばこ・『おもひ草』　よく遊びよく学んだ青春の在京時代。以前からつちかわれた資質はじゅうぶんに伸ばされ、開花を約束された、といってよい。不完全な『在京日記』だが、それを開くだけでも、身辺、ああ、これはあのように発展するんだな、と後年の宣長さんに思いあたる事がらがつぎつぎに出てくる。そのいくつかから、展開のあとを追ってみたい。

真淵は宣長が嫌いで、常に宣長のことを嘲っていた。よってある時、小話を四つ五つ作ってみせたら、真淵は大いに笑った。その一つに、宣長がいうには、近来は漢魂《から》ばかりあって、やまと魂がない。中にも煙草などいうものを飲んでから人の真似するはいかなることぞ。されば、煙草を飲むはひがごとなりというよしを記して、書物を作ったといって、浅黄表紙に紫の糸でとじた本を出した。その名はと見たら、『玉たばこ』。出典は『目黒まうで』で、狂歌「歌よみは下手こそよけれ天地の動き出してはたまるものかは」で知られる石川雅望（狂名宿屋飯盛）の談話を門人が録したもの。雅望は狂歌作者のほか、作家でもあるが、真淵門に近い国学者でもあって名著『雅言集覧』五〇巻を残している。一八三〇年没、七八歳。

この小ばなし?には、いやらしいトゲがあるが、うまくできている。「ひがごと」の注は不要であろう。宣長さんが論難に使う常套語。「浅黄表紙に紫の糸で」も好みの装丁。「玉……」は、玉の小櫛、玉勝間……など宣長さんの著書名を想えばよい。宣長さんの悪口批判は、京阪にもあった以上に江戸でもあったわけで、しかも、それが声望の高さを逆に証明しているので、宣長嫌いで知られた雅望だけのことを考えるべきではない。

書斎・鈴屋

さて、鈴屋《すずのや》にキセルは幾本あるか？　一五本。たばこぼんは三つのはず（『本居家寄贈品目録』）。その中には、寛政四年（一七九二）三月に購入の「自分たばこぼん七匁五分、同火入れ八匁、黒材たばこぼん三つ五匁五分ずつ」、同六年一二月五日の「三匁たばこぼん火入三ッ」（『諸用帳』）の中のものもふくまれているのだろうか。喫煙具がかなりの複数であることにもご注意。本の代金で、旧事紀と古事記で一〇匁二分のころ。

門人長瀬真幸の熊本帰郷談に、松坂遊学中、「宣長の喫煙をたしなむこと甚しく、談笑のうち、常にキセルを放たず、ために室内もうもうとして白煙満ち、ことに粗葉（安タバコ）なればにや、臭気甚しく座に堪へず」と、熊本の儒臣上田某の手記にある由。四畳半のあの書斎を想う。

いつごろからの喫煙だったろうか。在京留学中の二八歳・宝暦七年三月には、東山の花見で「山上にてしばし休みて、たばこ茶などのみゐる程……」とある。そのあとの『随筆五』には、『秉燭譚』から東涯の烟草の考証をメモし、『徂徠集』から徂徠の愛煙の賦を摘録して関心のほどを示している。また、その前年三月には、過日祇園のあたりで落としたたばこ入れが、友人山田孟明から偶然道で拾ったと返されてきたことを日記に見る。そのころ、医書『一本堂薬選』から烟草の条だけを抜き、一五の異名の出典を写し、器具名に及ぶ。さらに二年前の、留学の翌年には、「おもひぐさ」（別名・尾花がもと）と題し、かなり長い雅文を作っている。戯文ではあるが、今も昔もまったくかわらぬ喫煙、嫌煙までもの様子や心理が出ている。「あしたに起きたるにも、まして物くひたるにも、寝るとても、大かた離るる折こそなけれ、かう、常にけ近く親しき物は、何かはある。さるを……」の調子は常習者にして書けるもの。この作品についてはあとでまたとりあげることにしよう。

貝原益軒は、のまないにこしたことはない、というが、徂徠のみならず、新井白石、祇園南海《ぎおんなんかい》、五井蘭州《ごいらんしゅう》と愛煙の詩賦にこと欠かない。ひとたび吸いては忘れがたきゆえに相思草と称すると、宣長さんは喫煙を儒家景山塾でおぼえたものだろうか。上京以前には、『覚』はじめ文献に関連の記を見ないようである。

しかし、家はその少年時まで江戸で煙草店をも持っていたのである。伊勢はその産地でもあった。タバコどころか、タバコ入れまで、稲木村（現松阪市漕代《こいしろ》）産の壺屋のタバコ入れ――厚紙製の黒い擬革――は、天明ごろには大流行で、船で江戸へ直送し、年間一、〇〇〇両以上の商いであった。

死の一年前、宣長さんが山室山へ墓地を求めに行った時にも、タバコの花が咲いていた。

　いつとても燃ゆる草とてうらがるる秋の末にぞ花も咲きける

と詠んでいる。

明治三七年、日露戦争の戦費調達のため、タバコは完全専売となり、敷島の大和心を……の歌から四つの名がとられた（敷島八銭、朝日六銭……）。国粋軍国主義の利用だが、命名者は宣長さんの愛煙はもちろん、「思ひ草」の存在を知っていたにちがいない。伊勢の喫煙生徒もそうした経緯を知りっこないが、これはどうだろうか。七二歳宣長さんの死因は肺炎といわれているが、かれは平生から痰咳に悩んでいた。喫煙に関係あったことはいうまでもない。

さて、留学中出色の知巧作品として、先掲の「おもひぐさ（尾花がもと）」をとりあげたい。

タバコが日本、中国へ渡来したのは、ほとんど同じ時期で別途に、一六世紀末（日本へポルトガル人）、一七世紀初（中国へスペイン人）のことであるが、共にそれは、はじめ薬物、ついで嗜好品として、たちまちにひろまった。

古来の本草書に記載のあるはずなく、明末一七世紀半ばに沈穆《ちんぼく》の『本草洞詮』で紹介された。煙草の条下に、四つの薬効をあげていう、「人遂以之代酒代茶終日吸之不厭時時思想不能離故名相思」（原書未見。諸書引用に小異あり。ここは『倭漢三才図会』による）。ここから相思草、思ひ草の異名が出た。宣長さんもそれを知っていて、「相思ふともろこし人の名づけけむも、げにさることぞかし」と書いている。超当世的なタバコを古典の中へ導入する知巧には、その愛煙と洒落の底に、このロマン的な名称が重い役割をもっているにちがいない。

冒頭から、「思ひ草は、秋の野の、尾花がもとにおふるとかや」、と万葉集（二二七〇）の「道のべの尾花が下の思ひ草今さらになど物か思はむ」を下敷きに、タバコを古代のロマンへ移入する。万葉集の「思ひ草」は、オミナヘシ、ツユクサ、リンドウかなどといわれたが、近世ではススキ、カヤなどの根に寄生する小さな野菰とし、すでにキセルソウ、ナンバンキセルの異名をもっていた。歌では、「尾花が本のくさとのみもよめる也」とある（『倭訓栞』）。

さて、冒頭はつづける。

またはこのけふりも、其名にたぐふ心地して、室の屋しまもとをからず、とことはにこがれつゝ、人の口はにのみぞかゝる。さるは、いひけたれても、なをふかくおもひいれて、もゆるけしきは、いぶきの山のさしも草にもことならず。かくのみたえずなげきせる、はては、いぶせくきたなげになりて、すてらるゝよ。いとかく、あだなる物とは思へど、とあるごとには、なを世にしらずおかしき物にこそあ《ン》なれ。

中の「室の屋しま……」は「いかでかは思ひありともしらすべき室の八しまの煙ならでは」（詞花集・実方）、「いぶきの山のさしも草……」は「かくとだにえやは伊吹のさしも草さしも知らじな燃ゆる思ひを」（後拾遺集・実方）などの古歌をふまえて、もじりつづけたものである。

つぎの技巧。文中左圏点の部分（たはこ、ひいれ、はいふき、きせる）が隠し題になっているのである。

この年、宝暦三年の詠に隠し題の歌が一首ある（『石上稿』）。

　　或人の扇子の絵に霞紅葉松葉かきたるに此三くさを
　　かくして恋の歌よみてとこひければよみてかける
　今はしかすみあらしてもみち絶ぬ中をたのみにまつはくるしき

この歌の手法を散文に応用したのである。

作歌で折句、沓冠の技巧のほか、物名の延長の隠し題はとくに機知の見せどころとして流行していた。十木（幽斎）、十魚（真淵）、十国・十草・十鳥（枝直）などの歌が知られている。宣長さんの先述（二三四頁）方剤歌などもこれに類する、といえよう。

隠し題と通じる技巧に暗喩がある。超当世的なタバコを古典に潜ませるには、なるべく生《なま》の関連語を表面に出さぬようにする知巧も腕の見せ所である。

「おもひぐさ」「尾花がもと」という題名からしてそれであるが、全二七段、各段タバコを主題にしながら、関連語の使用は極度におさえられた。たばこ一、きざみたばこ一、たばこいれ二、きせる五、ひいれ（火入れ）一、計一〇回、出現は八段にすぎず、一九段はそれらをも持たぬのである。そして、それらを暗示するに、場面に合わせて火・けぶり・はい（灰）をもってする。漢語からは、「相思《ヒ》ふ」のほか、火入れに「金炉」（『文選』）「烟靄」（唐詩）、また、きせるに「此君」、「此人」の語を使う。

結果の文はこうである。「さるを、いみじき願立て、ものいみなどして、七日もしは十日など、たちゐたらんほどにぞ、つねは、さしも思はぬ此君の、一日もなくては、あられぬことをばしるらんかし」。中の「此君」は、晋の王子猷が竹を愛して、「何ぞ一日も此君無かるべけんや」といった詞による（『晋書』列伝八〇、『世説新語』

任誕六六七)。この話は、わが国で、枕草子一三七段、御簾をもたげるとガサッとさしこんだのが呉竹だった、「おい、この君にこそ」(おやまあ、この君でしたか)と言うと、それが殿上での評判になった、という清少納言の逸話でまず広く知られる。つづいて『和漢朗詠集』、さらに『本朝文粋』でも引用紹介されるが、宣長さんは、山田養子期以来親しんだ枕草子の段に、折から会読中の原典両書で思い当たったものであろう。「此君」は本編冒頭の「思ひ草(相思草)」と呼応して、気の利いた結びとなっている。書き忘れたが、「竹」はキセル(煙管)の管(羅宇《らう》)をさすのである。

とにかく機知諧謔の遊戯である。引き歌、隠し題、暗喩といい、この一編が知巧の戯文であることを表明している。さしずめ、歌仲間の山田孟明や横関斎をはじめ塾友らに歌文でのわが造詣の深さを示し、かつ、笑いを共にしよう、というのである。

作品は、「とあるごとには、なを世にしらずおかしき物にこそあゝなれ」という、共に体験し、見聞き、想像する、四季・雑・恋をとりまぜ夕バコ三六景とでもいうべき場面を拾い、「おかし」(用例一二)を主に、「あはれ」(用例六)などをまじえた感懐の長短二七段を並べたものである。

「おかし」の例として段落⑱をあげよう(以下も○の数字は段落の順を示す)。

鼻よりふとけふりのたちいでたるを、炭がまのやうに覚えしといひし、さは、其人のかほや、雪のやうにありけむと、いとゆかし。わにせむとて、人の吹いでたる烟の、おかしくまとかにて、いくつも、つらなりあかるを見て、我もなじかはあやまたむ、いとようしてむ見給へなゝど、あらかひつゝ、吹いだしたるに、あやしうみだれぬる、心うがりて、此たびは、いかでと、いたう口つぎつくろひ、心したるが、又吹そこなひたる、いとむとく也。これをや、けふりくらべといふべからん。わがけふりに、人のむせびて、かほあかめ、しはぶきしきりにしたる、いと心ぐるし。すてたるに、なを立のぼる煙は、みな人の、いとふわざなり。やにとかいふ物の、口にいりきて、ひたひにしはよせたるもおかし。ゐひて、かしらいたくしたるも又おかし。

もうひとつ。全二七段を通じ一括してとりあげるべきは、詞の問題である。

由来、景山塾では、かつて徂徠が景山に与えた蘐園古文辞学の学習法が定着していた。徂徠書簡（『徂徠集』および『屈物書翰』）にいう。

・古文辞の学は、あにただ読むのみならんや。また必ずこれを其の手指より出さんことを求む。能くこれを其の手指より出せば、古書なほ吾の口よりおのづから出づるがごとし。それ然る後直ちに古人と一堂上に相揖して（あいさつをかわし）紹介を用ひず。

・其の始めて学ぶに方りてや、これを剽窃摸擬といふも、また可なるのみ。久しうしてこれに化し、習慣天性の如きときは、外より来るといへども、我と一となる。

古学は、古語による実作をすること、「倣傚《ほうこう》」「摸擬」が学の出発、「学の道」だとするのである。この方針が宣長さんの資質にかない、与えた影響の深さも測りしれないものがある。

上京一年余たって塾生活に馴れたころである。『経籍』にも蘐園の著が多数を占める。会読のほか、しばしばの詩会で明詩・唐詩を模した詩作の要領も会得、作品が数編残っている。作文も、「紀佐佐木梶原競渡宇治河事」が残っている。平家物語に取材、巻九「生食《いけずき》の沙汰」「宇治川」をアレンジして漢訳したものである。平家原文アレンジの要領はすでに山田養子以前『都考抜書三』で会得ずみだったもの。和学の方も、春から夏にかけて百首歌を二度も作り、源氏物語にいどんで七月『源氏論儀《（ママ）》』、八月『紫家七論《しかしちろん》』を筆写している。そうした過程で「おもひぐさ」も作られた。

長短二七段落。独立した個々の各段が接続詞もなく継続されている。長、短の配置、場面(着眼)の変化によって平板を避けるが、バラバラ、チグハグの感をまぬかれさせるのは使われた古語の統一感によるものである。これは先掲⑱内でも見ることができるが、最短の段落部分(⑥が最短、⑤がそれにつぐ)を見よう。

⑤ふつゝかにふとり過たる、げすをのこの、顔にくさげなるが、くつろかにうちあをぎ、ひげ、かいなで、くはへゐたるは、引はなちてもすてまほし。⑥かりそめに物したるまらうどにも、すべてとりあへず、まづいだすものなるを、すかぬは、やうなしとてかへしたる、はへなき物なり。

傍線の語、「ふつゝかに」「はへ(え)なき」は源氏物語に多く見え、「げすをのこ」「くつろかに」は枕草子、「顔にくさげなる」は徒然草、「ひげかい(き)なでて」は万葉集憶良の歌、での特徴語。このように見ると、特徴物な古語をつづり合わせた作文であることがわかる。この要領は、漢文の学習で、『漫識』に徂徠・春台・李・王の語句をメモし、文章・書簡にそれを利用したことと同一である。和文の場合には規模の大なるものが脳中に蓄えられていたものである。中で多いのは、枕草子・源氏物語、ついで徒然草、歌では、古今集、ついで新古今集である。

本編の粉本となったものは、段の長短や随想の変化からしてまず枕草子が考えられる。用語もそうだが、次にあげる引用や段落末尾を見ても、そのことは明らかである。

③やう〳〵東の山ぎはあかりて　⑧扇の風もよにぬるく覚え　⑨火もしろきはいがちになりたるを　⑩ゆふからすの三ッ四ッ二ッなきわたるも・やうやうしろく成行ほど　⑰二ッ三ッばかりなるちごの、みならひて、ちいさき手さしのべ、まさぐりつゝ、口にさしいれたる、あやうしとて、とらんとするを、むつかりすまひたる、いとうつくし

また、各段落末を見るに、

②いとおかし（⑱又おかし　㉕すゞろにおかし）
⑬㉓ぞかし（⑦いふかし　㉗しるらんかし）
⑯とかや　（⑪⑮なりや⑲あはれなるや）
③⑥㉔㉖ものなり（①さまなり　⑧ほどなり）
⑭と覚ゆ（㉔さへ覚ゆ）

傍線は枕草子の段末によくあらわれるものであり、その末尾に至るまでの内容の相似をも暗示する。もっとも、枕草子の簡潔さ、感覚の鮮かさには及ばないけれど。

比較的長い段になると様子がやや異なってくる。全集で一段落一〇行（四七〇字）を超えるのは二段だけだが、それらは喫煙のことよりも、構えて古典的情趣と事をのべようとしている。あらすじで示そう。

最長21行の⑩。嵐がおさまり、前栽、やり水の庭も雪げに暮れていくつれ〴〵の宵、思いかけず訪うてくれた親しい友を迎え、奥に入って大きな火おけにつとより、なにくれと昔今の物語をするうち、宵過るころ雪折れの音もしばしば降りつむらしい。対座のうちれいのけぶりはいうまでもない。夜がふけていく。客は長居をわびて帰ろうとする。眠っていた従者《ずんざ》が走ってくる。発つとき、奥よりわらはべのとどけた忘れ物の御たばこいれを客はふところにさしいれて去る。

次は一五行の⑲。北野詣で。二五日などはところせく立てこむ。かろうじて御階のぼり、勾らんのほとり、傍より拝するに、人々さまざまにおがむ姿、祈る声、拍手、敬白の鐘の音。奥では御札・巻数を授ける宮僧たち、少し手前で祓をしのびやかによむ人、陀羅尼を念ずる法師。また、いそがわしげにめぐる百度詣での人々もある。帰途、物見ながらいくと、「あが君〳〵たばこすこし」と寄りくる乞児《かたい》、やせさらばい飯さえ思うにまかせぬのに、と思う。ついてくるので、従者の制止をきかず、少し与えると大喜びで去ったのはあわれだった。

両者とも付け加えのタバコは効果的であるが、全体の文章に寄せる関心の中心は、おのれのタバコ体験の「おかし」よりも、情趣、事を構え、その表現に詞を合わせようとする努力に見られる。

はじめ、ユーモア、戯文を意図した、知巧の試みとしての「おもひぐさ」だが、読者を意識せず肩の力を抜いておのれの生活（事と心）に詞を合わせていく、という方向をも指示していた。ことに前掲⑲北野詣でに代表される系列は、日常を記録する文体として、二年半後の宝暦六年正月からは、和文にかえた『在京日記』の文章につながるものである。和学に志す以上、詩作や漢作文のようにその時々で終らすわけにはいかない。剽窃摸擬、詞におのれを合わす自己満足から脱却し、徂徠説の「久しうしてこれに化し、習慣天性の如きときは、外より来るといへども、我と一となる」ための擬古文修練である。以後一年半余の在京期間に、詞が練れて心と事が自然と乗るようになり、宣長さんの文章の基調が成り立ったのである。後の文章として、諸論説の達意・気格を支えるのだが、文芸作品では、『在京日記』後半和文の発展として佳品『菅笠日記』（明和九年〔一七七二〕）を見逃すことはできまい。

『手　枕』

それまでにもう一つ、めずらしい作品『手枕《たまくら》』がある。「おもひぐさ」で、前掲雪の夜の⑩や、ふた夜三夜夜離《よが》れた男女の逢瀬とその「哀にえん《レ》」な後朝《きぬぎぬ》の情景を構えた⑯などの系列は、古典的情趣、物語的な事をのべることを意図している。一〇年ほど後の『手枕』はそうした延長線上に位置する。

源氏物語「夕顔」の巻のはじまりは、「六条のわたりの御忍びありきのころ」と、光源氏と前東宮の未亡人六条御息所との関係をほのめかすが、そのなれそめを想像して補筆した『手枕』は、宣長さん唯一の創作である。その源氏研究の最高潮『紫文要領』の成る宝暦一三年（一七六三）までの作品と推定される。

それまで、帰郷後の『安波礼弁　紫文訳解』、『排蘆小船』、『古言指南』等の著があるが、それらを経て踏み固められていった文章観をたしかめてみたい。

宝暦八年の『安波礼弁　紫文訳解』では、「安波礼弁」で、「伊勢源氏等ノ物語ミナ、物ノアハレヲ書ノセテ、人ニ物ノアハレヲ知ラシムルモノト知ルベシ、之ヨリ外ニ義ナシ」と後の『紫文要領』と同じことをいう。「紫文訳解」では、夕顔の巻までの用語（三九語）をとりあげるが、分量の半ば近くが五語の敬語の用法に割かれている。中で長いのが波弁流《はべる》で、人に対する応待ならぬ俗用を「大ナルヒが事」といましめている。

翌年、かの『排蘆小船』には、文章につきこんな主張がある。

・予も少〱カキ侍ルガ、マコト心ヲ用ヒテ書ク時ハ、伊勢源氏ノ比ノ言語ニ書キナサル、事也、コレ自然ノ事ニアラス、心ヲ用テ古ヲ学フ時ハ、ミナ古ニナリカヘル事也〔四一〕

・倭文ハ源氏ニ過ル物ナシ、源氏ヲ一部ヨクヨミ心得タラハ、アッハレ倭文ハカ、ル、也、……源氏ニカキラズ、スヘテ哥書ヲ見ルニ、ソノ詞一〱ワカ物ニセント思ヒテ見ルヘシ、心ヲ用テモシ我物ニナル時ハ、歌ヲヨミ文章ヲカク、ミナ古人トカハル事ナカルヘシ〔五一〕

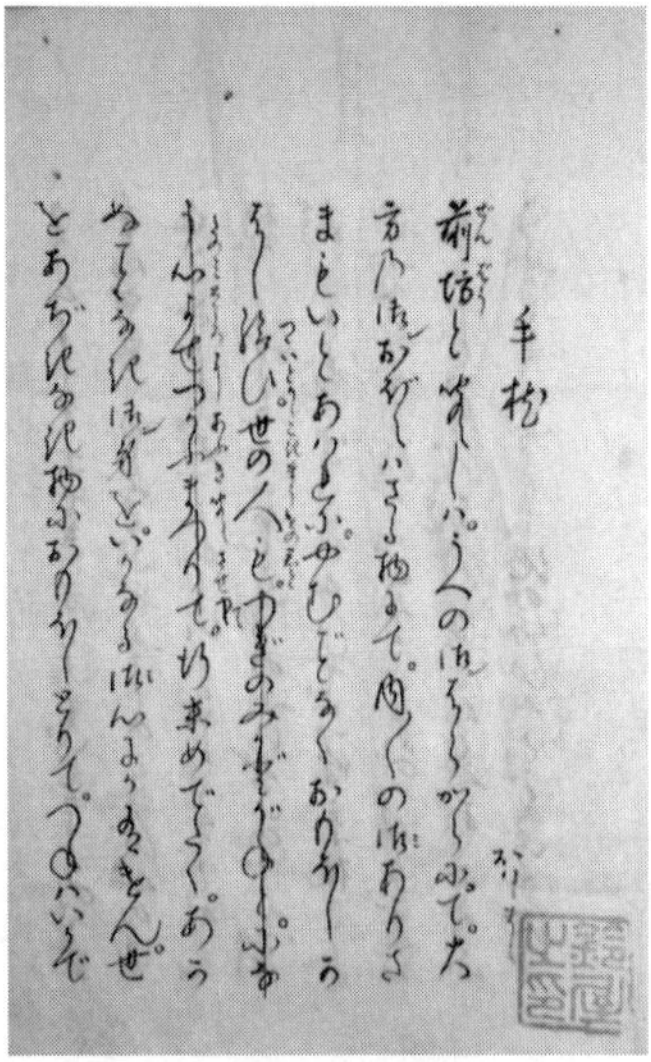
『手枕』（冒頭）

「古ニナリカヘル事」、「古人トカハル事ナカルヘシ」、共に徂徠の口吻に似るが、実践としての「予も少〱カキ侍ル」の出発点に「おもひぐさ」があったことは想像しうる。

その翌年かと思われる「古言指南」にもこうある。

・文章ヲ書ントナラハ、伊勢、源氏、枕草子、其外ノ古物語トモヲヨクヨクリ〱見テ、其ノ詞ヅカヒヲ我物ニスルホトニ、ヨク会得スベシ、其詞我物ニナラサレハ、

文章ハ書カルマジキ也

・古物語ヲ見ルニ、其詞ヲ一々ニ我物ニシテ、我カ文章ノ材木ニ使ハント心ガケテ見ルトキハ、ヲノツカラ其文ノ意味ノ深キ処モヨク聞エ、其詞ミナ我物ニナリテ、イザ文章カヽント思フトキニ、ソノ材木ヲトリ出タシテ心ノマヽニ用ユヘシ

こういう目で源氏物語は読まれ、かみくだかれたのである。

帰郷の際『源氏物語湖月抄』を購入、それをテキストに翌八年夏より講釈を始めた。源氏を読む視点は、『安波礼弁　紫文訳解』に見るようにすでにできていたが、その読みは徹底していく。一三年には、『弘安源氏論義』の再書写、『湖月抄』の校合をする。その前後、「源氏四季風景詞」（七枚）、「源氏物語諸抄発端」（二〇枚）、「源氏物語年紀考」（五二枚）、同「年だての図」（八枚）、「源氏物語和歌抄」（翌年成る・七三枚）等の編著をするのだが、創作『手枕』もその一つである。それらの頂上に位置して、「大よそ此物語五十四帖は、物のあはれをしるといふ一言にてつきぬへし」の断定を中心に、名著『紫文要領』上（八一枚）・下（六〇枚）は成った。

このような中で作られた『手枕』が、みずから「詞も何も、かの物語のふりをまねびて、かきそへたる也」（荒木田尚賢本奥書）というように、言々句々、情景、心理の描写もふくめて物語のそれを「材木」に組み立てられた模作品であることはいうまでもない。手すさびの戯作といわばいえるのだろう。また、「夕皃巻に、六条わたりの御しのびありきのころと、ゆくりなくかき出て、そはいかなるおこり共、そこにすなはちはいはで、つぎ〳〵やう〳〵に見もて行まゝに、事のさまはおのづからしらるべく物したるぞ、すぐれたるたくみなゝめるを、今つたなき筆して、さだかに書あらはしたるは、中々に心浅く、かつはおふけなく、かたはらいたきわざになん」（同前）と謙遜する。

だが、宣長さんとしては、これは源氏物語読みとりのための重要なしごとであった。

基調として、わずか一七枚の短編の中へ「あはれ」の語をじつに一九回（刊本一八回）も配置するとは「物のあはれ」説のあらわな強調である。

光源氏の年齢が、帚木～夕顔のとき一七歳、と通説一六歳を訂正した（「年紀考」）のもこのころだが、人物について、夕顔の巻で突如あらわれた六条御息所《みやすどころ》の嫉妬の生霊が夕顔にとりつき殺す怪奇は、その後も葵上を苦しめて死に至らせ、みずから悩みながらも、死後は死霊となって紫の上を悩まし、女三の宮を出家させる、という大きい役割だけに、この御息所の悲劇的性格と源氏とのなれそめの次第を明らかにしたいと思ったものにちがいない。それは、また場面として、同じく物語に描かれていない、さらに重要深刻な藤壺中宮との初度の密会――この翌年か――の情景も大同小異として脳中に描かれていたろう。その場合、御息所は源氏の思慕する藤壺中宮（御息所より二歳年下）の代人ということだ。こうした補充としての『手枕』は源氏読みのうちにはいるものである。

前東宮に死なれ、幼い女宮（後の秋好中宮）をかかえた未亡人御息所の思いとまどう生活（以上約四枚半）。折々は慰問するように父帝にいわれ初めて訪れる光源氏（約三枚）。それから二年間、源氏は参上することもあり、機会を見ては心寄せの便りを送る。はじめうとましかった御息所も、折々の便りはするが、情愛の気持よりも、距離をおこうとする心にかわりはなかった（約二枚）。

新年になった（源氏一七歳、御息所二四歳の春か）。以下、全体の分量の半ば近く（約七枚半）が「おもむけ」（いうことに従わせる）の手枕の一夜にあてられる。これが作品の中心である。そして、その初め、

春たつ風にも、人（御息所）の御心はうちとけがたく、つれなさのみまさりゆく。（源氏は）人の御ほどをおぼすにも、いとかたじけなくいとほしくて、えしひてもきこえおもむけ給はず。とさまかうさまにおもほしみだれつ、……

これが、夕顔の巻で突然にその秋のこととして書かれている左記部分からヒントをえて展開されていることは明らかであろう。

六条わたりにも、とけがたかりし御気色を（源氏が）おもむけきこえ給ひて後、ひきかへしなのめならむはいとほしかし。されどよそなりし御心まどひのやうに、あながちなることはなきも、いかなることにかと見えたり。女（御息所）は、いと物をあまりなるまでおぼししめたる御心ざまぞ、よはひの程もにげなく、人のもりきかんにいとどかくつらき御ッよがれのねざめねざめ、おぼししをるることいとさまざまなり。

この文中の「いとほし」（気の毒）を宣長さんは、湖月注のような源氏の心ではなく、「されど」の下と同じ草子地だとことわり（後の『玉の小櫛』）、細心の読みをしている。それはともかく、こういうことである。御息所のなびかぬ（「よそなりし」）以前の源氏の執心熱中が「おもむけ」の後、うってかわって冷淡（「なのめ」）になったこと。そして、御息所の、一途に物を思いこむ気質（「執ねき心さまなり。物のけともなり給ふなるべし」と湖月注）、年齢の不似合も気になるし、源氏の夜離《よが》れで独り寝のねざめごとの嘆き。

この原文から、宣長さんはすべての起因として若き源氏の愛欲行動に焦点をあてる。慇懃《いんぎん》無礼に御息所の拒否・心乱れの垣根をこえさせて、おもむけの手枕の一夜を明かすという構想を立てる。そして表現をえらび源氏物語の文体を模写構築しようと努める。『手枕』後半のここだけに歌を五首、漸層的に場面に合わせて作り配するが、明け方ちかく両人の歌、

かはすまもはかなき夢のたまくらになごりかすめる春の夜の月

おぼろけの身のうさならば春の夜のかすめる月もともに見ましを

かすんだ春の夜の月も、前者源氏にとっては「たまくら」の思い出、「涙にくれまど」った御息所には、「おぼろけ」ならぬ「身の憂さ」のはじまりだったのである。

『手枕』は、手すさびの擬古の戯作品の姿をもちながら、中心は、貴族社会を借りた青春の一種のレイプ小説である。もっとも、事は青春にとどまらず、京極の御息所に対する滋賀寺の老上人の恋を「アハレニヤサシキ事也」(『排蘆小船』)、「あはれなるわざなり」(『私淑言』)と肯定、「物のあはれ」を強調する時期の作品、として注目される。もちろん、宣長さんの源氏物語観、いやその根底にある恋愛観をうかがうに足るものである。

狂詩・大小・落首

本書で源氏物語研究の後年をとりあげる場がないので、『手枕』考の補記に及んだが、もとにもどって、この在京期に目だつ「おもひぐさ」的傾向をつづけよう。

泰平の都、自由な景山塾では、勉学のほか遊山遊興もたえず共にする若い書生たちに諧謔の絶えることはない。冊子「おもひぐさ」にもうかがえる雰囲気である。

『日記』を和文体にかえた宝暦六年正月には早々狂詩応酬の記述が二回見える。

一は、堀正亮が伊勢へ帰郷した草深敬所《くさぶかけいしょ》*74(「いとかゝることをこのめる人」)へ送る狂詩を示したとき。遊里取材の七言一二句の古詩。おもしろがって山田孟明がそれに和韻する。一二句中、初句末以下七句の末に前作の韻字(以下引用中・を付けた)を置いて、その間を埋め新趣向を組み立てる。和歌を作る両人にとって、それは、沓冠《くつかぶり》(一〇字の語句を各句の首と尾の一字ずつよみこむ)にも似た技巧である。「又さまかはりていとおかし」くて宣長さんも負けじと、ふざけ和韻する。

　三‐春‐約芸‐妓仮‐借成《ル》。頃《コロ》‐論《ロン》二‐上調《リ》二新声一。高‐価手《ノ》‐鞠沽‐来弄《テス》。嘉‐肴投《ス》レ紙亦是‐生。回レ觴周‐飲花《テ》‐車与《カル》。三‐絃蔵レ篋楽稍貧。半酔半醒入二臥内一。七‐迎将《ニ》レ至《ラント》　問《フコト》レ跡《ヲ》頻。密‐語未レ央奈《ンセン》二明‐結《ヲ》一。憶《テ》二十‐六《ヲ》一辞《ス》二煖茵《フ》一。起‐番中《ノ》‐居謝《ス》レ難《シト》レ有。顔‐色蒼‐々《タリ》夕《ヘ》‐気《ケノ》晨。

「頃論二上とは、いまやうのはやり小歌に、ころろん〳〵といふことあれば也」と付記する。かんじんの「明結」「十一六」の解を得ないので説明を省かざるをえないが、大概をご賢察にまかせよう。ともかく、三詩とも初春の青楼に遊ぶ書生の通ぶった戯画である。

二は、それから数日後の記。九日夜、孟明宅を訪うに、景山先生、横関斎など集まって平家語りがあった。宣長さんも少々習っていたが、このころ孟明が斎へ送った狂詩（先日の作にまた和韻）の中に、講中古参者五名の語りぶりの後、「高弟春菴 者《ナル》」のけいこぶりを「出《シテ》レ精《ヲ》稽一古須《ラク》レ達《ル》レ晨《ニ》」とひやかす。それに対し、宣長さんも和韻する。「塡一々玩《ラ》一輪《ン》（てん〳〵がらりん）古一風成《ル》」と鳴物入りではじめるが、「愚才」「屢《ミ》吟《シテ》 不レ寝至レ廃レ茵」と辛苦のほどを告白する詩。

もとよりこうした遊戯は、少年時以来知巧、ユーモアを好む宣長さんの興をひくものであった。それがことばに関する問題になるとことに敏感なのである。和文体にした日記に書きとめることがそれを促進する役をもはたしたであろう。右の狂詩の一と二の間にも、落首ついで大小が筆写されている。この両者ともこのときだけにおわらず、後のちの関心につづくので、とりあげておこう。

大小暦のこと。明治五年までつづいた旧暦はたいへんなしろものだった。三年または二年に入れる閏月の場所、毎年かわる大（三〇日）小（二九日）の月の配置をはっきり覚えねばならなかった。しかし、今もそうだが、庶民は不便不合理を逃避してシャレ化の種としたりする。一七世紀末からはその年どしに大小の配置を表す絵や文字を考案、それがしだいに判じ物めいてくる。「大小」（大小暦）とよばれるもので、知的好奇心シャレ気旺盛な宣長さんが見のがすはずもない。

正月八日の日記、お上風刺の落首のあとに「大小」が記されている。この宝暦六年、一三か月の大の月は一、二、四、六、七、九、一一月。他の月と閏一一月は小である。

柳四明のつくれる大小〔送仮名を略〕

何故喜、何事説、柳-眉梅-唇倶開-裂

又

飽読レ書酔弄レ桐、何倉歓-楽譲二王公一

又大小、誹諧師春雄の作れる

すむは小《セウ》ず川のばゝ、にごるは大王、じごくでもぜゞしだいでらく

柳四明は学友上柳藤五郎の父で儒家。春雄は「即吟の達人、能く大興を吐く」と称された俳人杉本春雄。字の順番に月で、偏のある字が「大」の月。春雄作の「ばゞ」は三途の河の奪衣婆、「大王」はエンマ大王。「じごくでも……」のうち、清音が「小」で、濁音は「大」の月、なぞ解きである。少年時から後年に至るまで宣長さんの興じたところ。

この年末にはまた、翌宝暦七年について、

来年の大小

大小は中をしをりて丑のとし順にかぞへておどる三八

此歌をもて、手にてしかたある也

と影絵のきつね（牛）形の指の図を描く。歌の「しをる」はまげる・折るで、内の中指と薬指を折る。「おどる」は、三が四と、八が九と連続することで、共に数えはじめの親指と同じ「大」の月。これと同じことを、

又、人さし指と小指を小として、おやゆびより順にかぞへ行也

と図示する。親指を「大」として数えていけば、「大」は一、三、四、六、八、九、一一月とわかる。そして、「右二つは、いとあたらしく興あるゆへ、しるしをき侍る、其外も多かれど、めづらしからず」というが、もう

一つ記す。

又大小
つるはちよかめははんせい
にごらるる字大にて、にごられぬ字小なり、いとむつかし、類あること也

とする。「ちよ」は千代、「はんせい」は万歳（ばんぜい）。右側の○印が「大」の月。

宣長さんはこの「大小」によほど興味があったものだろう、後には自分でも作っている。それも、例の隠し題の歌によってである（『石上稿』宝暦一三年）。

今年大小
大そらはむ《正》つきとみ《三》えてい《五》つしかもはな《七》きさともこと《十》りし《十二》はなく
小さゝはらに《二》し《四》にむ《六》かへるや《八》まもとのく《九》ま〳〵になをのこる朝霜《十一》

ところで、宣長さんの暦にかかわる見解研究で、現代もその方面で必ずとりあげられることが二つある。

一つは、一日の始まりについて。一般の人は一日は朝六時（明け六ツ）に始まると思っていた。宣長さんは死の前年（一八〇〇年）に作った「遺言書」の冒頭で、遺族が命日の日取りをとりちがえないように、わざわざ忌日の定め方につき「前夜の九ツ時過より、其日の夜の九ツ迄を、其日と定むべし」と説明している。つまり、九ツ（今の午前零時）を一日の始まりだというのである。

もう一つは、著『真暦考』（寛政元年（一七八九）刊）である。ここでは、日本に暦が導入された文献を整理考察し、結びには、日本書紀の神武天皇即位「辛酉の年の春正月庚辰朔」について、「日次《ひなみ》のさだまりなかりけむ世の事を、某日《そのひ》といひ合ふべき由あらめやは」とし、「書紀をよまむ人はこのこゝろをえて。」と作為性を摘発する。明治の改暦に、政府はこの辛酉の年を西暦紀元前六六〇年、庚辰の元旦を二月一一日として紀元節を設け

たが、そのことに根拠なし、と宣長さんは断じていたのである（紀元節につづき全国徴兵の詔が出された。また、紀元節は戦後も一九六六年、右傾の象徴として「建国記念の日」と復活された）。

宣長さん青春客気《かっき》の「大小」興味は、後の暦研究と直接結びつくものではない。しかし、暦への関心と文献収集の資質の一貫性は疑うべくもない。そして、この興味はいろいろな方面へのひろがりを見せるものであった。

落首は、前稿正月の狂詩と大小の間に、昨冬から流布した三首が書き留められている。

Ⓐそれやその宮の山子も有栖川浪のあはちや心ときは木

Ⓑかねかりてかへさぬきでは有まいが年のわかさが心もとない

Ⓒ八雲たついつもびんぼう爪長にやりくりしたる其やりくりを

Ⓐは、八十宮（宝暦八年、四五歳で没。三歳で八歳の将軍家継の未亡人となる）の邸と隣りの有栖川宮とにかかわるお家騒動らしい。

Ⓑは、所司代若狭小浜侯酒井讃岐守の賦課への反感。かれは後年、他地でも非難あり。

Ⓒは、年末に上使で上洛した出雲松江侯松平出羽守の爪長（欲深）への皮肉で、八雲たつ出雲八重垣……の歌のもじり。

落首の記載はこの年のみだが、他に二首ある。一首は五月、Ⓐの関係者処分のあとへⒷの所司代が更迭された後、江戸でも不首尾と「京でかり金」の落首、他の一首は閏一一月に江戸火事の火元林大学頭を揶揄したもの。

以上で見るに、若き宣長さんは町衆の反権威に共感と興味を示している。しかし、興味の半ばは、隠し題的狂歌の一体にあったものだろう。以後落首のメモを見ない。自作の狂歌はあっても、政治・社会の批判や風刺の気はない。

当時、宝暦四年か「雑抄」へ『孔子家語』から、「夫君者舟也、庶人者水也、水所以載舟、亦所以覆舟」を抜く。また、同六年か、「荀子摘萃」へ『荀子』からは「丘聞之」、「伝曰」として二度、下句を「水則載舟、水則覆舟」の形で抜く。めずらしくも計三度。だから当然、落首的批判はあったろうが、それは学問のための上京当初から捨象されていたものであろう。師の『不尽言』抄写の際も、筆写分量はかなり多いものの、全八段中二段からの人情、詩歌、伝授批判等にすぎず、中心である治政論にはふれない。もちろん認識に影響は受けただろうが、「武家はその武力を以て天下を取り得たるものなれば、ひたすら武威を張り輝やかし下臣をおどし、推しつけへしつけ帰服させて、国家を治むるにも只もの上の威光と格式との両つを恃みとして政をしたるものなれば、……」といった痛烈な政治批判など影も見えない。このように、宣長さんははじめから非政治的私有自楽の姿勢を準備していたのだ。だから、この時期、興味本位で収集するにしても、狂詩や大小の延長としての次のようなものになる。

この六年六月半ばで終る『日記二』の末尾に「新話録」という書き込みがある。「新話」とは、新言葉、はやり詞のこと（『嬉遊《きゆう》笑覧』）。四八章を採録している。一〇例を抜き、略注*をつけておこう。当時の風潮、儒生の好尚をうかがうに足る。

天衆登楼　ホウキホシ　*箒星は端女郎の称。
大谷参り　親ノ日ニハイラヌモノ　*大谷は東本願寺、親鸞上人の廟所。
田舎人買比丘尼　寺社奉行へ断ル　*比丘尼は私娼。
深草ノ火事　セウ〳〵デゴザル　*小野小町へ通った深草少将。
香川多中地獄　黒鬼白墨テ点スル　*古方医香川多中は五年三月十三日没（『日記』に出る）。黒鬼に灸点をつけるか。

学者ノ所へ盗這ル　スクナイ哉仁　＊論語に巧言令色鮮矣仁《すくなイカナ》。
上使むけんのかね　かたはみの幕　＊無間の鐘をつく時は現世では長者、来世は最重苦の無間地獄におちるとか。紋所に多いかたばみは黄金草の異名あり。この章は落首Ⓒに関係あるか。
舟か行かぬ地黄用る　川上て大根あらふ　＊地黄は精力増進の強壮薬。ただし大根、蕪とはさし合いという。
むけんの手水鉢　金《ワシ》をつれてかけ落サシヤレ　＊むけんは既出。手水鉢は手あらう（まだ方法がある）。
はうきの立花　モフ御いとま申サフ　＊立花はいけ花。箒をさかさに立てるのは長居の客を早く帰すまじない。

後にはこれがどうなるのか。雑録冊子『松の落葉』の末尾に、宝暦末年ごろの付記か、「言彦鈔」というものがある。「言彦」とは奇妙な語だが、「ことわざ」（諺）と読ませるつもりか。諺三八二句を集めている。重複でミセケチ一三句と三回目の一句を除くと正味三六九句。三回以上の採録かと思われるが、かなりの数量である。諺が広まるのは、一七世紀半ば貞門の松江重頼が俳諧作法書『毛吹草』に、「世話の詞」を「俳言の種にもならんや」と拾い集めた中世以降の七〇七句からだろうが、その序のように、世俗教養の知的ユーモアを提供したものである。諺は故事・格言とかかわることが多いが、『毛吹草』と重なることの多い「言彦鈔」はやはり「世俗」寄りで、実生活の知恵といった傾向が強い。表現として断定や比喩の鮮やかさと伴うユーモアがねらわれたのは当然だろうが、馴れた現代の目で見るせいもあろうか、奇警、痛烈といった面には欠けるようである。
たとえば、「ムカシハ、武士トイヘバ、只アラアラシク不骨ニテイヤシキ者ニセシヲ、今ハ、何事モ武士ヲヨキ事ニスルハ、イカニソヤ、諺ニサヘ、花ハ三吉野人ハ武士、ナト云ヤウナル事サヘ云フ、……サルホドニ、武士ハ自漫《ママ》シテ、何事ニモ、武士ノ道ナト云テタカブル、可笑事也《オカシキ》、」（『随筆十二』）と二、三年前に記していた武士はどう見られているか。

・天下ノハット三日バット（ハットは法度。朝令暮改）
・大名ノ火ニクバッタヤウナ（火ニクバルはやけど。自分ではどうにもならぬとも、悠然とも）
・針ト大名ハトオクカラ見ユル（大名行列。敬遠）

右は政治、大名だが、一般の武士については次の二句にすぎない。

・昔の剣《キ》今ノ菜刀（時世おくれ）
・ヌカヌ太刀ノ高名（臆病とも、骨折らずとも）

『毛吹草』には、この二句のほか、「君は舟臣は水」のほか、「日本の武士は名をおしむ」「侍と金《こがね》は朽て朽せぬ」「けんじん（賢臣）は二君につかへず」などとある。一般に武士に関する諺は、わりに多い。それもほとんどが賛美の対象である。それにくらべれば宣長さんは冷淡ではないか。その目で見れば、先の政治・大名の句もその感じだ。さりとて、『毛吹草』に見る「天子に父母なし」「綸言汗のごとし」などの、天子・御所についても一句として見ることはない。要するに、「花は三吉野人は武士」を嫌悪した宣長さんは、武士を敬遠したものであろう。そしてまた、世俗市井人宣長さんの素顔をそこに見るべきであろう。

イソゲバマハル、上戸ノ額ボンノマヘ（あつい）、藪ニモ功ノモノ（案外な名医）、壁ニ耳、血テ血ヲアラフ（悪に悪で対す）、命ガモノダネ、大風ニ灰マクヤウナ（むだ）、人ノウハサモ七十五日、馬カタ船ドウオチ《乳》ノ人（たかり）、ケイセイ《傾城》ニマコトナシ

右は、収録三六九句のうち、「良し」としてつけたと思われる◉印の四一句から初めの一〇句を示したものだ

が、ほか全般も似たもので、警抜といった趣きはない。宣長さんの関心は、時に応じ、いかに使いこなすかの諺を集めることにあった。こうした常識的傾向は、出来あいの諺収集に限らず、あとでとりあげるが、知巧・ユーモアの人宣長さんの作る狂歌にも共通するところがあるのではないか。だが、付記しておきたいことは、「言彦抄」には、認定された諺を集成した『ことわざ大辞典』（小学館）にも収められないものが一〇句近くあり、また語句の小異もかなり見られ、宝暦期の諺資料として価値あるものだということである。

宣長さんの特技である収集採録にウェイトがかかる「言彦鈔」に知巧・ユーモアはあらわではないが、『紫文要領』成り、『石上私淑言』執筆中で意気高揚していた宝暦末年である。当然のように、そのあらわな作品が二つほかにある。いずれも全力を注いでいた方面、一つは源氏物語で『手枕』制作の知巧、もう一つは歌で「梅桜草の庵の花すまひ」のユーモア。前者はさきにとりあげた。ここではつづく後者を紹介し、かかわって宣長さんの歌のその後にふれたい。

『石上稿』宝暦一四年に次の歌がある。

軒くらくしげる木末の言の葉になかなか草の庵は荒れにき

前書がついて、「草庵集の注を借りて見たが、あまりことの心も知らぬ人のした物で、かえって歌の心をこわしてしまいそうな事ばかり多かった。その本を返すとて、」（口訳）とある。

帰郷後六年余。嶺松院歌会のほか、菅相寺歌会（一〇年～）、遍昭寺歌会（一四年～）も開かれてその歌の指導、源氏物語、万葉集の講釈も定着、すでに宣長さんは、松坂町人の雅《みや》びに遊ぶサークルの中心であった。そこでの歌は、宣長さんも少年期から信奉してきた伝統的な二条派末流。頓阿《とんあ》はその正風を伝えたとして、歌集『草庵集』は尊重されてきたのである。その注を借覧した、というのは、巻頭の序によれば、注釈書『草庵集蒙求諺解』（梅月堂香川宣阿《せんあ》・享保九年成る）を批判して注を加えた『草庵集難註』（桜井元茂《もとしげ》・享保一五年刊）を、熱心な門人稲掛棟隆《いながけむねたか》（大平の父）から借用したのである。中から選んだ六二首（二、〇〇〇首をこえる草庵集の正集から五二、続集一〇首）について、梅（『諺解』）と桜（『難註』）の両注釈を組み合わせ、勝負を判定する形で、石上山人こと宣長さんが「たはむれにかきすさ」み、批判した上・下一五枚の冊子。題して「梅桜草の庵の花すまひ」である。

「すまひ」は相撲。「花相撲」は、もと木戸銭をとらないで纏頭《はな》だけを受ける相撲だが、芝居好きで、かつ赤穂義士に少年時より興味をもってきた宣長さんは、梅と桜とくれば、「花相撲」が口をついて出てきたはず。「互の胸に恋人と物もえ言はぬ赤面《セキメン》は、梅と桜の花相撲……」は、『仮名手本忠臣蔵』で力弥と小浪対面の場。「草の庵」はもちろん『草庵集』のもじり。それを、例のユーモア、昔から興味をもっていた俳諧の五七五をかりて題名とした。宣長さん作で残る唯一の俳諧作品といえる。

宣阿を梅小僧、元茂を桜小僧とよび、次のようなふざけぶりである。

「桜あぢヲヤリヲツタ、饅頭《マンヂウ》一ツクレザナルマイ、」

「メツタニデホウダイニイフナサ、小僧ヨ、……サウデハナイカ、坊主アタマヲカタブケテ案ジテミヨサ、」

「梅小僧ナニ事ヲイフヤラ、ア、ワケモナイ、桜デケタ〱、マソツトツヨウキメテコマセ、」

「梅ガ長談義ハ一向ニタハイモナイ事ニテ、ヘソヲカ、ヘテヨマネバナラヌ註也、コノヤウナ事ヲヨウアツカマシイ、世間ヘモ出シヲツタゾ、」

「頓公ノ歌ヲ梅ヤ桜ガナブリ物ニシテ、チヤ〱モチヤクニシテノケルハ、頓公キツイメイワク、」

「タハイナシ（モナイ）」六回、「乳クサシ」の語を五回も使って嘲笑罵倒している。結果は、梅勝一一番、桜勝三二番、勝負ナシ一九番。総じて、先人にゆずらぬ自信のほどと在野町人のさかんな意気を示したものである。

さて、その後。宣長さんは『草庵集』の研究を進める。そして、棟隆らの勧請にこたえ、注釈書の執筆にかかる。すでに入門していた真淵の歌の指導とは別個である。あらためてさきの両書の解で不満の三五二首（『梅桜』の一六首は省く）を選び、両書の説を先にかかげ、「今按」とその誤りを批判してくわしい所見を展開する。これまでの定家仮名づかいを改め、契沖の歴史的仮名づかいを採用した。『草庵集玉箒《たまははき》』である。「玉箒」の語は、尊敬する契沖の[1]「歌は胸中の俗塵を払ふ玉箒なり」（『代匠記』）によるが、この刊後の詠（『石上稿』明和五年）に「手にとる……玉箒」もあるから、例の志賀寺の老上人の「玉箒手にとるからにゆらぐ玉の緒」（じつは大伴家持の歌）の「物のあはれ」も頭にあったか。だが、もちろん払うべきここでの「俗塵」は、先の二著を指しており、頓阿・二条家正風の歌を明らかにしようというのである。とにかく、宣長さん最初の本格的な注釈書、またその著に多い「玉……」[2]の最初の作品である。

（注）

① 本書執筆の前にこの契沖の語をメモしている（『随筆二』）。

② 『紫文要領』を『源氏物語玉の小琴』と改題したのも当時であろう。

こんどはふざけは見えない。「わが袖にうつるもわきてしらぬ迄梅咲宿の匂ふところかな」の歌について、「桜デケタ〳〵……」から「難注にしたかふへし」と改まり、「ヘソヲカ、ヘテ……」と書いた「かすみつゝふるとも見えぬ春雨になか〳〵ぬるゝ旅衣かな」についても、「難注にしたがふへし。諺解は、なか〳〵の説なども、一向にわかちもなき事也」との表現になる。

しかし、それでも、例言にいう「此ふみかけるさま、言葉をかざらず、今の世のいやしげなるをもあまたまじへつ。こはものよみしらぬわらはべまで、聞とりやすかれとて也」とは、ふざけのことではなく、講釈口調でポツポツと区切り、「……也。……ひがこと也。……也。」と敷衍していく文体をいうのであろう。

だが、さらに後年の『古今集遠鏡』(寛政五年〈一七九三〉成る)において、「うひまなびなど」の会得を求めて、原典(古今集の仮名序と歌)の語勢・趣を生かすために今の世の俗言《さとびごと》を大胆に採用して口語訳した(序より一例をあげれば、「訳のはてに、へゝ〳〵へゝ〳〵と、笑ふ声をそへたるなど、さらにおのがいまのたはぶれにあらず、たはぶれていへる詞なることを、さとさむとてぞかし」)。それは、学殖のほどと講釈経験の深さによるが、その用意・見識の先蹤をこの『玉箒』例言に見ることができよう。とすれば、流れは『梅桜……』の文体に発するといってよかろう。ユーモアの円熟である。

話はもどって、明和五年(一七六八)『草庵集玉箒』(前編三冊・四季)の刊行となり、宣長さんは真淵に報告する。ところが「草庵集之註出来の事被仰越致承知候。……可否の論に不及候。……前に見せられし歌の低きは立所のひくき事今ぞしられつ。」と師から罵倒される(同年一月廿七日付真淵書簡。真淵はその翌年没)。

それでも、宣長さんは後編二冊と続編一冊を一八年後の天明六年に刊行している。そして、最晩年に成る『うひ山ぶみ』でも、「此人(頓阿)の歌、かの二条家の正風といふをよく守りて、みだりなることなく、正しき風にして、わろき歌もさのみなければ也」と初学の「よき手本」に推称している。頓阿および宣長さんの作歌のよしあしはさておいて、少年時から鍛えられてきた、宣長さんの自我の根強さを見るべきである。

馬琴と仲間になったり、けんかしたりした、江戸の随筆家山崎美成が、宣長さんの死後三六年時にメモした話。「本居宣長が若かりし時は、藪医《やぶい》隙成《ひまなり》とて、狂歌をせしよし。後京師に遊びける折から、(真淵の)冠辞考を見て、古学を思ひ起ししとかや。」(『海録十八』)

いいかげんな伝聞で、出京以前の栄貞に、俳号はともかく、狂名や狂歌経験も痕跡を見いだせないが、宣長さんの狂歌は江戸でも知られていたことはわかる。げんに、生涯の作歌を年代順に集めた『石上稿』の最終の歌、もちろん没年享和元年（一八〇一）七二歳の作は「狂歌」と題して、

　絵の上にこしをれ歌をかきそへて又はぢをさへかきそへやせん

というのである。

画題不明だが、あるいは自画賛か。すると思いうかべる。自画像にやまと心の歌を賛した宣長さんを「尊大のおや玉也」として笑いとばした上田秋成の歌。

　しき島のやまと心のなんのかのうろんな事を又桜ばな（『胆大小心録』）

こうした罵倒を宣長さんは意識していたかもしれない。でなくても、両人のよみぶりのあまりにも対照的なのがおもしろい。宣長さんの狂歌を源流からさぐってみる。

もともと狂歌が古今集の物名《ぶつめい》歌と誹諧歌とから発するとするなら、歌学びの宣長さんがそれらを手がけないはずはなく、ことに知巧・ユーモアのかれが早くから物名歌（隠し題ともいう。折句・沓冠をも含む）に手を染め興じたことは当然である。

　そして、宣長さんがそれらをも「狂歌」と意識していたことは、『石上稿』宝暦一〇年、夏の菅相寺歌会で、ふきの葉にもって出した西瓜を食って詠んだ隠し題の歌「すゝしやとあかすいくはもりかへてくふきみよさに夏も忘れぬ」（「いくは」は生葉か、幾葉か）に「狂歌」と記しているのでわかる。

『石上稿』で見るかぎり、この種の狂歌が目に立つのは帰郷後のことである。拾ってみれば、

　宝暦八年〈物名〉さゝむくは（山茶花）〈折句〉きくのはな

　同九年〈隠し題〉ね　うし　とら　う（二首）　たつ　み　むま　ひつし（二首）　さる　とり　いぬ　ゐ（三首）、〈沓冠〉としのはて　はるをまつ　〈折句〉うるふつき、〈物名〉しやくやく

同一〇年〈折句〉まやのへた（駅部田）〈隠し題〉西瓜　蕗
同一三年〈大小〉
明和二年〈折句〉へんせうし（遍照寺）
同八年〈物名〉葡萄　菊　梅花

これらは、嶺松院、遍照寺、菅相寺、その他の歌会の指導者として、知巧・ユーモアの腕を示したものだろう。なごやかな一座の遊びの場である。歌の引用はわずらわしいので略したが、そこで作られる本番の歌の程も推してしるべしである。

では、この種でない狂歌はどうか。

感受性に富んだ青春、宝暦六年の『日記』正月から、狂詩、大小、と共にあげた落首を先に見た（二七一頁）。これも南北朝期からある狂歌である。しかし、匿名のどぎつい風刺批判は封建制下遠慮される所であったが、そこには民衆のエネルギーがあるのは当然で、田沼時代、江戸の明和末年から安永期の流行を経て天明調の自由奔放な狂歌へ流れこむのである。

落首に興味を示した宣長さんの『日記』に狂歌も現れないはずがない。つづく二月に、有馬からの時候伺いに京の人がしたという返事を「いとおかし」と記録している。

有馬にもさむさはさのみかはらねど炭のたかさにえひもせず京（終りいろは歌末。火にもあたれないの意）

自作では、三月末日のこと、かつて祇園でか落としたたばこ入れを学友が拾い今日届けてくれたふしぎさに返事。

つれなくて春はくれ行く今日しもあれうれしくかへるたばこ入れかな（行く↕かへるのしゃれ。伊勢物語の「うらやましくもかへる浪かな」のもじり。）

詠みすての戯《ざ》れ歌（狂歌）のつもりか、同時期の花見の歌などと違って『石上稿』に採録されない。他にもあったろうが、『日記』には、上方風のおっとりした右二首である。初め、あきたらなかったのか。後、異端の歌と思ったのか。そして、古典的な物名歌的狂歌の埒をこえない。

しかし、狂歌の変遷はいちじるしい。宝暦を過ぎ明和期となると、上方のいわば貞門俳諧的なそれは、江戸の戯作的流行へ移っていく。江戸文化の時代である。

「九月十三夜狂歌集」という冊子がある。中秋八月十五夜は望月・いも名月だが、のちの月とよばれる九月十三夜は、えだ豆や栗をそなえるので豆名月、栗名月。その月見の狂歌。出席者と歌数は、宣長さん一一、春庭五、大平三、殿村道応一一、岡山正興六、長谷川（中里）常雄一七、中里常岳一三、同常秋一、西山政樹四、三井高蔭一で、計一〇名、七二首。折から月がカサをかぶっていたので、カサが終始歌材になった。出来ばえは、先生も門弟も似たもの。宣長さんの作を六首だけ挙げる。

・めい月も笠をめすとて藤原の高蔭公も檜扇《ひおうぎ》をめす（三井は藤原氏を称した）
　かさかさといふも断《ことわり》　御月さまよひの出はながすこしかけたり（「出はな」は出かけ。カサ—梅毒で鼻が落ちるを掛ける）
・じやの目あくで洗ふたやうに見え給へもみぢかささすけふの月かけ（「蛇の目灰汁《あく》で洗ふ」は流行語で光り輝くさま。「もみぢがさ」は雨傘、蛇の目傘）
・今《ン》晩の興歌はほんの笠付じやもう笠付は古い事也（「笠付」は五字の題（一二字をつける俳諧、「夜の中に已となをる夫婦中」の如き。しかし当時はもう川柳の時期）
・西山の正木のかつらくりとまめまめでこよひの会にめづらし（二句までが「くり」の序。「まめ」は豆と健

康。西山政樹の久しぶりの出席）

・てる月のかさも直ってめでたやなまめなまめなとくりかへしいふ（七二首最終の歌）

いつの作だろうか。中里常国が山田へ養子にゆき、西山政樹と改名したのが天明三年春で、殿村道応の死んだのが翌四年一二月だから、天明三年か四年。三年とすると、出席四名の中里兄弟には八月中病者多く下旬に五弟友蔵が死去、また九月中旬からは春庭が病臥だから、この月見は天明四年か。『日記五』天明四年九月に「○十三夜　晴天、於二嶺松院一月見会」とあり、『石上稿』に記を欠き前後月の和歌もないから、この月見の会のことだろう。

ともかく、天明三年正月からの四方赤良《よものあから》（蜀山人大田南畝《なんぽ》）を盟主とした江戸狂歌の爆発的な流行（天明調）と期を同じくする。自由で歯切れのよい、機知的な江戸狂歌のプロにくらべれば、「興歌」というすでに古くなった上方用語が示すように、笠、瘡、まめ、くりに興じた、素朴な座興の作品群である。

座興を論ぜられるのは心外だろうが、有名税として辛抱してもらうなら、さて第一首目はどうだろう。後年に大平が長谷川常雄家にある絵を写したという、初期鈴屋新年の歌会らしい絵を見て、ギョッとしたことがある。十徳姿の宣長さんと僧衣の戒言法師のほか七人（内一人が少年大平）の門人たち、狩衣《かりぎぬ》姿で冠をつけ嬉々としている。今の記念写真に類するが、これが町人のあこがれ、古学に求めたものだったろう。空しい。上の第一首目は風刺や諧謔でなく、富家で有職好みの高蔭に迎合する形でそれが現れている。かと思うと、第二首目から急転梅毒へ下降、一同その発想をはなれず終りまでのモチーフとなる。

すゞの屋がすゞろのことを書きちらし今ぞしりぬる伊勢のひがごと

と江戸っ子にやっつけられるのもわかる。「すゞろのこと」は、つまらない雑談。「ひがごと」は、宣長さん常用の批判語。「よみ人しらず」とあるが、南畝の『向岡閑話《むこうがおかかんわ》』に「鈴の屋本居春庵を嘲るうた」とある。なんの軽薄短小の江戸っ子めが、といいたくなるが、それで評価好転はしない。今の場合、知巧座興の宣長さんの姿とそれをとりまく一座の和気雑談のムードを知るにとどまる。

狂歌からはずれるが、同じころのよく似た座を挿入しておこう。少年時代に好んだ「なぞ」の延長である。奇知とユーモア感覚はなくならないもの。

「なぞ〱」と題したものが二つある。〈その一〉は、春庭筆・宣長さん一部加筆かで、一七枚の冊子に五九題しるされる。

まず、宣長さん創作のものを一つあげてみる。

　井のうへの花のうへにならびて見ゆるは蝶かあらぬか、蝶にはあらず……○梅

そして「右はかのなぞなぞを見てこの頃鈴屋翁のつくれる也。コレハチト不出来也」とある。以下つづく創作なぞのトップだが、それらの作者内わけは、鈴屋翁二六（一〇）、春庭六、大平四、服部氏二、菊屋兵部八（二）、殿村呉雪氏一一（一一）、聞樵一。それぞれに評点までついていて、上の（ ）内は「上々」とされるものの数。これだけのものが一度に一座で作られるはずもなく、執筆も後半で宣長さん自筆が三つに分かれて見られるから、日ごろ苦心の作品集だろう。

さて、「井のうへの……○梅」の解。ゐの上はいろはで「う」。花（鼻）の上にならびて見ゆるは「め（目）」。他愛ないが、古典趣味である。

宣長さん作の数例を「上々」とするものからあげておく。解いてみられたい。

・打かへし恋しやうしや見ぬは恋しや　○中将（「打」をかえして「ちう」。「恋しや」の「恋」と「うしや」の「しや」を見ないと、「しやう」。で、残るは「ちうしやう」）

・戦のかひなくて、残れるはたゝゆみやのみ　○畳（たたかひ→たた。ゆみや→み）
・雪間のわか草わかからす　○ゆくさき（「ゆき」の間に「わかくさ」を入れ「わか」を省く）
・つかひ住たる雉一つとりて鷹はかへりぬ　○きしかた（「きし」に「たか」の返）

その創作の動機。「井のうへ……」に「かのなぞなぞを見て……」とあったが、それは、その前にまず二題の簡単な古典なぞ、「松の木を切って家をたつる　○公家」、「金山寺の桜は山より散、漢の高祖は野より落行……○金柑」をあげて、「右ノ二ツハ古人ノ作ナリ、物ニミエタリ、右ハヨク解セリ」とし、つづけて六題のなぞをあげ、「右ハ和歌うちきゝト云草子の中に見えタルなそなそと云モノ也。右ノなそ〳〵イツレモ貴人方ノ御作也。右ハイツレモメツラシク甚面白ク、解セガタケレトモヨク叶《かな》ヘリ」とつづけている。

ここに「和歌うちきゝ」とあるのは、富士谷成章の『和歌打聞』で、本名『おほうみのはら』。宣長さんの『学業日録』（天明二年）に「和歌内きゝ」とあり、その手写本「和歌うち聞」の奥書に、同年五月三日書写とある。

その書で「一とせ、なぞなぞ文字といふもの内院にも遊ばせ給ひけり」として、

①たにのとら　○たゝうかみ（た二、卯の上）
②むかふのきしくらくして、船こゑしてよはふ　○三みせん（彼岸暗し→沙弥、船の音セン）

の二つを「院のつくらせ給へるとなん」。

③人をうらみて月みしかし　○入日（人・月の字体）
④内侍《ないし》のうへのきぬ、蔵人《くらうど》の下かさね《襲》　○しとゝ（鳥、ほおじろ）（内《ない》を除き、人《と》を重ねる）
⑤ほすまてたばぬる三把の木　○ぼたん（ほの濁音、たを撥ね、三把は除ける）

の三つを「たれかつくりけむ」。

⑥五月雨の雲に入ぬる時鳥　○桃（さみだれのくもに入ぬる時鳥）

を「為綱卿（冷泉・享保七年没）の作られしなぞなぞほく（発句）とて、人のかたりし」、と成章は付記する。

①は『後奈良院何曽』所収以来有名なもの、②は後桜町上皇の作かとされるもの、③は霊元上皇作（『乙夜随筆』所収）だから、成章説も確実ではないが、いずれも古典なぞといわれるもので堂上貴族の遊戯である。宣長さんはそれに触発されたわけである。いかにも、と思われる。ただし、これら簡単なものを「解セガタケレドモ」と記しているので程度のほどは知れるが、知巧の人だけあって創作はよく模しているといえよう。

以上の〈その一〉が書かれた時期は、鈴屋入門が菊屋兵部（荒木田末偶）は天明四年、服部中庸は同五年であるから、天明五年ごろと見るべきだろう。

余談。殿村呉雪に「俗名安平、松坂ハイカイ師也」、聞樵に「呉雪方手代也、ハイカイ師也」と注記がある。呉雪は著名な松坂俳人。その作は全部が評点「上々」で、プロ級であったろう。俳諧や雑俳となぞとは兄弟の間柄である。一座はその指導を受けたのかもしれない。また、菊屋兵部は作のうち、「上」「中」の評点をもらっているが、少なくとも二つは、古版『なぞのほん』（江戸初期）に出ている。カンニングだろうか。

宣長さん自筆のなぞなぞ〈その二〉は自作の決定版。収める一三題のうち一〇題は、前掲「上々」の評点の作である。

それにしても、九月十三夜の天明四年、なぞなぞの同五年は、田沼政治の末期、東北をはじめ諸国でひきつづく飢饉、疫病流行のころであったが、宣長さんにとっては、しあわせなひと時だったなあ、と思う。

天明四年（一七八四）正月には病気以来一年半休んでいた講釈を再興でき、年間鈴屋入門者も三年から倍増し、四年には一三名に達する。五年冬には念願の『古事記伝』刊行が横井千秋《ちあき》のあっせんで目途もつく。家業の医療も、「世上殊之外病人多、昼夜奔走」と繁盛である。家庭的にも恵まれていた。四年九月、次男の恭二郎（春村）が津の小西家へ婿入りし五年一一月に初孫をあげている。何よりなのは、一家健康だったこと。自身は、二年秋～冬の瘧《おこり》と六年五～一〇月の病気がちの中間、春庭は九～一一月の病気の後は、六年には三月一七日から吉野花見、奈良、大坂、伏見と二〇日間もの旅に出る元気さであった。

――こうした時期での九月一三夜の狂歌とそれから一〇年余後の作、春庭宛書簡に現れるものとをくらべてみよう。

一三歳から写本をはじめ、二四歳の天明六年に『古事記伝』の版下を書きはじめ、寛政二年まですでに一七巻を書き了えていた春庭（「春庭写物覚帳」）が眼病を発したのは翌三年二九歳、六年には失明、翌年四月に治療と鍼医修業に上京、一〇月から猪川元貞に入門、三五歳九年八月に帰郷して開業する。書簡は、絶望無明の闇にもだえている在京中の春庭に宛てたもので、報告、用件、励ましの間に、時どき狂歌をまじえている。

〈寛政七年一一月二七日付〉

・羽根も尾もさながら生ける庭鳥の鳴く音かけろとかこちがほなる〔庭鳥の絵に〕（かけろは描けと鶏の鳴く声〔神楽歌〕、かこちは不平）

・うまけれどくはぬにくふぞまさるべきこのみてくへば腹ふくれけり〔猿の木の実を持ちたる絵に〕（まさるに猿、このみに木の実）

〈同八年四月一五日付〉

（春庭が鉄石軒吉久という百十歳翁の作った名物火打金を父へ送った返事で、）

・百の外《そと》へおのがよはひを打出して石よりかたき火打うりかな（よはひは齢に「火」、下へ「打」「石」。『石上稿』『鈴屋集』になし）

・思ひきや老のくち木に春過てかゝるわか葉の又おひんとは〔四月入歯といふ物をして〕（くち木は朽に口、わか葉は若葉にわが歯）

〈同年八月一八日付〉

・お月さんはおまへはことし十三かいゐ十五夜になりましたわしや〔「かいゐじといふ事をかくし申候」。十五日、海会寺で月見会〕（わらべ歌「お月さん幾つ　十三ななつ　まだ年は若いな……」、いゐはいいえとかいゐ十、わしやは私は。『石上稿』『鈴屋集』になし）

これら愚にもつかぬ狂歌――。だが、門弟への書簡にも「心労仕候」「心痛仕候」と訴えずにおれなかった宣長さんが、せめてもむすこの閉じた心を明るく、と記したと思えば、父親とはこんなものと思う。

その後の狂歌も、「羽根も尾も」、「うまけれど」と同類の画賛ものが二、三残っているが、初め紹介した没年最終の作へとつづくのである。

以上、宣長さんのユーモアのはて。狂歌はしぼんだまま終った。そもそもからふりかえってみると、古典的な物名隠し題から一歩も出られなかった。知巧が仇し、ユーモアをおしつぶしたのである。狂歌は宣長さんにとってはまったくの余技である。余技をもって専門を論ずることは、当をえまい。が、半面余技ゆえ見えてくる面もある。「倦まずおこたらず」（『うひ山ぶみ』）の知巧のはての肥大化（自己模倣・自家中毒）が詠歌や古学にはなかったか。

三つの歌

ユーモアから離れて宣長さんの知巧の側面を見直してみよう。後稿、歌のところで述べるべきだろうが、後述の枕として歌から問題をひとつ提起する。

次に三首の歌を挙げるが、各作者を、浜口宗有、宣長さん、賀茂真淵の三人で推定されたい。

A　唐の人に見せはや大和なるよしのゝ山の花の盛を
B　もろこしの人に見せはやひの本の花のさかりのみよしのの山
C　もろこしの人に見せばやみよしのゝよし野の山の山ざくら花

Aは、久世兼由《くぜかねよし》の『松坂（権輿）雑集』（宝暦二年冬脱稿）の「西町諸家之事」にこうある。

一浜口宗有、屋称仙台屋、歌をよくし其名堂上へも聞えしと也、
　明やすき淀の継橋わたる間に月影しらむまのゝ浦浪
　秋もこん春は花咲山村のふもとは月の桂瀬の里
　唐の人に見せはや大和なるよしのゝ山の花の盛を
　短尺二唯称とあるは宗有の事也

この部分、写本によるが、宣長さん・春庭の写本では増補の形となっている。仙台屋ははやくなくなっており、古くの嶺松院歌会とも別の宗有だが、直接堂上派の指導を受ける松坂文化草創期歌人の一人として知られたものだろう。

Bは、宣長さんの「金竜稿五」（『石上稿』所収）の宝暦一〇年に「山花」と題して出るが、「石上集」（同一二年稿）にも採られている。「金竜稿」でつづく歌が「霞」として「さく花に峯のかすみをさきたて春もおくあるみよしのの山」というのであり、「石上集」では前二首が当座（「杜花」）、後が兼題（「花留行客」）であるから、Bも歌会での題詠にちがいない。

ところで、そのころとおぼしく、ノート『漫識』の末尾に「伊藤仁斎ノ歌」とした雑記につづき「○浜口宗有歌」として「月」「述懐」の三首を記している。その際、Bも宗有の歌を修整、自分の歌としたものだろう。見合写真ないしは後年の自画像（ならびに自賛歌）を思わせる修整ぶりの題詠である。

Cは真淵の歌である。これもAまたはBにヒントを得ている。しかし、修整写真とはいえない。「みよしのゝよし野」「吉野の山の山ざくら」と大胆なくり返しは真淵特有の生動のリズムを伝えてくる。

これは、「よし野の花をみてよめる」と題した長歌に付けられた反歌である。詩人真淵と講釈家宣長さんの知巧とを比較するため、長歌をのせておこう。

ことさへぐ　人のくにゝも　聞え来ず　吾みかどにも　たぐひなき　よしの高根の　さくら花　咲のさかりは　馬なべて　とほくもみさけ　枕つきて　みねにものぼり　見る人の　かたりにすれば　きく人の　いひもつがひて　天雲の　むか伏きはみ　谷ぐゝの　さわたるかぎり　めでぬ人　こひぬ人しも　なかりけりしかはあれども世の中に　さかしらをすと　ほこらへる　翁がともは　八百万　よろづの事ら　きゝしより見のおとるぞと　いひづらひ　ありなみするを　みね見れば　八重白雲か　谷みれば　大雪降と　天地にこゝろおどろき　よの中に　こともたえつゝ　ゆく牛の　おそき翁が　うつゆふの　さかりしこゝろ　くいもくいたる

では、AまたはBをふまえて、Cができた事情は？　わたしはこんな場面を想像する。

宝暦一三年二月末より大和めぐりの長旅に出た真淵は吉野の花ざかりにも接してきた。このとき次の詠がある。「世の中によしのゝ山の花ばかり聞しにまさるものは有けり」「みよしのをわが見に来れば落滝つ滝の宮子に花ちりみだる」。

その帰途である。五月二五日、日野町の新上屋に宣長さんは真淵を訪うた。話題の一つに吉野の花が出たろう。吉野の花はいかがでしたか。当地の先輩にこんな作がありますが、拙詠で「日の本……」、このように改めました云々。対する答えが真淵の歌である。示したのは、長歌に近い「世の中によしのゝ山の花ばかり……」の歌であったろう。あるいは、自分ならこう詠むと、Cを示したかもしれない。

江戸下向中、「望富士山」「岡部の家」の長歌も手がけた真淵は、帰着した江戸で旅に得た歌を推敲完成したのだろうが、その際、長歌「吉野の花」の反歌としては、即《つ》きすぎる「世の中に……」をすて、冒頭「ことさへぐ人のくにゝも」と対応し「花」で押さえるCの歌を採用したものか。

宣長さんは宗匠気取りで歌の添削ぐらいに思って「もろこしの人に見せばや」の使用を意に介さなかったが、真淵はどうだったか。意識的に視点を古人と等しくしようと、習って同化を目ざす擬古、古学においては、それが自己主張であれば、等類、模擬、剽窃はとがめられなかったもので、真淵には次のような例がある。

実朝　箱根路をわが越え来れば伊豆の海や沖の小島に波のよるみゆ
真淵　百くまのあらきはこね路越来ればこよろぎのいそに浪のよる見ゆ

実朝　ものゝふの矢並つくろふ籠手の上に霰たばしる那須の篠原
真淵　ありま山うき立雲に風そひてあられたばしるいなみののはら

古人でもない宗有の場合、「もろこしの人」という国粋的発想が真淵を誘ったものであろう。

もっとも、宣長さんの場合も動機は似たものであったにしても、結果は大いに異なる。Cが長歌とともに真淵に同化、その作になっているのに比し、Bは観念的な補強であり、やはり宗有の作。宣長さんの作とすれば、それは模倣にすぎない。その小手先の知巧が見えすいている。

このことを思うとき連想されるのは、宣長さん六一歳自画像に付けた自賛歌のことである。

何故に砕きし身ぞと人問はばそれと答へむ日本《やまと》だましひ　　谷川士清　安永四年（一七七五）

敷しまの倭こゝろを人とはは朝日ににほふ山さくら花　　『石上稿』寛政二年（一七九〇）

「敷しま……」の歌は、九、一〇月ころの作で、還暦を意識した画像賛であるから、もちろん題詠というより観念の作である。観念の中心は倭心と山桜。この両者を結びつけるにどうしたらよいか、に腕の見せ所がある。

そのとき思い浮かぶのは、倭心↕日本魂で、「辞世の心持」だと書簡をもらっていた故谷川士清の代表歌（士清六八歳没の前年作）。そして故人との違いは画には現していないが、山桜こそ自分の「心の影」①だということ。これで対比できる、と士清の「人問はば」を用いるに思い至ったのであろう。また、この知巧の着想がうまくいったので、士清が明瞭刻明に「それと答へむ」としたものがすでに含まれている錯覚に誘われたのではないか。

共に「人問はば（それと答へむ）」と講釈口調である。しかし、士清の方には生涯を煮つめた披瀝がこめられて、かえってきびしい感動を喚起しおわる。宣長さんの方では、「人問はば」での腰折れ、舌たらずがわざわいして「山さくら花」の余韻を結ばせない。ほんとうの講釈理窟歌となってしまった。

日本魂が垂加神道の学則にいう天皇至上主義②、倭心が漢意をはなれた真心、といった差異は歌の評価のきめ手にはならない。きめ手は観念ではなく、作者の燃焼度である。この場合、宣長さんの知巧はその役に立たなかった。覚めて気づいたとき、宣長さんはこの歌をその年の「自撰歌」にも、後の『鈴屋集』にも収めなかった。

（注）

① 四四歳（安永二年）、瓶の山桜を前にした自画像に自賛を加えている。「めづらしきこまもろこしの花よりもあかぬいろ香は桜なりけり　こは宣長四十四のとしの春みづから此かたを物すとてかゞみに見えぬ心の影をもうつせるうたぞ」。歌は同年花五〇首中の一つ。「自撰歌」で○○、「石上稿補遺」・『鈴屋集』にも採る。

② 士清の師松岡雄淵の『神道学則日本魂』（享保一八年刊）の結論は、「悃々款々《至誠をこめて》として国祚《天子の位》の永命を祈り、紫極《王宮》の靖鎮を護る者、これこれを日本魂と謂ふ」。「日本魂」のこのような用法は垂加神道より始まる。

自画像の器用さ

歌のことはともかく、四四歳と六一歳の自画像の器用さを見よう。知巧の条件としての器用さは生得のものだった。そもそも筆跡最初の一二歳『万覚』での益軒抜抄を見ても、記載量で多いのが、一一部門中、紙細工、火、衣服の順であり、つづくメモも「当流染物秘伝」。身近な手技への関心好尚をうかがえる。そうした少年時からの、おびただしい書物筆写抜抄の中で目立つものの中に、作図・描図の類があったことはさきにとりあげた（八四頁）。その知巧は当然絵画にも関心を向けさせる。『経籍』に、少年時「図絵宝鑑ヨリコレマデ絵ノ事ヲ書タル書也」と和漢の八書目をメモし、上京期にも「和漢名画苑」「画英」などの書名を見ることができる。

そうした人の晩年に行き着いた絵画論を見よう。『玉勝間』最終一四の巻に「絵の事」として、五条にわたり持説を述べている。それには「下書」と題する一四巻の最終条に至る草稿があり、「絵の事」をその冒頭に置いたことは、宣長さんの最晩年（寛政一二年）に自分の絵画観をまとめたことを表わしていよう。そしてそこでは、絵画ばかりでなく、歌を含めた芸術観、人生観をも垣間見ることができよう。

うち前半の四条は肖像画についてであり、その方面への関心がことに深かったことを示している。「人の像を写すことは、つとめてその人の形に似むことを要す。面やうはさらにもいはず、そのなりすがた衣服のさまにいたるまで、よく似たらむと心すべし。されば人の像は、つとめてくはしくこまかにうつすべきことなり」と書きはじめるが、それが結論でもある。だから、「筆の勢ひを見せ、絵のさまを雅にせん」ために、位たかき人、徳ある人も山がつのようにいやしく、美女のかおをふくらかに見にくく書きなすを今の世の風と難じ、異国人が見たら日本人は形いやしく女もみな見にくいと思うだろうし、皇国人でも知らぬ昔の人のおもかげをそのように思うだろうといい、江戸絵（浮世絵）、武者絵をも批判する。通俗の論というより、一〇〇枚以上もの肖像を絵師に描かせブロマイドのように賛を入れて配布した人の弁である。

『本居宣長六十一歳自画自賛像』

『本居宣長四十四歳自画自賛像』

後半の一条は、「その道の人は、なかなかにえしらで、かへりて他よりよきあしきさまのよく見ゆることあり」と今の世の絵について私見をのべる。

まず、墨絵、薄彩色、極彩色の中では、「なつかしくやはらびておかし」として薄彩色をとる。「たゞ筆の力いきほひを見せたる」墨絵は見どころなしとする。そしてそれのみをめでる茶の湯はかたくなだという。

つぎに、「家といふすぢの絵」と「唐《から》絵」（もろこしやう）とで、後者の細密の「生《しょう》うつし」の表現をもとに両者それぞれの長短勝劣を比較するが、終りは「ちかきころは、家の法にもなづまず、唐絵のかきざまにもかたよらず、たじおのが心もて、いづかたにまれよしとおぼゆるところをとりてかくたぐひも多き、そのすぢはよきをえらびわろきをすてて書ゆゑに、いづれもいみじきなん（難）はをさ〳〵見えざるなり」と結び、如才ない折中的な職業歌人の立場を暗示する。

おもしろいのは、衣服の際《きわ》・折目などで、「際の筋の太きは筆の力を見せむ」とするしわざで論外、さりとて唐絵の没骨《もっこう》法のように「それのなきは鮮やかならず」、とこだわりを示していること。それは、かねてより画像の仲介に立つ名古屋の植松有信宛書簡（寛政八年九月二五日付）で、「絵師（吉川）義信へ街申聞可被下候」として、「愚像衣ノ色、あまり黒濃く候而、筋見え分り不申候間、以後ハ衣ノ色、今少しうすく、筋よく見え分り候様可然事」と注文をつけていること。こういう経過をへてきている。そういえば、四四歳像と六一歳像とでは、鈴屋衣の「際」の描き方に進歩が見られる。

両像に見る鈴屋衣と髪型について述べよう。

寛政四年三月九日、六三歳の宣長さんは、名古屋藩の儒者で、用人・勘定奉行をつとめた一歳年長の人見璣邑を訪れた。初対面。その面話の記録がある。『本居宣長人見璣邑面話之次第』一名『璣《き》舜《しゅん》問答』という一枚の冊子、璣邑側のメモである。

　その冒頭で、「とれぬもの　人見の機嫌」と落首された、気むずかしい人見も、宣長さんの服装にびっくりしている。「翁の着服は何という物か。よりどころはあるのか。」「よりどころはない。ただ物ずきで工夫してこしらえたもの。」「そうではあるまい、何ぞよりどころがあるんだろう。神代の服などまなんだにしては美しすぎる……」（賓主ともにわらう）。「まことよりどころなし。本多伊予君のご隠居などもきついご質問で、その後借りて型などもできた。」（以下本論へはいる）。本多のご隠居とあるのは、伊勢神戸の忠永（清秋）侯、この前月一六日の来訪に「神戸侯隠居瑞翁殿俳人歌学ズキ　右家来ハイカイ師川素里」と記されている。前文「借りて」はご隠居が。「型など出来し」とあるが、その仕立てについては、縮緬の生地の指定とくわしい寸法がある（『本居宣長稿本全集』）。

　さて、宣長さんは「據《よりどころ》なし」をくり返し、自分の工夫によるものというが、それは「直綴《じきとつ》」（大巾で袖広く、上衣と下衣とつなぎ腰から下にヒダのある衣）にヒントを得たものであったろう。

『石上稿』宝暦一四年（三五歳）に次の歌がある。

　　　まろが衣を見てある禅僧のなどわが宗の衣ににては
　　　きたるぞととがめけるに
　　今さらに何とがむらんから衣やまと言葉にいひなれぬるを

帰郷して七年目、自称「まろ」の宣長さんが指導する歌会・講書の席で着用した式服だ。歌で見ると、中国から渡来の僧衣を模したものである。

『塩尻』（天野信景）は、王世貞の程子衣とかかわる解説（『觚《こ》不《ふ》觚《こ》録《ろく》』、宣長さんは知っていたか）につづけて、「我国入宋の僧伝へ服する処の禅衣是直綴なり。然れば今僧の用ゆる衣は唐土の俗人燕居（くつろぎ）の服にして我国官家用ひ給ふ処の道服是也」という。僧の法衣としては浄土宗・法華宗で多く、宣長さんも南北朝期の用例を考証している（『玉勝間七』）。官家の道服としては、公卿・大納言以上のふだん着に使用されたもの。璣邑との問答でも、據は?と問われても、宣長さんは、中国渡来、僧衣、道服とは答えられなかったろう。また、それだけに生地・デザインでの工夫を凝らしたにちがいない。知巧の独創といったところである。

衣がひとたび話題になると、一事が万事で、髪型もユニークだと映る。四四歳像は総髪の撫で付け髪、さらに六一歳像では、それを髷《まげ》にして前へ出したものである。

近世も初期をすぎると、士民とも元服後は必ず月代《さかやき》を剃る風俗になった。月代を剃らない人を総髪という。

宣長さんの総髪は書生時からだった。『日記』によれば、宝暦三年九月中旬（上京一年半後、堀元厚門）「生㆓長頂髪㆒」、同五年三月三日（宣長・春庵と改名改号の日）「為㆓稚髪㆒」とある。京坂の医師の風にならったのである。

帰郷後、宝暦一一年か、『随筆十二』には、「武家ハ将軍ヲ始メ奉テ、元服頭（月代）ニテ上下《カミシモ》ヲ著玉フ、其ノ形粧《ギヤウサウ》ニカキテモ見苦クシテ見ラレズ、モトヨリ異国ノ人ハ大ニワラフベシ」として、月代・上下をしない公家の都雅に対して武家の鄙俗およびそれをまねする人びとの愚かさを指摘する。イデオロギーの問題でもある。

近世末に成るが、とくに江戸と大坂の風俗の今昔に詳しい『近世風俗志』（喜多川守貞）にはいう、「今世これ（月代）を剃らざる者修験者或は京坂医師売卜者等のみ。士農工商これを剃らざる者あることこれ無し」。そして総髪の形も、「今総髪は縉紳《しんしん》家及び京坂の医師等は総髪にて前に曲ること普通の髷形と同き也。修験者は総髪にて或は曲るといへども多くは茶筌髪也」。

だから、宣長さんの総髪は京坂では珍奇の風ではなかった。ダンディの宣長さんは京の医師の風、ついで自分を「まろ」と称するころから、鈴屋衣とともに、意識としては、公家縉紳の風をまねたものであったろう。それが江戸はじめ諸国では珍しくユニークに映ったことだろう。しかし、江戸や京には、そのような画像の上にわが「心の影」と山ざくらで自賛する宣長さんが〈ゐ中人のふところおやじ〉〈尊大のおや玉〉と映る人がいてもふしぎではない（〈　〉の中の語は上田秋成の『胆大小心録』より）。

第五章　『排蘆小船』のころ

（一）帰郷・京都養子の件

はやらぬ医者

「宝暦七年十月六日、自京師帰松坂、称本居春庵、行医事」。帰郷後の日記（『日録』）の第一行である。一七五七年、二八歳。それから死ぬまでの満四四年間、松坂の同じ家でつづけられる春庵先生の医事から稿をはじめる。

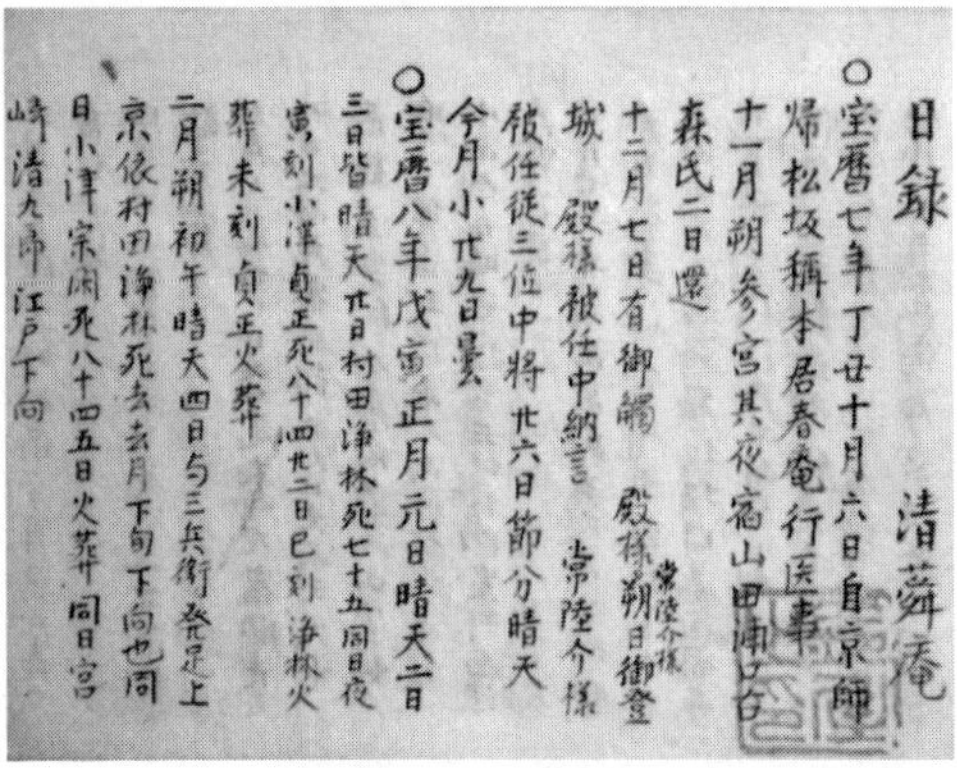
日録　清蕣庵
○宝暦七年丁丑十月六日自京師
帰松坂称本居春庵行医事
十一月朔参宮其夜宿山田御師
森氏二日還
十二月七日有御觸　殿様朔日御登
城　殿様被任中納言　常陸介様
被任従三位中将廿六日節分晴天
今月小廿九日曇
○宝暦八年戊寅正月元日晴天二日
三日皆晴天廿日村田浄林死七十五同日夜
寅刻小津貞正死八十四廿二日巳刻浄林火
葬未刻貞正火葬
二月朔初午晴天四日与三兵衛発足上
京依村田浄林死去去月下旬下向也同
日小津宗閑死八十四五日火葬同日宮
崎清九郎江戸下向

『日録』宝暦７年10月６日条

資格試験などなく、だれでも医者になれた時代、人の動きも多く、活気のある松坂には、医者も多かった。明和六年に三五人。『宝暦ばなし』という本では、そのうち、大医に小島専庵、流行医に長井元慎、堤元端、鹿島元泰、伊藤養仙とあげられ、小便医者というはやらぬ医者のはじまりに山村元祥が紹介されている。春庵先生は、ついにそれらのいずれにも出ないで、ただ安永元年（一七七二）のはやり事の中のひとつに「本居歌の講尺」と登場するだけ。魚町の本居医院から三〇〇メートルぐらいで、中町の長井、反対の西町の堤や山村へも行ける。魚町端の鹿島へも四〇〇メートル余。だいいち、家の斜向かいが古い小泉の医院なのである。京都仕立てとはいえ、三〇歳にもならぬ若い医者に、待っていました、と患者のつくはずがない。

『松阪市史』第一〇巻（民俗）では、こんな伝承を地もと魚町で採集している（一九八一年）。

春庵先生も初めのうちは、ヤブのように思われおったんやろな、門前にくもの巣がはっとった。つまりはやらんだんやな。そんな、こんなで、往診に出ることもめったになかったげな。そいであんまり所在がのうて、薬箱を持って、往診にいくようなふりをして、四五百森へよういかんしたげな。森はすぐ近くやった。口の悪い近所のてあいが『春庵さんの森いき』といって評判しとりおった。また、胎毒丸という丸薬を調合して、それを一包十文で売っとったが、あんまり利《き》かんだというこっちゃわさ。

四五百《よいほ》の森はお城裏手の森で、家から一キロたらずのところであった。

この伝承はあまり正確ではない。「胎毒丸」は一〇文でなく、二四文、のち五〇文に値上げされて売られたものである。話は、佐佐木信綱の『賀茂真淵と本居宣長』（一九一七年刊）の美談？あたりから伝わったのだろうが、山崎美成《よししげ》*75の『海録』（一八三七年成る）にも、こんな話が載る。

本居宣長が若かりし時は藪医隙成とて、狂歌をせしよし。後京師に遊びける折から、冠辞考を見て、古学を思ひ起ししとかや。

これも話の後半でわかるように、いいかげんなうわさ話にすぎないが、とにかく、帰郷後の春庵先生、患者がなくて弱ったろう。月に数件もあったか。これは宣長さん没後、春庭の患者数からの類推だ。

藪医隙成、狂歌云々の語は、もし事実とすれば、寛政末年、門人への冗談から出た語であろう。

伝承中では、「薬箱を持って」云々がおもしろいが、四五百の森行きは事実だったかもしれない。しかし、それは患者のない失望よりも、頭の中はおそらく、これからの、いや当面の学問のことでいっぱいだったのではないか。

帰郷早々の一一月一〇日には、元慎の子で同年の長井元恂宛書簡で、帰ってみれば語るべき友なく、学識風雅の友を求めるに、凡俗の士の野郎王（井の中の蛙）ばかりだ、となげいている。

年明けて、一月二〇日からは、和歌の流れを通観すべく、万葉集と二十一代集からの短歌で詞華集の編をくわだて、途中歌集別から類題別へ変更することもあったが、一、八七〇首の『古今選』が三月二二日に成った。その間、二月からは月二回の嶺松《れいしょう》院《いん》歌会へ加わることになった。一〇名ほどのサークルであるが、宣長さんの生まれた翌年からはじまり、小津本家の清兵衛道円は創設時からの会員であった。同じく会員の小津一党の清右衛門正啓らの希望で、夏から源氏物語の講釈をも始めるようになるのである。

他方、四月二八日からは、聖人孔子をたしかめるべく論語の摘腴《てきゆ》をはじめ、五月三日からは、『安波礼弁・紫文訳解』の稿をはじめる。

ここで注目されるのは、それらと併行して京都へ養子に出る話が進んでいて、当人もその気になっていたことである。本居の家督も、母と妹をも見棄てる、もちろん松坂での医事には一顧の余地もなかったろう。

京都への養子話

京都養子の件の経過を報告しよう。資料は、宝暦八年五月一六日付津戸順達宛書簡とそれへの津戸返信、加えて『日録』の行動記録と『石上稿《いそのかみこう》』の歌である。

津戸は武川門での先輩だろうが、とりわけ親しいという間柄ではない。『在京日記』での登場も一回だけ。昨年の七月、四〇余年ぶりの聖護院の宮の峯入りの山伏大行列を、拝観でごった返すなか、二人も未明から午後にかけ寺町通りで迎えた時のこと。こまごま描写された中で、世なれた津戸がちょっと記されるだけである。今回の件以後もついに名前を見ない。

宝暦八年四月の中、下旬か、津戸から京都に医者養子のクチが、二、三あるのだが、といってきた。以下、わたしの推測。これは、宣長さんが直接津戸へ養子先を依頼していたものではあるまい。とくに親しかった在京の

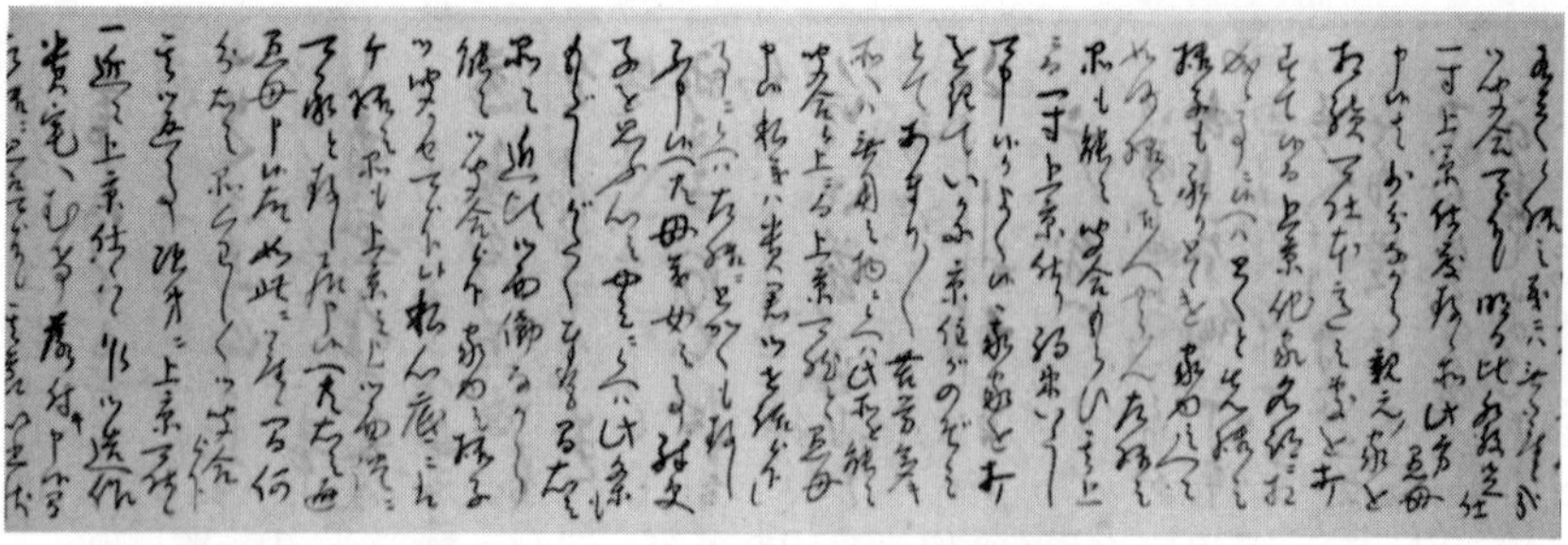

津戸順達宛本居宣長書簡（宝暦８年５月16日付・部分）

友人、山田孟明か清水吉太郎かへ、新春ごろに宣長さんが都恋しさと思わしくない近況を伝えたところ、医者としてすでに少しは顔の広い津戸へ相談がもちかけられたものだろう。

五月一六日付宣長さん書簡は、一四日昼に着いた九日付津戸の便への返信である。「度々ご懇書に預り」とあるから、すでに津戸の前便に対し、当方も二度は返事を出していたことがわかる。候補は、中村、伊藤、麻島の三氏があった。あとの委細を記した便は、九日の津戸へは未着であったが、津戸は、中村氏の方はダメだったと言ってきた。

返信の宣長さんは要約次のようにいう。——伊藤氏の件、先書でお頼みしたように、家庭内のこと、身上は手一盃《ママ》にしても、借銭などないか、とくと聞合わせてほしい。明日ごろにも出発上京したいのだが、母から異議が出た。「親元の家を相続すべきところを打すてて上京、他家名跡になるのだから、とくと先様の様子も承り、家内の人々の様子も聞合わせてもらい、その上で上京し約束するのがよい。わが家を打おいて、いかに京住みがのぞみとて、あまり苦労の多い所へは無用の物だから、よくよく聞合わせた上で上京せよ。」自分は貴君のお世話だからそうも思わぬが、母は女、ことに子を思う心もやみからの言葉ゆえ黙過できない。ご面働《ママ》ながらくわしくお聞合わせいただき、そのご返事しだいに上京します。麻島氏でも伊藤氏でも、上京いたしたら、約束出来申すと仰せられたい。又、先書で申し上げたとおり、物入りの義《ママ》は一向できないので、これまでの書生の通りで参ります。でなくてはご相談にもならぬとお達しありたい。このたび武先生へは書状を出さぬが貴君からよろしく。清水氏宛書状はご面働《(ママ)》ながらお届けいただきたい。　以上

一六日付この書簡は一七日朝の飛脚に託せられ、一九日夜には津戸へ着いた。二〇日午後の返信に津戸はいう。——麻島氏は、少々気の細い、ていねいすぎる人てい。妻なく、ひとり。弟子二、三人と下僕だけ。家屋敷、相応の器財はあるようす。評判は中の下医。伊藤氏は、七九歳と六七、八歳の老夫婦のみ。小借家は持つが、金銀はなく借宅住居。だが評判高く、大名方へも治療に出、町内でも貴重な存在。あらましこうだが、とにかく上京なくては話にならぬ。武先生も同意見。近々日中にきっと上京、私宅へ落着されたい。清水氏への御状は早々お届け申した。　以上

津戸の返信を受けとると、宣長さんはすぐに松坂をたった。二七日。そして二九日の夕刻京へ着く。三日間は「大雨天」だった。

津戸宅に逗留、一週間滞京した宣長さんは、六月七日午後帰途につき、九日午後、またも「大雨天」の中、松坂へ帰着した。道中は往復とも山室妙楽寺の弟子僧との二人づれだった。

在京の間および結果については、例によって何も記さないから、よくわからない。ただ、なつかしい旧友たちとの再会とあわただしい別れとが詠み遺した歌でわかる。「思ひやれなれし都にかりそめの夢もむすばぬ草のまくらを」　そして、心なしか、詞書の中、「なげの一言をだにとどめをきてしのばればやと……」の句に、養子話不調と出京断念がうかがわれるようである。

思うに、『古今選』で得た見識、『安波礼弁』にあふれる学問への自信・野心、それを展開できる条件が見つからなかったのだろう。このうえは伊勢の地で独自の道を、と思ったにちがいない（次に上京したのは、三二年後の六一歳、寛政二年一一月で、刊行したばかりの『古事記伝』第一帙五冊を携えてである）。

それにしても、養子がどういうものであるかは一〇年前の山田養子でよく知っていたはず。それにこりないどころか、かつて、在京中の身を案じ、励まし、学資に苦労し、そもじだけが頼りだとくり返してきた母、修業を終え、久しぶりに親子で住めるようになって開院にまでこぎつけさせた母、その母がひきとめることをあきらめ、せめて事前にじゅうぶん聞合わせてから上京しては……というのを、文飾もあろうが、「母義女《ママ》の事、殊更子を思ふ心のやみに候へば……」と言うのにはひっかかる。帰郷後の、自負と失望と焦燥の青年を見るが、また一方、『舞姫』（森鷗外）風に言えば、「なんという男だ、この太田豊太郎は……」と、それから二年半後に行われた新妻美加さんの残酷縁切り（大野晋氏説）さえ思い合わされる。口をつぐむ宣長さんに物を言わせたいところだ。

（二）『古今選』

初稿本・再稿本　『古今選《こん》』には三本がある。初稿本と再稿本、さらに板本である。

帰郷の翌春、宝暦八年（一七五八）一月二〇日から、秀歌と思われるものを選びはじめる。自分の和歌観をたしかめ、今後の詠歌の範とするためであったろう。万葉集、八代集、それにつづく十三代集から定家撰の新勅撰集、為家撰の続後撰集から逐次ぬき出し、新後撰集から六首、玉葉集の一首を加えた。総数は一、二七九首。これが初稿本である。

ここで方針をかえ、春・夏・秋・冬・恋・雑・その他の部類立てに整理することにし、初稿本を見直して四三首（内、万葉集からは一首）を減じ、十三代集全体からの増補を行い、一、八七〇首の再稿本を作った。脱稿が三月二二日。これで万葉集から二十一代集を通じての和歌のパースペクチブができたことになる。この年、「二十一代集をつぎ〳〵よみて思ひつゞけける」との詞書で次の歌を詠んでいる（『石上《いそのかみ》稿《こう》』）。

言のはのうつりもゆくかよゝにふる人の心やしぐれなるらん

二九歳の宣長さんの感懐であろうが、おどろくべきことに、七二歳死没の二八日前、享和元年九月一日付植松有信[*76]宛書簡中につぎの一節がある。

一、古今選の儀、致承知候、是も先達而も申候通、今一往しらべ申さねば成不レ申、夫ニ付テハ廿一代集を
一へんよまねハ成不レ申、夫故いまた得かゝり不レ申候

『古今選』刊行の企画があったのである。その内容未定のような口ぶりであるが、大体の推察はつく。後の板本がしたように、再稿本の歌に「○○」や「○」の記号がつけられていないもの五〇〇首余を捨てる精選のしかたである。

問題はそのことよりも、四四年間、その再稿本がみずからの、また指導での、詠歌のガイドブックになってきたであろうことにある。この体制は『古今選』の八年後の明和三年に一一、三〇二の歌題を集成した『古今題彙』によって強化される。これが鈴屋風の和歌の神髄である。

板本はさきに言及したやりかたで、没後七年目の文化五年に村田並樹の手によって刊行されたものである。

内容をまず歌集別の初稿本からたしかめてみよう。

万葉集からはわずか六二首、万葉集全歌数約四、五〇〇首の一・四％にすぎない。再稿本ではさらに五一首に減、しかも内二二首は旅の歌である。勅撰集とはちがう部立ての影響もあろうが、根本的に万葉集そのものが鑑賞の視野に入っていない。『排蘆《あしわけ》小《お》船《ぶね》』でも、万葉集は、文字訓詁の歌学のためにはよき物だが、質朴鄙《ひ》俗《ぞく》で詠歌のためには、さのみ用なし、としている。

古今集からは二二六首（一七・七％）で、新古今集につぐのであるが、古今集全歌数一一〇〇首の二〇・五％にものぼる。これは四・九首に一首の割で採られていることとなり、いかによく目を通しているかがわかる。

新古今集からは三四七首（二七・一％）で抜群である。同集全歌数一、九七八首の一七・五％で五・六首から一首にあたり、これもよく目が通されている。そこへ俊成撰の千載集からの一一五首を加えると、全体の三六・一％、かわりに定家撰の新勅撰集からの一〇六首を加えると、全体の三五・四％、共にそれで三分の一以上を占めることとなる。宣長さんの俊成、定家、ことに定家・新古今への傾倒ぶりがうかがわれる。

古今集の方でも、よく古今三代集といわれるが、後撰集と拾遺集からの一七七首を加えれば、三一・五％となり、これも多い。もっとも、八代集の中でも金葉集、詞花集はもともと小集であり、採られる歌数も少なくなるのは当然だが、王朝四〇〇年間、その頭初と後尾に山ができていることはまちがいない。そしてこの山は、再稿本で中世の十三代集から増補したあとも動かないのである。

再稿本に移るが、十三代集中初稿本に採られていた新勅撰・続後撰の二集を除けば、他の一一集からの増補も再稿本の三分の一にすぎず、各集はいずれも原歌集の四・七％以下の採録である。初稿本での、万葉集を除く各歌集とは大きくちがう。ことに目立つのは、勅撰最大集（二、八〇一首）の玉葉集からその一・六％（四六首）を採っているだけで、万葉集の軽視にも匹敵することである。これは玉葉集を承ける風雅集二、二一一首からの二・三％（五〇首）ということからも、『排蘆小船』で、異風、風体あし、とする反京極の先入見がそうさせたことにちがいない。

再稿本『古今選』は、『排蘆小船』で詠歌の参考に推奨する、伝一条兼良《かねら》撰の『題林愚抄』を意識した類題和歌集である。次に、その類題、部類立てからも特徴をさぐってみよう。宣長さんが傾倒していた、新古今集・古今集と比較してみる。

『古今選』の部類は、春・夏・秋・冬・恋・雑と他に別・旅・哀・神・釈・賀で、新古今集と同じである。古今集は、他のところで、別・旅・哀・賀は同じ、神・釈はなく、物名・雑体・大歌所御歌等が加わっているが、部分的な異同だから大勢にはかかわりあるまい。

さて、『古今選』と両者との比較で、まず目につくのは、「春」の歌数の率が両者のそれより高いことである。「秋」に対する「春」の倍率は、古今〇・九倍、新古今〇・七倍、百人一首で〇・四倍、これに比し『古今選』は一・一倍となる。「春」よりも「秋」の多くなるのが伝統だとすれば、率の差はさほどではないが、方向は逆を示している。それは、春少・秋多の古今・新古今から『古今選』への採録を両季同数（古今三五首と三六首、新古今五七首ずつ）へ調整していることにも見られるだろう。宝暦三年より安永二年までの一〇回余の百首歌でも春と秋は各二〇首の同数（夏、冬も数は少いが同数）で同率を意識しつつも、こうなったのである。春庵先生だけのことはある。後年の「人げしげくにぎはゝしきところの、好ましくて」（『玉勝間』一三）にもかかわりあるか。

また「恋」の多さである。四六六首で全体の四分の一を占める。ことに三代集からは、その採録の三一・二％（一二一首）にのぼっている。おもしろいのは、後撰集で、採録のさほど多くはない八一首中の五五・六％（四五首）を含んでいることである。ちなみに、古今集では二五％（五五首）、新古今集では一七％（五九首）である。後撰集が男女日常の贈答歌の多い、褻《け》の歌集だから、そこに王朝の恋を見たのであろうか。宣長さんは終世後撰集に関心を持っていた。宣長さんの絶筆は『後撰集詞のつがね緒』[*77]である。

つぎに、全体から見て注目すべきは、四季の部類立て（春、夏、秋、冬の計）の占める率である。古今集は三一・一％、新古今集三五・六％にくらべ、『古今選』は四七・五％と高率である。それにつけて思い合わされるのは、この八年後、明和八年に作成する『古今題彙』[*78]のことである。歌を集めた『古今選』の裏付けとも見られる詠歌の題一一、三〇二の集成だが、部立ては春、夏、秋、冬、恋、雑となっている（他は雑へ入れる）。そこで四季は全体の六六％（七、四五九項）にものぼる。『古今選』よりもさらに一段と高率である。和歌で時代の下るにしたがって自然・四季の諷詠が増してくること、同時に歌題も細密となったことのあらわれであろう。恋の部もそれに応じ、『古今題彙』で一、五一六も集めたのに感心されるが、なお全体の一三・四％、四季の二〇％どまりで、『古今選』での五二％には遠く及ばないのである。

しかし、いずれにせよ、歌題によって古歌を参照し、歌を詠むという、いわゆる題詠が問題である。宣長さんは『排蘆小船』で、「題詠」を「題をとりて、まづ情をもとめ、さて詞をとゝのふる也」という。そして「古人の歌に化せられて、情辞ともに自然の如くになる」と蘐門古文辞《けんもんこぶんじ》のまねをしていうが、徂徠は「題詠といふ事いできて、和歌は衰へたり」（『なるべし』）といい、太宰春台も、詩と同じく「和歌も古の人は、皆実意にてよめり。後世は、題を設けてよむ故に、多くは、虚偽の詞なり。」という。在京最末期に宣長さんは『独語』の歌の論を『随筆五』に筆写しているが、結論の題詠の部分はカットしている。意あってそうしたか。最晩年（寛政一一年）にも、後世、題詠によって心のまことを失う、との村田春海の歌論に批判を注して、「殊ニ後世ハ、題モイロ〳〵巧ニナリテ、ソノ意ヲヨクヨミ叶ヘサセムタメニ設ル事多シ」と見解に変動はない。類題歌集としての『古今選』の役割をも終始認めていることになる。

以上、『古今選』にうかがわれる特徴をあげて、万葉集、玉葉・風雅集の処遇、古今・新古今集の重視、春と恋の重み、四季・類題・題詠の問題、などにふれてみた。

歌の好尚偏向　さて、右の所説に織り込むと複雑になるので残しておいたデータをとりあげよう。再稿本中○○印をつけた歌である。全一、八七〇首のうちで、無印のもの五〇〇余首、それを除く○印、○○印の

一、三六〇余首が後に板本の対象となるのだが、うち○○印は七八首である。これが極上とする歌だったと考えてよいだろう。

それを部類で見ると、半数の一八首を桜で占める春が三六首（四六・二％）、四季だと五三首（六七・九％）、恋二五首（三二・一％）で、他はゼロ。

歌集別にすると、新古今が二三首、ついで古今一三首、続古今、続後拾遺各六首で、他は五首からゼロ。万葉はゼロ、玉葉は二首（ただし定家の歌）。

作者別では、最多八首が定家、七首が俊成、良経、四首雅経、三首素性、小野小町、家隆、二首一首二九名となる。

これらのことは、先に述べた特徴とまったく合致している。いや、さらに端的に表しているといえよう。

ところで、ここに、二九歳の青年の選歌と黙過できない重要な問題を、あらためてとりあげたい。すぐひきつづく処女作『排蘆小船』の内容根幹にもかかわることで、かつ、宣長さん終生の作歌、指導、没後も鈴門の指針ともなる二点についてである。二点とは、玉葉・風雅の処遇と定家の歌に関する問題とである。

まず、玉葉・風雅の処遇とは、さきにも少しふれたが、この二集を悪風、異風として排除しようとする二条派歌学の立ち場があらわだということ。

勅撰集で最大の玉葉集（二、八〇一首）からの『古今選』採択は四六首、うち○○印は二首（定家の歌）。玉葉を継承する風雅集（歌数は六〇〇首ほど少ないが）も、ほぼ同じ採択である。これは、新古今集（一、九七八首）からの採択三四二首、うち○○印二三首に比し問題にならぬ少数だ。それが宣長さんの新古今好みのせいとばかりもいえないことは、風雅集の次、二条派による新千載集（二、三六一首）で、○○印は同じ二首（一首は定家作）だが、採択八九首なのでもわかる。写実ゆえ現代において革新、清新と評価される玉葉集を撰した京極為兼に至っては、採択わずか三首、しかも玉葉集からのそれはゼロなのである。これに比し、二条派では中興とされたが現代は平俗として見過されることの多い頓阿の作は倍の六首を採っている。この冷遇の問題は、あらためて『排蘆小船』でとりあげることにして定家の歌のことにうつろう。

『古今選』採択の定家の歌は一三三首、内○○印八首、もちろん個人として最多数だ。

しかし、問題がある。一三三首の内訳は、千載集五、新古今集二八（四七首中）で、あとの一〇〇首は後の十三代集からの選である。玉葉、風雅からも、一五、九を採っている。つまり、定家真骨頂の定家といえるだろうか。新古今でのいわゆる定家代表作というのも一応採っているのだが、それらは四分の一にも足らず、他は後々の十三代集で、したがって多く二条派の目で拾われた定家なのである。

ちなみに、○○印の八首を見よう。新古今からのは次の一首にすぎない。

かへるさの物とや人のなかむらんまつよなからのあり明けの月（晩年の『みのの家つと』で「めでたし」と評している）

他の七首は、後の十三代集の、新勅撰、続後撰、続古今、玉葉、続後拾遺、新千載からで、玉葉のみ二、他集は各一である。

以上から察するに、宣長さんの定家観には歪みがあるのではないだろうか。

選歌眼について、もう一つ資料を提供しよう。

○○印七八首のうち四六首が八代集から選んだものだが、定家の『近代秀歌』も同じく八代集からの選で八三首。両者を対照するに、共通の歌がなんと一首しかないのである。

花の色はうつりにけりないたつらにわかみ世にふるなかめせしまに（古今集・小野小町）

また、『近代秀歌』と当然重複するものが五七首あるが、数を多くした同じ定家の「秀哥之躰大略」（『詠歌大

概』付編）の一〇三首でも、共通するのは三首のみ。小町の、花の色は……のほか増えた二首は、
・夕暮は雲のはたてに物そ思ふあまつ空なる人をこふとて　（古今集・読人しらず）
・又や見むかたののみのの桜かり花の雪ちる春のあけほの　（新古今集・俊成）
『古今選』○○印での古今集は一三首、新古今集二三首だが、『近代秀歌』では二四首と二一首、「秀哥之躰大略」では三三首と三五首。それらとの共通が上述では、宣長さんと定家と共通性なし、というに近いではないか。これでは、定家の言を金科玉条とし、詠歌を古今独歩とする宣長さんは、何を見ていたのだろう。

宣長さんが同じく敬する俊成についても同様のことがいえる。その『古来風躰抄』（再撰本）に古今集からは八二首。うち○○印と共通するのは次の三首にすぎない。
・思ひつゝぬれはや人の見えつらん夢としりせはさめさらましを　（小町）
・ぬれてほす山路のきくの露のまにいつかちとせを我はへにけむ　（素性）
・よしの川いは波たかく行水のはやくそ人を思ひそめてし　（貫之）
さて、宣長さんは新古今を目標とし、詠歌は、新古今歌がしたように古今三代集をまなべ、ということをくり返しているが、その古今集が上記であるように、後撰・拾遺集観も定家、俊成とは異なり無縁である。両集併せて、『近代秀歌』は一四首、「秀哥之躰大略」は一三首、『古来風躰抄』は九〇首を採っているが、宣長さんの○○印は左の三首のみ。しかもそれらは、上の各本の選には含まれないのである。
・名にしおははあふ坂山のさねかつら人にしられてくるよしもかな　（後撰集・定方）
・あら玉の年たちかへるあしたよりまたるゝ物はうくひすの声　（拾遺集・素性）
・天雲の八重雲かくれなる神の音にのみやもきゝわたりなん　（同・読人しらず）
このように見てくるかぎり、宣長さんの自任する新古今主義にも懐疑的にならざるをえない。

表(1)

	歌数	初稿本	原歌集の	初稿本の	再稿本	原歌集の	再稿本の	○○印数
万葉	約4500	62	1.4%	4.8%	51	1.1%	2.7%	0
古今	1100	226	20.5%	17.7%	220	20%	11.8%	13
後撰	1426	87	6.1%		81			1
拾遺	1351	90	6.7%		87			2
後拾遺	1220	88	7.2%		79			1
金葉	712	58	8.1%		50			2
詞花	413	22	5.3%	1.7%	21			1
千載	1287	115	8.9%	9.0%	114			3
新古今	1978	347	17.5%	27.1%	347	17.5%	18.6%	23
新勅撰	1376	106	7.7%		109	7.9%	5.8%	5
続後撰	1377	71	5.2%		69			4
続古今	1925				73	3.8%		6
続拾遺	1461				49	3.4%		0
新後撰	1612	6			36	2.2%		0
五葉	2801	1			46	1.6%	2.5%	2
続千載	2148				54	2.5%		6
続後拾遺	1355				56	4.1%		6
風雅	2211				50	2.3%	2.5%	3
新千載	2361				89	3.8%		2
新拾遺	1920				51	2.6%		0
新後拾遺	1554				33	2.1%		1
新続古今	2144				101	4.7%	5.4%	3
計	約38232	1279			1870			78

同作者

8 首　定家

7 首　俊成．良経（後京極摂政）

6 首　ナシ

5 首　ナシ

4 首　雅経

3 首　小野小町．素性．家隆

2 首　貫之．後鳥羽院．有家．俊成女．式子．宮内卿・雅縁

1 首　業平．友則．元方．定方（三条右大臣）．兼輔．伊勢大輔．和泉式部．兼盛．俊頼．通具．寂蓮．忠良．具親．慈鎮．後鳥羽院下野．順徳院．家清．為兼．為成．忠盛．頼政．俊光

他　読人しらず　7 首

表(2)

	古今集			新古今集			百人一首	古今選(再稿本)			内○○印数			古今題彙		
春	31.1%	134	12.2%	35.6%	174	8.8%	6	47.5%	335	17.9%	67.9%	36	46.2% 66.0%	66.0%	2384	21.1%
夏		34	3.4%		110	5.6%	4		128	6.8%		3			1116	9.9%
秋		145	13.2%		264	13.3%	16		309	16.5%		10			2591	22.9%
冬		29	2.6%		156	7.9%	6		116	6.2%		4			1368	12.1%
恋		360	32.7%		445	22.5%	43		466	24.9%		25	32.1%		1516	13.4%
雑		138	12.5%		417	21.1%	20		249	13.3%		0			2327	20.6%
賀・別・旅・哀 22 41 16 34		260	23.6%	別·旅·哀 39 94 100	412	20.8%	別・旅 1 4	別·旅·哀 23 98 58	267	14.2%		0				
物名·雑体·大歌所御歌 47 68 32				賀·神·釈 50 65 63				賀·神·釈 50 17 21								
計		1100			1978		100		1870			78			11302	

そもそも、宣長さんは、「秀哥之躰大略」はすでに二〇歳の時書写したばかりか、宝暦六年にはそれを付編とする『詠歌大概』を購入している。それに近似する『近代秀歌』については不明だが、『古来風躰抄』も同三年に購入。それらに選ばれた歌には当然習熟していたはずであるが、そのうえであえて異を立てた選だとは、俊成、定家への傾倒ぶりからして考えられない。おそらく、宣長さんは、万葉集はともかく、自信にみちた自分の目をたよりに二十一代集三三、七〇〇余首の歌を読み、選んでいったものだろう。そこにおのずと現れた好尚や偏向、それをたしかめたのが本稿ということになろう。

結論として、端的に問題を提起しておこう。宣長さんは定家、新古今をカンちがいしてはいなかったか、また新古今の行きづまりを打開するための写実ということに無感覚だったのであろう。

付記　『排蘆小船』著作の時期が学界の問題になってから久しい。かっての在京中成立説が疑われ、帰郷後成立が大勢となってからも三〇年たつ（決定的なのは、筑摩版全集〔一九六八年〕の三年後の尾崎知光論文〔『文学・語学』六五号〕以降）。別稿にゆずってこのメモはそのことにはふれなかったが、『古今選』をしらべる過程で、『排蘆小船』の成立が『古今選』以前だとする旧説の徴標を全く見なかった。徴標はむしろ逆の場合をうかがうべく、『排蘆小船』の結論めいた語、「予ハソ（沖師）ノ教ニツキテ、詠歌ノ風体古今ノ変化ヲ考ヘテ、風体ノ至美歌道ノ隆盛全備セル事、新古今ニキハマル事ヲサトレル」という確信と、歌集の「歴代変化」を評述し、古今伝授から当代に至るのに、その書の約四分の一を占める、その背後には、二十一代集検討のうえに成った『古今選』がすでにあったと見るのが至当であろう。

(三)『安波礼弁　紫文訳解』

『安波礼弁　紫文訳解』は、安波礼弁と紫文訳解と墨付各三枚に表紙をつけた冊子である。表紙裏の「戊寅五月三日発起」で宝暦八年五月の稿であることがわかる。その前後の宣長さんの動静から見ると、

二月一一日から嶺松院歌会に出席、一月二〇日からはじめた『古今選』が三月二二日に成る。四月二八日より論語の摘腴をはじめる。そのころ京都養子の話がおこり、五月二七日に上京、まとまらず六月九日帰着。この夏(六月?)から源氏物語の講釈をはじめる。『安波礼弁　紫文訳解』は、上京まで、あるいは源氏講釈までに成ったものであろう。

紫文訳解

「紫文訳解」(以下「訳解」と略す)から述べていきたいが、その前に源氏物語関係の事項を拾っておこう。

寛延三年か『源氏物語覚書』作成。山田養子中、二一歳。中に「源語訳解」三九二語を収める。

宝暦二年一〇月一八日『帚木抄』書写。

同三年七月一六日『弘安源氏論義』書写。

同八月一〇日『紫家七論』書写。

同六年三月六日『源氏装束抄』三冊一匁五分で購入。

同七年八月『源氏物語湖月抄』二五冊一両三分二〇〇文で購入。最初の『覚書』も湖月抄本に拠るが、この購入本が以後の底本となる。

以上、並々ならぬ打ち込みようで、この宝暦八年二九歳に至るのである。

さて、こんどの「訳解」三九語中の二八語は、八年前の『覚書』の「源語訳解」（以下区別のため「覚書」と記す）所収三九二語中のミセケチ五〇語の中から採られている。

訳解語は、はじめ九語まで、桐壺冒頭の、御（オホン）・佐不良不（サフラフ）・多麻不（タマフ）・伊登（イト）・幾古由流（キコユル）からはじめ、波弁流（ハベル）・多乃牟流（タノムル）・末古止也（マコトヤ）と採って、それぞれ意味用法をかなりくわしく記述するが、以下は見出し語も追い込みで、一二番目の耶我天（ヤガテ）からは、ミセケチ語の最初からとびとび順を追い夕顔まで拾って採録したものである（紅葉賀までつづく「覚書」にはミセケチ七語を含む）。

ほかの箇所にもある語を、とびとびのミセケチ語から順次に拾っていくのは、この「訳解」がかつての『覚書』所収の「源語訳解」をふみ台にした発展であることを示している。

例をとりその説明内容を比較してみる。上が「覚書」、下の漢字表記が「訳解」の語である。

〈やがて〉ソノママ、〈耶我天〉俗ニソノマヽト云心也、俗ノヤガテトハ少シ異也。

〈さう〳〵しき〉モノタラヌヤウデサビシイ、〈左宇々志幾〉モノタラヌヤウデ、サビシキト云心也、只サビシキトハ少シ異也。

〈やをら〉ソット、〈耶乎羅〉俗ニソットト云事也。

共に底本とした湖月抄本の注記にはよらないから、宣長さん独自の読みであろうが、内容にさほどの進歩変化は見られないかのようである。では、何の目的、何の目やすで選んだのであろうか。「訳解」に多い「俗ニ」というい方、夕顔までで打ち切っていることから源氏物語再点検（結果としては六月から始まる源氏物語講釈）のためのメモで、おそらく「覚書」でミセケチをつくり、その中から注目される語を採録したものであろう。

しかし、これはミセケチ語のことで、それより前に載せる語群については、語源、語義、語法で、到達点を示す見解詳述を見る。例をあげよう。

冒頭に「御《オホン》《ミ》」。源氏物語の書き出し「いづれの御時にか」の「オホントキ」から採ったものだが、それには全くふれないで、日本紀の天照大神、旧事紀・古事記の天照大御神、万葉の大御何々を引き、御のよみの考証を進める。

次に「佐不良不《サブラフ》《ムロラ》」。下のフはハヒフヘに通じ、上のブはマミムメモに通じるとする。侍《ハンベル》と同心。桐壺第一丁のアマタサフラヒタマフは体ある時で、他に助語の場合（後世のサフラフ、俗語のマス）もある、と区別をいう。「多麻不」。上より下に対する詞、ハベルと上下反対。歌ヨマセタマフは二重に尊む場合、そのセは神代巻の立をタ、シテ、天照大神のテラスで尊んでいう、など。

敬語についてはさらに幾古由流、波弁流をもとりあげ、単純に雅言、雅語のつもりで使用することの誤りを指摘する。

「伊登《イト》」。古来最の字をイトとよむが、イトという詞に最の字はかなわない、という。この例は後の『古言指南』にもとりあげている。徂徠、景山から学んできた、漢字と訓の問題である。

「多乃牟流」。頼む・頼みは自らする、頼むる・頼めは外より然らしむる、と例語を並べ区別する。

以上のような中からの安波礼の登場である。

安波礼弁　まず、安波礼の表記だが、記・紀、旧事紀、古語拾遺からの引用例アハレはみな原文どおりの阿・波礼で、安（ア）の用字を見ない（記・紀で安《ア》の用例は神武紀に「安芸」の一回のみ）。万葉集では原則、呵怜の表記で、家持の歌[*79]（四〇八九）は例外。だから、万葉仮名の音仮名といっても、「訳解」の見出し語は、毛農雨木の雨《う》のようにいいかげんなものもあり、平仮名的でむしろ便宜的、安波礼もその一例といってよい。

さて、「覚書」で、アハレは桐壺で採集され、次のようにある。

あはれ《カハユキ》〔シツホリトオモシロイ、シホラシイ、アイスル心、カハイガルト云事、愛スル心ヨリシテ悲ヲ生スル事、悲ノ字、哀ノ字〕（悲哀より愛を原義とする点に特徴は見られるが、とりあげ方はべつに他の語より重点をおいたというわけではない。）

ところで、そのあはれはミセケチ語ではない。しかし、同じくミセケチ語でない「いと《キツウ》〔甚ノ字、イトウ、イミジウ同〕」が四語前に出るが、これは「訳解」にとられ（同様の例外は近くの一語「かぎり」のみ）、かつ前半詳述の対象となっていて、内容はこの注解のほか先に紹介したように新しい問題提起を加えている。「あはれ」もおそらく同じ扱いになるところ、内容と問題提起が格段のものとなるので、安波礼弁として特立されたものであろう。

つまり、このたびの源氏物語再点検に際して、宣長さんは、一度もメモしよく知っていた、俊成の歌の「物のあはれ」について啓示を得、とりあげたことになる。源氏物語には「あはれ」が千数十回、「もののあはれ」が一四か所出るという（久松潜一氏）。ことに、綿密に点検する今回のメモづくりでも、とくに念入りの桐壺、帚木で「あはれ」の出現は桐壺九、帚木二九（内、もののあはれを知る一）にのぼるのである。かつて写した、恋せずは……の歌と「源氏物語一部の趣向」（『徒然草文段抄』）をここに見出してもふしぎはない。

テキストの湖月抄は首巻で、一条兼良の「わが国の至宝は源氏物語に過たるはなかるべし」（『花鳥余情』序）、順徳院の「源氏の物語不可説の物也。更に凡人の所為にあらず」（『御記』）、俊成の「源氏物語をみざらん歌よみは無下の事なり」（『六百番歌合』ノ判詞）、定家の「源氏物語は紫式部歌よみの程よりは物かく筆上手也。此物語をみれば心に面白きうたもよくよまるる」と紹介する。

これらの人は今に至って尊敬するという人ではない。少年時代からその尊敬の中で成長してきた宣長さんである。その先達がいう源氏物語の優秀性はもちろん、和歌との一体性についても疑念のはさみようもない。しかし、宣長さんはさらにその文芸性を、俊成の歌の物のあはれをテコに、その本質から検討しようというのである。

新しい手持ちの道具は、留学中に得た「詩」のとらえ方、徂徠・景山の「人情」説、古書にさかのぼる契沖の文献学である。

宣長さんは、アハレを原義から探索することをはじめ、ようやくなじんだ旧事紀、古語拾遺、古事記、日本紀により、阿波礼・阿波例・阿婆例の用例からそれを帰納し、自分の考えに確信を得た。

大方歌道ハアハレノ一言ヨリ外ニ余義ナシ、神代ヨリ今ニ至リ、末世無窮ニ及ブマデ、ヨミ出ル所ノ和歌ミナ、アハレノ一言ニ帰ス、サレバ此道ノ極意ヲタヅヌルニ、又アハレノ一言ヨリ外ナシ。

和歌を神代から永遠に至るものとし、その本質をアハレとしてとらえるのである。

伊勢源氏ソノ外アラユル物語マデモ、又ソノ本意ヲタヅヌレバ、アハレノ一言ニテコレヲ幣《オホ》フベシ、孔子ノ詩三百一言以蔽レ之曰《ク》思無レ邪トノ玉ヘルモ、今コヽニ思ヒアハスレバ、似タル事也。

物語の本質もアハレとする。和歌、物語の一体観であり、源氏物語の本質指摘である。詩三百思無邪は、恋せずは……の歌と同時に師景山の『不尽言《ふじんげん》』を写したときから沁みこんでいた。朱子のいう勧善懲悪の意でなく、善悪邪正ともに自然真すぐに実情（人情）を吐露したとの意。ふつう「詩三百篇」といってすますのを、論語為政篇のとおり「一言以蔽之曰」を記すのは、論語摘腴をはじめた（四月二八日）ころだったからか。

スベテ和歌ハ、物ノアハレヲ知ルヨリ出ル事也、伊勢源氏等ノ物語ミナ、物ノアハレヲ書ノセテ、人ニ物ノ

アハレヲ知ラシムルモノト知ルベシ、是ヨリ外ニ義ナシ

結論であり、物ノアハレ論として完結している。

次に、アハレの義を説くに、この語の初出として旧事紀・古語拾遺を引く。

天窟より出た天照大神を、諸神がアハレ、アナオモシロ、アナタノシ、アナサヤケ、ヲケ、とよろこび迎えた箇所で、両書ほとんど同文である。宣長さんは、これがアハレの初出とし、下につづく語のアナの注「古語事之甚切、皆称阿那」で、天の晴れたよろこびの深切さを表した感慨の詞であると解した。

五年余の後に成る『石上《いそのかみ》私淑言《ささめごと》』ではこうなる。旧事紀は偽書としてとらず、古語拾遺のこの部分で、「言《ココロハ》天晴《ルル》也」の注を後人の臆説としてしりぞけるが、すでに安波礼弁の頭注や表紙裏にメモしておいた語（阿々、怜呵、吁嗟、于嗟、嗚呼、猗）を総動員して、アハレをアナ、アヤ、……ハヤと同類とし、漢文読みのアアと同じ歎詞とする。そして、歌の始原を、古事記によって天地開闢のイザナギ・イザナミ二神の唱和「アナニヤシ　エヲトメヲ」「アナニヤシ　エヲトコヲ」へとさかのぼらせる。ただし、安波礼弁で注目しておくべきは、「此時天ノ晴タルヲアハレト云ヒ、人ノ面ノ明白ニ見ユルヲオモシロト云ヒ、手ヲ伸テ舞ヲタノシト云、……コレラミナ其時ノ事ヲ云フ言《コトバ》、即チソノ時ノ心ヲ云フ言ニナレル也」、「阿那ト云、事ノ甚切ナル詞ヲ用テ、心ノウレシサ悦バシサノ深切ナルホドヲアラハセル也」と書いて、事と言（詞）と心の一体を考えていることである。この考えはおそらく永らく親しんできた古今集の序文「やまと歌は、人の心をたねとして、よろづの言の葉とぞなれりける。世の中にある人、こと（事）わざしげきものなれば、心に思ふことを。見るもの聞くものにつけて言ひ出だせるなり。」から得てきたものであろうが、心・事・言の三位一体観、つまり宣長さんの和歌・物語、神典の学問全体をつらぬく方法論がこれを契機にうかがわれることである。

このあと、安波礼弁は次の五例を付記している。後に『石上私淑言』でそれらが使いこなされていることはい

うまでもない。

古事記より「アハレミコフル心」の二項

・伊予の湯へ流された皇太子キナシノカルノ王が、慕い追ってきたカルノ大郎女（ソトホリノ王）を迎えた時の歌「オモヒツマ阿波礼」

・雄略天皇がワカクサカベノ王に求婚した時の歌での「オモヒツマ阿波礼」

日本紀より三項

・尾津の浜で松下に忘れた一剣と再会した日本武尊の「賞美」の歌「ヒトツマツ阿波例」

・皇太子ワカササギ（後の武烈天皇）によって、夫平群ノ鮪を殺された影媛の悲歌「カゲヒメ阿婆例」

・聖徳太子が片岡山で飢えて臥していた旅人をあわれんだ「ソノタビト阿波礼」

ヤマトタケルが刀をとりかえイヅモタケルをだましうちで殺した時の「サミ（刀身）ナシニ阿波礼」は、記・紀共に載せるが、それを採っていないのはなぜか。嘲笑のおもしろさがなじまなかったのか（『石上私淑言』では古事記の分を例示する。説明ぬき）。

さて、この安波礼弁の表紙裏に、「悲歎　歎美　嗟歎」と記されている。アハレがいろいろな場で使われることを示したものであろうが、注目すべきは、その右側に、「ヨシアシナニ事ニモ情ノフカクカヽルトコロヲアハレト云也」と記されていることである。

そして、本文の頭注では、俊成の「恋セズハ……」の歌に関して、「恋ハ人情ニオイテ第一ニアハレノカヽルモノ也」と記す。

これらは、安波礼弁の所説の発展と見なしうる五年後の『紫文要領』、ひきつづく『石上私淑言』へ至るまでに、『排蘆小船』で次のようなあらわれ方をする。

・情ノフカクカヽル事ニハ、ムカシヨリスクレテヨキ歌多シ。〔三四〕
・スベテ此道ハ風雅ヲムネトシテ、物ノアハレヲ感ズル処ガ第一ナルニ、……〔五八〕
そして、
・歌ノ道ハ善悪ノギロンヲステテモノ、アハレト云事ヲシルヘシ。〔三四頭注〕
これは、同書冒頭の画期的な主題「歌ノ本体、政治ヲタスクルタメニモアラズ、身ヲオサメル為ニモアラズ、タヾ心ニ思フ事ヲイフヨリ外ナシ」〔一〕の非勧懲説なのである。
さて、「この物語の外に歌道なく、歌道の外にこの物語なし。歌道とこの物語とは、まったくその趣き同じことなり」と安波礼弁をくりかえす『紫文要領』では、
いづれの物語にも、男女の中らひのことのみ多きは、集どもに恋の歌の多きと同じことにて、人の情の深くかかること、恋にまさることなきゆゑなり。〔上〕
として、
人情の深くかかること、好色にまさるはなし。されば其の筋につきては人の心深く感じて、物の哀れを知ること何よりもまされり。……俊成三位の、恋せずは人は心もなからまし物の哀れもこれよりぞ知る、とよみ給へるこの歌にて心得べし。〔下〕
とある。
『石上私淑言』でも、
とまれかくまれ歌は物のあはれと思ふにしたがひて、よきことも悪しきことも、ただその心のままによみ出づるわざにて、これは道ならぬこと、それはあるまじきことと、心に択《え》りととのふるは本意にあらず。〔七四〕

とくりかえされていく。

以上、宣長さんの学問、文芸の出発点を、二九歳の手になるわずか三葉の「安波礼弁」に認めて誤りあるまい。

(四)『排蘆小船』成立と文体

そのころ

その成立の『排蘆小船』は佐佐木信綱により発見されて大正六年『賀茂真淵と本居宣長』の「排蘆小船と宣長の歌論」で紹介されたときから、ずっと宣長さん在京中の作と見なされてきた。二、三の異論、帰郷後成稿説がないでもなかったが、筑摩版全集第二巻(一九六八・二)の解題者大久保正が、「排蘆小船の成立」(藤女子大学国文学雑誌9、一九七一・二)で、帰郷後説「排蘆小船の成立に関する私見」(岩田隆 一九六四・一一)等を論駁した。それに対し、尾崎知光が「排蘆小船は宝暦八、九年の作か」(「文学・語学」65、一九七二・九)を発表する。これは、客観的な徴証として係結びの使用をとりあげ、在京末期宝暦六年正月よりの「日記」と本書中での用法を比較、誤用の多い前者と例外一例(こそ)のみで正用の後者とで、帰郷後の成稿と断定し、水かけ論的な従来説の解明をしたものである。

これに対し、大久保正が「氏の推定は、従来の説に欠けていた客観的根拠に基いており、わたくしも私見を撤回してこれに従う」(契沖全集月報三、一九七三・六「契沖と宣長」)として、この成稿期問題は帰郷後成稿に結着がついたかのようであった。

重要なこの作品に関心をもってきたわたしも、帰郷後宝暦八年の『古今選』『安波礼弁 紫文訳解』より後の成立と考え、若干の論拠の持ち合わせもあったが、すでに用はない、として結着以後の事情は管見に入ることもない。

ただ、「宝暦八、九年」成稿では落ちつきがわるい。つぎの見解はどうだろう。

宝暦一一年三月に成る『阿毎菟知弁《あめつちべん》』に「予嘗謂人皆知和訓害文字、而未知漢字害古語矣」とある。その「嘗謂」は、『排蘆小船』で、「和訓ノ、文字ニ害アル事ハ人々ヨクシレトモ、漢字ノ、我国ノ言ニ害アル事ヲ知人ナシ」〈二四〉としたのをさすにちがいないが、この「嘗」を八年と九年とできめるなら、著作意識としての『排蘆小船』を近づけて九年と定めたい。それは、『阿毎菟知弁』でつづいて、「若夫日本紀、文字是舎人親王註也」とするのが、『排蘆小船』のあとで起筆された『蕣庵《しゅんあん》随筆』で、「日本紀ノ漢文ハ、舎人親王ノ註ナリト心得ヘキ也」とするのに符合して近い時期での引用と考えられることも参考になるか。

ほかに、当時の宣長さんの学習ともかかわって推定される九年説根拠を提示しよう。

①源氏狭衣ノアハレナル所以也〈三四〉（好色）
②源氏狭衣栄花ノ物語ノ比マテモ、〈四一〉（文章）
③伊勢源氏枕草紙狭衣ナントト、其外アハレナル文トモ、〈四二〉（人情モ化スル）
④狭衣云、オクヨリ人ヨリキテ、キ丁ノマヘナル人ニタダウラミ歌ヲハヽトヨミカケヨトサヽメクナレハ、ワギミゾナガメ声ハヨキ、マロハサラニ〱トワラヒイレハ云々、一ノ下十一丁〈二四〉頭注・ミセケチ（ナガムルの用例）

ことは『狭衣（物語）』の登場である。

じつは宣長さんは上京以前に『狭衣』を『廿一代集』『八雲御抄』『大和物語』『春曙抄』と共に購入して持っていた（『宝暦二年以後購求謄写書籍』）。そして、二三歳寛延四年二月一七日より八月七日まで（内、三月一〇日～七月二〇日は江戸行）で『狭衣考物』と題した、墨付五枚の小冊を作成している。

この『狭衣考物』は、狭衣に出る歌を順次ぬき出し、物語の進行を示したもの。歌の間に、地の文中古歌の引用などで注釈にでもよらなければ意味のとらえられない語句を摘記している。源氏物語をつぐ狭衣は、内容・文章のおもしろさはともかく、源氏と共に歌人の必読書とされただけに、縦横に象眼された引歌技巧と定本とはいえない板本の誤脱に、解読はラクでなかったろう。以後、この物語への宣長さんの言及は絶えている。

ところが、宝暦九年閏七月、『紫式部日記』『和字正濫鈔《しょうらんしょう》』『明月記抜書』と共に、『狭衣下紐付十六』[*80]を一九匁で購入している（『狭衣下紐付』は、秀吉時代高名の連歌師で『源氏物語（紹巴）抄』の著のある里村紹巴《さとむらじょうは》による狭衣の数少ない古注釈で最初のもの）。翌八月には、『栄花物語廿一』を購入した。源氏物語の影響のことにいちじるしい、この栄花物語と狭衣は、後安永年間に鈴門会読の対象となる。

さて、定家撰に「源氏狭衣百番歌合」（恋、別、旅、哀傷、雑。内、恋が四三番）がある。この種の最初、最大のものだが、新古今の世界、物語と歌、源氏と狭衣、の位置を見ることができる。宣長さんの手にする源氏テキスト『湖月抄』首巻にも、源氏と狭衣の歌の優劣について順徳院『御記』の記述が紹介されている。物語と歌について考察する宣長さんにとって、今や狭衣は避けて通れなかった。

『排蘆小船』からの先掲①～④はそうした背景のあらわれにちがいない。物語をいうとき、源氏とつづけて、宣長さんは「伊勢源氏」と称してきた。「安波礼弁」で二例、本書で五例、共に伊勢物語出現の全部。そこへ、狭衣、栄花も入ってきたのである。

その入ってきかただが、前掲に見るように、論述の主題にかかわる箇所（アハレ、文章）での用例であり、また、④のように原文抜写をも伴なっているところ、単なる書名や一〇年前の『狭衣考物』による断片の旧来知識でないと見るべきで、さらに、それも、まったくの新顔でかつ同じころ購入の『栄花物語』と同時なのである。

そして両者ともその後の著述中に市民権を得るのである。

以上で、『排蘆小船』の成稿は、それら購入以後宝暦九年閏七月、八月以降と考えてよかろう。下限については、かつての『狭衣考物』作成で正味一か月余をかけているのを参考に、両書読破をも考慮に入れ、『排蘆小船』稿了を年内と見当をつけて大した誤りはあるまい。

処女作

『排蘆小船《あしわけおぶね》』の「蘆」は「悪（あ）し」である。これは、後天明末年に成る著『呵刈葭《かがいか》』の用法にも発展している。『呵刈葭』の末尾に付記した歌「清めおく道さまたげて難波人あしかる物をとがめざらめや　上田秋成は大坂の人也」でわかるように、難波人の蘆刈りに掛けて、上田秋成の悪《あ》しかる＝悪しき「道の害となる」論を呵《しか》る、という意である。

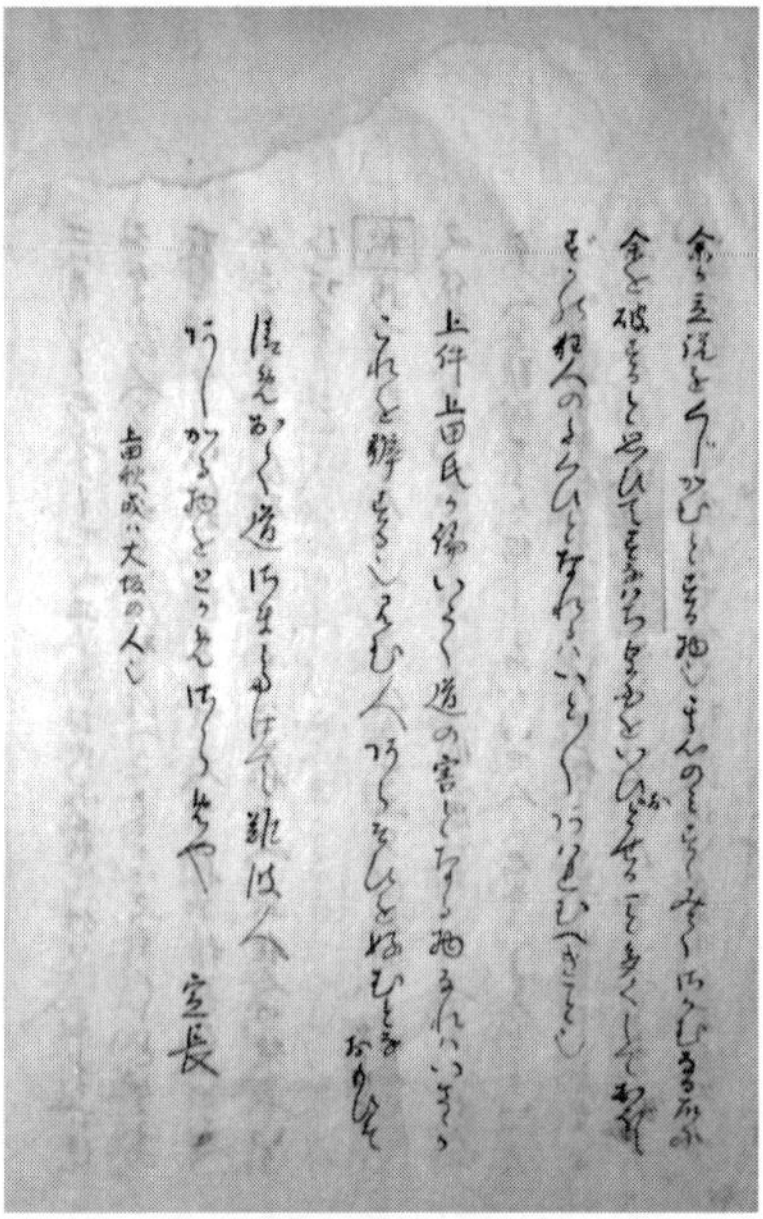
『呵刈葭』（末尾）

ただし、『排蘆小船』の「蘆」は、居丈高に呵るより、悪しきさわり（障害）を排し（手でおしわけ）て進む小船のそれ。ここには、若さのもつ不安と期待、意欲と正義感がこめられている。歌語でそれを表現すると、「あしわけをふね」となるのである。
さて、この語はどのようにして宣長さんに入ってきたのか。
もともとこの書名をとった動機は簡単であろう。

「あしわけ」はもともと「よしあしの弁別」の意にすぎない。『風雅集』の序（花園院）にこうある。

誠のこころを得て、歌の道を知らん人は、猶数少なくなん有りける。難波の蘆のよしあしわけ難く、片糸のひきく〳〵にのみ争ひあひて、乱りがはしく成りにけり。誰かこれをいたまざらんや。

ここから採ったと断言はできないが「古今選」論の過程をふくめて考えれば、宣長さんがなみなみならぬ関心でこれを目にしていたことは想像してよかろう。これは玉葉・風雅の京極派からする二条派への批判をこめたものであるが、宣長さんは歌の道のよしあしを弁別しようとする。宣長さんだからこれを逆手にとった「あしわけ」は、善悪の弁別より、玉葉風雅の「悪風」をふくめた「悪し」の「排除」の意となる。つまり「歌の道批判」の意である。それに「小船」をつけて「あしわけをふね」としたのは、次のような背景が考慮されるだろう。

みなといり《湊入》のあしわけ《葦別》小舟さはり《障》おほみ《多》わが思ふ君にあは《逢》ぬ比《頃》かも

これは、宣長さんが宝暦三年五月に購入した俊成の『古来風躰抄』の「上」に、万葉集巻十一から二二首抜き出されている寄物陳思の歌のうちの一首である。右側（ ）内は原集の表記。

別に、万葉集には巻一二に次の類歌がある。

湊入の葦別小舟障多みいま来むわれをよどむと思ふな

或る本の歌に曰はく、湊入に蘆別小船障多み

君に逢はずて年を経にける

しかし、多数の歌の中から、若い宣長さんがとくにそれらに目をひかれたとは思えない。むしろ、在京末期に読んでいた『南嶺遺稿』[*81]中の、『拾遺集』恋の四、

みなといりのあしわけ小船さはりあふみおなじ人にや恋んと思ひし

には着目したと思われる。これは、万葉集の歌を本歌とするものだが、『南嶺遺稿』でははじめに近い部分〈巻一〈五〉〉で、「字余之歌」として「文字余りの哥は、これを手本に読べし」ととりあげ説いているのである。当時一般に知られているのは、人丸作といわれたこちらの方だったろう。しかし、宣長さんは後年もこの歌についてふれることはしない。残ったのは「あしわけ小船……さはり」の詞だけだったろう。

「あし」にかかわる歌としては、宝暦八年初頭の『古今選』でつぎの二首しか採っていない。

　くちのこるあしまのをふねいつ迄かさはるにかこつ契なるらん　〈新千載・恋・頓阿〉

　あしまゆくみなとのをふねさしもやは通ひし道のさはりはつべき　〈続古今・恋・衣笠内大臣〉

そして、『石上稿』の同年に、自身の作歌にはじめて「あし」を見る。「寒蘆満江」として、

　冬かれはおれふす蘆のひまをなみゆく舟いとゝさはるなにはえ

と、恋でなく冬の題詠だが、もちろん「あしわけ小舟」を想い起こしている。

その後、「あし分小船」が出るのは、安永五年八月に「湊月」として、

　みなと入のあし分小船たどらじな雲もさはらぬ月の光に

だけのようである。やはり題詠であるが、「あし」のさわり、悩みの消えているのが象徴的である。

「あしわけ小船」の語の出現の過程を推定してみたのであるが、その「わけ」に、本書で旧来の「別」の字にかえて「排」をあてた問題が残っている。

『排蘆小船』は、後の『呵刈葭』をカガイカと読んだように、「ハイロ」と漢語読みすることを前提としている。そして、強い意志を表した「排」は漢文から来た用法である。例示すれば、

　排淮泗而注之江（孟子・滕文公上）。為人排患釈難（史記・魯仲連伝）。探巌排碕（文選・揚雄・羽猟賦）。

　排悶強裁詩（杜甫・江亭詩）。

『排蘆小船』（冒頭）

いずれも宣長さんが読んだテキストでの、なじみの用例である。したがって「あし」も「排」にふさわしいものであるはず。

「あし」の漢字としては、古代の日本では葦が多くあてられ、漢語では代表して蘆が多く用いられる。それで「蘆」の登場だった。

かくて、排する対象は蘆であり、その「さはり」である。ここでの蘆を同類の宿根草、荻《おぎ》・葭《かや》を含めた、したがって排荻生徂徠・排葭園となるとうがちすぎだが、「人ノ国ノ四角ナル文字ノ習気」を、悪し→あし→蘆に寓した排蘆と解しえよう。

落書するなと落書するようなこうした題名表記は、当時の芝居の外題や著書の名にもよく見るところと似ているが、在京中のことばの洒落好み、このあとの『梅桜草の庵の花相撲』、よりぴったりと呼応する『呵刈葭』の書名などへつらなる客気と洒落気を見る。しかし、内実の気持は真剣なのである。在京の青春時に傾倒した徂徠の古文辞学をはじめ儒学から吸収するだけのものは吸収しつくした今、それを武器に、「漢意」という語はまだ使わないが、本書でいう「四角ナル文字ノ習気」に起因する、近代和歌・文学の迷妄を排撃して、日本の古風へ尋ね入ろうとする宣言が『排蘆小船』の意図するものだったのである。

さて、この稿本は、美濃紙判罫紙三八葉に、一罫二行（「安波礼弁」は一行、「紫文訳解」は二行）の細字で片仮名書きされたものである。欄外にたくさんの頭注をつけ、下に見出しをつける。整然としているが、まさにびっしりと書き込まれた未定稿である（筑摩版全集でも七七ページ、六六段に分けてある。以下は段を〔　〕で示す）。

だいたい、青春時代の評論で処女作というものは、清新さが魅力であるが、多くの場合意欲のほどとは別に、持ち札は少なく、論点も限られているようである。それをカバーするのが気鋭のあふれだが、未整理、未完で習作におわることも多い。それだけに、また、その後のあらゆる芽をうかがいうる、ともいえる。

こうしたすべての条件を、拡大したかと思えるほどにみたしているのが『排蘆小船』である。だからそれに照明をあてれば、宣長さんの全貌をある程度察知できる。まして、宣長さんの学業の達成よりも、それへつながる人間形成を研究の主目標とする本書の立場では、好個の対象となる。その持ち札、論点を検討していきたい。

文　体

『排蘆小船』の珍重されるゆえんの一つは、その文体にある。結論をたとえれば、時代や分野はちがうが、それは、漱石の作品群での『猫』や『坊っちゃん』の位置に似ている、とでもいうべきか。

後に定家仮名づかいを改め歴史的仮名づかいを使うようになって、仮名づかい・語句に注意を払い、かつ公刊を意識してとりすました、明和五年刊『草庵集玉箒』以後の著述、その義理は明晰だが和文脈の平板な論理文体とくらべると、それまでの稿は、『紫文要領』『石上私淑言』にしても、まして俗語を使ってふざけた『梅桜草の庵の花相撲』はもちろん、この『排蘆小船』の、意表をつく問題提起にふさわしい生き生きした文体からつづくものを認めることができる。

『排蘆小船』の文章は、短いセンテンスを、対句、ときにはしりとりをまじえ、「――也、――也。――」と断定して論を進める。漢文口調の文体であるが、筆は自由なスキップをふむように進む。そして、時どき段末で、

「秘スヘシ〳〵」「カナシイカナ、オシイカナ〳〵」「神代巻見ルヘシ〳〵」「ヲロカ也〳〵」「可笑〳〵」
「カナシイ哉〳〵」

とふざけてみせる。

こうした語気の出てくるのは、文章の骨格として、講述を想定した問答体をとったからである。「問（曰）、答（曰）」の啓蒙的形式は、儒書の仁斎『童子問《どうじもん》』他、心学の梅岩『都鄙《とひ》問答斉家論』他、仮名草子『心友記』他、などまま見るのであり珍らしくないが、宣長さんがヒントを得たのは、それがとくに多い、吉田、度会《わたらい》の神道書であろうか。『類聚神祇本源』[*82]（度会家行）、『唯一神道名法要集』（吉田兼倶《かねとも》）、『陽復記』[*83]（度会延佳《のぶよし》）など、すでに書名を知るはもちろん、直接目にすることもあったろう。

しかし、それらに多い形式的、紋切り型の「問」でなく、発問の理由を自由に言わせ、「答」はそれを論破し自分の主張をのべる形式であるが、時には討論の形にもなる（例「人心如面」の論（四六・四七））。指導の現場を思わせる。また、「予が教フルハ、……予ガ教フルハ、……」（四二）、「予ガ教ヘニシタカハバ……予ガヲシヘニシタカハバ、……」（五七）とくり返し説得する。このくり返しは、「ヨク心得ベシ」を「ヨク〳〵心得ヘシ」、「ヨクミテ」を「ヨク〳〵ミテ」と「ヨク〳〵」はじつに二三例にのぼる。「返ス〳〵」、「イクタビモ〳〵」、「ヨマム〳〵」の調子で、宣長さんの信条、口吻が想像されるほどである。

こういう、言いたいことを自由に言い、説得せずはやまずの調子でつづくから、構想を「一、和歌本質論、二、堂上歌学・伝授思想批判、三、歴代変化、四、契沖学称揚」とあらかじめ順序立てたものの、内容に重複も多く生じ、未整理のままにおわる原因の一つとなったのであろう。

以上の諸特徴の多くは後年にかげをひそめるのだが、後のちまでひきつづく顕著なもう一つの特徴を見逃すことはできない。それは比喩である。散文における比喩や例示の効果は晩年にまでじゅうぶんに意識するところで

あった。『玉勝間一〇』の巻にいう、

・譬へといふものの事〔六〇五〕　たゞにいひては、ことゆきがたきこゝろも、万の物のうへにたとへていへば、こともなくよく聞ゆること、多くあるわざ也、……戎《カラ》の国々にも、古へより有けるを、もろこし人は、すべて物のたとへをとること、いと上手にて、言すくなくて、いとよく聞えて、げによく譬へたりとおぼゆることのおほかるを、仏の経どもに、殊に多く見えたるたとへは、おほくは物どほくて、よくあたれりとも聞えぬ事をくだ〳〵しくなが〳〵といへるなど、いとつたなし、……

・物をときさとす事〔六〇六〕　すべて物の色形、又事のこゝろをいひさとすに、いかにくはしくいひても、なほさだかにさとりがたきこと、つねにあるわざ也、そはその同じたぐひの物をあげて、其の色に同じきぞ、其のかたちのごとくなるぞといひ、ことの意をさとすには、その例を一つ二つ引出づれば、言おほからで、よくわかるゝものなり

ご本人のこの用法はすでに『排蘆小船』で顕著である。留学中の漢文学習から会得する所が大きかったろう。ここには、「タトヘバ」の語ではじまるもの（比喩、例示）だけをぬきだしてみる。

・さのみおもしろくなくても、随分面白く思うように詠む（偽りも実情）。〔一〕

・木を切り削って材に用いる（詞をえらぶ）。〔二〕

・宿をヤトル、居をキル、腹にハラム、段をキザムなど（体の言の下に活字をつけて用になる事多し）。〔一二〕

・歌をウタフ、ウタハム、ウタヒ、ウタヘともいう（同前）。〔一二〕

・人、山、水に別ちなし（万物和漢大てい同じもの）。〔二五〕

・泥中より生じた蓮の花を愛する。コヤシにかかわらず五穀をよろこぶ（婬乱の人の恋歌を賞する）。〔三三頭

注〕

・戦場の武士が、死ぬ悲しみをあらわさず、死後の名を思い、君のため家のためにいさぎよく死ぬ（本情をかくしつくろう近世武士の気象、唐人議論のかたぎ）。〔三八〕
・愛するみどり児の死に父はとりみださずさもないていだが、母は涙にくれまどい、しどけなくあられぬさまの悲しみ（本性はつたなくしどけないもの）。〔三八〕
・矩（さしがね）で円きものをゆがめりとせめる（唐土の議論厳格な文字にくらべ和歌をしどけないとそしる）。〔三八〕
・人心如面、かわる所のない人の面だが、いうにいわれぬ所にかわりめがある（時世の人情につれて和歌も変化する）。〔四六〕
・昔も今も、春来る、花咲く、恋しきという（かわらぬ所は昔も今もかわらず）。〔四六〕
・人の哭声《なき》、悲しみが強く声をあげてなくときは、おのずから「ヲ、イ〱」という声に文《あや》あり、聞く人も哀れに思う（文《あや》によって実情もあらわれ人も感ずる）。〔四八〕
・材木の用途はいろいろだが、本体の樹木の生長はもともとそのためのものではない（歌の本体はただ思うことをいいのぶるまで）。〔四九〕
・「花ヲ見テ心ヲノブル」「人ヲ思フ」を「花ハ見ニ心テノフル」「人ニ思フ」では通ぜず（てにはが違えば詞通ぜず）。〔五〇〕
・漢文に展倒のある（てにはの違へる詞）。〔五〇〕
・「今日清水ヘマイラント思ヒ玉フ、君モマイリ侍ランカ」という（侍るという詞の誤用）。〔五一〕
・五月中にはや陰気がきざし、一一月よりはや一陽来復する（為家卿よりの歌道のおとろえは俊成卿よりきざ

す)。〔五九〕

・一丈の堀をこえるには、一丈五尺の堀をこえんと思わざれば、こえがたし（近世の名歌よりもはるかにまさりてよまんと心がくべし)。〔五九〕

・今の世で鳥はこれ〳〵と伝授することはない（貫之のころよぶこ鳥の古今伝授はありえない)。〔六一〕

以上一九例。これは「タトヘバ」の語をもつ限られたた例で、ほかに同種の効果をもつものとして、他の直喩、隠喩、故事・諺、他書からの引用など、注意すれば数えきれない。重要なものとして、故事・諺からの三例を付記しておく。

・志賀寺の上人〔三三〕「あはれにやさしきこと」老僧の愛執と歌（後世は愛執説話)。

・晋の鄧攸〔三八〕「あはれを知らぬ忍人」人情をすて義理をとった良吏（典拠『晋書』では、世人義に感じ、天道の無智を疑ったとある)。

・夏虫氷を説くべからず〔二八〕「腐儒の見識」（出典は『荘子』だが、徂徠集の用例を模したか)。

右は「あはれ」を主張し、儒、仏を批判した用例である。

さて、これら、多くが簡潔で意表を衝くそれらが各段に配備されて、『排蘆小船』の文章の生気にふさわしい機知的な（例示では実証的にも）説得力をもつ。しかも、それらの点在を見渡すだけで主要な論点もうかがえるほどな役割をしめている。効果的なテクニックといえよう。

また、それらは少年時からの資質もあるが、ことに留学中の日記、書簡、詩文、摘腴などにあらわれる機知と勉学の展示だけに、根も深く、今後の思索の方向を示している。例示の中で多い、仮名づかい・てには語学には語学研究への踏み出しが見てとれる。比喩の中には、後々くり返されていくものもいくつかふくまれている。ことに、蓮花や志賀寺の上人は源氏物語や物のあわれを説くに不可欠のもの、「夏虫氷を説くべからず」は、知の限界（不可知）・漢意批判として『鈐狂人《けんきようじん》』附録の「水草のうへの物語」の創作（「夏むしかはづのたとひ」）にまで発展する。

もっとも、比喩はやはりタトエで、それ自体の鮮明度とは別に、事実・真実との充全な同一化はむつかしい。蓮花や水草の比喩にも、無理な同一化、誤った認識との異論がありうるのは当然である。わたしは、青年期の初め、『玉の小櫛』の抜粋を習ったとき、蓮花の比喩の鮮かさに「ナンテ頭のいい人だろう」と感心したことを思いだす。「愛蓮の説」（周濂渓《れんけい》）は知っていたが、法華経も『沙石集』もまだ知らない時期。まして、「泥と蓮花と与《とも》にして妙に一真なり。」の立場から「蓮花と泥土を二と為し、汚念と真心を二と為し、蓮花を揚げて泥を無みし、真心を取って汚念を捨つ。是れ小児の戯言なり。」と安藤昌益のいう考え方（『統道真伝《とうどうしんでん》』）は思いもかけなかった。

他の例にしても同じことで、読者のレベルと関心の向け方によって各様のうけとめがなされるので、要は、この種の論では、本旨を誤りなく、文章を生き生きとさせる役割をはたせばよい。『排蘆小船』ではそれに成功している。例示における実証（ことに語学）がまたその役割を分担していることはいうまでもない。

このような文章に包まれた『排蘆小船』の内容に即して、その特異な主張、その形成の由来と将来へのつながりについて、以下述べてみたい。

（五）非勧懲説・情の解放

歌の非政治性

『排蘆小船』は冒頭から、「歌ノ本体、政治ヲタスクルタメニモアラズ、身ヲオサムル為ニモアラズ、タヽ心ニ思フ事ヲイフヨリ外ナシ」と歌の非政治性、非教戒性をうち出す。そして、「其心ノアラハル、所ニシテ、カツソノ詞幽玄ナレハ鬼神モコレニ感スル也」という。ところで、「恋ノ歌ノ多キハイカニトイヘバ、コレガ歌ノ本然ノヲノツカラアラハル、所也、スベテ好色ノ事ホド人情ノフカキモノハナキ也、千人万人ミナ欲スルトコロナルユヘニコヒノ歌ハ多キ也」といい、「タヽ善悪教誡ノ事ニカヽハラス、一時ノ意ヲノフル歌多キハ、世人ノ情、楽ミヲハネガヒ、苦ヲハイトヒ、オモシロキ事ハタレモオモシロク、カナシキ事ハタレモカナシキモノナレハ、只ソノ意ニシタカフテヨムガ歌ノ道也、……実情ヲアラハサントオモハヽ、実情ヲヨムヘシ、イツハリヲイハムトオモハヽ、イツハリヲヨムベシ、詞ヲカザリ面白クヨマントオモハヽ、面白クカサリヨムベシ、只意ニマカスベシ、コレスナハチ実情也、秘スヘシ〳〵」となる（以上〔一〕）。

歌の独立をいう徹底した人情解放説である。末尾の「秘スヘシ〳〵」は、ここがカンジン、カン所の意であろう。この揚言で出発する以下のベースとなるのが、この〔一〕の考え方である。

まず、文中の「鬼神モコレニ感スル也」から。このころ毎年頭の読書初めに誦していた古今集の序文はこうなっている。

やまとうたはひとのこゝろをたねとして、よろづのことのはとぞなれりける。世中にある人ことわざしげきものなれば、心におもふことを、みるものきくものにつけて、いひいだせるなり。花になくうぐひす、みづにすむかはづのこゑをきけば、いきとしいけるもの、いづれかうたをよまざりける。ちからをもいれずしてあめつちをうごかし、めにみえぬおに神をもあはれとおもはせ、をとこをむなのなかをもやはらげ、たけきものゝふのこゝろをもなぐさむるは哥なり。……

この中の「あめつちをうごかし、おに神をもあはれとおもはせ」（真名序で「動㆓天地㆒、感㆓鬼神㆒」）が典拠である。この「あはれ＝感」が宣長さんの「あはれ」説の出発点であるが、ここではふれず、「おに神」について。この引用は書中八か所出るが、二か所はその上に「天地を動かし」をつけている。

この大げさないいかたについては、「歌ヲヨミテ雨ヲフラセ、鬼神モ感応ストイヘルハ、尤アヤシキ事、アルマジキ理也、……イカヽ」と設問し、みずから答えて、「古ノ事ヲ知ルハ、只書籍也、ソノ書ニシルシオケル事ナレハ、古ヘアリシ事明ラカ也、……霊奥ヲミテ偽リトシ、決シテ無キ事ト思フハ、ユキツマリタル腐儒ノ見識、ハナハタセハシ、……吾邦神霊ノ妙々、尋常ノ見解ヲ以テ、トカク論スルハ、イトアヂキナキ事也、日本紀神代巻、見ルヘシ〳〵」〔一八〕と、後年にも一貫する不可知論で一蹴している。（この「腐儒」には、宋学を批判し、不可知論を説く徂徠蘐門は含まれていない。念のため。）

つぎに、序文冒頭の「ひとのこゝろをたねとして」（真名序「託《ウケ》㆓其根於心地㆒」）は〔一〕には出ぬが、「人ノ情ノ種サヘアレハ、ヨミツキルト云事ハナキ道理也」〔二〇〕、「ミナ思フ心ヲタネトシテ自然ニヨメル也」〔五九〕、「古今ノ序ニ、人ノ心ヲタネトシテヨロツノ事ノ（ママ）ハトナルトイヒ、……此道ハカリハ、心ヨリイテクル事ニテ」〔六三〕などと使われるが、〔一〕での、情、人情、実情の説がこの「心の種」に発していることは明らかである。

景山の人情説

景山の人情説は、「人情ハ善悪曲直千端万緒ナルモノナレハ、人ノ心ノ種ノ内ニ発生ノ気欝シタルカ、見モノ聞モノニ触テ、安排工夫ナシニ、思ハズ知ズフットイヒ出セル詞ニ、スグニソノ色ヲアラハスモノ也」といい、「トカクニタ、人ノ心ヲ種トシテトイヘルハ、古今ノ絶唱ト思ハル、也」と『不尽言』で称揚している。

宣長さんはこの景山説を受けている。留学の中期（宝暦四年か）に『随筆二』へ『不尽言』からかなり長い抜き書きをしている。和歌と詩の同一性、とくに恋の実情（俊成の恋せずは……の歌を引く）、和歌の伝授、とくに古今伝授の無稽性などについてであるが、抜書中景山は、「人情」の語を一一回、「実情」という語を一〇回使っている。区別すれば、人情というのは第三者的、実情の方は当事者の痛切さといえるかのニュアンスの相違であるが、蘐園以来とくにさかんになった人情の語とちがい、実情の語は、管見、そのころの文芸論に見ない。太宰春台[*84]の『経済録二』に、「人情ヲ知ルトハ、天下ノ人ノ実情ヲ知ル也、……好悪・苦楽・憂喜、恩愛ノ情ニ皆人ノ天性ノ誠ヨリ出テ少モ偽無キ者ナル故ニ、是ヲ実情ト云、情ノ字ニ実ノ意有ル故ニ、マコト、読ム也」とあるのみ。意は景山、宣長さん説と同じである。

ところで、宣長さんは『排蘆小船』全篇で、「人情」の語四二回（他に注で八回）を使うが、「実情」は四八回（注三回）、その一連として「本情」九回を見る。景山を承けていることは明らかだが、それ以外に「情」だけの用例はじつに一〇〇回に及ぶ。そして、以上の例中反問の数回を除いてはみな肯定なので、『排蘆小船』が徹底した「情」の解放の書であることを証明している。

さて、景山の説は、「契沖師」と敬する「宏覧逸材ノ人」契沖の歌学をうけ「和歌ヲコソ我朝ノ大道」と思う立場だが、儒者としては、「愚拙、経学ハ朱学ヲ主トスル事ナレトモ、詩ト云モノノ見ヤウハ、朱子ノ註、ソノ意ヲ得サル事也」と、宋儒批判の仁斎、とりわけ徂徠の人情説、非勧懲説に立つことを明言している。『不尽言』

抜写につづけ、宣長さんの抜き書きにも『徂徠先生答問書』がある。「中」と「下」からだが、そのうちにこうある。

・まづ五経之内に詩経と申物御座候。是はたゞ吾邦の和歌などの様なる物にて、別に心身を治め候道理を説たる物にも、又国天下を治候道を説たる物にても無御座候。古の人のうきにつけうれしきにつけうめき出したる言の葉に候を、其中にて人情によく叶ひ言葉もよく、又其時その国の風俗をしらるべきを、聖人の集め置き人に教へ給ふに候。

・詩は勧善懲悪之為と申事、是大き成誤に候。……詩にて勧善懲悪之教を施すといふ事さりとては聞え不申事ニ候。

こうしてみると、徂徠、景山、宣長さんへとつづく一連のものを見ることができる。

恋についても、徂徠は、「詩経は淫奔の詩多く有之候」とつづける。景山も、「詩三百篇ノ内ニハ、邪念ヨリ出ル詩モ多クアル事也」といい、「邪念ハ邪念ナリ、正念ハ正念ナリニ、我シラズフット思トヲリヲ言イタスガ詩ト云モノナルヘシ」とする（『排蘆小船』で、宣長さんも「フット心ニオモフトヲリ、……イヒテ」と景山の口癖が出てくる）。景山はつづけて、「欲トイヘハ悪キ事ノヤウニノミ心ウルハ、大キナチガヒ也、欲ハ即チ人情ノ事ニテ、コレナケレハ人ト云モノニテハナキ也」とし、「人情ノ最モ重ク大事ナルモノハ、男女ノ欲也」と、俊成の恋せずは……の「物のあはれ」の歌へいく。これをうける宣長さんでは、冒頭前引『排蘆小船』中の「恋ノ歌ノ多キハイカニトイヘバ、コレガ歌ノ本然ノヲノツカラアラハル、所也、云々」となる。

ただ、宣長さんが徂徠、景山と異なる所は、両名が儒者で、聖人とその安天下の道を信奉するに対して、宣長さんは、この時期まだ聖人否定には至っていず、「実情ヲ導クシカタ、聖人ノ智ハフカキモノ也」〔四八〕、「聖人ノヲシヘナトモ、三代ノ聖人ヲヘテ、周ニ至ヲ全備セルコトクニ」〔五九〕と洩らしているものの、

・儒ハ聖人之道ヲ以テ大道トシ、釈氏ハ仏道ヲ大道トシ、老荘ハ道徳自然ニシタカフヲ大道トシ、ソレ〳〵ニ我道ヲ以テ大道トス、吾邦ノ大道ト云時ハ、自然ノ神道アリコレ也、自然ノ神道ハ、天地闢神代ヨリアル所ノ道ナリ、今世ニ神道者ナト云モノノ所謂神道ハコレニコト也（四四）

と儒の聖人の道と別個の道（自然の神道）をとる。そして、

・サレハソノ心ニテ和歌ヲ見ルユヘニ、シドケナクハカナキ事ニ聞ユル也、コレミナ四角ナル文字ノ習気也……コレ又近代武士気ヲ尚トフ気象也（三八）

・男子ハ心ニハアクマテ悲シクアハレニ思フ事アリテモ、人ノ見聞ヲオモンハカリ、心ヲ制シ、形ヲツクロヒテ、本情ヲカクシツクロフニタクミナルヤウ也、コレ又近世武士ノ気象、唐人議論ノカタギ也（三八）

と、儒の影響を批判し、和歌の基盤について、庶民、児女子の側の「スベテハカナクシドケナクヲロカナル」「シトケナクツタナクハカナカル」（三七）の、人情、実情の上に置いているのである。

風雅と択詞

しかし、「風雅ナル中ニ風雅ヲ求ントスル」和歌だから、「俗間ノイヤシキ事態ヲアリノママニ詠シ、ツタナキ詞モノゾカズニイハバ、歌ハ歌ナガラヨキ歌トハイハレヌナリ」（二一）、「トカク歌ノ本分ヲ論スル時ハ、思ヒノマヽニヨムガ本意ナレト、世ワタリ人ノ心モイツハリ多ク、質素ナラネハ、今ハ詞ヲカサリヨクヨムガ、歌ノカンジン也」（八）、禁制法式を守り、「今ハ今ノ心ニテヨムガヨキ也、今ノ歌ハ、歌ノ本意ニアラズトテ、古来質朴ノ体ニ、アリノマヽニヨマントスルハ、カヘツテ歌ノ本意ヲウシナフ也」（八）。「今ハ今」と状況に即して新を求めようとする宣長さんの資質がよく現れている。「古来質朴ノ体」とは記紀万葉の風体をさしている。宣長さんの歌が終生「古体」へ移りきれなかった理由もここにある。

その「詞ヲカサリヨクヨム」ためにはどうしたらよいのか、この択詞論にも徂徠蘐園説をストレートにうけて

いる。

「実情ヲ云フニモ、ソノ文《アヤ》ニヨリテ、実モアラハレ、人モ感スル也」〈四八〉、「唐土ニテ詩モ同シ事也、風雅三百篇ハ、実情ヨリ出タルモノナレトモ、コレモ又フカクイヘハ、巧ミハアル也、ミナ其言ヲ文ニシタルモノ也、文《ブン》ナキハ詩ニアラサル也、既ニコレヲ文ニスルモノナルウヘハ、……」〈同〉という中で、ふつうアヤとよませている「文」の字に、とくにルビをつけたり文と点をつけて「ブン」と読ませているのは、徂徠の影響であろう。

徂徠『答問書』前引につづく「(詩経は)言葉を巧にして人情をよくのべ候……」の「巧」にあたるものとして、「辞は言の文なるものなり。言は文ならんことを欲す。故に辞を尚ぶといひ、辞を脩むといひ、文もって言を足すといふ」(『徂徠集』)と「文」をいう。巧、文、風雅は蘐園《けんえん》詩文のキャッチフレーズだった。その代表者服部南郭は、同じことを、択詞論としてわかりやすくつぎのようにいう。

同じく悲しみ喜びを述候に、詞によりて格別軽重雅俗もかはり候故、詞のえらみ第一にて、三百篇以来皆随分に詞を選びたる物に候。(『灯下書』)

宣長さんの場合は、「ヨキ歌ヲヨマムトオモハバ、第一ニ詞ヲエラヒ、優美ノ辞ヲ以テ、ウルハシクツ、ケナスベシ、コレ詠歌ノ第一義也」として、「ツネノ言語ハナハダカハリ、キタナクナリユキ、人情モヲノツカラ軽薄ニナリタル世ナレハ」今の歌は「情(心)モ辞(詞)トモニモトメ」なくてはならぬが、「コトバ第一」、「エラブベキハ詞也」、「三代集ナトマテ」の「古ノ雅言ヲカリテ」「ホドヨクイイトトノフルベキ」だという〈三六〉。

このことは、かつて書写した太宰春台の『独語』にもこうあった。

詩も歌も世のすゑになりて昔におとるは、風体のかはりにて、風体のかはるはその詞のかはるなり。此の理を覚悟して、能く古にさかのぼりて、古の風体を考へ、古の詞を取り用ふれば、今の人にても、古の人に異ならぬやうになるなり。

そして、春台の歌の風体認識は、

万葉集の歌は、風雅（詩経）より漢魏の古詩迄を兼ねて、稍盛唐の詩をはらめるものなり。古今集の歌は、正しく盛唐の詩なり。後撰拾遺の二集は、盛唐に初唐の詩をまじへたるものなり。新勅撰より下つ方は、云ふに足らず。

とある。

『排蘆小船』の認識とほとんどかさなっていることは明白で、沖師（契沖）の論及しなかった「詠歌ノ風体古今ノ変化ヲ考へ」たとする『排蘆小船』の結論〔六四〕へも導いていくものである。

さて、右の引用につづけて春台は、「万葉集より三代集迄をくりかへし、千遍読めば、大方諳んずべし。詞をそらんじて、朝夕諷詠すれば、自然に風調をも悟るなり。」というが、その理論的根拠は何か。それは「化スル」という語である。この語は徂徠古文辞学の根幹となるものであり、春台、南郭はじめ蘐園の理念なのである。徂徠は『学則』の二でいう。

吾、于鱗氏の教へを奉じて、古を視て辞を修め、これを習ひ、久しうしてこれと化し、しかうして辞気・心志みな肖たり。辞気・心志みな肖て、しかうして目の視、口の言ふこと、何ぞ択ばん（古人と区別がない）。

「于鱗氏」は明の李于鱗《うりん》（一五一四〜七〇）、号は滄溟、『唐詩選』の編者と目された。「化す」は同化、『孔子家語』に「与二善人一居、如レ入二芝蘭之室一、久而不レ聞二其香一、即与レ之化矣。」宣長さんは宝暦三年一一月芝蘭と号したことがある。

『徂徠集』はまた景山宛書簡でいう、「其の始めて学ぶに方《あた》りてや、これを剽窃摸擬と謂ふも、また可なるのみ。久しうしてこれに化し、習慣天性のごとくなるときは、外より来るといへども、我と一となる。故に子思曰はく、内外を合するの道なりと。故に摸擬を病とする者は、学の道を知らざる者なり。」

だから、詩文を作るときも、「詩文の仕習様は、只詞を似せ候が能く候。後には自然と移候物に候」(『答問書』)となる。

宣長さんは、化(ス・セラル)の語を一四回、他に見出しに三回も使っている。例をあげよう。

此道ヲコノミ、古歌ニ心ヲソメ、行住座臥コレニ心ヲヲク時ハ、自然ト古人ノ歌ニ化セラレテ、情辞トモニ自然ノ如クニナルナリ。……古人ノヨミオケル歌トモニ心ヲヒソメ、起居ソレニナレシメバ、又ヲノツカラ情モ化シテ、古人ノ雅意心ニ生シ、自然ノ風雅モアルヤウニナル也、……モトハ不風雅ナル人モ詩歌ヲ心ガクレハ、ヲノツカラ花鳥風月ニ心ヲナクサメモテアソフ心ニナル、コレ全ク古歌ヲ用テ、化シタル自然ノ情ナリ、ソノ化セラレシ歌ノウルハシキ辞ニスガリテコソ、雅意ヲモエタルナレ、……

そして、「ズイブンエラブベキハ詞也」、「詞アシクテヨキ歌ハカツテナキ也」となる〔三八〕。

今ノ世ニテ此道ニタツサハリ、和歌ヲ心カクル者ハ、トカクマヅ今ノ人情ニシタガヒテ、イツハリカサリテナリトモ、随分古ノ歌ヲマナビ、古ノ人ノ詠ミタル歌ノ如クニヨマム〳〵ト心ガクレハ、ソノ中ニヲノヅカラ、平生見聞スル古歌古書ニ心ガ化セラレテ、古人ノヤウナル情態ニモウツリ化スルモノ也、ソノ時ハマコトノ思フ事ヲ、アリノマヽニヨムト云モノニナル也、コレ何《ン》ソナレハ、カノ古ヘノ歌ノマネヲシテ、カサリツクリテヨミナラヒタルソノ徳ナラスヤ、コレ和歌ノ功徳ニヨリテ、我性情モヨク化スルト云モノ也、然ルヲ後世ノ歌ハ偽リカザリテマコトニ非ス、上代ノ質朴ナルガ実情ナリトテ、今ノ世ニテモ思フ事ヲアリノマヽ、ニヨミ出タラハ、エモイハレヌミクルシキ歌ドモノミ出来ヘシ、今ノ人情ノイツハリ多キヲ悪ミナカラ、其情ヲアリノマヽ、ニヨメトハ、如何ナル心得チガヒゾヤ、……予ガ教フルハ、イツハリ多キ情ノマヽ、

ニ、ソノ情ニテムカシノ人ノマネヲシテヨミナラヒテ、サテ古人ノヤウニ自然ニ化スル也、コレ大ナル氷炭ノチガヒナリ（四二）

この例文の趣旨にみても、宣長さんの「化」が徂徠のそれに出ることは察知されよう。

蘐園詩文の「化」は、文は秦漢、詩は漢魏盛唐までを対象としたが、宣長さんの和歌ではどうだったか。注目されるのは、右例文で、古・古人と上代とを区別していることである。具体的には、「日本紀万葉ハ至テ質朴ナレハ、反テ拙ク鄙ク、ミクルシキ事モ多シ、只古今集三代集ガ、花実全備シテスクレテウルハシケレハ、専ラコレヲ規矩準縄トスル事也」（四三）という。同じく蘐園の影響を受けていた賀茂真淵が、上代万葉集を範としているのと対照的である。資質の相違である。

さて、言々句々盛唐詩に典拠のないものは用いないとの擬古主義・形式主義、とかく千篇一律の模擬剽窃となる蘐園詩文に対しては、少し後の天明になると、すでに、

蓋し復古の名は是なるに似て、其の実は大に非なり。奈《いか》んとなれば、其のする所、専ら唐人を剽窃して、句ごとに比し、字ごとに擬し、目前の景を舎てて、腐爛の辞を摭《ひろ》ひ、公然として復古とよみ、中晩（唐）以下を視ること讎敵のごとく、標然として、別に高華の工夫をなす。天下の詩、これがために一変し、詩道の幣もまた極れり。（山本北山『作《さく》詩《し》志《し》彀《こう》』天明三年刊）

と痛罵が出る。和歌でも同様で、そうした批判が宣長さんの歌に与えられるようになるとしても不思議はなかったろう。

（六八）　定家と契沖の継承

定家に対する崇拝

語は蘐園を模しているが、宣長さんには少年時、和歌に志したころから、牢固とした信念があった。蘐園の影響はむしろそれを合理化する役目をはたしたといってよいほどである。信念とは定家崇拝であるが、これについては先に紹介した。

さて、景山の語に、「和歌ノ道ノ極意ハ古今ノ序ニ言ヒツクシ、其外ヨミカタ心持ハ、詠歌大概ノ、又ハ八雲御抄ノ用意部ノ、頓阿法師カ愚問賢注ニテ、何ノ伝授モイラヌ事ト思ハル、也」（『不尽言』抜写）とあった。また、景山説のもとは契沖であるが、その契沖は、『厚顔抄』の序で「不二随レ師学一」といい、宣長さんが感激して写した『古今余材抄』では、古今集序の冒頭に関し、「定家卿の和歌無ニ二師匠一とのたまへる公言もこゝもとより出たるなるへし」という。いずれも『詠歌大概』*85を尊重する発言である。宣長さんの定家崇拝に拍車をかけることじゅうぶんである。

宝暦六年三月、宣長さんはあらためて『詠歌大概』を購入した。その冒頭と末尾はつぎのとおり。

・情以レ新為レ先（求二人未レ詠之心一詠レ之）詞以レ旧可レ用（詞不レ可レ出二三代集一先達之所レ用新古今ノ古人歌同可レ用レ之）（（　）内は割注）

・和哥無二師匠一只以二旧歌一為レ師染二心於古風一習二詞於先達一者誰人不レ詠レ之哉

これにかかわって、『排蘆小船』での引用はつぎのとおりである。

A　和歌に師匠なし

・詠歌大ガイニハ、和歌ニ師匠ナシ、タヽ古歌ヲ以テ師トストアルヲ以テシルベシ〔五五〕
・師匠ヨリタシカナル古歌ト云モノアレハ、ソノ古歌ニヨリテ、心ヲ用ヒ力ヲハケマストキハ、マコトニ師匠ハイラヌ事也〔同〕
・歌ト云モノハ、トカク古ヘヲ師トスルモノニテ、後世ノ心詞ノアシクナルヲ用ヒズ〔五九〕
・（定家卿ハ……）即和歌ニ師匠ナシトノ玉ヘリ〔五九〕
・定家卿ハ、和歌ニ師匠ナシ、旧歌ヲ以テ師トストノ玉ヘル如ク〔六二〕

B

三代集〔古今集・後撰集・拾遺集〕
・黄門（定家）ノ、心ヲ古風ニソムト仰ラレシハ、モツハラ三代集ヲサシテ古風トノ玉ヘリ、マコトニ歌ハ古今三代集ニ過ル事ハナキ也、歌学ノタメニハ万葉第一ナレト、詠歌ノタツキニハ三代集ニハ及ハヌ也、万葉ヲマネテヨマムトスルハ大ナルヒカ事也、三代集ヲズイブンマネテヨミツクレハ、当世テウドヨキ歌ニナル也〔一七〕
・三代集ヲマナンテ、ソレデテウト新古今ニ似テ、ヨキ歌トナルヘシ〔同〕
・今ノ詠歌ハトカク古今三代集ヲ第一根本ノ法度トシテ、サテ時ノ宜キニシタカヒ用捨アルヘキ事ナリ〔一九〕
・最初ハタヽ古今三代集ハカリヲヨク〳〵ミテ、サテ歌ヲヨミ、歌数ヨミナラヘハ、シゼントヨミカタハ聞キタリ見タリ案シタリスルニテシレテユクモノ也〔二一〕
・マツ三代集ヲズイフンミナラヒテヨムヘシ、初心ノマタシキホトハ、外ノ書ミル事無益也〔二一頭注〕
・歌ヨム始ノシカタハ、只何ニモヨラス、三代集ヲ父母トシテ、外ヲミス……〔同〕
・サテ中古ニ定家卿ナトノ教ヘニモ、モツハラ三代集ヲ用ヒテ手本ニセヨトアルハ……〔五九〕

・定家卿ノヲシヘニ、心ヲ古風ニソメヨ、三代集ヲ手本ニセヨトノ事也、三代集ヲヨク〳〵マナヘハ、ヲノツカラ風体ヨクシテ、新古今ニ似ヨリタル歌ニナル也〔五九〕
・三代集ニ心ヲソメテ、ズイフン歌ヲヨメハ、自然ト新古今ノ金玉ニ似ル事アルヘシ〔同〕
・手本トシテミルヘキ書物ハ、マヘニモ云ゴトク三代集也、三代集ニ心ヲソムレハ、ジネンニ新古今ノ風ニ似ルヤウニナル也〔同〕
・三代集ニ心ヲソムヘシ、即新古今ノコロノ歌仙ミナ三代集ニ心ヲソメタルモノ也〔同〕

C　心を染む

・新古今ノ歌ノメテタキモ、古風ニ心ヲソメテヨミタルモノユヘ也〔一七〕
・此道ヲコノミ、古歌ニ心ヲソメ、行住座臥コレニ心ヲヨク時ハ、自然ト古人ノ歌ニ化セラレテ、情辞トモニ自然ノ如クニナルナリ〔三五〕
・今和歌者流ニテ、心ヲ古風ニソメ、詞ヲ古歌ニナラフモ、マコトハ文ヲツヨクシテ、巧ミヲフカクシ、美シクヨマント思フモノ也〔四八〕

他に、Bの五例（〔一七〕と〔五九〕の四例）は列挙を略す。

右で宣長さんの主張も明らかである。すなわち、定家の教えにしたがって、師匠はいらぬ、三代集の古歌雅言に心を染めれば、おのずから庶幾する新古今風になる、というのである。

主張の根拠を、宣長さんは定家に求めている。「(定家卿ハ)マコトニ古今独歩ノ人ニテ、末代マテ此道ノ師範トアフクモコトハリ也、予又此卿ヲ以テ、詠歌ノ規範トシ、遠ク歌道ノ師トアフク処也」〔五九〕、「詠歌ハトヲク定家卿ヲ師トシテ、ソノオシヘニシタガヒ、ソノ風ヲシタフ」〔六三〕という。その「三代集」が盛唐詩にあたり、「心を染む」が「化」にあたることになる、という蘐園との均質性が相乗していたことはいうまでもなかろう。

契沖に瞠目の思い　そうした宣長さんを勇気づけた人がもう一人いる。それは契沖である。景山の導きで契沖へ達した宣長さんが、瞠目の思いでその神国・神道意識、誠の心、古書による考証に接したことは、先に紹介したところである。

帰郷後も、宝暦九年（一七五九）『和字正濫鈔』購入（閏七月）、あらためて『勢語臆断』の手写（九月）を経て『排蘆小船』に至る。宣長さんにとって当面の契沖は、かつて（宝暦七年）傾倒全一〇冊を書写しおわった『古今余材抄』*[86]であったろう。古今集の全注釈、古書による的確な考証、伝授を旨とする中世歌学の克服で画期的なこの名著を身につけた宣長さんはいう、

・契沖ヲイハヽ、学問ハ申スニヲヨハズ古今独歩ナリ、歌ノ道ノ味ヲシル事、又凡人ノ及ハヌ所、歌道ノマコトノ処ヲミツケタルハ契沖也、（五四）

・コヽニ難波ノ契沖師ハ、ハジメテ一大明眼ヲ開キテ、此道ノ陰晦ヲナゲキ、古書ニヨッテ、近世ノ妄説ヲヤフリ、ハシメテ本来ノ面目ヲミツケエタリ、……予サヒハヒニ此人ノ書ヲミテ、サツソクニ目ガサメタルユヘニ、此道ノ味、ヲノツカラ心ニアキラカニナリテ、近世ノヤウノワロキ事ヲサトレリ、コレヒトヘニ沖師ノタマモノ也、シカルニ沖師ハ訓詁ニノミ力ヲツクシテ、歌ノヨミカタ風体ナトノ事ニ論シ及ホサス、モトヨリ自分ノ詠歌モ、タヽ万葉時分ノ本来ノ体ノミ也、オシキ事也、……予此人ノ説ニヨッテ、始テ道ノ本意ヲサトレリ、ヨッテ詠歌ハトヲク定家卿ヲ師トシテ、ソノオシヘニシタガヒ、ソノ風ヲシタフ、歌学ハチカク契沖師ヲ師トシテ、ソノ説ニモトツキテ、ソノ趣キニシタカフモノ也、（六二）

文中の「此道ノ陰晦」「近世ノ妄説」は中世以来の伝統となっていた、秘伝口授、禁制の詞など、つまり堂上

師範家の歌学をさす。その、堂上、地下《じげ》の差別の無意味さ〔五五〕、ことに古今伝授の無稽さ〔六〇〕についての『排蘆小船』における痛烈な排撃は、もちろん文化の主導権が庶民の手におちた時代の反映ではあるが、理論的には契沖とそれをうけつぐ景山説の延長であった。そうした認識の発展として、宣長さんは、契沖にない「歌ノヨミカタ風体ナト」を、三代集――定家の正風《しょうふう》を軸に、「歴代変化」「当代歌道」〔五九〕を考察した。異風を排斥する、その確信の裏づけに、二十一代集を点検した『古今選』があったことはいうまでもない。

こうして『排蘆小船』は成った。

詠歌の論から

題詠ということがある。中古の、屛風歌、歌合、百首歌などの流行から、中世以降詠歌の一般的な方法となった。季、恋、雑で題をとって詠むのだが、兼題にしろ、当座題にしろ、題の分類種類、詠歌の方法技巧が増幅されていったのは、師範家歌学の当然である。また、古典和歌を現実遮断の観念的文学たらしめる傾向を助長したのも当然である。

『鈴屋集』に載る宣長さんの歌もほとんどが題詠である。その参考には、上京以前から一条兼良撰といわれる、類題和歌集『題林愚抄』八冊が使われたようであるが、後には独自のものとして、『古今題彙』（三七歳成稿）と『古今選』（二九歳成稿）が用いられたであろう。まず、一一、〇〇〇余の歌題（「秋」だけで二、五九〇余、「恋」の部だけで一、五一〇余のケースがあげられている）の『古今題彙』から題を選び、『古今選』で証歌をたしかめ、情と辞の射程を見定めて歌をつくる。これが基本パターンだったのではないか。この方法を『排蘆小船』ではどうとらえているのか、追ってみたい。

「今ノ人ノ和歌ハ、実情ニアラス、ミナ題ヲモウケナトシテヨムハ、コシラヘ事ニシテイツハリ也、ソノ上言語事態ハナハタセハクスクナクシテ、思フホトノ事ヨマレス、サレハ無益ノモノニシテ、イニシヘノ誠ノ歌詠ニアラス」と思う人を想定して、「今ノ世ノツタナキ言語ニナレ、キタナキ事態ニナラヒテ、上代ノウルハシキ事ヲシラヌ下劣ノ人ナリ。」と批判する〔四一〕。その論の根拠はつぎのとおり。

世ノウツリカハルニシタカフテ、ツネノ言語ハナハダカハリ、キタナクナリユキ、人情モヲノツカラ軽薄ニナリタル世ナレハ、詞ヲカザラズシテ、心ノアリテイヲヨマムトオモヘハ、甚タ下劣ノ歌ニナルヘシ、今ノ世ノ情ヲ、今ノ世ノ詞ニテヨミタラバ、イトミニクカルヘシ、……マズ大率上古ノ人ハ、質朴ニシテイツハリスクナシ、後世ハ文革多ク、偽リ多シ、サレハ今ノ世ノ歌、十二七八ハミナ実情ニアラス、偽リ也、ミナ古人ノマネヲスル也、詞モ今ノ平生ノ言語ニアラサレハ、古ノ雅言ヲカリ用ル也、イハバ古ノ雅言ヲカリテ、今ノ情ヲ詠スルナレトモ、ソノ情モ全ク今ノ情ニアラス。

それで、つまり、

今ハ心詞トモニモトメテ歌ヲヨム事也、必シモ心ニ思フ事ニアラザレトモ、アルヒハ題ヲトリナトシテ、心詞ヲモトメヨム、コレ今ノ歌ヨムサマ也、題ヲトリテ、マヅ情ヲモトメ、サテ詞ヲト丶ノフル也、コノ時ニアタツテ、情ヲモトムル事先ニアレトモ、ジタイ情ハモトムルモノニハアラズ、情ハ自然也、タヾ求ルハ詞也、コノ故ニ詞ヲト丶ノフルガ第一也トハ云也、サレトモ題ヲトリテヨムナトハ、モト情ナシ、題ニツイテ情ヲモトメ、情モトメ得テ、サテソノ情ニツイテ詞ヲモトムル也、コレ中古以来ノ詠歌ノサマ也、シカルヲ題ヲトリテ、マツ情ヲモトメズシテ、タ丶詞ノミヲモトメカザルユヘニ、実ナクシテ花ノミ多ク、歌ノテイアシクナルトテ、先達ノ専ラ情ヲサキトシテ、詞ヲツギニセヨト、フカクイマシメラレタル也、マヅ情ヲモトメヲキテ、コレヲ主ニヲキテ、詞ヲト丶ノフ、コレ順道也、コノワケヲヨク〳〵味フヘシ、古ノ歌ハ、情ハ自然ナレハモトムル事ナシ、只詞ヲモトム、中古以来ノ歌ハ、情辞トモニモトム、コレ古今ノチガヒ也、サレハ今ノ歌ハ、ミナ古人ノマネ也、マコトノ心ヨリ出ルニアラス。〔三六八〕

要するに、図示すれば、題↓情↓詞ということであり、「今ノ歌」「今ノ世ノ歌」は情（心）、辞（詞）ともにもとめた、「偽リ」、古人古歌の「マネ」「カリ物」だというのである。この古人古歌が三代集を意識していることはいうまでもない。

ところが、この「偽リ」を宣長さんはつぎのようにいう〔五二〕。

・歌ノイツハリハ、昔ノ実情ヲナラヒマナビヨムユヘニ、偽リナカラ人ノ情ノマコト也。

・今ノ歌ノ実情ニアラズ、偽ノミナルモミナ人情ノマコトノ意ニシテ、タヾオロカニ女童ノ情ノヤウ也、ソノツタナクオロカナル情ヲ、トカクニ興アルサマニ、オモシロクツ、ケナスガ、今ノ歌ノ風雅也。

これは同じく「風雅」をのべて、徂徠が、「此方（日本）之和歌抔《など》も同趣（古人の詩文章を祖述する必要）に候得共、何となく只風俗之女らしく候は、聖人なき国故と被レ存候」（書写した『答問書』中）としたことに対する開きなおりと見るべく、本来和歌と同様の「詩ノイツハリハ、古ヘノマコトヲマナバズシテ、己ガイツハリ（議論厳格よりの「理窟カマシキ処」）ヲ言ヒイダスユヘニ、終始偽リニシテ味ナシ」とつけ加え批判する。

和歌が偽りだけどまことである。この論理はもちろん古えをまこととする信念、趣味があっていえることであり、詠歌の態度は、題をしるべに、情（雅情）、詩（雅言）と三者相かなったその世界へ参入、化することの憧憬である。それを、「情モ詩モ悉皆古昔ニ立カヘリ、古人ニナリテ、イニシヘノ風雅ノ境界ニナラン事ヲ求ル也」〔四一〕という。

「イニシヘノ風雅ノ境界」とは、四年後の『紫文要領』に詳細な「古への中品以上の境界の風儀人情」にあたる。同書巻下の結末近く、歌道と源氏物語との関連について、歌道の本意、有様を知るには、源氏物語をよくよく見て、その味わい、有様をさとるべきだとし、「この物語の外に歌道なく、歌道の外にこの物語なし。」という。それは、「古への中以上の人の風儀人情」、つまり「物のあはれ」が源氏物語につぶさにあらわれているとする所によるが、この場合の「古人」は、三代集のころ、とくに古今集撰進時、寛平延喜の前後をさす。

ところで、この場合宣長さんは、「中以上」（の人・の風儀人情等）の語を一五回も使って「貴人《にん》」を強調している。それより「下々」を「下賤ノ人」「平民」「下民」「賤民」として除外する。理由は、歌・物語にとりあげられないから、というのだが、さきにいわゆる「境界ノ風儀人情」（物のあはれ）は、その時代の歴史的認識ではなく、歌・狭義の物語に限ってうかがわれる文芸的認識であることは明らかである。こうしたとらえ方をするロマン的な人は現代にもかなりあるが、それは、信念というより趣味、王朝趣味というべきである。しかし、宣長さんは、人間、人情、歴史も文芸も、ひっさげてそこへのめりこんでいった。後の古事記観のはしりでもある。やまとうた（古今集序文）をさかのぼれば、神代へ至るのだ。

さて、その文芸観は、思うに、俊成、定家の影響もさるものの、一種の彼岸思想で、宣長さんにとっては、幼少年時より身にしみこんだ浄土信仰に深く根をもつものではなかったろうか。『排蘆小船』（〔三三〕頭注）以後も愛用する比喩、仏経にもとづく泥中に生ずる蓮花を「物のあはれ」の美しさとするのも示唆的である。前出「中品」という語もしかり。つまり、差別社会での階級的疎外感もふくめて現実のいつわり、きたなさ、妄念からの脱却が、下品以下の下賤の平民、賤民の穢土《えど》を捨象した王朝（三代集のころ）の風雅の虚構へ向かわせたものであろう。その虚構の空しさは、立ちもどりいざ現実を認識しようとするとき、否定とも肯定ともつかぬ「自然ノ勢」とでもいうべきものに映ったろう。宣長さんの門人の多くが同じ階層出の歌詠みであり、これは近世における人間回復のひとつの形であった。

却説、宣長さんの詠歌、題↓情↓詞へもどる。題を事・物ととり、情を雅情・雅意、詞を雅言とするとき、こと・こころ・ことばの三者相かなった世界がひろがる。情・詞は心詞、花実の問題として古来歌論でとりあげられてきたものだが、題を加えることで、詠歌をそこへの参画、働きかけの道を開くものとした。その世界とは、「風雅ヲムネトシテ、物ノアハレヲ感スル処ガ第一ナル」〔五六〕世界である。

この、こと・こころ・ことばの三位一体観は、「歌ハ神代ヨリノナラハセニテ、事ニフル、ゴトニ、詠シテ情ヲノブル事也」〔三二〕とあらわれているように、もともと古今集仮名序のはじめ、「世の中にある人ことわざしげきものなれば、心におもふことを、みるものきくものにつけて、いひいだせるなり」から、そのうたが「あめつちをうごかし、おに神をもあはれとおもはせ」る、と「あはれ」(感)を伴なって発想されたものであるが、かつて書写していた『答問書』下にも出る、次のような徂徠の古文辞学説にヒントをえたものであろう。

古人の道は書籍に有レ之候。書籍は文章ニ候。能文章を会得して、書籍の儘済し候而我意を少も雑え不レ申候得ば古人の意は明に候。

その「古人の道」は同所で「古聖人の道も教もわざにて候」とあり、古聖人において、わざ、文章(ことば)、意(こころ)の相かなうことをいう。文中「我意を二云々」は、「今舎《キテ》二事与《トヲ》レ辞、以《テ》三理与《トヲ》二己之心一言《ハバヲ》レ之、何以《ヲテン》見下其与《ノ》二古人一能《ク》合《スルヲ》上乎」(『徂徠集』「答屈景山第一書」)中の宋儒批判の「理(窟)、己之心」であり、『排蘆小船』の「理窟」「己ガイツハリ」(後年明和からの「漢意《からごころ》」)に相当するものである。

かくて、宣長さんはすでに前年の『安波礼弁』で、アハレ、オモシロ、サヤケ等と、その上につけるアナと、神々のよろこぶ語について、

・コレラミナ其時ノ事ヲ云フ言、即チソノ時ノ心ヲ云フ言ニナレル也

・事ノ甚切ナル詞ヲ用テ、心ノウレシサ悦バシサノ深切ナルホドヲアラハセル也

と三位一体観を示していたことはすでに紹介したとおりである。

この考えが、この年購入の契沖の『和字正濫鈔』(序文の言即事、言即心)や後の真淵の『冠辞考』[*87](人の心・

いふこと・なすわざ）等でたしかめられ、歌・物語の「あはれ」観から、語学、神典研究へ移り、『古事記伝』で周知のつぎの言へ発展確定するのである。

抑意《ココロ》と事《コト》と言《コトバ》とは、みな相称《カナ》へる物にして、上ッ代は、意も事も言も上ッ代、後ノ代は、意も事も言も後ノ代、漢国《カラクニ》は、意も事も言も漢国なるを、書紀は、後ノ代の意をもて、上ッ代の事を記し、漢国の言を以テ、皇国《ミタニ》の意を記されたる故に、あひかなはざること多かるを、此記は、いさゝかもさかしらを加へずて、古へより云ヒ伝ヘたるまゝに記されたれば、その意も事も言も相称《カナヒ》て、皆上ッ代の実《マコト》なり、是レもはら古への語言《コトバ》を主《ムネ》としたるが故ぞかし、すべて意も事も、言を以て伝フるものなれば、書《フミ》はその記せる言辞《コトバ》ぞ主《ムネ》には有ける（一之巻、冒頭の章）

いわば、ここでも、歌学が古典研究へ、源氏物語が古事記へと転移したものと見ることができる。

コトバ第一主義　徂徠説から発し、「書はその記せる言辞《コトバ》ぞ主《ムネ》には有ける」の『古事記伝』へ発展するあらすじは前述したが、『排蘆小船』では、書籍（文章）・書《ふみ》の受容理解が詠歌表現のコトバ第一主義としてあらわれている。

・ヨミヲケル辞ニツキテコソ、ソノ心モシル、事ナレハ、コトバ第一也（三六）

・歌ノヨシアシハ多クハ詞ニアリテ、情ニアラズ、ソノユヘハ、情ハアサケレトモヨキ歌多シ、詞アシクテヨキ歌ハカツテナキ也（同）

同じことを『石上私淑言』でもくりかえす。

ところが、これは尊崇する定家の言とくいちがっている。定家は『毎月抄』で、

心詞の二は鳥の翅《つばさ》のごとくなるべきにこそとぞ思ひ給へ侍りける。但、心詞の二をともにかねたらんはいふ

に及ばず、心のかけたらんよりは、詞のつたなきにこそ侍らめ。

と心のかけているよりは詞のつたない方がましだ、と心を詞より重んじている。これは、「まづ心をとるべし」(『新撰髄脳』)、「心をさきとす」(『俊秘抄』)と伝統的な、心の重視が、有心論を中枢とする定家歌学で確認されたものである。

もちろん、定家も詞を重視している。『毎月抄』で、「歌の大事は詞の用捨にて侍るべし」として、「すべて詞にあしきもなく宜しきもあるべからず、ただ続けがらにて歌詞の勝劣侍るべし」という。

対する宣長さんは、

和歌ハ言辞ノ道也、……ズイフン辞ヲト、ノフヘキ也、コトバサヘウルハシケレハ、意ハサノミフカ、ラネトモ、自然トコトバノ美シキニシタガフテ、意モフカクナル也、フカキ情モコトハアシケレハ、反テ浅クキコユル也(ここの意・情は「心ニオモフ事」「実情」「人情」の意)〔三五〕

と「ウルハシキ」「美シキ」つまり優美の詞を「ト、ノヘル」ことをいうが、その詠歌のコツとしていう。

フルキ詞ニテ新シクヨミナスヘシ、歌ハフルキ詞ニテモ、一字二字ノワカチ、テニハノツカヒヤウナトニテ、各別ニ新シクトリナサル、也、今アタラシク各別ニヨミ出ントスレハ、コトヤウニイヤシクナリテハナハタキラフ事也、只フルクヨリヨミキタレル風情ヲ、オモシロク新クヨムカ上手也、……ツ、ケカラツカヒヤウニヨリテ、詞モ情モ少シノ事ニテハナハタ新シク面白クナル事也……今トテモフルキ心詞ニテ、イカヤウニモ面白クヨミナサル、事也〔二〇〕

つまり、古き風情を、古き心(雅情)で、古き詞(雅言)のつかいよう、つづけがら——「一字二字ノワカチ、テニハノツカヒヤウナト」——で新しく面白く詠みなすことに焦点がある。同じ「つづけがら」「新しく」という語を使っても、「情以レ新為レ先、求二人未レ詠之心一詠レ之」(『詠歌大概』)「心は新しきを求め」(『近代秀歌』）という定家のそれにくらべ、宣長さんの方が、解説的で、知的技巧的であることはうたがえない。宣長さん自身は、定家と同じことを言っているつもりなのだろうが、ちがう。

「ちがう」といえば、宣長さんは後『紫文要領』の末尾で、『詠歌大概』の「情以新為先」をとりあげ、とくに補注のような形で一段設け、この「情」は自分のいう「古へにならふ情」とはちがう、という。

「かの情はあたらしきをさきとせよとの給へるは、たゞこゝろといふ也、情の字になつむへからず、是は今よむ歌の一首〳〵の意《こころ》をいふ也、一首〳〵の意は古人のよみふるさぬあたらしき事をよめと也」として「かの桜花を雲かと思ひ、紅葉々を錦かと見るやうの（宣長さんがいう、古えの）情は、古歌にならひて、其内にて又同し事をあたらしくとりなしてよめと也」と解説する。古来の「心――詞」をふまえた定家の主張をはぐらかして、すでに『排蘆小船』でのべていた自身の主張、前引の「ツヽケカラツカヒヤウニヨリテ、詞モ情モ少シノ事ニテハハナハタ新シク面白クナル事也」〔一一〇〕をふまえくりかえしたものである。

このことをもって両人の作歌の優劣はいうまい。「（契）沖ハ歌道ニ達シテ、歌ヲエヨマヌ人也」〔五四〕と論ずるように、歌人と歌学者の別があるのだから。しかし、選歌についてはそういうこともあるまい。対象を同じくしながら、定家の選んだ『近代秀歌』八三首、『秀哥之躰大略』一〇三首の中、宣長さんの『古今選』〇〇印中八代集該当分四六首と合致するものが、前者で一首（小町「花の色は……」）、後者で他二首（読人しらず「夕暮は雲のはたてに物ぞ思ふ……」、俊成「又やみむかた野の御野の……」）にすぎないのである。どうも選歌眼、批評眼がちがうようである。

後年の宣長さんはどうか。「此道ノ至極セル処ニテ、此上ナシ」〔五九〕とした新古今集の二度目の講釈が鈴屋で終る年、六二歳寛政三年に成る『新古今和歌集美濃の家づと』（四年後に刊）で、自信にみちた宣長さんは、まるで門人の歌でも添削するかのように、定家の代表作をも改作してみせる。

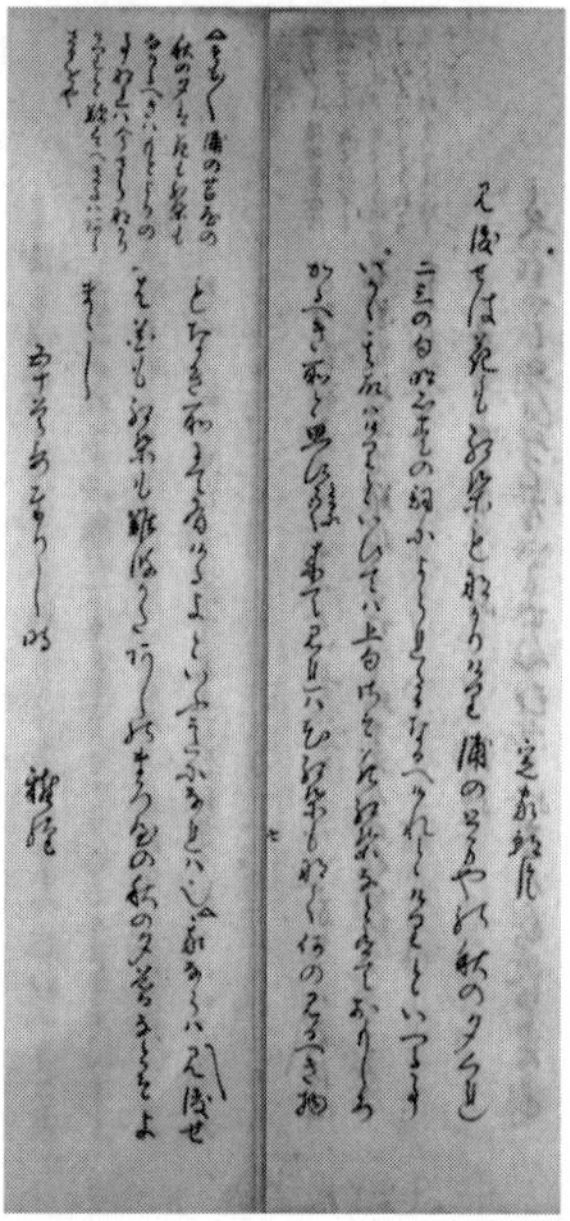

『新古今和歌集美濃の家づと』
定家「見渡せば」歌条

A　大空は梅のにほひにかすみつゝくもりもはてぬ春の夜の月

A′　大空はくもりもはてぬ花の香に梅さく山の月ぞかすめる

B　見わたせば花も紅葉もなかりけり浦のとまやの秋の夕暮

B′　見わたせば花も紅葉もなにはがたあしのまろやの秋の夕暮

C　さむしろや待つ夜の秋の風ふけて月をかたしく宇治の橋姫

C′　さむしろに待つ夜の月をかたしきて更けゆく影や宇治の橋姫

Aでは、「梅のにほひ」に呼応する語句（「かけあひたる詞」）がなくて、歌意不明という。「梅のにほひにかすみつつ」の景気（感覚性）に無頓着なのである。

Bでは、あたりまえのことを「けり」と歎ずるまでもない、と懸詞になおし上へつないだ。理窟に落ち上の句のイメージに鈍感である。

Cでは、「月」に縁語の「影」を入れ、「や」の位置をかえて推量の意味をもたせ平明化した。「秋」を捨てて橋姫の秋冷凄艶さを失った。

わずか三例であるが、他の歌の評にも通じていえることは、宣長さんのコトバ第一主義が、理窟におちる題意の平明化、上下の語句のつなぎの技巧（縁語・懸詞、語句呼応）、助詞や助動詞の意味用法などへの関心で、雅情ではあっても、詩情ではない、「情」の類型的表現となった。つまり、こういうとき〔こと〕には、こういう雅言〔ことば〕を使って、こういうふう〔こころ〕に詠むという、三位一体をピンで壁におしとめたような、主体ぬき類型を規《き》矩《く》準縄《じゅんじょう》とした擬古派宗匠または歌学者、ないしは優等生の作詩に見るそれで、コトバが心をしばってしまうのである。

定家のいう「心」は、「情以レ新為レ先」の下が「詞以レ旧可レ用」、「心はあたらしきを求め」の上が「ことばはふるきをしたひ」で、詞の「旧」に対する「新」の探求を生命とするもので、目標を「有心」すなわち優美、余情、均斉の美をもつ趣向におき、それを旧《ふる》き詞の用捨で追求するという、近代的ともいえる、まさしく詩人であった。

かれを「古今独歩ノ人」と仰ぐ宣長さんの方は、何もかも含んだ人情全般の「情」（心、意、情）の中から、前引「フルクヨミキタレル風情（ヲ）」「フルキ心（詞ニテ）」と和歌の古き雅情だけをきりとるという、発想点でのワクづけ内で、これもワクづけの雅言をあやつって「新シク面白ク」詠もうとする知識的職人的技巧をコトバ第一と称した。そこにあったのは、それ（コトバ）が人情を解放し、やがて俗情を高めるという楽天主義で、同じくワクづきの社会での「偽り」に遊ぶレクリエーションにすぎなかった。鈴屋正月雅会での狩衣《かりぎぬ》姿のかれらを思い出す。現代もたくさん見るところで、それがあっていけないわけではない。また、それなりに巧妙な歌もある。だが、風雅の架空を楽しむ趣味人である。宣長さんの研鑽学識が最大に発揮された『古事記伝』の研究成果が同じ方向へ流れるだろうことも予測されるではないか。

（七）人情論から

物のあわれ　宣長さんの物のあわれ説、その骨格は前年の「安波礼弁」で成立していた。「物のあはれ」が心（人情）の深切を表す「あはれ」（第一が「恋」）におかれ、また、それを知り、知らしめるものとして和歌・物語がとりあげられている。『排蘆小船』では、『安波礼弁』を前提にした書きぶりで、つぎの二か所にすぎない。

道ならぬ好色の物語・歌に関して、「歌ノ道、并ニ伊勢源氏等ノ物語、ミナ世界ノ人情ヲアリノマヽニ書出シテ、ソノユウビナル事ヲ賞スヘキ也」云々〔三四〕の頭注の一項に、

・歌ノ道ハ善悪ノギロンヲステテ、モノノアハレト云事ヲシルヘシ

・スベテ此道（歌）ハ風雅ヲムネトシテ、物ノアハレヲ感ズル処ガ第一ナルニ（家の流儀立て、自慢ばかりするは道にそむく不風雅の至り）〔五六〕

『排蘆小船』では、物のあわれ論を意図したものではなく、歌の根ざす人情から、歌のあり方詠み方を論じ、儒者でさえ、「今公家の人々、和歌の道を古にかへすべき事を思はずして、五百年来、定家卿の教を守りて、道の衰へ往くことを知らず」（春台『独語』）となげく歴史的変遷を、当代に至るまでくわしく評したものである。ところで、儒者は風雅を説いてつぎのようにいっていた。

・徂徠「此方之和歌抔も同趣に候得共、何となく只風俗之女らしく候は、聖人なき国故と被存候」（『答問書』）

・春台「……たとへは友などに別るゝ時、共に涙してあはれを述るなど云様事、宋以後計の目よりは手ぬるき

児女子の様に見え候事なれども、これすなはち風人の情にて候。…………詩の教は温柔敦厚をもとゝする事にて、……何となく人の心を感ぜしむるを専一と仕事故……」（『灯下書』）

宣長さんの「あはれ」は、春台の児女子のような風人の情のあわれであるが、もともとそれが和歌の特徴で、聖人ぬきとする徂徠の女らしさ、まして春台もいう宋儒の理への開きなおりである。宣長さんの主張は、『蕣庵《しゅんあん》随筆（随筆十二）』中、『排蘆小船』と並行のころと見られる記（共に「物ノアハレヲ感スル」という）に見える。

唐土ハ古来人ノ口サガナキ国也、……宋人ニ至テハ、一切ノ事ミナ理窟三昧也、聖人トイヘバ妄リニ称誉シ、サテ聖人、或ハ子思孟子ナトヲ去《ヲキ》テ、外ノ人ハ古来一人モ宋儒ノ心ニカナヘル人ハナキ也、……唐土ハ、全体ニ人情ノアハレト云事ニウトクテ、トカク善悪ヲキビシク判断シテ、諸事ノ議論厳密ナリ、吾邦ハ風儀ヤハラカニシテ、古来人情ヲソダテテ、物ノアハレヲ感スル事深クシテ、善悪ヲトカウ論スル事ナシ、……吾邦ノ草子和歌ナドハ、人情物ノアハレヲ感スル事深クシテ、物事ナダラカニシテ、善悪議論ノ厳格ナル事ナシ、是レ共ニ国ノ風儀ナリ

『排蘆小船』ではつぎのようにあらわれる。

・詠歌の表現を「哀ニナツカシキ」「イヒシラス哀ニエンナル事」（三一）
・僧の恋歌を「イトアハレナル事」「アハレニヤサシキ事」（三三）
・「人情ノ深切ナル事感情アフキ歌ノヨッチ起ル所、源氏狭衣ナントノアハレナル所以也」（三四）
・「常ニ此道ニ心ヲユタネモテアソヒテ、伊勢源氏枕草紙狭衣ナント、其外アハレナル文トモ、ツネニヨミナントスレハ、ヲノツカラ心ニエンニヤサシクナリユキテ……」（四一）

本情・人情

いずれも王朝文芸に発していることを示しているが、そのあわれがもとづく本情（人情）について〔三八〕はくわしく論ずる。

①「人ノ国」（中国）の詩文章とちがい、和歌は「児女子ノ情態ノミニテ、ハカナクアダ〳〵シク、ヲロカニツタナキ事ニテ、一ツモ正シクキツトシタル事ハナクテ、何ノ益モナク、大夫ノアルベクモアラヌ事トモ」とする「近世ノ人」の言に対し答える。「人ノ国ノ四角ナル文字ヲ聞ハツリ見ナラヒテ、ソノ書物ドモノ、ヤ、モスレハ議論アラソヒノミヲ云ヒ、サラヌ詩賦ナトモ、其国ノ四角ナル文字ノ風ナレハ吾方ノ歌ノヤウニ、温柔ニハアラス、何トナクカタキ所アリテ、キツトシ、アハレニ情ノフカキカタハ、疎カニ聞ヘ侍ルモノナレハ、ソレヲ手本ニシテクラブレド、和歌トハ氷炭ノチガヒ也」とし、批判を、「四角ナル文字ノ習気」、「近代武士気ヲ尚トフ気象」、「木石無情ノ徒」の言とする。

②「スベテ男ラシク正シクキツトシタル事ハ、ミナ人情ノウチニハナキモノ也、正シクキツトシタル事ハ、ミナ世間ノ風ニナラヒ、或ハ書物ニ化セラレ、人ノツキアヒ世ノマジハリナドニツキテ、ヲノツカラ出来、又ハ心ヲ制シテコシラヘタルツケ物也、モトノアリテイノ人情ト云モノハ、至極マッスグニハカナクツタナクシドケナキモノ也」とし、「婦人児童ハ心ヲ制スルニツタナクテ、本情ヲアラハシヤスキ也」、「男子ハ人ノ見聞ヲオモンハカリ、心ヲ制シ、形ヲツクロヒテ、本情ヲカクシツクロフニタクミナルヤウ也、コレ又近世武士ノ気象・唐人議論ノカタギ也」とくり返す。

③「人ノ情ノアリテイハ、スベテハカナクシドケナクヲロカナルモノ也トシルヘシ、歌ハ情ヲノブルモノナレト、又情ニシタガフテ、シトケナクツタナクハカナカルヘキコトハリ也、コレ人情ハ古今和漢カハル事ナキ也、シカルニソノ情ヲ吐キ出ス咏吟ノ、男ラシクキツトシテ正シキハ、本情ニアラストシルヘシ」として、「唐土ノ議論厳格ナル文字ニタクラベテ、トカク云ハ、……ヲロカ也」と、断ずる。

儒教、武士道の道学的抑圧束縛から解放されるとき、本来の人情は児女子のそれのような、「ハカナク、アダ〳〵シク、ヲロカニ、ツタナク、マツスグニ、シドケナキ」ものである、という。これが王朝のあわれ、物のあわれの根であるというわけだが、近世庶民により適している感情であることはいうまでもあるまい。自身の体験の裏打ちを伴なっている。その主張は、「コシラヘタルツケ物」の、儒教ことに宋学の教戒、封建的武士道、それらの因襲への反抗である。

儒教への反抗はやがて「漢意《からごころ》」排撃として世界観の軸となる。

武士道への反抗は、『随筆十二』に見る風儀の雅俗以外あらわに出ることはない。

ムカシハ、武士トイヘバ、只アラアラシク不骨ニテイヤシキ者ニセシヲ、今ハ、何事モ武士ヲヨキ事ニスルハ、イカニソヤ、諺ニサヘ、花ハ三吉野、人ハ武士、ナト云ヤウナル事サヘ云フ、下賤ノ者ノ武士ノマネヲスルハ、ナヲサル事ナレド、公家《クゲ》サヘ、今ハ武士ノ風儀ヲマネヒ玉フ、昔ヨリ伝ハリ来ヲ美シキ公家ノ風儀ヲステテ、鄙陋至極ナル武家ノ風儀ヲウラヤミ玉フハ、ナニ事ソヤ、サルホドニ、武士ハ自漫（ママ）シテ、何事ニモ、武士ノ道ナト云テタカブル、可笑《オカシキ》事也、……公家ト武家トノ雅俗ヲワキマフベシ、然ルニソノ俗ナ

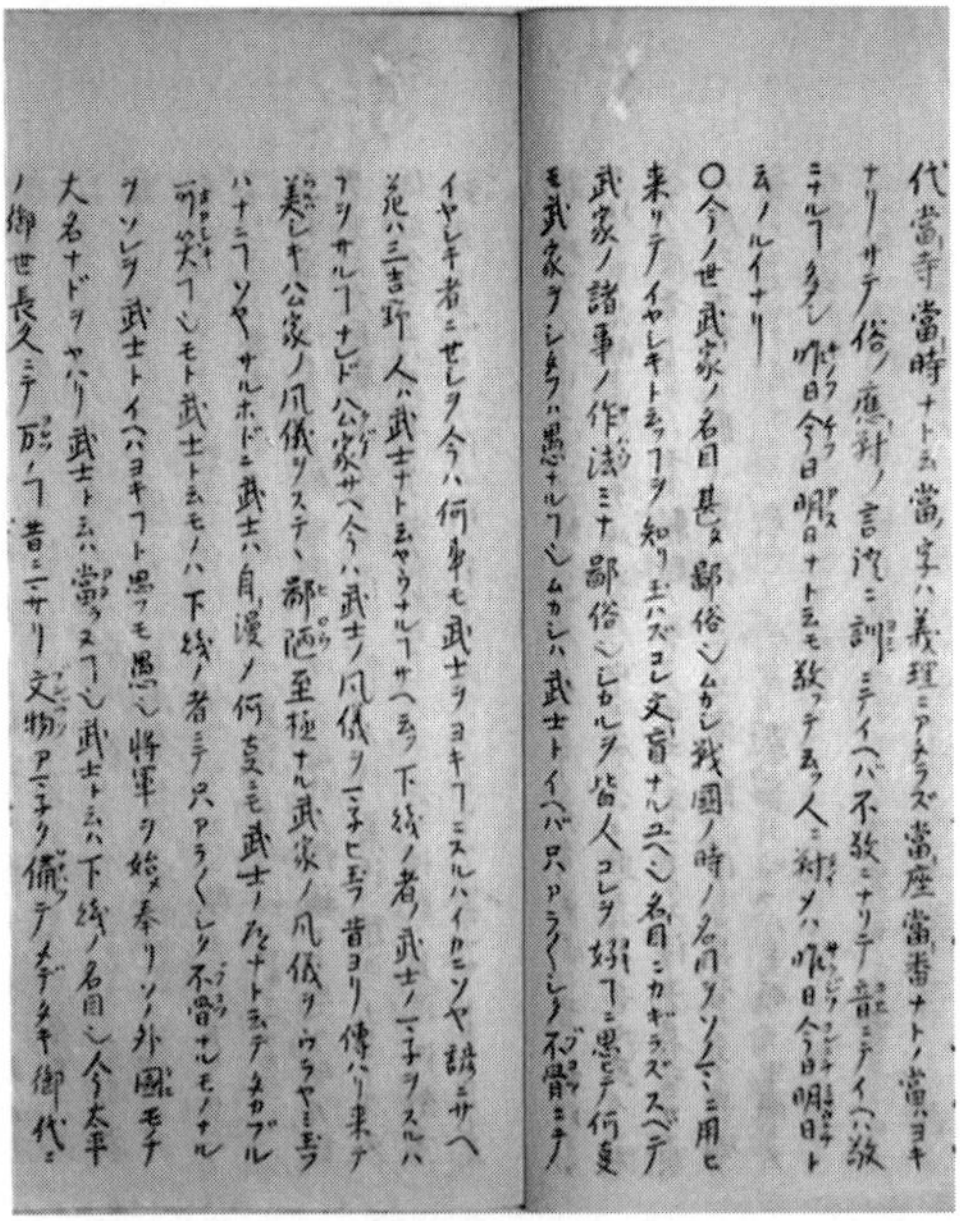

『本居宣長随筆』巻11

ル風儀ヲ恥チ玉ハズ、改メ玉ハズシテ、下々ノ武士マデ一スヂニ武士ヲヨキ事ト思フ、コレミナ文盲ニテ、雅俗ノワキマヘナキユヘ也

とりたててする武士批判は、体制への批判として考慮さるべきであったろうし、時勢を神の御はからいとする古道観は、後に求められて意見を上申する『秘本玉くしげ』での「抑此事（強訴濫放）の起るを考ふるにいづれも下の非はなくして、皆上の非なるより起れり」を限度に、時世即応を処世観とさせたのである。しかし、留学中の若い日に、三度も同じ句を『摘腴《てきゆ》』にメモしている、『孔子家語』の「君者舟也。庶人者水也。水則載舟。水則覆舟。」という考えは、恐らく終生つづいていたにちがいない。これらの屈折は、武士以前の古代への逃避、憧憬、現実遊離を強化したにちがいない。

時世即応の処世観という語句を使ったが、それが固定した時代の庶民の生活感情のそれであったように、『排蘆小船』で、「今ハ今ノ心ニテヨムガヨキ也」〔八〕とする因襲の保守性も同根と見ることができよう。『秘本玉くしげ』の「なるべきたけは旧きによりて、改めざるが国政の肝要也」は『排蘆小船』ではつぎのようにあらわれている。

・懐紙短冊色紙ナトノカキヤウ、会席ノ法度、歌合ノ式ナトハ全ク故実ニヨルヘシ、今改メ正ス事、ハナハタイヤシ、……新規ハアシ〔一一〕

・文字ヲ改メ正ス事、ヨミクセナトコダイノ風ヲ改ル事ハヨシナキ也、トカク何事モヤスラカナルヲヨシトス〔一五〕

・ヨミカタノ教ヘ法式ナトハ後ニイタルホトクハシクナル事ナレハ、新古今ノコロキラハサリシ事モ、今ハキラフ事モアリ、又新古今ノコロイマシメラレタル事モ、用捨スヘキ事モアリ、少シハ時宜ニヨリテ、心シラヒアル事ナレハ、今ノ世ノ法ヲ守リテ害ナシ、カヤウノ法式ヲモ、今ヲステテカマハヌト云時ハ、邪道ニオ

チイル事也、今ノ法式ニシタカヒテ、古ヘノ風体ヲマナフ時ハ、古ヘノ風ニモカナヒ、今ノ風ニモカナフ也〔五九〕

そして、「ワケモナキツクリ事ナレハ大ニ誤也」〔五九〕と論述する「古今伝授」についても、

・御代々ツタハリ来ル重事ヲ、今詮ナキ事也トテ廃シ玉フヘキニモアラス、只ソノ本ノワケヲヨク〳〵心得居テ、マトハスシテ、サテ敬ヒ尊フヘキ也、予ハ古今伝受《(ママ)》ハオカシキ事也ト思ヘト、今ソノ重典ナル事ヲ敬スル也〔一八〕。

・スヘテ師匠ノ大切ナル事ニシテ、伝授シタル事ナトハ、タトヒ悪説ナリトモミタリニ云チラシ非謗スル事ナカレ、師ノ本意ニソムキハナハタ無礼不敬也、スヘテ其門ニイリテ学フ人ハ、其家ノ事ハアシ、トテ非スヘキニアラス、只ヨクヨク心得ヲクヘキ事也、惑ヒ信スル事ナカレ〔同頭注〕

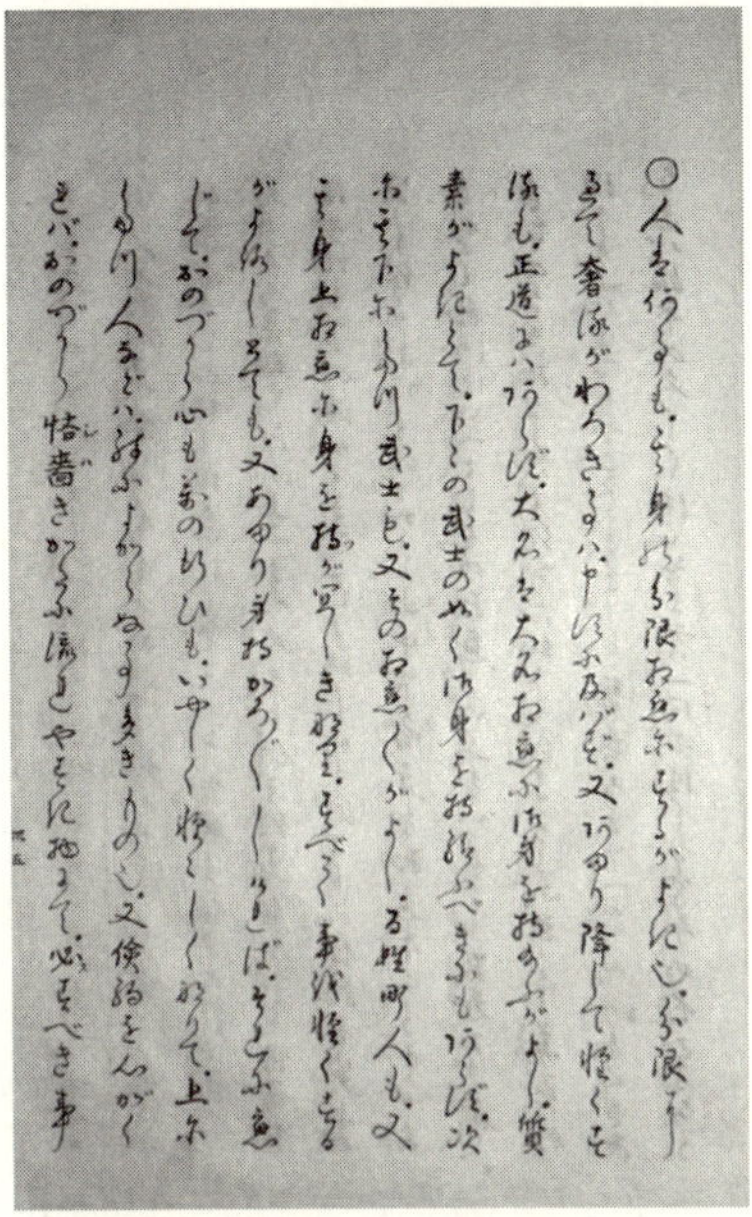

『秘本玉くしげ』「人は何事も」条

ただし、終りの施線部分、省略したが前項〔一一〕の「義理ニ害サヘナクハ」〔一五〕の「正理ニソム事ハ改メタ、スヘシ」のコメントは単なる盲従ではないことを示している。

また、『秘本玉くしげ』にのべる「人は何事も其身の分限相応にするがよき也」の「身分」「分際」は、『排蘆小船』中「歴代変化」〔五九〕のメインテーマである「分」にあらわれていると見てよかろう。

「己ガ力ノ分ヲマモリテ」「己ガ力ノ分量カギリ

ニ」が、風体をすなおに正しく詠んだ為家・頓阿の「正風」である。反対に「新古今ノ此ノ人ニハ、カノヲヨハヌ故ニ、一風カヘテメツラカニヨマント」「己ガ分ヲマモラズシテ」「己ガ分ニスギテ飛バント」したのが、為兼、逍遥院（実隆）以降近世の歌の「悪風」「異風」である、と排撃する。そして、三代集を学んで、新古今を目標にせよ、と「正風」を主張するのである。

だが、思うに、この「正風」観の根底にある保守性が裏目に出て、宣長さんをしばり、定家の「情以レ新為レ先、求二前人未レ詠之心一詠レ之」を誤解せしめ、生涯一万首をこえる禁欲的な詠歌を遺させることになったのではなかろうか。

（八）偽りと自然

偽りへのこだわり

冒頭から非勧懲のフィルターをかけた『排蘆小船』は、詠歌につき昂然として次のようにつづけていた。

〔一〕実情ヲアラハサントオモハヽ、実情ヲヨムヘシ、イツハリヲイハムトオモハヽ、イツハリヲヨムベシ、詞ヲカザリ面白クヨマントオモハヽ、面白クカサリヨムベシ、只意ニマカスベシ、コレスナハチ実情也、秘スヘシ〳〵

ところで、

〔二〕ヨキ歌ヲヨマムト思フ心ヨリ、詞ヲエラヒ意ヲマフケテカザルユヘニ、実ヲウシナフ事アル也、ツネノ言語サヘ思フトヲリアリノマヽニハイハヌモノ也、況ヤ歌ハホトヨクヘウシオモシロクヨクヨマムトスルユへ、我実ノ心トタカフ事ハアルベキ也、ソノタガフ所モスナハチ実情也、……タトヘハ花ヲミテ、サノミオモシロカラネト、歌ノナラヒナレハ、随分面白ク思フヤウニヨム、面白ト云ハ偽リナレド、面白キヤウニヨマムト思フ心ハ実情也、シカレハ歌ト云フモノハ、ミナ実情ヨリ出ル也、ヨクヨマムトスルモ実情也、ヨクヨマムトオモヘト、ヨクヨメバ実情ヲウシナフトテ、ワルケレトアリノマ、ニヨム、コレ、ヨクヨマムト思フ心ニタカフテ偽也、サレトモ、実情ヲウシナフ故ニ、アリノマ、ニヨマムト思フモ、又実情也、

宣長さんの愛用の「実情」とは、『私淑言』で「マコトノ情」と振り仮名するのだが、〔二〕の文中傍点〔原文〕に見るように、「思フ心」のすべてをふくむ。だから、歌を詠む場合も、面白く詠もうとする実情、また、それを排して実情をありのままに詠もうとする実情、ともに「偽り」ということになる。

しかし、宣長さんにとって、歌とは「実情ニ文《アヤ》ヲナシテ云フガ歌也」〔四八〕という固定観念は、当然前者の偽りの途を選ばせる。「今ノ世ノ歌十ニ七八ハミナ実情ニアラズ、偽リ也、ミナ古人ノマネヲスル也」〔三六〕。ここから、宣長さんの詞先情後説、択詞論、コトバ第一主義が展開されるのは当然のことであった。

この場合の、実マコトに対する偽り。それへのこだわりは『紫文要領』、さらに『私淑言《ささめごと》』へとつづく。『紫文要領』では物語論へも関連拡大する。

・月花の歌をよむにも、今の心のままによめらんはいとも見所あらじ。今の心とは相違すれども、ただ昔の歌にならうて昔の人の情のごとくによむが、今の歌のよみ方なり

として、

・古への歌を学ばんとすれば、かの〔古歌集・物語にみる〕中以上の風儀人情を学ばではかなはぬことなり。もしおのが思ふままに下れる世の下賤の情にてよまば、よき歌は出で来がたかるべし〔下〕

『私淑言』では、

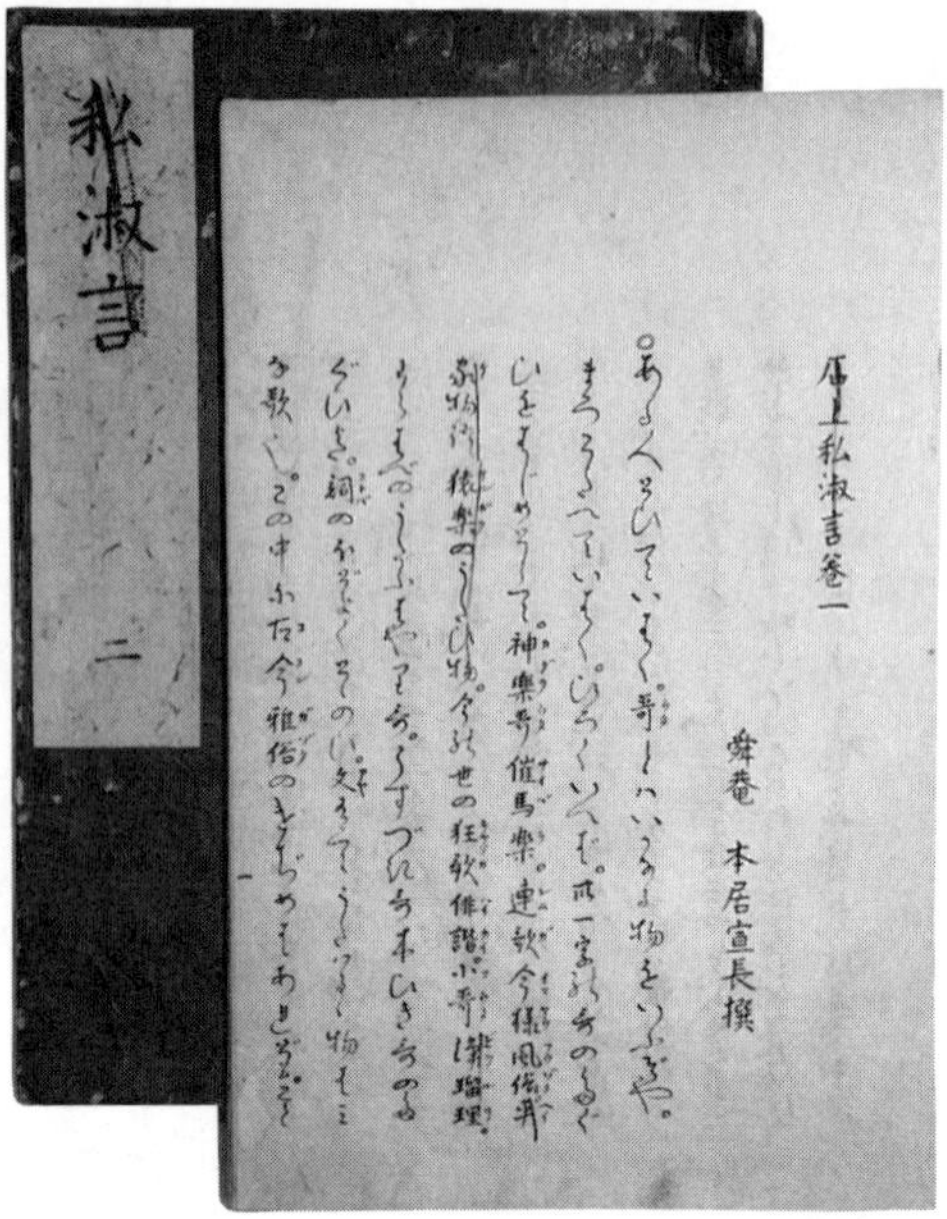

『石上私淑言』

・昔今と世のうつりかはるにつけては、人の情も詞もしわざも、共にかはりもてゆく事おほきを、歌はたゞ心におもふ筋をいひのぶる物、ぞとて、今の人の心を今の詞もて、ありのまゝによみたらんは、今の世にしづのめわらはべの謡ふ小歌はやり歌などいふ物のさまにて、いといやしくきたなき歌なるべし。さやうならんはたとひ実《マコト》の情《ココロ》よりよみ出たり共、よも神も人もあはれとはきかじ。されば後の世のいやしき心詞にては、よき歌はよみいでがたき故に、いにしへのみやびやかなる心ことばを学びならふによりて、今思ふとたがふ事もおほけれは、をのづからいつはりごとになりぬるやうなれど、もとより歌は詞をほどよくとゝのふる道なれば、後の世にはかならずかくなりゆくべきをのづからのことはり也〔八四〕

また、

・ひたすら古へに心をそめて年月を重ぬれば、まのあたり古へ人を友として、まじらひむつぶもおなじ事にて、をのづからそのおもむきにうつりつゝまことの雅《ミヤビ》やかなる心もいできて、今むげに雅をしらぬ人はことにおもしろし共見ぬ月雪にも心とまりて、あはれとおもはる、やうになりもてゆく事おほし。さてよみ出ん歌はもはら偽にしもあらず、まことの詠め也。これはた歌の徳によりて、今のきたなくいやしき情のかはりて、うるはしくみやびやかなる古の情に化《ナ》れるなれば、古へのをまねぶは、はじめは偽事に似たれども、つゐにまことになりて、又詞を文《アヤ》なす道の心にもかなふ也〔八七〕

こうして、『紫文要領』、『私淑言』で、時代（情・詞・事）の変遷と「まことの雅」（虚構の世界）の「をのづから」なる現前とに定着をみたのである。その定着がどのようなものであったか、『排蘆小船』にもどって足跡をたどってみたいが、針路をたしかめるため、そのまえに、同じく歌の古へかえることを主張した身近の人物を二人あげよう。

まず、蘐園の太宰春台。先刻〔八七〕の見解は徂徠の口吻そっくりであるが、同じくそこから出た春台の『独語』（かって宣長さんがノートしていた）にはこうある。

——詩歌の衰えは風体、詞の変化から来るもので、古の風体を考え、古の詞を用い、実境、実事、実興により実意でよむべきである。後世は題を設けてよむ故に、多くは虚偽の詞となる。また、万葉集より三代集までをくりかえし読み、自然に風調をさとれ、

と。次に、やがて師事することとなる賀茂真淵の主張（『歌意考』）。

——末の世となってから歌の心・詞も常の心・言葉も古とは異なってしまい、歌といえば、むりに和歌めかした発想をし、用語も選択し、昔の人のまねをし、自分の心をすなおに詠もうとしなくなった。古今集は上代風の衰えた時代で、人の心に巧みおほく、言にまことはうせ、歌を技芸としたので、おのずからよろしからず、煩わしい。上代人の直く、心高く、みやびたるを万葉に得なければならない。

一応出発点を同じくしながら、この両人と宣長さんのたどる途との差異は、説明するまでもなく明らかである。が、古学の三人に共通する出発点には当然下降史観が考えられる。『排蘆小船』でそれはどうなっているのか。

宣長さんは、後世を偽り・かざり、軽薄・俗であるという。
・世クタリ人ノ心モイツハリ多ク〔八〕
・人ノ情軽薄ニナリテ、偽多キユヘナリ〔二九〕
・人情モヲノツカラ、軽薄ニナリタル世ナレハ〔三六〕
・後世は文華多ク、偽リ多シ〔三六〕
・世ダン〱末ニナリ、後世ニナルホド、人ノ心イツハリ多ク〔四二〕
・今ハ人ノ心イツハリカサル事多ケレハ〔五二〕
そして、今の歌もそうなるのが「自然ノ道」「自然ノ理」〔四二〕だというのであるが、ここで宣長さんは奇妙な言い方をする。
・今ハ詞ヲカサリヨクヨムガ歌ノカンジン也、……今ハ今ノ心ニテヨムガヨキ也〔八〕
・今ノ人ノヨム歌モイニシヘノ如ク思フ事ヲアリノマ、ニヨミ出テハ、コレ今ノ人情ニタガヒテ、自然ニアラスト云ヘシ〔五二〕
同じことを、
・コレハ時ヲ知ラヌモノニテ、今ノ世ノ和歌ノ人トハイハレズ、今世ニテミレバ、サヤウノワガマ、歌ハ、歌ニシテヨキ歌トハイハレズ、歌ニアラズト云モ、過当ニアラズ〔八〕
つまり、「今ノ人情」にしたがうのが「自然」(「時」を知るということ)、「今ハ今ノ心ニテ」「詞ヲカサリヨクヨム」をかんじんとする。そのため、今の「人情のいつはりかざり」を転用するのだ、という。
・トカクマヅ人ノ情ニシタガヒテ、イツハリカサリテナリトモ随分古ノ歌ヲマナビ……化スル〔四二〕
・予ガ教フルハ、今ノイツハリ多キ情ノマ、ニ、ソノ情ニテムカシノ人ノマネヲシテヨミナラヒテ……化スル

〔四三〕

このように古を学びまねして、それに「化スル」、かくて、偽りながら、古えの「マコト」（「古人ハ雅意」「自然ノ風雅」〔三六八〕）に達する、というのである。

・歌ノイツハリハ、昔ノ実情ヲナラヒマナビテヨムユヘニ、偽リナカラ人ノ情ノマコト也〔五二〕

・和歌ノイツハリハ古ノマコトヲマナブ偽リナレハ、イヒマハセハマコトニ帰スル也〔同〕

ただし、この偽りは同じ後世の詩には通じない。つづけていう――「詩ノイツハリハ、古ヘノマコトヲマナバズシテ、己ガイツハリヲ言ヒイダスユヘニ、始終偽リニシテ味ナシ」。「己ガイツハリ」とは、「作リカサレル偽リノ情」で、「サカシク男ラシキ」「男ラシクキットシタル偽リカサリ」。後に、神道説の中で、「みな異国風の虚偽《イツハリカザリ》にして、人の実情にはあらず、いとうるさきことなり」と吐きすてるようにいう（『玉くしげ』）、それである。

それと対比される「人ノ情ノマコト」は、当然自然で、「ハカナクオロカナル、ツタナクオロカナル情・オロカニ女童ノ情ノヤウ」、それを興あるさまにおもしろくつづけなすが今の歌の風雅だという。王朝の雅に、庶民・児女子の自然の情と等価のマコトを見ていたのである。

それにしても、宣長さんはなぜ「偽り」にこだわらねばならなかったのか。

同じ出発点をもちながら、春台は「実意」、真淵は「気象」で主体を解放するが、仮構の雅の世界にマコトを追求する宣長さんは、現実を肯定しつつ否定する、いや、否定しつつ肯定せねばならない、おそらくこの両者の鬱積がそうさせたものか。

それはともかく、イツハリがマコトとの論理は、俗諺《ぞくげん》の「ウソカラ出タマコト」「ウソモ方便」にあたるとしても、思考の根底には次のようなヒントがあったにちがいない。

後（明和六年）になるが、道を論じて「真の儒者」と認める（『講役談』）太宰春台の論――人は賢愚をとわず、色を悦び財を欲す。ただし礼儀によって欲をほしいままにせぬ、これを君子という。心目の罪は問わない、先王の道はそうなっている（『斥非附録』）。同じことを『聖学問答』でも、法華の波中の蓮華を引いて、それは心法の喩え、方寸の心を安くする小道とし、吾が聖人先王の道は天下を治める大道、そこでは、内心は如何にもあれ、外面に礼儀を守って犯さぬ者を君子とする、という。礼儀は反人情（虚偽）のようだが、それが道に合う（マコト）とするのである。その論は、聖人は人情、人性によって礼・儀を制作した（『史記』礼書）とする非勧善懲悪の師徂徠の説（『弁名』）を承けたものである。

あるいは、また、幼時から身にしみこんだ仏教の煩悩即菩提の思想――「一向によりもつかぬこと」（源氏物語とは無関係）と『湖月抄』のその説を「あさはかで笑ふに堪へたり」と『紫文要領』に記す。が、『排蘆小船』で「アハレニヤサシ事」とする志賀寺の老上人の恋を再録の『私淑言』でも「歌ハ歌ナレハ」論無用とするものの、歌による発露懺悔に深くつもった妄念もはれたか、とする。歌・物語とは別に、宣長さんの根底に煩悩（虚妄）即菩提（マコト）は生きていた。それは、物語のあわれ（マコト）を説明する比喩に、『排蘆小船』、『紫文要領』、『玉の小櫛』と、泥中の蓮の花をもってしたところにも明らかである。『群書摘抄』（『随筆五』）に、維摩《ゆいま》経〔羅什《らじゅう》訳〕の偈《げ》「不若世間如蓮華」のあとに、『排蘆小船』のころだろう、無住法師[*88]の『沙石集』[*89]から抄写している。羅什三蔵の「我ガ身ハ泥ノ如シ、ワガイダス言ハ蓮華ノ如シ」、大恵禅師の「煩悩即菩提……卑湿淤泥ニ此ノ華（蓮花）ヲ生ズ」を紹介し、「妄念のうちより申しいだしたる念仏は、濁りにしまぬ蓮のごとくにして……」（『横川法話』）という宣長さん尊信の恵心《えしん》僧都が歌道にはいる逸話をはじめとして、狂言綺語の和歌陀羅尼（真言）説に関係の項を三〇も摘抄したものである。関心は深い。

こうした宣長さんの思考にとっていちばん便利だったのは、かねてからの「自然」の観念であった。時の変化（今）は自然、さかのぼろうとする古雅の世界も自然・上述引例の要所々々にはそれが現れている。

「自然」の観念

在京時宣長さんが愛用していた語、「楽」「自然」については、老荘からの語として先に論じたことがある。『排蘆小船』に至ると、「楽」の字は〈――ヲネガヒ、――ヲコノミ〉の二例のみで姿を消す。歌が「私有自楽」の個人的ワクからはなれたせいだろう。それに対し、「自然」の語は頻用語の一つとなる。「自然」六一例、うち、仮名書きで、「シゼント」三例、「ジネント」（源氏物語を模したか）二例。用法は歌・情・言語等にかかわることが多いのだが、他方それとかさなりながら、さきにあげたキャッチフレーズ「化スル」「心ニ染ム」にふさわしく、「シゼント」「シゼンニ」の意の用法が多い。それを裏づけるように、同意の「ヲノツカラ」の語も三五例出てくる。

そして、「自然」が、「反作為」をこえて形容語「ヲノツカラ」に含まれた古来の「神妙不測」＝「不可測の神のはからひ」にふくらむとき、『排蘆小船』の、人情も、つくりかざりいつわるのも、古今の相違、歴代の変化も、もちろん自分の主張も歌も、すべて、自然＝神をふりまわせば合理化されるのである。自然が頻用されたはずだ。神がかりの出発点である。『排蘆小船』を頂点とした「自然」がその後「をのつから」へ、さらに「神」へ溶解していく過程についてはすでに述べた。

却説、『排蘆小船』における歌の位置づけは次のようにされていることを付記しておこう。

吾国ノ大道ト云時ハ、自然ノ神道アリコレ也、自然ノ神道ハ、天地開闢神代ヨリアル所ノ道ナリ、……和歌ハ、鬱情ヲハラシ、思ヒヲノベ、四時ノアリサマヲ形容スルノ大道ト云時ハヨシ、我国ノ大道トハイハレジ

〔四四〕和歌を「我朝ノ大道」というのは、師景山の口癖で、宣長さんの『不尽言』抜写にくりかえし四か所もあらわれている。景山のいう「大道」は、開かれた道という意味で、秘事・伝授、堂上地下の差別の無稽さを論破するに用いられた説。宣長さんはそれを敷延すると同時に、さらにこの語を転用し、「吾神州開闢来、自然ノ声音言辞ヲ以テ、自然天性ノ情ヲツラヌル」「吾邦自然ノ和歌」〔三九〕の上へ「自然ノ神道」を架し、「自然」によって和歌がそれと直結した大道であることを主張したのである。

（九）万葉観

引用書目　『排蘆小船』に引用された書名でもっとも頻度の高いのは古今集六三回（含「古今伝授」一六回）だが、それにつぐのが万葉集三六回、新古今集三五回。もっとも、新古今集には背景に別途定家三七回がひかえているので、重要さでその比にはならない。また、前年の『安波礼弁』も万葉集にふれていないし、この万葉引用のうち五回は頭の簡単な補注に出るので、目下さほどに関心が集中していたとは思えない。しかし、引用回数の多さは、研究が万葉ぬきでは通れないことを示しており、二年後、真淵に会うちょうど二年前の宝暦一一年五月二四日には鈴屋での万葉集講釈開講となるので、すでに一応の万葉観と研究の方向を見透すことはできよう。〔五九〕（歴代変化）にいちばんくわしいからその摘要をしるす。

・上代記紀の歌は思う心をたねとして自然とよみ、善悪功拙も自然だったが、奈良の都のころにはよしあしをいうようになり、人丸赤人の達人出て、上手下手の別ができ、真の情をよむのと巧みを本とする事と大方半ばになり、巧みの方が長じてついに歌道と一つの道になった。その後漢文がもっぱら行われたが、延喜に至り、開闢《かいびゃく》以来の和歌の興隆となって、はじめて勅撰の古今集が出た。万葉集は、公の撰でなく、聞書のようにかきあつめたもので、善悪混じている。そのうえ世ものぼって、末の世の人に耳遠く、心に感ずること少ない。その体は学びがたく、学んでもよろしくない。万葉集は、上古の歌のさまを見、詞のおこりを考える歌学のためにはよく、よみ歌にはあまり用なし。よみ歌には古今集を手本にするのだ。

巧みの問題と歌学の問題が目につく。まず前者から。宣長さんは他の段でもいう。

・詩とちがって、歌のかわりゆくのは詞で、万葉と中古以来大いに異なるが、情にはかわりなく、今の歌もはかなくおろか、女童のような情のみ〔五二〕

・その実情に文《あや》なしていうのが歌。日本紀万葉の歌でも実情のみでなく巧んだ所があるが、後世、今の歌とくらべれば大いに質朴で実情といえる〔四八〕

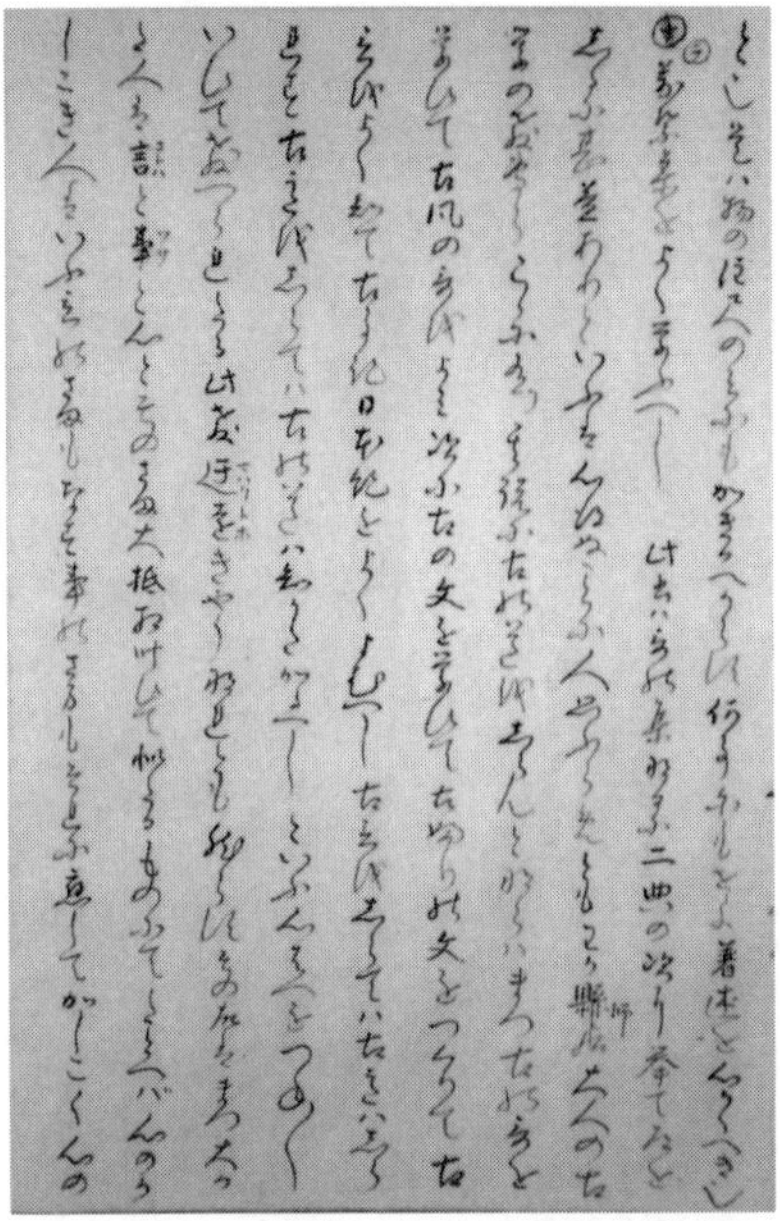

『うひ山ぶみ』「古言をしらでは」条

・学ぶには、あまりに古雅、後世の人の耳にききづらく、かえって鄙俗におちる〔四一〕

・至って質朴、かえって拙く鄙く、見ぐるしい事も多い。範とすべき古今三代集は花実兼備、すぐれうるわしい〔四三〕

詞の巧みを歌の理念とする宣長さんの面目がよくあらわれている。そして、その王朝雅俗の固定には万葉の歌の入りこみようもないことがわかる。宣長さんが万葉の文芸性を開示されるのは真淵入門を待たねばならなかったが、「既にたひ〳〵いへる如く短歌は巧みなるはいやし……よき歌といへと巧み有はいやしき也」（明和三年九月・真淵書簡）といわれても、納得はいかなかったろう。そしてついに新古今主義で一貫するのである。しかし、真淵の万葉主義は、「古言をしらでは、古意はしられず、古意をしらでは、古の道は知りがたかるべし」という教え（『うひ山ぶみ』）として、古道探求の宣長さんの指針となったものである。

歌学の問題

それと直接つながるのが、詠歌と区別された歌学の問題。さきの摘要で、「万葉集は上古の歌のさまを見、詞のおこりを考える歌学のためにはよく」と紹介したが、別のところでも、「歌学ノタメニハ万葉第一ナレト、詠歌ノタツキニハ三代集ニハ及ハヌ也、万葉ヲマネテヨマムトスルハ大ナルヒカ事也」（一七）ともいう。この上に、「近代難波の契沖師此道ノ学問ニ通シ、スヘテ古書ヲ引証シ、中古以来ノ妄説ヲヤフリ、数百年来ノ非ヲ正シ、万葉ヨリハシメ多クノ註解ヲナシテ、衆人ノ惑ヒヲトケリ」とあるので、その歌学とは契沖の業績を前提にしていることがわかる。

もともと宣長さんの万葉によせる関心は、京都留学以前からのもので、一九歳起稿の『万葉抜書存和歌の浦』にはその約半分を万葉関係にあて、読み解こうと季吟の『拾穂抄』をたよりにいろいろ努力している。その追記（上京後か）の「万葉摘書」には、巻八まで、一二五〇字の万葉仮名、六六語の定家かなづかいとのちがい、「万葉書《がき》」として七五〇語の訓読要注意語を集録している。

二三歳三月上京、景山の許で契沖の学問に開眼した。その五月伊勢物語の契沖説抄録、一一月『代匠記惣釈』の「枕詞部」を抄出、以後契沖の諸著を、伝与され購入し手写し、二八歳帰郷の年、二月『古今余材抄』手写了の後、五月景山所蔵「万葉集」の『代匠記』に拠る書入れを手沢本《しゅたくぼん》に書写した。契沖の帰納実証の方法を身につけたのである。

宣長さんの万葉研究は訓詁注釈を中心とした。

作品は読めなくてはしかたがない。真名による万葉の複雑な表記はすでに一〇世紀初頭古今集のころには難解になっていた（『新撰万葉集』の序）。一〇世紀半ば、万葉研究の発端といえる梨壺での訓釈以来、その研究史は訓点の研究の上に立っていた。それに伴なうのが語釈の研究であった。ことに歌合の発達は万葉の古語が故実典拠として重視され、定家と、ヒガ（僻）の応酬で知られる六条家の顕昭《けんしょう》が知られるが、宣長さんの注目した人でもあった。こうした研究は中世の仙覚を経て近世の季吟、画期的な契沖に至る。

宣長さんの万葉研究の中心が、訓点・注釈にあったことは、このような歌学の伝統に沿うものであって、契沖をさらに綿密徹底することにあった。その研究の方向は、文学批評的研究が新古今主義として完結するのと別途の役割を荷うことになった。それは、文字、古言に根を置いた古意古道探求の方向である。その総括が古事記研究であるから、万葉の研究がそれに併立随伴するものであったことは当然である。古事記を目ざしながら主力を万葉へそそいだ真淵をつぐ宣長さんだが、古事記研究の一側面ないし楷梯として、万葉の研究は点訓、語釈を中心に位置した。げんに、『古事記伝』に引用の万葉は、日本紀につぎ、古語の解釈を中心に二、七五〇項（延べ四、五〇〇項）にも及び、延喜式、和名抄からのそれをはるかに上まわっているのである。

さて、『排蘆小船』には「歌学」と称するこうした万葉研究へのふみ出しをいよいよ見ることができる。頭注を含め関係の数項目の中から、三段を例示しよう。
・かなづかい…この時期まだ定家かなづかいを守るべきだとするが、「万葉ナトノトヲリニシテハ、今ミレハコトヤウニ思ハル、カナ多シ」として、「惣体カナツカヒハ、ズイブムギンミシテ、誤ナキヤウニスヘシ」という。〔一四〕

・文字…「文字ノ事、万葉集ニヲキテハ、イカニモ正義ヲタヽシ、ギンミスヘシ、コレイカントナレハ、万葉ハ真名ニ書キタルヲ、後ニ点訓ヲ付タレハ、撰者ノ意ニタカフ事アルヘシ、ズイブン文字ニツキテセンギシ、訓点ノ誤ナキヤウニミルヘシ、……万葉ハ、文字ニツキテ古来ムツカシキ事多シ」〔一五〕。

・「詠」…「詠ハナガムルト訓セリ、……永ク声ヲヒキテウタフ事也……万葉第七ニ詠レ天《ヲ》、詠レ月《ヲ》、……ト云歌数十首アリ、コレミナ某《レ》々ノ物ヲ、歌ニヨムト云事也」〔一三〕。

ここは摘録したが、四年後の『石上私淑言《いそのかみささめごと》』巻一では歌・詩・謡・詠、うた・うたふ・よむ・ながむの異同につき、和漢の古書をひいて十二段にわたり詳述している。

右の、文字〔一五〕の文中に、「文字ハカリ物也」の一句を見る。これは宣長さんの学問にとってたいせつな認識なので、次章でとりあげることにする。

文字は仮り物

『古事記伝』一之巻にはつぎのような用法がある。

・歌は、此記と書紀とに載れる如くに、字の音をのみ仮《カリ》てかける、これを仮字《カナ》といへり〔文体《カキザマ》の事〕

・借字《カリモジ》、こは字の義を取らず、たゞ其訓《ヨミ》を、異意《アダシココロ》に借《リ》て書《ク》を云《フ》〔同前〕

・其《ノ》文字は、後に当《アテ》たる仮の物にしあれば、深くさだして何にかはせむ、唯いく度も古語を考へ明らめて、古《ヘ》のてぶりをよく知《ル》こそ、学問の要《ムネ》〔訓方《ヨミザマ》の事〕

「文字は仮り物」——これは宣長さんの上代語研究の根本態度である。文字とは漢字のこと。「仮ル」は間に合わせる、借るの意。この「仮ル」の用例は徂徠に多い。

古文辞学の方法として、原典を原形のままに直接把握すべしとする徂徠の主張で、若い時（『訳文筌蹄《やくぶんせんてい》』*90）から

いう、

・今学者訳文ノ学ヲセント思ハヾ、悉ク古ヨリ日本ニ習来ル和訓ト云フモノト字ノ反《カヘ》リ（反リ点）ト云フモノトヲ破除スベシ

・ソノ上、古ノ先輩ノ和訓ヲ付ラレタル以前ハ、直ニソノ時ノ詞ヲ付ラレタル処ニ、今時代移リカワリテ、日本ノ詞、昔トハ違ヒタルコト多シ

それが、宣長さんの親しんだ『徂徠集』では、「けだし倭訓を廃して、しかる後華言通ずべし。伝注を廃してしかる後古言を識るべし」（与竹春庵第二書）となり、師景山宛の書簡で、六経等古書を読むに伝注によるのは、「なほこれ倭訓を仮りてもつて華文を読むがごときか」（第一書）、「伝注をもつて経を解する者は、今をもつて古を視る者なり。古に通ずる者にあらざるなり。故に不佞これを倭訓を仮りてもつて華言に通ぜんことを求むるに喩ふ」（第二書）、とある。

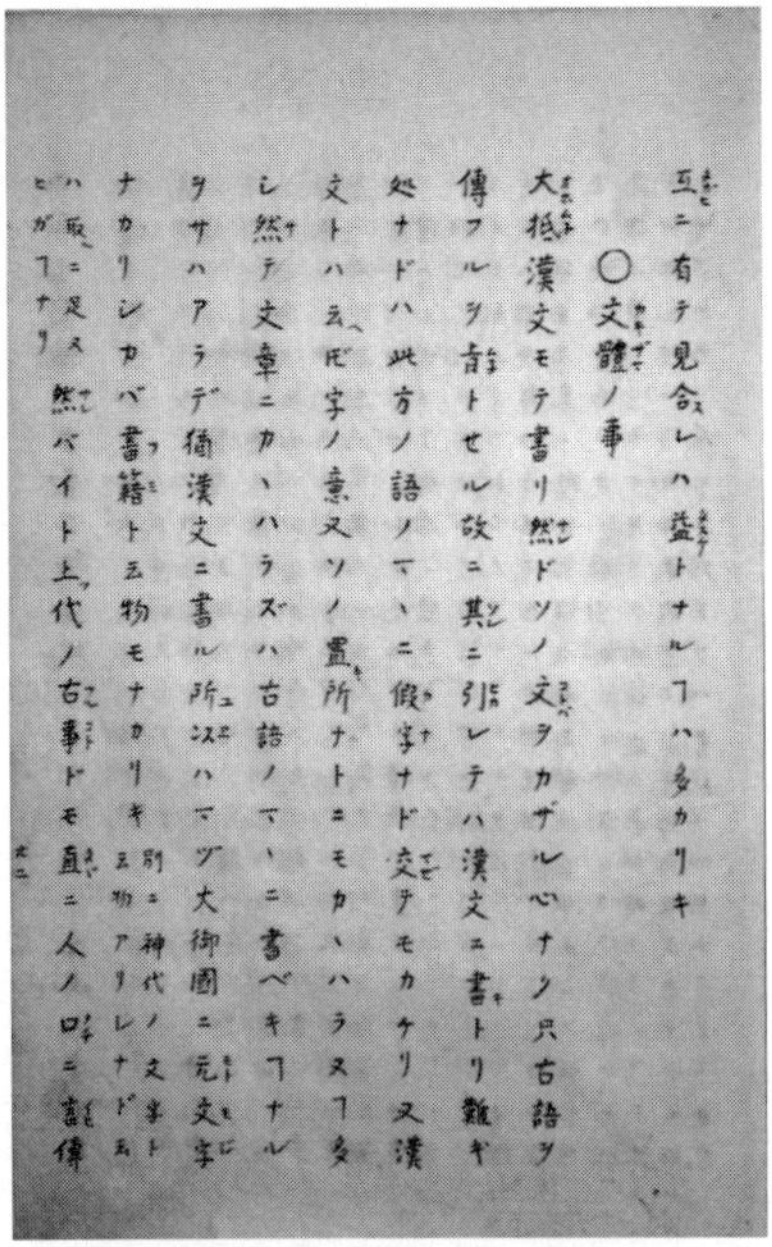
互ニ有テ見合スレハ益トナルヿハ多カリキ
○文體ノ事
大抵漢文モテ書リ然ドソノ文ヲカザル心ナク只古語ヲ傳フルヲ詮トセル故ニ其ニ引レテハ漢文ニ書トリ難キ処ナドハ此方ノ語ノマヽニ假字ナドヲ交テモカケリ又漢文トハ云ヘド字ノ意又ソノ置所ナトニモカヽハラヌヿ多シ然テ文章ニカヽハラズハ古語ノマヽニ書ベキヿナルヲサハアラデ猶漢文ニ書ル所以ハマヅ大御國ニ元文字ナカリシカバ書籍ト云物モナカリキ別ニ神代ノ文字ト云物アリレナド云ハ取ニ足ズ然バイト上ツ代ノ古事ドモ直ニ人ノ口ニ云傳ヘガヿナリ

『古事記伝』巻1「文体ノ事」

この徂徠を承け、「倭訓を仮りて」の「倭訓」と「文字」との関係を景山は『不尽言』で説く、

文字は中華の物なるを、日本にては日本の語意を以て、それぞれの文字の意味を推量し、日本の語に翻訳し直し、文字に一々和訓をつけて通用し来たれり。その和訓と云ふものは、すなはち字義にして、また和語なり。……和訓と云ふものは大概につけたるものにて、その字の意味をことごとくはどうもつけ

おほせられぬことなり。……すべて文字の意味は心にて合点せねばならぬものゆゑに、意味まではどうも和訓につけおほせられぬ。文字はみな大概に和訓をつけておかねばならぬことなり。それでその字の和訓の通りにばかり律儀に心得れば、意味の大きに違ふ類も多くあることなり。

「和訓の文字に害ある」ことが問題にされているのだが、『排蘆小船』で、宣長さんがつぎのようにくりかえすのは、以上の経過をふまえ、和語を中心に、「文字の和語に害あり」とする、鮮やかな換骨奪胎である。

・文字ハ異国ノ文字ニテ仮リ用ルマテノ事也、……文字ノ事ヲ論スルハムヤク也、……文字ハカリ物也、ミナレヌ文字カキタルハニクシ、……万葉ハ、文字ニツキテ古来ムツカシキ事多シ、サレトモコレモ畢竟ハソノ作者〱ガ真名ニテカキタル物ニテモナケレハ、某〱ノ歌ノ意趣サヘタガハス点訓サヘチカハネハ、文字ニハカ、ハラズ〔一五〕

・スヘテ文字ハミナカリ物也、末ノ事也、然ルヲ文字ト我国ノ詞ト、始メヨリ一ツナル物ト心得タルカ、コレ大ナル誤也、モトヨリアル言《コトバ》ニ、文字ヲカリ用ヒタル物ト云事ヲ知ラス、ワラフヘシ、和訓ノ、文字ニ害アル事ハ人々ヨクシレトモ、漢字ノ、我国ノ言ニ害アル事ヲ知人ナシ、我訓、文字ニ害アレハ、文字、又我国ノ語ニ害アル事、イハスシテシルヘシ、サレハ文字ニツキテ言《コトバ》ヲ解スルハ、末ヲタツネテ本ヲワスル、也、文字ハ我国ノ語ニヨクアタレルト、大方ニアタレルト、又アタラサルトアリ（詩と歌の字とウタとについて）〔二四〕

・スヘテ文字ノ義理ハタカヒテモ、仮物ナレハクルシカラス、言《コトバ》ノ義理ヲヨク〱明ラメ正スヘキ事ナリ〔二六・頭注ミセケチ〕

この考え方は、『排蘆小船』につぐと推定される『古言指南』でもいう、

予常に云、人皆和語の漢文に害ある事を知れとも、漢文の大に古語に害ある事をばかつて知らずして、文

字と言語と元より同一物と思へりと、元文字は唐物、言語は吾邦の物にて大に異なるを、意を以て通して、
漢文を和語にてよむ事になれり。

宝暦一一年三月の『阿毎菟知弁《あめつちべん》』（記・紀冒頭の「天地」を「アメクニ」とよむべしと考証、後年師説に従い撤回）では、「予嘗テ謂フ人皆知テ三和訓ノ害アルコトヲ二文字一、而未タレ知三漢字ノ害アルコトヲ二古語ニ一矣」とくりかえす。後文中「如スル二万葉集一為ルタモレ足レリトレ徴スルニ二古言一……」の句も見える。この年五月には、万葉仮名を韻鏡に照合して『字音仮字用格《じおんかなづかい》』（宝暦一一年初稿）を記し、枕草子の講釈を中廃して万葉集の講釈をはじめた。先引の著中、「予常に云」、「予嘗謂」の語は、すでに宣長さんの研究が、万葉、記紀の古語を進んでいたことをも証するのではないか。

げんに、さらに二年後となるが、『排蘆小船』の改稿とされる『石上私淑言』では、左の比較表でもうかがえるように記・紀が完全に三代集・新古今集にとってかわっている。とってかわるというより、書名の「石上」は古代、古語、古言の意で、歌の源流へさかのぼり探る、という研究だったのである。

両著に現れる書名の度数比較

	排蘆小船	石上私淑言
万葉集	36	40
古今集	28	12
同序	8	16
同真名序	0	11
古今伝授	26	0
三代集	31	2
新古今集	35	1
古事記	1	49
日本紀	6	41
同神代紀	3	14
同天皇紀	1	28
源氏物語	22	6

そこでは、歴代変化や古今伝授は当然、定家・新古今集でさえ出る幕でない。かわりに、于多の原義・本質と和歌の「和」の国号論、それとこの著のすぐ前に完了した「物のあはれ」説（宝暦一三年六月・『紫文要領』）とで、『排蘆小船』が大はばに補訂改稿された。注目すべきは、それにまじって古道観の原型の成立を見ることである。古事記優先〔五〕〔七〕〔四一〕、天照大御神《あまてらすおおみかみ》〔六一〕〔六八〕、神の御心〔七八〕〔八五〕〔九七〕、道〔六一〕等である。

さて、研究をこのように導いてきた「文字は仮り物」は

『石上私淑言』でどうなっているか。

「古事記は古語のまゝを仮字《カナ》にてかき、神代紀は文字に訳して、其義をあらはしたる物也」〔四〕とする、記・紀の両者に関して、「末の代には、ただ文章のうるはしき方にのみなづみて、古語を考ふることなし。このゆへにもはら日本紀をのみ用ひて、古事記あることをしらず、よりて古語は日々に失ひゆく也。詞は本にして文字は末なることをしらすかなしきこと也」として、「古事記を本文とし、日本紀を註解として見るべき事」、「殊に言の葉の道にをきては、古語をむねとして考ふべき事なれば、古事記は又たぐひもなくめでたき書にて、この道にこころざゝむ人はあけくれに読みならふべき物也」〔五〕、と古事記評価の確定に至った。万葉の訓点に発する古語の発見が、古事記、さらに神の道へ発展したのである。

また、「歌」という文字に関してこういっている。

于多といふが主にて、歌の字は僕従也。すべてよろづみな此意にて、言《コトバ》を主とし、文字を僕従として見るべき事也。よく〳〵事の本と末とをわきまふべきこと也。わきて歌の道に於ては、今にいたる迄神代よりいひ来れるふる言《コト》をたふとむ事なれば、何事も詞の意をよく〳〵考ふべし。文字はまったく仮の物にて、其義をふかくいふにもをよぶまじき事也。然るに人みな此ことはりをわきまへず、文字を主として、古言をば仮の物のやうにこころえて、よろづをいふ故にひが事おほし〔一五〕

言《コトバ》（詞）―歌の古言―によって神代につながりうるとし、文字の位置づけに、やはり仮物・本末、さらに主従観をもってする。ここの「文字」がやがて漢意、それを排する本末主従観が中外本末説の世界観となることはいうまでもない。

却説、ここで新しく見る、一オクターブ上の「主―僕従」という表現は『冠辞考』によるものであろう。宣長さんが宝暦七年刊の『冠辞考』に接した（真淵の名前もはじめて知った）のは、同年帰郷の後で、江戸から来た人が新刊とて見せてくれたもの。契沖の『枕詞抄』をかつて写していたので、枕詞には関心もひとしおだったろう。くり返し読みさとる所があった、と『玉勝間』〔二〕で回想する。『排蘆小船』では、「チカコロ契沖ヲモトキ（まねし）テナヲ深ク古書ヲカンカヘ、契沖ノ考ヘモラシタル処ヲモ考フル人モキコユレトモ、ソレハ力ヲ用ユレハ、タレモアル事也」〔五四〕とだけ真淵にふれて記すのだが、契沖の先達下河辺長流[*91]の『枕詞燭明抄』につづき、あらためて『冠辞考』を購入手にしたのは、一二年二月。

その「序」の付言に、「仮字《かな》は古語をとく本也、……仮字定まらざれは古語を釈べき道なし」とある。宣長さんは、自分の先を自信にみちて歩いている真淵を見た。さらに、漢字を「仮り物」とする自分と同じ考えが、「すめら御国の古へ、詞《ことば》を主《あるじ》とし、字を奴《やつこ》として心にまかせつゝ用ゐなしつ」とある。下巻頭注にも、「皇朝には語を主とし、字をば奴としてして使ふべきに字の奴となれる人の多きはいかにぞや」とくりかえしている。『私淑言』は、この「奴《やつこ》」（「奴僕」とも書く）を「主」に対する語「僕従」として採ったものであろう。

一一年三月（『阿毎菟知弁』）まで引用していた『旧事紀』について、翌々年の『私淑言』で「此事（阿那の語意）旧事紀にも見えたれど偽書なればひかず」と注しているのは、同じく『冠辞考』「序」の付言で、「古事記はまことのふみ也」につづいて「旧事紀は後につくれるものにて、古意ならぬ事おほきふみなれはとらず」、と断言されているのに拠る、との推定と同断である。

じつは、『私淑言』執筆の前、五月二五日宣長さんは新上屋に真淵をたずね面会している。日記に「始《テ》対面《ス》」とある、有名な松坂の一夜である。そのころ、宣長さんは源氏物語の総括『紫文要領』上下二巻の稿の追いこみで奮闘の日々であったろう。成稿が六月七日。あと書きに、「年ごろ丸が心に思ひよりて、此物語をくりかへし心をひそめてよみつゝかむかへいたせる所にして、全く師伝のおもむきにあらす、又諸抄の説と雲泥の相違也」と独創をほこるこの著をもつ宣長さんは、真淵の源氏物語（契沖の『源注拾遺』――宣長さんの購入は翌年だが、すでに読んではいた――をうけた注釈書『源氏物語新釈』が五年前に成稿）に対しては、「人をもて言をすつる事なかれ。」の自負を新たにしたであろう。しかし、真淵が心血をそそいだ万葉集については、『冠辞考』を経て、その代表作『万葉考』（二七巻）が巻一・二と別記を三年前に脱稿したばかり、そしてさらに古事記を目ざす真淵の学とその志の高さは、わが進路を示唆するものとして宣長さんの心をいたく打ったであろう。万葉の解読から古事記へ、とする意識をいよいよ固めたのもこの時であったろう。松坂の一夜の「対面」はこのように位置づけることができる。

（十）玉葉・風雅

弁別排除の主目標　当初名義でもふれたが、『排蘆小船』が「悪《あ》し」として弁別排除しようとする、当面の主目標が玉葉集・風雅集の風体だったろうことから、『排蘆小船』論のしめくくりとして、はじめにもどり、さらにその後をも考察してみたい。

勅撰二十一代集のうち、八代集の最後新古今集のあと、中世十三代集がつづくのだが、その六番目が二十一代集でも最大の玉葉集（伏見院下命、京極為兼撰、一三一三年成る）、九番目がその風をついだ風雅集（伏見院の皇子花園院下命、光厳院撰、一三四九年成る）である。四番目以後十集のうち玉葉・風雅の二集以外は定家直系とする二条派系の撰集である。

さて、宣長さんは『排蘆小船』でいう。

シカルニ為兼卿ト云人、冷泉家ヨリイテテ、別ニ一家ヲナシテ此道ニ名高シ、此人ノ歌ハナハタ異風ニシテ、風体アシヽ、ソノコロモツハラ此道オコナハレタリ、皇統モ二ツニワカレテ、……伏見院（持明院統）為兼ニ仰セテ、玉葉集ヲヱラハシム、サテ又花園院ミツカラ風雅集ヲヱラヒ玉フ、此二集ハ、伏見院御流為兼ノ風ニテ、ハナハタ風体アシヽ、凡此道古今ヲ通シテミルニ、此ニ集ホド風体ノアシキハナシ、カリソメニモ学フ事ナカレ〔五九〕

そして、宣長さんは、この「アシキ風体」の影響が三〇〇年当代にまで及び害をなしていると考えている。

近代ノ先達ノヲシヘニ、玉葉風雅ナドノ風体ヲキラヒテ、正風体ヲマナベトヲシヘラル、也、ソノ教ヘハヨケレトモ、其人ノ歌ヲミレハ正風ニアラズシテ、ソノキラハル処ノ玉葉風雅ニチカキ風也（コレハ本玉葉風雅ノ悪風ヲ改メテ、頓阿ト云人正風ヲヨミ、カノ悪風ヲ大ニイマシメラレタルヨリ伝ハル教也）、……タ、近世ノ歌ヲヨミナラフ事、カヘス〳〵ヨロシカラズ、……決シテチカキ世ノ歌ノ体ヲナラフ事ナカレ……カリソメニモ近代ノ風ヲマナフ事ナカレ〔以上五七〕

と、頓阿の教えをまもるべきことをいう。

何が「悪風」なのか。〔五七〕はつづけていう。

大槻ハ風ノ善悪モワカル、人モ、正風ニノミヨミテハメツラシキ事ヨミガタシ、ソレユヘニメツラシキ風情ヲヨマム〳〵トスルユヘニ、ヲノツカラ異風ニナル也、……近世モテハヤス歌ハミナ、メツラシク一趣向アレハ、必風体アシヽ、ソレヲ手本ニシテヨマムニ、イカデカヨキ歌イデコム

つまり、「メツラシキ」事、風情、趣向を排するのであって、趣旨は、二条派の始祖為家―中興頓阿の平明優雅、温雅無難の「正風」を主張している。このような用法での「正風」の語の始原は未確認であるが、風雅集撰の際、花園院は詩経のこの語を集に名づけようとしたが、「傷風」に通じるというので、同じく詩経の「風雅」にかえたという。それを、定家嫡流を任ずる二条派は自家の流として使うようになった。正嫡を重んじる時代相

をよく表している。皇室での争い、持明院統と大覚寺統との政争に結びついた、二条、京極両家の深刻な確執の経過は省くが、「延慶両卿訴陳状」が有名である。訴陳状は、伏見院下命の勅撰集撰進に関して、嫡流二条為世が、撰者候補の一人従弟の京極為兼を排撃する訴状に始まる。歌にかかわらぬ人身攻撃を含む泥仕合的な双方数回の訴状陳状だが、中に歌体の相違を顕示する為世の主張がある。

（為兼卿は）称寛平以往風体、不避病、不憚禁忌、不嫌詞、唯以世俗之詞、僅詠眼前之風情歟

これは、守旧、温雅を固守する二条派からの、復古、新風の京極派に対する、卑俗邪道視の非難である。為兼ははやくから主張していたのである。

――諸式、禁制、題詠、技巧の盛んになった寛平のころよりも以前の万葉集歌人たちに並ぶべく努めた人々、俊成、定家、西行、慈鎮《じちん》などは、「心（感動）をさきとして詞をほしきまゝにする時、同じ事をもよみ、先達のよまぬ詞をも憚る所なく」よんだ、として、「こと葉にて心をよまむとすると、心のまゝに詞の匂ひゆくとは、かはれる所あるにこそ。」と心の自由をいう（『為兼卿和歌抄』）。

一応御破算になった撰集だが、持明院統の伏見院はあらためて為兼をとり、玉葉集の撰進となる（正和元年〔一三一二〕）。京極家は為兼で絶えたが、その清新の風体は、南北朝時代、玉葉集の三〇数年後、為兼の指導を受けた花園院を中心とする風雅集でふたたび花開く。風雅集巻頭は為兼の詠である。

その後、二条派は持明院統へ変じ、頓阿、二条良基らの援助で勢力をもつが、この派では、「風体わろきは風雅、歌のわろきは玉葉」と非難し、この二集は歌の邪道として読むことを禁じた。

さて、宣長さんは、頓阿のあと三〇〇年の近世の歌をきびしく批判しながらも、二条派の教えそのものには従順である。考えてみておかしいと思い異論はあっても敬意を失わない。諸種の禁制についても、結論は「ヨクヨマムト思ハハ、法式ヲ守リズイブンニ（詞を）エランデヨムガヨキ也」〔四〕と自分の択詞説の補強に使われ、

哉とめ・つつとめの禁のように明らかな不合理にも、「今世ニ一同ニハ、カル事ナレバ禁ジテ云ベカラス」〔一二頭注〕とする。(注)「歌道ノサマタゲニテ、此道ノ大厄也」〔六〇〕とし、「伝授ト云フ正説ハ一ツモナシ、ミナヨコシマナル僻説」〔六一〕と痛烈に批判する古今伝授についてさえ、罪を東常縁《とうのつねより》*92に負わせて、「予ハ古今伝授ハオカシキ事也ト思ヘト、今ソノ（朝廷の）重典ナル事ヲ敬スル也」〔一八〕という。

(注)『嶺松院中二十五番歌合』（明和五年以前、宝暦中？）
一番「かなとまりはいかゝ」「かなとめにくけれは右勝てよ」
六番「かな留りもいかゝ」「哉とめをとかめて、右の勝とす」
一〇番「つゝとまりの罪ゆるしかたけれは、右勝ならん」
二一番「つゝ留の罪ゆるしかたし、右勝」
他禁詞についても
一六番「節句のほのほの、いかゝ」「初句に大きなる罪あれは、ゆるしかたし、右勝」
一七番「とふ人も、ちかきよ禁詞也、左勝」
以後（天明三年になるが）、このような例はなくなる。

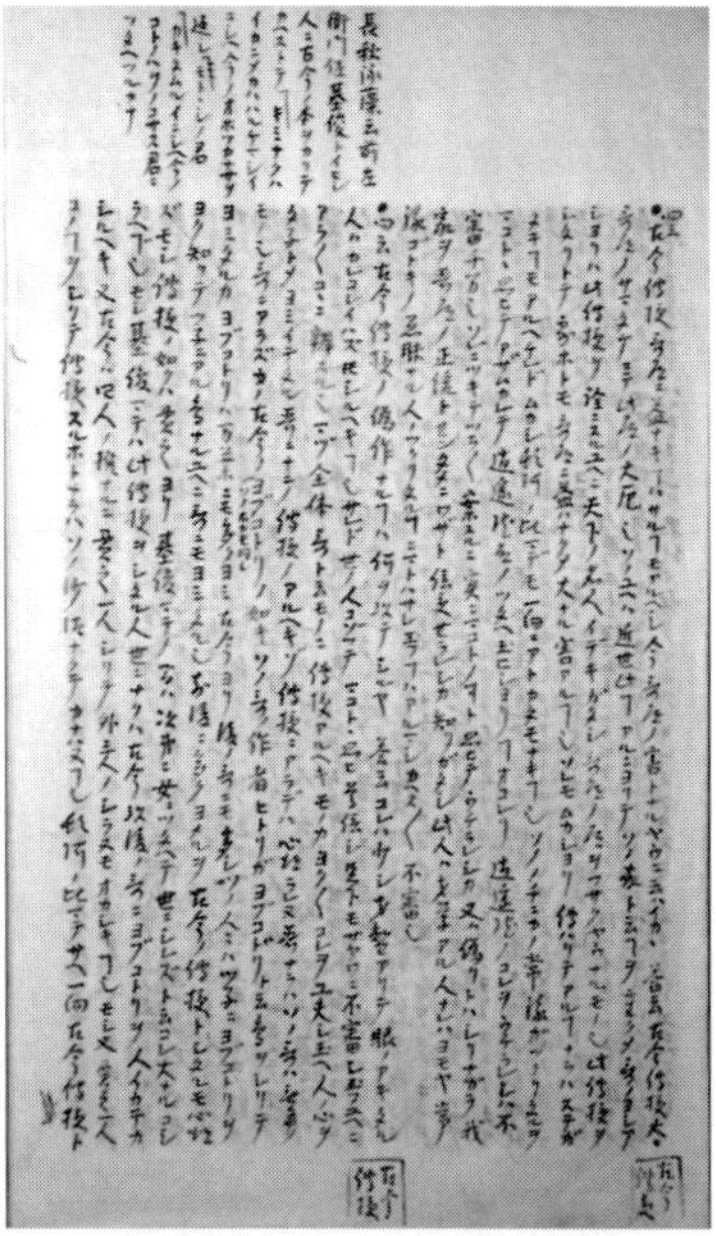

『排蘆小船』古今伝授批判条

もっとも、この場合も「只ソノ本ノワケヲヨクく心得居テ、マトハスシテ、サテ敬ヒ尊フヘキ也」だし、その頭注で、師匠の伝授など悪説でも、「ミタリニ云チラシ非謗スル事ナカレ……只ヨク心得ヲクヘキ事也、惑ヒ信ズル事ナカレ」と付言する。諸種の法式禁制についても、それを破ることは「無法」で、「(詠歌の)義理ニ害サヘナクハ、改メテ詮ナシ」〔一一〕だし、「道理ヲ云ヘハ、下ニ弁スルトヲリ也、……心得テ居テマトフヘキ事ニアラス、……(しかし)ユメ〳〵ヲカスヘカラス、又俗説ヲ信スヘカラス」〔一二注〕という。つまり、見解は留保し、盲従ではない。いや、落書きするな、と落書する気味に近い。こうした態度は、後年の「道」に関する見解をはじめ、処世観に通ずるものを認めることができる。

それにしても、歌の道は風雅を本とすることだから、万事「温雅」をむねとし、「ヤスラカニ、温和」なるべしで、「歌ニツキテ理クツメク事、議論メク事、アラソヒホコル事、人ヲアナトル事ナトアルヘカラス、タヽ優ニヤサシカルヘキ事也」〔一六〕といいながら、玉葉・風雅の革新性への罵倒はただごとではない。このケースは、後の「漢意」批判の強引さに並ぶものといえる。ということは、この両者が宣長さんの立脚点にかかわるものであったことを証するであろう。

それはどのようにして築かれてきたものだろうか。

知功、勤勉で、技術職人的な素質。わがままでしかも柔順といった町人的生育。環境からの京都志向から、定家、源氏物語を媒介とした王朝の雅への憧憬。徂徠護園の「詩は文なり」とする択詞論の影響。それらが、詠歌の綺語、類型を導き出した。最も直接的には、少年時二条派嫡流有賀《あるが》長伯《ちょうはく》の『和歌八重垣』などから詠歌を独習して以来、就いた師匠は法幢《ほうしょう》上人(二条派末)、森河章尹(堂上冷泉為村門)、現在の有賀長川《ちょうせん》(長伯の男《むすこ》)で、すべて二条派堂上の流である。かくて、為家―頓阿の流を正風とし、玉葉・風雅を異端視したのは当然であったろう。

だいたい「あしわけをふね」の書名からして、歌道の正義を立てたとする為兼の歌を巻頭にすえた風雅集の序(花山院撰)にいう、「誠のこゝろを得て、歌の道を知れる人は、猶少なくなん有りける。難波の蘆のよしあしわけ難く、片糸のひき〳〵にのみ争ひあひて、乱りがはしく成りにけり。誰かこれをいたまざらんや。唯古き姿を慕ひ、正しき道を学ばば、自ら其境にいりぬべし」、これを逆手にとって、玉葉・風雅の「あし」を排撃、「古き姿」「正しき道」をわが方にありとする二条派歌学に立つことの表明、寓意であろう。宣長さんの愛唱する古今集の序と対比される有名な右の序文を読んでいたことは当然だし、『古今選』の選歌で玉葉・風雅の両集にことさらに手きびしいことを思い合わせれば、こうした書名寓意の推測は可能といえよう。

もっとも、本書は玉葉・風雅批判のためだけに書かれたのではない。むしろそれは二条派を表明するカンバン、かくれみのであって、中心は人情、択詞の論、惰性にすぎぬ当代歌壇の批判、定家・契沖の称揚、という自己の主張、学識の誇示にあった。けれども、このカンバンが信条であったことはいうまでもない。

ソノ新古今ニ似タルヲヨマムトスル学問ニ、新古今ヲヒタスラミルハアシシ、新古今ニ似セントシテ、コノ集ヲウラヤム時ハ、玉葉風雅ノ風ニオツル也、……ムカシノ人ハ、タヾ己ガ力ノ今ヲマモリテ、イタラヌ処ヲシイテヨマムトハセサリシ也、為家ヲハシメトシテ其比ノ人々、新古今ノ比ノ歌仙達ニヲヨハズ、サレムリニソレヲヨマムトハセズ、己ガ力ノ分量カギリニ、風体ヲ正シクヨミテキラレシ也、頓阿モソノデウ也、故ニコレラノ人々、風体アシカラズ、己ガ分ニスギザル故也、シカルニ為兼ナトハ、ソレヲクチヲシク思ヒテ、人ニマサラントスル時ニ、コレ又新古今ノ比ノ人ニハ、力ノヲヨハヌ故ニ、一風カヘテメツカラニ、ヨマント思フヨリ、アラレヌ風体ニナリテ、悪風ノ手本ニナリタルモノ也、コレ全ク己ガ分ヲマモラスシテ、ナラヌ事ヲシヒテネカヘル故也、

この論と全く同旨の文章を九年後（明和五年）の『国歌八論評』の「歌源論」末に付記している。この年、師真淵（翌年没）のきびしい批判にもかかわらず、正風と信ずる頓阿の『草庵集』の注釈『玉箒《たまははき》』（正編の前編）を刊行し、後編と続編を書いている。

宣長さんの基本姿勢にかわりはない。さらに、それから二六年後の寛政六年、もう古風を無視できなくなっていたころであるが、千家俊信宛書簡の中にもこうある。——歌のよみ方の質問に対して、古風に併せ近体をもよむべきだとしたあと、

近（近体）は先草庵集ナド宜御座候。其外千載、新古今、新勅撰より代々の撰集何れも不悪候。其内玉葉、風雅ノ二集ハ、大ニ悪ク候、廿一代集ノ後、近代之物ハ大ニ悪ク候（千載・新古今・新勅撰は二条家の三代集として聖典視されたもの）

と指導している。

京極為兼の作品

ところで、玉葉・風雅の二集は、はたして「悪イ」のであろうか。名ざしで「悪風」「異風」と批判される、二集の指導者京極為兼[*93]の作品から見ていこう。

玉葉集から。

波の上にうつる夕日の影はあれど遠つ小島は色暮れにけり
枝に洩る朝日の影のすくなきに涼しさ深き竹の奥かな
さゆる日の時雨の後の夕山に薄雪ふりてそらぞ晴れゆく

風雅集から。

うぐひすのこゑものどかに鳴きなしてかすむ日かげは暮れむともせず
沈み果つる入日のきはにあらはれぬ霞める峯のなほ奥の峯
をりはへて今ここに鳴く時鳥きよく涼しき声の色かな

右は大正以降為兼を称賛する際に、「清新」としてかならずとりあげられる代表作であるが、こうした歌はほ

かにたくさんある。

写実の歌が当然となった現代では、貴族趣味の題材がまず目について、一見歴代勅撰やその亜流の、文化装飾にすぎぬ歌とまがうおそれもあるが、再読すれば、独自の複眼で対象（現実）をじっと見てとり、ことばがそれについていくのに気づくであろう。発見された実景が「心」なのである。「心のまゝに詞の匂ひゆく」（前引『為兼卿和歌抄』）とはこのことである。「詞にて心をよまむとする」職人的歌作りとは趣きを異にする。

この為兼という人の名は徒然草（一五三段）で知られている。両統の抗争にかかわり、佐渡（一二九八年）、土佐（一三一五年）と異例の二度も配流にあっている（一三三二年没・七九歳）。玉葉集撰の二年後土佐流罪の際、武士に囲まれ六波羅へひきたてられる姿を見て、若き日野資朝《すけとも》が、大覚寺統でありながら、「あな羨まし。世にあらむ思い出、かくこそあらまほしけれ」と嘆いた話（資朝自身、のち後醍醐帝の正中の変で佐渡へ流され、斬られた。為兼と同年没、四三歳）。老、若共に強烈な性格の持ち主だった。

このような気概、剛直の人が、凡庸保身の二条派からの非難など問題にせず、歌の平明保守ないし平弱無難主義を破って、自己の主張をつらぬくことは当然だろう。勅撰最大の玉葉集に見るように、あらためて、万葉から新古今まで、その後の二条派の歌までもふりかえってみる。そして、新古今で技巧をのぼりつめ前途を見失った歌に、寛平以前の「心」を回復し、「詞」での技巧、些末の制約をふりはらい、写実の新しい活路をきり開いたのである。この為兼を中心に、伏見院、永福門院らの歌が一斉に開花した。それを二条派は、詞の制約を無視し、俗語でわずかに眼前の風情を詠むもの（前引『訴陳状』）との理由で「悪風」「異風」として抹殺をはかったのであった。

それをうけた宣長さんだが、玉葉・風雅の歌をとりあげた具体的な指摘はあまり見あたらない。しかし、自分の目を信ずる為兼の大胆な作風は、御殿女中のような目でさがせば言いがかりはいくらもつけられたろう。それを想定してみる。

歌文の詞づかいについて教えた『玉あられ』（寛政三年成る）の序文の中に、「新続古今集（勅撰二十一代集最終）までの歌は、玉葉風雅の二つの集をのぞきては、大かたはおなじさまにて、ことなるわろきくせも見えざなるを」と書いているから、宣長さんの重視する詞からの難点がまずあげられることは当然である。為兼の歌から一例ずつあげてみる。

妹に恋ひいのねられぬに足引の嵐を寒み鹿もなくなり

の万葉語、

しきり山路にしつる夕立の過ぎてぞ濁る谷川の水

の俗語、

悟りつる人の愛せし花ぞとは皆紅の花園の桃

の漢語、

雅言の誤用、俗言（俗語）俗意の指摘にきびしい宣長さんだから、このような表現の歌はまずそれだけで「いやし」としてダメだったろう。また、先に揚げた「沈み果つる入日のきはに……」の出色の詠にしても、第一句での字余り（間にあいうおを含まない）だけで「聞ぐるし」と見すてられたであろう。以上の類は多い。

また、『排蘆小船』でののしる「メヅラシキ、事・風情・趣向」については、こんなことが思いあたる。定家の代表作の一つ、

旅人の袖ふきかへす秋風にゆふひさびしき山のかけはし

について、「秋風夕日山のかけはし、おの〳〵ことく〳〵にて、たがひに何のよせもなく、其うへに、三の句より下、旅人の縁もなし、かやうにたゞ物をあつめて、けしきをいひならべたるは、玉葉風雅のふりにちかい」（『新

古今集美濃の家づと』）との批判から類推するに、はじめにあげた為兼の代表歌のいずれも宣長さんの好む、詞のよせ・縁をもたなかったが、それらも「たゞ物をあつめてけしきをいひならべた」ものと映ったのだろうか。それとも、定家の歌と同じく「旅」を詠んだ、

とまるべき宿をば月にあくがれて明日の道ゆく夜はの旅人

のこしらえた趣向を、定家にはいわず、代表歌と共に奇をねらったメヅラシキ趣向と非難するのであろうか。

さりとて、詞の技巧をもつ、

見せばやなさこそは人の秋の日の蔭となるまで弱る我身を　［秋―飽］

早苗とるあとの山田の水澄めばもとの緑を峯の松が枝　［峯―見］

のような「いひかけ」（ひっかけ）では、また、軽薄で無理な技巧と難ずるのだろう。

そして、以上が高じたものとして、

暮毎に年も年こそつもるらめよそげに人の上にふけゆく

や、

荻の葉をよく〳〵見れば今ぞ知るたゞ大きなる薄なりけり

の奇抜な発想を、ただ奇をてらうとんでもない趣向と断ずるにちがいない。

こうして見ると、宣長さんに為兼を容れる余地のありようがない。そもそも出発点からしてちがった、信条的なものといえよう。

はやく『古今選』でも、二十一代集から選んだ一、八七〇首中、二条家嫡流で確執のライバルだったが凡才の為世から一一首採っているのに、為兼の歌はただの三首、それも玉葉集からはゼロ、風雅集から一首にすぎない。その一首には○○がつけられているが、宣長さん好みの詞のよせを使った恋の歌である。

はつ時雨思ひそめてもいたづらに槙の下葉の色そつれなき

玉葉・風雅の風体は、約半世紀後、京極に近かった冷泉派から出た地下の今川了俊、正徹によって深められようとしたが、その後関心は連歌の方へそれていく。凡庸平俗の和歌は古今伝授を歌道の血脈とした二条派師範家を中心に近世へ至る。二条派末で育った宣長さんは、その流れを点検して、近世初頭規格にとらわれなかった、著名の木下長嘯子《ちょうしょうし》、後水尾院をとりあげ、前者の文章を「大ニ古体ニソムキ、鄙俗ナル事」(『古言指南』)、後者の歌を「異風ナルガ多キ也」(五九)と一蹴している。要するに、心の自由を嫌ったのである。

しかし、このように詞に執し、異風を排するのは、むしろ一般的で宣長さんだけではなかった。げんに、宣長さんと何の交流もなかったが、語学にすぐれた富士谷《ふじたに》学派の御杖《みつえ》――父成章《なりあきら》は歌を堂上派に学び京都で勢力をもっていた――が玉葉・風雅を批判するのを見ても、まるっきり宣長さんの言かと思うほどである。和歌史を展望して「弟世《おとつよ》」(十三代集時代)の玉葉・風雅の風を評していう、

そのさま心をめづらかにして、すがたことばをいたはらず、もじあまりがちにて、見ることをゐにかきたらんやうによみ、思ふことをば、たゞことにいひつゞけたるやうによむなり。(『歌袋』寛政五年刊)

このような立場の玉葉・風雅、したがって為兼の復権を求めるというのではないが、さすがに人間を主張しはじめる近世、堂上二条歌学の旧習を打破する動きは強まってくる。

最大のものは、元禄以降の古学、万葉研究の勃興である。それは、真淵に至って、真情を自然に歌いあげる、排技巧の万葉風歌詠となって、古学とともに各地へ広まった。真淵門の宣長さんも、古道を知るためとの奇妙な理由で、古風(古体)として詠むことを容認するようになる。妙なことだが、そこから宣長さんらしい歌もあらわれることとなる。

そのころになると、堂上本拠の京都からも改革の動きがはじまる。宣長さんより七歳年長の小沢蘆庵は堂上重

鎮の冷泉為村から破門されたが、ただこと歌を主張、題材、用語とも自由平明、自然の感情を歌うべきだとし、擬古技巧を排する。その影響をうけた香川景樹《かげき》になると、それを洗練、うるわしくやすらかな調べを眼目とし、その風が一般的になり明治に至るのである。

さて、埋もれていた玉葉・風雅の風だが、明治も半ばになると、佐佐木信綱らの研究で、歌の流れが客観的にとらえられ、中世十三代集のうち、二条派の保守に対する革新の二集と見なおされるようになる。さらに、明治末から大正へかけて、写実が歌の本流ときまると、その評価は抜群の清新の集として定着した。ことに大正は、文学芸術に個性、自由を開放する運動の時代で、例えば、小学校の図画教育でも、臨本を使わず、自然を手本に、創造的に描かす、というので自由画の運動で、作家・歌人をもまきこんでいた。そうした思潮は一般化して現代へつづく。

中世十三代集中の白眉

現代、玉葉と風雅は、その写実、叙景により、中世十三代集中の白眉とするのが通説であるが、折口信夫にいわせれば、短歌の本質は、万葉・古今から、新古今はとびこえて、玉葉・風雅で確立完成し、近代へつづくのだ、とする（『日本文学の発生序説』）。そして、折口は回顧していう、「かう言ふ人（為兼）を忘れたり、知ってゐても、歌の上の悪魔か、外道のやうに罵倒してゐたのは、世の中に、自分で物の価値を見出して行かうとする人のないことが思はれる。」（『短歌論』）

こうした目で宣長さんを見ると、悪風、異風と罵っていたその立場はどうなるのか。児童に「国定臨画帖」で「模写」を強いてきた教師が思い出される。そのせいか、多くの門人中すぐれた歌人を見つけることは困難である。しかし、鈴屋門の名誉のために付記すれば、その思想、学問を慕った孫弟子になると、時代のせいもあり、制約をはなれて、自由に題材をとり、自分の心を情熱的に詠いあげていく、個性的なすぐれた歌人が現れる。加納諸平《もろひら》（大平門）、橘曙覧《あけみ》*94（田中大秀門）らで、近世末期に傑出していたばかりか、現代でもその評価は高い。

第六章　宣長さんの「わたくし」

（一）古体・古風の歌

『私淑言』の執筆

宝暦一三年（一七六三）五月二五日の真淵との対面後、六月七日に物語論の『紫文要領』の稿をおえると、宣長さんは、今の自分の立場、方向を確認する歌論をまとめようとした。『私淑言《ささめごと》』の執筆である。まず、『排蘆小船《あしわけおぶね》』をふりかえる。根幹に変化はない。しかし、意気はきわめてさかんだが、重複は多く、整理されておらず、未熟な点が目に立つ。とくに次の二点ではすでに思考のわくが大きくひろがっていた。ひとつは『紫文要領』で展開した和歌即物語の物のあわれ観、もうひとつは、万葉の研究と上代も古事記の神代へさかのぼろうとの願望。両者いずれにしても、論の重心は時代をさかのぼる。だから、かつて関心の焦点だった「後世」「今」は退き、とうとう論じた「歴代変化」も姿を消さざるをえない。

賀茂真淵像（円山応震図）

そこへ真淵である。しかし、『紫文要領』に『冠辞考』・真淵の影響は痕跡も見えない。もともと『排蘆小船』以来の「おほかた人のまことの情といふ物は女童のごとくみれんにおろかなる物也、男らしくきつとしてかしこきは実の情にあらず」（『紫文要領下』）の主張は、真淵の持論「いにしへの歌は、……つらぬくに高く直きこゝろをもてす、且その高き中にみやびあり、なほき中に雄雄しきこゝろはある也」（『にひまなび』）と混ざりようもない。

だが、『紫文要領』につづき『私淑言』にかかろうとするとき、宣長さんは対面の際の真淵のことばを想いおこし、あらためて『冠辞考』を見なおしたことであろう。『私淑言』には『冠辞考』所説との重なりがありありとうかがわれる。心・言・事（「いにしへは人の心なほければいふこともなすわざもやすらかなれど（附言）」、文字は奴、旧事紀偽書、古事記至上・書紀参考、冠辞（枕詞）についても、スサノオの八雲立つ神詠の考はそれによっている、等。

けれども、『私淑言』は王朝物のあわれの和歌版のはず。それを説く。『紫文要領』の場合と同じくその点では『冠辞考』・真淵とまじわらない。ただ、古事記・万葉の歌を素直・実として「鄙」（『排蘆小船』）とはせぬ程度であった。水と油のようなこのことが、折しも古事記研究の着手、真淵入門とかさなって『私淑言』完成を妨げ、かつ、稿を宣長さんの生前篋底《きょうてい》*95に眠るようにさせた原因なのであろう。

つまり、宣長さんにおける真淵は、上代の学問にかかわることで、詠歌・物語の論ではなかったのである。その入門は、前者への期待さしあたっては万葉の解読にあった、といってよいと思われる。

真淵の評

真淵に関連して、入門以後の宣長さんの歌について述べておこう。

対面のあと、真淵に煽られてかはじめて作った「古体」の歌一〇首を『石上稿《いそのかみこう》』に見る。翌年正月入門、それらの歌は真淵の添削を受けている。評は、「ことわりもことばもさる事なれど、調べぞわるき」（『添削詠草』全集別巻一）。

さらに翌明和二年から三年にかけての『添削詠草』が五葉残っている（全集一八巻）。そこに見る真淵の評は手きびしい。評語を摘出すると、

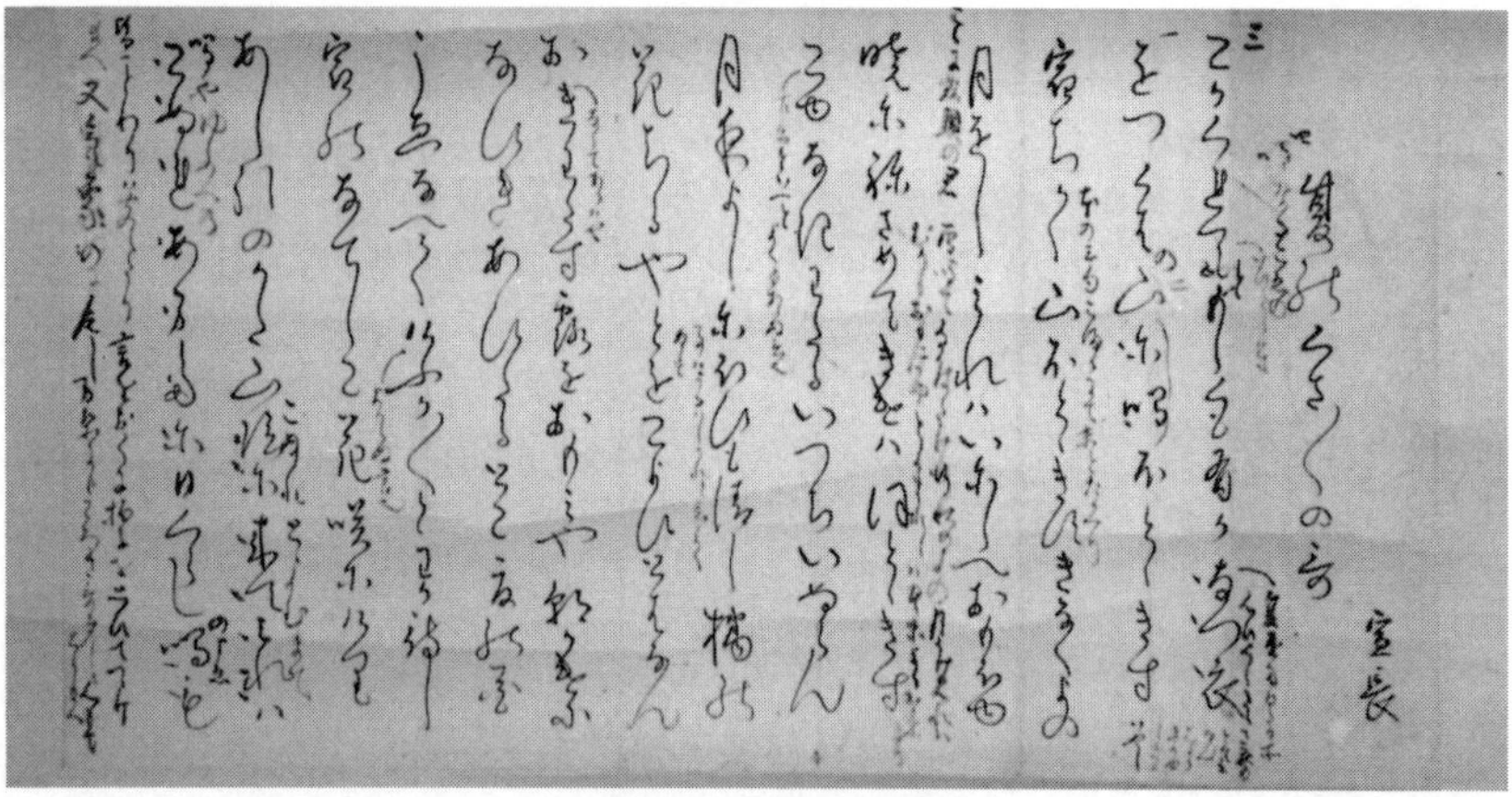

賀茂真淵添削宣長詠草

「歌ともなし」「いやし」「歌にはならず」「只今のはいかいにこそ」「歌とは聞えず」「つゝけいやし」「歌ならず」「歌にあらず」「心ひくき事」「後世の俗歌」「いひなし、はいかい也」「右の歌とも一つもおのかとるへきはなし。是を好み給ふならは、万葉の御問も止給へ。かくては万葉は何の用にもたゝぬ事也」(『添削詠草一』)

このときは、古体の歌の手持ちがなかったためか、入門以前(宝暦一〇年から)の歌も動員して送った結果がこれである。ことに、「思ひやれ三年の後もあかつきのかねのつらさはしらぬ枕を(寄枕恋)」については「是は新古今のよき歌はおきて、中にわろきをまねんとして、終に後世の連歌よりもわろくなりし也」とある。

・右いつれも、意そ聞えぬとはなかれと、今少し本立のよわく、何とやらん後世風の調をはなれぬ様也(『添削詠草二』)

・理りはさる事にてしらへ下けれは、又常の歌也。古言もていへるのみにては、よろしからす(『添削詠草三』)

・「心ひくし」「いやし」「言よくあらず」「よからぬ言也」皆ことわりは聞えたり。言をおくに、拍子を思ひてつゝけ給へ。又気象の乏し(『添削詠草四』)

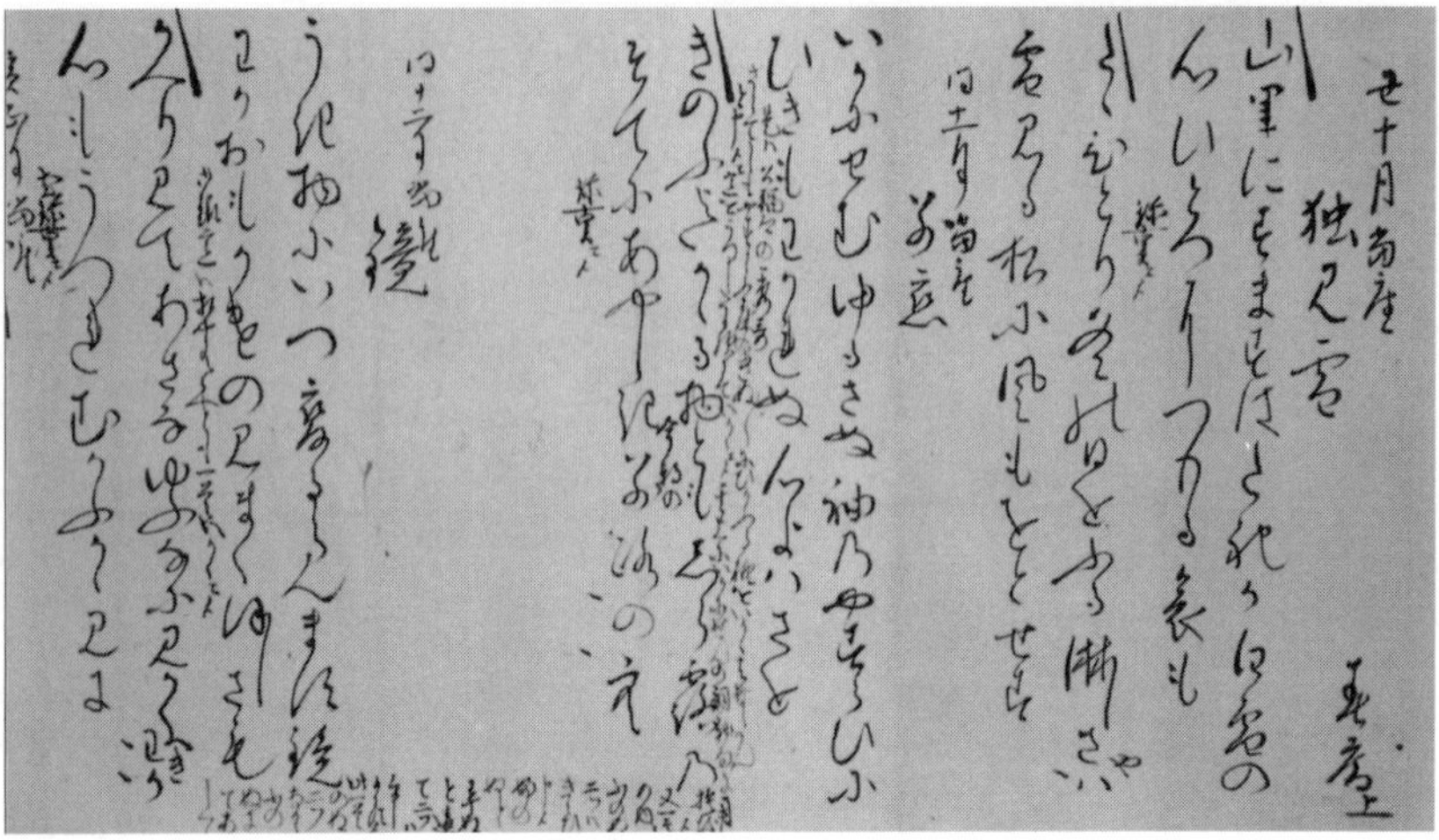

有賀長川添削宣長詠草

・たゝ地をのみあゆむ心ちす。長きことは、天高く行心ちこそ有へけれ（『添削詠草五』）

歌ばかりでなく、文章についても、源氏体を好むという宣長さんの文が、詞は似ても、気格低く、心高く清らに書いた源氏の文に似ない、とある（明和二年三月一五日真淵書簡）。

その翌年の書簡（明和三年九月一六日付）。右の『添削詠草四』はそのころか、万葉集についての質問は巻一七、八まで進んでいた。その末に、「いまた万葉其外古書の事は知給はて異見を立らるゝこそ不審なれ。か様の御志に候はゝ向後小子に御問も無用の事也。一書は二十年の学にあらてよくしらるゝ物にあらす」と宣長さんの「異見」（真淵説を批判、万葉の撰者に大伴家持を擬す）を叱責、宣長さんは抵頭謝罪するという経緯つきで有名な書簡、その中にも詠歌についてこうある、「貴兄はいかて其意をまとひ給ふらんや。前の友有は捨かたきとの事聞えられ候は論にもたらぬ事也」。文中の「其意」はこの前文にいう「歌の言意共に鄙陋《ヒロウ》（いやしく）薄迮《ハクサク》（いじける）」の「後世意」。宣長さんからの書簡は残っていないが、「前の友有（れ）ば捨がたき」を古風の詠めぬ弁解の口実にしたことがわかる。「前の友」とは、在京以来の有賀門、『排蘆小船』を書くころまでの『有賀長川添削詠草』（三通残る）では「珍重に候」「尤珍重に候」の評語に満ちている。それに、帰郷してからの嶺松院歌会等の面々、宣長さんは指導者として「マロの……」と自称することがあったか（『紫文要領』『私淑言』等の用例）。いずれも頓阿の風を出ぬ、真淵のいう後世意の仲間であった。宣長さんはそこへつかりこんでいた。

二条派末流でバイブル視されていた頓阿『草庵集』[96]の注釈として、宣長さんは真淵入門の明和元年に戯文調の『梅桜草の庵の花すまひ』[97]の稿を成し、さらに、門人稲掛棟隆《いながけむねたか》（大平の父）、須賀直見らの期待に応えて『草庵集玉箒』正・続六冊を編し、そのうち三冊を明和五年五月に出板する（残りは天明六年刊）。刊行の報を受けた真淵が、すでに正月の書簡で、それを無視し、「前に見せられし歌の低きは立所のひくき事今ぞしられつ。」と批判したところのもの。詠歌の指導についてはややサジを投げた感である。しかし、その六月、宣長さんは真淵への二回目の万葉質疑をおわっており、明和元年の古事記校合以来、年々比重を増してきた宣長さんの古事記・古道研究（四年には『古事記伝』を起稿していた）にも期待をかけ、助力、助言を惜しんでいない——その真淵は明和六年一〇月に没した。

宣長さんの周辺では古体の歌は避けられていた。『石上稿』によれば、明和二〜四年（計一、〇七〇首）には、真淵の添削をうけるためか、毎年一〇首前後の「古体」の歌をふくんでいるが、つづく六年間の安永二年まで（計一、五五三首）で「古体」とする歌は明和九年（安永元年）の一首だけである。

古風の歌を詠まなかったわけではない。この年三月の大和旅行の紀行『菅笠《すががさ》日記』下にこんな箇所がある。

——かぐ山にのぼって四方の山々をながめて、「とりよろふあめのかぐ山万代に見ともあかめやあめのかぐ山、といふを聞て、なぞけふの歌のふるめかしきはと、人のとがめけるに、いにしへの深きこゝろをたづねずは見るかひあらじ天のかぐ山、といえばとがめずなりぬ。」（とがめはあやしみの意だろう）、といにしえを知るための古風を説教する。日記中のこれら古風の数首は他の多数の近風の歌とともに『石上稿』には収められていない。

宣長さんの詠で、「古風」の語を使い、それが市民権をえるのは、一〇余年後すでに天明へはいって後のことであるが、天明へはいるころの宣長さんの歌風観を示す文書がある。『歌風問答』と称し、稲垣茂穂（天明二年に大平と改名）の問いに対する答えである。問い（上代を尊んで、折々詠まれる歌は、すばらしいのに、いつも主に中昔の風を詠まれる。後世のいやしきをきらいながら、中昔のいやしさをおすてにならぬのは、なぜでございますか）に対し、宣長さんの答えは、「今の世のはいかいといふ物はさらにもいはず、二三百年こなたの歌は、いやしくてとりがたし。三代集よりあなたの歌は、めでたけれど、事ひろからで、足（ら）はずなんある。かれこゝをもて、おのれは新古今のほどをなん歌のみさかり〔真最中〕とは定むる」とある。一万一千余の歌題をもつ（明和三年『古今題彙』）宣長さんにとって、上代の歌は単純、単調だというのである。この差別の認識は終世かわらなかった。

しかし、それから数年後、『石上稿』から明和四年以降の歌を精撰する『自撰歌』の「三」（天明四年起筆）に至り、はじめて「古風自撰」の部（天明二年の二九首）が立てられ「近風」の多数の歌と対比される。

古風を軽視することはできなくなってきていた。翌天明五年九月の小篠敏宛書簡にこうある。——「古風の歌を読まれず、門人皆近体なのは甚だいかが」の問いに対して、「愚老古風ヲヨマザルニアラズ、然レトモ又近風モ捨ガタキ訳重々有ㇾ之」とし、「古風ヲモよみ、近風をも相兼てコレヲ得ベキ事也、近風ヲ得ザレバ古風モ得がたき訳アリ、……近風ヲヨク得テ古風ヲヨムトキハ、是ハ古風、コレハ近風トヨク分ルヽ也」と、詞、テニオハ、意趣の別をいうが、「門人之事、当地ノ分ハ皆近風也、其中ニ太平一人ハ古風ノ方ヲヨク得タリ、又他国ノ門人ハ多ク古風也」とつけ加える。古学を弘めるためには、古風の腕前も見せねばならない。

そのあらわれは翌天明六年。『古事記伝』上木にとりかかった年で、前年の『玉くしげ』素稿、翌年の『秘本玉くしげ』献上にはさまれた、古道宣揚の年にふさわしく、万葉仮名表記の『玉鉾百首』一三二首を作った（翌年刊行）。「玉鉾」とは「道」のこと、古道観の披瀝である。この年のみは『石上稿』でも、「古風」をまとめており、『玉鉾百首』を別として、生涯で年間最多数の四二首を記している。「近風」は四七首だから、古風優勢であった。

さて、『玉鉾百首』であるが、そのまえにひと言。

「結びすてたる枕の草葉」、寛政五年上京の帰途、彦根から名古屋へ向う記中にこうある。

　醒か井の水は倭建命のふることといひ伝へたれといとおほつかなし。されといみしく清き泉にてよのつねならす。

いにしへの深き心はしらねともむすへはすゝしさめか井の水

　かの命の御腰かけ石としるしたる石あるはをこにおほゆ。

やまとたけこしかけ石としるせるにあはれもすこしさめかゐの水

（宣長さんは『古事記伝』で、玉倉部の居寤の清泉について、「此清水の地、美濃ならではかなはざるなり」として、古今六帖の歌を引き、不破山の「ゐさめ」の里の説を主張している）

こんな例はいくらもあるのだろうし、また、ぴったりの例とはいえぬかもしれぬが、相かなうはずの事、心、言のうち、事の認識に誤りがあれば、心も言もあさはかなものとなることを宣長さんは実感し、事が「いとおぼつかなし」では、「をこ」に思われ、「あはれもさめ」る、というのである。

先の戦争中の詩人の多くに思いあたるが、古道の一〇〇首と歴史詠を中心とした余り歌三二首で成る『玉鉾百首』を読んで得る「あはれ」もそれである。作者の気持はわかり、なるほどとおもしろくても、「あはれ」を共感することはできない。『古事記伝』の達成の評価や当時の歴史意識の未熟さなども、別個の問題で弁護にならない。

古事記がどんな心でつくられたか、その中の事の真偽は？の問いに拒否した宣長さんの認識は、古事記の盲信にすぎない、とここで考えるわたしは、また、宣長さんのいう「実情」歌論にしても、封建制下町民庶民の実感論議にすぎず、それと連動する歌・物語の物のあわれにしても結局、はじめに定家ありき、はじめに源氏物語ありき、だったし、古道にしても、はじめにアマテラスありき、にすぎなかったのではないか、と思う。要するに、知的感性的認識の発展流動に限界がある、ということである。

須賀直見の死を悼む歌

『玉鉾百首』にくらべて見逃せないのが、それより一〇年前も安永五年一〇月に没した愛弟子須賀直見*98（三五歳）を悼む一二首（『石上稿』）である。Aとし、半数を記しておく。

A 一 須賀の子はいつちかもいにしちゝのみの父をも置きていつちかもいにし
二 家をおきていつちいにけんわか草の妻も子とももこひなくらんに
三 あれをおきていつちいにけん須賀のこは弟とも子とも頼みし物を
七 うつせみのこの世にもあらぬ須賀の子をけふもきなんとわかまちおもひし
九 久かたの天の時雨はなふりそねすかのわくこかおもほゆらくに
一二 うなかふし歌思ひせし須賀の子かその面影はわすらえぬかも

古風の歌で、大平も『鈴屋《すずのや》集』の補遺として中から四首（一、三、九、一二）を「古風」として採録する（『鈴屋集九』）のだが、宣長さんはついに「古風」の語を使っていない。「ついに」というのは、鈴屋で古風が市民権をえていない当時ばかりでなく、よほど気に入ったのか、感慨深いのだろう、寛政一一年『詠稿十八』（『石上稿』）に一二首とも復活再録しているときも、である。近、古を超えていたのか。

直見の死を悼んだ歌は他に一〇首ある。

同年一一月八日遍照寺での追悼歌会に四首。

B　かきおきし跡はふすゐねのとことはに心みたるゝ形見なりけり（寄獣懐旧）

天明八年一三回忌法久寺での追悼歌会に五首（寛政一一年『詠稿』で他一首）。

C　此世にはいまはなきさの友ちとりふみおく跡をなく〳〵そ見る（寄書懐旧）

B、Cの際の歌はもちろん近風であり、そのように扱われている。この両群でここにあげた二首だけは、『鈴屋集三』、先の『詠稿十八』に、Bは『自撰歌』安永五年にもとられている。いずれもよほど会心の作であったのか。A群の情の切迫とは別に、題詠のテクニック、掛詞、縁語の用法に自信があったのであろう。またそれらが歌会の席での作であることに注目すべきで、詞先情後の周囲を示している。歌のよしあしの評価はさまざまであるが、B、CをA群と比較するとき、半世紀近く教師をしてきたせいもあるか、わたしには問題にならないように映る。晩年に至ってA群全首を再録する宣長さんの感慨にも、共通するものがあったかと思う。

さらに、古風の詠歌は古道を知るため、と断言する（『うひ山ぶみ』）宣長さんの承服はえないだろうが、優劣をいうなら、わたしは古道講義の肩ひじ張った『玉鉾百首』よりも直見哀悼の一二首をとるが、それはさておき、優劣の差異よりも共通する一つの重要な問題がある。

鈴屋円居の図（左中央が宣長、頬杖が直見）

連作の形式

それは、一つのテーマによって、かかわる想いのたけを吐き出すという、連作の形式である。

宣長さんには「百首歌」というものがある。宝暦三年春（二四歳）から安永二年冬（四三歳）までの作を集めた『鈴屋百首歌』の稿に一七編（うち一編は「花五十首」）、散逸を含めると二一編をこえる。それら近風。一〇〇首をめざし、題詠の一首ずつをしたてたもの。ただし、安永二年の「花五十首」は、後、中の一〇首が『鈴屋集』へ採られるときに、題を「待花」「初花」「閑居花」各一首とするにすぎず、「落花のうたども」に二首、「花のうたども」に五首で、他の詠歌に一首ずつの題を伴なっていた、とは考えられない。むしろ一連のなかでの詠であろう。天明六年に至って古風で現れる『玉鉾百首』はそうした百首歌の再現である。旧来の百首歌は安永九年にも見られるが、それでも六年後のこととなる。

また、『石上稿』には、歌数の多い一連の歌も見る。「翫花」一五首（安永四年三月）、長谷川常雄家で「翫花といふことを」一〇首（『自撰歌』に「花の歌あまたよみける中に」として六首採る。安永八年正月）、「花の歌」一二首（天明二年）。前掲安永四年一〇月の直見哀悼の古風一二首はこの線上に位置する。

以上の近風連作で特徴として二点考えられる。まず、それらの軸が花（桜）であったこと。それへの執心はいうまでもなく、ひとたび点火されると連想に尽きることがなかったろう。つぎに、大きなテーマのもと一首一首の題詠の形式が棚あげされていること。情の流れに乗ればいいのである。こうして晩年に至る。

さて、寛政になると、これまでとは様子が少しかわってくる。三一年間、『菅笠日記』の大和旅行を除いて、伊勢を出ることのなかった宣長さんが他国へ遠出をするようになった。それは宣長さんの古学が他国に知られるようになったからである。

元年名古屋、二年京、四年名古屋、五年京、名古屋、六年名古屋、若山・京、一一年若山・吉野、一二年若山、没年の翌享和元年（若山）、京。歌の基調は依然として新古今主義といわれる近風の宣長さんもいろいろの歌風に接することとなる。ことに、京では平安四天王の小沢蘆庵[*99]、伴蒿渓《こうけい》らをも訪問、親しく応酬、その古今調、ただこと歌の歌風にも接した。また、各地での宣長さんへの期待の中心は当然古学であり、歌にも古風を求められる機会が多くなったことである。「古学の輩は、古風をまづむねとよむべきことは、いふに及ばず、又後世風をも、棄ずしてならひよむべし」（『うひ山ぶみ』）というようになる宣長さんだから、その近風基調の詠歌にも変化が起こる。長い歳月自己を中心として構築されていた世界が外気にふれて変容しようとする。すると、あらたに自由の自己に拠る一種居直りの場面があらわれてくる。その自由の自己は、先述の過程に見るように古風の刺激ですでに準備されてきたものである。題や詞の技巧、近・古の別にしばられない自由な側面があらわに頭を出してくる。

この傾向は、すでに作りなれた古風の側面からは、寛政一〇年の筆『うひ山ぶみ』の説中の次の立場にあたるものであろう。

> 今の世に古風をよむ輩も、初心のほどこそ、何のわきまえもなく、みだりによみちらせ、すこしわきまへも出来ては、万葉風のみにては、よみとりがたき事など多き故に、やう〳〵と後世風の意詞をも、まじへよむほどに、いつしか後世風にちかくなりゆきて、なほをり〳〵は、ふるめきたる事もまじりて、さすがに全くの後世風にもあらず、しかも又古今集のふりにもあらず、をのづから別に一風なるも多きぞかし。

ことに次の作品群に接するとき、これらにこそ宣長さんの独自性を見る思いがする。

吉野の歌

寛政一一年『若山行日記』にのせる「よし野の歌」一四五首。その中から『詠稿（石上稿）十八』にとる一二首は近、古各六で、それからとる『自撰歌』一五の六首も近、古各三。そして、『鈴屋集』巻四「古風」には「吉野百首」として一一〇首が採録されている。

古をはつせの山うちこえて見渡せはうねひ葛城かく山も見ゆ
古音にきくつはきはなけど山見つゝこせの春野をけふそわかゆく
古来て見れはきの川のへのいもせ山妹らは見えす山の名ならし
花はまたさくとなけれと宿かりて名もなつかしき桜井の里
きて見れは花の盛の面影にたつや吉野の峯の白雲
とりあへぬ旅にしあれは二つなき心のぬさを神はうけてよ　（『詠稿』『自撰歌』）

「吉野百首」は一一〇首中、水分《みくまり》だけ九、蔵王二、かなふ、たきの都、象の中山、山の各一以外の九五首はすべて「吉野」の語を詠みこんでいる。偶然ではないだろう。まさに「吉野」の歌だが、中心は真中にすえられた「水分神社にまうづ」の一五首である。翌年の『枕の山』の桜三一五首には「吉野」「水分」の詠みこまれた歌が絶無であることと対照的である。こちらは「桜へ寄せる心」の歌なのである。

みくまりのかみのちはひのなかりせはこれのあか身はうまれこめやも
ちゝはゝのむかし思へは袖ぬれぬみくまり山に雨はふらねと
命ありて三たひまゐきてをろかむも此水分の神のみたまそ　（「吉野百首」）

翌寛政一二年には、「ふみよみ百首」六七首が『詠稿十八』にあるが、大平補遺の『鈴屋集九』「古風」に「古風にはあらねとこゝについつ」として六八首を載せている。近、古にはこだわらない。『詠稿』にのみあるもの一首、補遺にのみあるもの二首、共通は六六首。補遺の方のが、順序排列、字句の異同も整理されているから、『詠稿』は一〇〇首にするつもりの未定稿で、補遺に使った別稿があったかと思われる。

この作品はすぐれたエッセーと思えばよい。書物好きの少年時から、博覧駆使の日々を経て、古道観に達した老境の今、自己を導いてくれた書への信頼と愛着、心に去来する読書生活の体験、回想は、思いつづけるままに詠んで尽きることがない。それは後生にのこす、歌による『うひ山ぶみ』[*100]でもある。

うつみ火のもとによる〲おきゐつゝさむさわすれて見る書そよき　（二首『鈴屋集』にのみ）
跡たえて深くふりつむ冬の日もふみ見る道はゆきもさはらす
ふみよめは世の中の事下か下上か上まてしられぬはなし　（一首『詠稿』にのみ）
あた言もよめはよむかひ有ものをいつれの書かよまてすつへき
玉の緒のなかくもかなやよの中にありとある書よみつくすまて

中に初句「書よめば」にはじまる歌が一〇首ある（『詠稿』では一一首）。幕末の万葉歌人橘曙覧《あけみ》の有名な連作「独楽吟」五二首（たのしみは……時）もこれにヒントを得たものだろう。中に、「たのしみは鈴屋大人の後に生れその御諭をうくる思ふ時」の一首もある。

『枕の山』

「ふみよみ百首」と同じ年の秋から冬へかけて『枕の山』が成る。

『枕の山　桜三百首』は三一五首の桜の歌を収める。「寛政十二年十月十八日」の識語があとがきの末尾にあり、成立の時期を示している。板下自筆の刊行は没後の享和二年。

桜の歌三〇〇首といえば、とてつもなく多い感じがするが、刊行後一八年を経た文政三年には、『桜花五百詠』という漢詩集もできている。幕府の医官池原雲山という人の作。桜マニアの漢学者が「胡蝶三百」に刺激され、あるいは、漢学畠にも知人の多い村田春海も賞讃した『枕の山』の向うを張って作ったものか。春海は『枕の山』を刊行前に借覧して、「尤初盛衰落の次序ありて、一首とても同趣なる御歌無レ之候は、まことに御自在なる義、大家の御作と奉レ存候」（享保元年一〇月宣長さん宛書簡）とほめるが、それは、百首歌や題詠できたえてきた宣長さんにとって当然のこと、というより春海の言の程度にしか意識させないほどに自由な詠みぶり、構成だ

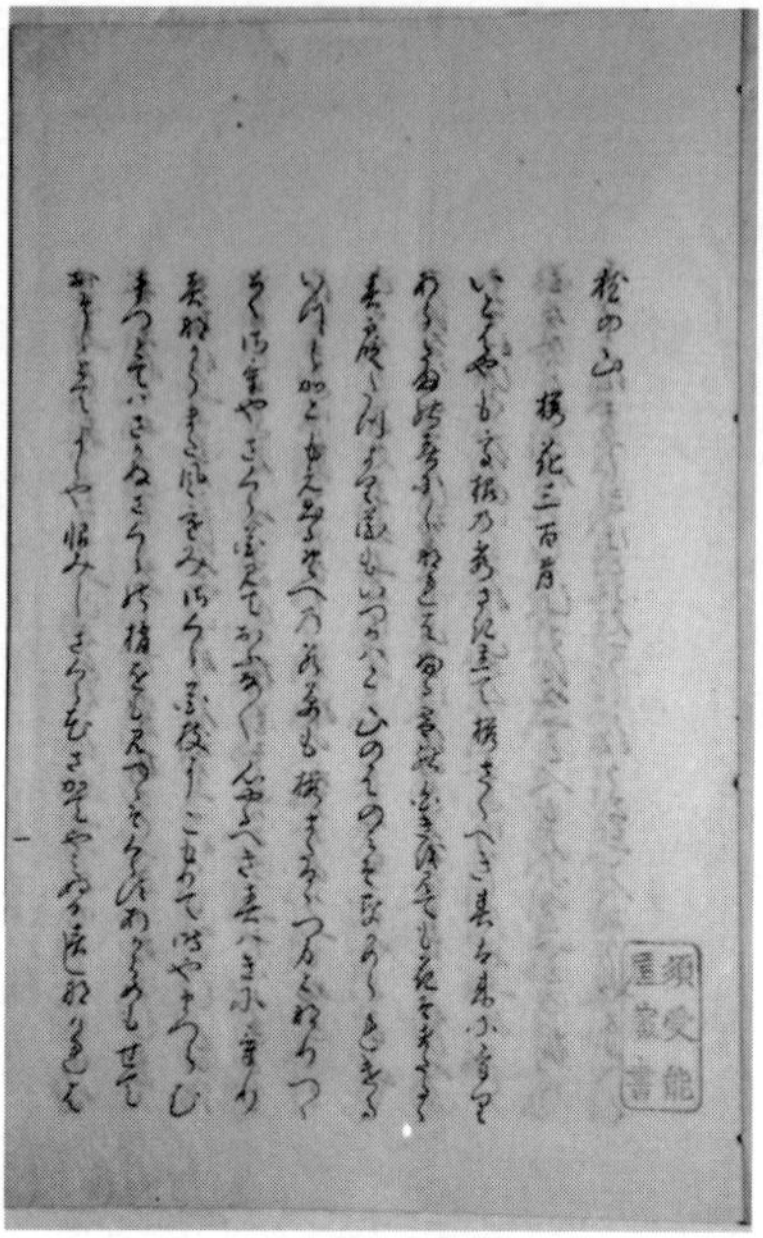

『枕の山』（冒頭）

ととるべきだろう。「桜花五百詠」五五〇首は、完全な題詠、量と技と才とで三〇余歳の作者が「癖愛之厚」をほこる諸編だが、背景に大量の桜の歌をかさねもつ宣長さんを思えば量の上でも問題にならないし、歌も、「これはたゝ『いねかての心のちりのつもりつゝなれるまくらのやまと言の葉』の霜の下に朽残りたるのみ」（あとがき）という『枕の山』の自由述懐の作とは異質のものである。

『枕の山』の桜の最大の特質は、作者無意識であっても、「おのれの死」の裏づけをもつ点でなかろうか。

この年七月には遺言書をしたためた。そこには、山室山にきずく塚の上には山桜の木を、霊牌には桜の木で作った愛用の笏《しゃく》を、諡《おくりな》は「秋津彦美豆桜根大人」と定めている。そして九月一七日には、山室山妙楽寺へ行き山内で墓地を選定。その後場所の変更（頂上近くへ）をしたが、『諸用帳』の記によれば、一〇月四日には山室地代金一分を払い、若山へ出発の日一一月二〇日に一両二分が山室石牌代として石屋喜兵衛に払われている（ちなみに翌年一〇月二日の埋葬時にはすでに碑も建ち、塚上には山桜二松一の植えられていたことが青木茂房の記でわかる）。

こうした過程にあって、『枕の山』は、「今年秋のなかばも過ぬるころ」つまり八月すぎから一〇月一八日までの間に詠みつがれ、整理されたものである。

のこりなくうつりもゆくか山桜ちるを見にとは我はこなくに

この歌は、「今よりははかなき身とはなけかしよ千世のすみかをもとめえつれは」を含む「山室行詠草」一六首中、山桜の一首で、詠草では消されて『枕の山』へ採られている。『枕の山』と遺言書、山室墓地との直接の関係を示している、といえよう。

こうして、死の裏うちをもった『枕の山』は、技巧はおろか、吉野や水分をも超えた、桜一般の幻想に身を沈める宣長さんの姿を髣髴させる作品といえよう。

まちつけてはつ花見たるうれしさは物いはまほし物いはすとも
散まては世のいとなみもすてて見む花の日数はいくはくもあらす
鳥虫に身をはなしてもさくら花さかむあたりになつさはましを
さくら花あかぬ此世はへたつともさかは見にこむあまかけりても
ことしのみ散花のごとおもふかないつもとまらぬならひ忘れて
桜花ちる木本に立よりてさらはとたにもいひてわかれむ
したはれて花の流るゝ山河に身もなけつへきこゝちこそすれ

（二）私——遺言

葬祭方法の指定

宣長さんの私は、その死に関して異様なまでに現れる。山室山に埋葬の時、最も古い門人の一人青木茂房が、法師も来て唱える念仏に不快感を記すとき、「師の君なにごとも世にことなる事をこのみ玉はぬ御本上（性）なれば……」（『歎の下露』）というのは、宣長さんの調和的処世、旧慣尊重の人がらにあたるが、死の前年寛政一二年（一八〇〇）七月に記した、二人のせがれ宛遺言書は、まさに「私」そのものの主張である。

「遺言之事」として、かっての父のそれ（「一我等死去致候ハヽ」）と同じく、「一我等相果候はは」ではじまるが、内容は、息をひきとった時点から遺族のなすべきことが箇条書で一八項目列挙される。最終項目で、親族むつまじく家業出精、家門永く相続、これがご先祖父母への孝行、と簡単だが、あとは図も入れ、微細にわたる葬祭のさしずである。項目のうち、「世間並」の語での指示が四項目。湯かん、埋め方、法事年忌、位はい。ということは、他は世間並でないといってよい。繁簡あるが、そのあらまし、

――冒頭が、夜九ッ時で忌日の日取りを定めよ。以下、葬送まで念仏無用。夜中ひそかに太郎兵衛（春村）と門弟一、二人で山室山へ送り葬れ。葬式は空送《カラダビ》で樹敬《じゅきょう》寺で執行、その行列と服装の指示。幡、天蓋、挑燈等無用。樹敬寺墓地へ建てる石塔、いずれ妻はそこへ葬ること、二人の戒名指定（本人は「高岳院石上道啓居士」）。山室山の七尺四方ばかりの墓地の地取り、穴の深さ七尺余、塚の高さ三、四尺、上へ花のよき山桜をうえる（図で一株）。前へ建てる石碑の設計、銘は「本居宣長之奥津紀（後「奥墓」と訂正）裏・脇へは何も書かず、高さ四尺ばかり。台は一重、花筒は無用。墓参は年に一度、毎月忌日には樹敬寺へ。他所他国の人へは山室山の墓を教えること。毎年祥月には、床へ肖像をかけ、前へ霊牌《はい》を立て、花と灯で香は無用、備える膳は白木の足付膳で料理は魚類、田作り、鱠、汁、飯、平（精進物）、焼物（切焼）、酒はみき徳利一対、椀は茶椀。霊牌は手馴れの桜の笏《しゃく》を台にさしこみ、後諡《のちのな》は「秋津《あきづ》彦美《ひこみ》豆《づ》桜根《さくらね》大人《うし》」とする。毎年一度ずつ祥月に歌会をすること。そのとき膳は不用、酒だけそなえる。歌会客へは一汁一菜の精進。――ほぼ以上である。

宣長さんはそれをしたためてふた月後、山室山妙楽寺*101へ出かけ墓地を定めてきた。奥墓図を残している。寺の門より一丁ばかり奥、塚は南面、松坂をほぼ背にしているから、心理的には、吉野（地図上では西南西）を向い

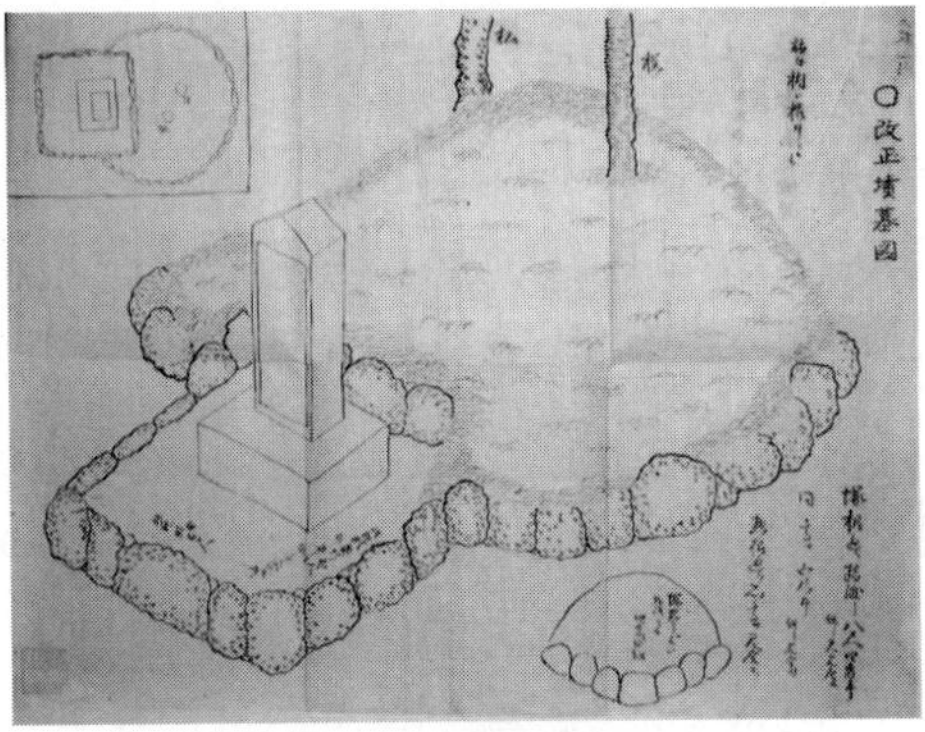

「改正墳墓図」

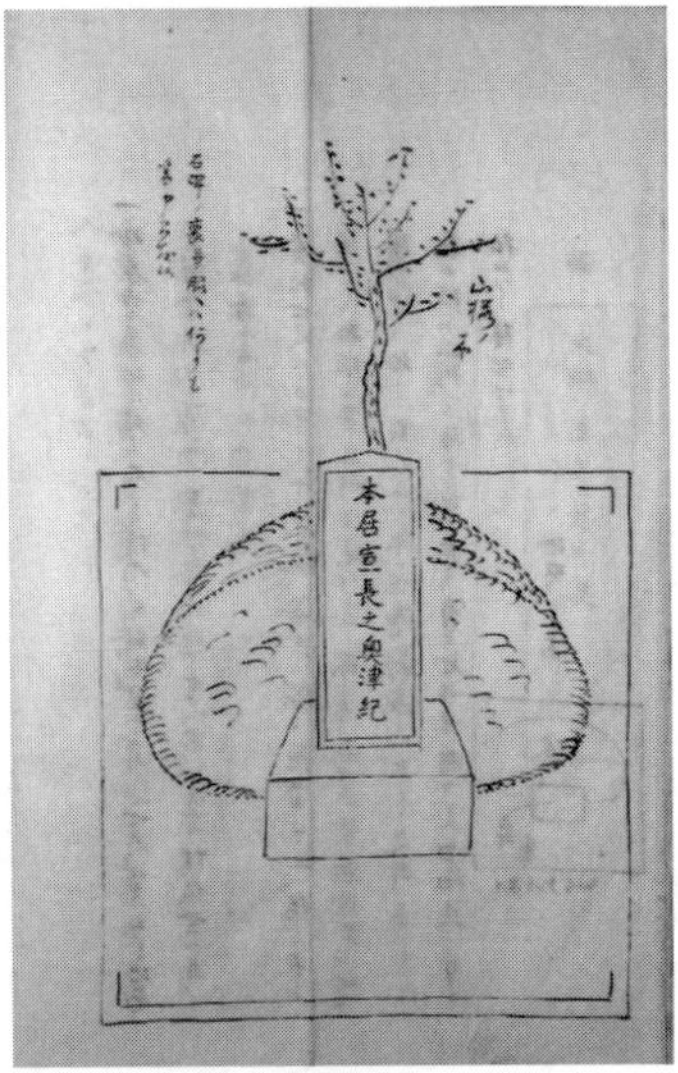

『遺言書』

ているのだろう。さらにその後、宣長さんは位置を改め、三丁ばかりのぼって山の頂上近くへ移した。墓域を少し広げ（八尺九尺）、具体的に寸法等を記した。墳上桜の斜後に松一株を加えている（「改正墳墓図」）。塚の南面は同じだが、後の小高い所からは、北から東へかけて、郷土の街と村々のひろがり、そのかなたに伊勢の海がひろびろと展開するのである。

　右遺言の特徴は、死を目前に切羽つまった、いわば衝動的なそれではないということ。したがって志向丸出しのうえ、周到で理性的な設計である。とまどう遺族への思いやりもあるが、微細にわたり指示する形で、思いのまま設計して残した。しかも単なる設計だけではない。墓地については、自ら山室山へ実地踏査におもむき、位置を定め、妙楽寺から七尺四方の墓地譲渡を受け、翌一〇月には地代（金一分）を払い、その翌月には山室石牌代（金一両二分）を石屋へ払っている（「諸用帳」三）。また、寺との折衝には三井高蔭があたっていたが、翌春やよひ一〇日ごろの再訪のときか、位置、墓域の計画に改善を加えている（「改正墳墓図」等）。さらに、埋葬の当日を記録（植松有信『山むろ日記』、青木茂房『歎の下露』）で見ると、墓はすでに出来ており、塚には桜二本、松一本を植え、その前に碑も建っており、埋葬は塚の後を深く掘り、そこから塚下の岩構えの中に柩をおさめ、口を石の戸で固め、それを土で堅く築き固めた、とある。つまりすっかり準備はできていたのである。

以上、宣長さん最終の完璧な「私」である。おそらく近世において破天荒の遺言であろう。

しかし、「死ハ一切ヲ打チ切ル重大事件ナリ、奈何ナル官権威力ト雖モ此ニ反抗スルコトヲ得スト信ス」とは、切羽つまった森鷗外の遺言冒頭であるが、宣長さんには生命以外「打チ切」らるべき「一切」はなかったはず。それでも「官権威力」はその遺言の「私」に反抗する。

山室への密葬、樹敬寺への空送について、お上奉行所の役人筋から次の指図があった（「御葬式」添え書）。

一　夜中密々山室に送り申候事は何有遠慮事

一　樹敬寺へ空送の事　是は遠慮可然候ヤハリやはり通例の通り樹敬寺迄御送葬取計本堂より式相済候上如御遺言山室へ送り候て可然奉存事此儀は追ていつれそより尋等有之節申披六ケ敷筋にて可有之被存候間能々聞合等御取計有之度事

「大平翁御手記之写」に、「廿三日、大人御方より大平よひニ来ル、勢州奉行衆より申来候紙面之様子ニ付、聞合可ㇾ申方へ聞合可ㇾ申義被二申付一候也」とあるのは、この時のことか。経緯はわからぬが、遺言にかかわらず、遺族がこの指図に従ったことはいうまでもない。

また、同様のことが、王政復古後の明治八年、奥墓の隣りへ、異質の平田篤胤《あつたね》を合祀した山室山神社創建、以後の宣長さん神格化についてもいえよう。同社は一四年後、松阪町殿町の元奉行所跡へ移され、その一四年後、県社に昇格、その一二年後、四五百《よいほ》の森へ移転（昭和六年本居神社と改称）。その間に、奥墓へは二度勅使が差遣され、先明治一三年のあとでは正四位追贈、後の三八年日露戦勝後では大功正四位には飽かず従三位に進める（県知事「策命文」）となった。

こうした過程で、奥墓も遺言での設計へ手が加えられる。墓域が「改正墳墓図」の二坪から五坪余となり、塚上は桜一本で松は消え、塚の左手二尺には篤胤の歌碑、それらを含む九坪（旧社地。現史跡指定地は七坪）とつづく二反一畝の山林の樹木も風致木として保育される。ことに、明治三四年の百年祭を前に、奥墓に至る山路の拡張・改築、旧社殿の撤去、墓域の整備等、大きく改修された。石階三段を登れば、桜花の石刻を前二、横四、後三とはめこんだ石欄がめぐらされ、宣長さん自筆の碑は同じだが、台は二重となり、前に石の供物台・対の花筒が加えられている。

戦後にも、塚下右二・六メートルに一三重の石塔（昭和二八年）、その右に百五十年祭歌碑（昭和二五年）が建てられてきた。

かくて、「山むろに千年の春のやどしめて風にしられぬ花をこそ見め」（『石上稿』寛政一二年）と詠み遺言書の基調であった、宣長さんの「私」と閑寂・簡潔の美は、俗風の威力に破られてきた。今後は観光地化の一途をたどることになるのであろうか。もっとも、「人の今日の行ひは、只其時々の公の御定めを守り、世間の風儀に従ひ候が、即神道にて候也」（『くず花』附録）という宣長さんだから、そうした官権世俗のさかしらも納受するだろうが、つづけて「然れ共又、……」と宣長さんもいうように、あれこれを混同、遺言における宣長さん最終の「私」を見失うべきではない。

思えば、商家の長男でしかもあととりでない出生。一一歳で父を失う。江戸店見習いで商人不適格となった元服直後の一年間。山田の紙商への養子は二年間で離縁。そして、脱商人の勉学を士儒書生の間で数年。この間、

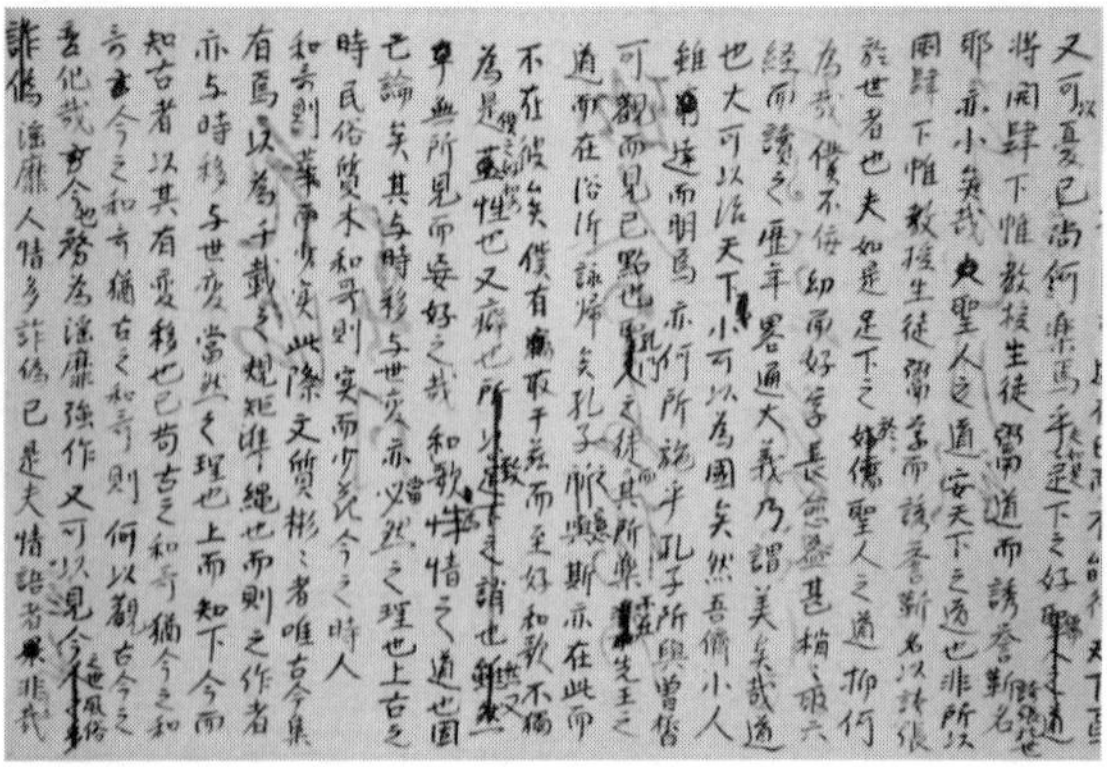

宣長書簡（稿）

私（ひそ）かにためされきたえられてきた私（わたくし）である。自意識の強さと自衛本能。それの支柱が、知巧と勤勉の資質。導いたのが、溯源瞰下《かんか》の高所志向であった。

「君は僕が和歌を好むのを非とする。僕も私《ひそ》かに、君が儒を好むのを非とする。なぜなら、儒は聖人の道、国をおさめ、元下を治め民を安んずる道で、私有自楽するものでない。今、われらには、おさむべき国も安んずべき民もない。聖人の道が何になろう……」二六歳宝暦六年末と推定される塾友清水吉太郎宛私有自楽で有名な書簡。私有自楽の対象が儒にありえず、かわるべきものが、「好、信、楽」の自由の人生観が見出した和歌（作歌、研究）であること、と排儒・非政治性（被治者）の自覚。わたしは、書中に二つ使われている「私」の字に着目する。古来、公・官に圧殺されて用例すら少ない肯定的な「私が」声を立てているのである。それはこれまでの宣長さんの決算でもあり、以後の人生への出発でもあった。

しかし、「私」を肯定的に使う伝統はないし、はばかられる。間接的な表現に「人心如面」という語があった。

人心如面

出典は『左伝』。鄭の国の賢相子産のことば「人の心の同じからざるは、その面の如し。われあにあへて子（きみ）の面わが面の如しといはんや」から。

貝原益軒《かいばらえきけん》はこの語で「世に交わる道」をこう書いている（『大和俗訓』）。「およそ人の心が同じでないのは、人の顔が同じでないようなものだ。世間の人ごとに、めいめい心がちがうのだから、人のすることが、こちらの思うようにならなくても、人の心のありさまはこんなものと思い、気にくわぬからといって、人をとがめてはいけない」（原漢文）。いかにも益軒らしいことばである。その本はかつて宣長さんも読んでいたが、気にとめもしなかったろう。

また、方面がちがい、時代もさかのぼるとどうか。藤原定家をはじめ上手の歌人を批評する『御鳥羽院御口伝』に、「おほかた歌の姿は面の如くにして一様ならず」とある。定家を尊崇する宣長さんは、すでに読んでいたかもしれない。

とにかく、古くから広く使われた語であることにはまちがいない。しかし、この語が景山塾《けいざん》での宣長さんの意識へはいってきたことは、荻生徂徠《おぎゅうそらい》の宣長さんへの影響である。

この語が現れるのは、さきの私有自楽を承け継いだ書簡稿である。「古人有言曰、人心不同如其面、信哉斯言也」と、同じく学を好むが相手は詩を好み自分は文を好むという導入部分だが、七四〇字ほどの蘐園《けんえん》ばり書簡の内容は全体自己主張であり、結論は相手も自然の神道を奉じ、和歌を好・楽すべし、とする。つまり、宣長さん終世の学業――和歌と神道の自覚が、私有自楽・人心如面の語でテープカットされたわけである。

帰郷後に成る処女作の歌論書『排蘆小船』に人心如面の使用は四例を見る。はじめの二か所は、「詩をとるか歌をとるか好みしだい」「人によって作る歌にかわりが出てくる」の比喩。あとの二か所は各一段落を立てて論ずるが、時代の変化についての一連のもので、人情もかわる所は少しずつ世々にうつりゆく、ということ。いずれも若者の用法らしく、相違、変化を意味するが、主体とかかわらない。人心如面の「人心」は主張する「人情」にかさなり、その変遷つまり時代の変化の論に埋まる。この場合、当代を虚偽・虚飾の世と否定するのであ

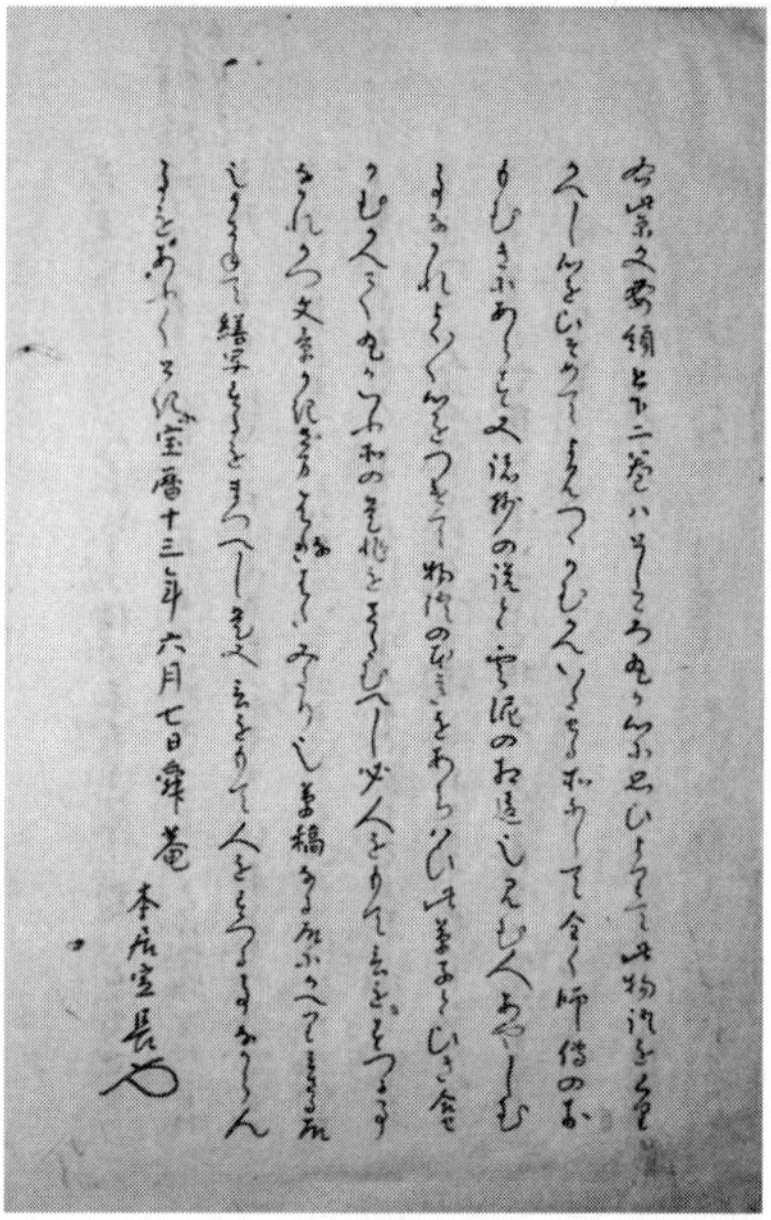

『紫文要領』奥書

るから、私（個）の解放としての人心如面の語は、復古によって人情を回復しようという主張そのものに解消することとなる。つまり、その私は、唐人の議論、近世武士の気象、堂上の流儀・伝授などに対抗して、「マッスグニ、ハカナク、ツタナク、シドケナキ」人情・実情・本情の自然を主張するところにあらわなのである。

　この主張はつづく源氏物語論『紫文要領』で物のあわれ論として展開される。その奥書に、「年ごろ丸《まろ》（私）が心に思ひよりて、この物語をくり返し心を潜めて読みつつ考へ出だせるところにして、まつたく師伝の趣きにあらず、また諸抄の説と雲泥の相違なり。見む人あやしむことなかれ。よくよく心をつけて物語の本意を味ひ、この草子（本書）と引き合せ考へて、丸がいふところの是非を定むべし。必ず人をもて言を棄つることなかれ。……」と自己を主張し、訴える。

　書中人心如面の語はすでに使われず、『排蘆小船』と同じ思考でさらに具体的に作歌と物語をつないで進められる。「人情は古今貴賤のへだてなしといへども、その時・処の風儀と境界とにつれて変ることもあるものなれば、……物語を読むには、その時の風儀、その人の境界をよくよく心得て、その人の心になりて見る時は、いまひときは物の哀れも深きものなり」とし、「この物語をよくよく見て古への中以上の人情風儀をよく心得て、おのが心をその境界になしてよむ時は、よみ出づる歌、よきもあしきも古へに違ふことなかるべし。……いつともなく古への雅やかなる風儀人情が心に染みて、自然と心も古への情に似たるやうになりゆきて、俗人の情とははるかにまさりゆけば、月花を見る心も俗人とは変り、いまひときは物の哀れも深くなるなり」というのである。

「歌とはいかなる物か」から始める歌論書『石上《いそのかみ》私淑言《ささめごと》』は、三巻、一〇二項目をつづけて途絶するが、『排蘆小船』を整理、これまでの全思考を総合、補強している。直前の『紫文要領』での物のあわれを契機に、それへ新しく記を中心に紀・万葉の知識を加え、「神の道」（古道）観で貫き、擬古・復古を主張する。

　吾御国は天照大御神の御国として、佗《アダシ》国々にすぐれ、めでたくたへなる御国なれば、人の心もなすわざもいふ言の葉も、只直くみやびやかなるまゝにて、天の下は事なく穏《オダヒ》に治まり来ぬれば、人の国のやうにこちたくむつかしげなる事は、つゆまじらずなむ有ける。然るを…（中略）…さて後の世にいたりては、いよ〳〵唐《カラ》やうに何事もなりはてぬれど、猶歌のみ今も神代のまゝに御国のをのづからの意詞《ココロコトバ》にて、露ばかりも異国《ヒトノクニ》のやうをまじへぬは、いみしくめでたきわざならずや。

と歌の一貫性をいう。歌の変化の面では「詞のいひざま」が最大のものだが、「なすわざ、いふ言の葉」の変化に応じてきたなく賤しくなった「情」を、古雅の情に化する学びが歌の道である、とする。

　右の語中に見るように、新しく真淵の考え「凡いにしへは人の心なほければ、いふこともなすわざもやすらかなれど、世くだち語転《ことうつ》りて、今よりはかるにいとしもかたき也」（『冠辞考』付言）もすでにとり入れられているが、徂徠説を用いた『排蘆小船』の所説を延ばした古学の試論である。

　書中、人心如面の語を見ることはない。すでに、用語で自然を「をのづから」、実情を「まことのこころ」と訓ませようとする所にナマで出る場もないのだが、内容的にも、肯定、否定を明らかにして、私見を強調するに、それは不必要なのである。「私」は確定していた。

　その語の行方を付記しておこう。

この書の二年後の三六歳、谷川士清《ことすが》宛初書簡に見える。徂徠ばり漢文体の最後に、人心如面という儒者の常言で論争をさける口実にしてほしくない、とかつての景山宛徂徠書簡の語を想起している。もちろん否定的な用法。

五〇歳のころの草稿『答問録』では、門人の「人心如面、それぞれの国ごとに道がある?」という問に対しても、それは美醜勝劣真偽を考えぬ論であり、天地は一枚、道もまことの道は天地の間にただ一すじ、万国ことごとく皇国の説を信用すべし、と国粋主義論を展開する。語の否定である。

しかし、そのころ、人心如面の語はもうまったく大衆語で、洒落本などにも、「人心不同、面の如しと申して、女郎のこころも千差万別」(恋川春町)といった調子。そして、蘐園から広まったこの語が、皮肉にも、蘐園の擬古(盛唐詩模擬)を排する合言葉となった。宣長さん五三歳の天明三年、山本北山の『作詩志彀《こう》』刊からである。明の袁中郎の説、我が面は君が面に同じかることあたわず。いわんや古人の面貌をや、李于麟《うりん》の古文辞説を排し詩文の清新を主張する、に拠って蘐園の詩風を一変しようとした。跋に、「詩三百(詩経)以降、前賢の詩作、各々不同たるや、その面の相異するが如し。けだし詩道の正はここにある。復古によって我を人に同じうしようとしてから、詩道は乱れた」という。意気が先立った論だったが、影響は決定的だった。詩壇の変革はいうまでもなく、歌壇にもそれが及ぶ。小沢蘆庵《ろあん》、香川景樹《かげき》らの清新である。

今から二〇数年前の流行語「カラスの勝手でしょ」に似た人心如面の語は、すでに宣長さんからは消失していた。「人心如面だから……」と「人心如面だが……」とどちらにも混用される語に「私」を托することはできなかったゆえの消滅だろうが、もともと宣長さん使用の最初から矛盾をもってはいた。人心如面で始まるが、結論は相手も自分と同一であるべし、というもの。それは流行の徂徠語を口にしただけで、後のちも意味の掘り下げをされることはなかったのだ。

余談のようだが、それを掘り下げた人がいる。同じころ、東北に安藤昌益《しょうえき》という町医がいた(一七六二年没、六〇歳）。今では『自然真営道《しぜんしんえいどう》』で知られるが、宣長さんが上京した年に書かれた『統道真伝』によれば、人心如面から、「万々面、万々心の不同」と「一人、一心」とを「二にして一」と観るとき、「万々人は吾一人」かつ「吾は万々人」。つまり、多様な他者の中に自己を見出し、自己の中に他者の普遍性を見出す、という自己の位置づけが行われている。つまり、この弁証法的な発想によって、かれは、体制の反逆者としてながく明治末まで、いやこの戦後まで埋められてきたが、徹底した農本主義を軸に、弁証法的論理学、唯物論・無神論、唯物史観、男女平等論、公害反対論、社会医学、軍備全廃論、皇国史観批判、漢字制限論・カナ文字論、など以上すべての分野で日本の先駆者となったのである。昌益と宣長さんが一八〇度違った生涯をもちながら、いくつもの接点をもっており、対照できることは興味深い。

「石上」の語

さて、前項でふれたのだが、『紫文要領』で、「人をもて言を棄つることなかれ」と自負をもって自己主張した宣長さんは、その気持を、つづく『石上私淑言』で「私淑言」という語にこめたのである。

「石上」の語は古《ふる》の意、宝暦一一年からの使用と推定され（紀・記の考説メモ「石上漫録」『随筆三』）、翌春、前年までの詠歌集に『石上集』と名づけ、『私淑言』の書かれた一三年の歌稿からは『石上稿』の集名で終生つづくことになる。一四年からは、石上散人（『梅桜草の庵の……』）、石上居士（明和三年『古今題彙』）と在野の意の筆名に用い、明和からは、考証随筆のノートにつけられ、「石上助識篇」「石上雑抄」「石上永言随筆」等安永、天明期に至る。以上、石上の語が対象とするのは、単に記・紀ばかりでなく、詠歌を含め、広く古文献全般で、つまり、古学、古道、宣長さんの学業全体を指したものである。この語が宣長さんに好まれたのは、宝暦末から明和の一時期ではなく、終生の歌稿『石上稿』にも見えるが、遺書で自身の戒名に「石上道啓居士」と付けたことで明らかである。

さて、「私淑言」の語の方である。「私淑」（ひそかに敬い学ぶ）によって、在野・古の学びを表すつもりだろうが、それを「ささめごと」（私語・私言）に訓むのは無理である。徂徠ゆずりで宣長さん得意の語「漢字ノ我国ノ言ニ害アル事」（『排蘆小船』以降）の例にはならないだろうか。

この書名は、宗祇の先達心敬の著『私言』にヒントを得たか。在京中、宣長さんはこの書名のよみがな「ササメゴト」を右側につけている（『経籍』挿入紙片）。この書は、連歌学書の代表作で、中世和歌・連歌論の到達点とされるが、美・風体・表現・修業等約六〇項を問答体で展開する（『私淑言』は一〇一項の問答体）。書名は「伏屋がしたのさゝめごとなれば、壁に耳もおぼつかなからず（の心配もない）」という序文よりとり、気の合った二人の問答をささめごと（男女の睦言）に比したものだが、それをシャレか、宣長さんは、訓みをそのままで、古えを仰ぐ石上の立言、とかえたのである。自己（私）主張の肯定である。それは、かつての『排蘆小船』でも、不可知論を説くに、「怪力乱神ヲ語ラストハ、孔子一家ノ私言也、イハンヤ吾国神霊ノ妙々、尋常ノ見解ヲ以テ、トカク論スルハ、イトアジキナキ事也」という用例でも、「私言」は、一見識、一家言の意で肯定的に使ったのと同じであった。

後年の『玉勝間』に取材の随筆中、「石上私説」、「石上私言」と記す稿本があった由（村岡典嗣『本居宣長』）だが、それらこそ「ささめごと」の意で読むべきであろう。もちろん肯定的である。それらは、『蕣庵随筆』「石上漫録」と同じころの考説の作かと推定される。

ところで、この『石上私淑言』を書くうち、真淵入門となった。入門許諾の報（村田伝蔵一六日付書状）が宝暦一三年一二月二八日に届いた。五月二五日の松坂での対面から半年余たっている。古事記を射程に入れながら万葉集で古学を探求しつづける真淵への入門だが、歌・物語についての見解に一家言を持っているだけに、入門にはためらいもあったものか。しかし、古事記・古言・古道探求の意欲がそれを踏み切らせた。岳父の励ましもあったようだ（一六日付真淵書状）。正月、宣長さんは入門の誓詞を奉る。

ところが、である。誓詞の文言の真ん中に、「今後お教えは、上達してお許しあるまで他人に私言しません」（伊摩由後、教賜敝留言、遂尓達里弖、許留時尓志毛有受波、安駄志人尓私言勢自、）とある。谷川士清門では誓文に「みだりに口を開き人に伝へ申すまじきこと」とあるのと同意なのであろうが、文中の「私言」は「ささめごと」と読むのであった（『泊洦筆話』）。宣長さんはこれをどんな気持で記したろうか。ことばにはしばられる。

宣長さんは、稿本の題「私淑言」の語を墨で消している。題名の不穏当、改題の必要を考えたのだろう。そして、未完のまま『排蘆小船』とともに筐底に沈められた。先に完成していた『紫文要領』も、後、『源氏物語玉の小琴』と改題、補訂され、さらに後、稿を改め『源氏物語玉の小櫛』となったが、『石上私淑言』はそうした機をもたなかった。それが陽の目をみてはなばなしく登場するのは、宣長さん没後一五年、執筆後五三年の文化一三年で、斎藤彦麻呂による公刊からであった。

己が私

さて、論は「私」へもどる。誓詞の「私言」の後から宣長さんの「私」の用法がかわる。かわるというより、それ以前に否定的な「私」の使用は、当然の少数例外を除き、ほとんどなかったのである。激しい自己主張に満ちた諸編中にそれを見ないということは、逆説的に、自身が「私」に満ちていたことを証するものか。少数例外は、『排蘆小船』のあとの『古言指南』中、歌の詞書について「公」に対する四例（「私ノ歌ニテモ」・「私ノ歌ノ詞書ヲ」・「私ノ事ナガラ」・「公私ノ詞ノカハリ」）である。

だが、その後にもう一例ある。それは『蕣庵随筆』（『随筆十一』）中の「己が私」。

「凡夫ノ智慧」による「常理」では「神ノ妙理ハ測リガタシ」とし、「儒者ハ聖人ヲ規矩準縄ニシテ物ヲ論シ、釈氏ハ世尊ヲ規矩準縄ニシテ物ヲ論ス、皆同シ己ガ私也」〔七二三〕と排する「自然霊妙ノ神道」説である。これは旧事紀の偽書たることを知らぬ段階、宝暦一一年の『阿毎菟知弁《あめつちべん》』*[102]前後の論で、真淵の影響を受けていないが、すでに宣長さんの神道観の中核成立を示すものである。

この妙な稀語を宣長さんはどこからえたのか。おそらく、それは景山宛の徂徠書簡（『徂徠集』十七「対問」か『屈物書翰』「対問一篇」）からにちがいない。

及《ンデハ》三於仏教入《ルニ》二于中国《ニ》一、〔則妄《チみだりニともがらトシ》儕《ヲ》二諸聖人之道一〕儒仏之名立《ツ》焉。於《テ》レ是《ニ》儒者又妄《リニ》以《テ》二聖人之道《ヲ》一為《シテ》二己之私《ト》一、儒仏之弁興《ル》焉。〔皆謬《リ》也。夫《レ》聖人之道《ナル》者《ハ》、古帝王《ノ》治《ムル》二天下《ヲ》一之道也。豈儒者之私有《ナラン》。〕

徂徠の主張がよく現れたこの個所は、かつて太宰純の『弁道書』（一七三五）を批判する神道論議で『弁太宰氏弁道書』（一七三七・松下謙水）にも〔　〕内を除いてそのまま、「己が私」として使用されている。『屈物書翰』によったものか。

ここの徂徠の「己之私」は「私有」の意だろうが、宣長さんは、徂徠書簡に多い「己心《ガ》」、「己之心」（景山宛では、「以《テ》三理《ト》与《ヲ》二己之心一言《ハバ》レ之《ヲ》、」「以《テ》二己之心《ヲ》一言《フ》レ之《ヲ》也。」の用例）に見る「理窟」「臆断」の意、つまり景山の『不尽言』でいう、「己レカ身勝手ナ事ヲ思ヒ、私ノ料見ヲ出シテ造リ拵ユル」の意に解したのである。

ともあれ、『蕣庵随筆』神道説で宣長さんが他説を「己が私」と断定反駁することは、自説〔在京時以来の「自然の神道」主張〕の確信を表わすことである。それは新しい自己（私）の宣言ということでもある。

しかし、その後の当分、『紫文要領』にも『私淑言』にも「己が私」をはじめ「私」の語を見ない。同旨の批判語は次のように現れる。

『紫文要領』…儒者の理窟。儒者の見識。儒者こゝろ〔後の書込〕。〔各一回〕

『石上私淑言』…後人の臆説。後の世の意。後の世のいやしき心詞。よの常におもふ道理。己がをしはかり。

から人のをしはかり言。から文の心。〔各一回〕

それが真淵入門後、古事記に潜心するようになると、後年のきまり文句が登場しはじめるが、否定語「私」も主要なその一つである。

『古事記伝』巻之一の「総論」の初稿である『古事記雑考』[*103]（「道テフ物ノ論」〈A〉を含む）は、従来の定家仮名づかいと歴史的仮名づかいとの混用から明和四年までの成稿と見られるが、その再稿（歴史的仮名づかい統一の翌五年以後成る）に所収の「道云事之論」〈B〉、それを改稿明和八年一〇月九日成った『直霊《なおびのみたま》』〈C〉、さらにそれを推敲して収めた刊本『古事記伝』巻之一の「直毘霊」〈D〉を対照比較してみる。

左の表で、〈C〉からは新しく「漢意《からごころ》」（四）が加わる。これは新加稿（「火の忌」）での（三）と、それまで「その心」としていた（一）とであるが、それをも含め『古事記伝』「総編」では（一七）の漢意となる。その大半の（一二）は、「書紀の論ひ」に見るもの。初めの『古事記雑考』中「日本紀之論」での「漢文」・「私」批判が「漢意」批判としてしぼられた。それは、発見した古事記の優越性（古事記の「言」を「事（事実・真実）」とする信念）と、儒・仏およびそれに追随した、旧来の神道説・学説・常識に対する批判を示す標語として使用された。そして、この漢意（心）の語が後の宣長さんの学問全体に拡がるのである。最晩年の『うひ山ぶみ』でも、批判語の半ば一〇例を

	カラ文心	己ガ心	私	私事	漢意
〈A〉「物ノ論」	3	2	2	1	0
〈B〉「事之論」	1	3	1	1	0
〈C〉『直霊』	1	3	1	2	4
〈D〉「直毘霊」	1	4	0	1	4
「総論」全体では　〈A〉を含み	4（漢文心）	2	2	3	0
〈D〉を含み	5（漢籍心）	4	1	3（私説）	17

これが占めている。

「漢意」のひがごと

漢意。この語を宣長さんはいつから使いはじめたか。『講後談』中、明和八年「九月廿日の夜談」以後で、「伊勢の宮殿の茅葺《カヤフキ》なるを、質素を示す後世の戒也と、近代神道者のいふは、漢意のひがこと也……」とも見えるが、同年一〇月九日成稿の『直霊』（C）に見た「漢意」は、その前稿「事之論」（B）の成る明和五年以降の使用と推定されるが、その間で使用のきっかけは真淵の語にあったものと思われる。

宣長さん宛真淵書簡は一七通残っているが、そのうち没年明和六年正月二七日付の中に、「本文を我古言もてよみぬへき事を不ㇾ知、たゝ本文に泥みて訓故、自らから意にうつりて、……」とある。真淵には、『古今集序考』（明和二年）で「六義」につき「からの心にていへば」の語もあるが、「からごころ」の用例は、「儒意」「から文の意」「後世意」などの常用語とちがって珍しい。管見だが、かれ以前にも見ない。さらに、真淵では、「から」に「漢」の字をあてるのは、書簡中「漢《から》ふみ」の一例で、他は原則として「から」の表記（時たまに「唐」の字）を使う。宣長さんが「漢」の字をあてたのは、「漢《から》」の初出万葉集（四一五三・家持）の「漢人《からひと》」以降から当用の漢学び、漢文《ふみ》、漢籍《ふみ》、漢詩《うた》、漢文字などの連想になるものだろうが、採用した「漢意」にはさらに深い思い入れもあったか。それは、中古以来の「漢才《からざえ》」の優越の伝統、さらには当時の「和魂漢才」に対する反発（後述）である。

ともかく、関連圏内で、「漢意」の造語は真淵、表記とその流行の源は宣長さんの『直霊』、『古事記伝』、と見なすことができるのではないか。

宣長さんの説明（『玉勝間二』「からごゝろ」から）によれば、漢意には次の三様がある。

一、漢の思想・文明の尊信

二、漢籍を基準とした価値（善悪是非《よさあしさ》、当然之理《しかあるべきことわり》）の判断
三、右の浸潤から漢籍を読まぬ人にも浸透した、同様の合理主義的判断
そして、「おしなべて世の人の心の地、みなから意」だという。それを「ひがこと（非）」として排撃するに用いられたのが「漢意」の語である。『古事記伝』に見る、援用の次の語群も同旨の代用である。

「漢の意」「漢国意」「漢国風のさだ」「漢国の儒意」「儒仏の意」「儒者意」「漢泥」「漢様」「からぶみごゝろ」「漢籍意」「漢籍の意」「漢籍のさだ」「漢籍説」「漢籍の理」。

「私智」「私説」「小理」「臆説」も。

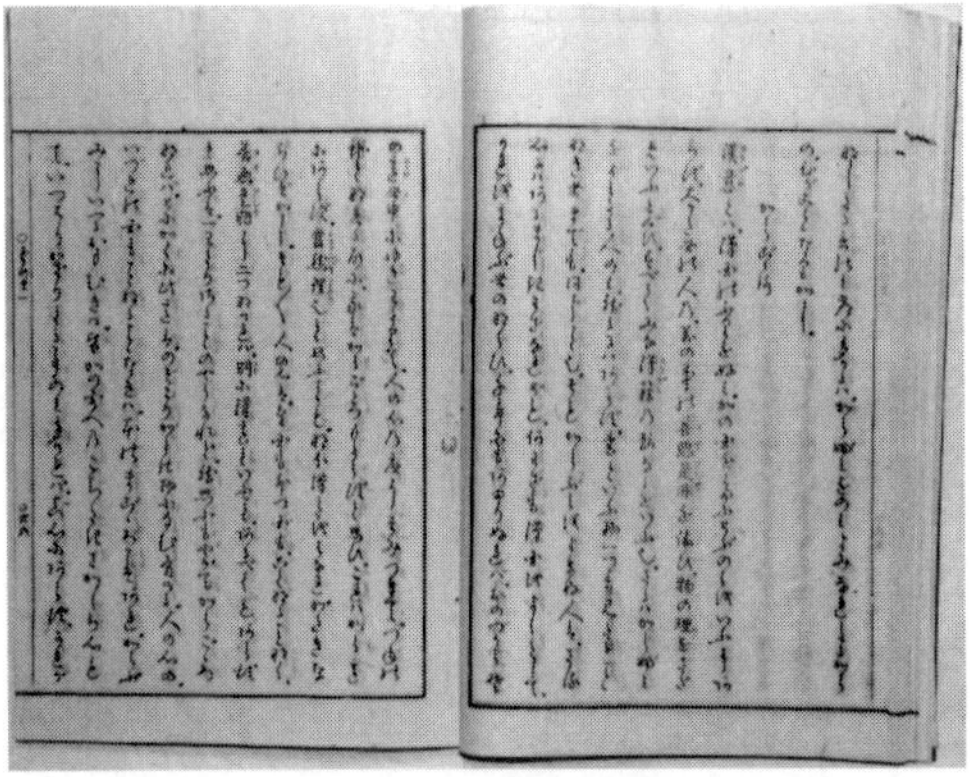
「からごゝろ」（『玉勝間』版本・巻１）

要するに、こういうことである。漢国で、天道、天命、天理などと、心あるものでない天を造りもうけて尊み畏れること、太極無極陰陽乾坤八卦五行などわたくしの造説《つくりごと》をことごとしくこちたくいうこと、——こうした、ひがことなる天理陰陽などの理をはなれられないのは漢意のせいである。まことの道の正しき伝えのありながら、それを尋ね思わぬので、万《よろず》の事は神の御心御しわざなる事を知らず、漢意の小さき理りに泥《なず》んで、微妙な深きことわりあるを思わないのである（『玉勝間一』「からごゝろ」）。

ことは、漢意の語が宣長さんの発見したと自負する古事記の正しき伝え、の信・不信にかかわって使用されたことである。同じく神典といっても、意と事と言が相称《かな》い、古言で上つ代の実を伝えた古事記を措いて、古来公の書典として尊重されてきたのは日本書紀だが、これは、後

の世の意で上つ代の事を記し、漢国の言で皇国《みくに》の意を記した、潤色《かざり》多き漢文の章《あや》のもの。だから、宣長さんの古学（フルコトマナビ・イニシヘマナビ）は古言を究めて古意を求めるに、まず書紀の漢意・漢籍心を明らかにする研究方針を開示することとした。『古事記伝』「総論」のはじめに「書紀の論《あげつら》ひ」を置いたゆえんである。そこに漢意の語が最も多く集中していることはいうまでもない。

「書紀」といっても最大の関心は「神代巻」。古事記で「天照大御神」を知るまでに、少年時代の「天照大神」、在京時代の「大日霊貴」の信仰はすでに確乎たるものであったが、帰郷後、世の神道説の根拠たる「神代紀」にくらべ、古質の古事記の信ずべきを知り、「天照大御神」を中心に神国信仰を深めてきたものである。それは入門した真淵の見とも合致、古言による古意・古道の探求がつづけられる。そして、漢意の語の発明となる。進められた「神代紀」そのものの検証は『古事記伝』に使用されたのだが、後年（寛政一〇年）『古事記伝』完稿するや、ふたたびそれらをまとめ補充、「漢文漢意ノ潤色ヲワキマヘタ、シテ神代ノ真ノ尊サヲサトシシメシ」た。宣長さん唯一の日本書紀注釈『神代紀髻華山蔭《うずのやまかげ》』*104であるが、それは漢意を源泉から再確認したものである。

それはともかく、漢意の語の発明へもどれば、それは、すでに平行成熟していた和歌・物語観と合流したものである。

このことは、先に掲げた「漢意」初出の『直霊』（C）で、その初稿「物ノ論」（A）ついで「事之論」（B）からの表記の変遷を見ても明らかである。

漢学さかりにて世々を経つゝ、御国心うせはてつる故に、おのづからかのからごゝろにうつれる物にして、元来《もとより》の真心にはあらずかし。（C）

右の「御国心」は（A）（B）ともに欠くが、「からこゝろ」に対応する「真心」は、（A）で「人情」、（B）は「真心」なのである。また、

きたなきからふみごゝろを祓ひきよめて、清々しき御国心もて古書どもをよく学びてよ。（C）

右の「からふみごゝろ」に対応する「御国心」は、（A）で「心」、（B）は「御□（国か）心」（『古事記伝』）「直毘霊」で「御国ごゝろ」）である。

つまり、歌・物語論の主張、『私淑言』での「まことの人情」「まことの心」「真《まこと》の情《こころ》」「実《まこと》の情《こころ》」「神の御国の心ばへ」が、『事之論』（B）初出の「真心」「御国心」へ発展したものである。

さて、この「真心」とはどういうものか。後年（安永九年）、儒者市川鶴鳴（『末賀乃比礼《まがのひれ》』*105）が批判して、「漢学行ハレテ民ノ心悪ク成タルトイヘルゾ、御国ノ古キ書読モノ等ノ癖ナル、是ハ真心ヲ貴フ癖ナラメド、上ツ代ノ所行トテ、悉ク真心ノマヽナリシトモ云ベカラズ、……」というとき、宣長さん（『くず花』*106）は主張する。

真心とは、産巣日神の御霊によりて、備へ持て生れつるまゝの心をいふ。さてこの真心には、智なるもあり、愚なるもあり、巧なるもあり、拙きもあり、善もあり、悪きもあり、さま〴〵にて、天下の人こと〴〵く同じき物にあらざれば、神代の神たちも、善事にまれ悪事にまれ、おの〳〵その真心によりて行ひ給へる也。……さて余が、外国の学問おこなはれて、天下の人真心を失ひたりといふは、世人或は仏道、或は儒者を信じて、何事もその意をよしと思ふは、学問せざる者もそのならひに化《ウツ》りたる物にて、生れつきたる心にはあらざれば也。その一端を挙ていはば、或は仏の説に溺れて、父母妻子を棄て出家をし、或は儒の道に惑ひて、君を軽んずる輩などの出来たるたぐひ是也。其外もすべて善にもあれ悪にもあれ、生れつきたる心を変てうつるは、皆真心を失ふ也。

ところで、宣長さんは、「諸子百家九流の言より、以て仏・老の頗（片寄り）に及ぶまで、みな道の裂のみ。また人情に由りて出でざることあるなし」（『学則六』）、似た趣旨景山宛書簡中の「神仏の名は特《た》だ彼の命《なづ》くる所、吾より之を観れば、皆神也」（『徂徠集』「対問」、『屈物書簡』）などの徂徠説をうけて、釈迦孔子も神にしあればその道も広けき神の道の枝道（『玉鉾百首』）

と詠み、

・善悪邪正の異こそ候へ、儒も仏も老も、みなひろくいへば、其時々の神道也。……せんかたなく其時のよろしきに従ひ候べき物也。（『答問録』）

・仏法も何も、みな神の御しわざなれば、祈るにそのしるしあることこれ又何か疑はむ。（同右）

という。「祈る」とは、「禍をのがれむと悪神（禍神）をも和《なご》め祭る」（「直毘霊」）ことである。

だから、先の『くず花』の言でも、論旨からいえば、「仏の説に溺れ」「儒の道に惑ふ」のも「真心」ではないか。それを「生れつきたる心を変へてうつるとし真心を失ふ」——とするのは、「外国の学問」のせい〈漢意〉としてそれを排撃するための言であるが、それは、つまり、古事記の卓越性を確認する学問と、そこにうかがえる不可知の神意を宣揚する信仰心〈真心〉との披瀝なのである。「漢意」と「真心」の語はそれをアピールするための有力な道具であった。宣長さんがそれをフルに使ったことはいうまでもない。

「漢意」の語はその流行と同時に、それを支える実証主義文献学を知らず、あるいはその壁（限界）ゆえに、異国とその影響排撃のお題目と化する。また、それに応じて、「真心」の方は、「漢意」から機械的に連想される「やまとごころ」（宣長さんとしては、例の敷島の歌で一度使ったにすぎないのに）として、「やまとだましひ」をも喚びこみ、ともにまるで宣長さんを代表するかのように弘まった。日本意識をかきたてる世相がそれをさせたのである。

(二)　やまとごころ・真心

やまとごころの歴史　一九八四年、三島由紀夫の自決後一四年、東京八木書店の売り立てにかれの色紙が一二〇万円で出ていた。敷島の大和心を／人問はば朝日に／匂ふ山ざくら花、と歌を三行で大書、あとにこれも大きく三島由紀夫の署名。何かのカンバンのようだ。この七年前には、やはりその歌を賛した宣長さんの自画像を巻頭にした、小林秀雄の『本居宣長』がブームをよんでいる。とかく、やまとごころ、やまとだましいといえば、一般に宣長さんが先祖または権威のように思われがちだが、はたしてどうなのか。先学の探究へ管見をつけ加えてみよう。

まず、やまとごころについて、出現の文献を時代順に宣長さんまであげてみる。

①後拾遺集二十　俳諧歌　赤染衛門《あかぞめえもん》　一〇〇〇年ごろ

さもあらばあれやまと心しかしこくはほそちにつけてあらすはかりそ

夫の文章博士大江匡衡《まさひら》が乳母《めのと》に来た女の乳の細さをからかって詠んだ歌「儚《はかな》くも思ひけるかなちもなくて博士の家の乳母せむとは」への返歌である。両歌の「ち」は、乳と漢学の知とをかけている。細ちでもやまと心のかしこさで育てるとの意。

②赤染衛門集雑　同人贈答

から国のものゝしるしのくさ〳〵をやまとこゝろにともしとやみん

はしめからやまとこゝろはせはくともおはりまてやはかたくみゆへき

これも博士家の菅原為義が丁子《ちょうじ》円《えん》（香料）など舶来の品々を贈ってきて、やまとこゝろのあなたにはお気に召すかどうかの歌をつけてきたものへの赤染衛門の返歌――もとよりやまとこゝろはせまくても、いつまでもかたくなにからにこもろうか、ちょうだいします。彼女は和泉式部、清少納言、紫式部らと共に、当代女流歌文で著名の一人、他称、自称彼女を目するに「やまとこゝろ」をもってする(1)・(2)の歌からその語義用法がわかる。

③大鏡巻四　一一世紀

刀《と》夷国《いのくに》のもの、にはかにこの国をうちとらんとやおもひけん、こえきたりけるに、筑紫にはかねて用意もなく、大貳殿（大宰権帥藤原隆家）ゆみやのもとすゑもしりたまはねば、いかゞかとおぼしけれど、やまとごゝろかしこくおはする人にて、……

刀伊《とい》（沿海州女真族）の来寇《らいこう》（一〇一九年）に際し、弓矢の道に通じてもいなかったが、九州の兵を動かして撃退した隆家の実際的才能を評価している。

④今鏡第三　一二世紀

かの少納言（藤原通憲〈信西〉）からの文をも博く学び、やまと心もかしこかりけるにや。天文などいふ事をそへ習ひて、才ある人になむ侍りける。

信西は才学すぐれ、後白河院の近臣として政治的手腕により権勢をえたが、藤原信頼・源義朝のクーデター平治の乱（一一五九年）で殺された人。

(参)愚管抄三　慈円　一三世紀

内大臣伊周《これちか》人ガラヤマト心バヘハワロカリケル人ナリ、唐才《からざえ》ハヨクテ詩ナドハ、イミジククラレケレド、

……

藤原伊周は摂関家の嫡流たるべきを、叔父道長にそれを奪われた人。

(参)遊学往来上　往来物　一四世紀

詩者為漢家之才、……、歌者為和国之情……、連歌者為近代之態、……

僧侶の消息文中に、中世の詩歌観が見える。

⑤傾城色三味線江戸之巻　浮世草子　江島其磧一七〇一年刊

「私（女郎）もあなたならばと飛び立つ許《ばか》り思ひますれど、如何にしても琴浦様の手前あれば。」と大和心になって大きに和《やはら》いだる口上。……

中世宗祇《そうぎ》以降の歌学で大和とは「大きにやはらぐ」の心とされた。『艶道通鑑《えんどうつがん》』（一七一五年刊）にも「大きに和ぐ和の字を忘て異国の教を先にする」、「神代の徳化を明らかにして大きに和らぐ域を本とし、」などと説かれるようにもなる。

⑥町人嚢底払[*107]巻上　教訓書　西川如見　一七一八年刊

（神と歌の二みち以外、多くもろこしより伝来のことも、神のしわざで比国の水土のすがたに移る、として）、

○などか此やまと姿をにくみ、やまとこゝろをいとひて、ひとへにもろこし姿をよしといはむ。

○やまと心には、和歌はいふに及ばず、詩も此国のすがたにつくれるぞたましゐも和らぎ安きなる。

○もろこし容《すがた》をはぢいとふてやまとすがたとなれるぞ、をのづからのやまとごゝろな《ン》めり。

著者は長崎の貿易商人。宋学を学び、天文地理の学をもよくした。若いころの宣長さんも『近代先哲著述目録』に契沖《けいちゅう》・季吟《きぎん》の次にその著一四書目をあげている。そのうち、実用教訓の本書は、幾度も版を改めよく読まれたものである。

㈹和漢文藻巻一　俳文集　各務《かがみ》支《し》考《こう》編　一七二七年刊

　文学者《ハ》写《セ》二諸越《もろこしノ》之姿《ヲ》一共、文体者《ハ》運《ビテ》二大和之情一……

本書の巻頭に置いた菅三品（文時・菅原道真の孫）の「繊月《ノ》賦」（俳文らしく「三日月《ノ》賦」と和らげて改題）への評。原作は『本朝文粋』の巻頭を飾る名文として古来知られたもの。支考は俳文の「賦」類（「幻住庵《ノ》賦」に至る）を立て、その淵源として使ったのである。

⑦恵露草　歌集　谷川士清　一七五四年作

　かしこしな民の葉草の末までも君をしあふく大和心は

士清は垂加《すいか》神道者。

⑧倭訓栞　辞書　同人　一七七六年没

　やまとごゝろ　日本心也赤染衛門の歌に見ゆ博士に対しいへり

⑨清渚集（中川経雅編）中の荒木田《あらきだ》久老《ひさおゆ》詠の長歌　一七七七年

　……いにしへのやまと心に立かへる君にたくひてたか〳〵に世をしてらさねはしきこの玉

「能煩野にてひろひたる玉を楫取魚彦か許におくるとて」の長歌の末。久老の『槻《つきの》落葉《おちば》歌集』では「御国心に」となっている。経雅、久老共に伊勢内宮の祠官。経雅は同じく祠官で士清の女婿蓬莱尚賢《ほうらいひさかた》と親しく、共に士清、宣長さんに指導を受けた。

⑩石上稿　本居宣長　一七九〇年作

　　おのかかた（像）を書てかきつけたる歌

　敷しまの倭こゝろを人とはは朝日ににほふ山さくら花

自画像賛にはこうある。

これは宣長六十一寛政の二とせと
いふ年の秋八月に手つからうつし
たるおのかゝたなり
筆のついてに
しき嶋のやまとこゝろを人とはゝ朝日にゝほふ山さくら花

以上、「やまとごころ」を一〇文献から一三例、㊫とした類語三例を収めた。ほかに類語というより同義語に近い「やまとだましい」（後述）があるが、それを加えても大勢はかわらない。とにかく少ない。民族や国家のあるかぎりたえないはずの認識だから、その多少自体に問題もあるのだが、今は、この少数例を八〇〇年に配置概観してみよう。

初出が、谷川士清の指摘にもある赤染衛門の歌だというのがおもしろい。もちろん彼女の造語ではないだろうが、当代歌人の代表の一人で古今調の彼女に、「やまとうたは人の心をたねとして、……」にはじまる古今集の序の「やまと・心」の初出はふさわしい。古代の政治、制度、学問、詩文を背にした「唐《から》」伝統の中から、女性・草仮名に代表される新興の文化は、現実生活を見つめ、味わい、処理する、情操・思慮の世界を開展する。

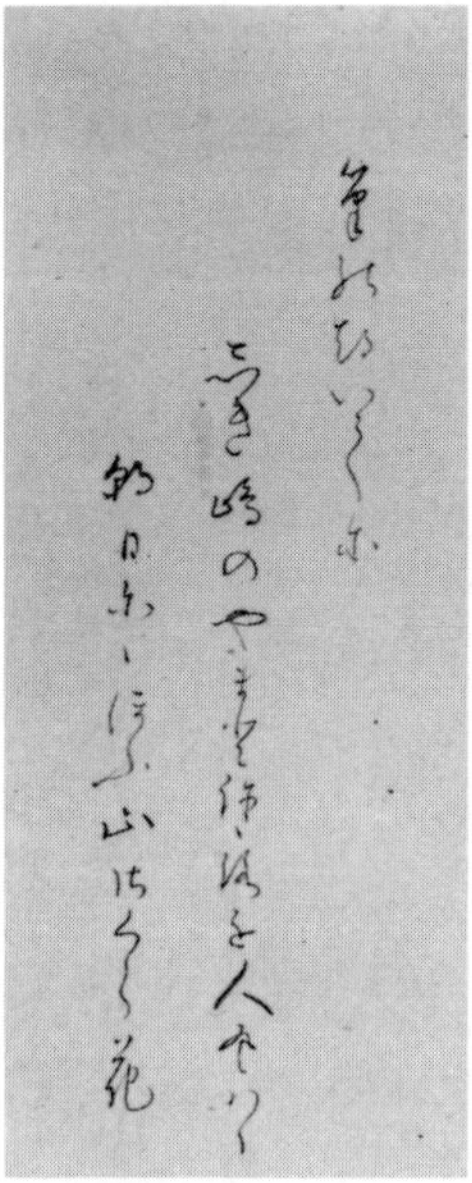
「しき嶋の」歌（『本居宣長六十一歳自画自賛像』部分）

その理念をやまとごころあるいはやまとだましいと意識したのである。①・②はその表明、その「かしこさ」が③・④・㊫に拡幅されて私的・実際的・政治的な分別手腕の意に用いられたものである。

中世には神道説、歌学の刺激をうけたが、

近世に至ると平和と民衆に拡がった国意識に伴ない、その伝統的な特徴を宗教、道徳、学芸、風俗に探ろうとする風潮があらわれる。採集の文献は少ないが、浮世草子⑤、教訓書⑥、俳文集㊫という著の性質上からも、そのひろがりは想像にかたくない。このムードの上に立って、古伝説、古文献を用い、それを理論化しようとしたのが、儒学側からの垂加神道、歌学側からの国学である。

宣長さんの場合

さて、宣長さんの「やまとこゝろ」についてである。特異な点は、「やまとだましい」の場合もふくめて「やまと」に「日本」・「大和」の字を使わないこと。さらに、意外奇異の点は、その膨大な著述の中に「やまとこころ」の語はこの歌にしか見えないようだということ。それには理由がある。

前者、表記については古事記学者の見識を見せたもの。「倭」は古事記より、「日本」は日本書紀の大化元年（六四五）より、「大倭」改め「大和」は続日本紀の天平宝字元年（七五七）よりの使用、を真淵指導以前すでに『私淑言二』で記・紀・続紀・万葉を詳細調査し実証的な関連立論をしている。それは『古事記伝』と並行、二〇数年後の『国号考』（天明七年刊）の内容となるものだが、この書で、「倭」については、「此字嘉号《ヨキナ》にあらず、といひて嫌ふ人あれども、字の意はいかにもあれ、皇大御国の号《ナ》となりては、すなはち嘉号なるをや」という。「日本」は、漢文をかざり字をえらんだ書紀で嘉号をあててかかれたもの、かつ、「天の下の大号」、「一国の名の時も、おほやけにかかれる」とき、「人名も天皇の大御《オホミ》には日本、さらぬ人のには倭」と書き分けられていることを指摘する。また、「大和と書たるは、かならず意富夜麻登《オホヤマト》とよむことなり」（この一〇年前安永六年の『馭戎慨言』でも、「大倭大和などと書るをば、おほやまととよむ事也。たゞやまとといふに、大《ノ》字を加へてかける例なし」とする）強いこだわりを示している。以上の理由で、上古にかかわるとき、「やまと」には、仮名書き（万葉仮名「山跡」を含めて）のほかは「倭」の表記を使用するのである。

後者、「やまとこころ」で「やまと」に関しては、早くより宣長さんは一家言を持っていた。『排蘆小船』で、「ウタトハカリ云テモ、コトタレルヲ、ヤマトウタト云事ハイカヽ」との問（二五）を立てて論じている。「理ヲ以テ云時ハ、カラノウタトハ云ヘシ、ヤマトウタトハ云フヘカラス」とし、「スヘテ何ニヨラス理ニテイハヽ、唐土ノ事ニハ唐漢カラヲ付テ云ヘシ、此国ノ事ニ和倭ヤマトヲ付云ハ、俗ナル事也、コレハ両方出アフテ混スル事ハカリニ云ヘキ事也」と原則を立てる。

これは、古今和歌集についての見解から発している。つまり、記・紀には「歌《うた》」とのみいった。万葉集で一例（八七六の歌）で詩と区別して「倭歌」と記した。後、それを「やまとうた」と訓み、「倭」を「和」にかえ「和歌」と記すようになる。古今和歌集では、漢家の字を移して盛行の「詩賦」に対して「和歌」とし（真名序）、「からのうた」に対して「やまとうたは……」（冒頭）とした（仮名序）、という認識。それで、『私淑言』は、「夜麻登于多《ヤマトウタ》といふは古語にあらず」とし、唐歌にまぎれぬときは「歌《うた》」とのみいうべし、漢文にも歌のことをのみいう書には「和歌」でなく、ただ「歌」と書くべきだ、と結論する。

この『私淑言』からあまり時を置かず、明和の初年に作る『記伝』最初の草稿『古事記雑考』では、「日本」の語に発展する。すなわち、稿中「題号」の編で、『日本書紀』の題号に及び、「タ、漢国ニナラフ意ト思ハレテ、カレニヘツラヒタル題号也、スベテコノ題号ヲモテ、一部ノ意モオシハカラルルカシ」とし、その後の紀どももならって日本と名づけ、後世の学者がいみじき事、たけき事と称するのは、漢国にへつらいおもねるもの。この日本の題号はいと醜いことと思われる。それに対し、国号をもあげず、うけばりてただ古事といった『古事記』は、「漢《カラ》クニニヘツラハヌ、自然ノ心ヨリカクハアリケン、イト〳〵アフグヘキ事也」というのである。

つまり、宣長さんは漢《から》を中心とした思考・表現を忌避した。忌避どころか、真淵の意を継いだ、後世意、漢籍《ぶみ》意、漢意の語をフルに使い、徹底した批判、攻撃に出る。「内外のわきまえ」「中外本末」の思想を固め、立脚点としたものである。

『私淑言』から一四年後、四八歳の安永六年に成る『馭戎慨言』でもいう、「たゞもろこしをのみむね《主》と思ふから、何事にも、かの国の事には、漢とも唐ともいはで、かへりて御国のことに、日本本朝などいひて、ことをわくるも、みなひがこと也。……すべて何事をいはむにも、此内外《ウチト》のわきまへなくはあるべからず。皇国は内也。もろこしは外なれば、かの国の事をいはんには、分て唐には云々、漢の云々、とやうにいふべき也。皇国の事には、日本本朝本邦吾国などいふべきにあらず」とし、それを思いわきまえてみだりにいわぬを「皇国《ミクニ》だましひある者」とする（上之巻下）。

『玉勝間一』でも、「世の中に学問といふはからぶみまなびの事にて、皇国の古へをまなぶをば、分けて神学倭学国学などいふなるは、例のから国をむねとして、御国をかたはらになせるいひざま」、「からぶみ学びをば、分て漢学儒学といひて、此皇国のをこそうけばりて（気がねせず）たゞに学問とはいふべきなれ」、「国学といふのもなほうけばらぬいひざまなり」（「がくもん」）、と国学の語すら気がねした言い方として否定する。六九歳寛政十年の『うひ山ぶみ』でも同旨を述べ、「此事は、山跡魂《やまとたましひ》をかたむる一端なる故にまづいふなり」と学びの基本的認識であることを強調する。

信念というか、徹底したこだわりである。信念・こだわりの語は、飛躍や矛盾、他からの批判の存在を前提に使用しているのだが、とにかく「心」の問題についても、頻発し排撃する「漢意（心）」とはいうべく、「やまとごころ」とはいうべきでない、ということである。当然、例の「やまとごころ」の歌はあるべきでなかったことになる。この歌が歌稿集『石上稿』の「詠稿十六」寛政二年詠（一五六首、内○印八四首）のみに記されて、しかも○印もないから『自撰歌三』の寛政二年の詠にも撰ばれず、代表歌文集『鈴屋集』にも逸せられた。それは、古道を知る階梯として詠歌と学問を一体にとらえる宣長さん（『うひ山ぶみ』）には、こだわりの「やまとごころ」の語をとく歌へ○印をつけられなかったのだろう。それとは逆だが、同年作で同じく画賛の「いはと出し朝日ににほふ山桜さもおもしろき花盛かな」の詠には○印をつけていったことも一証となるか。

では、「倭こころ」の歌は、妙ないい方だが、『私淑言』の「神の御国の心ばへ」の延長として『直霊』（明和八年一一月）に初出以来、時どき現れる「御国心」の単なる言いかえ、千慮の一矢として出てきたものか。しかし、それは、あの緻密な宣長さんには考えられないこと。しいて推察すれば、カギは「人問はば」にありそうだ。この「やまとごころ」は世の「人」のことばをうけたのである。つまり、からにくらべた日本心《やまと》とか、大いに和《やわ》らぐ大和心とか、さまざまにさかしらがっていわれるが、問われればわたしは「朝日ににほふ山さくら花」を指すのみ、と教えるのだ。

論がやや重複するが、「やまとごころ」の自国称「やまと」にかわるものは何だったか、それに対応した「こころ」がどのように表現されていったか、の二点は重要なことだから、そのことの変遷につき確かめておこう。

自国称の変遷　まず、「やまと」にかわる自国称について。結論は、「我国」から「皇国《ミクニ》」へ。そうさせたものは、少・青年時代からの神国観が古事記研究によって固められたこと、テコは漢・儒批判であったということ、である。その経過は次のとおりである（数字は使用度数）。

歌論の『排蘆小船』（宝暦九年に成るか）では、まだ、我国二八（内、吾邦九、吾国五、我邦二）が中心である。他に、此方五、神州二、神国一、日本一、を見る。

その改稿『石上私淑言』（宝暦一三年か）では、古事記の研究も大きく進んでおり、先の「我国」にかわって吾御国一六、他に、神の御国四、御国三、となる。此方《ココ》一八を見る（倭・大和・日本の考証部分は略す）。

真淵入門後、明和四年までに成る『古事記雑考』は、後の『記伝』最初の草稿だが、次に別記する、中の「道テフ物ノ論」は除いて、此方《ココ》七三（内、「訓例」中に三〇）を見るが、御国一六、皇朝八、大御国五、となる。「御国」は前のつづき。「皇朝」はスメラミカドと訓んでいる真淵の影響か、この期宣長さん宛書簡八通中に一七回使用している。「大御《オホミ》」は天皇を意味する。

右『雑考』中の「道テフ物ノ論」から、それが改稿されて後の『記伝』一之巻中の「直毘霊」に至るまでの変遷は表示しよう。

著述	大御国	御国	皇国《ミクニ》	皇大御国	此方《ココ》	関連初出語
道テフ物ノ論（明和四年まで。『雑考』）	27	10	0	0	6	カラ文《フミ》心
道云事之論（明和四〜八年の間に成る『記伝』再稿本中）	14	6	0	0	7	真心、御国心
直霊（明和八年一〇月九日成る）	13	15	0	0	5	漢意《カラゴコロ》
直毘霊（安永初年か。『記伝』）	6	6	10	1	4	皇国《ミクニ》魂《タマシヒ》

以降、原則的な使用は上に出た語類の延長上にある、といえる。例外として、古典を含め他人の著・語の引用の場合はもちろんだが、自著の場合でも、例えば、古道の原理論『玉くしげ』（本朝一一、皇国九、皇国《クワウコク》二、御国四）と政経実際論『秘本玉くしげ』（本朝七、此方七、日本三、皇朝二）に見るように、内容、想定読者に応じて色を異にした表現をとることもあり、日常語・口頭語では当然そうだったろうことはいうまでもない。

次に、「やまとごころ」でなく、それにかわる「こころ」の表現はどうだったか、である。

前述の自国称が、端的にいって漢《から》を念頭に展開されているところから、やはりそれも、漢文心・漢意の特徴と見た、虚偽、虚飾、推理、臆断、私説、教誡に対決するものでなければならない。それには、まず儒に対する老荘の思想が想定されて当然であるが、宣長さんにあっても、青年時代より好んできた「自然」「真」の語の系列に見出されるはず。そして、歌――古事記（人―神・天皇）の軌道を往反しつつ、前述自国称とも対応して認識を広め固めていったのが次の発展である。

人情・実情→真心→御国心→皇国魂（やまと魂）

右は変質の過程ではない。広がりの過程と見るべきで、いずれもの核として生きているのは「真心」であった。その「真《まこと》」は、子思が老子説に対して『中庸』で立てて以来の儒家徳日「誠」ではない。出発点が自然にあるので「真心」も人情の自然（実情）から発し、漢意の汚染に抗してそれが一貫していってることは次の表に明らかであろう。

表は、「心」の特徴的に現れる著（年代順）から類語の用例をあらかた採集したもの（使用度数の記のないものは一回のみ）。

○排蘆小船（宝暦九年か）　実情五一、人情五〇、本情九、人ノ情五、自然ノ情二、真ノ情、マコトノ情、自然天性ノ情

○紫文要領（宝暦一三年）　人情七七、人の情一六、実の情五、実の心三、人のまことの情三、まことの心二、真の情

○石上私淑言（宝暦一三年か）　真の情二、実の情二、まことの人情二、まことの心二、まことの心ばへ、をのづからの神代の心ばへ、神の国の心ばへ

○直霊（明和八年）　元来《もとより》の真心、御国心、清々しき御国心

○記伝・直毘霊（安永初年か）　皇国魂、清々しき御国心

○馭戎《ぎよじゆう》慨言《がいげん》（安永六年）　皇国だましひ、御国魂

○くずばな（安永九年）　真心八、自然の真心
○玉鉾百首（天明六年）　真心二、人之真心、人乃真心
○玉くしげ（天明六年）　人の実情、真実の性情
○呵《か》刈《かい》葭《か》（天明七年）　直き御国心
○記伝二十六之巻（寛政元年）　人の真心、皇国の古へ人の真心（倭建命）
○玉勝間（寛政七年まで）　真心五、まことの情二、まことの心、まめごゝろ、やまと心ばへ（愚管抄・伊周）、皇国だましひ、やまとだましひ（契沖）
○うひ山ぶみ（寛政一〇年）　実情六、やまとだましひ三、やまと魂二、山跡魂、倭魂
○枕の山（寛政一二年）　わが大君の国のこゝろ

核の真心とは何か。『私淑言三』に次の「たとひ」があげられている。

よに罪なき人ふたりをとらへて、殺さんとする者あらんに、かたはらよりそれを見ていとおしく思ひ、[A]さなせそとてせちにもたる刀をうばゝむとすれ共、さらに聞入ねば、又[B]一人が立よりて、すゞろに人ころすはよにあしき事のよしをねんごろにさとしつゝ、物によそへなどして事の心をいとのどやかにときかするに、とらへられたるが[C]一人はいさぎよくおもひとりたるけしきにて、何事もみなさるべきにこそと思へば、かくしてなんも命は露おしからず、たゞ横さまに人ころす人のゆくゑこそいとおしけれ、まさによき事有なんやなどやうにいふに、いよ〱はらだたしくなりて、終にこのひとりをばきり殺しぬ。さて今[D]一人はこよなうかなしがりて、ひたふるになきまどひつゝ物もおぼえずふししづみて、額《ヒタイ》に手をあててたゞあが君命たすけ給へ〱とのみよばふにぞ、岩木ならぬ心はさすがにあはれとおもひなりて、刀をすててゆるしやりにけ

る。

徂徠の論にヒントをえたか、「詩を歌とのけぢめ」の比喩だが、説明を宣長さんは後へつづける。「かたはらなる人」のAは漢書《からふみ》風の教誡、Bの物によそえて道理をいいしらすのは詩の風、「とらへられたる」中のCも詩の風、かしこいけれど逆効果、から人に多いふるまい。以上ではダメ。Dは、「ひたぶるにかなしびまどひて、たゞたけき事とはたすけ給へ〳〵といへるは歌のごとし。まことに人わろくめゝしく、何のことはりも聞えずいとかたくなゝるわざなれども、おもひかけずすゞろにころされなんとするおりの心のうち、まことは誰もかゝるべきわざにて、其かなしさをつゝまずつくろはず、ありのまゝにふるまひたる故に、其有さまを目のまへに見聞ては、いかにたけきものゝふも、真心を推量りてをのづからあはれと思ふ心はいでくる也。」中の「心のうち、まことは……」という、これが人情・実情・真心なのである。

同旨の比喩や論は、はやく『排蘆小船』にもくわしくて、「サレハ人ノ情ノアリテイハ、スベテハカナクシドケナクヲロカナルモノ也トシルヘシ」とする。シドケナクハカナキ事に思わせるのは「四角ナル文字ノ習気」「近代武士気ヲ尚トフ気象」とし、かかる「本情ヲカクシツクロフニタクミナル」は「近世武士ノ気象、唐人議論ノカタギ也」とくりかえしいっていたところである。

さて、先の比喩だが、なんともやりきれない比喩である。こういう比喩を発想する人のことも考えさせる。「よに罪なき人」がどうして「おもひかけずすゞろに」殺されねばならぬのか。そしてそれをまぬかれるのはDより他ないのか。また、「いかにたけきものゝふも、其心を推量りてをのづからあはれと思ふ心はいでくる也」で、「岩木ならぬ心はさすがにあはれとおもひなりて、刀をすててゆるしやりにける」とは、古今集の仮名の序に発する着想で、宣長さんの希望的妄想にすぎぬのではないか。段末で「人をも神をもあはれとおもはすること」を詩よりも歌に深しとしているが、封建制下町人の宣長さんにとって、妄想でない救済者を求めるなら、それは、「あめつちのひらけはじまりける時より」「人の心をたねとした」歌にあはれを感じる「神」以外にはなかったはずである。もっとも、その神でさえ（たとえアマテラスであっても）、マガツビノ神には抗するすべもなかったのだが……。

やりきれない思いのする比喩と書いたが、思えば、それは封建制下だけのことではなかったのだ。げんに近代いな現代も、幾百、千万の「よに罪なき人」が同じような状況で真心をじゅうりんされ殺されてきているのだ。それを問題化し、告発して人間の生（真心）の主張を代弁した宣長さんは、歌論のわくをこえて偉大である。

しかも、先の表中の後期、倭建命の悲泣に見る「真心」、業平の悲傷を発掘した契沖法師評の「やまとだましひ」に証明されるように、その真心の主張が生涯に一貫するをやである。医を業とするばかりか、生成を根幹とする神道を奉ずる宣長さんはいう。

此世に死ぬるほどかなしき事は候はぬ也。然るに儒や仏は、さばかり至てかなしき事を、かなしむまじき事のやうに、いろ〳〵と理窟を申すは、真実の道にあらざる事、明らけし。（『答問録』安永七年）

最晩年の言にもこうある。

まづ人は、命といふ物有て、万づの事はあるなり。儒者仏者など、さま〴〵高上なる理窟を説けども、……命なくては、皆いたづらごと也。（『伊勢二宮さき竹の弁』寛政一〇年再稿本、没年刊）

ところで、「やまとごころ」は、先の表中、『記伝二十六之巻』の次へ「自画像賛（寛政二年）倭ごゝろ」として座を占めるわけであるが、類語の流れの中でそれが孤立した存在であることは否定できない。

しかも、それが宣長さんを代表する歌のように思われているのは異様ではないか。

古来、一度かぎりの辞世の歌・句や遺語が広く永く語りつがれることのあるを思えば不思議でもないようだし、まして、教えとしての賛をそなえた師の画像を門人が入手を望むのは当然で、画工の手になる像へ賛を記入したものが六一枚、しだいに評判をよんで一〇〇枚をこえ、没後の大平代筆に及んだといわれる。没後の門人平田篤胤も二幅（宮脇有慶筆と森川義信筆）所持といい（『玉襷《たまだすき》』）、自画賛なら高値の千疋《びき》（二両二分）でもよい、と門人でもない馬琴が希望した（天保二年四月殿村篠斎《しょうさい》宛書簡）ほどに珍重されたものである。

しかし、画賛のこの歌については、緻密に物を考える者にとっては、なぜ「やまとごころ」か、釈然とせぬものが残ったのではないか。

『藤垣内（大平）答問録二』にこうある。「朝日に匂ふ山桜花の御歌、凡そに感吟仕候て本意なく候、御諭《サトシ》下され度候」との伴信友の問いに、「うるはしきよしなりと先師いひ置れたり」と大平が答えている（「友問平答」享保五年）。答えの中の「うるはしきよしなりと」は語脈ややあいまいだが、要するに宣長さんの言は「うるはしさ」にある。大平は言そのままを信奉したろうが、信友には答えになったか、どうだったか。

ここの「うるはしさ」は、単なる端麗、綺麗ではない。二つの歌を援用しよう。

一つは、同年の作で、「桜花の梢に朝日のかたかきたる絵に」とした、同じく画賛の歌。〇印がつき「自撰歌」『鈴屋集』にもとられる。

　いはと出し朝日ににほふ山桜さもおもしろき花盛かな

もう一つは、それらより一〇年後（寛政一二年一〇月）の『枕の山』（桜花三〇〇首）中一三〇番の歌。

　たぐひなき桜の花をみてもしれわが大君の国のこゝろを

前者の「朝日ににほふ山桜」の美の「おもしろき」は、心の晴ればれするような気持だが、「さも」（いかにも）というのは、旧事紀、古語拾遺の「アハレアナオモシロ」のそれだろう。天照大御神を暗示する「いはと（岩戸）出しと朝日」が証する。

後者で「わか大君の国のこゝろ」は宣長さんのいわゆる「皇国《ミクニ》心」で「やまとごゝろ」にあたる。それを、

「たぐひなき桜の花」の美に見よ、と教える。

春ことにほふ桜の花見ても神のあやしきめぐみをそおもふ（一二九番）

世の人は見てもしらすやさくら花あたし国にはさかぬこゝろを（一三一番）

という「たぐひなさ」である。

いずれも観念的な歌なのでよくわかる。つまり、宣長さんのその言「うるはしさ」の美には、さきの表の人情・真心の意はもちろんだが、さらに明らかにその神国皇国観が裏づけになっているのだ（だから、後にこの歌が無知・飛躍、曲解、悪用をふくめて、皇国史観や軍国主義の道具となりえたのである）。

村田春海の批判

それにしても、宣長さんは忌避していた「やまとごころ」の語をなぜとりあげたのか。それが年来のこだわり解除でなかったことは、画賛画録のほか、その後に使用を見ないことでもわかる。しかし、世上、やまとごころ・やまとだましいの語は、用例に見るように、日本・大和（または和）の表記を用い、通用の語になりつつあった。

宣長さんのこだわりの根拠についても反論は出てくる。後には鈴屋国学に妄説・偽学の語を浴せる同じく真淵門出の江戸村田春海も、宣長さん生前からこういっている。「或人の説に、古今集の序に大和歌を書出したるはわろし。たゞ歌とのみいひいづべき事なりといへるは、ひがことなり」（「或人」とは宣長さんを指している）。理由は、神代からあった琴、笛……などに「大和」を冠したものに加え、やまとなでしこ、やまとだましひ、やまとごころ、やまとさう（相）などの語をあげて、「かれ（から国）をたふとみてもはらとなし、われをかたへとなして、大和といひてわかつにあらず。たゞをのづからさらではまぎらはしきいきほひなればなり」というのである（『織錦舎随筆《にしごりのや》下』*108 寛政九年記）。「大和」の字を使っているように、今やこの方が常識的であったろう。

そうした風潮だからこそ、宣長さんは、「やまと」を古事記の用字「倭」とか、仮字《かな》書きにし、漢意汚染以前の御国心を桜に寄せて詠んだものにちがいない。自画像の賛であるから、おのずから、古学に志す門人へのわが教えの表白となった。請われるままに画像配布の気にもなろうものである。

これは宣長さんの側に立っての推論であるが、この画賛の一事は、その後に使うようになって『うひ山ぶみ』ではしきりに用いる「やまとだましひ」の語と一体となり、賛否いずれにしても、当事者の真意をこえて、あるいははずれて、論議さかんとなる。それが時に日本をゆすぶりながら、なんと現代にまで至るのだ。おどろきである。

（四）　やまとだましい

やまとだましいの探索　やまとだましいの方はどうなのか、たしかめてみよう。まず、宣長さんまでのやまとだましいの文献を点検してみる。

①　源氏物語乙女の巻　紫式部　一一世紀初

猶ざえをもととしてこそやまと玉しひの世にもちひらるるかたもつよう侍らめ。（『湖月抄』本）

元服したむすこ夕霧をあえて大学に入れ漢学を学ばせようとする源氏のことば。「ざえ（才）」は漢才《からざえ》・学問、「やまと玉しひ」は世才、常識的思慮判断。漢学に対する点、現実的対応等、同期の赤染衛門の「やまと心」とほとんどかわりない。

②　今昔物語集二十九　一一世紀半

(清原)善澄才《ざえ》ハ微妙《いみじ》カリケレドモ、露和魂无《な》カリケル者ニテ、此ル心幼キ事ヲ云テ死ヌル也トゾ。

漢学者善澄が、家へ入った強盗の出ていくとき、顔をおぼえているから検非違使《けびいし》に捕らえさせてやるぞ、と叫んで殺された話。

③　大鏡二　一一世紀半

(左大臣時平)さるは(そうはいっても)、やまとだましひなどはいみじくおはしましたるものを。

若年で学才もことのほか劣った時平が右大臣菅原道真を讒《ざん》し大宰権帥《だざいのごんのそち》に流すというあさましき悪事をした報いでその子孫は絶えた、という後につづく文。

④　中外抄「久安元年八月十一日」　一二世紀半

匡房《まさふさ》卿申云、摂政関白必しも漢才不候《さぶらはざら》ねとん(も)、やまとたましひだにかしこくおはしまさは、天下はまつりごたせ給なん。

関白藤原忠実の談話記録中、平安末期の碩学大江匡房の言に関する懐旧。

⑤　愚管抄四　慈円　一三世紀初

公実ガラノ、和漢ノ才ニトミテ、北野天神ノ御アトヲモフミ、又知足院殿(ライバルの忠実)ニ人ガラヤマトダマシイノマサリテ、(世間の)識者モ(かつての小野の宮)実資ナドヤウニ思ハレタラバヤアランズル(よかろうが)。

摂政就任を望んだ公実の人柄についての評。結果は④の忠実が昇任した(一一〇七年)。

⑥　〔源氏物語諸抄〕

ア　河海抄　四辻善成　一四世紀半「やまとたましゐ　和国魂　和才魂魄也」

イ　源氏和秘抄　一条兼良　一四四九「やまとたましひ　わが国のたましひ也」

ウ　花鳥余情　〃　一四七二「わが国の目あかしになる心なり」

エ　細流抄　三条西実隆　一六世紀初「やまとたましゐ　日本のめあかしなと云心也」

オ　孟津抄　九条植道　一五七五「なをさへをもとゝしてこそやまとたましゐ　和国魂　和才魂魄也　もろこしの文を広く学てこそ日本の事をもしるへきと也　日本の目あかしなといふ心也一禅説」

カ　岷江入楚　中院通勝　一五九八「やまとたましひ　和国魂　和才魂魄也　花、わか国のめあかしになる心なり」

キ　湖月抄　北村季吟　一六七三「やまと玉しゐ和国魂《ヤマトタマシヒ》　和才《ノ》魂魄《ト》也　㊔もろこしの文を広く学びてこそ日本の事をも知るべきと也」

中世、やまとだましいの語は源氏物語によって伝えられた。注釈書の『河海抄』より近世『湖月抄』に至る一貫踏襲に見るところである。しかし、それは以前とは異なった意味合いを荷っている。まず、「和才」の語。当初からの漢才《からざえ》（漢学）に対する和学の成立を示す。堂上家の歌論からはじまり、物語の評論・注解、有識故実、神典への関心などの過程に一つの学問的伝統ができたのである。最大の集成者は一五世紀の一条兼良（宣長さん少年時志学の出発点となった人物）。次に、「和国」「わが国」「日本」の語に見るように、「和才」の「和」は現実的な国意識となった。前代の漢学畏敬の念のうすれのはてで、新興宋学の移入と中国自体での変華（宋、一三世紀後半よりの元、一四世紀後半よりの明）、それとの交渉交流とは、国意識を喚起した。やまとだましいはその「目あかし」（判断力）の役を負うのである。さて、その国意識の「国」は、つまるところ、一般神祇信仰の中世的理論化としての伊勢神道、吉田神道にいう「神国」にほかならず、近世では、神道と宋学（理気説）とが結合され垂加神道に至るのだ。

⑦　詠百寮和歌　高大夫実無　一五〇〇年頃か

文章《もんじょう》博士《はかせ》　新しき文を見るにもくらからじ読開ぬる大和と（ママ）玉しゐ

職員令にのる百官の掌侍を百首歌にした中の一首で大学寮の博士を詠んだもの。作者については不明。あとがきで、教示をえたとする「故入道大殿」は一条兼良であろう。「新しき文」とはもちろん中国伝来の新書籍。当代の漢才は「大和と玉しゐ」あってこそ、と当初の源語の場合とは地位を逆転し、ⓑに見た変質の過程を表わしている。

⑧　町人嚢《ぶくろ》 底払巻下　西川如見　一七一九年刊

今のごとくにして、百歳をも過しなば、後はみな異国の風躰に変化して、やまとだましゐをば失ひてんやと、おそれいぶかる人も多かり。

近世も享保になる。前出ではおのずからの姿にふさわしい清、淡、和、安の「やまとごころ」であったが、儒仏盛行の悪風による危機感には「やまとだましゐ」の語が使用されている。同様のことが当時評判の俗神道家増《ます》穂残口《ほざんこう》の『神国加魔祓《かまばらえ》』（一七一八刊）に「正直実心なる日本魂」、『神路手引草』（一七一九刊）にも、「日本人の魂を以て、異端を砕く心ぞならば、仏制儒格ともにもちゆべからず」とある。「天竺魂」の語、また、同人の序をもつ『神道俗説問答』（一七三二刊）には、「支那《から》魂《たましい》」、「天竺心」の語も見え、このような「魂」の用法が一般的であったことがわかる。そのころ「和魂」「日本魂」の語が登場。朱子学から伊勢・吉田神道をとりいれ、「易ハ唐ノ神代巻、神代巻ハ日本ノ易ジヤ」という山崎闇斎《あんさい》の門下垂加神道派からである。

⑨　秦山集二十一　谷秦山　一七一八年没

三条殿博学厳毅、公卿無双、……有識故実、和魂漢才、其学無津涯、――

秦山（重遠）が一六九四年から天文暦学神道で師事した渋川春海の三条殿（三条西実教）評を録したもの。「和魂漢才」の語が出現している。秦山は後出谷川士清の敬慕する人物で、秦山集を写している。

⑩　神道大意　若林強斎《きょうさい》　一七二五年講　一七三二年没

末の世といふて我と身をいやしむべからず、……面々の黒心を祓清め常々幽には神明を崇め祭り、明には君上を敬ひ奉り、人をいつくしび物をそこなはず、万事すぢめたがふことなければおのれ一箇の日本魂は失墜せぬといふものなり

強斎は浅見絅斎《けいさい》高弟。垂加神道は中年以後玉木葦斎《いさい》から得たが、その望楠軒は京洛の拠点であった。谷川士清《ことすが》も初め儒学を学んでいる。

⑪　神道学則日本魂　松岡雄淵《ゆうえん》　一七三三年刊

・――悃悃款款《トシテ》祈《リ》二国祚之永命《ヲ》一、護《ル》二紫極之靖鎮《ヲ》二者、此《レ》謂《ヲ》二之日本魂《ヲ》一。予《ノ》所二以《ノ》吸吸然《トシテ》如《ク》レ此《ノ》其《ノ》不《ル》レ已《マ》者、実《ハ》懼《レテ》二日本魂之《ノ》教不《ルヲ》レ著《あらハレ》也。非《ズ》レ好《ムニ》レ弁《ヲ》也。学者諒《トセヨ》レ諸《ヲ》。右三則。

・附録学則答門……然レバ聖人トイヘドモ皆日本魂《ヤマトダマシヰ》カラ見レバ乱賊ノ棟領也。……只明ケテモ暮レテモ、君ハ千代マセ〳〵ト祝シ奉ルヨリ外、我国ニ生レシ人ノ魂ハナキハヅ也。吾常ニ此道ニ志ス人ニ、只此ノ日本魂ヲ失ヒ玉フナト、ヒタスラニ教ルハ此ノ故也。

雄淵（仲良）は強斎に儒学、玉木正英に神道を学んだが、本書刊行が、秘伝固守、行法神事重視の師を批判するものとして破門された。しかし、右の「日本魂」には闇斎に発する垂加神道の信念を見ることができる。谷川士清は雄淵・正英に神道を学んだが、右破門の前年に玉木正英から神道許状を受けている。

⑫　日本国風《やまとくにぶり》二　度会常彰《わたらいつねあきら》　一七四八年序

抄に云ふ、やまと魂は日本のめあかしなどいふ心なりと。按ずるに是れ我が国の本として父母の国を尊び日本の本心を失はざるといふ心也。

伊勢外宮祠官で神道思想家。太宰春台《だざいしゅんだい》の『弁道書』を批判する『神道明弁』（一七三八年刊）は谷川士清の

『通証』「彙言」の神道にも引用されている。

⑬　日本書紀通証　谷川士清　一七五一年脱稿

・菅家遺誡曰、凡治レ世之道以二神国之玄妙一欲レ治レ之其法密ニ而其用難レ充レ之故三代之正経魯聖之約書平素簪レ之冠レ之当至其細塵。今按中古以来之治レ世也兼二取周孔之敬一以為二之羽翼一ト是故国学ノ所レ要スル雖レ亡ト論下渉二古今ニ一究中天人上其自ハレ非二倭魂漢才一不レ能レ闞二其閫奥一矣（「彙言」の訳原）

・神道学則曰第令《タトヒ》儒生釈徒異端殊道之頑村甿野夫賈販奴隷之愚悃悃欵欵……此之謂二日本魂一ト（「彙言」の国統）

〔⑪の引用〕

最高の神典とされてきた「神代巻」は、『日本紀』で二〇分の一だが、『日本書紀通証』では大著の紙数の三分の一強を占める。垂加学徒士清の姿勢と精魂の傾注ぶりをうかがうに足る。

さて、ここに抜いた部分（右）は、有名な『菅家遺誡』と重大な関係をもっている。だれかが右を利用し、『遺誡』三三章、もともとが偽作（菅公仮託者は室町中期の吉田神道開祖卜部《うらべ》兼倶《かねとも》が擬せられる〔幕末の黒川春村『碩鼠《せきそ》漫筆』〕）であるが、そこへさらに二章を竄入し、しかもそれが『遺誡』の眼目ともてはやされるに至ったのである。ことの内容は次の通り。右の文中「今按」より上の引用部分（『遺誡』第四章）の詞句を取捨利用しそれに「革命之国風深可レ加二思慮一也」を加えて第二一章を立て（中国の革命批判）、次に、士清の見「今按」の下で「国学所レ要……」以下を第二二章に仕立て（「和魂漢才」の主張）、計三五章としたものである。このような偽作・改竄は知られず、菅公尊崇の「和魂漢才」は大和心・大和魂と一体になって文化・文政以後の時代思潮に乗り喧伝されて思想界を覆っていった。

では、もとの士清の「和魂漢才」はどこから出てきたのか。尊敬、師事した⑨・⑩・⑪の垂加神道を承けることはいうまでもない。「国学」（和学）に関して、⑨の『秦山集』の用例を見るに、中世すでに胚胎していたことを先に見たが、新興の垂加派内での通用も当然前提として考えられるものである。

⑭　万葉集大考　賀茂真淵　一七六〇年

（おのれ）――末にやんごとなき大殿へまゐりて、ふせいほの所せき心を見ひろめ、思ひあらためてゆこそ、いさゝか雄々しき日本《やまと》だましひはおぼえけれ。

⑮　歌意考　同　一七六四年

もとのやまと魂をうしなへりければたま〳〵よき筋の事はきけども、直く清き千代の古道には行立がてになむある。

⑯　にひまなび　同　一七六五年

・高く直き心を万葉に得て、艶《にほ》へるすがたを、古今歌集の如くよむときは、まことに女のよろしき歌とすべし。……（古今歌集をのみまねぶ人）……高く直きやまと魂を忘るめり

・（皇朝のいにしへ）……此やまとだましひは、女も何かおとれるや。ましてもの丶ふといはる丶もの丶妻、常にわするまじきこと也。……（後の世には）……はてはくね〲しくさへ成行ぬるは、本のやまとだましひを、われも忘れ行し也。

⑰　万葉考　同　明和六年（一七六九）没遺稿

此卿の心より藤原奈良の御時に及で他の国流を上も下も好む故に、やまと魂はうせて、よしなき賢ぶりし、又死ての後の事などいふをにくみて、もとより好める酒によせてことわられしなり。（大伴旅人「讃酒歌十三首」について）

真淵は、宣長さん宛書簡（明和六年）でも「其通証を見候所、神代上下は、垂加が門人のよしにて、元来宋学の余流を以て論ぜる也、谷川此旧謬を不離、皆附会之空談也」と士清についてにべもない。もっとも、かれは源

氏物語の「やまとだましひ」についても、「此頃となりては専ら漢学もて天下は治る事とおもへばかくは書たる也、されど皇朝の古《いにしへ》皇威盛に民安かりける様はたゞ武威をしめして民をまつろへ、さて天地の心にまかせて治め給ふなり。人の心もて作りていへる理学にては其国も治りし事はなきを、偏に信ずるが余りは天皇は殷々として尊に過給ひて臣に世をとられ給ひし也、斯る事までは此頃の人のしる事ならずして女のおもひはかるべきならず」（『源氏物語新釈幼女の巻』宝暦八年成）と述べて評価しない。そして、万葉で「古意」を求め、体得した「真心」の古代精神「高く直き心」（高き中にみやびあり、直き中に雄々しき心はあるなり）を「本のやまとだましひ」としたのである。神官の家系に生まれ、万葉にうちこみ、将軍吉宗の二男、英俊で万葉を好む田安宗武に出仕、名を岡部衛士と改め、隠退まで一五年（一五人扶持、大番格、奥勤め）。こうした真淵の「やまとだましひ」に丈夫・雄武が主張されても不思議ではない。

やまとだましいの周辺　乏しい文献での探索紹介は以上でおわり、宣長さんに直接かかわる「やまとだましい」の周辺を見てみよう。

真淵没の翌年明和七年から士清との交流がはじまる。垂加の神道は別として、士清の広い知識と手にする資料に学ぶべき所は多い。士清六二歳、宣長さん四一歳。士清は目下、大著『倭訓栞』の整稿中であった（安永三年刊行計画成り、その前年宣長さんは序文を記している。三編のうち前編三四冊のはじめ一四冊の刊行は、没後一年の安永六年である）。『栞』と『記伝』の稿本の見せ合いを軸に、士清には、宣長さんの率直な意見・質疑に応待する大度と新しい学問への謙虚さ・意欲とがあった。

この交流は、伊勢神宮の地へひろがる。そこは度会（伊勢）神道の地であったが、垂加神道の流行のあと古学へ向う風潮も出てきた。士清とは垂加同門の竹内式部[*109]が宇治で逮捕された明和四年以降、それは決定的であった。内宮の祠官で士清の指導を受けていた、その女婿蓬莱尚賢《ほうらいなおかた》*110（後、鈴門）、その友中川経雅、やがて荒木田久老（県門）らとの交流となるのである。

尚賢が『記伝』第一上の稿本を書写したのは安永二年一二月（以下巻を追って一三年間）、またそれの書写を経雅は翌年九月より。日本紀・旧事紀に儒、仏を習合、教義とした従来の神道説へ、古事記による復古の文献学が与えた衝撃は想像にかたくない。最大のそれは、外宮の祭神にかかわる点であったろう。内宮と外宮の尊卑優劣で古来深刻な抗争をつづけてきた土地である。まず、天照大御神を最高神とする宣長さんの立場は内宮側で歓迎された。

『記伝』で、明和四年の段階（神代一之巻）、旧神道説が外宮の祭神とした、天御中主《ノ》神、国常立《ノ》神につき「心にまかせたる妄説《ミダリゴト》」「邪説《ヨコサマゴト》」とするが、安永七年（神代一三之巻）では、「○登由宇気《トヨウケノ》神」「外宮《トツミヤ》」の項で、豊受《ノ》大神を祭神として考証する。なお、この問題を重要視する宣長さんは、晩年『伊勢二宮さき竹の弁』として増補整理（寛政一〇年成る）、没前八月に公刊されて論の定着を見たものである。

さて、安永四年には、地元以外で津・久居につづき、その他にも入門者が出はじめる（内宮関係で男一、女二）。安永六年には、宣長さんは三月、四月と一泊で出かけている。三月は前山の花見で尚賢と唱和、経雅は遅参で会えず。四月は兄弟の二児をつれて参宮、経雅を訪ねている。

久老は、真淵入門が宣長さんの翌年であったが、安永二年に外宮祠官から養子で内宮のそれに移ったので尚賢、経雅とちがい、宣長さんとの親しい交流も安永七年から。「称皇朝歌」を作り、真淵後県門の中心楫取魚彦《かとりなひこ》へと宣長さんに贈り、返しの長歌を得たころからである。

また、安永五年には、県門古学に関心を向けてきた士清が没しているが、かれと交わりのあった白子の村田橋彦（県門、後鈴門）、はやくからたびたび県門を訪れていた尚賢の開いた真淵郷国の遠州国学の斎藤信幸、内山真《ま》龍《たつ》、栗田土満《ひじまろ》（後、鈴門）等との交流も宣長さんに継がれる。

宣長さんをめぐる以上のようなひろがりから、伊勢神道、垂加神道、県門復古学、等の「やまとごころ」「やまとだましい」に接するようになった。

文献は、「やまとごころ」で前掲士清の⑦⑧、久老の歌⑨、「やまとだましい」は先掲士清⑬、真淵⑭～⑯のほか、次の士清と後の久老ぐらいのところで乏しいが、それぞれに特徴はあらわれている。

士清では、宣長さん宛書簡（安永四年八月二七日付）が有名である。書中に、「右反古冢ニ辞世の心持ニ而碑陰ニ、何ゆゑに砕きし身ぞと人とはばそれと答ん日本玉しひ」とある。五月末に『通証』『栞』『勾玉考』等の草稿を埋めて反古塚の碑を建てたとき玉虫が出た。この奇瑞を記念する歌を友人たちに乞うたのである。宣長さんは古体の歌三首を贈っている。碑陰の歌は、「何故爾砕伎志身曽登人問婆　其礼登答牟日本玉之譬」。垂加学者の真骨頂を見る。また、『栞』では、「やまとごゝろ」から二語おいて、「やまとだましひ　日本魂也源氏物語に猶さえを本としてこそやまとたましひの世に用ゐらるゝ事もつよう侍らめと見えたり　一条禅閤の説に日本の目あかしといふ意なりとぞ」とある。同著に「和魂漢才」の語は見えぬが、それを思わせる要を得た釈である。

士清からだいぶん遅れるが、久老にその歌文集『槻 落葉《つきのおちば》歌集』（子久守編）中、次の用例を見る。

「記行部」元明六年　八雲さす出雲の神におくぬさは倭たましひたすけませこそ（「出雲神社に奉る歌」）

「文部」寛政元年　汝が名におひてすか〱しき真心なるにこの皇朝のいにしへをしぬひて倭魂さへそはりにたれはいよゝます〱雄々しくたけく……（最も信頼していた友人・門人であった波根真清の死を悼む詞）

久老の用例は宣長さん没の頃から多くなるのだが、「あくまでたけく雄々しくみやひにおいらかなる倭たましひ」（人麻呂像軸の賛）、「神主の倭魂雄々しくひたふるにわかいにしへふりをたふとみて」（度会弘訓《わたらいひろのり》神主の寛居の詞）などにも見るように、真淵の「雄々しさ」を承けついだものである。

宣長さんの用例

さて、宣長さんの用例だが、これはやまとごころほどに極端ではないが、さほど多くもない。採集[*111]一〇か所で一六例、うち七例は晩年の『うひ山ぶみ』である。年代順にそれを並べてみる。

① 『古言指南』（宝暦一〇年前後と推定）
（古体ニソムキ鄙俗ナル長嘯子ノ文章ヲ）名文ノヤウニ思ヒ称美讃歎スルハ、ミチ盲人ノ所作ナリ。少シ和《ヤマト》ダマシヰアリテ、眼ノ開キタラン者アラハ、カヤウニ無下ノヒガ事ハアルマシキ事也。

② 「詠歌疑条」中（安永六、七年か）『玉の小櫛』の資料にか源氏物語より抜き出した語群中に見る。
倭魂乙六ウ（「乙六ウ」は湖月抄本での位置。乙女の巻、六丁目、ウラの略。）

③ 「荒木田経雅神主大神宮儀式解序」（安永八年）『鈴屋集六』所収。経雅は伊勢内宮の祠宮、谷川士清の女婿蓬萊尚賢と親しく、共に士清の指導をも受けていた。
宣長わくらばに此大御神の大御国にしも生れ出て、……いはゆるしきしまのやまとたましひをさへにそなへもたれば、……

④ 「横井千秋宛書簡」（寛政三年正月一五日付）老中白河侯松平定信へ『記伝』板本の進上を千秋が勧めた件について。前年五月寛政異学の禁が出ている。
右侯尤倭魂もおはする御方とハ被レ存候へ共、先ハ専ラ漢学をむねと御好ミ之御事ニ御座候へハ、私著述物ナドハ御気ニ合申間敷之様ニ被レ存候、……

⑤ 『玉あられ』（寛政三年成る）歌文を作る場合の不適当な表現、誤用について。
（神祇の歌に、誓、光やはらぐ、塵にまじはるなどよむのは）例の神を仏にして、僧のよみそめたることなるべし、これらのひがこと、やまとだましひあらん人は心すべし

⑥ 業平ノ朝臣のいまはの言の葉」（寛政七年二月〔所収『玉勝間五』板下出来〕以前）古今集「つひにゆく道とはかねて聞しかどきのふけふとは思はざりしを」の歌の契沖評について。

契沖いはく、これ人のまことの心にて、をしへにもよき歌也、……いまはとあらんときにだに、心のまことにかへれかし、此朝臣は、一生のまこと、此歌にあらはれ、後の人は、一生の偽をあらはして死ぬる也といへるは、ほうしのことばにもにず、いと〳〵たふとし。やまとだましひなる人は、法師ながら、かくこそ有けれ。から心なる神道者歌学者、まさにかうはいはんや。……

⑦ 『大祓詞《おおばらいのことば》後《ご》釈《しゃく》』（寛政七年成る）

さて、祓物《フ》（罪穢）を、潮とともに、海の底へまきいるゝは、実に此神（速開津姫神）の呑給ふ也、然るを漢籍のいはゆる寓言の如く心得むは、やまとたましひにあらず、そは例のなまさかしきから心也

⑧ 「来訪諸子姓名住国并聞名諸子」（寛政九年）

同日（一一月一二日）来ル 一、長崎大塚條七古学ヤマト魂 山キハ（七右衛門か）同役

⑨ 「尾関正義家ふみの序」（寛政八、九年か）『鈴屋集六』所収。寛政八年に久留米藩士尾関正義の昇進を祝う歌を贈っている（『石上稿』）。

（尾関正義は）敷島のやまとたましひつよくかたく、ますらたけをのを心に、かぶろぎの道をたふとみ、古をしぬひて、今をうれたむ心より、……

⑩ 『うひ山ぶみ』（寛政一〇年一〇月成る）

・又件の書どもを早くよまば、やまとたましひよく堅固《カタ》まりて、漢心におちいらぬ衛《マモリ》にもよかるべき也

・やまと魂をかたくする事を、要とすべし

・からふみを見るには、殊にやまとたましひをよくかためおきて見ざれば、……

・此事は山跡魂をかたむる端なる故に、まづいふなり
・此漢心を清く除去て、やまとたましひを堅固くすべきことは……
・漢籍を見るも、学問のために益おほし、やまと魂だによく堅固まりて……
・とかく倭魂かたまりにくき物にて……

以上の用例についてコメントをつけておこう。

①の「古言」とは、漢文で記した日本紀・万葉等の古語でなく、「物語ノ詞」をさしている。近代、清・紫、兼好・長嘯の四人を古今の文章の名人と定める人があるが、として、和漢の故事・古語、俗語をもとりまぜ、奔放に記した長嘯子の文章を評したのである。紫式部の文章を絶妙、抜群とする立場から、倭文（倭文章、和文章、和文、和《ヤマト》ノ文章の語も使う）の「ヨキ文章ハハカナクナダラカナル内ニ筆勢ハソナハリ、力ハアクマデアル」べきで、「カリニモ漢文メキタル詞ハ用ユマジキ事」とする。「和タマシヰ」の表記は・源氏注釈の中世的表記を用いたものであろう。

それからだいぶんたって現れる②の時期を考証してみる。『紫文要領』は宝暦一三年に成った。それを補訂したのが『源氏物語玉の小琴』、明和五年以降である。さらにそれを改稿、『源氏物語玉の小櫛』の巻一、二としたのが安永八年以降である。さて、②の「詠歌疑条」のメモはいつのものか。中の源氏物語関係の部は、特徴的な語彙と注目すべき事項との所在を湖月抄本で示している。「倭魂」は前者語彙中の一つであるが、後者の「事項」は、語彙の中での「物のあはれ」の用例すべて（一三）、「ア、ノ意あはれ」の例（一二）の採集と呼応するかに、「時のけしきに感する事」（五項）、「人ノ形に感する事」（一〇）、「物の哀ニ感する事」（一六）、「好色ノ事」（三）など、「物のあはれ」をめぐる「事項」の資料整理へ集約するから、『小櫛』の大幅な改稿にそなえての作業と見られる。『小琴』までは見られない「事項」、例えば「○歌卑下」（二〇項）が『小櫛』ではとりあげら

れていること（二の巻「なほおほむね」）も、その証となるであろう。こうしてみれば、この『疑条』メモは、『小琴』のあと、それも『小櫛』執筆の安永八年寄りのころのものと推定される。さらにまた、このメモの間に、どういうかげんか、「異本付」として「乙女」の巻のみ異本と校合、丁順に三三項目を列挙している（『小櫛』での全巻校合は改めて行なわれている）。宣長さんの二回目源氏講釈で乙女の巻終了は安永六年一二月六日で、この記入はその機、そして、『疑条』メモも、したがって「倭魂」の記入もその前後安永六、七年と推定できないだろうか。

それにしても、「倭魂」という表記はどうしたことか。湖月抄本は「やまと玉しひ」で注に「和国魂《ヤマトタマシヒ》」（河海抄）、異本に「大和魂」はある。簡略を心がけるなら「和魂」もあるので、これは、「倭ごころ」で述べた古事記傾倒によるものにちがいない。ちなみに、以後の使用にも「日本魂」「大和魂」の表記をとっていない。

③の中川経雅の著『儀式解』の序文の用例で注目されるのは「いはゆるしきしまのやまとたましひ」の表現である。安永二年に内宮の正員禰宜となった経雅に「しきしまの」は単なる枕詞以上にふさわしい表現だが、とりあげたいのは上の「いはゆる」である。これは「やまとだましい」の語が世上使われていたことを示す。ことに士清の没までその指導を受けていた経雅にとってなじみのことばだが、宣長さんにとっても、士清経由のほか、より身近い県門古学の用法に接していたのである。安永四年には、忘れられた高く直きやまと魂の回復を熱っぽく説く真淵の『にひまなび』をむすこ健蔵（春庭）の写本初めにあてがっているほどである。だが、それらも、今の段階、宣長さんにとっては「いはゆる」の内にはいる認識であった。真淵のやまと魂には違和感をもたざるをえなかったのではないか。復古の「真心」に同調するも、万葉集の雄々しきますらをぶりに根を置き、平安古今集以降の後世意がそれを忘れさせたとする認識に。だから、宣長さんは「やまとだましひ」のかわりに、「皇国（御国）魂」（安永六年『馭戎慨言』）、「真心」（天明元年『くず花』）の語を使うのである。

④以後は、右の時期から一〇余年たってから。天明年間をこえている。

六一歳の寛政二年は記念すべき年であった。八月には自画像へ「しき嶋のやまとこゝろ」の歌を賛す。九月には『記伝』第一帙（巻一～五）を刊行、一〇月横井千秋の取次で、それと『詞の玉緒』を妙法院宮に献上。一一月には三三年ぶりの上京、同行は春庭、大平、ほか門人三名（帰途五名）。二二日新造内裏への遷幸拝観。翌日、双林寺文阿弥坊で歌会を開き、京人諸国人等会集二七、八人に及ぶ。この旅行が『記伝』刊行の披露であったことも当然である。先に献上した宮より天覧に達した由を聞いた旨、一日も早く悦びを横井へ伝えてほしいとの書状（鈴木真実宛）を帰着前の道中から出していることからも心事は想像できる。

余談。右の天覧の件はしだいにあやしくなり、翌年二月には「人伝に承り候計に而慥成義は不被存候」（栗田土満宛）といっている。事実は、地下の著書として堂上の諸紳の沮《はば》むところとなって叡覧はなかったのである（梅辻春樵《しゅんしょう》書簡『春樵家稿』巻八）。後年、篤胤もどうして知ったか、「老翁の世におはしけるほどに、然る事もなくてありしは、いと口惜しきや」といっている（『気吹酒舎《いぶきのや》筆叢』二の下）。

それはともかく、「近頃は惣体皇朝古学大ニ起リ可レ申ノきさし何国ニも有レ之、下嬉敷奉レ存候」と横井に報告（一二月二六日付）しているように、古学飛躍の時機が到来し、『記伝』をもつ宣長さんはその中核に立つようになっていくことも自覚されたろう。

以降、宣長さんに「やまとだましい」の語の使用も見られるようになる。それは、天明年間の多端な活動でとくに目立つ対外的な論難の中で切り札としてしきりに用いてきた「漢意」の語——元年『くず花』八回、五年『鉗狂人《けんきょうじん》』四回（他に「漢籍意」六、「から国心」一）、七年以降『呵刈葭《かがいか》』一二回——と対比するに「やまと心」を使わぬとするなら、次元の違う「やまと魂」ではやはりどうだろう。「やまと心」を使わぬ真淵も使用していた。次元が違うとは、元来、生命・はたらきの力の根源「魂」のありかが「心」だということ。「魂」はいわば「真心」、それに好きな「玉」「霊《たま》」をも暗示する。さりとて、従来力んで使ってきた「御国魂」「皇国魂」では重すぎる。すでに通用している「やまとだましい」に、「日本」「大和」の表記でなく、古事記の「倭」または仮字を使えば、独自でかつ一般的適当な用法になる。こうした心理過程を経て、宣長さんはこれまでの違和感・こだわりを脱したのだろう。「漢意」を批判する場での用例となるのである。しかし回数が格別ふえるわけでなく、それが集中して意識的に使用されるのは、晩年『記伝』完稿後の⑩『うひ山ぶみ』においてであった。

『うひ山ぶみ』の検討

寛政一〇年六月『記伝』の稿を終わった宣長さんは、七月に『家のむかし物語』で「物まなびの力にて、あまたの書どもをかきあらはして、大御国の道のこゝろをときひろめ、天の下の人にもしられぬ」と回想するが、九月『記伝』終業の宴などでも門人の希望もあったろう、自分の到達点をふまえて体験をふりかえり、古学入門の指針を記すことにした。

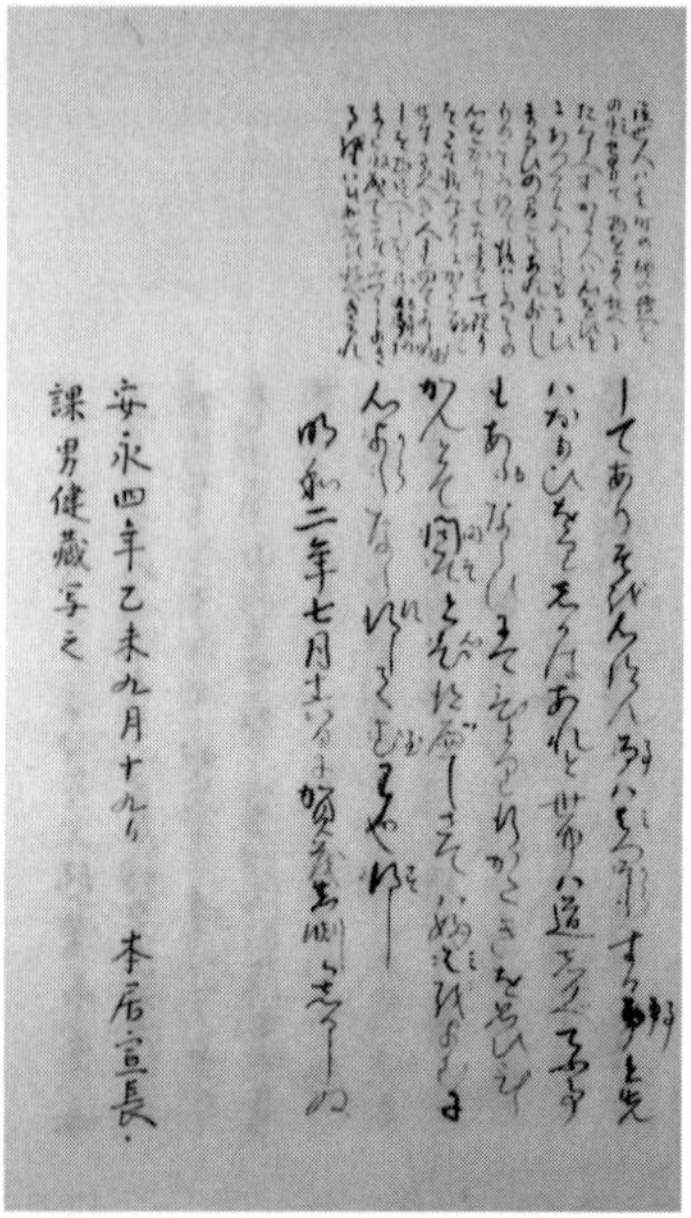

『にひまなび』賀茂真淵著・本居春庭写・宣長奥書

一〇月八日起筆の初稿本が一三日に成った（再稿本は二一日成る）のは、『濃染の初入』と題する草稿本がすでに成っていたこと、かつて健蔵（春庭）の初学に書写を課した真淵の『にひまなび』*112を参照することができたからである。この参照は、やはり安永年間に宣長本を写した久老がその出版計画を立て（刊行は翌々年だが）この年の三月すでに序文をも記していたことを知り関心を新たにしていたのではないか。それはともかく、師説として一語も違わず引用した個所もある。短かい主文一編に、六倍もの分量で注記二九項を付けて補説していく形式も、一〇編の主文部に二七項の補注を配した『にひまなび』にヒントを得たか、しかも主題の集約、体系の整理に成功したものである。内容は、もちろん師説の線上に自説の展開を見せたものであるが、『歌意考』につづく歌論が中心で古学に及んだ『にひまなび』に対して、歌論（『濃染の初入』）はあとへまわし、「(県居《あがたい》大人《うし》は）其力を万葉集にむねと用ひて、道の事までは、くはしくは及ばれず、……道のすぢは、此大人の説も、なほたらはぬこと多ければ……」というように、万葉を基調の真淵の論から、古事記信仰の道の論をむねとする点に移したのである。

まず後半の歌の論から見てみよう。『うひ山ぶみ』の分量の半ば近くが、補説の「万葉集をよく学ぶべし」以下の歌論である。中の「又後世風をもすてずして云々」の項で、「古風は白妙衣のごとく、後世風は、くれなゐ紫いろ〳〵染たる衣のごとし。白妙衣は、白たへにしてめでたきを、染衣も、その染色によりて又とり〴〵にめでたし」とし、「たゞその染たる色には、よきもありあしきもあれば、そのあしきをこそ棄つべきなれ」とのべていくのだが、草稿本の「濃染」＝後世風、「初入」＝初学の教えなのである。

そこで、まず万葉をとりあげ、『にひまなび』の語を引用、（古えの道をしるためには、師説として）「まづいにしへの歌を学びて、古風の歌をよみ、次に古の文を学びて、古ぶりの文をつくりて、古言をよく知りて、古事記日本紀をよくよむべし、……」（文中「つくりて」以下が真淵では「つらね、次に古事記をよくよみ、次に日本紀をよくよみ、……」となっており、古言をよく知りてを挿入、古言宝庫の万葉観を出している）。心、事をしるべき古言古歌によって、「二典の神代上代の事跡」に備わる古の道、「ゆたかにおほらかに、雅《ミヤビ》たる」神の道を知るに甚だ緊要の万葉集というが、以下論をつづけ、歌は神代のはじめより「必ず詞にあやをなして、しらべをうるはしくとゝのふる道」とし、雅情は古風、後世風同じだが、世の変化に応じて後世に題をもうけて意《こころ》を作りよむなど、作りざまは次第にたくみもこまやかにふかくなるものだ、という。真淵が「かたくなしく、いやし」と堕落として禁じたものへの反論である。そして、初学の輩、古風、後世風ともによもうとするに、いずれを先とすべきか、末よりさかのぼのぼりて本にいたるがよき事もある物にて、後世風をまずよみならい、その法度のくわしきをしるときは、古風をよむにもあまりみだりなことはよまず、古風と後世の混雑する誤りが少ない、学問でも古と後とのわきまえは肝要なのだ、と弁明。こうして後世風より出た自身の体験信条をのべていく。まさしく濃染の初入だ。歌の最盛を新古今とし、詠歌は二条家の正風を守り、題詠のしるべとしては頓阿の草庵集、題林愚抄に及ぶ。ただし、道統、宗匠の教え法度にしばられる近世風歌人の愚かさ、学び方をも指摘する。そして、結論はこうである。「すべて人は、雅の趣をしらでは有《ル》べからず。これをしらざるは、物のあはれをしらず、心なき人なり。かくてそのみやびの趣をしることは、歌をよみ、物語書などをよく見るにあり。然して古へ人のみやびたる情をしり、すべて古への雅たる世の有りさまを、よくしるは、これ古の道をしるべき階梯也」。真淵が手弱女ぶりのくねくねしき姿と排した中古だが、その優雅で発見した物のあわれを知る心が、ずっとさかのぼり古の道に通じること、これは強弁でなく、変化に随従する故に元本の不変を信仰する宣長さんの信条の表現である。

『うひ山ぶみ』の半ばを占めるこの起草の動機は、「宣長もはら古学によりて、人にもこれを教へながら、みづからよむところの歌、古風のみにあらずして、後世風をも、おほくよむことを、心得ずと難ずる人多けれども、……」と洩らしているので知れる。久老の栗田土満宛書簡（寛政七年三月一八日付）にも「兎角近躰を被好候事承諾難致存候。如何被思召候哉」とあるような非難は、宣長さんの古学説の広まりに比例して耳にすることがしばしばあったのではないか。それに対する弁明、所信の表明である。

歌が「古の道をしるべき階梯」という認識では、真淵と一致する。しかし、『にひまなび』を参照しつつも、右の論に、真淵の基本理念「いにしへの歌の調べは、……つらぬくに、高く直き心をもてす。且その高き中にみやびあり、なほき中に雄々しき心はある也」の中の、「高く」「直き」、「雄々しき」の語は見えない。したがって真淵が珍しくもくり返し使った「高く直きやまとだましひ」の「やまとだましひ」の語も出ようがない。ただ「みやび」の語のみはキーワードとして使われるが、真淵の指す上代高雅の精神とはおのずから異なることは前述のとおり。

そして、道の学び（学問）では、宣長さんは「高く直き」をはずした「やまとだましひ」の語を採用している。

真淵が道を天地自然（なしのまに〳〵）、神皇《かむろぎ》の道というのに対して、

此道は、天照大御神の道にして、天皇の天下をしろしめす道、四海万国にゆきわたりたる、まことの道なるが、ひとり皇国に伝はれるを、其道は、いかなるさまの道ぞといふに、此道は、古事記書紀の二典に記されたる、神代上代の、もろ〳〵の事跡のうへに備はりたり。

というのが、宣長さんのいう道である。しかるに、二典の事跡は、それを初め仏道、後に儒道で説くようになり、近世神学家もこれに拠って、古の意・行いは失せてしまった。学者はその古の道を尋ねて明らめ知るがつとめである。後世、上にこれを用い行い天下にしきほどこし給う世を期待するのだ。ところが、言巧みにものの理非をかしこくいいまわす漢籍にまどわされぬため、そして、千有余年の漢意による汚染を清く除き去るため、まず「やまとだましひ」を固めなくてはならない、との旨をくりかえす。やまとだましい（七例）の特徴については、倍以上の用例をもつ漢意（一〇）儒意（六）を排せよとのことで自明としてか、「固めよ」とのほか格別の説明を加えない。飛躍するが、結びの文章からとってしいていえば、道に心をよせ、神のめぐみのたふときをしる――そういう心をいうのであろう。

真淵は「高く直きやまとだましひ」とし、とくに「直き」に重点をおく。わざわざ注をつけて、「直きといふ中に、邪にむかふと、思ふ心の強く雄々しきと、心に思ふ事をすさび（興にまかせて）いふとの三つあり。そは事にしたがひてとるべし。その中に、古人は思ふ事、ひがわざにても、隠さず歌によめる、此直きにぞ、歌はあはれとおぼゆること有なる」というが、「なほき中に雄々しき心はある也」と万葉の歌を丈夫の手ぶり、丈夫の道とし、女にもそれを求め、伊邪奈美《いざなみ》、天照大御神以下の例をあげて「此やまとたましひは女も何かおとれるや」と伝統を説く。そして、都が大和から山背《やましろ》へ遷って以降、手弱女《たおやめ》のすがたをうるはしむ国ぶりとなりその上からの国ぶり行われ、失われていった、という。万葉の調べから得た詩人真淵のやまとだましいの「やまと」は、建国の「大和」の国を意味するのかもしれない。とにかく、雄健朴直の要素が強い。

これに比し、記・紀神代の解読から得た学者宣長さんのそれは、そこの事跡にうかがわれる神の道に即したもので、それをゆがめ汚染してきた漢意を脱した精神がそれ。いうならば、古事記・国生みの章で「夜麻登」と訓んだ「倭」（大倭《おおやまと》豊秋津《とよあきつ》嶋《しま》＝本州）以来の名を負うものである（後の日本・大和の字を使わない）。また、それが世界での「中」「本」であり、中外、本末の思想となるものである。

もっとも、歌の場合、宣長さんは万葉の歌の趣を「たゞゆたかにおほらかに雅《ミヤビ》たる神の道」にかなったもの、とするが、その雅は、真淵とは大きくちがい、世の変化に応じて、中古優美の世界の物のあわれ、さらに後世風の巧みに至る、としたことはすでに述べたとおりで、真淵のように歌にやまとだましいを見るなら、宣長さんのそれは、神の道とかかわって柔軟である。資質、経歴、信仰の致すところである。

とにかく、記・紀と実証主義を武器として、批判の対象を、かつて真淵からもらったが当の真淵の使用していない「漢意」という語に集約した。その漢意からの、いわば思想の解放戦争であった。その自覚を「やまとだましひ」に託したのである。宣長さんはこの戦争を意識していた。戦争であるから強靭でなければならない。「甲冑をも着ず、素膚にして戦ひて、たちまち敵のために、手を負ふがごとく、かならずからごころに落入べし」。だから、まずやまとだましいを固めることをくりかえすのである。

しかし、戦争には大義名分の明示が必要である。それにあたるのが、神の道への随従。その神の代表が天照大御神であるが、人間性の解放を約束する「ゆたかにおほらかに雅たる神の道」と把握された柔軟性、したがって、主張するやまとだましいの柔軟性、を見るべきである。

この書が後半を先述の雅の歌論にあてたのもそのあらわれである。それは、すでに冒頭で、「学びのしな〲」「学びやうの次第」の選択が「実はたゞ其人の心まかせにしてよき也」で、「とてもかくても、つとめだにすれば出来るものと心得べし」、と主文部の半ばをさいて述べる前提の自由さにもあらわれている。つづけて、各項の「道」の論へ、したがってやまとだましいの提示が来るのである。

余談のようだが、「ものゝはじめ、わろく入たちにしこそ、くるしけれ。……もとのやまと魂をうしなへりければ、たま〱よき筋の事はきけども、なほく清き千代の古道には、行立がてになむある。こを譬へば、高き山にのぼるが如し。もと繁き山ぐちをおしわけて、木の根巖がね、いゆきさぐゝみ、汗もしとゞに、いきも喘ぎつゝ、からくして峯にいたりぬ、……」(『歌意考』)。『うひ山ぶみ』の題名とそこに集まる「やまとだましひ」の語が真淵『にひまなび』の前編『歌意考』の上文から採られたことは推量できるだろう。『歌意考』をそのように読むのは常識だったのである。同書を『にひまなび』と同年(寛政一二年)に刊行する久老が、序文に「高き昇らむやま口と(尋)むるしをりともなるべきを」と記しているように。ただし、県門を自任する久老は、一昨年記の『にひまなび』序文では古風の栄えをよろこぶも、今度は、「歌は後をよしとすとふ、世にへつらへる教にひかされて」と古風の衰退をなげいている。昨年刊の『うひ山ぶみ』を意識しての言か。

それはともあれ、柔軟な宣長さんの『うひ山ぶみ』は末尾に後世風の歌を添えている。

いかならむうひ山ぶみのあさごろも浅きすそ野のしるべばかりも

「浅きすそ野のしるべ」は、謙退の辞めかして、いきなり峻嶮高きを求める真淵との対比も意味したものであろうか。そうとすれば、歌や物学びばかりでなく、やまとだましいも、真淵の高き直き雄健のそれと宣長さんの柔軟性とを察すべきである。宣長さんの柔軟性とそれをつらぬく強靭性が、神の道のとらえかた、信仰に出ることはいうまでもない。

（五） 近・現代の大和魂

ここで中断、さきに近・現代の大和魂を見てみよう。

漱石の危惧　明治三八年（一九〇五）九月末、夏目漱石は『吾輩は猫である』の㈥を脱稿した。その末文で、苦沙弥先生の披露する短文が次のように出てくる。

大和魂！と叫んで日本人が肺病やみの様な咳《せき》をした。……大和魂！と新聞屋が云《い》ふ。大和魂！と掏摸《すり》が云ふ。大和魂が一躍《やく》して海を渡つた。英国で大和魂の演説をする。独逸《ドイツ》で大和魂の芝居をする。……東郷大将が大和魂を有《も》つて居る。肴屋《さかなや》の銀さんも大和魂を有つて居る。詐偽師《さぎし》、山師、人殺しも大和魂を有つて居る。……大和魂はどんなものかと聞いたら、大和魂さと答へて行《い》き過ぎた。五六間《けん》行ってからエヘンと云ふ声が聞こえた。……三角なものが大和魂か、四角なものが大和魂か。大和魂は名前の示す如く魂である。魂であるから常にふら〳〵して居る。……誰も口にせぬ者はないが、誰も見たものはない。誰も聞いた事はあるが、誰も遇《あ》つた者がない。大和魂はそれ天狗の類《たぐひ》か。

九月五日、米国ポーツマス軍港で日露戦争講和条約の調印が行われている。その際、講和条件の譲歩反対にひときわ高く炎えあがったのだが、必勝を信ずる大和魂による、いわば集団催眠といった社会状況である。

さて、一一月一七日には天皇の伊勢神宮参拝戦勝報告があった。その翌一八日勅使が山室山墓地に差遣され、宣長さんに従三位の追贈があった。通俗の見るところ、宣長さんの大和心・大和魂への追贈にほかならない。前年の開戦に、戦費調達の一環として煙草が官学専売となり、発売の紙巻煙草名に敷島、大和、朝日、山桜と宣長さんの歌が用いられたのも、宣長さんの大和心・大和魂が、さくらの散華をシンボルに、忠君愛国、戦意高揚に利用され、定着をみていたからにほかならない。

戦艦大和の最期

漱石の危惧した大和魂状況がその後の近・現代史をどのように進んだかは、体験的にご承知のとおりである。その大和魂の破局を象徴する一つとして、昭和二〇年（一九四五）四月七日の戦艦大和の最期をあげたい。それを単なる語呂合わせと受けとられるなら、それは大和をよくご存じないからだ。しばらく大和を回顧しよう。

昭和一五年八月八日、呉《くれ》海軍工廠《こうしょう》、極秘裡ではあるが、天皇の名代久邇宮《くにのみや》臨席のもと、去る一二年一一月四日に起工の空前の大戦艦「一号艦」の進水式が行われた。艦は「大和」と命名された。昭和三年に廃艦となった日露戦争時の「大和」「武蔵」の名を継いだのであるが、ことしは皇紀二六〇〇年、この式の記念品有田焼の風鎮にも、橿原神宮と宮城二重橋の図案が刻されている。天佑を信じる関係者の祈念もうかがわれる。

排水量六九、一〇〇トン（満載で七二、八〇九トン）、四六センチ主砲九門、最大速力二七ノット。世界で最大、最新の戦艦この大和が、迫る米・英との戦闘では劈頭敵主力艦隊を撃破し制海権を確保するのだ。そして、決戦の時には連合艦隊の旗艦として、陣頭のその砲威は全軍の士気を奮い立たせ、決定的な勝利をもたらす。かくて、日露戦争についで、戦史いや皇国の歴史の飛躍へつながるのだ。——というはずだった。

翌一六年一二月八日対米・英宣戦布告。大和の主砲公試はその前日、艦の竣工は一六日だった。だが、開戦の真珠湾奇襲攻撃、二日後のマレー沖海戦での成果は、皮肉にも潜艦と航空隊の活躍によるもので、ことに制空権の勝利を告げる。すでに巨砲大艦の時代ではなかったのである。

半年後、早くも米軍の反攻。ハワイ北西ミッドウェー沖の海戦で空母四隻を失う敗戦に大和は手も出せない。

その巨砲九門が敵をねらって初めて火を噴いたのは、一九年六月二〇日マリアナ沖海戦で、空母に襲いかかる約二〇機への三斉射二七発、成果は不確認。航空機決戦での決定的な敗北で、サイパン島は放棄され、本土空襲、日本敗戦が濃厚となった。

姉妹の二号艦武蔵も同年一〇月二四日レイテ沖海戦の敵機動部隊による数次の空爆で、七万トンの鉄塊と化し沈んだ。大和の巨砲が初めて敵艦を撃ったのは翌朝敵空母に対してであるが、徹甲弾でなく対空弾による斉射で効果はなかった。この海戦で大和主砲の斉射が撃沈したのは巡洋艦と空母各一といわれるが、自らも中破で呉へ帰港した。

二〇年四月一日、米軍一八、三〇〇名が沖縄本島に上陸開始。五日、大和は出撃命令を受けた。海上特攻隊として、八日未明沖縄西方海面に突入、敵水上艦艇並びに輸送船団を攻撃撃滅せよ。制海権制空権を奪われた中、沖縄へ突入する、それが実現すれば海岸にのりあげ砲台となる、陸戦隊も上陸させる。燃料は片道分だ。帝国海軍最後の艦隊出動に一機の空軍援護機もなく大和は軽巡一、駆逐艦八を従えていく。駆逐艦は舷側に菊水のマークを描き、その旗やのぼりをひらめかすものもある。一億総特攻のさきがけとなるのであった。

六日午後四時、艦隊は三田尻沖を出発。豊後水道を南下、翌七日未明大隅海峡を通過、西進。夜半、六日沖縄東方海面では、菊水一号作戦の特攻機を中心とする四百機の攻撃が敵機動部隊に大損害を与え、敵は大混乱中、との情報が届けられる。朝八時には、天皇代理で高松宮が戦捷念願に伊勢神宮へ向われる、との電報を受信する。激励である。その頃、敵機動艦隊は大和の西進を捕捉確認した。正午前その攻撃隊の大編隊はどす黒い雨雲の中大和上空に達した。〇時三二分大和主砲発射の合図で戦闘ははじまる。襲いかかる機数約二〇〇、戦闘機、戦闘爆撃機、降下爆撃機、雷撃機。劇闘一五分間、大和へは直撃弾二発、左舷に魚雷一本。第二波は一時一八分、約一〇〇機、大和を遠まきにし、一気に集中殺到する。左舷をねらう魚雷三本。避退を決意するが、同三九分に第三波一二六機、その一次攻撃で左舷に魚雷二本、爆弾三。艦の傾斜一五度、一部機銃のほか射撃も不能。二次攻撃で二時七分右舷に魚雷一本、つづき一〇分間に左舷へ三本。傾斜は二〇度から三〇度へ。二時二三分。巨鯨大和は横転、大爆発を起こし、沈没。爆煙は六〇〇〇メートルの高さまでのぼった。海上の生存者救助には、中破の駆逐艦二、無傷の一があたった。

以上、児島襄「戦艦大和」（一九七二）を参考の中心に経過だけで大和の生涯を追ったが、その沖縄特攻での戦闘に詳しい『戦艦大和ノ最期』（一九五二）は著者吉田満[*113]が生還者であるだけに迫力がある。その末文はこうである。

徳之島ノ西方(注)二十浬ノ洋上、「大和」轟沈シテ巨体四裂ス　水深四百三十米
今ナホ埋没スル　三千ノ骸《ムクロ》
彼ラ終焉ノ胸中果シテ如何

（注）のち、決定版では「北西二百浬」と修正。

その三〇〇〇の勇猛奮闘と自己犠牲の惨烈さとはいうまでもない。しかし、敗れたからいたましいのか。戦って勝利をかちえた敵の兵士の勝るとも劣らぬそれらをも考慮に入れねばなるまい。ことは一戦艦、三〇〇〇の骸にとどまらぬ。三年八か月の太平洋戦争、いや一五年戦争を通じて、敵、味方、無辜《むこ》の市民を含めて何千万という人間を殺傷したのである。大和魂とはそういうものであったか。

それはともかく、先に引用した漱石の「大和魂」から三年後（明治四一年八月）、『三四郎』で、「日露戦争に勝って一等国になっても駄目ですね」というのに対して、三四郎は、「然し是からは日本も段々発展するでせう」と弁護した。すると、かの男は、すましたもので、「亡びるね」と云った。「かの男」＝広田先生（漱石）の予言である。大和の最期はさしずめかの「天狗」（大和魂）にたぶらかされた結果ということになる。

その後もたぶらかされた例を一つ記しておく。

先掲、吉田満『戦艦大和ノ最期』（昭和二七年八月・創元社）の跋文の一つに三島由紀夫が「一読者として」と題し、「感動した。」ではじまる短文を寄せている。

いかなる盲信にもせよ、原始的信仰にもせよ、戦艦大和は、拠って以て人が死に得るところの一個の古い徳目、一個の偉大な道徳的規範の象徴である。その滅亡は、一つの信仰の死である。

とし、その「絶対」に直面した戦士たちの死を美化する、「この美しさは否定し得ない」。昭和四五年一一月、陸上自衛隊東部方面総監部で自衛隊の決起を訴え割腹自決する三島の心境をすでにここに見る。

昭和五九年正月、東京八木書店の売り立てに三島自筆の大色紙額が出ていた。敷島の大和心を／人問はば朝日に／匂ふ山ざくら花　歌を三行で大書したあとに三島由紀夫と署名す。一二〇万円。はずかしげもなく、全身をカンバンにしたその書体。宣長さんの「やまと心」（大和心とは書かない）「山ざくら」の美を誤解したアピールではないか。それを死の悲壮美と混同ないしはすりかえているのではないか。「散兵線の花と散れ」とか「みごと散ります国のため」とかのそれがどんなものであったか、「信仰」にことよせても「偉大な道徳的規範」でありえないことをすでに国民は知っているはずである。真の美は生の延長線にあり、死の美・悲壮美はそれの裏返し、それを強める文学の美なのである。

三島は戦艦大和で死を美化したのだが、角度をかえてその問題を見つめてみたい。

わが友鈴木少尉

昭和二四年の初稿本『軍艦大和』から二五年後の決定版に至るまで、細部の字句にも及ぶ補訂の中、一貫不動なのは最終の一行「彼ラ終焉ノ胸中果シテ如何」。不可避の死から生還した著者にふさわしく、著の柱の一つが兵士の死生観であったことを示している。それに関して、わたしにはけっして忘れられぬ箇所がある。「出撃前夜」、別宴の一節である。

航海士鈴木少尉（学徒出身）、乾盃セントシテ盃ヲ手ヨリ滑ラシ床《ユカ》ニ落セバ、微塵ニ摧ケ散ル
首途ノ盃ヲ毀ツハモツトモ不吉ナリトイフ彼、色ヲ失ヒ、悄然トシテ為ストコロナシ侮蔑ノ眸一斉ニ彼ニ注グ――コノ期《ゴ》ニ及ンデ凶兆ナンゾ恐ル、ニ足ラン（決定版）――
サレド蔑視スル者ヨ、自ラハ恃ムニ何ヲ以テスルカ
何ニヨツテ平静ヲ保ツカ
彼ラ真実ハ己レノ死ニ、選バレタル者ノ光栄ヲ妄想セルニ非ズヤ
絢爛タル特攻ノ死ヲ仮想シ、異常ノ故ノ興奮ニ縋レルニ非ズヤ
或ヒハ更ニ、万死ノガル、余地ナキ征途ニアツテ、己レノミハハカナキ生還ノ夢ニ陶酔セルニ非ザルカ
彼ラミヅカラヲ偽レルナリ
彼ラヲ迎フルモノ、マサシク死ナリ　カノ唯一ニシテ、紛フコトナキ死ナリ
如何ニソノ装ヒハ華麗ナラントモ、死ハ死ニホカナラズ
彼ラコノ色褪セタル死ヲ受ケ容ル、用意アリヤ
鈴木少尉ヒトリ虚心ニシテ、己レガ死ニ目覚メタルナリ
直視セヨ　ミヅカラヲ詐ルナカレ

（下略）

鈴木少尉は東京高等師範学校で同じ科の親しい友だった。名は嘉美。カビ（華美？）と呼んだ。雑誌部の論客で長髪を通した。中背だが、腕っ節は強い。下宿も近く、腕まくりしてよく議論をした。繰り上げ卒業で、かれは海軍予備学生となった。わたしは中学校の教員。

レイテ沖海戦のあと、大和が呉へ帰港、ドック入りした一一月、その三日後からひと月半、わたしは勤労動員生徒の付添いで同じドックのポンツーンにいた。頭上で大和は城のよう。日本は滅んでもこの城はのこる――といった印象だった。一か月後友人の手紙でカビが大和にいると知り、すぐにかれを訪ねた。やがてポンツーンへ降りて来たカビと一時間ほど話をした。話題はおもに友人たちの動静で、昨日のつづきの会話のようであった。カビはやはりカビ、だが、「イヤー、学問はさっぱりだ」というかれは昨日より明るくなった感じ。帰港して七〇〇円もらったが、みな飲んでしまって今は文無しだ、という。「今日か明日酒の特配があるから、いっしょにやろう」というと、「ありがたい。じゃあ、また」と別れた。翌朝驚いた。大和はドックにいなかった。不動に思われたそれはどこかへ発っていった。

わたしたちは、卒業の前まで石井庄司教授の講座で『うひ山ぶみ』を読んでいた。カビと宣長さんの「やまとだましひ」について議論することがあった。レポートでわたしは秋成との論争をとりあげ、秋成の肩をもち、宣長さんの武器は文献主義に尽きる、「やまとだましひ」は旗指し物にすぎない、とした。カビも「オカシイなあ、理を排するとは一種の理じゃないか。無理……無理が通れば道理ひっこむか」という。半ば肩をもってくれた、とわたしは「遠州国学の異端だなあ」（かれは浜松の出身だった）とひやかすが、それには乗らず、「天地自然の理（真淵の語）、とかく優勝劣敗さ。優にも劣にも魂はある、一寸の虫にも五分の魂。魂とは個性、自己に合った理窟をもつ。アメちゃんにはアメリカ魂、」陸軍には大和魂、海軍に海軍魂、武士に番犬魂、商人にコジキ魂、役人は御殿女中……、オレは……いやだなあ。だけどさ、必要なのは世界精神だナ」（当時は、大和魂を日本精神とよびかえることが流行していた。それに対する世界精神の意である）云々と並べ立てた。

「彼、色ヲ失ヒ、悄然トシテ為ストコロナシ」は吉田満の死生観に火をつける。内実は、死を意識したカビが、それを大和魂、海軍魂へどのように位置づけるかの想念にとりつかれた表情だったろう。吉田満は「鈴木少尉ヒトリ虚心ニシテ、己レガ死ニ目覚メタルナリ」という。

つづく「出撃ノ朝」の中にこうある。

世話好キノ佐々木少尉、戦友一人々々ニ、「貴様モウ遺書ヲ書イタカ」面《オモテ》ヲソムクル者アレド、「何ダマダ書カンノカ　オ前ニハオフクロガヰナイノカ　一字デモイ、カラ書イテヤレヨ」促シツ、ペンヲ握ラス

初稿にはない場面だが、中の「佐々木少尉」は後の版では「鈴木少尉」と訂正されている。やはりカビをほうふつさせる一節である。

次の「作戦発動」の章。この作戦の趣旨が伝えられるや、士官の間の激しい論戦で圧倒的なのが必敗論。青年士官の煩悩・苦悩は夥しい論争をひき起こしたが、帰着点は「死」の問題、「何ノ故ノ死カ　何ヲアガナヒ、如何ニ報イラルベキ死カ」。

兵学校出身ノ中、少尉、口ヲ揃ヘテ言フ「国ノタメ、君ノタメニ死ヌ　ソレデイ、ヂヤナイカ　ソレ以上ニ何ガ必要ナノダ　以テ瞑スベキヂャナイカ」

学徒出身士官、色ヲナシテ反問ス「君国ノタメニ散ル　ソレハ分ル　ダガ一体ソレハ、ドウイフコトトツナガッテヰルノダ　俺ノ死、俺ノ生命、マタ日本全体ノ敗北、ソレヲ更ニ一般的ナ、普遍的ナ、何カ価値トイフ様ナモノニ結ビ附ケタイノダ　コレラ一切ノコトハ、一体何ノ為ニアルノダ」

「ソレハ理窟ダ　無用ナ、ムシロ有害ナ屁理窟ダ　貴様ハ特攻隊ノ菊水ノマークヲ胸に附ケテ、天皇陛下万

歳ト死ネテ、ソレデ嬉シクハナイノカ」
「ソレダケヂヤ嫌ダ　モット、何カガ必要ナノダ」
遂ニハ鉄拳ノ雨、乱闘ノ修羅場トナル　「ヨシ、サウイフ腐ツタ性根ヲ叩キ直シテヤル」

論戦の収拾は、出撃の数日前（決定版では「直前」）、「真の進歩を忘れていた日本は、敗れて目覚める以外救われない。俺たちはその先導。日本の新生にさきがけて散る、まさに本望じゃないか」という青年士官室長の結論によってであった。だが、死に怯え、死中一縷生還の偶然を願う本能を断絶すべくもないことは、上・下官ともこの記録の諸例に見るところ。「収拾」は、死中に片足をふみこんだ状況が論戦を奪ったにすぎない。

鉄拳と指揮棒で鍛えられた海軍魂の兵学校出身士官に反問抵抗する学徒出身士官らの先頭群の中に、わたしはカビの姿を見る。吉田満の姿も見える。そのカビは戦艦大和と共に死んだ。「彼ラ終焉ノ胸中果シテ如何」どころか、あわれである。あわれというのも生者の施す荘厳にすぎない。生者は幻影の荘厳をすて、カビを殺したものを憎むべきである。

カビを殺したものは、密室戦艦大和であり、その大和を生んで屠った大和魂である。カビだけでなく、何千万の人を殺傷した「大和魂」が、戦後禁句化したことは当然だ。国語の授業、源氏物語乙女の巻で「やまとだましひ」を読んでも生徒は平静である。とりあげて「ヤマトダマシイ」と声高にいってもピクリともしない。解説でヤマトナデシコといってみると、ややさざめきがおこる。テレビでは、若いタレントが中年の同席者の語をうけて、「ヤマト?・タマシイ」と応じたのを視た。宣長さんの没した一八〇一年頃から大和の最期一九四五年まで一世紀半近く威をふるったこの語も今や風化を迎えたかの如くである。

だが、大和魂の語はそう簡単に滅びることはあるまい。一一世紀に現れ、中世に浮かびあがり、近世に復活した歴史を思えば、民族を名に負う精神がその国民性や文化の意識にのぼるとき、たとい別の語としてでも（例えば、古くは「倭（和）魂、」また敗戦までの二〇年余にも右翼に奨励された「日本精神」の語があった）、息を吹きかえすにちがいない。しかし、そのときは、世界の中での日本国民として、人権の保障を求める自主独立の精神を誇る意であってほしいものである。そのためには、大和魂の語はふりかえりじゅうぶんに検討されておらねばならない。

（六）「生」をめぐって

宣長さんの生希求

ここでまた宣長さんにもどる。

『うひ山ぶみ』で一挙にあらわれる宣長さんのやまとだましいについて、先に強靭性と柔軟性という語を使ったが、その強靭性を神国主義によるとした。柔軟性の方は、歌論・物語論の根幹「人情」「実情」「まことの心」（『排蘆小船』～『私淑言』）と、古事記観による「真心」「御国心」（『直霊』～）、「皇国たましひ」（『馭戎慨言』～）との融合からあらわれるものであった。融合の触媒は、宣長さんの生命信仰ともいうべき生希求にあった。そのあらわれは主張にあらわである。

そもそも、その立てた神学体系で、太陽神天照大御神を代表として、ムスビの神―ナホビの神という軸（マガツビの死神もその中へくみこまれる）がそのあらわれである。

死については、死を恨み悲しむヤマトタケルの心を真心とし（『記伝二七』）、業平の辞世の悲しみをマコトとたたえた契沖をヤマトダマシイと称揚するのである（『玉勝間五』）。また、『徒然草』を批判した延長でこういっている。「人のまごゝろは、いかにわびしき身も、はやくしなばやとはおもはず、命をしまぬものはなし。されば万葉などのころまでの歌には、たゞ長くいきたらん事をこそねがひたれ。中ごろよりこなたの歌とは、そのこゝろうらうへなり。すべて何事も、なべての世の人のま心にさかひて、ことなるをよきことにするは、外国《トツクニ》のならひのうつれるにて、心をつくりかざれる物としるべし」(『玉勝間四』)。

同旨の発言は随所に見るのであるが、『玉勝間』も結末近くにこんなことを書いている(巻一四)。例によって、世の中のこざかしき人がよくいうさとりがましい事はみな儒仏にへつらった偽ごとだとして、「人の齢など七十に及ぶは、まことにまれなる事なれば、七十までも長らへては、はやく足れりと思ふべきことなれども、人みな猶たれりとは思はず、末のみじかき事をのみ歎きて、九十までも、百歳までも生《イカ》まほしく思ふぞ、まことの情なりける」。しごく当然のことのようだが、「下書」でたしかめるに、これが、ちょうど昨年七〇歳の賀を了え、今年すでに有名な「遺言書」をも記した人の言だと見れば、感慨ひとしおである。このように、現実の生をいとおしみ絶対肯定すれば、後生・来世への期待はない。貴賤、善悪、老若にかかわらず、死後は等しくヨミの国へ行くのである。

『答問録』で、安永六年、「人死ヌレバ、善人モ悪人モヨミノ国ヘユク外ナシ」として、仏道の地獄浄土説、漢国の魂気天に上る説は「作り言」とする。安永七年にも、「よみの国は、きたなくあしき所に候へ共、死ぬれば必ゆかねばならぬ事に候故に、此世に死ぬるほどかなしき事は候はぬ也。然るに儒や仏は、さばかり至てかなしき事を、かなしむまじき事のやうに、いろ〳〵と理窟を申すは、真実の道にあらざる事、明らけし」。こうした認識を「神道の安心」といっている。

『玉くしげ』(天明五年成るか)にも、「世の人は、貴きも賤きも善も悪きも、みな悉く、死すれば、必かの予美国にゆかざることを得ず、いと悲しき事にてぞ侍る」。これが「神代のまことの伝説」で不可測の「妙理」だとし、くりかえして、「死すれば、妻子眷属朋友家財万事をもふりすて、馴たる此世を永く別れ去て、ふたたび還来ることあたはず、かならずかの穢き予美《ノ》国に往ことなれば、世の中に、死ぬるほどかなしき事はなきものなるに」と、「上古いまだ異国の説の雑《マジ》らざりし以前、人の心直かりし時には、死して後になりゆくべき理窟などを、とやかくやと工夫するやうの、無益のこざかしき料簡はなくして、たゞ死ぬれば予美《ノ》国にゆくことと、道理のまゝに心得居て、泣悲むよりほかはなかりしぞかし」。それが「人の実情」「真実の性情」という。ことばをかえれば「真心」「やまとだましい」なのである。

翌六年、古道観を歌った『玉鉾百首』でも、「真心」を歌った四首（八七〜九〇）へつづけるに「生」希求の三首をもってする。その三首目、

きたなくに予美の国べはいなしこめ千代常《トコ》とはにこのよにもがも

（いなしこめは否醜目でナントモイヤナヨウス、イザナギのことば。もがもは希求）

余言。それから四年後に、例の「しきしまのやまとごころを……」の歌で、やまと心を桜花の美としたのも、もちろんその生の賛美である。

真淵の「生」認識

ところで、真淵の「生」認識はどうであろうか。復古・皇国主義で共通しながら、宣長さんのような神学体系でなく、天地・そのなしのまにまにを信条とするかれは『国意考』*[114]でこのように述べる。

人を鳥獣にことなりといふは、人の方にて、我ぼめにいひて、外をあなどるものにて、また唐人のくせなり。四方の国をえびすといやしめて、其言の通らぬが如し。凡天地の際に生とし生るものは、みな虫ならずや。それが中に、人のみいかで貴く、人のみいか成ことあるにや。

という。この人を虫と同類とするのは、同書中、「天地の中の虫なる人」「天地の父母の目よりは、人も獣も鳥も

虫も同じこと」「生とし生るものは皆同じこと」などくり返されるが、生命に関する次もその一つ。

今より先つ世、大いに乱れて年月みな軍《いくさ》して人を殺した。一人も人を殺さなかったのは今の庶民、少し殺したのは旗本、侍、今少し多く殺したのは大名、多く殺したのは大大名、限りなく殺したのは、将軍家とならせ給い世々栄え給えり。しかし、何の罪報もなく、「人を殺も虫を殺も同じこと成を知べし」という。そのあとに当代について、「かく治まりては、さることもなければ、はへ、蚊を殺すゝら、いらぬことよといふ様になりて、僧にも狸にもばかさるれ」とつける。鋭い警句であるが、前と後の文は一見矛盾するかのようでも共に仏道の殺生戒を否定するものだから、真淵の人を虫とする生命軽視観は一貫しているのである。また、もちろん殺されるものの立場は慮外視されている。

さて、こうした見解に宣長さんは同ずることができなかったはず。儒者市川鶴鳴《かくめい》との論戦で『くず花』（安永九年成る）にこう記している。

そも〳〵万の物みな、産巣日神《ムスビノ》の御霊《ミタマ》によりて成中《ル》にも、人は殊なる御霊を蒙て生《リ》れたる物にて、鳥虫などとは遙に勝れたれば、心も所行《シワザ》も、もとより鳥虫とは遥に勝れたり。其中には悪神のしわざによりて、心も所行も鳥虫に劣れる者もなきにはあらねども、悪はつひに善に勝ず。伊邪那美大神《ノ》の、日毎に千人を殺し給へば、伊邪那岐大神《ノ》の、日毎に千五百人を生れさせ給ふ理にて、世には物を傷《ソコナ》ひ他を殺すことを好む人は少くして、物を育し人を生《イカ》さんと思ふ人は多し。さて鳥虫などは、ひたすら他を傷害するのみにて、憐《アハレ》む心はすべてなき物也。

真淵の、天地の虫と同じ「生」の原初からの治者的把握と、虫を超えた、神―人を基準として宣長さんの認識とのズレをここに見るだろう。

真淵には、生命の痛切さ、尊厳、尊重にかかわる生命論はなく、『国意考』も、武士、治者の立ち場から、凡《すべ》て軍《いくさ》の理りをいうにも、治国をいうにも、「たゞ何事も、もとつ心の、なほきにかへりみよ」と結論するのみ。この「なほき」は、例の「高き中にみやびあり、なほき中に雄々しき心はある」とする「高く直き心」で、歌の丈夫ぶりにふさわしいやまと魂である。

それに対し、被治者宣長さんは、神をいただく「生」の「人」から出発、その生希求を根拠に、人情、実情、真心、御国心、皇国魂《ミクニ》、やまとだましいの主張となるのである。

『玉鉾百首』に次の歌がある。

・事しあればうれしかなしと時々に動く心ぞ人の真心（八七）
・動くこそ人の真心動かずと言ひてほこらふ人は石木《いはき》か（八八）
・真心をつつみ隠してかざらひて偽りするは漢《から》の風俗《ならはし》（八九）

「みれんにおろか」（『紫文要領』）、「はかなくめめしき」（『紫文要領』・『私淑言』・『玉の小櫛』）を内包する「人のまことの心」は動くのである。それは『記伝二十七』倭建命の条にも明らかである。

かく恨み奉るべき事をば、恨み、悲むべき事をば悲み泣賜ふ、是ぞ人の真心にはありける。此若漢人《シ》ならば、心の裏《ウチ》には甚《イタ》く恨み悲みながらも、其《ソ》はつゝみ隠して其《ノ》色を見せず、かゝる時も、たゞ例の言痛《コチタ》きこと武勇《タケ》きことをのみ云てぞあらまし。此《レ》を以て戎人《カラビト》のうはべをかざり偽ると、皇国の古人《ヘ》の真心なるとを、万《ツ》の事にも思ひわたしてさとるべし。

動くのである。

ところが、『うひ山ぶみ』で出現したやまとだましいがみな「堅固《かた》める」となっているのは、漢意の誘惑と戦う意味であるが、その帰結するところは、神国信仰・皇国主義を固めることであった。この要素が、宣長さん死没のころを機に、真淵の雄々しさと結びつけられていくのである。

（七）　論争を通じて

市川鶴鳴との論争

享和元年（一八〇一）の宣長さん没までに、その古学、皇朝学（宣長さんは国学の語を使わない）の名は、四三か国、約五〇〇人の門人たちによりひろまっていった。もっとも、その門人も伊勢と尾張で六割を占め、三都では、大阪一、江戸四、京で最晩年二〇名にすぎず、諸国でも一名のみが一二か国といったせいか、その生前には、表立って著述による批判は多いとはいえない。その中から批判例を儒者市川鶴鳴との論争にとり、宣長さんの対応ぶりをながめてみよう。その論争は有名であり、論考は多いのであるが、ここは、「道」にかかわり、宣長さんの「心」の発展に即してそれを追及してみたい。

鈴門の活動の拠点は伊勢を別とすれば、尾張名古屋であった。八九名の門人、『古事記伝』をはじめとする著書の刊行にも想像できよう。その地からの最初の入門者は田中道麿であった。道麿は真淵に私淑、尾張国学の開祖として多数（一八〇人とも三〇〇人とも）の門人を擁していたのだが、宣長さんの「おを所属弁」（安永五年刊『字音仮字用格《じおんかなづかい》』）に感服、翌年から指導を受け、その九年正月に入門したのである。尾張勢の鈴門は、天明四年のかれの没後、その門人や近い者（横井千秋や植松有信ら）の入門にはじまるのである。

さて、その道麿から、入門の年の九月に宣長さんへ届けられたのが、鶴鳴の『末賀乃比礼《まがのひれ》』である。儒者鶴鳴名は匡、江戸出生、大内熊平門、道麿も彦根藩儒大菅中養父《なかやぶ》に学び、師承こそちがえ、天の寵霊、聖人を信仰した徂徠の門流に出る人。道麿書簡での紹介は、安永二年から名古屋に居住していた鶴鳴のことを、世間一通りの儒者にあらず、十三経そらんじたる人、弟子をとらず、交友は道麿一人で、医を業とした、という。道麿を通してであろう、鶴鳴は『馭戎慨言』（安永七年二月浄書成る）を読み、『古事記伝』（同七年に上巻の一七之巻まで〈神代の巻〉も浄書了）は再稿本で読み感銘を得たのだが、同一之巻に付された「道云事之論」（明和八年には改稿されて独立の『直霊』となり、後さらに改稿、板本『古事記伝』中の「直毘霊」となる）によって、宣長さんの主張する「道」を「狂言」とし、儒者の「聖人ノ道」で批判、この領巾《ひれ》で祓い清むべしとしたのが『末賀乃比礼』二八丁（鈴屋本で二五丁）。安永九年四月に宣長さんにも見せてくれと託された道麿が、宣長さんの心にさわるかとためらっていて、九月に届けてきたものである。鶴鳴は七月招かれて薩摩藩へ下っていた。この年、宣長さん五一歳、道麿五七歳、鶴鳴四一歳である。

鶴鳴の主張は、「文字」によらぬ「言伝」の信じがたきをいい、「上ツ代ノ古事ハ、後ノ天皇ノ御慮《ミハカリ》ニ令成《ナラセ》ツル秘事ナリケリ」として、「（その）古事ヲノミ道トシテ、更ニ秘事ノ由ヲ解《サトラ》ズハ、諸ノ禍心沢ニ萌出、他ニモ及、世ニモ延ン」と批判、「聖人の道」を信ずべし、との論を展開したもの。それに対し、宣長さんは、すべて漢意の毒酒にくらまされた狂言《たふれごと》としてこの葛花をなめて沈酔をさませ、と草して一一月に成った駁論が『くず花』上・下、原著の倍五九丁である。鶴鳴が「道云事之論」からの言説四〇余か所を使って、宣長さんへの駁論を述べたてたのに対して、そ

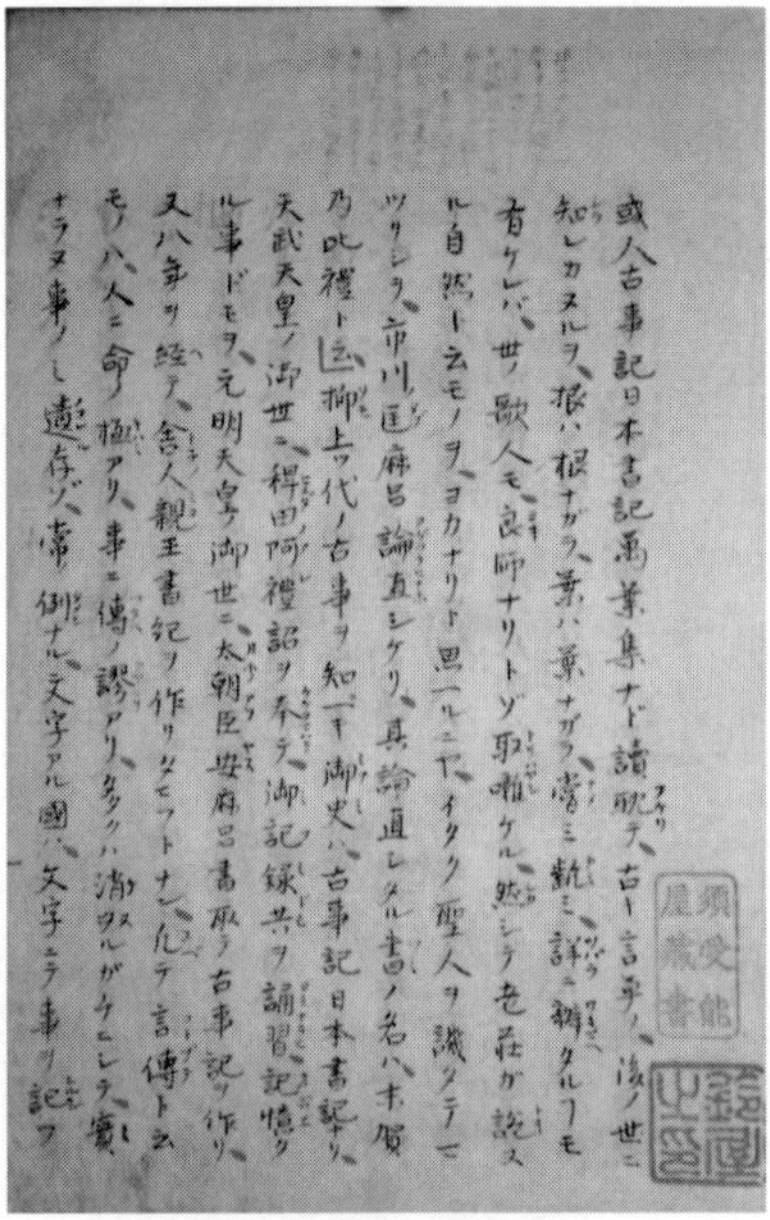

『末賀乃比礼』市川鶴鳴著

の『末賀乃比礼』から丁順に四四項（上）、五五項（下）を抽き出し、一項ずつ反駁していく徹底ぶりである。九年前に「道云事之論」を独立させ『直霊』としてから、それを筆写する門人も多く、三年後の安永三年一〇月から一一月まで一三夜にわたり講釈するなどを経て、読者の質疑意見については大体承知の上での応答反駁だから、『くず花』の文章も練れていて、長短三〇近くの比喩をまじえた説得型の巧弁。鶴鳴が投げつけた「枉言」（一三回）「偽言」（五回）に対して「漢意」（九回）「ひがごと」（一二回）を投げかえす。平行の論であるが、儒者の提起する批判の論点は出そろっている。その中で宣長さんが最も多くスペースを使っている項を紹介しよう。それは最初からの天照大御神をめぐる項である。

天照大御神をめぐって

鶴鳴はいう。①上代の古事は後の天皇の御慮《みはかり》によって成ったもの。②天照という御名の類《たぐひ》も、後にかけた謚《おくりな》で、天津日に配《たぐ》え奉ったものだろう。③月日は天地の極みを照らし、ここの物ともかしこの物とも偏寄りたるものでないのに、強て日の神は真の天つ日なりとすれば、天ノ石屋に隠りたまう時天地皆常夜《とこやみ》になったのだから、末だ生れたまわぬ前も常夜なのだろう。イザナキノ神が夜見の国に至って妹神の寝所に入ろうとされる時、一つ火を燭して入って見たまうを思えば、大神さえ闇には困りたまう事と見える。これで天つ日は初めより天にかかり在ることは明らかだ。まだ生れたまわぬ前に、草木もあり、衣服矛剣船も宮殿もあって、万の物満ち足りていると見えるのは、月日のみ無き事があろうか。

宣長さんの弁駁（要旨）

①について。何を拠にした漫言か。漢国でなまざかしき聖人が、己が限ある智で、天地の始めも何事もおしは

かり定めて、上古よりの伝えを虚誕無用とした故に失せていった、中にも周公旦が私智で定めた事を国内の人はよしと思い風俗となったので周の代で上古の伝え事は大かた亡せた。難者（鶴鳴）もかの聖人をのみかたじけなく思い、悪風俗をよき事に思い、皇国の正しき伝えをいい破らんとするようだ。難者は、後の天皇が上代の古事をよく造りなし給うたことは、応神天皇より天武天皇まで三〇〇年の間に、漢国の書籍をよく読み聖人の道を学び得給うた故也とするが、それなら、書紀の文章などのように、漢様にならい、かしこげに造り給うべきに、大いに異なり、聖人の道に虚誕とて取りあげぬ類の事のみ神代に多いのは、かの国の書によらず、造り事でない証である。また、天照大御神の御霊の御鏡（五十鈴《いすず》の宮）、草薙の御剣（熱田の宮）の今もましますの類、神武天皇以降の山陵など、朝廷に神代の遺事、中臣忌部《いんべ》大伴など神代の職を伝えてつづくなど、古事の実であった明証である。その遺跡遺事子孫に当たる古事を造った物というなら、漢様に合うように造るべきに、そうでないからその説は皇神の道をいい破らんとする妄言である。

②については、近世儒意をまぬかれぬ神道者もいうことだが、例の漢意になずめるもの。かの国で祖宗を天に配するなどのみだりごとを手本にしたひがこと。皇国のいにしえには、そんなまぎらわしい強《し》い事はないのだ。という。

①・②の基本的な鶴鳴の提言は簡単すぎるが、現代も通説となっていることで論駁は困難であるが、宣長さんは実証風なことをあげるものの、日本書紀（神代紀、天武紀、持統紀など）ぬきで、かんじんの古伝の成立にふれぬから論は発展しない。弁明の空疎さが気がかりでか、以下最終までに六回も言及、そのつど漢様と異なることを証拠に、鶴鳴説は聖人の道を立てるためのきたなき心根、理窟、みだりな説だとくりかえし排するのである。

③については、項中最も長い駁論である。いわく、日ノ神即天つ日という事は、記・紀に明らかで疑いないの

に、否定するのはかえって強《し》い事。そもそもこの日ノ神は天地のきわみお照らしになるが、始めは皇国に成り出でまして、その皇統即皇国の君として、今も四海を統御されている、と置いて、さて、天ノ石屋戸のことは児童でも心づき疑うことだが、こんな浅はかに聞え、人の信ずまじき事を後の天皇が造り給おうか、かえって神代の古事の真実で虚偽でないことを示す。すべて神の御所行《みしわざ》は尋常の理で人の測り知るところではない。漢国の人は、聖人の智のさかしらを手本に、小智で知りがたい事をも強いてはかりしろうとする故、理の測りがたき事は信ぜず、おしてその理なしと定め、かえって己が小智のほどをあらわすのだ。夜見ノ国の件で、その闇きも、顕《あきつ》国で日ノ神いまだ生まれまさぬのに明るかったのも、そのゆえの理があって測りがたきところなのだ。御石屋戸ごもりでの常夜は、すでに日ノ神生まれまして天地の間は此神の照し給うべきものと定まってからはその大御光でなくては明りを得ないのだ。これは皇孫ノ命の天降り後、ながく天と国との往来絶えたと同じ趣旨で、これらもそのゆえの理ははかりがたきところ。この外にも神代には、いと奇しく異しき事のみ多いが、皆なずらえて解釈すべきだ。上古の人は神の御しわざを己が智で私にその理などをはかることはなかったが、後世の人の心は、漢国人のならいにうつって、さかしらをのみ好むのは、かしこげだが、実はかえって愚かである。それは、人代の事もみな奇異なのを奇異と感じないことである。まず天地のことにしても、地球と天の在りようの奇異さをあやしまず、ただ神代の事をのみあやしみ、無き理と思うのは愚かだ。人の身のはたらきをはじめ、鳥虫草木のいとなみ、無心の物が有心の鳥虫に化し、狐狸が人の形に化するなど、天地も万物もことごとく奇異、その理は聖人も窮め知ることできず、人の智の限りあり小さいこと、神の御しわざの限りなく妙なることをさとるべきなのに、天地万物の理を知り尽くせりと聖人を尊信するはおかしいこと。そもそもこのように大いにあやしき神の御しわざでなくてはできない理だのに、この始を漢人は陰陽で説くが、その陰陽もそうなる理は知ることできず、つまりはあやしとならざるをえぬ。もしまた天地は始めも終りもないとすれば、始めなくてそれがあるのはまたいよいよあやしということ（すでに奇異一〇回あやし九回の語を連発）。結論は、明りのない闇中や夜物を見る鼠鼬や鳥の例で何の明りによるとも知れぬこと、神代の明りも同様とし、理外の事あるは「況や天地の始め皇神祖命《かむろぎのみこと》の御うへに於てをや」という。

この③の争論では、鶴鳴が②の証明として日ノ神（アマテラス）以前に明りのあったことで天つ日（太陽）はあった、というに対して、宣長さんは、日ノ神即天つ日は記紀の所伝を信ずべしとし、以前の明りは測りがたしといい、漢国の聖人を尊敬して神の御しわざの天地万物に及ぶ奇異あやしきを信ぜぬ愚かさを長々と述べたてるが、説得にはほど遠い。一方的に自己の信条を宣揚し、古事記信仰、アマテラス信仰を前提に、不可測を神の御しわざに帰し、それを信奉すべしとくり返すのである。

不可測ゆえ真実事実だとするのは非学問的である。記紀の撰定、古伝の成立についての検討を抜きにして、「日ノ神は即ち天つ日にましますず御事は古事記書紀に見出て疑ひなき」とし、「万国を御照し坐す」「天照大御神の御生坐る御国」（一〇回以上も使用）で、万国に勝れたる国、道は大御神の道、皇統は天壌無窮、人の心も直かりし、と強調しても、そうした価値認識は、身内同志への講釈、呼びかけであって、事実認識の学問、普遍的な合理性へは達しない論である。そして、聖人の道及び合理的思惟を漢意と排撃しさえすれば、それで己が道が立つといわんばかりの閉鎖的―尊大と固陋《ころう》を露呈している俗論である。

「真心」をめぐって

神の問題から人の問題へ移る。「心」のことだが、先に見たその用例のうち重要な位置を占める「真心」が、そして加うるにそれと対照される「漢意」が、鶴鳴の挑発によって照明を受けることとなった。ちなみに両語の使用度数は次のとおりである。

	真心	漢意
末賀乃比礼	一九	二
くず花	九	七

以降、両者は宣長さんの思考で主要なファクターとなっていくのである。
宣長さんで「真心」の語の初出は、「道云事之論」（『記伝』再稿本）でのそれであった。

大御国ノ古ヘハ、タヾ同母兄弟ノミ嫌テ、異母ノ兄弟ナド御合坐シコトハ、天皇ヲ始メ奉テ、凡テ尋常ニシテ、今ノ京ニナリテ後マデモ忌コトナカリキ、是ゾ神祖ノ始メタマヘル正シキ道ナリケル、然ルヲ後世ハコレヲ心善カラズ思ヒテ、凡テキラフ事ニナリヌルハ、〈儒学サカリニテ世々ヲヘツル故ニ、オノヅカラ其ノ心ノウツレルモノニシテ、元ヨリノ真心ニハアラズ、〉（〈　〉・傍線は著者）

この中の「元ヨリノ真心」は前稿「道テフ物ノ論」（『古事記雑考』）での「モトヨリノ人情」を改めたもの、また、「其ノ心」は後『直霊』（明和八年一〇月成）では「かのからごゝろ」と改められていくもの。すなわち、人情から真心へ、真心対漢意という位置づけを示している。

さて、『末賀乃比礼』で鶴鳴は右「事之論」の「真心」について、「異母ト同母トノ別ヲ立ルヲ見レバ、真心ノマヽノ為《シワザ》トモ云難シ、カヽル類ハ、正シキ義理アルニモアラズ、只洪荒ノ世ノ俗習《シグセ》ト知ベシ」としたうえで、その〈　〉の部分をそのまま引用し、「トイヘルハ、中〳〵ニ正言《マサコト》ニコソアリケレ」とつづける。正言とは儒学の功を認めたとの意味で、「物学サル人草マテ、自ニ人嶋（畜生嶋に対して）ノ中ノ真心ニナリヌルハ、（聖人の）道ノ恭ナキ証ナリト知ベシ」と追撃する。

それに対して『くず花』の宣長さんは、「儒学の大功がましくいへるはいとをかし」と、周公旦によるさかしらの有名無実の定め、かつ「わづかに兄弟をのみ忌て、従兄弟《イトコ》以外はすこしも憚ることなき」では、定めの同姓不婚の百分の一にも足らず、と笑い去るが、そこでは「真心」にはふれない（さきに別の箇所で、「余が、外国の学問おこなはれて、天下の人真心を失ひたりといふは、世人或は仏道、或は儒道を信じて、何事もその意をよしと思ふは、学問せざる者もそのならひに化《ウツ》りたる物にて、生れつきたる心にはあらざれば也、……生れつきたる心を変てうつるは、皆真心を失ふ也」といっている）。ずっと後の「直毘霊」（『記伝』）では、「事之論《コトハラ》」の「後世ハ……」以下を削り改訂する。即ち、「後世《ノ》には、かのから国のさだめをいささか守るげにて異母なるをも兄弟《イロセ》と云て、婚《マグハヒ》せぬことになも定まりぬる、されば今ノ世にして其を犯さむこそ悪《アシ》からめ、古へは古への定まりにしあれば、異国《アダシクニ》の制《サダメ》を規《ノリ》として論《アゲツラ》ふべきことにあらず」と真心の論を回避している。なぜ回避したのか。無用の混乱――儒の逆用・反発――を避ける用意はいうまでもないが、改稿内容から見るに、今の定めに反すべきでないとの弁明と古えの定め（神祖による道）のあったことの論だとの整理で補足にかえたのである。宣長さん初出、かの「事之論」の「真心」見解を撤回したのではない。

それにしても、儒者鶴鳴が目ざとくかの初出の一語をとらえ、『末賀乃比礼』で一九回も使用、宣長さんの「道」批判を展開したことに注目される。反面教師、それによって「真心」の語が宣長さんに定着した、と考えればなおさらのことである。

そもそも『末賀乃比礼』冒頭から執筆動機を、「老荘ガ説《トキ》ヌル自然ト云モノヲ、ヨカナリト（宣長さんは）思ヘルニヤ、イタク聖人ヲ譏タテマツリシヲ、論直《アゲツラヒナホ》シケリ」という儒者鶴鳴が、批判する老荘ことに荘子のシンボル「真」の字に着目していたのである。ただし『荘子』に「真心」の語はない。かれは「荘子ハ馬ハ野原ニ生レテ心ノマ、ニヲドリ走《ハシル》ヲ、サマ〳〵ニ責使《セメツカヒ》テ多ク死《シナ》スルハ、伯楽ガ罪ナリ、厳《キビシ》キ教ヲ行ヒテ民ノ真心ヲ失《ウシナハ》スルハ、聖人ノ罪ナリトイヘリ、此言ニ本ヅケルニヤ、……」と記すが、これは同書「馬蹄第九篇」に出る「馬之真性」、「民ノ常性」をそこなう「伯楽之罪」、「聖人之過」から、そして、「真性」の語から「真心」を得たものであろう。

鶴鳴が「真性」を「真心」と使いかえたのはおもしろい。宣長さんはずっと以前『蕣庵随筆』の初めで「性」につき、「伊藤氏（東涯『秉燭譚《へいしょくだん》』か）ノ、性ハムマレツキト云事也トイヘル、甚タ面白キ事、性ノ義此ノ上ハアルマシキ事也、…（中略）…性ノ善悪ハ聖人ノ言ザル所ト荻生氏（徂徠『弁名』）ノ説面白シ、トカク性ハ、善悪ヲ言フヘキ物ニアラズ、唯ウマレツキ也」と記していた。「真性」は宣長さんの「真心」（生れつきの心）とかわりないのである。

しかし、儒者鶴鳴は、『中庸』冒頭で「天ノ命ズル之ヲ謂㆑ヒ性ト、率㆑フ性ニ之ヲ謂㆑ヒ道ト、修㆑ムル道ヲ之ヲ謂㆑フ教ト」とした子思が、老荘の真に対して誠を立て、「誠者天之道也、誠㆑之者人之道也、択㆑善而固㆓執之㆒者也」というに従い、宣長さんの「真心」を使っても、天、聖人、道、善悪、学習を離れないのである。論は交わらない。しかし、両者の考え方の相違特徴は、「真心」の語が出る以下各項に見るとおり、明らかである。初めに紹介した同姓不娵の一項は略し、他の四項を要約であげる。（鶴鳴）が『末賀乃比礼』、（宣長）はそれに対する『くず花』の反駁である。

①（鶴鳴）漢学行われて民の心が悪くなったというが、上ツ代の所行《シワザ》とて悉く真心のままなりしともいえず、天ノ石屋での思慮《オモヒハカリ》による誑《タバカリ》、須佐之男神《ノ》の蛇《オロチ》を切殺す巧事《タクミ》、大穴牟遅神《オホアナムチノ》の須佐之男の頭の虱《シラミ》とりの欺き、天菩比《アメノホヒノ》神が出雲を従わすため大国主神《ノ》に媚附て隙を伺う等真心にあらず。人代《ノ》にはいよいよ巧事が多かった。

（宣長）真心とは、産巣日神《ムスビノ》の御霊《ミタマ》によりて備え持って生れつるままの心をいう。真心には智愚、巧拙、善悪、人さまざまで、神たちもその真心により行い給うた。智巧の事などを真心にあらずというは誤りである。外国の学問行われて天下の人真心を失ったというは、仏道、儒道をよしと思って生れつきたる心を変えてうつり、父母妻子を棄てて出家、君を軽んずる輩の出来など、真心を失ったたぐいである（右後半は先に言及した）。

②（鶴鳴）学問もせず漢籍の意もうつらず真心のままなる百姓が北条泰時、足利尊氏に従い、朝廷に叛いたの

は、天の御しわざだ。咎の所帰《オモムクトコロ》泰時尊氏に在らず外に在るべし。かれらの所為を禍神の助を得たものというなら、当時天ツ神はどうごらんになっておられたのか。

（宣長）禍津日ノ神の荒《スサ》びで、天下の人心その神にまじこり、北条足利の姦曲の智術に欺かれたもの。天照大御神の大御力も及びがたきことがある。よろしからざりし朝廷の御政が天照大御神の大御心にかなわず、北条足利は神の御心にかなって勝ち奉ったと思いおるは、禍神の所為《シワザ》のあることを知らぬ漢意だ。北条足利の所為は、蘇我馬子につぐ大逆無道だ。中古以来は、いの字もしらぬ百姓も、みな真心は失い、多くは異国の心になった。極楽地獄の仏道や漢籍にうつったのである。

③（鶴鳴）陰陽乾坤《けんこん》五行は聖人の己が智を以て設け給へる名目だが、是を作り物だから自然の道より劣れりといえない。凡て人のする事設ける事は皆人の智でする事だから自然の道と云うものは無い。神代の神も実は人で、その伝えた事どもも、人のしたことだから人のさかしらを用いぬことはない。自然の道とはいえない。また、飲食するを自然の道、礼義を行うを作り物とするが、共に一つの心でする事だから、自然の道、作り物との区別があろうか。

（宣長）飢て食い、渇して飲むたぐいは人の教えをもまたず、神の御霊によりて、己と自然に知りてよくすること、又礼義を行うも、人のあるべき限りの礼義は、同じこと。然るに、漢国聖人の教える礼義は、それにさかしらを加えて、造り添えたる礼義ゆえ、作り物で、自然に備りたる礼義とは差別がある。飲食し、自然に備りたる礼義を行うは自然の真心、作り物の礼義を行うは真心にあらず、その教えにうつれる心。心でも差別がある。

④（鶴鳴）有二直情《ニシテ》而径行《ナル》者一戎狄之道也との古語にある、直情径行とは真心のままの行い、戎狄之道とは礼義なき国での上つ代よりの俗習《シグセ》。善悪なく右へも左へも移動するのは人の性、聖人の立て給うた礼義によって行いも正しく人嶋の人となるのだが、礼義なき国では真心のままに移動、畜生嶋の行いもまじるのに、真心のみ善

と思うは誤りである。また、喜怒哀怨凡て真心のままをのべ、他の心をも和げるのは歌の徳、古人は殊に妙なる調でその真心をうつす故、後人限りなく感《メデ》るより真心こそ善き物、行いの上でも偽りなくてよかろうと思うようだ。詩の徳も同じ。共に人の心を感《メデ》しめる徳ある故偏《ヒトヘ》にこれを好めば、必ず頑《カタクナ》（聖人の道を知らぬ人）になる。真心のままの所行を善とすべきではない。

（宣長）漢国ももと畜生嶋、聖人その国を人嶋にしようと教えを設けたが、みなさかしらの強事なる故に、その功はなく、ただいたずらにうわべの文飾ばかり美《ウルハ》しくなって、かえって人の心もしわざも本の直情径行よりはるかに劣り、いよいよわろくなり、ますます治まりがたく、ついにはかの賤しめたる戎狄のために国もことごとく奪い取られたのはいといとあさましき事。然るに此の皇大御国は、天照大御神の御国にて、産巣日神の御霊も殊なれば、国も万の国に勝れ、人の心もすぐれて、生れつきたれば、直情径行即《チ》中正を得て、道はおのずから備りたる物を、なお何しにわずらわしく畜生嶋のさかしらなる教えを待とうか。

第七章　医者としての日常

	患者数	調剤総数	薬料入金額	謝礼・祝儀
患者数の多かった年				
安永9年(1780)51歳	518軒	8,429服	金95両1分と銀16匁	——
天明元年(1781)52歳	494	8,165	96両1分と9匁3分	——
没年（1801）近く				
寛政11年(1799)70歳	192	約1150	39両2分と14匁	47両
〃　12年(1800)71歳	121	918	20両と12匁5分	54両1分と2匁

（備考）各年とも『録』での春（盆まで）と秋（盆以降）を合計してある。
患家数には両期の重複を含む。
謝礼・祝儀のらんは『金銀入帳』による。上2年は記録なし。少額と見られる。

（一）医　事

医事の記録『済世録』　宣長さんの医事を記した『済世録《さいせいろく》』（以下『録』とよぶ）は一六年間分一〇冊残っている。帰郷時から死没までの満四四年間記録しつづけたものだが、初め二〇年間（宝暦八年～安永六年）と、その後の途中で八年間（天明四年～寛政三年）の分は亡くなっている。しかし、残存部分で宣長さんの医事はけっこう推定できるようなので、そこからうかがわれることがらを数項にわけてとりあげてみよう。この帳簿による家計研究では、北原進氏の「本居宣長の簿記と家業経営」（全集解題）が綿密であるが、本稿では医事の実態と問題点にアプローチする。

いちばん忙しかったのは安永九、一〇（天明元）年である。この二年間の調剤数だけで残存『録』の全調剤数（寛政九年秋・一〇年春の一年分を欠くが）計五九、四七五服の二八％を占めている。

ことに天明元年の一〇、一一月は「風病流行」でたいへんだった。『日記』一一月の末尾に「自十月至今月風病大流行、諸国一同也」と書くが、一二月九日付・田中道麿宛返信にも、「……併（しかしながら）十月霜月両月之間、大ニ風病流行いたし、甚俗用しげく、一向に学問事廃し、漸く此間少々手透きを得たり、夫故右ノ御返事甚致延引候」という。患者の最多は、もちろん『録』中の最高だが、一日二五人（一一月一四と一五日）である。

しかし、こうした多忙、繁盛は、一〇、一一月の流感のせいばかりではないようだ。それのなかった前年も、表に見るとおり、経営の状況はかわりないし、三か月近く瘧《おこり》を病んだ翌年の調剤が四、七五〇で減るものの、翌々年は七、〇三三とまた増し、『録』はないが天明五年九月二八日付、小篠敏宛書簡でも、さきの田中宛書簡と同様のことが記されている。「……春以来久々（しく？）御無音仕候。其訳、世上殊之外病人多、家用一向無手《て》透《すき》昼夜奔走いたし、久々一向廃学諸方の状通も打捨甚不風流ニくらし申候、御憐察可被下候……」

つまり、安永から天明へかけての各五年、計一〇年ほどがもっとも医業繁盛の時期、それは、書簡で「俗用」「家用」という医事で、「手透」なく、「廃学」「不風流」とする時期だった。だが、忙しいときというのは、一面で活力にみちていたこと、かえってしごともできるもの。着々と新しいしごとは進められていた。

一方、八年間分の『録』の欠のあと、寛政四年以降になると、患家数も調剤数も減少を示すようになり、ことに晩年では表に見るとおりである。

寛政一一年では、年間に患者の多い日で、四人が二日、三人が七日にすぎない。そして、参宮や四日市行きの休業は別として、三月の九～一二日、六月二二～二五日は一人の患者も見えない。毎日天候ばかりが記入されている。一二年にも、多い日で五、六人が各一日、四人の日が七日。正月六～一四日、同一九日～二月一〇日、三月一八～二六日、五月三～六日、と開店休業。

それは当然収入（薬料）の激減を意味する。表にあるとおり、盛時の半額にもはるかに及ばない。しかし、その差を埋めるものは、増加した門人からの謝礼・祝儀であった。寛政四年からはそれが年間五〇両を超えるようになり、寛政七年秋からは、これまでの『諸用帳』記入からそれを独立『金銀入帳』としたものである。表の額はその記載である。

宣長さんの没後。これまでの諸帳簿は踏襲された。それらによると、春庭の鍼《しん》医で患家は五〇軒余、入金は年五～六両となる。数年もたたず文化年間にはそれがさらに半減する。宣長さんの帰郷開業時がおそらくこんなであったろう。『金銀入帳』の門人謝礼は年一〇両ほど。年三両ほどの「あめぐすり」による収入もバカにはならない状態となった。

薬の処方　宣長さんの薬方を知るために、先述「風病」の流行で大多忙だった天明元年一〇、一一月の『録』記載を検討してみる。

一〇月九四七服、一一月一、三〇三服の調剤で、対象の患者数は、延べで、一〇月三八一名、一一月四七一名、計八五二名となっている。階層は、お奉行をはじめ、豪商から、薬料を払えない（払わない？）連中（両月で七家）に至る。所がら、商家、職人を主とするが、患者はもちろん主人ばかりでなく、父、母、妻から、一歳の小児、兄弟姉妹、うば、下女、小ホク（僕）、手代、と多様である。計八五二名というが、家数では、盆から暮までで二五九家だから、そこからの最大の動員だったろう。

では、その薬方はどんなものであったか。

八五二名中、同一人で継続同処方の者の数を除くと三六九名、つまり三六九通りの処方が宣長さん独特の略号で記されている。それを直前の八・九月の二か月と比較してみる。

患者、調剤数の増加が多忙さを示している。一日最多二〇人（一一月二三日）もの診断と調剤。適宜『録』に摘記される患者の病症も、八・九月には一四か所もあるのに、この両月で、「カセ　ムシ」とただの一か所を見るだけ。夜も、すでに一九歳になった健亭（春庭）をはじめ弟妹たちまでも手伝う薬研《やげん》の音が聞こえてきそうだ。

その薬方の「ナソ」とか「二加」とか……略号は読解できていないのだが、激増する「ナソ」系と「二加」系とで三六九剤の五八%、八・九月での一〇%とくらべ、それらが風病の薬剤だとの見当はつく。「系」というのは、主の「ナソ」に、「芋」（オモダカ）とか、「朮」（オケラ）とか、「芎」（芎薬《しゃくやく》）とか、「マ」（麻黄）などを加えたものである。ことに「ナソマ」は「ナソ」系一三一のうち六六の過半を占めている。だいたい麻黄（中国産。トクサに似る）は、セキやサムケ向けの発汗剤であり、「ナソマ」はさしずめ強力カゼ薬ということか。

全『録』中で症を「カゼ」と記した場合の処方一二例のうち、「斉」四、「ナソマ」三、「ナソ」二……、「セキ」の処方二七例では、「ナソマ」五、「ホト」五、「二加」三……と「ナソマ」は上位になっている。なお、「斉」は葛根（クズ）で、葛根湯《かっこんとう》はよく知られたカゼ、カタコリの代表薬。八・九月で最多の「イレ斉」が四七中の二一を占めている。

さて、以前から継続の常連で、一〇、一一月に三一日も通う者もあれば、一回きり「ナソ」一服で終診のしるしのついた者もあるが、治癒の状況はどうだったのか。もちろん確認のしようもないのだが、患者名の下につけられた〇じるし—終診の数が九九（八、九月は七六）あるのは多いのか、少ないのか。比較的には、患者数の増を考えると、病名の明らかなわりには治癒のテンポに変化がない。つまり手腕抜群というわけにはいかない。

ただ、「えーい、カゼだろう。ナソマにしておけ。」というのでもなかったことである。「ナソ」にでも、鉤（釣藤・フチトリハリ）、芋・朮を加えた患者が各二名、芎、防（防已《い》・オオツヅラフジ）、淡（厚朴）、童（青皮）、洞（キコクの実）を加えた者が各一名、「ナソマ」でも、さらに防を加えて三名、洞、芋、永（乾いたショウガ）・防・芎を加えて各一名、等、いずれもさきにあげた「系」の類にはいるものである。このようにして三六九剤で薬方の種類は一〇〇種にのぼる。そのうちさらに七〇種は患者一名のためのものである。診てもらう患者の要求としては当然のことだろうが、医師としてはたいへんな努力ではなかっただろうか。わたしは、まじめな医師を思うのだが…。

病症メモ

『録』で、患者名の下に小さく簡単に病症のメモのついたものがある。「セキ」「ネツ」「タン」「ムシ」のように二字のものも多い。中には下の「シ」を略したのか「ム」とだけもある。十字以内がふつうで、いちばん長いものが「大ネツ大クタリノ後スコシムシイテ　小ネツ　サシコミ」。全体で四三七名分。これはつけてもつけなくてもいい程度の、ほんのメモで、病症は下段の調剤で明瞭というわけなのだろう。

忙しいときはそれが少ない。例の風病の天明元年一〇・一一月には一か所「カセ　ムシ」を見るだけである。反対にその翌年は、ご本人が七月一五日から瘧の病気で、二か月余は患者も目立って減ったせいか、さきの長い例もそうだが、「三月ムマレムマレツキ大ヨワムシカフリチ、フソク」のように比較的長文のものがかたまり、記載の数も多い。この二か月での三〇件は、この年間の五七％にあたるのである。

また、『録』の患家名につづけて、その家の付属人（父、母、妻、児、うば、下女、手代等）を示す場合がある。そのうち明らかにこども関係と見られるものは、計二四六（A）。多い順に示すと、「児」七六、「兄」三七、「姉」三三、「妹」二七、「弟」二五、「子」一三、「娘」六、「小ほく（僕）」五……等である。

そうした表記はないが、患家名のすぐ下へ、「二」（九二例）、「三」（七〇）、「一」（六四）、「四」（五六）、「五」（三七）……と小さく記したものが、計三八一（B）ある。（「一四」から「一九」の四例を含む）。それと同じ個所に、まれに、「二才」「八才」と「才」をつけ、「四ツ」「三月ムマレ」などとするものがあり、さきの漢数字は小児の年齢を表すものと判断してよかろう。

A＋Bは六二七名。これは小児の数である。しかし、じっさいは、継続再診にはこうした付記はないし、また付記がなくて小児と推察される病症メモ、例えば、「ネッチ、ノマズ」「チチカヘシクタリ」「ヨナキ」のごときも多く、小児の実数はかなりうわまわるはずだ。しかし、A＋Bの調剤数が約二、〇〇〇服、全調剤数約六、〇〇〇服の三％にすぎぬので、小児の患者数は多く推定しても五％程度であろう。これでは宣長さんを小児科専門医だとはいえない。

ところが、である。さきの病症メモと小児とをかさねてみるとこんなことがわかる。病症メモ記載四三七名中、「二」とか「三」とかの年齢記載者が二三三名で五五％弱にのぼる。また、年齢は記さぬが、さきにも例示した「ネッ　チ、ノマズ」「ガコウ」「キョウフウ」などと乳幼児の病症を記すものがかなり多く、併せると、症記載全体の六〇％以上にもなると思われる。

自分の疾患を訴えることができない、という意味で、当時小児科のことを唖科と称したが、優先的に小児の症をメモする宣長さんはまさに唖科の医師である。小児科専門医でなかったというのは、地方の町医であったというにすぎない。

さて、診断ではどのような症が多かったのか。全四三七名中「ムシ」の語を見るもの一〇六名（二四％）、そのうち七七名が年齢記載の小児二三三名中の三三％つまり三分の一を占める。「ムシ」「ムシカブリ」（虫齧・腹痛）の語が多い。本居医院へ行けば、一応「ムシ」ではないか、と診られたのである。患者の方も、またそれを予期してたろう。こころえたもので、「ムシト云」の記載が七七名中九例ある。宣長さんの売薬に「むしおさへ」が登場するゆえんだ。

売薬の収益

宣長さんは三種類の小児向け薬種を調製し売り出している。㈠あめぐすり、㈡地黄丸、㈢むしおさえ、である。

㈠　加味建中湯飴　一名あめくすり ──→ 家伝あめぐすり

風病流行多忙の翌年、天明二年に宣長さんは瘧を病んだ。七月の『日記』に記す、「一五日自今日余病初瘧、久引籠居」。そして、一〇月八日付・田中道麿宛に「愚老瘧後やう〳〵力付申候」とあって、同一三日には二階（鈴屋）の普請をはじめているから元気回復している。

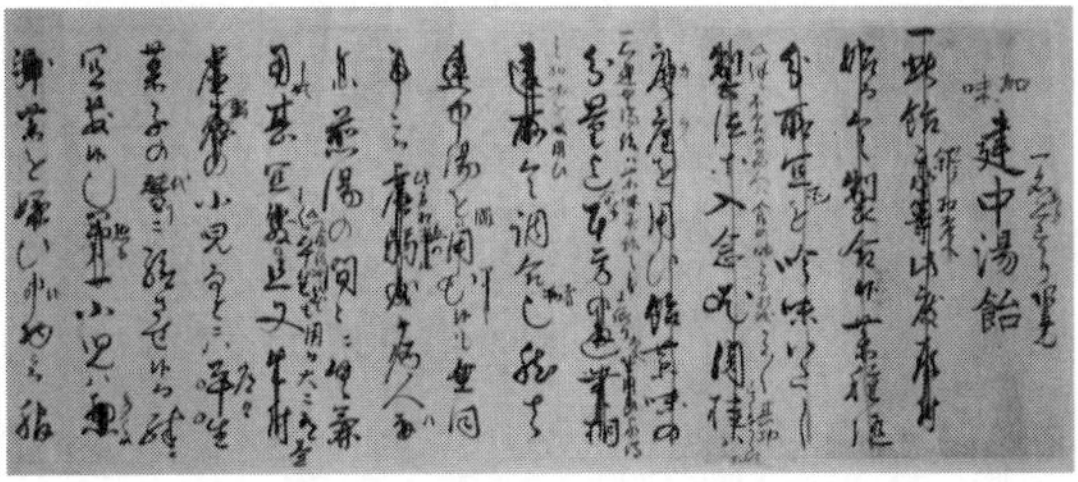

「家伝あめぐすり」処方覚

二か月余の病気だった。門人や親類など二二七軒からの、「さかな」や「くわし」など「見廻《まい》到来」のメモが残っているから、人びとには知れわたっていた。患者の医療はつづけていたが、この間調剤数は半減しているから、時間の余裕ができた。異色の天文・暦学の見解をまとめ、『天文図説』が八月一八日、『真暦考』九月一二日稿ができる。そして「あめくすり」の調製発売も企図した。『天文図説』できれいな作図をする二〇歳の春庭は八月に「あめくすり」の効能書の原稿をも作っている。宣長さんがそれを添削した。

建中湯は『傷寒論』『金匱《きんき》要略《ようりやく》』にあるのを古方家が弘めたものである。もともと近方の宣長さんだが、古方を採用する。理中丸の処方もそうだし、『録』記載の調剤中に、真武湯も、近方が敬遠した兊（石膏）三例、同じく軍（大黄）はかなり、を見る。この「加味建中湯飴」は、効能書に「肉桂は唐産《カラ》を用い」とあるから「大」でなく小建中湯であろう。調剤は桂枝、甘草《かんぞう》、大棗、芍薬、膠《にかわ》飴で、現代でも虚弱体質、小児の体質改善によい、という。飴で固めて、曲物《まげ》に入れ、大（一〇〇目）が銀札二匁（原稿で一匁五分を改め）、中（五〇目）一匁（七分五厘を改め）、小（三〇目）五分、として天明三年正月を期して売り出したようである。「此度存付、始而令製合候」とある。松坂ばかりでなく、津へも出した（残存『諸用帳』の最初、天明八年には津からの収益が記されている。次男春村は同四年に津の薬種商小西太郎兵ヱの養子になっていた関係だろう）。

「家伝あめぐすり」は効能書に「建中湯を本体とし、」とあるように、「加味建中湯飴」の改名だとわかる。「家伝」の語は、さきに春庭の稿になくて宣長さんが添えた「家伝の加味を用ひ」の語を、今度は「家伝の製法有て」とうけついだものを用いた。余言だが、「むしおさへ」になると、さらに「家伝秘法」というタイトルとなる。秘伝をきびしく批判した宣長さんも、商人としてこの語を使えば客はありがたがることを知っていたのだろう。

さきの能書で、「小児は多く薬を嫌ひ候物に而、服薬甚難渋に候所、此飴薬は薬気不相知、尋常《ツネ》の飴を給《たべ》候も同前の風味ゆへ、薬嫌ひ成小児も随分悦而給へ候事、尤少々過候而も害《サハリ》無之……」の説得調が、「百目銀三匁、五十目一匁五分」に値上げしたこんどは、男女大人小児ともまったく万能のPRにかわっている。

「大病長病の補益、病後の肥立、虚弱者全般、疝積腹痛不食くだり腹たんせき、小児乳はなれ、乳ふそく、もろ〳〵のむし症虚弱の小児、疱瘡、暑寒長雨の気、道中薬等、腹用分量《（ママ）》、多少にかゝはらず多く用る程よろし、諸薬幷に食物さし合なし、」となる。「勢州松坂本居氏製」だが、末尾に「取次所勢州四日市浜町　高尾九兵ヱ」とある。「高尾」は、寛政九年に長女飛弾の再婚した先である。松坂、津、四日市と販路をもっていたことがわかる。

このあめぐすりの収益は相当長くつづいた。宣長さん在世中は年一〜二両であった。その死没の翌年からは、努力したか、四〜五両とつづき、『諸用帳』最終の文化四年（一八〇七）には三両一分となっている。この年、春庭の治療収入は二両三分九匁、祝義（授業料等）は一四両一分一三匁だから、原料のあめ代四貫八六八文（そのころ金三分弱）を差し引いても、かつての三分の一となった家計の若干の足しにはなったのであろう。

(二) 精製六味地黄丸

あめぐすりにつづいて同じ天明三年一二月に調製したもので、疲れやすい者の増血強壮剤である。老人薬の八味地黄丸（『金匱要略』）から附子《ぶし》と桂枝をぬいて小児用としたもので、明の『銭氏小児直訣』（薛己十書の内）の方剤である。

効能書は、六味地黄丸の効能は世人のよく知るところだから一々ここに挙げるに及ばない、と略し、手前製造のものは、薬味に極上品を用い、製法も少しも粗略のないよう念に念を入れて効能各別に勝れているうえ、世間並より代金を引下げてある、というにとどまる。「百目代銀札五匁」である。

「処方覚」が天明三年一二月製のものと、同六年八月製のものと、二種残っているから、数年はつづいたのだろう。薬方は、生《しょう》地黄（地黄のみ）に酒、そこへ山茱萸《さんしゅゆ》、山薬（山ノイモ）、牡丹皮《ぴ》、茯苓《ぶくりょう》（松根菌）、沢瀉《おもだか》の五味を合わせ、蜜で練ったものである。

(三) 小児胎毒丸——→家伝秘方むしおさへ

A　小児胎毒丸　　一包代廿四銅

惣而胎毒の身にある児は、重は驚風、軽は疳蚘虫《かんむし》などとなり、平常に色青く心気楽《たのし》ます、乳食《ちくひもの》を吐、土器《かはらけ》砂石なとを食ひ、渾身《みうち》青筋なとあらはれ、腹拘攣《ひきづり》寒熱往来《さしひき》し、小便濁り大便秘《かた》結く、或は下利或は夜啼客忤《よなきものおとろき》なと、種々の奇怪《あやし》き証あるか中にも、世の人の知れる如く、むしほと害をなすはなきもの也、其虫も譬

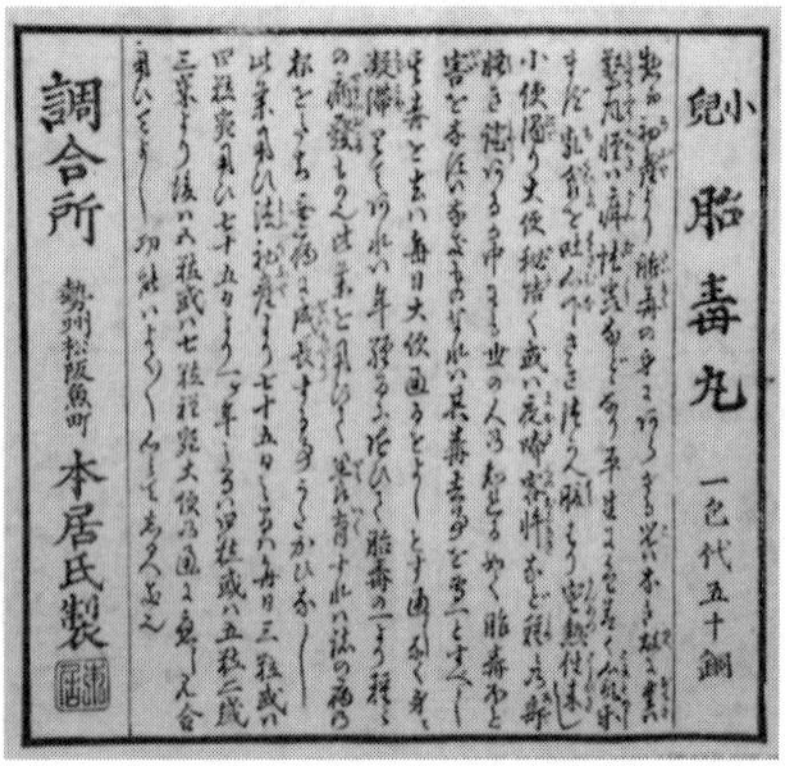

「小児胎毒丸」広告（包紙）

へば、腐《くされ》たる水中に蚊蚌《かほふり》なとのことくにて、胎毒あるに因りて生まるゝものなれは、心其毒を去事を専一とすへし、其毒の身に凝滞《とゞこほ》りてあれは、年経《ふる》るに随ひて、胎毒の一より種々の病発《おこる》もの也、此薬を用ひて養育すれは、諸の病の根をたち、無病に成長する事疑ひなし、功能はよく〳〵心みてしるへき也、

調合所　勢州松阪　本居氏製

効能書がA、B、C三種類あって、右のAはもとになると考えられるので全文をあげた。同名のBは「一包代五十銅」となり、用法の部分が加わり長くなっている。Cの「家伝秘方むしおさへ　一包代五十銅」では、症は同じだが、胎毒の語が消えて虫で一貫する。用法（量）が大はば（例。二、三歳より五～七粒→二歳一五粒、三歳二〇粒、四五歳以上は毎日一包）にふえて、大人小児、黄胖《ふくひよう》（腹がふくれ顔が黄色になる）に拡大される。

効能書に見る病症観

さて、A、B、Cを通して宣長さんの病症観をみる。文章の冒頭、BはAをうけ「胎毒」の身にある児だが、Cは「虫気の身にある児は」と「むし」に焦点をあてる。つぎに起こる症状は三者同じ、さきに紹介したカルテに見える小児の症を集め、「種々の奇怪《あやし》き証」となる。そして「世の人の知れる如く」、害をなすのは、Aの「むし」がBでは「胎毒」、Cは「むし」。虫と胎毒の関係を、Aでは虫は胎毒によって生まれるから胎毒を去ること専一とすべきだとなる。Bでは「虫」にはふれないで毎日の大便を通して胎毒を去れ、という。Cは、胎毒の語を使わず、「虫気」を去るべきで、この薬で「自然蚘虫《むし》くだけて下りる」という。

蚘虫はカイチュウである。

このようにゆれうごくのは、小児にわりに多くて目立つ胎毒を、ともに神秘的な虫（『本草綱目』に見る可怪《あやし》き九虫）へ結びつけただけで、もともと虫と胎毒に必然的な関係がなかったからである。宣長さんも理性では両者を正別しているふうである。カルテの症（小児二三三名）で、三分の一をしめて「ムシ」はさまざまな症と習合するのだが、「タイトク」一二名でムシと習合するのは「ムシタイトクネツ」の一件のみで、その症、薬方でもムシとの積極的関連は見られない。むしろ現代の湿疹（膿痂疹《のうかしん》）の診立てに近い。Cで胎毒が消されたのはこうしたことからだろう。

また、おもしろいのは宣長さんに特徴の比喩が出ることで、Aに「其虫も譬へば、腐たる水中に蚊蚪《かほふり》などのごとくにて」胎毒あるに因りて生るるものといい、胎毒をすてたCでも同じ比喩を出し、だから「其虫気を去事」という。宣長さん得意の比喩は、弁説の比喩でそれに乗っているとよくわかる気がするが、ハテ、となると合理性に欠ける、という特徴がよく出ている。胎毒でも、それにかえた虫気でも、リアリティがないと、そこから蚊蚪のように発生するという表現の空しさはどうしようもない。観念の遊戯である。

（二）門弟の死

須賀正蔵直見の死

「死にし子顔よかりき」。少年時代にふとおぼえた、土佐日記の句がいまでも口をついて出てくる。幼児でなくても、わが子でなくても、愛する若い者に死なれるのはやりきれない。まして医療する立場にいて救いえず、くりかえされる無力感は、はかり知れない深さのものにちがいない。

門弟三名の場合をとりあげてみよう。

まず、須賀正蔵直見。生まれは寛保二年（一七四二）。宣長さんより一二歳の年少。宣長さんと同年の稲懸《いながけ》（垣）棟隆《むねたか》（茂穂、後の大平の父）と本町で隣り合わせ、共に家業は豆腐屋だった。好学、後、家の道具を稲懸へゆずり、薬種紙墨の店を営むようになる。嶺松院歌会へは、宣長さんに一年おくれて宝暦九年二月から棟隆と共に参加、源氏物語の講釈をも聴講し、門人録でも棟隆につぎ四人目の、最古の門人の一人である。詠歌はもちろん、宣長さんの和漢の研究推進に随従したことは、後の宣長さんの著『草庵集玉箒《たまははき》』や『字音仮字用格《じおんかなづかい》』の序を、漢文体で、明和四年九月と安永四年三月に記しているのでも察せられる。翌安永五年一〇月八日に亡くなった。三五歳。

宣長さんは歎きの歌一二首を詠んでいる。中に、

我をおきていづちいにけむすがの子は弟《おと》とも子ともたのみしものを

ちはやぶる神しうらめしあたらしきわがすがのこをいづちゐ（率）にけむ

一一月八日にとぶらいの歌会で四首、後一三年忌で二首を詠み、以上から一三首を選んで、没後二三年の寛政一一年（宣長さん没の前々年）に『石上稿《いそのかみこう》』へ再録している。宣長さんの哀惜の思いが終世のものであったことを知る。

若いころ、明和元年か、直見のからだの不調に際して、「意ふに足下の病ひは、乃ち万里春の瞑眩なる無からんや。夫れ万里春の薬たるや、鬱情を散じ憂愁を消すといへども、而もこれを服すること過多なれば、則ち金を損なはん。金母虚にして腎水乏し。百病これを職として生ず。慎しまざるべけんや。」（原漢文・書簡〈一八〉上下略）「万里春」はセックスのたとえ。こんな忠告もする間柄だった。

直見は、後一男二女をあげたが、安永四年愛児正太郎を亡くした。歎きの歌。

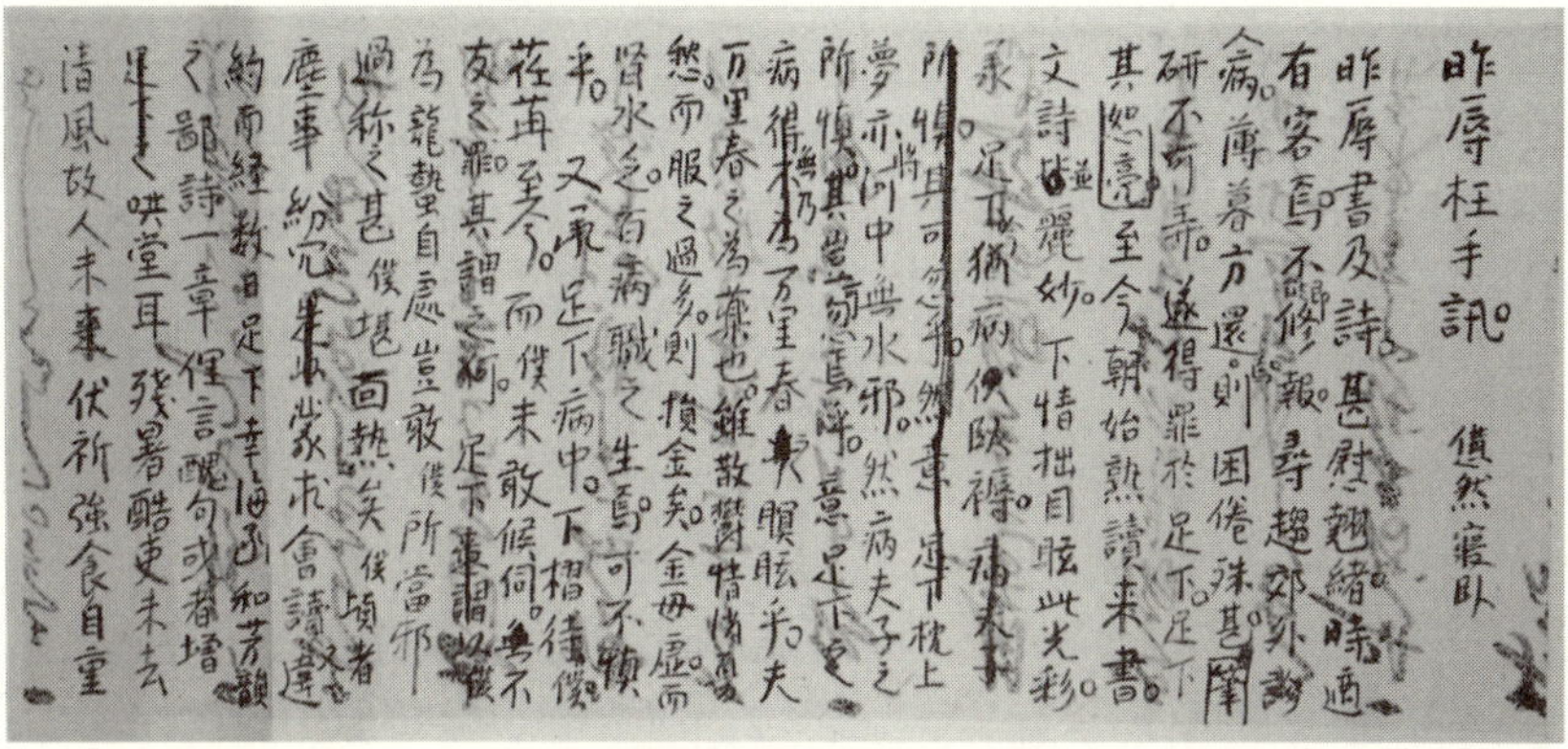

須賀直見宛宣長書簡（稿）

ふみなれぬしで（死出）の山路を竹馬にのりてやひとりこえて行くらん

翌春、宣長さんのいたみの歌。

風渡る柳を見てもみどり児の露と消えにし春やかなしき

その七月からは、明和二年一〇月以降毎月三日に催してきた直見家の歌会も絶え、家集『蓬壺堂歌集』の歌を見ると、三か月にも及ぶ病臥の末、亡くなった。直見の医療に宣長さんが当たった証拠は、『録』の亡失でたしかめようもないが、「弟とも子とも」思う直見の病症を案ずる気持は絶える間がなかったであろう。

直見の長女木綿子《ゆふ》は後年、大平の後妻になった。

村田中書光庸の死

次に、村田中書光庸《みつもち》。生まれは宝暦八年（一七五八）。宣長さんより二五歳の年少。母は小津本家道円の娘、父は宣長さんの伯父村田清兵衛か。だとすると宣長さんといとこの関係となる。天明三年（一七八三）一二月二二日没。二六歳。

宣長さんの『日記』安永二年一一月に、「村田中書娶二鹿島元長女一、今夕婚礼」とある。鹿島元長は鍛冶町の医者である。血縁か、同町同姓元泰は、代々お目見えのはやり医で、両者とも宣長さんの知り合い。中書も医者になるはずであった。

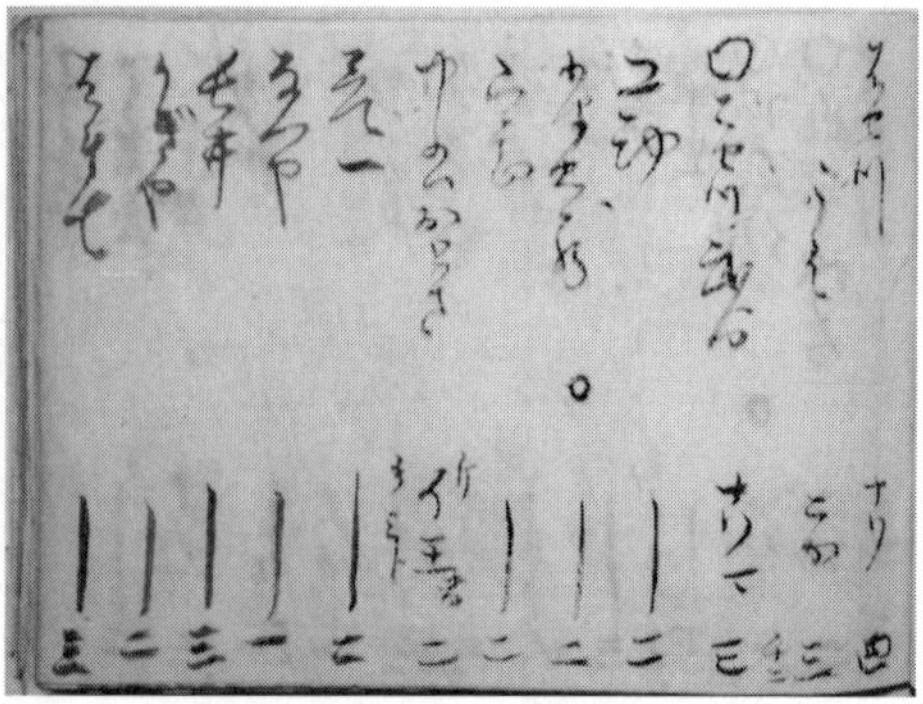

『済世録』天明元年11月25日条

結婚のとき中書は一六歳、妻土左《とさ》は一四歳。早婚のようだが、直見結婚のときも妻は一三、四歳とある。中書はやはり「安永二年以前の門人」の一人だから、そのころまでの入門だったろう。宣長さんは祝いの歌を贈っている。

安永六年四月『日記』に、「四日　今夜村田中書妻産二男子一、名二長五郎一」とある。「長五郎」は中書の童名をついだのだろうが、この子は後の光彦で、宣長さん晩年の万葉集講釈を聴いている。大平の門人となった。

『録』の加療簿に「中書」の名を見るようになるのは、その翌々安永八年からである。その冬に五回一〇服、九年には一五回三八服、翌天明元年には四五回一二〇服となっているが、うち、風病流行の一〇～一一月には三二回六一服（二加、ナソマが主だから風邪の診断である）。ところが、一一月の二五日に「中書おとさ」として「彡三分斤イ王芎　二（服）」の投薬があらわれる。風邪でなく、婦人病の診断のようである。しかし、四日後に彼女は死んだ。二二歳。

一二月宣長さんは哀悼の歌を贈っている。

思ふぞよ嵐も霜も寒き夜に亡き人恋ふる袖はいかにと

共に見し人は此世に亡き跡を今日の雪にもさぞしのぶらん

土左の死後満二年、中書は、翌年、その翌年と各一四回の加療を受けているが、一二月二〇日の投薬（「安神四」――安神散は婦人病の血の道によく使われた、めまいの薬）を最後に、その二日後に没している。

ひと月後その遺宅を訪れて宣長さんの詠んだ歌。

宿とへど行きけむかたもしら雪の消えにし跡はいふかひもなし

宣長さんは『法事録』を手もとに置いていた。その「死亡年月日覚」に帰郷以後物故した縁類一統六八名を記しついでいるが、さきの「直見」と村田中書夫妻（文貞処士と貞淑大姉）も含まれている。また、「年忌覚」――没年までその年の年忌該当一〇名前後をメモしている、その中にもかれらの名は洩れることがないのである。

中里友蔵常季の死

天明三年にはもう一人若い門人に死なれている。中里五兄弟の末弟友蔵常季一八歳である。長男常雄（長谷川武右ヱ門）は宝暦七年生まれ、さきの村田中書より一歳年長。あと三年、二年おきに弟が生まれているが、安永二年一七歳の一二月、長谷川の養子となった。この時にはもう宣長さんに入門している。二男は常岳（大三郎、新三郎）、三男は常秋（伴蔵）、四男西山政樹（常国）は天明三年春山田へ養子に出た。その年の秋、末弟は死んだのである。

二男、四男も、長男と同じくいわゆる「安永二年以前の門人」、三男は安永四年、五男は天明三年の入門。大平が常雄より一歳上、春庭が三男常秋より一歳下。一三歳から和学をはじめた大平や春庭とともにこれら少年たちも青年となり、鈴屋《すずのや》（天明二年一二月成る）は層が厚くにぎやかになった。

忠実な門人であったかれらは、また先生の医療をも信ずること厚かった。残存『録』を見るに、もともと中里、長谷川の一統は宣長さんの医療に頼ることが多かったようであるが、新三郎は残存最初の安永七年から、長谷川武右ヱ門の名も天明元年の風邪流行以降、共に『録』の常連である。

天明三年、七月の盆過ぎから、新三郎（常岳）と武右ヱ門（常雄）との通院が多くなり八月初め一応終診となるが、中旬にはまた兄弟そろってかかることになる。一七日からは伴蔵（常秋）も加わる。一九日には三人そろって、翌二〇日には友蔵（常季）まで加わる。「中里友　金加三　五レ斉マ　五」「大　五レ才洞　三」「伴——二」、五人おいて、「はせ武　除永　三」となる。友は友蔵、大は大三郎（新三郎）、伴は伴蔵、その下の——は同前の剤（才了）のしるし、はせ武は長谷川武右ヱ門の略である。方剤から見ると、一応四人とも似た診立てで、秋口の疲れ程度かのようである。翌日も「大」と「伴」の受診を見る。ところが、一昨年八月一回かかっただけで元気だったと思われる友蔵はこれが最期であった。再度剤を見なおすと、「友」と「大」とは、『録』の症例で「ムシ、ネツ、クダリ」向けの方剤だから、あるいは赤痢ではなかったのか。

『石上稿』天明三年に、次のようにある。「中里常季近きほど歌よみならひけるを、八月廿日あまり病して俄になくなりにければ」と前書きして、「和歌の浦のしるべ（導）しそめし我をおきてあらぬよみぢ（黄泉路）になどいそぎけむ」。「十五夜にはもろ共に月見ける事など思ひて」の前書きで、「円居してなかばの空を見し友は月より早くか（欠）けにける哉」。もちろん歌中の「友」は「友蔵」を掛ける。かれの没は八月二〇日過ぎである。

なお、長男常雄は文化八年五五歳、二男常岳は同一〇年五四歳の没で、宣長さんの死より一〇年余後、三男常秋の死は寛政一二年三九歳で宣長さん没の前年である。四男政樹は不詳。

医事についての哀歓

若くて死んだ門弟三人をあげたが、『録』中数えきれないほどの患者のうち、どんなに多くが同じ運命をたどったことか。しかし、他方、よくつとめた宣長さんには、救いえたよろこびも多くあったにちがいない。ところが医事についてのその哀歓を宣長さんは語らない。一、〇〇五条から成るぼう大な『玉勝間』の随筆中にも、医に関しては、癩《らい》病、ほうそう、はしか、風邪引きの語源や文献引例の断片の条にすぎない。

宣長さんの医論めいたものも、先に見た売薬のいさましい能書きや、次の小篠《ささ》敏《みぬ》宛書簡（天明五年九月二八日付）中の部分などにすぎない。

一、医書温疫論、奇々妙々ニ思召候よし、甚心得不レ申候、右之書何之やくニ立申書ニ立無二御座一候、其論ノ、今ノ症ニ符合いたし候を以テ是ヲ信し候ハ、医の愚昧ニ御座候、此事甚論アル事也、又其薬方もさらに益なき事也、尚能々御工夫アルヘシ

小篠敏は浜松出身、石州藩の儒医（外科）。宣長さんより二歳年長だが、安永九年入門、熱心な門人で、この書簡の前年には松坂へ逗留、万葉集の研究をしている。石見《いわみ》には十九名もの門人が出た。藩主、家老の信任厚く、国学と蘭学の習合で藩教学の一新をはかった。蘭学に関しては、長男二宮玄可を長崎へ留学させて蘭方医を学ばせ、自身も出かけること多く（八年にはその地に門人が六〇余人あった、という）、宣長さんのオランダ知識は敏から得た所が多い。

『温疫論』（三巻、明の呉有性撰）そのものは、急性のはやりやまい、熱病の医論として、当時、また以後も評価が高かった。口の悪い上田秋成でさえ、「医通、温疫論など、後の世にてもいとかしこき書」（『癇癖《かんぺき》談』）といっており、実証的で蘭方医も心得、古方『傷寒論』に詳しい、本格医学者橘南谿《たちばななんけい》は、*115「温疫論の一書は、傷寒論の外伝ともいふべし。仲景の意を会《え》たる所多し」（『北窓瑣談』*116）と評価している。そうした『温疫論』への敏の賛嘆に対して、宣長さんの批判は感情的である。「古方をもって近病を治するは不可」という書生時代の見解をくりかえしている。わたしは宣長さんがこの書を読んでいたのか、と疑う。本居家に遺されたその書は、三年後の天明八年刊本なのである。

宣長さんにとって「傷寒」は痛烈な思い出がある。

『日記』明和五年正月には二項のみ。

「朔日庚寅晴天〇午刻母人卒去給、享年六十四歳、自旧冬十二月十六日、傷寒煩給」

「三日曇○酉刻母人奉土葬樹敬寺」

一二月一六日までは、たとい天候ばかりでも、毎日の記がつづいた日記だが、それからは空白。そして上記以降は、ずっと各月数項の摘記にかわる。

宣長さんの母を考えれば、この死はかれにとってこれまでの最大の痛みだったことは想像される。また、医者として毎日最大の努力をつくしたことも当然であろう。「傷寒」は今のチフスに代表される熱病。張仲景『傷寒論』は古方医の根拠。宣長さんは対策としてはその方をも採用したろう。

『温疫論』に対する宣長さんの反撥は、その後の天明元年をピークとするその前後の流行病や中里常季のような熱病による患者の死などで増幅された、傷寒古方医論への懐疑を表すものだったろう。

しかし、人為の無力感、不可測の自然の勢を信じ、漢意・理の排撃に学問観人生観の基礎をすえていた宣長さんにとって、医はすでに次のようなものであった。

『答問録』中、安永八年の条で、

「……いづれの国の神にまれ、あしきわざするは、みな禍津日神の御心也、さて世に、この疱瘡、又疫病、あるひはわらはやみ（瘧）などを、殊に神わづらひと思ふなれど、これらのみならず、余のすべての病もみな神の御しわざ也、……いづれの病も神の御しわざにあらざるはなし、さて病あるときに、或は薬を服し、或はくさ〴〵のわざをしてこれを治むるも、又みな神の御しわざ也、此薬をもて此病をいやすべく、このわざをして此わづらひを治むべく、神の定めおき給ひて、その神のみたまによりて病は治まる也」

だから、医師の唱えるべきノリト（「拝薬神詞《クスリノカミヲガムコトバ》」）まで作り、生前（天明二年か）の村田中書へ与えている。

大穴牟遅命少名毘古那命、二柱大神乃大前爾、姓名《ナニガシ》恐美恐美母白久、………過都事無久、験波将有登、広伎厚伎

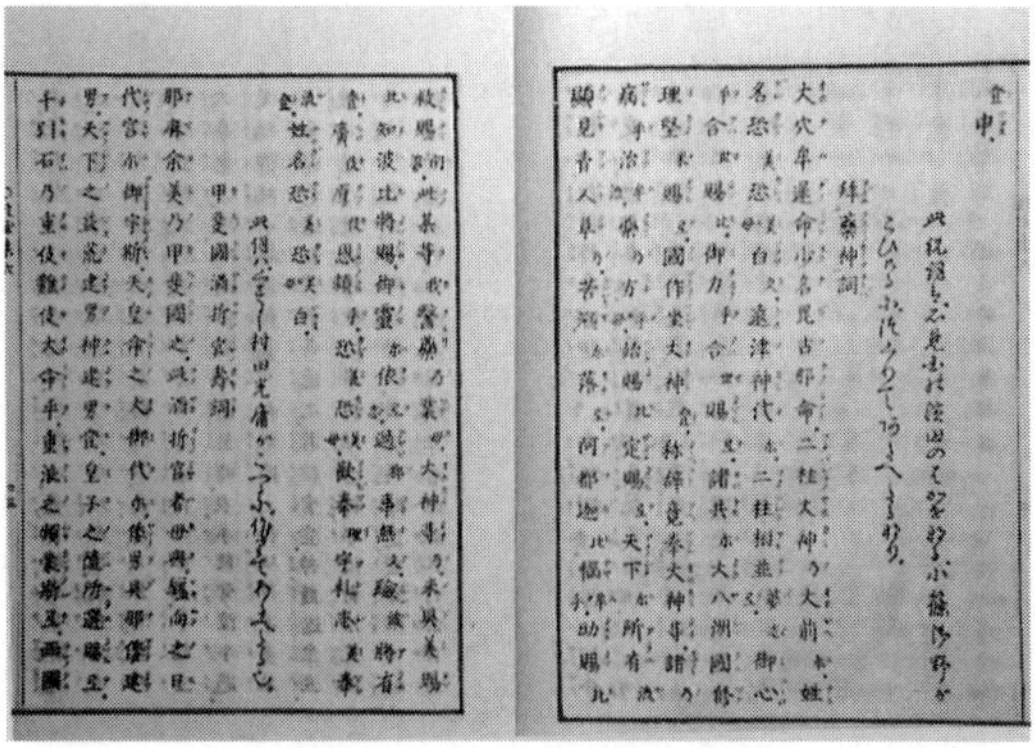
「拝薬神詞」（『鈴屋集』巻６）

恩頼乎、恐美恐美母、歓奉理宇礼志美奉流登、姓名恐美恐美母白（『鈴屋集六』）

もちろん、漢方したがって医をすべて否定したのではない。こう考えている。

……かのもろこしの国に、神農がはじめたる薬のわざも、本の根ざしをたづぬれば、此皇神のくすしきみたまになもよれりける、……（「大西某が家に伝はりたる薬の書の序」『鈴屋集九』）

「此皇神」は「少名《すくな》毘《び》古《こ》那神命《なのかみのみこと》」である。そしてこの神をたたえつづける（『石上稿』）。

くすはしき少名御神のみたま給ひて草の葉も木のねも人の病なほすも（寛政一〇年）

人くさの病をなほすわさはこと〱大汝すくなひこなの神のみたまそ（寛政一一年）

（三）お奉行

「殿」の呼称

松坂は商人の町だから、『録』の患者もほとんど商家や職人で、名や屋号が呼びすてで並ぶのであるが、中に、下へ「殿」をつけた名が散見する。調べてみると、それはお奉行であった。

残存『録』の第一、安永七年二月一〇日に鈴木治右ヱ門殿、一一日に小野藤右ヱ門殿、と出て、あと鈴木殿、治右ヱ門殿、鈴治殿、小野殿などとも略記されるが、「殿」付はこの冊で両名だけである。

鈴木は安永四年に若山から来任、同八年宣長さんの『日記』に「五月十三日御両役兼町奉行鈴木治右ヱ門殿役替、為若山寺社奉行、今日発足、被還若山」とある。小野は安永五年九月に来任、天明三年「七月朔御両役小野藤右ヱ門殿役替〔為若山御舟奉行〕今日発足、還紀州」とある。このふたりを『録』の投薬で追ってみたのが次の表である。

	小　野	鈴　木
安永七年	40回 88服 金3分	15回 39服 25匁
安永八年（正月二日欠）	約60回 156服 金1両 含「御隠居」 1回2服 「虎吉殿」1回5服 他「下男」（小野内） 8回24服	8回 17服 支払不明（欠） 5月役替（若山寺社奉行へ）
安永九年	48回 133服 金3分	
安永一〇年（天明元）	33回 118服 金3分 他「荻之介殿」 1回2服	
天明二年	10回 22服 銀6匁 6月12日までで以後なし。 翌3年7日役替（若山船奉行へ）	

なお役所関係で明らかなものを拾えば以下の記載がある。
○安永九年「御城代中間」一回二服、一匁。
○天明二年「御代官内甚之右ヱ門」一回二服、二匁。「津田太郎左ヱ門殿」一回二服。支払は空白。津田は安永九年よりの郡奉行だろう。
○天明三年「津田太郎左ヱ門殿」一回二服、「津田太郎左ヱ門殿常吉殿」一回二服。支払は空白。
以後、欠けた『録』のあと。
○寛政四年「井田亀之介殿」九回（六回は「井田」とのみ）三〇服、金一分、八匁。井田は未詳、本藩御用人井田の縁類か。「夏目次右ヱ門殿」四〇回一〇三服、金三〇〇疋。この夏目は、天明九年五月『日記』に「十九日新御両役兼町奉行夏目次右ヱ門殿到着」とあり、寛政九年五月五日その跡役に「幸野与左ヱ門被二仰付一」とある。
○寛政五年「代官手代」処剤なし。「夏目次右ヱ門殿」四七回一二二服、金二両一分。帳簿裏に「夏目子息栄次郎殿同支配人林新左ヱ門　御跡子息良蔵殿同支配人杉山六左ヱ門」とあり、子息たちの病気もあるか。
○寛政六年　表紙裏に「宮地氏児お賢《けん》殿」と記あるも関係薬事なし。宮地は城代宮地幸右ヱ門だろう。寛政三年八月着任である。「御城代家来」三回六服（〆では一一服とあり）、四匁。「夏目次右ヱ門殿」九回三一服、金三分。
○寛政七年「宮地幸右ヱ門殿」（「御城代」）七回一二服、「御城代下女」一回一〇服を併せて金一分。城代宮地はこの年一一月にお役御免となり新城代堀田と交替した。「夏目氏」一回三服、金一〇〇疋。夏目はこの九月以降姿を見ない。
城代宮地、奉行夏目の名を見なくなったのは、いわゆる三井騒動のせいか。宣長さんの京にいる春庭宛書簡によれば、経営の問題から同族間の内紛が公儀沙汰となり、江戸より役人が来、宣長さんの門人三井惣十郎、高蔭らも江戸へ（九月一六日付）、城代宮地は不首尾御役御免で更迭、奉行夏目は江戸へ召されたが、病中で不参、町与力や同心が出府、宗十郎らも帰らず越年か（一一月二七日付）とある。事態を大事とした紀州藩のきびしい干渉でこの件は寛政九年に解決した。

○寛政八年「御代官（「内」欠か）庄之右ヱ門」一回一服、だが支払は五服三匁。「御代官手代二」「庄之右ヱ門トナリ」と付記、一回二服で支払なし。「花房家来」二回六服、支払「不謝」に入れてある。花房は勢州奉行兼町奉行の花房庄兵ヱ（一二年六月まで）であろう。

以後関係の者は宣長さん没年の七月に「御城代内」三服を見るだけである。時の城代は寛政一一年に堀田とかわった朝比奈惣左ヱ門。

紀州藩とのかかわり

松坂での民政の頂点は御城代であった。紀州藩の重役の一人である。下に勢州奉行が二人あり、御両役という。一人が松坂町奉行、一人が松坂船奉行を兼ねていた。つづいて、代官、郡奉行、目付。さらに、お目見え以下の身分で与力、同心、その他となる。

松坂は商人の町である。『玉勝間』の中で、宣長さんは「松坂は、ことによき里にて」と、経済、風俗の「ゆたかににぎはゝしき」里ぶりをくわしく紹介する。が、そこに政道筋や武家の姿はよくもわるくも片鱗すら見えない。「重々しい」という話は『玉くしげ』[*117]のキーワードの一つだが、あるいは、日ごと目にしているお城の石垣は重すぎて見えなかったのか。それはともかく、宣長さんがお城とかかわりをもつ契機が二度あった。一つは藩主への『玉くしげ』献呈。一つは紀州藩召し抱えである。もう一つ加えれば遺言書の件か。少なくとも上二つは『録』と関連させてみることができる。くわしくはそれらの項でのべるべきだが、関連の要点だけをあげる。

まず『玉くしげ』。寛政四年三月名古屋で人見《ひとみ》璣邑《きゆう》*118から、玉くしげの著述は紀公よりの内命などあったのか、と問われ、宣長さんは、そうではない、紀州御勘定方の小役人に門人あり、お国の為なる事何にぞ著せ、取次いでご覧に入るべし、と誘ったので書いた、と答えている（『璣舜問答』）。該当の小役人は服部中庸《なかつね》*119以外には考えられない。松坂での藩士の門人はかれ一人だが、藩の与力で、入門は天明五年。同七年一二月に『玉くしげ』は献上された。その後、師の指導で寛政三年五月に成った『三大考』*120は、はやく安永七年には稿成っていた『古事記伝十七』（神代の終り）に付けられた（寛政九年刊）。寛政四年宣長さんの紀藩召し抱え以後、その扶持米の売払い（『諸用帳』）、若山行きの手続、便宜など（『日記』）、中庸は藩との連絡世話もしている。

しかし、宣長さんの藩とのかかわりは、それらより早く、中庸よりも上層のところで見ることができるようだ。さきにあげた御両役の二人、鈴木治右ヱ門、小野藤右ヱ門の加療を、安永七年以降の『録』で見ればわかる。それは、亡失したそれ以前の『録』からの継続をも推定させるにじゅうぶんである。

両役とのつながりは、それどころか、すでに安永三年四月の『日記』に、「九日　今夕より御両役渋谷氏館で古今集を講釈する。一月中両夜」とある。渋谷氏文右ヱ門は明和六年来の船奉行兼帯で小野藤右ヱ門の先任者。しかし、この古今集講釈は一年間続いただけで、翌四年四月に文右ヱ門は若山へ帰ることになった。餞別の歌、

よそながら猶あふぎ見んのぼり行山松枝の緑そ（添）ふかげ

栄転であったらしい。媚びの感もする。

この文右ヱ門は、宝暦一一年から明和四年一二月までつとめた城代同姓角右ヱ門の血縁であったか。そうとすれば、すでに明和二年に「渋谷氏〔当所城代〕母君の八十賀」に祝いの歌を二首贈っているから、一〇年以上の雅交が想像されるのである。

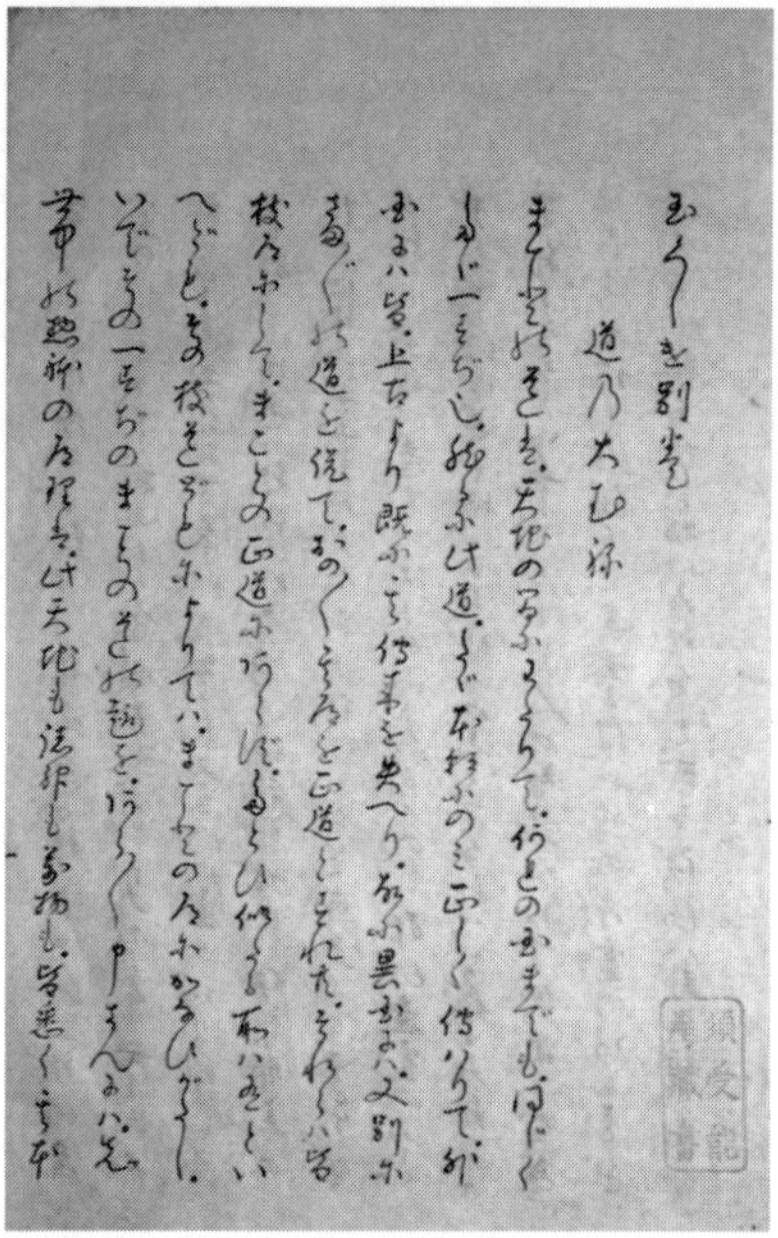

『玉くしげ別巻』

『玉くしげ』献上

さて、『玉くしげ』で、これには二種ある。このとき（天明七年）藩主に献上するため書いたのは、刊行を考えないので、『秘本』と称せられる方で、時事「手近き事」「当時さしあたりたる事共」を論じたものである。前年に成っていた「古道」をのべた方は、「大本のところ」と称し、「別巻」として副えられた。

もちろん、時事の焦点は、この年の五月に最高揚に達した米騒動、打ちこわしである。

宣長さんの米価、物価に対する関心は異常なほどで、ずっと毎年末に『日記』末尾へそれを記してきているが、天明三年には三、五、一二月末と三回、四年には四回と緊迫を記す。そして七年には八回にもなる。三回目の五月末には、「米次第高直、諸国大困窮、但し在々はさほどにもあらず、町方甚困窮、十日頃大坂大騒動、其外南部、若山、兵庫、尼崎等所々騒動、不レ遑ニ枚挙一、廿日夜ヨリ廿三四日頃マテ江戸大騒動、江戸中前代未聞ノ騒動也、江戸米価一両ニ一斗ニ三升ニ至ル」。六月末には、「米価弥高直、至リ今月末ニ金十両ニ六俵半マデ上ル、一升ニ付二百卅文位也、前代未聞之高直也、自ニ廿七八日頃一少々下ル」とやや峠をこすのだが、三年前奥州仙台・南部・津軽の大凶作で、「世上困窮、乞食多シ、奥州之飢餓者難レ尽ニ筆紙一」と記した天明四年正月に、一〇両で一五俵内外、一両で四斗以内（江戸）だったのとくらべても、この年の困窮はさらにケタはずれだったことがわかる。

こうした凶作、物価高、大騒動に際しての諮問なのである。

宣長さんの情報あつめは早く、かつ広い。一〇日の大坂から、江戸の二四日に至るまで、月末までに六か所を入手している。各地に出店をもち、しじゅう物価、商況の連絡がはいる商都松坂、月に数回は開かれる講釈や歌会での話題、生活不安と病苦を背負った人びとが毎日出入りする医者という職業、その患者の中には情報を手にする上層の役人もいる。かれらには、たいした病気でもなくて下情聞き取りに来る者もあるいはあったかしれない。

記録では、このとき、江戸、大坂は大うちこわし、全藩的闘争は四件、小規模うちこわしは約二〇件、となっている。だいいち、若山自体当該地の一つなのだ。藩の入手した情報はたいへんな量だったろう。これでは、宣長さんもいいかげんな分析をすることはできない。もちろん、今度の上書にあたり、宣長さんの念頭にあったのは、かつての徂徠の将軍への献上書『政談』ないしそれを承ける春台の『経済録』だったろう。その、幕藩武家の困窮の原因を、都市集中と金銀・おごりの世となったことに求めるとしても、すでに六〇年も昔のこと、状況は深刻化している。宣長さんにとって重要なことは、書物からの知識のほかに、人びととの交会から得たろう情報である。たとえば、かつての合法的な訴願一揆から今の「強訴濫放」に至る、攻防のエスカレートぶりが、いちいち事実をおさえていることからして、他の各項のことも類推しうる。また、周囲の町人・百姓社会での貧富分解の適確な分析、それとかかわる武家・為政者側での身動きのとれない社会認識の程をも見ることができたはず。

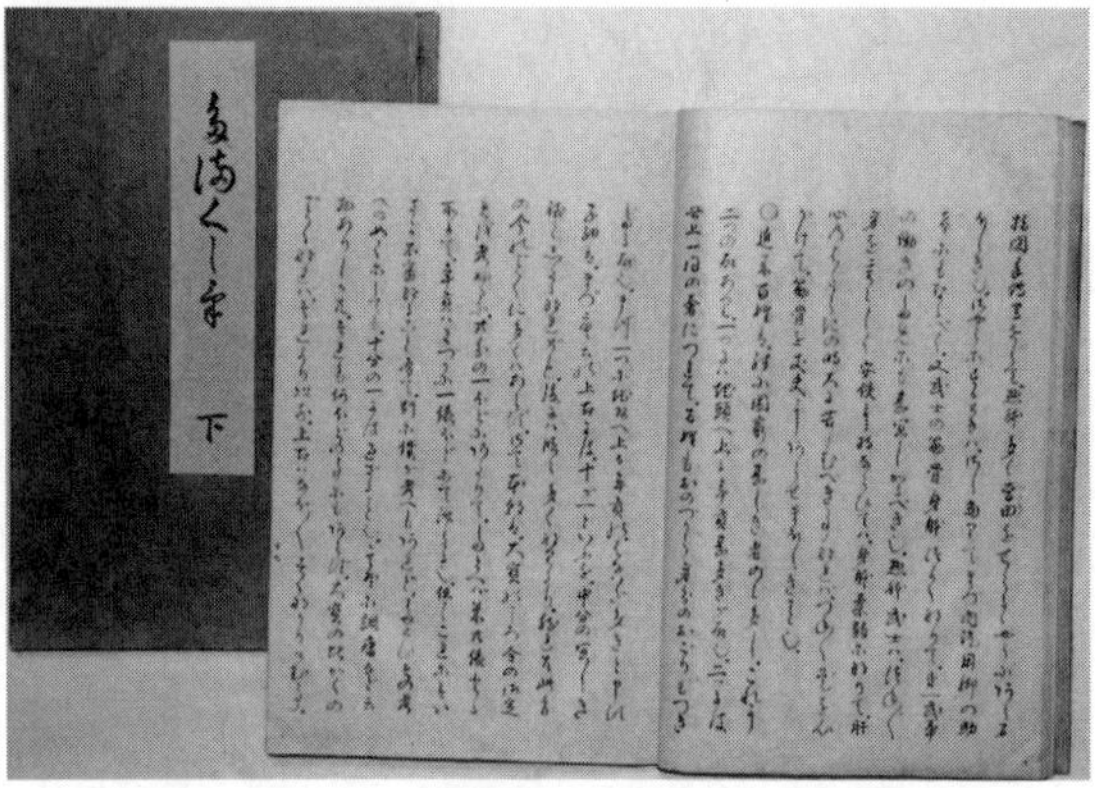
『秘本玉くしげ』

『秘本』のユニークな診断は以上による。

しかし、「よきもあしきも」すべてが「をのづから」（なんとこの語が二七回もくりかえされる）、それを「神の御はからひ」とする宣長さんの治療策は、その医療と同じく、症を攻撃するのでなく、補益、養生を説く医療の域を出ない。藩主の心がけ、私智新法を排し、神を崇めまつれぐらいのこととなる。悪口すればまさしくヤブ医者。ヤブとはもと「野巫」（呪術による医）である。

もっとも、そんな調子だから、すべて責は藩主にある、強訴濫放さえ「皆上の非より起れり」との、例を見ない手きびしい告発も黙過されたのであろう。また、「人の今日の行ひは、只其時々の公の御定めを守り、世間の風儀に従ひ候が、即神道に而候也。」（安永九年『くず花』附録）という宣長さんの基本的姿勢は、藩の上層部でもすでに認めていたからであろう。ちなみに、さらに深刻化した状況下であるが、四〇年後の文政一一年、館林藩士生田万の場合では、この『秘本』を長々と引用（先の告発の部分ははずしてあるにもかかわらず）、「百姓の辛苦」を休める政治を求めた武家士着論（『岩にむす苔』）の上書をはかって成らぬどころか、翌年には追放されるに至っている。

紀州藩召し抱え

さて、天明四年から欠けた『済世録《さいせいろく》』が九年後の寛政四年以降残っている。その一二月宣長さんが紀州藩に召し抱えられた年である。召し抱えの経過は、津の小西へ養子に行った次男春村宛書簡で知ることができる。かいつまんで記せば、

〈一二月二九日付〉

加賀侯より召し抱えのことで京大坂で聞合せがあったようす。当方へも二、三方からの聞合せがあった。禄は二、三〇〇石のようす。かねがね仕官は好まないので、そのつもりで希望をいろいろ申しておいたのでどうなる

か、まだわからぬが、まず大慶のこと、悦んでくれ。しかし、他国へ移ることはいやなので、やはり当所住居か京住なら、ことによってはお請けも申そうと、取次の方へ返事しておいた。はっきりしたら様子をお知らせする。まずは内々ながらお知らせまで。

〈一二月四日付〉

先日の件、京都からの情報では、所どころで聞合せがある由だが、表立って当方へ申してはきていない。ところが、昨日一〇時ごろ御城代より呼出しがあり、左記書付の申し渡しがあった。

松坂町医師

本居春庵

其方儀被召出五人扶持被下置候、奉行支配之筈

十二月三日

別紙書付

本居春庵住宅之儀は、其儘松坂表ニ罷在候筈之旨、御用役中より申来候事

十二月

右の仰付で、まずもってありがたい仕合わせ、悦んでくれ。御扶持はいささかだが、「被召出」とは全く御家中になること、だから住居のことも別に申し渡しがあったのだ。ここもとで御城代から申し渡されたのは、若山ではご家老衆の申し渡しと同格、また、奉行支配ということは、当地では先格もない甚だ重い事の由。それで、当所役人もその格合や取扱いぶりについて、追々若山へ聞きに参る由。〔中略〕まずまずありがたいことですが、諸事ことのほか窮屈になって困り申候、と扱いの破格ぶりに満足げである。

さっそく五日には例の服部中庸から祝いに見事な肴を二匹贈られた、一二日には津からも肴が届いた。この間

に話は弘まったようだ。『諸用帳』に、「一、金一両一分　二匁　召出祝儀入」とあるが、『日記』に、「三日　吉事、如別記」と書かれた「別記」（亡失）は、それらの祝いの内訳だろう。町内へは、翌年正月一四日に「被召出ノ祝儀」として五匁出している。まずまず、ありがたいこと、めでたいことだった。

要するに、加賀藩召抱えの動きを察知した紀州藩が面目にかけあわててツバをつけたということである。策謀の震源はだれだったろう。おそらく、門人の服部義内（中庸）と上の両役兼町奉行の夏目治右ヱ門あたりだろう。中庸は、昨年（寛政三年一一月）成った自著『三大考』が次の『古事記伝』第三帙に付巻として入れられるかどうかの時期であった。毎月の加療（この盆以後一一月まで六回一四服）やつづけられている源氏・古今・万葉の講釈の席で、加賀藩召抱えの話題を聞き知ったにちがいない。奉行の夏目は医院の常連で、盆以後だけでも二四回五五服が記録されているのである。

責任者松坂城代は昨年八月から着任の宮地幸右ヱ門だが、かれも好意的だったようだ。

寛政六年初度の宣長さん若山行き——昇格（表御医師・針医格）昇給（十人扶持）——についても、城代宮地、両役奉行の夏目・花房らの画策があったろう。

宮地は寛政七年には若山へ帰ったのだが、同一一年二度目に若山へ召された宣長さんはあいさつに寄った。殿様へのお目見えがすんだ日にはすぐに宮地から、めでたいとよろこびの書状が届けられている。その中に、この間は客があって家内の者どももお目にかかれず残念がっているとか、逗留中用事があったら遠慮なく言ってほしい、とかある。

医業と禄仕の位置づけ

宣長さんの医業と禄仕をどう位置づけたらいいのか。人心如面だが、二、三の人をあげて比較してみよう。まず、一世紀前の伊藤仁斎。朱子学、陽明学、禅の批判から古学を創始したかれは、少年時経学に志し、二八歳父祖よりの商業を弟にゆずり、生計のため家人のすすめる医を拒否して、学究ひと筋、三六歳から四〇余年堀川の家塾古義堂で、武家町人から公卿に至る広い層の教導に当たった。教えを受けた者三、〇〇〇余人（東涯によれば一、〇〇〇人）という。その間、貧窮にも泰然、禄一、〇〇〇石（五〇〇石ともいう）との細川侯や紀州藩からの招きをも辞し、庶民の立場を通した。古義堂は長男東涯、孫東所へと嗣がれていく。東所は宣長さんと同年の生まれである。

すでに平和の時代、金銀と身分差別の進む世で、貧や賤よりの脱出を願う者のまず選ぶのは医であり、これを賤技・小道とする儒であり、司政につながることであった。医と儒に関する仁斎の所見は「儒医の弁」（『古学先生文集三』）にうかがうことができる。

けだし医にして儒を窺ふ者は、自らその小道たり且つ巫覡・賤士に伍するを恥ぢて、竊に儒列し、以てその名を表見せんと欲するなり。その事固より蕞小にして（こまかいこと）深く弁ずる（批判）に足ることなし。然るに、世の貪汚・卑屈なる者、欲を懐きて厭くことなく、しばしば試みて第せず（仕官できず）、以て自ら立つ能はざる者、多く儒を逃れて之（医）に帰す。嗚呼、儒医何の称ぞ。昔孔門七十子の徒、大賢、碩儒多からずとなさず。然れども吾いまだ曽て医を業とするを兼ぬる者を聞かず。

寛厚の仁斎が、名利による学問の退廃を手きびしく批判したものである。以後「儒医」の論がさかんになる。

貝原益軒は仁斎より四歳年少、仁斎没（七九歳）より九年後の正徳四年（一七一四）没（八四歳）。「一元気」を説く仁斎と同じく「一気」（「元気」）へ到達した、朱子学者のかれは、比類ない博学の経験合理主義で中国の医書本草書にも通暁したが、医者のあり方については、「学べ、学べ、そして学べ」である。下医、庸医、俗医、小人医を排撃し、「家にいるときはいつも医書を見て学理を研究し、病人を見ては、その病気のことを書いた治療書を考え合わせ、細心の注意で薬の処方を定めるべきだ。病人を受け持ったら、他のことに気を取られず、ただ医書を考え、こまかいことまで思慮すべきだ。およそ医者は医道に専一というのでないといけない。ほかに珍しいものを愛玩してはならぬ。専一でないと医業にくわしくなれぬ」、「博と精とが医学を学ぶ要綱だ」と『養生訓』でくりかえす。自分の利養はおのずから至る、というので、ここには儒医論もはいりこむ余地はない。かれ自身は、福岡藩で一八歳四人扶持の出仕、三八歳で結婚、損軒(益軒号は七八歳より)と号し、二〇〇石の儒臣と改まってからは、時に自分の薬の調合をするほか医事を行うことはなかった。

宣長さんが、少年時より益軒の著に親しみ、青年時に仁斎の著に学ぶ所あったことはしばしばふれてきたことであるが、すでに一八世紀も宣長さんの時代では、インスタント医の増加、それに旧来の医学そのものの古方、蘭方による変容、儒学でも、詩文だけで衣食できる時世ともなり、儒か医かの論は影がうすくなる。

宣長さんと同時代同じ伊勢の南川金渓《きんけい》のケースを見よう。かれは宣長さんより二歳年少、農の出身。同じく京で儒と医を学んで儒医となり、町医三七、八歳で北伊勢菰野藩に仕官の途を得た。かれは著『閑散余録』の中で次のように書き留めている。

・并〔並〕河勘介〔天民〕が曰、日本儒者ハ医ヲ兼ヌベシ。然ラザレバ衣食乏シクシテ困窮ニ至ルトゾ。……

・大坂留守退蔵ハ……コレモ儒ヲ本業トシ、旁ラ医ヲ能セリ。恒ニイヘルハ儒ヲ業トスルバカリニテ口ヲ糊シガタシ。故ニヤ、モスレバ道ヲ枉ルニ至ルモノ多シ。医ヲ兼レバ衣食ニ乏シカラズ。故ニ道ヲ枉ルニ至ラズトゾ。

並河《なびかわ》天民は、仁斎門、仁斎没後に門人は東涯と天民の門に分かれた、という。人となり胆斗才秀、道徳実践の師説を批判し経世の論をなしたが、三九歳で没（一七一八年）。後の『近世畸人伝』にもこの語をあげている。「天民の説に、儒は医を兼ぬべし。然らざれば、貧にして学卑陋に落つといへりとぞ。」門人に儒医多く、子もそうであった。

留守退蔵は、山崎闇斎門下の三宅尚斎に学ぶ。宝暦三年に谷川士清《ことすが》『日本書紀通証』の序を草している（西依成斎の草と共に士清の気に入らず不採用）。なお宝暦一二年には「闇斎先生塋域修補給工」募金の総裁となっていて、士清は竹内式部と連名出資し、その完工式にも列している。

『閑散余録』は藤樹、白石、垂加、堀河、蘐園《けんえん》の諸儒や著名な医師等の言行事跡についての見聞を記した随筆だが、金渓がこれを書いたのは、一〇年ほどつづけた桑名の町での儒医から菰野藩へと出仕する前後のころで、仁斎が批判した儒医のその後について、大先輩の並河につづけて先輩の留守を配し、この項を立てたのは、兼医の自分の立ち場を弁護する意識もあったかもしれない。

しかし、世相の実態では、このようなこだわりは昔話の逸話と化していたのではないか。蘐園以来の儒と詩文の分離、文人の発生流行を不思議とせぬのと軌を一にするものであろう。厳刻で知られる垂加の門でさえ、留守のような兼医は、谷川士清やその門人にも見られるところである。儒ではないが、国学の宣長さんの医業も同じことで、名・利の問題でなく、むしろハレとケの表裏の当然と考えられていたにちがいない。ことに、互に文通もあった、士清、宣長さん、金渓と並べると、そうした伊勢的風土の特徴も見られるのかしれない。とかくハレもケに流れがちな「俗」というものが、士清以後、宣長さん以後、伊勢の土地でその学を発展させることを妨げたろうことも考えられないではない。

それでも、人心如面。もう一人の人物をあげてみよう。安藤昌益《しょうえき》。

かれは宣長さんより二七歳年長で、宣長さんが賀茂真淵《かものまぶち》に会う前年、宝暦一二年に六〇歳で死んでいる。ひと世代前の人だが、かれほど宣長さんとよく似て、しかも正反対の道を歩いた思想家はない。もっとも、この時代のどの思想家と比べても、比較にならないような人だが……。

宣長さんと同じように、朱子学、医は内経・後世派医学から出て、町医となったのだが、医を重大の学とするかれは、世の医者を「薬種屋の手代」「売薬業」とそしり、「渡世を思ふべからざるものは医業なり」という。そして、身体の医師にとどまらず、人の心、社会の医者として、徹底した反体制の社会思想へふみこんでいった。

宣長さんが堀元厚に入門した宝暦三年、かれは京都で『自然真営道』三巻を医書として公刊したが、それからの五年間、その居住地である東北の八戸領内は深刻な凶作と飢饉に襲われた。餓死者は領民の一割以上という。百姓の愁訴への弾圧、思想活動のしめつけがつづく。妻子をのこし、かれは一時秋田へ亡命するが、「道に志す者は都市繁華の地に止まるべからざるなり」と、故郷大館二井田村へ帰農、直耕し、ユートピア「自然の世」を村人に説きつつ五年余で死ぬ。人々は「守農太神」の碑を建てて祀ったが、つづく権力による破壊、追放、「邪法」禁圧は、数年たたずして大館、八戸からも昌益を根絶してしまった。広く近・現代の問題をも先どりする破天荒ともいうべきその思想が世に知られるようになったのは、それから一四〇余年後、夏目漱石の親友狩野亨吉《かのうこうきち》によって一〇一巻九三冊の稿本『自然真営道』が発掘紹介されてからのこと。いや、ほんとうはさらに半世紀も後、戦後も昭和二五年カナダの歴史家ハーバート・ノーマンによる『忘れられた思想家―安藤昌益のこと―』(岩波新書)からだといってよかろう。

ここでは昌益の歩いた道すじを示すに止まるが、宣長さんと最もよく似て最も違ったケースを一つだけあげておこう。

若き宣長さんが愛用した、「一気」「真気」「自然の神道」の語はまた昌益の自然哲学の基本語彙でもある。しかし、共に作為の根源たる聖・釈排撃のあと、宣長さんにとっては、「真気」の「真」は「真心（真情）」へ、「自然」の語はオノヅカラ＝没意志的な不可測の概念として、古事記の神《かみ》と結合する。経験主義帰納法の行きつく絶対である。それに対して、昌益の思弁的演繹法にあっては、「自然」を「ヒトリスル」と訓み、自発的主体的に活動する意志的自然ととらえてその本体を真＝神（自《ひと》リ進退スル陰陽）とし、「転定（天地）・日月・星辰・人・物・悉ク此ノ神《しん》ノ自《ひと》リ行フナリ。何ゾ測ラレザルコトカ有ラン」（刊本）と不可測は否定されるのである。そして、「自然の神道」もわが国にあったのだが、「旧事紀、古事記、日本紀三部の書自然の神道に非ず」、聖徳太子以後の「私法にして皆失《あやま》れり」（『統道真伝』）ということになる。

（四）家の産《なり》

くすしのわざ

これまで、医事の延長として、『玉くしげ』献上、仕官のことにまで及んだが、しめくりは寛政一〇年の『家のむかし物語』の有名な記述へやはりもどる。

「同（宝暦）七年十月に、京より松坂にかへり、これよりくすしのわざをもて、家の産《なり》とはして」につけられた割注にいう、「医のわざをもて産とすることは、いとつたなく、こころぎたなくして、ますらをのほいにもあらねども、おのれいさぎよからんとて、御先祖のあとを、心ともてそこなはんは、いよ〳〵道の意にあらず、力の及ばむかぎりは、産業をまめやかにつとめて、家をすさめず、おとさざらんやうをはかるべきものぞ、これのりなかがこゝろ也」に見る「家の産」観である。本文は下へ、「もはら皇朝のまなびに心をいれて、よるひるといはずいそしみつとめぬ」とつづき、「皇朝のまなび」と並置されている。ケとハレともいえよう。このケは、翌年刊の『玉勝間三』には次のようにはっきり書く。

ほど〳〵につとむべきわざを、いそしくつとめて、なりのぼり、富みさかえんこそ、父母にも先祖にも、孝行ならぬ、身おとろへ家まづしからむは、うへなき不孝にこそ有けれ、たゞおのがいさぎよき名をむさぼるあまりに、まことの孝をわするゝも、又もろこし人のつねなりかし。

前出『物語』の「おのれいさぎよからんとて」が「いさぎよき名をむさぼる」となるが、それは、この前文「世々の儒者、身のまづしく賤きをうれへず、とみ栄えをねがはず、よろこばざるを、よき事にす」をいう。それは人のまことの情《こころ》＝真《ま》心《ごころ》ではない、漢意だ、というのである。

こうした主張を裏付けとする「家の産」観は強固なもので、最期まで一貫する。『玉勝間』刊の翌年に次の詠歌もある（『石上稿』寛政一二年）。

村上円方によみてあたふ

家のなりなおこたりそねみやびをの書はよむとも歌はよむ共

村上円方は日野町の人、この年三二歳。入門は一七歳天明五年だが、その前から宣長さんの側近で熱心に学んできた（天折した中里常季は三歳上）。この歌の翌年の宣長さん上京にも随従し、臨終にも侍している。師の危惧ともかかわりあるか、四一歳には家郷を出て伊丹へ移住。その地で和文舎と称し、歌文を教えたが、五五歳で没（文政六年）。

また、この年に作られた、かの『遺言書』の結び、「一、家相続跡々惣体之事は、一々不㆑及㆓申置㆒候」としながら、つづけて、「親族中随分むつましく致し、家業出精、家門断絶無㆑之様、永く相続の所肝要に而候、御先祖父母へ之孝行、不㆑過㆑之候」と念を押す。期待が一般的な「家業」「家門」であるにしても、先述の「家の産」

観と同趣旨である。

さて、宣長さん自身にとっての「家業」「家門」は、すでに『物語』の引用で見たところだが、同書で、ケとしての「家の産」である「クスシ」観を再度たしかめてみよう。上京留学して医師になるがよい、とはからった母について、その割注で、「われもしくすしのわざをはじめざらましかば、家の産絶はてなましを、恵勝大姉のはからひは、かへすかへすも有がたくぞおぼゆる」と回想するが、帰郷後の前引割注箇所のあとに本文中であらためていう、

……のりながくすしとなりぬれば、民間にまじらひながら、くすしは世に長袖とかいふすぢ（僧侶・神職同様、一種特殊の地位）にて、あき人のつらをばはなれ、殊に近き年ごろとなりては、吾君のかたじけなき御めぐみの蔭にさへかくれぬれば、いさゝか先祖のしなにも、立かへりぬるうへに、物まなびの力にて、あまたの書どもをかきあらはして、大御国の道のこゝろをときひろめ、天の下の人にもしられぬるは、つたなく賤き身のほどにとりては、いさをたちぬとおぼえて、皇神たちのめぐみ、君のめぐみ、先祖たち親たちのみたまのめぐみ、浅からずたふとくなん。


つまり、「よるひるといはずいそしみつとめ」たのは、「皇朝のまなび」＝「物まなび」であって医事ではない。医療についてはひと言も触れる所がない。宣長さんの生きがい＝「いさをたちぬ」は、くすしとなることによって「あき人のつら」（いやしき）をはなれ、「先祖のしな」（もののふのつら）に復帰したことと、さらに、物まなびの力で、著述により皇朝の道を説いて天下に名をあげたこととであった。

これはひとつの立身出世主義である。まだそれのみちみちている現代でとやかくいうことはない。むしろ宣長さんが糊塗《ことと》弁解がましい態度をとらぬのがいい。根っからの商家の出である母は、商いのかわりとして、生活に直接かかわる家の産に「くすし」の職業を選んだのである。それに感謝しつつ宣長さんは、「いとつたなく、こ

ころぎたなくして、ますらをのほいにもあらねど、」と劣等感を表す。古来医は賤技、「実技なり。道にあらざるなり。……なほまた耕織工賈の如し」とした徂徠（『徂徠集』）、「それ儒は名に近く、医は利に近し。……そ（儒医）の心を設くるの汚や、まことに以て巫覡卜筮《ふげきぼくぜい》の徒に伍すべくして、君子の林に列すべからず」（『紫芝園稿《ししえんこう》』）とする春台の言をすなおに肯定するかのようだ。もちろん、漢儒排撃の立ち場だから、儒医一本だとか、医は仁術だとか、言を弄しない。

もっとも、最盛期の安永九・天明元年に収入は年に一〇〇両ほどの薬礼、同じころで杉田玄白は三〇〇両近く、宣長さんがこれを書いているころ（寛政一〇年）玄白は薬礼だけで五〇〇両近く、宣長さんは祝儀等も含めて一〇〇両たらず、そのうち二〇両が寛政四年秋以降は書籍購入や著述刊行のためか収入から天引きされている。江戸と松坂の違いがあろうが、松坂の中でも長井元慎、鹿島元泰ら流行医との差でもあったか。これでは、宣長さんと相識、『璣舜《きしゅん》問答』で知られた、尾張藩で一、〇〇〇石の儒官人見璣邑《ひとみきゆう》が、「商人の外、医ほど利の多きものはなし。……病家にてもてはやすが癖になり、其身は賤しきことを忘れ、横柄を働き、薬代の大利を以て奢りを究め、美服を飾り、薬籠には金銀をちりばめ、駕は数奇や飾りに拵へ、無益の栄耀を好む心から、何とて病人を真実に療治すべき。……仁術といふことを忘れて、渡世第一の躰なれば、手のわるい仕方といふべし。それよりやはり町人で一盃利徳するがまし也」（『太平絵詞』）と悪口する医師に宣長さんは入るまい。

ところが、二〇年ほど後になるが、江戸の浪人武陽隠士による世態批判『世事見聞録』によれは、浅草蔵前の札差伊勢屋にふれて、札差の月番一人一か月の弁当代が倹約を申し合わせて百両ほどだった、というが、「今、二百両も給金を取る手代四人あり。……二百両は千石の武士の分限なり」とある。璣邑のボヤキの根もわかるし、二、三〇〇石での加賀藩へ走らぬ、年収一〇〇両の医師宣長さんもわかるだろう。

それでいてこの時、宣長さんはわずか五人扶持の紀州藩召抱えで「君のめぐみ」と感恩する。経済的な犠牲ど

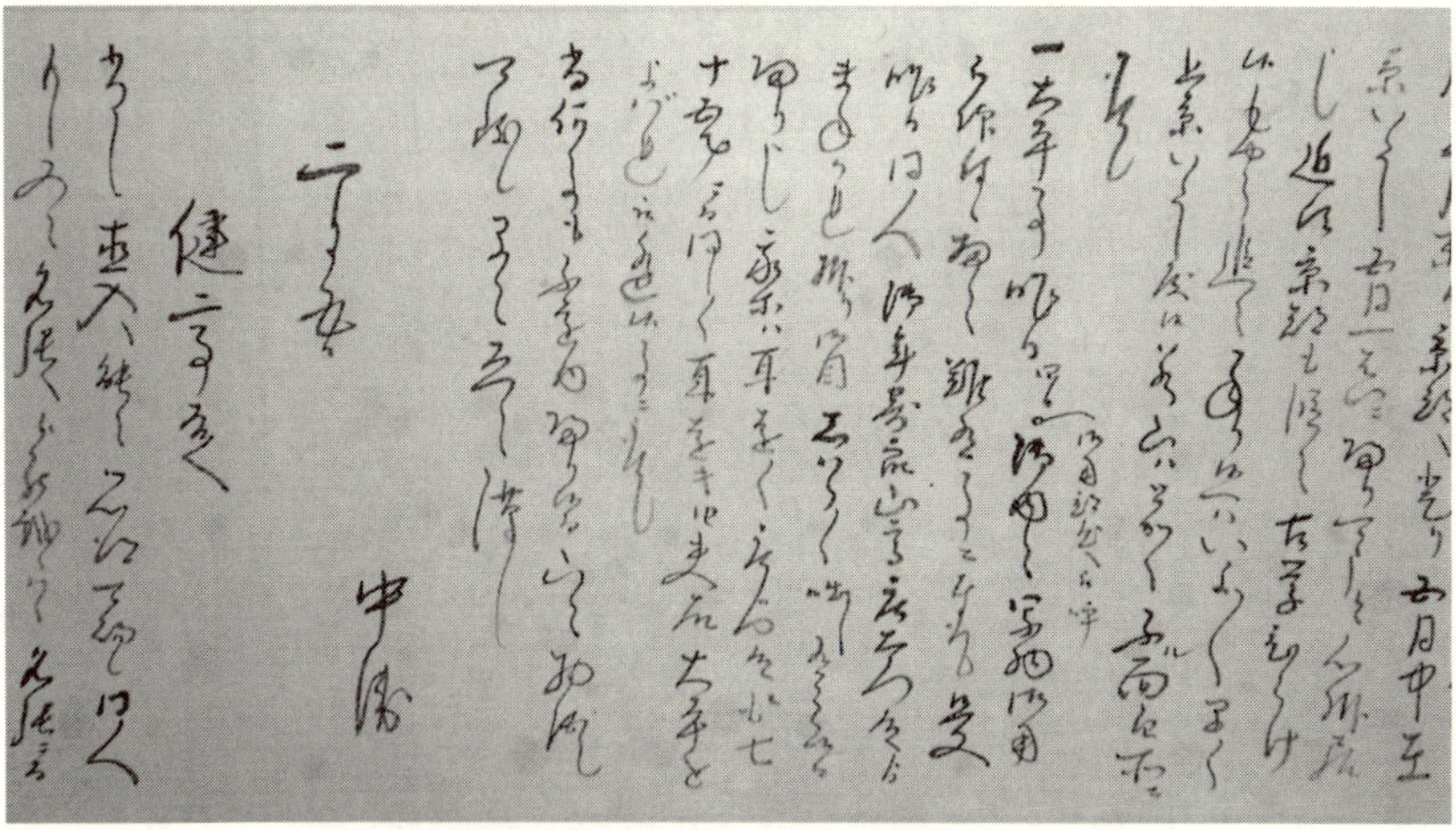

本居春庭宛宣長書簡享和元年２月５日付（部分）

ころか、命を縮めてまでつとめる結果を招くのであるが――。私有自楽、武士批判の裏側にあった、年来の強い願い武士の名がほしかったのである。

宣長さんの死　三回の若山出仕が、六五歳八四日（冬）、七〇歳三七日（春）、七一～七二歳一〇〇日（冬―春）の長旅。それらも、進退不案内の場でほとんどが初対面の武家上役に接し、細心を要する儀礼贈答を伴なう日々で、かつ、会う人々を一応感心させる講釈、詠歌、応答が必要である。よほど強靭な心身がなければつとまるまい。例の克明な記録中愚痴（注）を残さないが、最後の旅も七五日目（二月五日）の春庭宛書簡では次のように洩らす。「若山ハとかく不《ル》ニ面白ニ所ニ御座候」。そして、「扨又帰国後三月末より京都へ登り、五月中在京いたし、五月一ぱいに帰り可ㇾ申と心掛居申候、近頃京都も段々古学ひらけ候もやう追々承り候へば、いよ〳〵早く上京いたし度候」と記すのは、まるで酒飲みの飲みなおしをいうようだ。

（注）『日記』の末尾に、「けさ若山を出て日もいとよきに」の前書きで四首の歌が付記されているが、中の二首、

霜とぢし心もとけてのどかなる春を春とはけふぞおぼゆる

谷川のせゝの白浪見るわれはけふぞ心の春のはつ花

「けふぞ」の「今日」はすでに中春二月も下旬の二三日である。これまでの心のウックツの程も思われる。徴兵のときの満期除隊を迎えたのと同じ心境か。

宣長さんは帰郷一か月足らずで、計画どおり上京発足する。三月二八日から七四日間。こんどの旅は期待にそむかなかった。春庭宛書簡で、一か月後の四月二九日には、「京都逗留、扨々面白御座候、追々珍敷人々入来ニ而逢申候」とある。入れかわり集まる門人・旧知に囲まれ、公卿の門に出入りし、得意の講釈、歌会、外出すればなつかしい京の街。二か月後の五月二五日には、「我等事、其後次第に大当りニ而、堂上地下共追々古学行ハレ、扨々致二大慶一候」というが、「京都逗留、此度は別而おもしろく、今少し逗留も致度、堂上方にも御留メ被レ下候へ共、」へつづけて、「あまり〱心くばり多く気分つかれ、暑さにも成候故、一日も早く帰度も存候」という。じつは、さきの書簡の一週間後五月七日の日記には、「昨夕より風邪、発熱」とあり、八日には便所で卒倒している。三日間休講。それから一と月後、待っていた六月七日の祇園会がすむと暑さから逃げるように帰郷した。一二日帰着。

その一週間後春村へ、「我等も其後草臥も出不レ申無事ニ候、御安意可レ賜候」と報じているが、その一〇〇日後、九月二九日に死んだ。一〇日間の臥床。自己診断によれば、「十七八日頃より風邪ニ而、痰気強さし起り、大ニ脳(ママ)申候、食甚少、大ニよわり、一向何事も出来不申候、……」という。絶筆九月二五日植松有信宛書簡の一節である。

補注

第一章　出生から元服まで

＊1（4頁）定利＝宣長の実父、小津三四右衛門。法名、道樹。江戸大伝馬町に木綿問屋、堀留町に煙草店と両替店を持っていた。宣長一一歳の元文五年（一七四〇）、江戸大伝馬町の木綿店で病没した。四六歳。

＊2（5頁）おかつ＝宣長の実母。松坂新町の村田孫兵衛豊商（元固）の四女として宝永二年（一七〇五）に生まれた。二四歳で定利に嫁ぎ二男二女をもうけた。明和五年（一七六八）正月没、六四歳。

＊3（8頁）元次＝巻末「母の家系」図参照。元次と元固（かつの父）は異父同母の兄弟である。

＊4（9頁）北村季吟＝一六二四〜一七〇五。号、拾穂軒。近江の人。一九歳で貞徳の門に入り、貞門の新鋭と目された。また和歌・歌学に励んで『万葉拾穂抄』『源氏物語湖月抄』『枕草子春曙抄』などの古典注釈書を著した。

＊5（10頁）嶺松院＝本居家の菩提寺である樹敬《じゅきょう》寺の塔《たっ》頭《ちゅう》。樹敬寺の山門を入ったすぐ左側にあったが、明治二六年の大火で焼失し現存しない。

＊6（11頁）大淀三千風＝一六三九〜一七〇七。行脚《あんぎゃ》俳人。本名三井友翰。伊勢の人。作風は談林風で衒学《げんがく》的。西行の遺跡の鴫立《しぎたつ》庵を再興した。著『日本行脚文集』『謡曲鴫立沢』等。

＊7（14頁）貝原益軒＝一六三〇〜一七一四。江戸前期の儒者。本草学者。教育者。福岡藩の家臣。山崎闇斎、木下順庵に朱子学を学ぶ。民生日用の学を重んじて、庶民を啓蒙した。著『益軒十訓』『大和本草』『慎思録』等。

＊8（14頁）水分の神＝ミクマリは水配りの意。吉野山子守明神。吉野水分山の峰にある水分神社。水の配分を司る神霊を祀る。ミクマリがミコモリ（御子守）に通ずるところから安産の神・子守の神とされた。

＊9（18頁）『寛政十一年若山日記』＝寛政一一年（一七九九）正月、かねて内願中の御目見の儀叶い、年賀を兼ねて稲懸大平を伴い二一日松坂を立ち、約一か月滞在して二月二八日に帰着した折の日記。寛政六年の若山日記と併せて一冊に記されている。

＊10（18頁）『枕の山』＝寛政一二年（一八〇〇）、七一歳の秋から冬にかけて詠み続けた桜の歌三〇〇首余りを集め、自ら編んだ一巻の歌集。刊行は宣長没後の享和二年（一八〇二）夏となった。

＊11（19頁）栄貞＝『宝暦二年迄之記』の寛延二年の条に

「実名栄貞、元来与支沙駄ト唱フ、今年九月十六日、自ラ改メテ奈賀佐多ト唱フ」としている。

＊12（26頁）　樹敬寺＝知恩院の末寺。松阪市新町にある。建久六年（一一九五）、重源《ちょうげん》上人が伊勢国細頸郷に創始したのがその起源という。小津・本居家歴代の墓碑がある。

＊13（27頁）『寛永諸家系図伝』＝一八六巻。徳川幕府編纂。大名・旗本・後家人ら直臣武家の系図集。寛永一八年（一六四一）編纂に着手。太田資宗が奉行となり、林羅山を責任者とし、同二〇年完成、将軍家光に上呈された。

＊14（29頁）『赤穂義士伝』＝延享元年宣長一五歳の時の聞書。この年の九月、樹敬寺において江戸の高僧実道和尚の説法が行われたが、その説法の後、和尚が語り聞かせたもの。宣長は帰宅後、記憶をたどってこれを筆記した。

第二章　京都へのあこがれ

＊15（35頁）　村田伊兵衛＝宣長の外祖父村田豊商の祖父与次兵衛の弟村田十郎兵衛が伊兵衛家の祖で、松坂桜屋町の富商であった。

＊16（35頁）　清兵衛＝母方の叔父。松坂新町に住し、同町の大年寄を勤めた。宣長母子の面倒をよくみてくれた。

＊17（36頁）『松坂勝覧』＝宣長が一六歳のとき記した自筆稿本。書名通り松坂の名勝記である。佐佐木信綱は「著書として現存している居る最初のもの」としている。

＊18（39頁）「本居」姓＝蒲生氏郷の臣本居武秀の子、道印（七右衛門）が小津源右衛門の娘を娶って本居氏を小津氏に改め、松坂魚町に住んで小津家の別家をたてた。宣長は本居氏と小津氏の結合した家系に生まれたのである。

＊19（40頁）『都考抜書』＝延享三年（一七四六）秋から宝暦元年（一七五一）冬までの五年余、古今の諸書から平安京に関するあらゆる事項を抜き書きしたもの。全六冊のうち第一～三冊に「京志」の標題が付されている。

＊20（41頁）『和漢名数』＝貝原益軒著。一六七八刊。数詞語彙集。天文・節序・地理・人紀・人事・神祇・歴世・形体・動植等一五項に分類し、各項に和漢の単語を配する。本書は好評で、たびたび版を重ねた。

＊21（51頁）　辻原元甫＝一六二二～？　儒学者・仮名草子作者。姓は長岡。辻原は祖先が伊勢国辻原（松阪の西郊）に住んだことによる。はじめ桑名藩主松平定綱に藩儒として近侍し、のち山城淀藩主石川憲之に再仕した。

＊22（51頁）　一条兼良＝一四〇二～一四八一。室町中期の政治家・学者。関白太政大臣。有職故実・古典に通じた当代随一の学者。著に『花鳥余情』『古今集童蒙抄』『樵

談治要』『東斎随筆』『公事根源』等がある。

＊**23**（51頁）『語園』＝随筆。一条兼良著か。寛永四年（一六二七）刊。同刊本の巻末に「桃華老人撰」とあるが、写本は伝存せず兼良著とする傍証を欠く。

＊**24**（52頁）『公事根源』＝有職故実書。一条兼良著。一四二二年頃に成立か。朝廷の儀式・行事など公事について、月日の順に綱目を挙げ、その起源・沿革・価値をのべる。

＊**25**（53頁）『河海抄』＝注釈書。四《よ》辻善成《つじよしなり》著。貞治年間（一三六二〜一三六八）の成立か。源氏物語研究の初期の集大成。河内本・青表紙本を対等に扱っている点が注目される。この『河海抄』を訂正・補足したものが兼良著『花鳥余情』（一四七二年成立）である。

＊**26**（55頁）『事彙覚書』＝宣長が京都遊学以前、一七、八歳の頃、和漢古今の諸書の中から諸事項を抜き書きし、乾坤・地理・時節等二二の部門に分類して参考に備えた覚書。未完の自筆稿本が本居宣長記念館に伝存している。

＊**27**（60頁）『日本釈名』＝語源辞書。貝原益軒著。三巻。元禄一三年（一七〇〇）刊。中国の『釈名』にならって、国語を二三部門に分け、語源解釈上の原則を立ててそれぞれの語源を説いたもの。

＊**28**（60頁）『大和本草』＝本草書。貝原益軒著。宝永五年（一七〇八）成立。『本草綱目』所載のものに、日本特有のもの外国産のものも加え、総数一三六二種を分類し和文体で記述する。

＊**29**（66頁）八頁＝全集本において八頁にわたる記述のあることを意味する。以下同じ。

＊**30**（66頁）『山城四季物語』＝六巻六冊。坂内直頼著。一六七四年刊。主として洛中洛外の年中行事五八を挙げ、社寺の祭礼法会・信仰行事を記すが、行事の記述よりも寺社の縁起や開祖などの伝記に多く紙数を費やしている。

＊**31**（67頁）『端原氏物語』＝延享五年（一七四七）三月、一九歳の宣長はB2版大の城下絵図を描いた。また同時期にこれと対応する精緻な『端原氏系図』を作っている。絵図も系図も架空のもので、宣長は『端原氏物語』ともいうべき物語を構想していたのではないかと推察される。本文後述。

＊**32**（69頁）『誹諧新式』＝俳諧式目。青木鷺水編。一六九八年刊。『誹諧初学抄』『はなひ草』など貞門の作法書を集大成し、俳諧諸般の事項を詳述する。

＊**33**（69頁）『歌枕秋ノ寝覚』＝有賀《あるが》長伯《ちょうはく》編。『八雲御抄《やくもみしょう》』の分類方式に従って歌枕を山・嶺・谷・杣・坂など五〇に分け、各名所（歌枕）をいろは順に挙げて解説を加えた名所辞典。

＊34（70頁）『和歌八重垣』＝和歌の作法書・用語辞典。巻一～三は稽古の心構え・会席作法・禁制・歌病等を説き、巻四～七は歌語をいろは順に並べて簡単な注を加えている。近世から近代にかけて広く愛用された。

＊35（70頁）『和歌の浦』＝宣長の歌学ノート。和歌や歌学に関する種々の事柄を諸書から抜き書きし、自分の見解を書き加えている。一八歳の冬から京都遊学中の宝暦四年二五歳の頃まで書き継がれた。

＊36（76頁）清原宣賢＝一四七五～一五五〇。戦国時代の儒者。号、環翠軒。公卿・僧・大名に対して新古折衷の立場で四書五経を教授。神道説・国文・漢詩などにも通じた。著『伊勢物語惟清抄』『貞永式目』等。

第三章　山田養子のころ

＊37（99頁）『家のむかし物語』＝宣長が晩年に自家の歴史を詳細に語った手記。寛政一〇年（一七九八）三月一三日に『古事記伝』巻四四の浄書を終え、それから間もない六月二六日から草稿を書きはじめ、七月二四日に成稿をみた。

＊38（100頁）出口延佳＝一六一五～一六九〇。伊勢の人。初めの名は延良。度会姓を名乗る。神宮祠官・神道学者。慶安元年（一六四八）外宮祠官子弟教育の学舎兼図書館として豊宮崎文庫を創設。中世以来の神仏習合を排し、神道の一般化・啓蒙につとめた。著『陽復記等』。

＊39（100頁）豊宮崎文庫・林崎文庫＝伊勢神宮には奈良時代から神書・古記録を収蔵する神庫（文殿）があり、この伝統の上に外宮祠官の講学所として豊宮崎文庫、内宮祠官の講学所として林崎文庫が作られた。

＊40（100頁）多田南嶺＝一六九八～一七五〇。摂津の人。神道家・故実家・浮世草子作者。京都を本拠に諸国を講義して回る。学問の深さはともかく、仁斎・白石らの合理性に学んで、平明な講義・著述につとめた。著『旧事記偽書撰考』等。

＊41（101頁）山田羽書＝山田で発行、流通した一種の紙幣で、商人の私札としては最古のものである。元来、貨幣不足を補うために地元の山田・宇治に限っての流通であったが、次第に神宮領を越えて松坂などの地域にも通用した。

＊42（108頁）増穂残口＝一六五五～一七四二。豊後臼杵の生まれ。若年浄土僧となったがのち寺籍を離脱し、神道者に転向した。『艶道通《えんどうつ》鑑《がん》』を述作し、これをもとに京摂を中心に神道講釈をして人気を博した。

＊43（123頁）春庭＝一七六三～一八二三。宣長の長男。父の学問を継ぎ、国語学史上に大きな功績を残した。眼病を患い、失明したため家督を父の養子大平に譲り、自らは後進の指導に専念した。著『詞のやちまた』『詞通路』

等。

＊44（123頁）『詞のやちまた』＝本居春庭著。文化三年（一八〇六）成立、同五年刊。動詞の活用の種類を五十音図をもとにして七種にまとめ、活用形を五種に分け、活用形と「てにをは」の接続について述べている。

＊45（124頁）定家かなづかい＝藤原定家の著したとされる『下官集』および行阿の選した『仮名文字遣』によって世に広まり、長く中世歌道の世界において支配的であった一種の歴史的かなづかい。

＊46（124頁）『字音仮字用格』＝漢字音における同音の、仮名による書き分け。宣長は主として『韻鏡』と古文献の用例によりその仮名遣いを定めた。本書によって五十音図のオはア行、ヲはワ行に収められ、中世以来の誤りが正された。

＊47（124頁）『漢字三音考』＝音韻書。天明五年（一七八五）刊。日本語の特性、漢字や漢籍の到来の事情、漢字の三音（漢音・呉音・唐音）について説いたもの。付録では音便について総括的に述べている。

＊48（125頁）『韻鏡』＝中国の韻図。頭子音と声調との組み合わせによって漢字音の体系を図示したもの。四三図から成り唐末或いは五代ごろにできたといわれ、わが国には鎌倉初期に伝来した。

＊49（125頁）荒木田守武＝一四七三～一五四九。室町後期の連歌、俳諧師。伊勢内宮の神職。連歌を宗祇、宗長らに学び、後に山崎宗鑑とともに連歌から俳諧を独立させる機運を作る。著『守武千句』『世中百首（伊勢論語）』等。

＊50（127頁）三浦樗良＝一七二九～一七八〇。俳人。志摩鳥羽の人。しばしば紀伊・江戸・北陸に行脚した。また蕪村一派と親交を結び、晩年は京都に住んだ。俳風は淡雅。句集『白頭鴉』『樗良発句集』等。

＊51（128頁）『近代先哲著述目録』＝この書は全集別巻二に「宣長自筆の稿本」（『雑録』解題）として収められているが、宣長の著作として疑問視する説もある。

＊52（130頁）『綾錦』＝俳諧書。沾凉編。享保一七年（一七三二）刊。俳諧の起源から説き起こし、宗鑑・守武・貞徳ら享保に至るまでの代表的俳人の発句と系譜を収めたもの。

＊53（138頁）食行身禄＝一六七一～一七三三。本名伊藤伊兵衛。現一志郡美杉村川上に生まれた。江戸に出て油商人となったが、富士講の行者となり、家産をなげうって専念した。富士講の民衆的な組織者で中興の祖である。

＊54（140頁）遺書＝宣長の父小津三四右衛門は元文五年（一七四〇）江戸で病没したが、その二か月前、妻かつに手紙を送っている。死を予期してか幼い子供たちの行末を案じ、手元金の分配をそれぞれに指示している。

＊55（142頁） 小泉見庵＝小泉氏は松坂の旧家で代々医を業とした。一説に祖母は宣長の祖父孫右衛門道智の妹。宣長の安永元年（一七七二）吉野行に一行として稲掛父子、中里常雄らとともに加わった（『菅笠日記』）。

＊56（146頁）『大和俗訓』＝教訓書。八巻。貝原益軒著。一七〇八年成立。一八一五年刊。儒教的倫理観にたつ修身礼儀作法を平易な文章で説く。益軒十訓の一。

第四章　京都留学

＊57（151頁） 武川幸順＝武川家は代々小児科医、幸順はのちに法眼となり、英仁親王（のちの後桃園天皇）の後典医となった。宣長は医学を学ぶため宝暦三年（一七五三）堀元厚に入門したが、翌年元厚が死去したので法橋幸順の門に入った。

＊58（151頁）『宝暦二年以後購求謄写書籍』＝墨付横本一冊。標題を記さないが、本居清造が美濃表紙を補装し「宝暦二年以後／購求謄写書籍」と記した。「宣長の学問形成の過程を知る上に見逃すべからざる資料」（全集解題）である。

＊59（153頁）『在京日記』＝宝暦二年（一七五二）三月五日の松坂出発に筆を起こし、同六年六月一六日の帰郷に至るまでの日記。漢字片仮名交じり文が漢文記録体にかわり、さらに擬古的な漢字平仮名交じりの和文体になっている。

＊60（159頁） 堀景山＝朱子学派の学者で、堀杏庵《きょうあん》の四世の孫。玄達の男として生まれ、代々安芸侯に仕えたが、専ら京都に住み、時々広島に行った。徂徠とも交わりがあり、古文辞学の新思潮にも深い理解をもっていた。

＊61（161頁） 谷川士清＝一七〇五～一七七六。国学者。津の八丁に住んだ。山崎派垂加神道を玉木葦斎に学び、和漢の学を兼修した。一世の碩学で、国史・国語研究にすぐれる。著『日本書紀通証』『和訓栞』等。

＊62（161頁） 有賀長川＝有賀長伯（松永貞徳の流れを汲む地下の二条派歌人）の男。宣長は宝暦六年二月から翌年八月まで、長川の主宰していた月次歌会に出席し、帰郷後もその指導添削を受けていた。

＊63（163頁） 蘐園＝荻生徂徠の家塾。徂徠の率いた儒学の一派。古文辞学派ともいう。古代の言語・制度の理解を重視する。太宰春台・服部南郭らがこの派から出て、江戸中期以降の思想界に大きな影響を与えた。

＊64（163頁） 湯浅常山＝一七〇八～一七八一。儒学者。備前岡山藩士。名は元禎、常山は号。服部南郭に古文辞学を学ぶ。藩の寺社・町奉行から判形役に進んだが、重臣たちから忌まれて籠居、著述に専念。著『常山紀談』等。

＊65（163頁） 服部南郭＝一六八三～一七五九。儒者・詩人。京都の人。初め和歌と画で柳沢吉保に仕え、のち荻

生徂徠に入門し擬古主義的漢詩をよくした。著『南郭文集』等。

＊66（172頁）契沖＝一六四〇〜一七〇一。国学者・歌人。摂津の人。晩年大坂高津の円珠庵に隠棲。和漢の学、悉《しっ》曇《たん》に精通、復古の信念に基づくすぐれた古典の注釈研究、古代の歴史的仮名遣いを明らかにするなど、その文献学的方法は近世国学の基礎を作った。著『万葉代匠記』『古今余材抄』等。

＊67（174頁）『古来風躰抄』＝歌論書。二巻。藤原俊成著。初撰本一一九七年、再撰本一二〇一年成立。式子内親王の依頼に応じて、歌体の歴史的批評、勅撰集からの秀歌例などを記したもの。

＊68（175頁）『不尽言』＝随筆。堀景山著。成立年未詳。漢学学習の基礎としての字義語勢の重視、経学の理よりも史書の事の尊重、武士道の虚妄性批判、人情に通ずることの必要、伝授思想の否定等、懇切平易に説いている。

＊69（180頁）『日本書紀通証』＝注釈書。三五巻。谷川士清著。一七四八年成稿、一七六二年刊。語義注釈のほか、垂加神道の立場からの解釈を述べる。日本書紀全巻にわたる最初の注釈。付録の「倭語通音」は五十音図によって活用研究を試みようとしたものである。

＊70（181頁）『和字正濫鈔』＝語学書。五巻。契沖著。一六九五年刊。上代・中古初期の文献の仮名遣いを調査して体系的にまとめたもの。実証的な研究方法は後の文献研究の指針となった。

＊71（181頁）『倭訓栞』＝辞書。九三巻。谷川士清編。編者没後の一七七七〜一八八七年刊。前・中・後の三編より成り、前編は古言・雅語を、中編は雅語を中心にして補い、後編は俗語・方言をも含める。第二音節まで五十音順に並べ注釈を施し、出典・用例を示す。収録語数約二万。

＊72（231頁）『翁草』＝随筆。二〇〇巻。神沢杜口著。前巻一〇〇巻は一七七二年成稿。後年さらに一〇〇巻を加える。中古より江戸寛政期頃までの伝説・世話・記事・異聞等を諸書から抜き出し、著者の見聞をあわせて記録したもの。

＊73（237頁）岩崎栄令＝肥前の人。堀景山の門に入って儒学を学び、宣長と親交があった。宝暦六年（一七五六）、二月晦日、業成って帰国した。

＊74（271頁）草深敬所＝名を謙光という。通称は、初め丹立、後に玄周・玄鑑・玄弘と改めた。津の人で藤堂侯の侍医草深玄弘の長男。宝暦三年（一七五三）二月堀景山の門に入り同年一二月帰国した。宝暦一二年、宣長はその妹たみを娶った。

第五章 『排蘆小船』のころ

＊75（306頁） 山崎美成＝随筆作者。江戸下谷長者町の薬種商の子に生まれ家業を嗣いだが、読書を好み、家業をおろそかにして家産を傾けた。小山田与清の門人。著『麓の花』『海録』『江都名家詩選』等。

＊76（311頁） 植松有信＝寛政元年（一七八九）三月、名古屋滞在中の宣長に初めて会い、その門人となる。もと尾張藩の殿人であったが、浪士となり、版木師を業とした。入門以来師弟の間柄は親密で、『古事記伝』をはじめとする師の著書の刊行に力を尽くした。

＊77（313頁） 『後撰集詞のつがね緒』＝享和二年（一八〇二）刊。前年に死去した宣長の絶筆。『後撰集』未定稿説に立ち、その詞書中、記しようの「いと乱りがはしき」もの約二〇〇について削除・補筆を試み、その理由を述べている。

＊78（313頁） 『古今題彙』＝自筆稿本。宣長三七歳の明和三年六月に成稿したもので、古今の和歌の題目を集め、分類している。詠歌や歌会における出題のために備えた座右の書であったと思われる。

＊79（322頁） 家持の歌＝「……宇知奈気伎安波礼能登里等伊波奴登枳奈思」

＊80（330頁） 『狭衣下紐付』＝四巻二冊。里村紹巴著。天正一八年（一五九〇）成立。冒頭に序と次いで三条西実隆の作とされる「狭衣系図」をおき、『狭衣物語』の特色・成立についてのべる。

＊81（332頁） 『南嶺遺稿』＝随筆。多田南嶺著。宝暦七年（一七五七）刊。寛延三年（一七五〇）刊の『南嶺子』の拾遺として、南嶺の死後、門人細谷文卿が刊行したもの。歌や神事に関する記述が多い。

＊82（336頁） 『類聚神祇本源』＝一五巻。度会家行著。元応二年（一三二〇）成立。伊勢神道の説教を集大成した書。神儒仏の経典、官家・社家・釈家をはじめとする六〇余種の文献から抄出した文章を類聚して、神祇の本源を明らかにしようとしたもの。

＊83（336頁） 『陽復記』＝出口（度会）延佳著。慶安三年（一六五〇）成り、翌四年刊。伊勢神道と儒教の易理を経緯として、神儒一致の立場からわかり易く説いた書。神仏習合思想を排し、神主儒従を説く。

＊84（343頁） 太宰春台＝一六八〇～一七四七。儒者。信濃の人。出石藩へ出仕。辞して荻生徂徠に学ぶ。服部南郭とともに古文辞学派の双璧。著書『経済録』『弁道書』など。

＊85（350頁） 『詠歌大概』＝歌論書。一巻。藤原定家著。尚古主義的な定家晩年の歌論を漢文で述べたもの。『近代秀歌』とともに中世歌人に多大の影響を与えた。

＊86（353頁）『古今余材抄』＝古今和歌集の全注釈。一〇冊。契沖著。元禄四年（一六九一）成稿。はじめに仮名序・真名序の注を置き、各冊二、三巻ずつ注釈する。伝授を旨とする中世歌学の克服に力を注いだ。

＊87（358頁）『冠辞考』＝枕詞の辞書。一〇巻。賀茂真淵著。一七五七年成立。記紀・万葉の枕詞の意味、用法を記す。

＊88（376頁）無住法師＝一二二六〜一三一二。鎌倉後期の臨済宗の僧。字は道暁、号は一円。梶原氏の出か。円爾に禅を学び、のち尾張国長母寺を開創。著『沙石集』『雑談集』等。

＊89（376頁）『沙石集』＝仏教説話集。無住著。一二八三年成立、のち加筆。庶民を仏道に導くために記され、無住自身の見聞譚も多い。滑稽談・笑話も含まれ、後世の狂言・落語などに影響した。

＊90（382頁）『訳文筌蹄』＝語学書。荻生徂徠著。初編六巻は一七一五年刊、後編三巻は一七九六年刊。漢文の実詞・虚詞をあげて、その語義・用例などを説いたもの。

＊91（387頁）下河辺長流＝一六二七〜一六八六。国学者・歌人。大和の人。特に万葉集に通じ、近世国学の先駆となる。契沖と親交があり、その学問に多大の影響を与えた。著『万葉集管見』『晩花集』等。

＊92（391頁）東常縁＝一四〇四〜一四九四。室町中期の歌人、武将。東野州とも称する。和歌を堯幸に学ぶ。古今集を究め、これを門人宗祇に講じたのが「古今伝授」の初めとされる。歌学書に『東野州聞書』がある。

＊93（394頁）京極為兼＝一二五四〜一三三二。鎌倉後期の歌人。平明な二条派歌風に対立し、万葉集に依拠した清新な歌風で知られる。伏見院の命を受け『玉葉和歌集』を撰進した。歌論書『為兼卿和歌抄』等。

＊94（400頁）橘曙覧＝一八一二〜一八六八。国学者・歌人。姓は井出とも。号、志濃夫廼舎《しのぶのや》。福井の人。田中大秀に学ぶ。万葉調の個性的な歌を詠む。著『志濃夫廼舎歌集』等。

第六章　宣長さんの「わたくし」

＊95（404頁）篋底に云々＝宣長の没後、斎藤彦麿が師本居大平から巻一巻二を借用し、文化十三年（一八一六）刊行した。自筆稿本巻三は佐佐木信綱により大正四年（一九一五）学界に紹介された。

＊96（407頁）『草庵集』＝室町時代初期における二条派歌学中興の祖といわれた頓阿法師の家集。正編（一三五九年頃成立・約一四〇〇首）十巻、続編（一三六六年頃成立・約六〇〇首）五巻。二条派の正風として尊重された。

＊97（407頁）『梅桜草の庵の花すまひ』＝『草庵集』に関する宣長の最初の著述。その注釈書としてすでに梅月堂

宣阿の『草庵集蒙求諺解』、桜井元茂の『草庵集難註』があったが、両者の所説を取り組ませ勝負をユーモラスに判定している。

＊98（410頁）　須賀直見＝『田丸屋家譜』に「性学問を好み倭漢の書を博覧して詠歌の道に秀給へり。本居先生高弟也」とある。家業豆腐屋、のち薬種紙墨の類を商う。

＊99（413頁）　小沢蘆庵＝一七二三～一八〇一。歌人。歌学者。京都に住した。冷泉為村に和歌を学ぶ。実感を率直に表現する「ただこと歌」を唱え、一派を開く。著『蘆かび』『六帖詠草』など。

＊100（415頁）『うひ山ぶみ』＝寛政一〇年（一七九八）一〇月脱稿。翌年刊行。『古事記伝』を書き終えた宣長が門人の要望に応じて執筆した初学者向けの国学入門書。国学ひいては学問一般の意義・方法および学問をする態度について説いている。

＊101（418頁）　山室山妙楽寺＝『松坂勝覧』に「妙楽寺、山室山ニ立。本尊観世音菩薩。常念仏堂ハ近世樹敬寺ノ清誉上人開基。浄土宗也。山上ニ石観音トテ、大石ニ観音ノ像アリ。」とある。松阪市山室町に現存。

＊102（430頁）『阿毎菟知弁』＝「天地」の訓について考証した小冊子。古語ではアメに対してはクニと言う例であることを考証し、「天地」をアメツチと訓ずるのは古語ではなく、アメクニと訓ずべきであろうと述べている。

＊103（431頁）『古事記雑考』＝『古事記伝』の総論に当る一之巻・二之巻の最初の草稿。一度成稿して後、更に全体にわたって縦横に加除訂正を行っており、欄外におびただしい加筆がある。宣長の推敲の苦心を伝えている。

＊104（434頁）『神代紀髻華山蔭』＝寛政一〇年（一七九八）成稿、同十二年刊行。『古事記』を最上の古典とする宣長の立場から『日本書紀』神代巻の漢文を、漢籍風の潤色が多く、古意を失っていると批判注釈した書。

＊105（435頁）『末賀乃比礼』＝市川匡麿（号鶴鳴）著。宣長の『道云事之論』を読んだ匡麿が儒学の立場から批判した著作。書名は、儒学を批判する禍心（まがごころ）を聖人の道という領布（ひれ）で祓い清める意。

＊106（435頁）『くず花』＝市川匡麿の『末賀能比礼』に宣長が逐一反駁を加えた論争の書。書名は儒学という毒酒に酔い痴れた学者を覚醒させる薬草の意。この論争は田中道麿の仲介によりなされた。

＊107（439頁）『町人嚢底払』＝西川如見『町人嚢』著の付録。『町人嚢』は重商主義経済下の商人の倫理として、謙・質素・驕の戒・倹約などに関する古今東西の実話・史話を例に挙げ利潤追求を目的とする立場をとらせようとする。

＊108（452頁）『織錦舎随筆』＝村田春海著。和歌に関する考説を中心とし、語学・有職故実・書誌解説・作品解説

などにも及ぶ。また日常生活的な関心からの聞書や自作和歌書留などをも収める。写本により伝わった。

＊109（460頁）　竹内式部＝一七一二〜一七六七。越後の人。玉木正英に師事して垂加流の神道を学ぶ。式部の尊王論が公卿間に広まるにつれ幕府の忌避するところとなり、京都を追放された。その後八丈島に流罪となるが、途中病没した。

＊110（461頁）　蓬萊尚賢＝一七三九〜一七八七。宝暦一〇年（一七六〇）頃谷川士清の家塾に学び、松岡忠良や竹内式部に私淑して垂加神道を修めた。のち宣長門下となる。林崎文庫の再興に尽くした。内宮祠官で士清の女婿。

＊111（463頁）　『古言指南』＝古言（物語の言語文章）を味解する方法を指南しようとしたもので、その方法や文章を書く心得、文章の手本等について述べている。深い体験から発していて、現代にも指南として通用するものがある。

＊112（468頁）　『にひまなび』＝歌論書。一巻。賀茂真淵著。一七六五年成立。一八〇〇年刊行。万葉集尊重の復古主義において『歌意考』に通ずるが、古語古調を古代精神にいたる階梯として明確に位置づけ、より古学を強調している。

＊113（477頁）　吉田満＝一九二三〜一九七九。作家・元日本銀行監事。東大在学中に召集を受け海軍少尉として戦艦「大和」乗員となる。一九四五年四月「大和」沈没、頭部に裂傷を負うが奇跡的に助かる。復員後、この時の壮絶な体験を『戦艦大和ノ最期』として著した。

＊114（485頁）　『国意考』＝賀茂真淵著。いわゆる五意考の一つ。儒教や仏教に対し、真淵の理想とする古道、すなわち日本固有の大道を主張した書である。復古を説き、歌道の意義を特に強調している。

第七章　医者としての日常

＊115（517頁）　橘南谿＝一七五三〜一八〇五。医学者・文人。伊勢の国、久居の人。京都で漢方医学を学び開業するかたわら、各地を回り、紀行文を著す。医書は創見に富む。著『西遊記』『東遊記』『傷寒論分注』等。

＊116（517頁）　『北窓瑣談』＝随筆。橘南谿著。学芸・人事・自然その他、耳目にふれ、感想の及ぶところを雑記したもの。全国遊暦という稀有の体験を持つ南谿の、誠実で、人間性豊かな人柄を物語る条々も多く、世人の好評を博した。

＊117（522頁）　『玉くしげ』＝紀州藩主徳川治貞が広く藩内から治世上の意見を徴したのに答え、宣長がその奉ずる古道説の立場から政治経済に関する意見を記して奉ったもの。飢饉や一揆打毀しの続出等、天明期の険悪な社会情勢に触発され、庶民として政治安定を願う立場から意

見を開陳している。

＊118（523頁）　人見璣邑＝尾張藩の用人。幕府の儒臣人見靖安の次子として江戸に生まれた。尾張藩に仕え細井平州を招いて明倫堂建設に尽くした。詩文にもすぐれ著書に『張家宝』『長崎志』等がある。寛政九年（一七九七）没。六九歳。

＊119（523頁）　服部中庸＝国学者。松坂の人。天明五年（一七八五）宣長の門に入り、『三大考』を著した。この書は宣長の称賛を得たのみならず、平田篤胤に影響を与えた。篤胤とは無二の親友として義兄弟の盃をかわしている。

＊120（523頁）　『三大考』＝服部中庸著。寛政三年（一七九一）成立。『古事記伝十七』の付録として紹介され、単行でも出版された。国学の宇宙論に多くの議論を提供した著書で、後の平田学に大きな影響を与えたが、大平はこれを斥けた。

宣長さん青少年期年譜

第一期　○印は動静、▽印は学業の事項を示す。

享保一五年（一七三〇）　一歳
○5／7　松坂本町で生まれる。名富之助。
元文二年（一七三七）　八歳
○8月〜　西村三郎兵衛に手習。いろは、かな文、教訓書、商売往来、状。千字文（11歳秋まで）。
元文四年（一七三九）　一〇歳
○？　樹敬寺で走誉上人より血脈を受ける。法名英笑。
元文五年（一七四〇）　一一歳
○閏7／23　父定利江戸にて没（46歳）。
○8月　改名弥四郎（亡父の童名）。
元文六年・2／17　寛保元年（一七四一）　一二歳
○1／26〜翌年6月　斎藤松菊老に手習。今川、国名、人名、手習、教訓書、状、江戸往来（少し）。千字文。
○3月　実名栄貞《よし》。
▽3／?〜　万覚（栄貞）。
○5／14　魚町へ移る。
○7月〜　書物、謡を岸江之仲《しちゆう》老に習う。書物は小学と四書、謡は、年内猩々以下四番、13歳江口以下一三番、14歳兼平以下一七番、15歳杜若以下一七番。

寛保二年（一七四二）　一三歳

○7／14〜22　吉野、大峰山上、高野、長谷寺参詣。

寛保三年（一七四三）　一四歳

○12／16　半元服。

▽9／24　新板天気見集（小津弥四郎栄貞）。

▽10／7　円光大師伝（栄貞）。

寛保四年・2／21　延享元年（一七四四）　一五歳

○2／24〜　融通念仏日課百遍を修す。

○3／11〜　十万人講の日課百遍を修す。

▽8／6　宗族図（小津真良）。

▽9／1　神器伝授図（同右）。

▽9／3　中華歴代帝王国統相承之図（小津弥四郎栄貞）。

▽9／4〜10／14　職原抄支流（小津弥四郎真良栄貞）。

▽9月　赤穂義士伝。

○12／21　元服。

第二期

延享二年（一七四五）　一六歳

▽2／11　経籍（小津真良・今華風）。

○2／21〜3／3　上京。

▽3／13　本朝帝王御尊系幷将軍家御系（小津真良）。

▽3／26　伊勢州飯高郡松坂勝覧（同右）。

▽3／28　元禄十二年の雲上明鑑。

○4／17　江戸下向。
▽?　紀州御家中付。
▽?　道中記。

延享三年（一七四六）　一七歳

○4／9　江戸より帰宅。
▽?〜　事彙覚書（主に徒然草参考に拠る）。
▽5月　大日本天下四海書図（栄貞）。
○7月〜　弓稽古（浜田瑞雪老）。9／15　的射始。
▽7／28〜　都考抜書京志一。
▽9／21〜　都考抜書京志二。
▽10／27　洛外指図（本居真良栄貞）。

延享四年（一七四七）　一八歳

▽?〜　歌よみはじめる（玉勝間）。
▽11／14〜　倭謌之浦一（本居栄貞）。
▽〜11／27　都考抜書京志三。

延享五年・7／12　寛延元年（一七四八）　一九歳

▽春〜（宝暦元年）　栄貞詠草（清原栄貞）。
▽3／27　端原氏城下絵図にかかる。
○4／5〜5／6　上京
▽?　朝鮮王使来朝。
▽?　歌道名目。
▽?　制の詞。
▽7／7〜8／10　歌のぬき書。

▽10／2～　覚（本居栄貞）。
▽～10／6　和歌の浦一（華丹軒本居栄貞）。
▽10／15～　和歌の浦二。
○閏10／15～　茶の湯を習う。
○閏10／18～26　樹敬寺にて五重相伝。
▽11月～　都考抜書四京城志（華丹軒本居栄貞）。
○11／14　山田養子（7月に定まる）。

第三期

寛延二年（一七四九）二〇歳

▽昨年より歌道に志し今年より専ら心を寄す（日記）。
○3月下旬より法幢和尚に歌を習う。
○6／15　別宅にて紙商売を始める。
▽8／14～　古今集写し始める。
○9／16　実名を栄貞《なが》と改める。
▽9月中旬　詠歌大概・秀歌之体大略（華丹・今井田栄貞）。
○9／22　華丹改華風。
▽9月～　源氏物語覚書（今華風栄貞）。
○10／2～　正住院にて素読を学ぶ。
▽10／8　三十六歌仙（今華風、今井田栄貞）。
▽10／16　百人一首（今華風）。
▽12月　古今集異本校合（華風）。
▽?～　和歌の浦四（栄貞）。

寛延三年（一七五〇）　二一歳

▽2／27～5／6　定家歌写。

▽5／8～11月　都考抜書五（栄貞）。

○?　弟新五郎（親次）村田の養子（16歳）。

○11／10　帰松（12月離縁）。

寛延四年・11／27宝暦元年（一七五一）　二二歳

▽2／17～8／7　狭衣考物（華風）。

○2／28　江戸義兄定治死す。

○3／10～7／20　江戸下向（7／13　富士登山）。

▽9／20　系図伝（本居栄貞）。

▽9／20～10／10　円光大師行状翼賛。

▽10月上旬～12／7　都考抜書六。

▽11月　仮名都加比（本居栄貞）。

▽12月～　年代記（同右）。

*これより○動静、◇漢学・医学、△和歌・詠歌等に細分。

宝暦二年（一七五二）　二三歳

○1／22～2／4　上京（知恩院御忌参詣）。

○2／20　洛陽之図（本居栄貞）。

○3／5　上京。

○3／16　堀景山に入門、「本居」復姓。

○3／19　景山宅に寄宿。

◇3／21　易経素読始（4／2了）。

◇4／2　詩経素読始（4／28了）。
◇5／1　書経素読始（5／9上巻了）。
◇5／1　史記会読始（式日二・七）。
○5／5　藤の森の祭を見る。
○5／6　景山に従い鞍馬山・貴船に参る。
○5／8　能を竹内に観る。
◇5／9　晋書会読始（式日四・九）。
◇5／11　礼記素読始（6／4一冊了）。
△？　新購入深秘抄三、古今栄雅抄十六。
△？　次項に先立ち百人一首改観抄を借用して読むか〔玉勝間〕。
△5／12　勢語臆断により、伊勢物語契沖師説〔和歌の浦四〕。
○5／17・19　不快、会読不参加。
◇5／25　蘭泱左伝講釈始（6／20まで）。
△6／5　顕註密勘四購入。
○6／7　祇園会山鉾を観る。
○6／10　夜四条河原に遊ぶ。
○6／14　祇園会を観る　夜四条河原に遊ぶ。
△6／26　僻案抄二購入。
◇6／30　詩会、高台寺前大坂屋亭「鳥夜亭」「山居」。
△7／19　六歌集、愚問賢註購入。
○9／6　伏見大亀谷、既成院に詣り、泉涌寺の御殿を拝見、藤森で乗馬（蘭沢、藤伯）。
◇9／14　大坂屋参会（貞次、藤伯、斎、源兵衛、伊四郎）。
◇9／20　晋書会読自七月上旬中絶更始。

○9／22　森河章尹に入門、和歌を学ぶ。
◇9／27　史記会読世家了。
○10／3　栂尾、槇尾、高尾の紅葉を観る（貞次、蘭決、藤伯）。
◇10／7　詩会、法華寺「長安月」「禅庵」（先生、貞次、周蔵、要人、源兵衛、弁治、僧大室等）。
○10／9　北側に芝居を観る「和田合戦女舞鶴」（中村富三郎）。
△10／9　竹取物語二、題林抄二、職人尽歌合三、曾禰好忠集購入。
△10／12　住吉物語二、うつぼ物語三購入。
△10／13　新玉津嶋社和歌月次会欠席。
○10／16　藤森で乗馬、東福寺通天橋に紅葉を観る。
△10／18　帚木抄一写。
△10／21　和歌稽古会、吉田龍元宅。
○10／25　梅宮で乗馬。
◇10／26　詩経下冊読始（11／26了）。
○11／4・7・13　風邪、会読欠席。
△11／13　新玉津嶋社月次歌会。
△11／21　枕詞抄（初稿本代匠記惣釈の枕詞部の抄出・樋口宗武考加）写（華風）。
◇11／24　参会、壬生東房（貞次、周蔵、藤伯、要人、升平、理兵衛）。
◇11／26　左伝素読始、五経素読既終。
△12／4　新玉津嶋社歌会。
○12／5　芝居を観る
◇12／23　詩会、壬生「游仙曲」。
△此の年詠歌三五四首。

宝暦三年（一七五三）　二四歳

◇1／12　史記会読始。
△1／13　新玉津嶋社法楽月次会不参。
◇1／24　晋書会読。
△1／晦日　俊成卿手向。
△2／2　土佐日記二購入。
△2／13　新玉津嶋社月次和歌会。
○2／11　藤ノ森で乗馬、小栗栖野で観梅（貞次、藤伯、伊四郎）。
○2／14　草深丹立寄宿（12／2まで）。
○2／26　禁裡桜御能、紫宸殿東階下で拝観（貞次、府生）。
◇2／28　史記会読。
△2／晦日　俊成卿手向。
○3／6〜5／1　帰省（5／3石山寺、園城寺）。
◇5／6　世説新語会読。
△5／13　新玉津嶋社月次法楽会。
△5／23　古来風躰抄五、悦目抄購入。
△6／13　新玉津嶋社月次法楽。
◇6／下澣　作文「紀佐佐木梶原競渡宇治河事」。
△7／20　堀川院百首三、堀川院次郎百首一購入　源氏論議一写。
○7／22　堀元厚に入門。
◇7／26　堀元厚講釈始（毎朝霊枢・局方発揮、二・四・七・九素問運気論）。
△8／？　紫家七論一写。
○9／9　字を健蔵と改める。
◇9／？　芸州へ赴く景山の壮行会　安井御門前江戸屋参会（図書、幸順、周蔵、斎、源兵衛、丹立、伊四郎、栄令、周治）。
○9／15　景山を淀に送る（蘭沢、孟明、玄周）。
○9／？　中旬より頂髪を生長せしむ。
△10／？　古今序六義考写、新宮撰歌合、石清水若宮歌合、十題歌合、右大臣家歌合、新名所歌合購入。
◇11／2　左伝会読始（二・七日）。
◇11／5　蒙求会読始（一・六日）。
△11／？　讃岐内侍日記、関東詠進詩歌、古今伝授次第購入。
○11／？　号を芝蘭と称す。
◇12／2　草深丹立帰省。
△12／？　和泉式部物語購入。
△此の年詠歌三一一首、内、詠百首和歌（春）、詠花月百首（夏）、詠恋百首中の始め三六首（冬）。

宝暦四年（一七五四）二五歳

△春　にはのをしへ、都のつと、享保一一年御歌購入、前二書の抄出〔和歌の浦四〕。
○1／19　石清水八幡宮参詣（貞次）。
◇1／21　会読始。
○1／24　堀元厚没。
○2／15　東福寺参詣、藤ノ森乗馬、小栗栖野観梅（貞次、府生、周治、幸俊）。
△2／18　住吉物語摘腴了〔和歌の浦三〕。
◇閏2／4　歴史綱鑑会読始（四・九夕）。
○閏2／23　伏見城山の桃を観る（蘭沢、孟明、嗣忠、府生、敬所）。
◇閏2／26　蒙求会読了。

○3／初　東山花見。
　◇3／5　詩会、華頂山真葛庵「少年行」「漁夫」。
　◇3／6　揚子法言会読始（一・六）。
　◇3／11　詩会、真葛庵「読書」「春宮怨」。
○3／23　景山帰京。
○3／24　栗生野光明寺参詣（大西氏、敬所）。
　△3／28　悦目抄抄出了〔和歌の浦三〕。
　△3／？　余材抄序文写。
○4／10　祇園。
○4／15　嵯峨二尊院参詣、太秦広隆寺開帳を拝す（蘭沢、孟明、敬所）。
○5／1　武川幸順に入門。
　◇5／19　景山講釈易学啓蒙（二・七・四・九　改五・十）。
　△5／？　竹園抄写。
　△7／10　梁塵愚按抄二購入。
○8／18　三井寺に観月、柏木屋泊（周蔵、斎、敬所）。
　◇9／5　草深敬所（玄周）帰国送別の文・歌。
　△9／28　日本紀九、蜻蛉日記八、藤経衡集、為家後撰集、馬内侍集購入。
○10／7　白河照高院御殿御庭拝見（景山、貞次、斎、允斎、大蔵卿法院）。
○10／10　武川に寄宿を移す。
　◇11／4　本草綱目会読始（二・七・四・九夜戒日）（大西庸軒、田中允斎）。
　◇11／6　歴史綱鑑会読始　中川升平宅（五・十戒日）（好節、貞蔵、吉太郎）。
○12／7　下河原佐野屋に参会（先生、正大夫〔貞次〕、周蔵、源兵衛、斎、吾一郎、知安、幸春、幸治、僧恵雲、藤五郎、好節等）。

◇12／8　史記会読了

○12／16　内侍所御神楽拝見（先生、正大夫、斎）

△此の年詠歌二九七首、内、恋百首の末六四首（正月）百首（春）、名所百首の始二三首（六月より）

宝暦五年（一七五五）二六歳

◇1／21　屈家会読始、前漢書霍公伝より（五・十の日）。

◇1／27　本草会読始（二・七夜）。

○3／3　名を宣長、号を春庵に改む　稚髪とす。

○3／10　高台寺花見。

○3／28　船にて宇治川逍遙（景山、蘭沢、孟明、嗣忠）。

○4／初　安井に花見。

△4／30　日本書紀通証「倭語通音」を書写。

◇9／13　武先生本草会読始（三の夜）（先生、元周、好節、元立等）。

◇9／15　荘子会読始（五・十の日）（栄良、允斎、元立、吉太郎）。

○10／24　藤重氏で甲子待ち（歌）。

◇11／？　作文「紀平敦盛事」、同題太宰純（紫芝園稿）を写。

◇11／下澣　作文「紀平重盛切父浄海事」。

◇11／25　屈氏漢書会読了、直後「班史摘腴」了。

△此の年詠歌二六五首、内、名所百首の末七七首（8／15まで）、百首（九月）。

宝暦六年（一七五六）二七歳

○1／5　本日より在京日記和文体採用。

○1／9　夜山田孟明宅で平家（景山、孟明、斎）。

○1／11　紫宸殿に参り御修法壇を拝見。

○1／24　知恩院に詣る（蘭沢、栄良、吾一郎）。

◇1／12　武先生嬰童百問・千金方会読始。

◇1／13　本草綱目会始。

◇1／15　屈先生左伝読初。

○2／15　周蔵、斎らにひかれ、有賀長川に和歌を学ぶ。

△2／15　有賀氏月次会に始めて出る。

◇2／21　荘子会読了。

○2／23　清水、祇園に詣る（幸俊、常弥）。

◇2／25　屈先生南史会読始（五・十）。

◇2／27　南華抄（荘子摘腴）了、前年より。

◇2／30　岩崎栄令肥前へ還る。かねて詩・文（送藤文輿還肥序）を贈る。

△3／6　源氏装束抄三、詠歌大概購入。

○3／7　長楽寺に花見（藤伯、左膳）。

△3／15　有賀氏月次会。

○3／18　六条門跡の能を観る。

○3／19　東山に花見（景山）。

◇3／22　筍子会読始（二・七）（元立、允斎、藤五郎、吉太郎）。

○3／23　高台寺に花見（景山、幸哲、幸順）。

○3／24　双林寺、高台寺春光院で花見（景山、武先生父子）。

○3／27　上月氏で安村、藤村両検校の箏、琴を聞く。

○4／6　等持院に詣り衣笠山に登る。北野の右近馬場で乗馬（蘭沢、允斎）。

○4／8　清水寺、大仏、壇王、祇園に詣る（周庵）。

○4／19～5／12　帰郷。

○4／23　父の十七回忌。
○5／23　清閑寺開帳、泉岳寺展へ（蘭沢）。
　△5／26　有賀氏月次会。
○6／10　村田氏に招かれ木屋町の座敷にて義太夫節を聞く。
○6／14　三条辺へ行く（祇園会）。
○6／18　神輿洗の練物を見る、安井前藤代屋別宅（伊兵衛、利兵衛）。
　△6／24　有賀氏月次会（丸山、也阿弥）。
　◇6／？　左伝板本に景山の校正書入れを筆写十五冊了（上京以来）。
○7／9・10　建仁寺の南の六道へ詣る。
○7／16　大文字を見る。木屋町景山の座敷を訪う（孟明ら）。
　△7／25　有賀氏月次会。
　△7／26　小野田重好本で校定、厚顔抄説を記入した景山本日本書紀を伝与され、再校完了（第三冊末識語）。
　△7／27　余材抄写始、10／2七冊了。仲冬「跋余材抄」、翌年二月九冊写了。
　△7／？　旧事紀・古事記購入。
○8／12　西郭の灯籠を見る（蘭沢）。
○8／15　夕景山寓居で観月（蘭沢、孟明、嗣忠、恒亮ら）。
　△8／15　有賀氏月次会。
　△9／27　有賀氏月次会。
○10／7　祇園に詣り、北側の芝居（嵐富之助ら）を観る。
　◇10／7　列子会読始（二・七）（藤五郎、吉太郎、允斎）。
　△10／？　万葉集廿購入。
○11／1　東福寺通天の紅葉を観る。

◇11／12　列子会読了。
◇11／13　列子抄（列子抜萃）了、三月より。
△11／15　有賀氏月次会。
◇11／17　武経七書会読始（列子会読を継ぐか）。
○11／19　藤村検校方月次三線会へ行き聞く。
○11／23　南側の芝居（嵐小六ら）を観る（正大夫、好節、貞蔵）。
△閏11／15　有賀氏月次会。
△12／8　有賀氏月次会。
○12／12　妹やつ（改名しゅん）池田氏へ嫁ぐ（12／3付母の手紙）。
○12／15　節分に五条の天神に詣る。
△12／17　夜有賀氏にて歳暮の歌（周蔵、斎）。
○12／29　祇園のけずりかけ神事に詣る。
△12／？　改観抄五購入。
△此の年詠歌一六二首。

宝暦七年（一七五七）　二八歳

△1／4　有賀氏新年歌会。
○1／9　祇園・安井金毘羅に詣る。二軒茶屋に寄る。
○1／18　清水に詣る（大西氏）。
○1／23　母・伯母ふさ上京、御忌、1／28下向。
○1／25　筑後の芝居を観る（国姓爺）。
△1／26　有賀氏月次会欠席。
△2／15　有賀氏月次会。
○2／25　北野に詣り平野に詣る（貞蔵）。

○3／3　高台寺春光院で花見（景山、武川、藤伯、上月氏知源尼、元周）。
○3／4　東山に花見、知恩院、双林寺、西行庵（蘭沢、藤伯）。
○3／16　永観堂、慈照寺、真如堂に詣る（孟明、吉太郎）。
○3／20　大仏、東福寺に詣る。安井の藤を観る（貞蔵、好節、吉太郎、吾一郎）。
○3／21　壬生に詣り狂言を観る。
○3／25　双林寺林阿弥に行く、二軒茶屋に寄る（藤伯）。
○4／6　東寺の岡本幸俊を訪う。いなりまつり、五重の塔に詣る。
　　△4／7　有賀氏臨時褒貶会。
○4／8　安井金毘羅に詣り、二軒茶屋に寄る（周庵）。木屋町に景山の病気を見舞う（孟明）。
　　◇4／11　文選会読始（一・六）（藤五郎、吉太郎）。
○4／12　下鴨社へ詣り葵祭を拝む（周庵）。
　　△4／15　有賀氏月次会。
　　△5／7　有賀氏臨時褒貶会。
　　△5／9　代匠記説等書入れの景山本万葉集を写し了。
○5／13　四条河原に涼みに出る。
　　◇5／14　箚子会読了、箚子摘萃了。
○6／18　神輿洗の練物を二軒茶屋で見る、四条河原で涼む（貞蔵）。
　　◇6／30　田中允斎没〔詩・歌〕。
○7／9　六道に詣る。
○7／16　大文字見に出るも遅る。
○7／18　清水へ詣る（孟明、吉太郎）。
○7／25　峯入拝観、寺町象牙屋喜兵衛宅（津戸順達）。
○7／28　北側の芝居を観る、「国両累文談」（藤伯、周蔵、理兵衛）。

○7／29　四条河原で涼む。
○8／2　壬生で乗馬。
○8／6　高台寺へ萩見に行き霊山へ登る（孟明、吉太郎）。帰途夕立。
○8／8　筑後の芝居見る（蘭沢、藤伯、理兵衛）。
○8／12　島原の灯籠を見る（孟明）。
○8／15　月見に安井へ行く。
　　　　△8／15　有賀氏月次会。
○8／17　月見に西石垣へ行く（孟明、蘭沢）。
　　　　△8／？　伊勢物語拾穂抄二、百人一首購入。会式、玉祐伝、古今伝授写。湖月抄二十四購入。
○9／3　月見に安井、下川原へ行く（貞蔵）。
○9／？　岡本幸俊に招かれ六孫王社へ詣り東寺に行き五重の塔にのぼる（好節、孟明）。
○9／19　堀景山没（70歳）、9／22帰雲院に葬る。
○10／1　筑後の芝居観る「室町千畳敷（津国女夫池）」、夜井筒へ行く（清兵衛）。
○10／2　夜武川氏を出、四条高倉西伊兵衛座敷へ移る。
○10／3　帰郷の途、清兵衛と供二人。豊後橋で夜明、佐保川〜大仏殿、春日社〜興福寺〜猿沢の池、西の町屋で泊。
○10／4　奈良〜三輪〜初瀬、寺に詣る。初瀬泊。
○10／5　初瀬〜名張〜阿保泊。
○10／6　日暮方松坂着。
　　　　△10／？　藻塩草五、屈先生遺物、手爾葉大概抄一写。
　　　　△此の年詠歌四六首（含帰松後）。

父の家系

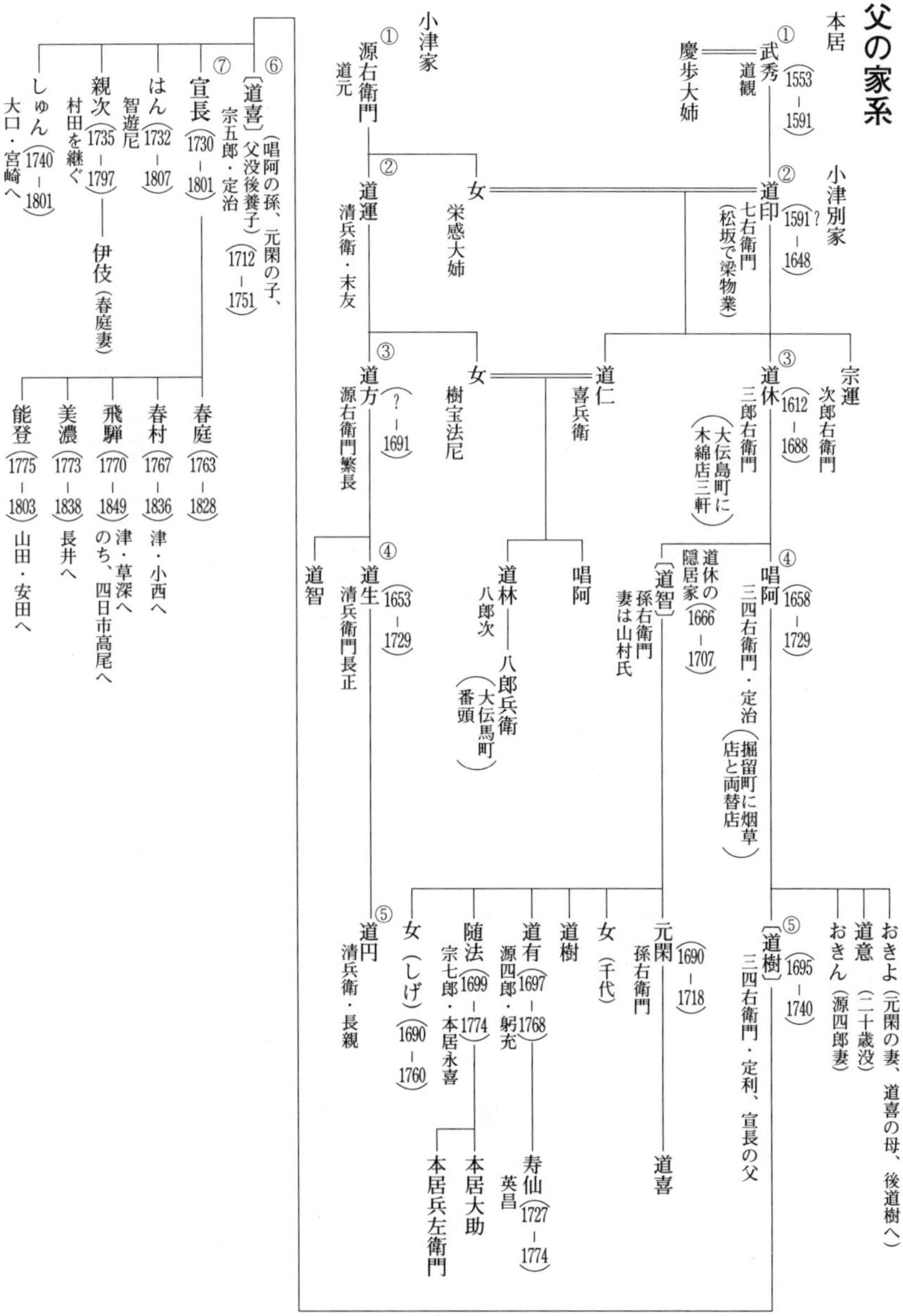
本居
① 武秀（1553－1591） 道観
慶歩大姉
小津別家
② 道印（1591?－1648） 七右衛門（松坂で染物業）
女 栄感大姉
宗運 次郎右衛門
③ 道休（1612－1688） 三郎右衛門（大伝島町に木綿店三軒）
道仁 喜兵衛
女 樹宝法尼
④ 唱阿（1658－1729） 三四右衛門・定治（掘留町に烟草店と両替店）
〔道智〕 道休の隠居家（1666－1707） 孫右衛門 妻は山村氏
唱阿
道林 八郎次
八郎兵衛（大伝馬町番頭）
おきよ（元閑の妻、道喜の母、後道樹へ）
道意（二十歳没）
おきん（源四郎妻）
⑤〔道樹〕（1695－1740） 三四右衛門・定利、宣長の父
元閑（1690－1718） 孫右衛門
道喜
女（千代）
道樹
道有（1697－1768） 源四郎・躬充
寿仙（1727－1774） 英昌
随法（1699－1774） 宗七郎・本居永喜
本居大助
本居兵左衛門
女（しげ）（1690－1760）
小津家
① 源右衛門 道元
② 道運 清兵衛・末友
③ 道方（?－1691） 源右衛門繁長
④ 道生（1653－1729） 清兵衛門長正
道智
⑤ 道円 清兵衛・長親
⑥〔道喜〕（唱阿の孫、元閑の子、父没後養子）（1712－1751） 宗五郎・定治
⑦ 宣長（1730－1801）
はん（1732－1807） 智遊尼
親次（1735－1797） 村田を継ぐ
伊伎（春庭妻）
しゅん（1740－1801） 大口・宮崎へ
春庭（1763－1828）
春村（1767－1836） 津・小西へ
飛騨（1770－1849） 津・草深へ のち、四日市高尾へ
美濃（1773－1838） 長井へ
能登（1775－1803） 山田・安田へ

母の家系

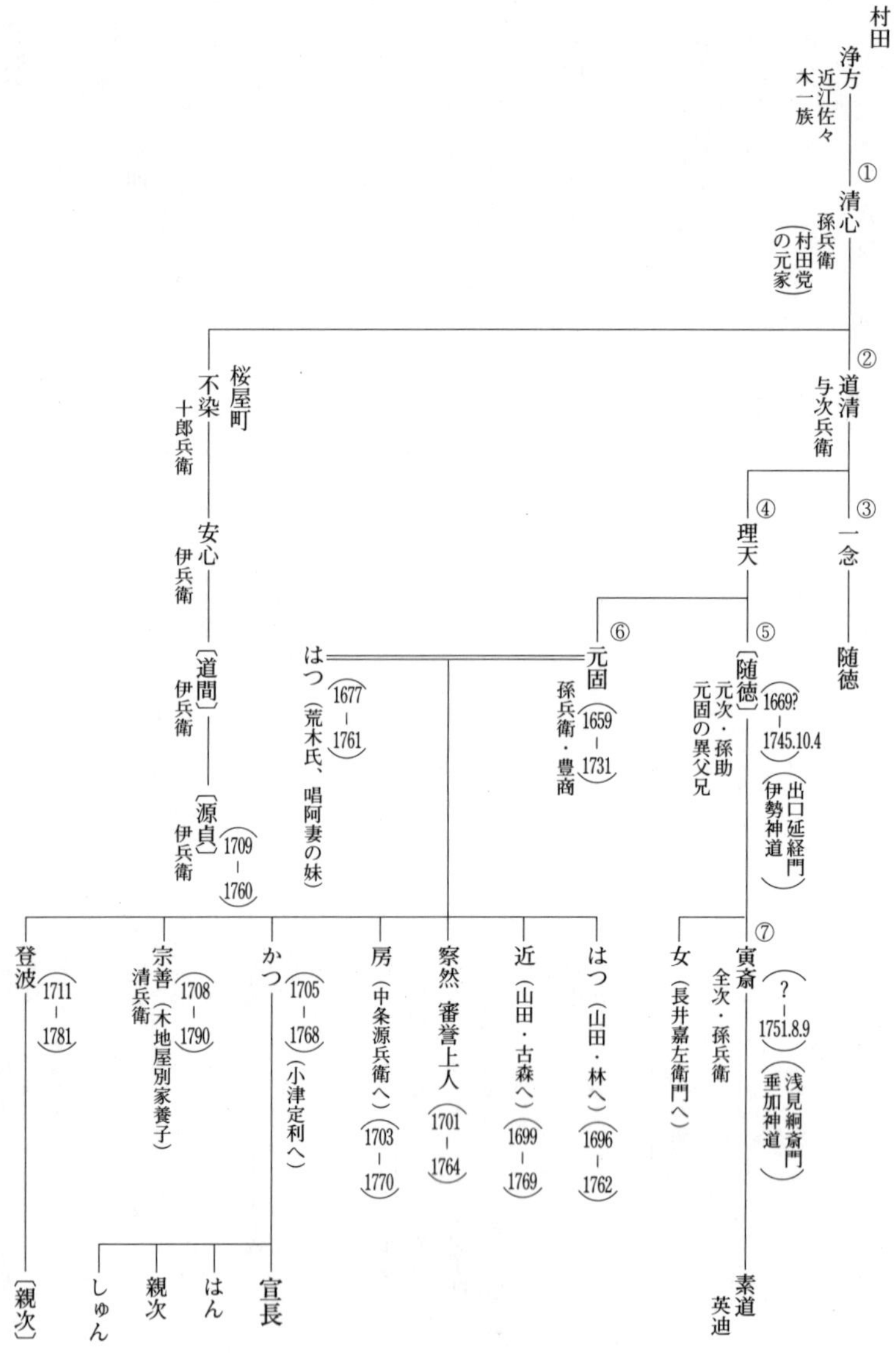

村田
浄方
近江佐々木一族
①
清心
孫兵衛
（村田党の元家）
②
道清
与次兵衛
③
一念
随徳
④
理天
⑤
〔随徳〕
（1669?–1745.10.4）
（出口延経門 伊勢神道）
元次・孫助
元固の異父兄
⑥
元固
（1659–1731）
孫兵衛・豊商
はつ
（1677–1761）
（荒木氏、唱阿妻の妹）
⑦
寅斎
（?–1751.8.9）
（浅見絅斎門 垂加神道）
全次・孫兵衛
女
（長井嘉左衛門へ）
素道
英迪
はつ
（山田・林へ）
（1696–1762）
近
（山田・古森へ）
（1699–1769）
察然
審誉上人
（1701–1764）
房
（中条源兵衛へ）
（1703–1770）
かつ
（1705–1768）
（小津定利へ）
宣長
はん
親次
しゅん
宗善
（1708–1790）
清兵衛
（木地屋別家養子）
登波
（1711–1781）
〔親次〕
桜屋町
不染
十郎兵衛
安心
伊兵衛
〔道間〕
伊兵衛
〔源貞〕
伊兵衛
（1709–1760）

【付録】

人の呼称

――平宣長――

宣長さんくらいに伊勢人《びと》の資質と可能性、それに限界までを示した人を知らない。伊勢人のわたしが「さん」づけでよぶゆえんである。ほんとうは、「宣やん」とよびたいのだが、その典型ぶりに、親しみ以上の敬意を表さざるをえない。

柳田さんは、「本居宣長翁」、「本居先生」とよぶ。柳田さんよりも倍以上の用例をもつ折口信夫は、結局は、「本居さん」。「本居さんはやはり源氏物語ですよ……」と。比肩するものへの敬意であろう。かれのプライドもうかがえる。佐佐木信綱が「本居先生」、「宣長先生」というのはわかる。大野晋は講演の中でも「宣長は……」、「宣長が……」である。郷土出身の小西甚一博士は、「わたくしにとって同業の大先達である宣長大人は……」という。タイジンとしゃれてよむのだろうが、いわゆる学者はみな「宣長」である。「宣長翁」とよぶ人もある。「翁が……」、「翁の……」と使うに便利だが、「翁」よびは、自分も老体になって使用するのはいいが、若い者が使うと、距離感があらわになって、よそよそしくなる。松阪の人の中で、敬意を表して「本居さん」とよぶ人がある。「本居神社」を思わせて困る。宣長さんは神様ではない。相対的な人格であるべきだ。現代に生き、批判もするが、敬意も失わない――そういう表現をわたしは「さん」づけに定着させてきた。「ミスター」に近い。

わたしの授業で「さん」づけは、宣長さんのほか、志賀さんと柳田さんである。おかしなもので、それ以外によびようがない調子でわたしがそれを使っていると、生徒もそうなってくる。「志賀さんが……」、「柳田さんが……」と。ふと意識してそれを聞くとおかしくなるほどである。ところが、宣長さんの方は、生徒が口にするのに、ややぎこちない。「宣長は……」が出がちである。それだけ身近での使用頻度が高いせいであろうか。わたしは、生徒にとっての宣長さんは、超えられるべき客観的対象だと思うから、このことを意識してくれれば、それでけっこう。と思うのだが、無意識なら、やはり宣長さんでいってほしい。まして、学者でもない、伊勢のオトナであれば……。そうすれば、伊勢の子どもらも、宣長さんとよぶようになるであろう。

　オノレはどうか。二十歳の年、石井庄司さんに『うひ山ぶみ』を習ってから四十年余、全集をヘヤから離したことのない、宣長さんとのつきあいであった。ところが、わたしらには、さんづけでよぶ土壌がこの地にはなかった。そして東京砂漠人の圏内で「宣長」とよんできた。批判的なよびかたであった。宣長さんと自然によぶようになったのは、ここ十年くらいのこと。親しい、一つのキレイな白い玉マユのようなイメージである。これは郷土をとらえる一つの視点だと思う（宣長さんは真淵を白珠〈真珠〉にたとえているが、それとはいくぶん違う）。

　——こんなことをなぜ書きはじめたのか。前号で宣長さんの家系を「平氏」としるしたからである。わたしは「平氏」を、赤いマユで意識していたから（赤や黄のマユの存在を百科事典で知っていた）。宣長さんは、若いころから、書いたものに「平真良」、「平宣長」の署名を時どき残している。そして、その「平」探求は、六九歳の晩年『家のむかし物語』を書くまでつづけられている。それは「本居」のルーツしらべにかかわってである。同書の巻頭……「吾家の先祖は、系図にしるすところ、桓武天皇三十二代の孫、尾張守平頼盛六代後胤、本居縣判官平建郷、……（三代略）……始めて伊勢国司北畠顕能卿に仕へ……」さすがに、「桓武天皇三十二代」の平頼盛には閉口し、「十二代」を誤ったものであろうとするが、結論は、この系図にはいぶかしい事どもあり、たしかなことは「建郷」の九代後となる「多芸の御所幕下、本居兵部大輔武利」以後、としている。戦国期末である。

（三重県教育文化会館発行「会館のたより」81号〈一九八四年八月〉「三重文学漫歩」より）

あとがき

高校現場を退職され、宣長研究に集中し始めたある日、中根道幸先生を囲む宴が開かれた。それは、先生が亀山高校時代に担任した教え子たちの同窓会であったが、乾杯前の約三十分、レジュメのプリントを用意し、取り組んでいる宣長研究について抱負を語られた。その時の印刷物から骨子を再現してみよう。

宣長さんをなぜとりあげるのか。「伊勢人《いせびと》の代表者であり、伊勢人の可能性（長所と短所）を探りたいから」。宣長さんのどこがえらいのか。「物語を文学の中心に置いたこと（源氏物語・もののあはれ）」「古事記をみんなのものにしたこと（読みと解釈）」「日本語の法則を発見したこと（五十音図、活用、結び）」。宣長さんの学問が高いのは。「方法が自由で独創的であったこと」「実証的で帰納的であったこと」。

宣長さんのどこがまずかったか。『古事記』盲信に発する国粋主義（ユートピア願望）に陥ったこと」等々。

先生の生涯は、最後の一年を除けば、右のエピソードが示すごとく意気軒昂そのものであった。島根の大社中学・大社高校における若き日々を経て三重に戻られたが、亀山高校に八年、この頃は民主教育を推進した時期で、『高校生の日記』『それからの一年』などの著作もあり、外への働きかけも積極的だった。

次いで津商業高校に二十二年。この間には三重県高等学校国語科研究会会長に選ばれた期間もあって、三重県内の国語科教育をリードした時期ということができる。同研究会やサークル、教研などで発表されたものなどから選んだ諸論が定年退職後『ある国語科教師―理論と実践』に収められたのである。

島根時代を含め、先生は沈着、寡黙、厳格でありつづけたが、それを慕う多くの教え子に恵まれてきた。また同僚、門下、後輩などに大きな影響を与え、その人たちに畏敬の念を持たれたのだった。しかし、ことに後半生は積極的に出版などを手がけるという風ではなく、例えば『ある国語科教師』の刊行も知友がつくった刊行委員会の手に委ねられたのであった。

詩への関心が強かったとか、結社には入らず句作を続けていたとか、先生には別の顔もあったことも記憶にとどめておきたい。

一九九七年十二月十四日、肺癌で七十五年の生涯を閉じられた。

後に膨大な原稿、ノート類が遺されていた。その中心は、十数年にわたる宣長研究の草稿四百字詰め用紙で千五百枚だったが、青年時代からの俳句約五千句を収めた七冊のノートも目をひいた。門下・後輩の有志で「中根道幸先生遺稿刊行委員会」が結成され、刊行委員のひとり川端守によって、蟬を詠み続けた晩年の句を収める「中根道幸〈セミの句集Ⅰ〉抄」がまず公になった（三重県高等学校国語科研究会会誌「はまゆう」四八号、二〇〇〇年六月刊）。

宣長稿の方は刊行委員会の中から五名の編集委員が選ばれ、仕事を進めることになった。草稿に見出し・補注などを設けることや、原典（主として筑摩版全集）との照合、校訂などに予想外の手間と時間を要した。写真はすべて本居宣長記念館のご好意にすがった。おおかたの作業は宣長没後二百年の年に果たせたが、刊行だけは記念すべき年を越えるにいたったのである。

多くの方々にお世話をかけた。中根たか子夫人はじめ遺族のみなさん、写真だけでなくいろんな面でご教示いただいた本居宣長記念館の吉田悦之氏、また和泉書院の廣橋研三氏にはとくに深謝を表したい。

刊行委員会が決めた大枠のなかで、編集委員の仕事の分担は次のようであった。原稿の整理、見出し、補注等は、主に佐藤貞夫が行い、藤田明が助けた。事務局は野田和章が務め、内海康子（二〇〇一年三月没）、吉村英夫が以上を補佐した。宣長研究を専門にしたことのない面々にとって、近世伊勢の巨樹に接する好機とはなったが、顧みるに未完の大曲を前に非力の二字が立ちはだかる日々でもあった。今回の刊行をかなたから先生はどう見られることだろうか。

二〇〇二年二月

中根道幸先生遺稿刊行委員会

〈刊行委員〉（五十音順）

伊藤昭彦　内海康子
川端　守　駒田幸男
佐藤貞夫　竹田友三
田中雅之　中根阿彦
野田和章　東　智子
樋口豊彦　藤田　明
山田　博　吉村英夫

〈編集委員〉

内海康子　佐藤貞夫
野田和章　藤田　明
吉村英夫

〈刊行委員会委員長〉

中根阿彦（遺族代表）

中根道幸（なかね　みちゆき）

〈略歴〉

一九二二年　三重県鈴鹿郡亀山町（現・亀山市）に生まれる。

一九三九年　三重県立津中学校卒業。

一九四三年　東京高等師範学校卒業。
島根県立大社中学校に赴任。

一九五二年　三重県立亀山高等学校に転勤。

一九六〇年　三重県立津商業高等学校に転勤。

一九八二年　同校教頭で定年退職。

一九九七年　没（享年七五歳）。

〈主な編著〉

『高橋正治先生遺稿集』（編集・発行、一九四三年）

『高校生の日記』（三一書房、一九六二年）

『それからの一年』（三一書房、一九六四年）

『女子高校生―その心理と実態』（共著、朝日新聞社、一九六六年）

『当用漢字必携』（共編、中央図書、一九七五年）

『ふるさとのしおり―三重の文学と風土』（共著、光書房、一九八〇年）

「三重文学漫歩」（三重県教育文化会館発行「会館のたより」に連載、一九八一年〜一九九〇年）

『ある国語科教師―理論と実践』（著作刊行委員会、一九八四年）

宣長さん　伊勢人の仕事

二〇〇二年四月一〇日　初版第一刷発行©

著者　中根道幸

発行者　廣橋研三

発行所　和泉書院

〒543-0002　大阪市天王寺区上汐五-三-八
電話　〇六-六七七一-一四六七
振替　〇〇九七〇-八-一五〇四三

印刷　亜細亜印刷／製本　渋谷文泉閣

定価はカバーに表示

ISBN 4-7576-0142-5　C1095